All New 미드영어
American Drama Expressions
표현사전 G-P

by E&C · 서성덕

MENTORS

미드전문 멘토스의
All New 미드영어 표현사전 G-P

2015년 7월 2일 인쇄
2015년 7월 10일 발행

지은이	E & C · 서성덕
발행인	Chris Suh
발행처	**MENTORS**
	경기도 성남시 분당구 분당로 53번길 12 313-1
	TEL 031-604-0025 FAX 031-696-5221
	www.mentors.co.kr
	blog.naver.com/mentorsbook
등록일자	2005년 7월 27일
등록번호	제 2009-000027호
ISBN	978-89-91298-99-6
가 격	16,000원

잘못 인쇄된 책은 교환해 드립니다.
이 책에 게재된 내용의 일부 또는 전체를 무단으로 복제 및 발췌하는 것을 금합니다.

Preface

미드 열풍 왜 안꺼지나?

폭풍처럼 몰아치던 대작위주의 미드 열풍은 이제는 춘추전국시대로 접어든 모습이다. 〈Friends〉를 시작으로 〈The Sex and the City〉, 〈Desperate Housewives〉 그리고 과학 수사물인 〈CSI〉 등의 다양한 미드들이 쓰나미처럼 우리에게 휘몰아쳤고, 이후 잠시 주춤하는 듯 싶더니 〈Prison Break〉와 〈Spartacus〉가 다시 세간의 화제가 되었었다. 이후 〈The Big Bang Theory〉, 〈Good Wife〉, 〈Breaking Bad〉, 〈Modern Family〉, 〈Walking Dead〉 그리고 〈Game of Thrones〉 등의 수작들이 다시 미드의 맥을 이어가면서 여전히 미드족을 즐겁게 해주고 있다.

이런 미드 열풍의 밑에 깔려 있는 원인은 3가지 정도로 볼 수 있다. 첫째, 케이블 TV나 스카이 라이프 등의 다채널 방송 변화가 더빙없이 '원음+자막'으로 많은 미드를 볼 수 있게 해주고 있다. 특히 미드만 전문으로 하는 OCN Series를 포함해 OCN, CGV, SKY Drama, AXN, FOX TV 그리고 SCREEN 등의 채널에서 계속 미드를 방영하기 때문에 언제라도 틀기만 하면 볼 수 있어 접근이 매우 용이해졌기 때문이다. 또 시험 위주의 영어공부에서 실제적인 영어회화의 필요성이 강조되는 현 사회에서 영화보다 짧고, 드라마의 특성상 계속 이어지는 재미와 살아 있는 영어와 함께 미국의 문화를 가까이 접할 수 있다는 점이 우리를 미드 앞으로 강하게 끌어당겼다. 마지막으로 미드를 전문으로 하는 카페에서 많은 이들이 열정적으로 미드에 대한 소식과 영어 이야기를 상호교환하는 즐거운 장이 생겼기 때문이다. 물론 누구든 쉽게 미드를 접할 수 있는 다운로드의 덕과 미드의 높은 퀄리티도 무시하면 안 될 것이다.^^

미드로 왜, 어떻게 영어공부를 해야 하나?

미드로 영어를 공부하면 좋다는 것을 알면서도 현실은 쉽지가 않다. 한국인을 위한 영어 드라마가 아닌 이상 빠른 속도의 영어 대화와 미국 문화에 대한 무지는 자꾸만 한글 자막을 보게 하고, 결국 시간 투자에 비해 영어실력의 향상 속도 또한 더딘 게 사실이다. 전작 『All NEW 미드영어 단숨에 따라잡기』에서 언급했듯이 많은 표현을 알아야 많이 들을 수 있고, 또 그런 상황을 반복해야만 미국에 가지 않고도 영어표현의 의미와 쓰임새의 감을 온몸으로 느낄 수 있다. 그래서 『All NEW 미드영어표현사전』에서는 가장 많이 쓰이는 표현을 위주로 가장 많은 미드문장을 담으려고 노력했다. 무려 1, 2, 3권 통틀어 거의 1,200페이지에 걸쳐 최대한 많은 표현과 설명 그리고 예문을 담았다.

하지만 마냥 미드만 본다고 해서 영어실력이 향상되지는 않는다. 일단 미드에 나오는 표현들을 많이 숙지하는 것이 최선이다. 이런 점에서 이번에 미드전문 출판사 멘토스가 출간하는 『All NEW 미드영어 표현사전』에 수록된 표현들을 최대한 숙지해야 한다. 이 책에 수록된 모든 표현과 예문은 미국 현지 Writers' Group이 미드 표현에 가장 근접하게 작성·변경한 것이며, 이 또한 모두 네이티브의 목소리로 녹음되어 있어 이 책을 여러 번 읽고, 듣다 보면 잘 들리지 않던 미드의 표현들이 조금씩 들리기 시작할 것이다.

물론 미드 표현에 근접하거나 일부 미드에서 나오는 문장들은 비문법적인 것이 많다. 주어도 빼먹고 혹은 be 동사도 빼먹고 발음도 각계각층의 사람들이 나오기 때문에 다양하고 또한 표현도 비일상적인 것도 나오고 그래서 미드는 반듯한 영어회화교재와 달리 미국 현장을 옮겨놓은 것이기 때문에 이 책 또한 그런 면들을 가능한 많이 반영하려고 노력하였다. 그렇기 때문에 문장이 좀 이상하고 발음이 좀 이상하다고 답답해 할 필요는 없다. 우선 들리는 것부터 하나 둘씩 늘려가면 된다. 그러면서 재미를 더 늘리면 서로 상호작용하면서 영어 리스닝과 스피킹이 팍팍 늘어날거라 확신한다. 원고를 다 쓰고 난 후의 소감은 '참 많이 담았지만, 참 많이 담지 못했다'는 느낌이다. 미드는 그냥 미국 생활 자체로 봐야 하기 때문이다. 두꺼운 본 책이 나오기까지 E&C와 더불어 골수 미드족으로 함께 끝까지 밤을 새워가며 큰 도움이 되어준 서성덕 님께 감사하다는 말을 드린다.

미드, 무엇이 있고 무엇을 어떻게 봐야 할까?

'미드'란 말을 쓰게 된 시기는 대략 2006년 이후이다. 그전까지는 〈Friends〉가 대히트를 치면서 시트콤이란 말을 썼다. 하지만 situation comedy의 약어인 시트콤으로는 〈CSI〉, 〈24〉 등의 다른 미국드라마들을 포함할 수가 없었다. 그래서 줄여쓰기를 좋아하는 요즘 사람들이 모든 미국드라마를 통칭해서 줄여 '미드'라고 부르기 시작한 것이다. 사실 〈미션 임파서블(제 5전선)〉, 〈왈가닥 루시〉, 〈맥가이버〉, 〈보난자〉 그리고 〈X-file〉 등 그전부터 많은 미국 히트 드라마들은 항상 있어 왔다. 그럼 이제부터 편의상 카테고리로 분류해 대표적으로 어떤 미드들이 있으며, 그 미드들이 어떤 이야기를 담고 있으며, 또한 영어공부에 어떤 도움이 되는지 정리해 보자.

드라마 & 시트콤 코메디

Friends

대표적인 건 뭐니뭐니 해도 〈프렌즈〉이다. 네이티브들과 대화를 나누다보면 처음엔 생긴 것도 참 다르고 사고방식도 많이 다르다 싶지만, 좀 더 대화하거나 생활하다보면 '아~ 똑같은 사람이구나, 우리랑 생각이 다르지 않구나'라는 생각이 불쑥불쑥 들게 된다. 3명의 여성(모니카, 레이첼, 피비)과 3명의 남성(챈들러, 로스, 조이)이 펼치는 우정과 사랑의 이야기는 우리 정서와 딱 맞아 떨어질 뿐만아니라 매우 코믹한 부분이 많아 지금까지도 많은 이들의 사랑을 받고 있다. 시즌 10까지 가면서도 지루하지 않고 재미있게 만들었다. 조크 때문에 다소 난해한 부분들이 있지만 영어 공부하기에 아주 적합한 미드임은 부정할 수 없다.

The Sex & the City

상류층 뉴욕 여성 4명의 삶을 다룬 스타일리스트한 미드로 남자와 여자의 사랑과 결혼에 대한 내용을 아주 진지하고, 아주 재미있고, 또한 아주 야하게 그린 잊을 수 없는 미드이다. 시즌 6으로 끝났지만 아쉬움과 미련 때문에 후속으로 영화판 1, 2를 만들어 역시 큰 성공을 거두었다. 하지만 개인적으로 후속은 그만 만들었으면 좋겠다는 생각이 든다. 마치 로미오와 줄리엣이 결혼한 후에 부부싸움 하는 것을 보는 것만 같아서 말이다.

Desperate Housewives

갑자기 혜성같이 〈위기의 주부들〉이 등장하면서 미드 열풍을 이어간다. 〈위기의 주부들〉은 미국 중산층 부부들의 결혼생활과 가족들을 때로는 상당히 노멀하게, 때로는 상당히 엽기적으로 그린, 뭔가 한마디로 정의하기 힘든 미드로 많은 미드족의 인기를 얻고 있다. 이 드라마를 처음 기획하게 된 계기가 참 재미있다. 한 엄마가 자식을 죽였다는 충격적인 기사를 보고 자기 엄마에게 이 이야기를 하게 된 기획자는 엄마한테 예상 외의 말을 듣는다. "나라고 그런 적이 없었겠냐!"라고. 제작자는 여기서 힌트를 얻어 주부들이 남편, 자식들과 얼마나 힘들게 싸우며 가정을 꾸려나가는지를 보여주려고 〈위기의 주부들〉을 만들었다고 한다. 학습의 관점에서 보면 〈프렌즈〉나 〈섹스 앤 더 시티〉보다 훨씬 일상적이고 사실적이기 때문에 영어 듣기 공부에 아주 적합한 미드로 강추한다.

Big Bang Theory

영어공부하기에는 조금은 낙제점이지만 미드를 즐기기에는 최고의 작품이다. 주인공 괴짜 공학도 4명(레너드, 쉘든, 라지, 하워드)과 앞집의 페니, 버나넷, 에이미 등이 이야기를 끌고 가는, 인기 상한가의 시트콤이다. 신나게 웃을 수 있지만 어려운 단어나 대화가 좀 많이 나오는 게 단점이다. 하지만 즐겁게 웃으며 일부분의 영어만 익혀도 무리는 없다. 아무리 영어 배우기에 좋아도 재미가 없으면 '꽝'이기 때문이다.

Modern Family

〈빅뱅이론〉과 더불어 가장 인기있는 시트콤. 요즘 미국 가족들의 여러 일상들을 코믹하게 보여주며 장수하고 있는 드라마이다. 특히 일상회화를 다룬 미드보다 많이 담고 있어 영어학습하는데 더할 나위없이 좋은 미드이다.

Shameless
오리지날은 영드로 미국에서 리메이크한 것으로 탄탄한 구성과 세상에 적응하기위해 노력하는 가난한 이들의 모습을 조금은 슬프게, 조금은 웃기게 그리고 조금은 야하게 볼 수 있는 수작이다. 대중적이지는 않지만 재미를 붙여볼 만하다.

Breaking Bad
이 시대 최고의 미드로 매니아들이 손꼽는 드라마. 바르게 살아온 한 화학선생님이 암에 걸린 후 남은 가족의 생계를 걱정한 끝에 한 제자와 최고급마약을 제조하여 판매를 시작한다는 스토리. 하지만 그는 부를 축적하게 되면서 '가족을 위해서'라는 말은 한낱 변명으로 변하고 더 많은 부를 모으기 위해 점점 사악한 인간이 되어 간다. 인간의 탐욕과 희생 등을 심도있게 다룬 수작드라마이다. 또한 1960년대 미국 광고업계 종사자를 칭하는 〈Mad Men〉 또한 뛰어난 작품성과 연기로 많이 이들의 사랑을 받고 있다.

House of Cards
케빈 스페이시의 출연으로 화제를 모은 정치드라마. 부인의 도움을 받아 상원의원에서 대통령이 되고 다시 연임을 하기 위해 벌어지는 미국 정계의 권력과 야망, 암투 등을 흥미진진하게 다룬 미드이다.

그밖에 미국에서 장수하는 〈How I Met Your Mother〉, 〈Two and a Half Men〉, 〈Scandal〉, 〈Orange is the New Black〉 등이 있다.

범죄 수사물 - 정통

Law & Order
범죄 수사물 하면 두 명의 제작자를 거론하지 않을 수 없다. 〈CSI〉의 제작자 Jerry Bruckheimer와 〈Law & Order〉의 제작자 Dick Wolf이다. 정말 많은 수작의 범죄물을 장기간 제작한 두 사람에게 경의를 표하지 않을 수 없다. 먼저 원조 〈Law & Order〉는 최장수 미드로 시즌 20까지 갔다. 우리나라에서는 〈범죄 수사대〉라는 제목으로 상영됐는데 상반부는 범인 체포, 후반부는 검사와 변호사의 치열한 공방 싸움으로 쏠쏠한 재미를 주었다. 스핀오프인 〈뉴욕 특수수사대〉는 〈CSI〉와는 전혀 다르게 인간의 심리를 역이용해 자백을 받거나 사건을 해결하는 긴장감 넘치는 수작 드라마이다.

Law & Order - Special Victims Units
〈성범죄 수사대, SVU〉란 제목으로 방영중인 〈Law & Order〉의 스핀오프 중 하나이다. 미국에서는 상당한 인기를 끌고 있는 작품으로 주로 성범죄 관련 범죄자를 체포하는 수사물이다. 특히 남자 수사관 엘리엇과 여자 수사관 벤슨의 연기가 돋보인다.

CSI
현직 범죄자들, 예비 범죄인들 그리고 평범하게 살려는 우리까지도 죄를 지으면 안되겠다는 마음이 들게하는 무시무시한 드라마다. 여기서 제리 브룩하이머의 천재성을 엿볼 수 있다. 〈CSI〉는 '모든 것은 증거가 말해준다(follow the evidence)'라는 명대사 등이 나오는 신세대 최고의 범죄 수사물이다. 원조격인 〈CSI Las Vegas〉는 그리섬이 연극에 대한 열정으로 물러나고 반장이 계속 바뀌는 상황 속에서도 장수하고 있다. 〈CSI Las Vegas〉가 철저히 이성적으로 증거에 따라 과학적인 분석을 통해 범인을 잡는 반면, 스핀오프로 탄생된 〈CSI Miami〉는 호라시오 반장의 감성적인 호소력으로 그를 호반장으로 부를만큼 역시 큰 인기를 이어갔다. 다만 지나치게 감성과 액션에 의지하다 보니 점점 구성의 탄탄함이 떨어지는 것이 결점이다. 〈CSI〉의 세번째 스핀오프인 〈CSI New York〉은 아쉽게도 앞의 두 〈CSI〉와 별다른 차별화 없는 밋밋한 작품이다. 최근에는 〈Medium〉에서 뛰어난 연기력을 보여줬던 패트리샤 아퀘트 주연의 〈CSI CYBER〉가 CSI의 명목을 이어가고 있다.

Without A Trace & Cold Case
〈위드아웃 어 트레이스〉로 방영하는 제리 브룩하이머의 작품으로 멀론 반장을 중심으로 한 수사요원들의 탄탄한 연기력과 실종자를 역으로 찾는다는 발상이 특이한 범죄물이다. 실종된 이의 삶을 역추적하면서 주변 사람들조차 몰랐던 실종자의 고통과 고뇌가 밝혀지면서 우리의 삶이 얼마나 위장되고 슬픈가를 느끼게 하는 감동 드라마이다. 브룩하이머의 또 다른 작품인 〈Cold Case〉 역시 여자 반장 릴리를 중심으로 곡소리 비슷한 오프닝의 시그널 음악처럼 과거에 해결되지 않은 사건을 현대의 새로운 과학수사기법을 통해 해결하는 좀 특이한 수사물이다. 범인을 찾는 과정에서 과거에는 알 수 없었던 사람들의 거짓과 진실이 드러나면서 애잔한 감동을 불러일으키는 드라마이다. 보너스로 20세기 초부터 중후반까지의 미국문화를 엿볼 수도 있는 작품이다.

Criminal Minds
범죄 수사물 중에서도 특이하게 연쇄살인범의 심리를 프로파일링해 범인을 찾는 FBI 수사물이다. 현재 최고의 인기 수사물로 〈CSI〉와는 정반대로 범인의 과거의 삶과 현재의 상황, 심리 등을 종합·분석하여 프로파일링해 범인을 좁혀 간다. 보통 범인을 잡으면 통쾌하고 권선징악이 떠오르게 마련이지만 〈Criminal Minds〉에서는 범인을 사살하거나 잡고나면 오히려 마음이 더 무거워진다. 동정해서가 아니라 범인이 저렇게 행동할 수 밖에 없는 상황이 너무 슬프기 때문이다. 부모 혹은 형제 등 주변 사람들과의 관계와 상황 때문에 자신도 어쩔 수 없이 저지른 범인의 행동에 맘이 무거워진다. 주변의 무관심 속에 외로움 때문에 목을 매 자살하는 우울증에 걸린 이들처럼, 범인들의 행동도 자신이 어쩔 수 없는 경우가 대부분이다. 다른 수사물의 동기가 치정, 돈, 질투 등인 반면 여기에 등장하는 범인들의 동기는 그렇게 태어난 죄와 그렇게 살려진 삶이기 때문에 더욱 더 슬프다. 하치너의 냉정한 리더쉽, 기디언에 이은 로시 그리고 모건, 프렌티스 또한 JJ와 가르시아의 연기가 볼만하다.

Flash Point
캐나다 경찰 특공대 SRU 팀의 활약을 그린 드라마. 수사보단 범죄, 테러, 자살시도 등 범죄자들의 범행현장에 투입돼 협상하고 제압하는데 초점이 맞춰져 있다. 긴박한 액션임에도 협상하면서 밝혀지는 범행동기, 숨겨진 진실 등이 눈물짓게 하는 휴머니즘을 갖춘 드라마.

Closer
브렌다의 넘치는 애교와 단것을 무척 좋아하는 모습에 웃음이 절로 나오지만 범인을 취조할 때는 두뇌회전이 압권인 〈Closer〉는 〈CSI〉류와는 또 다른 재미를 준다. 처음에는 〈실버수사대〉처럼 생각이 들 정도였지만 브렌다가 북치고 장구치고 하면서 극을 아주 재미있게 끌고 가는 미드이다.

Person of Interest
인터넷, 핸드폰, CCTV 등을 모두 모아 AI를 만들어 테러방지를 하게 된다. 이 기계를 만든 사람 중의 한명인 해롤드 핀치와 전직 CIA요원 존 리스가 힘을 합쳐 강력범죄 등을 예측하여 사전에 예방하는 수사물. 첨단기술의 발달로 인간의 일거수일투족을 감시할 수 있게 빅브라더의 등장이 현실화되는 요즘 우리의 본능적인 관심을 끌 수밖에 없는 드라마이다.

Stalker
범죄수사물의 영역을 넓힌 드라마. 처음에는 강력범죄만을 다루었으나 소재를 넓혀 성범죄수사, 실종수사, 그리고 연쇄살인 등을 전문적으로 다룬 드라마들이 나왔다. Stalker는 스토킹을 전담하는 수사관들의 이야기를 그린 드라마로 〈니키타〉로 유명해진 매기 큐가 주인공으로 나온다.

그밖에 폭발적 인기를 끌다가 시즌 3부터 곤두박질 친 〈프리즌 브레이크〉, 시체에서 뼈만 남았을 경우 이를 토대로 범죄자를 찾는 〈Bones〉, 증인을 보호하는 US Marshall의 활약을 그린 〈In Plain Sight〉, 그리고 과거 액션 미드를 리메이크한 〈하와이 파이브 오〉, 〈전격 Z작전 나이트 라이더〉 등이 있다. 또한 좀 특이한 범죄물로 살인 욕구를 채우기 위해 흉악범들을 연쇄살인하는 한 법의학 전문가의 이야기를 다룬 〈덱스터〉도 있다.

How to

범죄 수사물 + α

Mentalist
정통 범죄수사물이라기 보다는 정식 수사요원 외에 외부 인물 한 명이 가세하여 사건을 풀어 가는 반정통(?) 수사물로 가장 인기있는 건 뭐니뭐니해도 〈멘탈리스트〉이다. 금발 제인(남자)의 날카로운 분석력을 통해서 사건을 해결하는 드라마로 역시 과학적인 방법보다는 고도의 심리전을 사용하는 흥미로운 미드로 많은 사람들의 호응을 받고 있다.

Castle
추리소설작가 캐슬과 여수사관 베켓이 벌이는 묘한 감정과 예리하게 범죄자를 쫓는 반 코믹 수사물로 부담없이 즐기기에 아주 재미난 미드이지만 갈수록 초반의 흡인력을 상실하고 있는 아쉬운 드라마.

Perception
한 정신분열증 천재교수가 제자였던 FBI 케이트 요원을 도와 사건을 해결하는 심리 수사물. 또한 좀 지나간 미드이지만 꿈을 통해 사건의 해결실마리를 찾는 영매 앨리슨 드보아의 이야기인 〈Medium〉 역시 잘 만들어진 수사물이다. 앨리슨 드보아 역의 패트리샤 아퀘트는 〈CSI CYBER〉에 출연중이기도 하다.

Blacklist
특이하게도 범죄자를 통해 범죄인들을 잡는다는 기발한 소재의 드라마. 거물 범죄자인 레딩턴이 FBI에 자수하면서 자신이 정한 FBI요원 엘리자베스 킨과 함께 범죄를 하나씩 풀어나가는 기존 수사물과는 조금은 차원이 다른 수사물이다. 레딩턴의 역을 맡은 제임스 스페이더의 연기력에 빠지기만 해도 족한 미드이다.

Numbers
Ridley Scott 형제가 제작한 수사물로 모든 사건을 수(numbers)로 푸는 상당히 특이한 FBI 드라마이다. 역시 수사관의 동생인 천재가 협력한다.

Monk
강박증에 사로잡혀 정상적으로 경찰직을 수행하지 못해 사설탐정으로 활약하는, 뛰어난 기억력과 예리한 관찰력으로 남이 보지 못하는 것을 보는 능력으로 사건을 해결하는 해결사의 이야기다. 또한 가벼운 터치의 수사물로 제목대로 사이크(심령술사) 끼가 있는 주인공과 조수의 이야기인 〈사이크〉도 있다.

첩보물

24
드라마의 시간과 현실의 시간흐름이 동일하게 흘러가는 기발한 첩보물로, 〈CTU(Counter Terrorist Unit)〉의 주인공 잭 바우어가 테러범들과 펼치는 스릴만점의 미드. 아마 모든 미드 중에서 한 편을 보는 심리적인 시간이 가장 짧을 것이다. 그만큼 몰입하게 하는 강도가 무척 강렬하다. 잭 바우어의 명연기와 목소리의 긴박감 또한 명품이다.

NCIS(Naval Criminal Investigative Service)
우리나라 뿐만 아니라 미국에서도 상종가를 치고 있는 해군첩보 수사대로, 해군·해병대와 관련된 살인사건과 첩보사건을 해결하는 스토리로 전세계적인 인기를 끌고 있다. 먼저 주인공 깁스의 카리스마, 토니와 지바의 끊임없는 티격태격, 매번 당하는 데 일가견이 있는 프로비, 맥기 그리고 괴짜 천재 애비의 독특한 의상 등 많은 이들의 인기를 한몸에 받고 있는 미드이다. 그 인기에 힘입어 〈NCIS: LA〉 및 〈NCIS: NEW ORLEANS〉라는 스핀오프가 나왔다.

Homeland

알케에다 등의 테러집단들로부터 미국내 테러를 막는 것을 주 테마로 한 드라마. 클레어 데인즈와 데미안 루이스의 뛰어난 연기로 화제를 모은 Homeland, 놓치면 후회하는 드라마일 것이다. 특히 미국인들의 테러에 대한 강박증을 투영한 클레어 데인즈의 연기가 압권이다.

위의 두 작품 외에 제니퍼 가너를 내세운 〈엘리어스〉, 어설픈 척의 머리에 인터섹트가 내장되면서 예쁜 새라와 첩보활동을 하는, 이야기의 구성보다는 주인공 캐릭터로 장수하는 코믹첩보물 〈척〉, 또한 전직 CIA 요원의 좌충우돌을 그린 〈번노티스〉 등이 있다.

법정 드라마

Good Wife

명감독 리들리 스콧의 작품으로 탄탄한 구성과 피터 플로릭, 알리샤 플로릭의 명연기 등으로 많은 각광을 받고 있는 미드이다. 파탄 직전의 가정과 일반 법정 사건들을 풀어가는 이 중구조로, 역시 리들리 스콧이라는 말이 나올 만큼 수준 높은 드라마이다.

How to Get Away With Murder

신선한 형태, 속도감 그리고 반전에 반전을 거듭하는 수작 법정 스릴러. 로스쿨 교수이자 현직 변호사인 키팅 교수와 학생들이 사건을 해결하면서 벌어지는 일들을 그린 이야기로 한번 빠지면 못빠져나오는 중독성이 강한 드라마이다.

Boston Legal

법률회사 사람들과 그들을 둘러싼 사건들을 중심으로 펼쳐지는 약간은 코믹하고 약간은 야하고, 어떤 때는 웃기기도 하고 어떤 때는 인생의 애환이 느껴지는 수작이다.

Suits

대형로펌에서 가짜 하버드 출신 변호사의 활약을 다룬 Suits, 그리고 연기파 글렌 클로즈가 주인공으로 나오는 법정 드라마 〈Damages〉도 빼놓을 수 없는 작품이다.

또한 존 그리샴 원작을 미드화한 법정 스릴러 〈야망의 함정: The Firm〉, 보스턴을 무대로 변호사들의 일과 사랑을 다룬 〈앨리맥빌〉, 아쉽게 시즌 2에서 끝난 〈클로즈투홈〉, 〈샤크〉, 그리고 〈일라이 스톤〉 등이 있다.

SF 혹은 미스테리

Walking Dead

대표적인 좀비 드라마로 좀비의 잔인한 모습이나 흥미 위주의 액션이 아닌 좀비로 문명이 몰락한 디스토피아를 배경으로 살아남은 인간들을 통해 극한의 상황에서 생겨나는 갈등과 사랑, 우정, 일상에선 숨겨졌던 극단적인 모습 등을 그린 휴머니즘 드라마이다.

Orphan Black

현실에 근접한 SF라고 할 수 있는 복제인간에 대한 이야기로 참신한 아이디어와 흥미로운 드라마 전개로 많은 이들의 관심을 받고 있다. 특히 1인 7역을 소화하는 타티아나 마슬라니의 연기력이 돋보인다.

Fringe

우리가 도저히 이해할 수 없는 사건들을 전문적으로 파헤치는 FBI 요원 올리비

How to

아 덤햄의 활약을 그린 수사물로 많은 흥미를 끌지만 〈X-file〉보다는 좀 난해하고, 시리즈가 계속 되면서 즐거리가 복잡해져 매니아층만 즐기는 듯한 인상을 풍긴다.

Heroes
초능력을 갖게 된 인물들이 활약하는 모습을 그린 드라마로 많은 인기를 끌었다.

Supernatural
퇴마사인 두 형제가 악마를 물리치는 이야기로 허접한 귀신들로 시작해서 시즌이 갈수록 스케일이 커지고 천사와 악마가 등장하는 등 시즌이 갈수록 흥미진진한 대표적인 초자연적 드라마이다.

Ghost Whisperer
우리나라의 〈전설의 고향〉과 비슷하게 억울하게 죽은 원혼을 볼 수 있는 고든(제니퍼 러브 휴잇)이 구천을 헤매는 영혼의 원혼을 풀어주고 천국에 보내주는 선행드라마이다.

그밖에 〈배틀스타 갤럭티카〉, 〈트루 블러드〉, 〈뱀파이어 다이어리〉, 〈데드존〉 그리고 〈페니 드레드풀〉 등 초자연적인 현상 및 SF를 다룬 미드는 꽤 많은 인기를 끌고 있다.

의학 드라마

House
원인 불명의 질병을 앓는 환자들을 진단하는 진단과 의사 닥터 하우스와 동료들의 이야기. 환자의 생명보단 병의 수수께끼를 푸는데 관심이 있고, 지독하게 이기적이며 신랄한 독설과 유머를 내뱉는 괴짜의사 하우스의 역을 맡은 Hugh Laurie의 연기가 압권이다. 최고의 의학 드라마로 꼭 챙겨봐야 하는 미드 중에 하나이다.

Grey Anatomy
한국계 산드라 오가 나와 우리의 관심을 끈 〈Grey Anatomy〉는 의료진의 활동 및 그들의 사랑과 열정을 그린 로맨스 드라마이다.

Nip/ Tuck
의학드라마 중 성형외과의사들의 이야기를 다룬 미드. 성형은 단순히 배경이고 가정의 갈등과 화해를 보여 주는 휴먼 드라마로 좀 야하다.

그밖에 의학드라마의 대명사인 〈ER〉이 있다.

고전물

Game of Thornes
판타지 소설 〈얼음과 불의 노래〉를 영상화한 미드. 〈왕좌의 게임〉은 7부까지 예정된 〈얼음과 불의 노래〉 1부의 제목. 시즌 1은 이름대로 판타지적 요소보다는 7왕국의 왕좌를 둘러싼 음모와 권력다툼의 정치물적 성격이 강하다. 입에서 불을 뿜어내는 용이 나오는 등 판타지성 드라마이지만 그보다는 인간들 사이의 갈등, 욕망, 배신 등이 잘 스며들어 있는 드라마의 성격이 강하다.

Spartacus
로마시대에 노예 신분 탈출을 시도한 실존 인물 스파르타쿠스를 주인공으로 한 드라마로, 줄거리의 구성 뿐만 아니라 그래픽한 검투사들의 잔인한 싸움 장면과 거침없는 노출로 세간의 화제가 된 미드이다.

그외 가벼운 판타지물인 〈레전드 오브 시커〉, 헨리 8세의 일대기를 그린 〈튜더스〉 그리고 르네상스 시대의 타락한 보르지아 가문에서 배출한 보르지아 교황의 타락과 부패를 그린 〈보르지아〉는 제레미 아이언스의 명연기가 돋보인다.

수퍼히어로

Daredevil

소재의 한계에 부딪힌 미국 미드산업계가 눈을 돌린 곳은 기존의 수퍼히어로들이다. 〈Daredevil〉은 그 중에서도 가장 돋보이는 작품으로 미국 마블코믹스 드라마. 앞이 보이지는 않지만 맨손으로 도시의 정의를 지키는 평범한 영웅 이야기로 많은 호평을 받고 있다. 특히 〈뉴욕특수수사대〉의 고렌형사 역을 한 빈센트 도노프리오가 연기한 Kingpin의 연기가 압권이다.

Agents of Shield

역시 마블코믹스의 드라마로 어벤저스 이후의 비밀기관 요원들의 활약상을 담은 작품이다. 그리고 스핀오프인 캡틴 아메리카의 짝사랑인 페기 카터가 단독으로 나와 쉴드에서 활약하는 내용의 드라마인 〈Agent of Carter〉 또한 볼만하다. 토니 스타크의 아버지였던 하워드 스타크의 발명품이 도난당하는데 이 도난당한 발명품을 찾는 이야기가 메인 스토리이다.

Gotham

이번에는 DC코믹스의 작품. 배트맨 프리퀄의 성격이 강한 드라마로 어린 시절의 브루스 이야기를 다루고 있다. 고든 형사와 악당들과의 싸움 속에서 브루스가 어떻게 성장하여 배트맨이 되는가를 보는 것도 흥미로운 감상법이다.

The Flash

연구소의 폭발사고로 초인간적인 수퍼히어로가 된 역시 DC코믹스의 작품으로 같은 회사의 작품을 미드로 만든 〈Arrow〉와 함께 많은 사람들의 주목을 끌고 있다.

그밖에 김윤진이 출연해서 화제를 모은 〈Lost〉, 〈Mistress〉 70년대 젊은이들의 모습을 코믹하게 그린 〈70's show〉, 정치 드라마 〈West Wing〉, 예전의 제 5전선과 유사한 〈레버리지〉, 〈X-file〉의 데이빗 듀코브니가 출연하는 캘리포니아와 fornication의 합성어인 〈캘리포니케이션〉 등 미드의 종류와 작품은 다양하다. 앞으로도 계속 대작도 나오고 중작, 소작도 많이 나올 것이다. 개인의 선호도에 따라 차이가 있겠지만 거부감 없이 생소한 미드를 접하다 보면 의외로 재미를 느끼는 경우가 많다. 그때를 대비해서 가능한 미드에 많이 나오는 영어표현들에 친숙해지면 미드 보는 재미도 느끼고 영어실력도 쑥쑥 올라가는 보람찬 결과를 얻을 수 있을 것이다.

How to 멘토스 미드영어 표현사전 보는 법

미드영어는 너무 방대해서 모두 다 담기는 불가능하다. 일상생활 뿐만아니라 과거의 유행어, 영국식 영어 등 네이티브조차 생소한 표현이 마구 나오기 때문이다. 『ALL NEW 미드영어표현사전』에서는 가능한 한 많이 나오는 표현을 중심으로, 키워드별로 최대한 많은 표현을 중요 표현과 설명을 곁들여 정리하였다. 미드에 재미를 붙이고 싶고 그러면서 영어실력 또한 향상되길 바라는 사람들에게 큰 도움이 될 것이라 확신한다.

키워드 사전이기는 하지만 단어 자체가 중요하지는 않기 때문에 조그맣게 표시하였다.

미드 표현 미드에 자주 나오는 표현들이다.

대표 표현 키워드를 중심으로 여러 중요 표현들 중에서 가장 많이 쓰이거나 미드적인 표현들이다.

미드 예문 가장 미드 냄새가 팍팍 나는 예문들을 수록하였다.

우리말 설명 공간이 부족했지만 가능한 왜 그런 의미를 갖게 되는지 그 이유를 논리적으로 설명하여 이해를 도왔다.

More Expression 아쉽게 메인 표현에 들지 못한 표현들을 수록하였다.

***Supplements** 『ALL NEW 미드영어표현사전』에 새롭게 수록된 표현들.

놓치면 원통한 미드 표현들 메인으로 뽑기에는 좀 약하지만, 미드 냄새가 진동하는 표현들을 간단한 예문과 함께 모아 정리하였다.

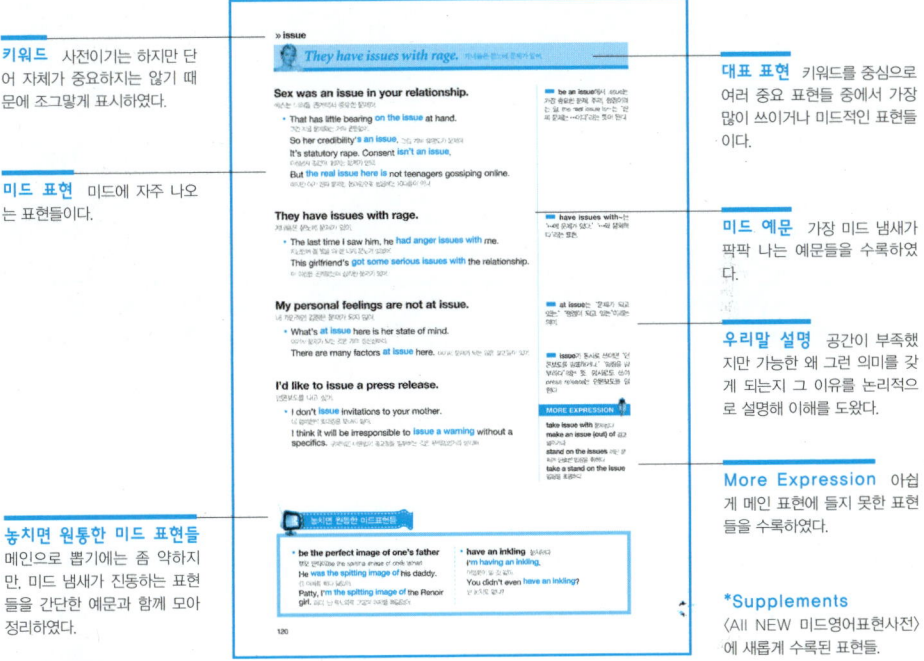

CONTENTS

ALL NEW 미드영어표현사전 A-F

미드 Expressions **A** _ 12
미드 Expressions **B** _ 54
미드 Expressions **C** _ 138
미드 Expressions **D** _ 210
미드 Expressions **E** _ 270
미드 Expressions **F** _ 294
Supplements _ 349

ALL NEW 미드영어표현사전 G-P

미드 Expressions **G** _ 12
미드 Expressions **H** _ 50
미드 Expressions **I/J/K** _ 112
미드 Expressions **L** _ 146
미드 Expressions **M** _ 186
미드 Expressions **N** _ 228
미드 Expressions **O/P** _ 252
Supplements _ 327

ALL NEW 미드영어표현사전 Q-Z

미드 Expressions **Q/R** _ 12
미드 Expressions **S** _ 58
미드 Expressions **T** _ 190
미드 Expressions **U/V** _ 260
미드 Expressions **W** _ 268
미드 Expressions **Y/Z** _ 330
Supplements _ 335

» gag

 So you gagged her. 그래서 입에 재갈을 물렸구나.

Are you gagging over there?
너 목이 막힌거야?

- A: I had to stop her. B: So you **gagged** her.
  A: 난 걔를 멈추게 해야 했어. B: 그래서 입에 재갈을 물렸구나.

  Hey, you said that without **gagging**!
  야, 넌 망설임도 없이 말하네!

Oh gag me. Look at Sarah's new clothes.
열받아. 새라의 새 옷 봐봐.

- I hate the taste of cheese. **Gag me.** 치즈맛은 정말 싫어. 열받아.

  The smell from the bathroom was enough to **gag me**.
  화장실 냄새가 날 숨막히게 해.

Just a little gag gift somebody gave me.
누가 내게 준 장난스런 선물이야.

- A: It's a great **gag gift**. B: Yeah, it's really funny.
  A: 멋진 장난스런 선물이야. B: 그래, 정말 재미있겠다.

  Oh, my God! That's genius! A **gag gift**! 이런! 정말 멋지다! 장난선물이라니!

■ gag은 입에 재갈을 물리다, 말을 막다라는 의미.

■ Gag me!는 1980년대초의 슬랭으로 요즘에는 별로 쓰이지 않는 표현. '열받아' 라는 의미. 한편 gag me with a spoon은 '역겹다,' '치겹다' 라는 표현.

■ a gag gift는 장난으로 웃기려고 주는 작고 우스꽝스러운 선물을 말한다.

» game

Look who's got game. 정말 일을 효과적으로 잘하네.

You gotta get back in the game.
다시 뛰어야지.

- Why? You told me to **get back in the game**. 왜? 다시 시작한다고 했잖아.
  You just need to **get back on the horse**. 넌 다시 시작해야 돼.

Maybe I wanted to play his game.
아마도 난 걔의 방식대로 하고 싶었어.

- She's **just playing her game**, right? 걔 자기 방식대로 하고 있지, 맞아?
  Don't **play games with** me. 날 가지고 놀 생각은 마.

Maybe Kai really is off her game.
카이는 아마도 제 컨디션이 아닌 것 같아.

- He's **been a little off his game** lately. 걔 최근 좀 상태가 안좋아.
  What's going on here? You **seem to be off your game**. 무슨 일이야? 너 상태가 안좋아 보여.

You know what? This game's over.
저 말이야, 이번 게임은 끝났어.

- It'll be **game over**, you'll be dead. 게임끝이고 넌 이제 죽은 목숨이야.
  Oh, **game over**. Call it a tie. 오, 게임끝났어. 비겼다고 하자.

What's the game?
어떻게 된거야?

- **What's your game?** Why're you trying to take over my company? 도대체 왜그러는거야? 왜 내 회사를 인수하려고 하는거야?
  I know your game. 네 수법 다 알아.
  You game? I'm game. 너도 할래? 나 할거야.
  I come up with **a new game plan**. 새로운 전략을 생각해냈어.
  What's the game plan? 계획이 뭔데?

This is a game to you. But not to me.
이건 네겐 게임이지만 난 아냐.

- Life **is a game**. Play it. 인생은 게임이야. 즐기라고.
  This **is not a game to** me, okay? 내겐 게임이 아냐, 알겠어?

Look who's got game.
정말 일을 효과적으로 잘하네.

- Jeff **has game to** get a girl like that. 제프는 저런 여자를 잡는데 선수야.
  The new basketball player really **has game**. 신입농구선수가 정말 잘해.

■ get[be, want] back in the game은 '게임에 다시 뛴다'는 의미로 비유적으로 '좌절과 절망의 시기를 극복하고 다시 삶에 뛰어든다'는 표현. '말에 다시 올라탄다'라는 말인 get back on the horse도 같은 의미.

■ play sb's game은 sb가 생각하는 일의 방식이나 사고방식 등 'sb의 방식에 따르다'라는 표현. 반면 play games (with sb) 하면 원하는 걸 얻기 위해 부정직한 방법으로 '(…을) 속이다,' '가지고 놀다'라는 뜻으로 쓰인다.

■ be off one's game은 경기에 참가한 사람 등이 '자기 컨디션이 아니다'라는 의미.

■ Game's over는 게임이 끝났다는 말로 비유적으로 '어떤 상황이나 일 등이 끝났다'고 말할 때 사용한다. game over의 형태로도 쓰인다.

■ What's the[sb's] game? 여기서 game은 상대방 행동의 진짜 이유를 말하는 것으로 '도대체 왜그래?,' '어떻게 된거야?'라는 뜻. 또한 know one's game하게 되면 '네 수작[수법]을 알다,' 그리고 '새로운 것, 어려운 것 또는 위험한 것을 시도할 의지[용기]가 있는(willing)'이라는 뜻으로 주로 You game?, I'm game 등의 형태로 쓰인다. 또한 game plan은 '전략,' '작전'이라는 뜻

■ be a game은 상대적으로 심각하고 진지하게 아니라 장난이나 게임이라는 의미.

■ Look who's got game은 '뭔가 일을 효과적으로 잘 할 수 있다'는 것을 뜻한다. 한편 get a game은 게임이 있다는 말로, get a game going+시간이라고 해도 된다.

MORE EXPRESSION

lose[win] the game 지대[이기다]
the name of the game 핵심, 본질
make game of 놀리다
The game's up. 게임끝, 끝났다.

» get

What have you got there? 무슨 일이야?

Let's get together sometime.
조만간 한번 보자.

- We should **get together** sometime. 우리 언제 한번 봐야지.
  Did you **get together with** him? 걔 만났어?

■ **get together (with sb)**
는 회의 등의 목적이 아니라 가볍게 캐주얼하게 만나는 것을 말하며 get-together 형태로 명사로도 쓰인다.

So, either get it together or get it apart.
그래, 정신차리던지 망가지던지 해.

- I mean you probably wait and really **get it together** and do it.
  내 말은 네가 좀 기다렸다 정신을 가다듬고 그걸 하는 거야.
  Get out of here and **get it together**. 나가서 정신 좀 차려.

■ **get it together**는 성공하기 위해 자기 자신을 통제하는 것을 뜻하는 것으로 '뭔가 잘해내다' 혹은 '정신을 가다듬다' 라는 뜻이 된다. 또한 get oneself together하면 '침착하게 맘을 정리한다' 는 뜻.

You can't always get what you want.
항상 원하는 걸 얻을 수는 없어.

- What'd you do? Did you **get what you wanted**?
  뭘한거야? 네가 원하는 걸 얻었어?
  Why don't you just say it to **get what you want**?
  그냥 말하고 원하는 걸 얻지 그래?

■ **get what sb want**는 'sb 가 원하는 것을 얻는다' 라는 뜻. 옆의 첫 번째 예문은 롤링스톤즈 믹재거의 노래제목으로도 유명하다.

Hi, what's got you down?
안녕, 무슨 고민있어?

- Don't let it **get you down**. 그것 때문에 기죽지마.
  He **got down** on Joseph until he was fired. 걘 해고될 때까지 조셉을 야단쳤어.
  I hate people **getting down on themselves**. 난 자책하는 사람들이 싫어.

■ **get sb down**은 'sb를 기죽이거나 우울하게 만들다' 라는 말로 주어자리에는 사람이나 사물이 올 수 있다. 특히 사람이 올 경우 '…을 비난하다' 라는 뜻. 그래서 '자책하다' 라는 의미의 get down on oneself의 형태로도 많이 쓰인다.

I have the feeling they got it down already.
걔네들이 벌써 잘 하고 있다는 느낌을 받았어.

- It'll take time, but you'll **get it down**. 시간걸리겠지만 넌 잘할거야.
  Who's up for **getting down**? 누가 가서 놀래?, 누가 섹스할래?
  What is this a funeral? Why **aren't** you guys **getting down**?
  장례식야? 왜 즐겁게 놀지 않아?

■ **be getting down**은 파티하자, 즉 '가서 놀자' 라는 의미도 되지만 암묵적으로 '섹스를 하다' 라는 의미도 된다. 또한 get it down은 뭔가 '일을 능숙하게 잘 한다' 라는 의미.(be able to do sth well or skillfully) 뜻.

Get down on the ground.
바닥에 엎드려.

- **Get down!** Hands on your head! 엎드려! 두손을 머리 뒤로 하고!
  You have to **get down** here immediately. 너 당장 이리로 와야 돼.

■ **get down**은 물리적으로 몸을 낮추다는 뜻으로 주로 총격전에서 '피하다,' '머리를 숙이다' 라는 의미. 범인에게 무릎을 꿇으라고 할 때의 get down on your knees가 많이 쓰인다. 한편 get down there[here]하면 '이리로 오다,' '저리로 가다' 라는 의미.

When you get right down to it?
언제 핵심을 말할거야?

- Let's **get right down to** it, shall we? 그럼 핵심에 대해 말을 하자, 그럴까?

■ **get right down to**는 '빨리 요점이나 핵심을 말하다' (get to the point quickly)라는 의미.

14

I'm getting to it.
그 이야기를 할거야.

- Let me just get right to it. Amy is so judgmental.
  직접적으로 말할게. 에이미는 비판적이야.
  She always gets right to the point. 걘 항상 단도직입적으로 말해.

> **get (right) to it**은 '…을 바로 시작하다,' '말하다' 라는 의미이며 get right to the point도 같은 표현으로 '단도직입적으로 말하다' 라는 뜻이 된다.

I'll never get through this.
난 결코 이 일을 해낼 수 없을거야.

- Am I getting through on this? 이 문제에 대해 내 말을 이해했지?
  I need someone to get through to him. 걘 이해시킬 사람이 필요해.

> **get through**는 어려운 상황을 이겨내다라는 '경험하다' 라는 뜻의 go through와 구분해야 한다. 또한 get through to sb하면 'sb에게 이해시키다,' get through on sth하면 '…에 대해 이해시키다,' '의사소통하다' 라는 뜻이 된다.

Could I get by please?
좀 지나갈 수 있을까요?

- I've been getting by. 겨우 살아가는 중이야.
  I'm cute. I get by. 난 귀여우니까, 그냥 넘어갈 수 있어.

> **get by**는 기본적으로 '지나가다' 그리고 나아가 '들키지 않고 잘 빠져나가다,' 더 나아가 '남을 교묘히 속이다' 라는 의미까지 지니게 된다.

I've got you this time.
이번에 사정 안 봐주겠다.

- I'll get you later. 다음에 보자.
  Don't get me again. 날 또 속일 생각은 하지마.

> **get sb**의 경우는 다양하게 쓰이는데 get sb later는 '다음에 보자' 혹은 '두고보자,' 그리고 get sb this time은 '이번엔 안봐주겠다,' 또한 get sb하면 '…을 화나게하다,' '속이다' 라는 뜻으로 이때는 get to sb와 같은 의미.

Don't let it get to you.
신경쓰지마.

- It's really getting to me. 그것 때문에 정말 화나.
  She got to you. 너도 걔한데 말려든거야.

> **sth get to sb**는 주어가 sb를 '…을 화나게 하다, 거슬리게 하다' 라는 뜻. 또한 sb get to sb하면 역시 get to sb의 형태이지만 주어가 사람이 나오는 경우로 뒤에 나오는 'sb에게 영향력을 끼치거나 설득하는' 것을 말한다.

You two get along?
너희들 잘지내?

- You and your wife didn't get along. 너와 네 아내는 잘 지내지 못했어.
  No, I get along with everyone. 아니, 난 모든 사람들과 잘 지내.

> **get along (with sb)**는 (…와) 잘 지내다라는 기본 숙어로 get along swimmingly하게 되면 '일사천리로 친해지다,' '보자마자 친해지다' 라는 뜻이 된다.

Get away from it.
그것으로부터 도망가.

- Why is Sam itching to get away from you? 왜 샘이 너한테서 벗어나려 안달야?
  Dad decided to get away from the office for a while.
  아빠는 잠시동안 사무실을 벗어나 계시기로 결정했어.

> **get away from**은 '…로부터 도망가다,' '빠져나가다,' '벗어나다' 라는 표현. 또한 get away라고 하면 '휴가가다,' '휴식을 취하다' 라는 표현이 된다.

Get out of my ER.
내 응급실에서 나가.

- Get out of here, you little scamp! 웃기는 소리마, 이 장난꾸러기야!
  She needs to get out of here. 걘 여기서 나가야 돼.

> **get out (of)**에서 get out는 밖으로 나가다, 퇴소하다라는 뜻으로 어디에서 나가냐를 말할 때는 get out of~라고 하면 된다. 특히 Get out!(꺼져!)나 Get out of here!(꺼져, 웃기는 소리매)가 많이 쓰인다.

Get over it.
잊어버려.

- I can't get over it. 정말 놀라웠어, 놀랍군.
  I just want to get it over with. 난 그냥 빨리 해치워버렸으면 좋겠어.
  Get over yourself. I was just trying to make you laugh!
  건방떨지마. 난 그냥 너 웃길려고 한거야.

> **get over it (with)**는 뭔가 기분 안좋은 일을 피하기 위해 일을 빨리 끝내라는 말로 '빨리 해치우다' 정도로 해석하면 된다. 보통 it은 불쾌한 일을 말하게 된다. get over yourself는 상대방이 필요이상으로 진지하게 행동하거나 잘난 척을 할 때 던질 수 있는 표현이다.

Let me get back to you on that.
나중에 이야기할게요.

- I'm gonna have'ta get back to you on that one.
  그거에 대해 나중에 연락할게.
  We'll get back to you as soon as we can. 가능한 한 빨리 연락할게.
  I'm going to do everything I can to get you back to her.
  널 걔한데 데려다 주기 위해 할 수 있는 모든 것을 할거야.

> **get back to sb on sth**은 전화 등에서 지금은 바쁘니 나중에 연락해서 얘기하자고 할 때 쓰는 전형적인 표현. get back to basics하면 '기본으로 돌아가다'라는 말. get sb back은 '…을 다시 원래 있던 곳으로 데려다주다' 라는 의미.

She's only sleeping with you to get back at me.
걘 내게 앙갚음하기 위해 너와 잔거야.

- I just wish there was some way to get back at him.
  걔한테 복수할 방법이 있으면 좋겠어.
  I'm sure he just hurt Emily to get back at me.
  걔가 분명 내게 복수하기 위해 에밀리를 아프게 했을거야.

> **get back at**은 '복수하다' (revenge)라는 말로 at이나 on 다음에 복수하고픈 sb를 이어쓰면 된다.

Get on with it.
제대로 계속해봐.

- Let's get on with it. 계속하자.
  I'd like to get on with my question now. 이제 질문 계속 하고 싶어요.
  Come on, man, get with it! 이봐, 친구야, 유행 좀 따라라!

> **get on with**는 정말 다양한 의미로 사용되는데, '다루다,' '시작하다,' '계속하다,' '진척되다,' 그리고 '사이가 좋다' 등등이다. 특히 get on with it의 형태로 남들이 하기 싫은 어려운 일을 시작해서 계속하다라는 뜻으로 많이 쓰인다. 한편 get with it은 주로 시대와 유행에 뒤쳐지지 않고 따라온다는 의미.

How are you getting on?
어떻게 지내세요?

- Jim's goanna get it on with a TV reporter. 짐은 텔레비전 리포터와 섹스할거야.
  All right. Shirts off! Let's get it on! 좋아, 셔츠벗어! 우리 섹스하자.

> **get on**은 안부인사할 때 쓰게 되는 표현으로 '지내다' 라는 뜻. 잘지낸다는 get on very well이라고 하면 된다. 물론 get on 다음에 교통수단이 나오면 '…에 타다' 라는 뜻이고 get it on하면 '섹스하다' 라는 표현이 된다.

Are you getting on a bit?
잘하고 있지?

- It started to get on a bit, so we went to bed.
  시간이 늦어지자 우리는 잤어.
  After it got on a bit, the party really started. 일이 무르익자 파티가 시작됐어.

> **get on a bit**는 '일을 잘하고 있다' (do well) 혹은 '나이가 들어가고 있다' (be getting older), '시간이 흐르다' 라는 의미.

Will you tell me when to get off?
언제 출발해야하는지 알려줄래?

- Get off my crime scene. 내 범죄현장에서 손떼라고.
  You're not gonna get off that easily. 그렇게 쉽게 그걸 떨쳐버릴 수는 없을거야.

> **get off**는 분리한다는 기본적 의미에서 있던 곳을 떠나 출발하다, 그만두다, 퇴근하다, 그리고 뒤에 교통수단이 오면 '…에서 내리다' 라는 뜻으로 쓰인다. 또한 get off that easily하면 쉽게 '…을 떨쳐버리다' 라는 숙어가 된다.

Get off of me! Let me go!
날 놔줘! 가게 해줘!

- **Get off me!** What are you doing? 날 놓아줘! 너 뭐하는 거야?
- I hate my life! **Get off of me!** 내 인생이 싫어! 날 내버려 둬!

▇ **get off (of) sb**는 '…를 놔주다,' '놓다,' '만지지마' (stop touch)라는 뜻으로 of는 써도 되고 안써도 된다.

But it triggered a sexual response. He got off on it.
하지만 그래서 성적반응이 유발되고 걘 흥분을 한거야.

- They **get off on** the fact the victims never see them coming.
  그들은 피해자가 자기들이 오는 것을 보지 못한다는 사실에 흥분하고 있어.
- I don't **get off on** raping 17-year-olds, okay?
  난 17살짜리를 강간하는데 흥분하지 않아, 알겠어?

▇ **get off on**은 '…에 성적흥분하다,' '즐기다' 라는 의미.

You two get off with your careers.
두사람은 경력에 해가 되지 않아.

- The murderer **got off with** just a few years in jail.
  그 살인범은 감방에서 고작 몇 년밖에 처벌받지 않았어.
- Jill **got off with** several guys that night. 질은 그날 밤에 여러 놈하고 섹스했어.

▇ **get off with** 역시 다양한 의미로 쓰이는데 with sth이면 '…에 해가 되지 않다,' '처벌받지 않다' 라는 뜻이고 ~with sb가 되면 '…와 성적관계로 사귀다' 라는 뜻이 된다.

I just got off with Gale.
금방 게일하고 통화했어요.

- I just **got off with** the hospital. 금방 병원과 통화했어.
- A: You reach the parents? B: Just **got off with** the mother.
  A: 부모랑 통화했어? B: 엄마랑 통화했어.

▇ **get off (the phone) with sb**의 경우 보통 the phone을 빼고 get off with sb의 형태로 나오는데 방금 전화통화를 했다 (finish talking with sb)는 표현.

That's what gets him off.
그게 그 놈을 흥분시킨거야.

- And then he did what **gets him off**. He scared her.
  그리고 나서 걘 자기가 흥분되는 일을 했어. 그녀를 겁준거야.
- Maybe the act of strangulation is what **gets him off**.
  아마도 교살행위가 걜 흥분시키는 것 같아.

▇ **get sb off**는 sb를 get off 하게 한다는 말로 여기서 get off는 '흥분시키다,' '자극하다' 라는 말로 주로 ~what gets sb off의 형태로 쓰인다.

Can I get in on that?
나도 좀 끼어들어도 돼?

- Wait a minute, let me **get in on** this. 잠깐, 나도 붙여줘.
- If you wanna **get in on** this surgery, you better learn.
  이 수술에 참여하려면 더 배워야 돼.

▇ **get in on**은 어떤 일이나 사건에 '연루되다,' '끼다,' '관련되다' 라는 의미로 come in on이라고도 한다.

놓치면 원통한 미드표현들

- **a gal** 여자
  Your gal is somewhere in that building across the street.
  네 여자는 길건너 건물 어딘가에 있어.

- **bridge[narrow] the gap** 격차를 줄이다, 결함을 보완하다
  She's helping me **fill the gaps** of my memory.
  걘 내 기억력이 되살아나는데 도와주고 있어.

Get off your ass, come to the party.
그만 일어나, 파티에 와.

- **Get off your ass** and get your department under control.
  그만 고민하고 네 부서를 장악하라고.

  Oh, my God, **off to a bad start**. 오, 맙소사. 출발부터 나쁘네.

  I want to make things right with her. **Get off to a good new start**.
  난 개와의 일을 바로 잡고 싶어. 새롭게 출발하는거지.

▪ **get off one's butt[ass]** 는 엉덩이를 바닥에서 떼라는 뜻으로 그만 게으름이나 우유부단에서 벗어나 행동을 하라는 의미의 표현이다. 또한 get off to a good[bad] start는 출발이 좋다 혹은 나쁘다고 할 때 쓰는 표현.

I can't get into that right now.
나중에 이야기하자.

- I can't **get into** this with you now. 지금 너와 이 문제를 얘기할 수 없어.
  What are you getting into? 무슨 일을 하려는 거야?

▪ **get into sth**은 물리적으로는 어떤 장소에 들어간다는 뜻으로 비유적으로 '어떤 화제나 사건에 대해 논의하거나 이야기한다'는 의미로 쓰인다.

What are you getting at?
무슨 말 하려는 거야?

- I don't know **what you are getting at**. 네가 무슨 말을 하려는건지 모르겠어.
  I don't see **what you're getting at**. 네가 무슨 말을 하고 싶은 건지 모르겠어.

▪ **get at**은 직접적으로 말하지 않고 '뭔가 암시한다'는 의미로 주로 What are you getting at? 이란 형태로 쓰인다.

You can't get away with it.
그런 짓을 하고도 무사하지 못하지.

- You'll never **get away with it**. 넌 그에 대한 처벌을 피할 수 없어.
  Who in the hell thinks they can **get away with murder**?
  개네들 맘대로 행동해도 된다고 대체 누가 생각하는거야?

▪ **get away with**는 with 이하의 '못된 짓을 하고도 처벌받지 않다' 라는 말로 주로 부정형태로 쓰인다. 또한 get away with murder는 '처벌받지 않고 자기 멋대로 행동하다' 라는 관용어구.

Go get them.
이거라, 힘내라

- Ok, now **go get** him and bring him to me. 좋아, 이제 가서 걔잡고 내게 데려와.
  Go get your brother. 가서 네 형을 잡아.

▪ **go get sb**는 가서 sb를 잡아라라는 의미. 상황에 따라 경찰이 범인을 잡을 수도 있고 아니면 사람을 그냥 데려오기 위해 잡을 수도 있고 아니면 짝사랑하는 사람에게 상대를 잡아라고 말할 수도 있는데 이때는 이거라, 힘내라는 뜻.

Look out! Gotcha.
조심해! 속았지롱.

- **Gotcha.** Watch your back. 잡았다. 뒤를 조심하라고.
  Gotcha! I was only playing a joke on you! 속았지? 그냥 장난친거야!

▪ **Got'cha!**는 Gotcha라고 표기하기도 하며, 'get you'를 발음나는대로 만든 단어. 의미는 '속았지롱,' '거짓말 마,' '알았어'로 상대방을 놀래킬 때나 상대방이 무슨말을 하는지 알았다고 하면서 쓰는 말이다.

You get to be a best-selling author.
넌 베스트셀러 작가가 될거야.

- What if I never **get to be** a Mom? 내가 엄마가 절대로 되지 못한다면 어떻게지?
  I want to **get to know** her, ya know. 난 개를 알게 되길 바래, 알지.
  It's got to be. 틀림없이 그럴거야.
  He **has got to** hear your side of the story. 걘 네 입장의 얘기를 들어줘야 돼.

▪ **get to be sth**은 한 단어로 하자면 become과 같은 뜻. 특히 get to know[like]가 많이 쓰인다. 또한 has got to는 have to와 같은 의미로 have got to be하면 특히 강한 추측을 뜻한다.

Oh, I get it!
아, 알겠어

- Okay. **I get it.** It was a stupid idea. 좋아, 알겠어. 그건 어리석은 생각야.
  I don't get it[that]. 모르겠어, 이해가 안돼.

> **I get it**은 유명표현으로 understand라는 뜻이고 반대로 I don't get it이라고 말하면 not understand라는 말이다.

You got it.
맞아, 바로 그거야, 알았어

- **You got it.** Now keep on going. 맞아. 이제 계속 하라고.
  So, from now on, we do it my way, **you got that?**
  그래, 지금부터 내 방식대로 할거야, 알겠어?
  You don't get it. 뭘 모르는구만.

> **You got it**은 상대방 말에 맞장구 치면서 '맞아' 혹은 상대방이 지시하는 말에 '알겠어요'라는 뜻이고 You got it[that]?하면 상대방이 이해했는지 물어볼 때 사용하면 된다.

You got me.
모르겠어, 내가 졌어.

- Well, then, I guess **you got me.** 그럼 네가 알아차린 것 같구만.
  A: You just want to get laid. B: Yes, I do. **You got me.**
  A: 그냥 섹스고픈거지? B: 어, 맞아. 알아차렸네.

> **you got me**는 상대방이 날 잡았다고 생각하면 쉽게 이해할 수 있다. 크게 두가지 의미로 쓰이는데 내가 모르는 질문을 상대방이 했을 때는 '나 몰라…, 내가 졌어'가 되고, 또한 내가 거짓말을 하는 등을 하다 걸렸을 때는 '알아차렸네'라는 뜻이 된다.

You got me there.
나 몰라.

- **You got me there!** I forgot. 네 말이 맞아! 내가 깜박했어.
  Okay, **you got me there**, but you're wrong about this!
  좋아, 네가 맞아 하지만 이건 네가 틀렸어.

> **you got me there**는 you got me와 비슷한 표현으로 '모르겠어,' 혹은 '네 말이 맞아'라는 말이다.

I'll get it.
(전화) 내가 받을게.

- **Would you get that?** 문 좀 열어줄래?, 전화 좀 받아줄래?
  I'll get it. Hello. 내가 받을게. 여보세요.

> **get it[that]**은 앞의 형태와 비슷하지만 전화벨소리가 울릴 때 초인종소리가 들릴 때 대신 받아 주거나 열어주라 부탁하거나 혹은 내가 받을게, 내가 열어줄게라고 할 때 쓰는 전형적 표현이다.

All right, get this.
알겠어. 들어봐봐.

- **Get this.** You know who works out at my gym?
  들어봐봐. 누가 내 체육관에서 운동하는지 알아?
  I have to **get this.** (전화올 때) 이 전화 좀 받아야겠어.

> **get this**는 뭔가 중요한 이야기를 꺼내면서 상대방의 관심을 끌 때 사용하는 것으로 '이것 좀 들어봐'라는 뜻. 문맥에 따라 그냥 원래 의미대로 쓰이기도 한다.

What (have) you got there?
무슨 일이야?

- A: **What you got?** B: White female. Mid-twenties.
  A: 뭐야? B: 백인여성이고 20대 중반요.
  What have you got so far? 지금까지 결과가 뭐야?
  What you got there? Special panties for your date with Wilson?
  뭘 갖고 있는거야? 윌슨과의 데이트 때 입을 특별팬티?
  What have you got on the shoe? 신발이 어떻게 된거야?

> **What (do) you got?**, **What have you got?**은 문법적으로는 틀린 표현. 하지만 CSI를 보다 보면 늦게 도착한 반장들이 이미 현장에 나온 부하직원이나 검시관에게 '무슨 일인가?' (what happened?)의 의미로 혹은 실험실의 직원에게 '결과가 나왔어?'(what was the result?)라는 의미로 아주 뻔질나게 나오는 표현. What do we have here? 혹은 What did you get?이라고 해도 된다. 뒤에 'there'를 붙이기도 하며 또한 상황에 따라 그냥 물리적으로 무엇을 갖고 있냐고 물어볼 때도 쓰인다.

G

You know, that's all I got.
알잖아, 이게 전부 다야.

- A: You're short fifty cents. B: Please, that's all I got.
  A: 50센트 모자라요. B: 제발요, 제가 가진 전부인데요.
  That's all I got. No name, no hair. 그게 전부야. 이름, 머리카락도 없어.

■ That's all I got는 내가 가진게 이게 전부라는 말로 '그게 다야,' 혹은 '나 (내몫, 최선) 다했어' 라는 의미.

You just show me what you got.
그냥 네 능력을 보여줘.

- All right, Kirk, show me what you got. 좋아, 커크, 네 실력을 보여줘봐.
  Now, show me what you got. 이제, 내 실력을 보여줘.

■ show me what you got 은 네가 가진 것을 보여달라는 말로 바꿔 말하면 '네 실력이나 능력을 보여달라' 는 말이 된다. 또한 Let me see what you got은 '네 능력을 보여달라' 혹은 문맥에 따라서는 쌈질하면서 '어디 한번 덤벼봐라' 는 뜻으로도 사용된다.

What do I get?
내가 얻는게 뭔대?

- And what do I get? Nothing. 그리고 내가 얻는게 뭔대? 아무 것도 없어.
  What do I get if I win? 내가 이기면 뭘 얻는거야?

■ What do I get?은 반어적인 표현으로 '내가 얻는게 뭔데?,' '난 얻는게 없어' 라는 뜻으로 쓰이며 문맥에 따라 단순히 내가 얻는게 뭔지 궁금해서 물어볼 때도 쓴다.

What's got into you?
뭣 때문에 이러는 거야?

- What's gotten into your head? 머리가 어떻게 된거 아냐?
  What are you getting into? 뭐하려는 거야?

■ What's got into you?는 네 속에 무엇이 들어갔냐라는 말. 다시 말해 평소와 다르게 행동하는 상대방에게 할 수 있는 말로 '뭣 때문에 이러는거야?,' '도대체 왜 이러는거야?' 라는 뜻.

Exactly! That's what got me!
바로 그거야! 그게 나를 아주 귀찮게 해.

- It's kind of what got me in here. 그게 이 부분에서 날 좀 혼란스럽게 하는 거야.
  You know what gets me? 내가 뭐 때문에 짜증나는지 알아?

■ What gets me~는 '나를 혼란스럽게 하는 것,' '나를 성가시게 하는 것' 이라는 의미.

That's what you got her on?
바로 그거로 네가 걜 기소한거야?

- That's what you got busted for, ringing a bell?
  바로 그 때문에 네가 곤란에 처한거야, 기억이 나서?
  Depends on what you got for us. 네가 우리한테 뭘 가져왔는지에 따라 다르지.

■ That's what you got~은 문맥에 따라 다양하게 해석될 수 있다. '바로 그거로 …한거야?' 라는 의미.

I've still got it.
나 아직 건재해.

- I still am Denny Crane. I still got it. 난 아직 데니 크레인야. 건재하다고.
  We're rich and famous. We still got it. 우린 부자고 유명해. 아직 살아있다고.

■ have still get it은 주로 I've still got it 형태로 쓰이는데 의미는 나 아직 안죽었어, 즉 '나 아직 건재해,' '나 아직 살아있다고' 라는 표현이다.

Please get it done by tomorrow.
내일까지 마무리해.

- I can get it done before we go to bed. 자기 전에 끝낼 수 있어.
  I will try and get it done Sunday. 일요일까지 끝내도록 할게.

■ get sth done은 상대방에게 sth를 언제까지 끝내라고 말하는 문장으로 주로 get it done 형태로 쓰인다.

You got five.
5분 시간줄게.

- You **got five seconds**! 넌 5초밖에 없어!
  I**'ve got five minutes**. Where's the pizza? 5분 여유있어. 피자 어디있어?

> **get five**에서 five는 five minutes로 보통 시간단위는 생략한다. 따라서 get five는 '5분을 얻다' 라는 뜻이 된다.

What's it got to do with you?
너랑 무슨 상관인데?

- A: Mr. Porter, is your son at home? B: **What's it to you?**
  A: 포터씨 아드님 댁에 있나요? B: 당신이 알아서 뭐하게?
  Well, **what's it to you?** You took my purse.
  저기, 무슨 상관야? 내 지갑을 훔쳐갔잖아.

> **What's it to you?**는 What's it got to you? 혹은 What's it got to do with you?와 같은 말로 '대체 왜 이래?', '그게 너랑 무슨 상관이지?' 라는 표현.

There's no getting around it!
여기서 빠져나갈 방법이 없어.

- Yeah, they**'re just not getting around** too well.
  그래, 걔네들은 아주 잘 빠져나갈 수는 없을거야.
  There's no getting around it. You must enter the military.
  피할 길이 없어. 넌 군대가야 돼.

> **There's no getting around it**은 그것을 우회할 수 없다는 것으로 비유적으로 엄연한 현실이고 사실이기 때문에 피할 수가 없다라는 의미가 된다.

Don't get used to it.
거기에 익숙해지면 안돼.

- You better **get used to** it, Peter. 피터, 넌 거기에 익숙해져야 돼.
  Well, you're gonna have to **get used to** it. 저기, 넌 거기에 익숙해져야 돼.

> **get[be] used to**는 기본 표현으로 '…에 익숙해지다' 라는 의미. to 다음에 명사나 동사의 ~ing가 온다는 점에 주의하면 된다.

I am getting a deja vu.
이미 봤던 것 같아.

- This looks familiar. **deja vu** all over again. 낯익은데. 이미 다 봤던 것 같아.
  Do you know what **deja vu** is? 데자뷔가 뭔지 알아?

> **get a deja vu**에서 deja vu는 프랑스어에서 온 단어. deja는 already, vu는 seen으로 결국 '이미 봤던 거' 라는 뜻이다. 좀 어렵게 말하면 '기시감' 이라고 한다.

A: Tim can't get it up. B: What?
A: 팀이 안 서. B: 뭐라고?

- Dan couldn't **get it up** in the bedroom. 댄은 침실에서 그걸 세울 수 없었어.
  He's an impotent who needs violence to **get it up**.
  걘 발기불능인데 폭력을 써야 세워져.

> **get it up**은 그것(it)을 일으켜 세우다라는 말로 남녀관계에서는 남성성기를 세우다(erect), 즉 '발기하다' 라는 뜻이 된다.

Your video game skills will get you nowhere.
너의 비디오게임 기술은 아무런 도움이 안될거야.

- That crap will **get you nowhere** in show business!
  저 쓰레기 같은 건 네 쇼비즈니스에 아무런 도움이 되지 않을거야.
  Mr. Smith's math skills **got him somewhere** at the university.
  스미스 씨는 수학실력으로 대학에서 잘 나갔어.

> **get sb nowhere**는 일의 성공 등에 '아무런 도움이 안되다,' get somewhere은 '성공하다', '잘 되어가다' 라는 의미.

They didn't get working until after five.
걔네들은 5시 이후에 일을 하지 않았어.

- We need to get cooking to feed everyone. 우린 다들 먹으려고 요리해야돼.
  Let's get going. It's really late. 출발하자. 정말 늦었어.

■ get ~ing는 다른 문형에서 다양하게 사용될 수 있지만 여기서는 '…하기 시작하다'라는 의미를 알아본다. 이때는 begin ~ing와 같은 표현이라 할 수 있다.

Yeah, we get that a lot.
자주 듣는 핑계이다.

- A: You're a bastard. B: Well, I get that a lot.
  A: 이 잡놈같으니라고. B: 그런 얘기 많이 들어.
  Two confessions, one crime. We don't get that a lot.
  한 범죄에 두명의 자백이라. 많이 듣던 얘기는 아니네.

■ get that a lot은 구어체 표현으로 종횡무진 활약하는 get의 역량을 확인할 수 있는 표현. 상대방의 말에 '나 그런 얘기 많이 들어'라고 맞장구 치는 말이다.

Okay, so I got to thinking.
좋아, 그래 내가 생각 좀 해보고.

- I got to thinking, what is it that I do best?
  내가 생각해보는데, 내가 최선을 다한다는게 무슨 뜻야?

■ get to thinking은 뭐에 관해 고려하거나 생각하기 시작했다는 것을 뜻한다.

You got Karl.
칼입니다.

- You got Sikorsky's office. What can we do for you?
  시코르스키 사무실입니다. 뭘 도와드릴까요?
  You got the support line. Can I help you?
  고객지원라인입니다. 뭘 도와드릴까요?

■ You got sb[sth]는 당신이 '…을 갖다'라는 말로 전화영어에서 '…에 연결되셨습니다'라는 의미.

MORE EXPRESSION

from the get go 처음부터
get behind sb 지원하다, 도와주다(support), 뒤떨어지다

» give

Don't give me that! 그런 말 마!

Give me time to prepare, please.
제발 준비할 시간 좀 줘.

- It's been three days, Ray. You gotta give me time.
  레이, 3일 지났어. 내게 시간을 더 줘야 돼.
  He has got to give you time to find new counsel.
  걘 새로운 변호사를 구할 시간을 네게 줘야 돼.

■ give sb time은 sb에게 시간을 주다라는 말로 무엇을 할 시간인지 덧붙이려면 time to+V 형태로 써주면 된다. 또한 구체적인 시간을 말하려면 time 대신에 a few weeks, all day를 써도 된다.

It'll give you time to clean up.
그렇게 되면 네가 치울 시간이 있게 될거야.

- It'll give me time to give you proper consideration.
  네가 적절하게 고려할 수 있는 시간을 갖게 될거야.

■ This[It] will give sb time to~는 주어가 It이나 That으로 어떤 상황을 뜻하는 것으로 뜻은 '그렇게 되면 sb가 …할 시간을 갖게 될 것이다' 라는 의미가 된다.

I'd give anything to be with you again.
너랑 다시 같이 있을 수 있다면 뭐든지 할거야.

- I'd give anything not to be looking at you!
  널 다시 볼 수 없다면 뭐라도 하겠다!

  I'd give anything to see his face right now.
  걔 얼굴을 지금 당장 볼 수 있다면 뭐라도 하겠어.

■ would give anything은 가정법으로 to~이하를 할 수 있다면 뭐든지 하겠다는 주어의 강한 의지를 나타내는 표현이다. anything 대신에 a lot, one's right arm 등을 넣어도 된다.

I'd say between midnight and 3:00 am, give or take.
자정에서 새벽 3시, 대략 그 정도 쯤 돼.

- A: We got, what, 24 hours? B: Yeah, give or take.
  A: 뭐, 24시간 있다고? B: 그래, 대략.

  A: How much is that thing worth? B: 100 grand, give or take.
  A: 그거 가치가 얼마나 돼? B: 백만달러 내외.

■ give or take는 숫자 다음에 쓰는 표현으로 '대강 그 정도 쯤,' '얼추,' '…내외'라는 뜻이다. 거의 우리말화된 give and take와 구별해야 한다.

Jim gave his kids what for after they got bad grades.
짐은 성적이 나쁘면 아이들을 심하게 꾸짖었어.

- We got what for when we stayed out late. 우린 늦게 귀가하면 엄청 혼나.
  I'm going to give her what for next time I see her.
  담번에 걔 보면 아주 크게 야단칠거야.

■ give sb what for는 'sb를 아주 심하게 꾸짖다,' '야단치다'라는 표현. 요즘에는 그렇게 자주 쓰이지 않는 좀 오래된 표현.

He's very brilliant. I'll give you that.
걔 정말 총명해. 네 말이 맞아.

- She's sexy. I'll give you that. And nasty too, I'll bet.
  쟤 섹시해. 네 말이 맞아. 그리고 헤프기도 하고, 정말야.

  Wow, you have good taste. I'll give you that.
  야, 너 정말 맛볼 줄 아는구나. 네 말이 맞아.

■ I'll give you that은 상대방의 말을 인정한다는 문장으로 '네가 맞았어'라는 표현.

What gives?
무슨 일 있어?

- Say, what gives? 왜그래?
  You're back at work. What gives? 다시 왔네. 무슨 일이야?

■ What gives?는 뭔가 안좋은 표정의 상대방에게 '무슨 안좋은 일이라도 있어?,' '왜 그래?'라고 물어보는 표현.

- **pass gas** 방귀를 뀌다
  You're a gas man. 넌 방귀쟁이야.

- **be gassy** 방귀가 나오려고 하다
  Are you gassy? 방귀 나오려고 해?
  I'm not supposed to drink coffee, it makes me gassy. 난 커피를 안마셔. 마시면 가스가 차거든.

- **play[have] a gig** 공연하다
  We're gonna be playing a gig next month.
  우리는 다음달에 공연할 예정야.

- **giggle** 낄낄거리다
  Seriously. Don't giggle. 정말야. 낄낄거리지마.

I'm trying to find that out. Give me five.
그걸 알아내려고 하고 있어. 5분만 줘.

- I can do this. Just give me five seconds here.
  내가 이거 할 수 있어. 5초만 줘.

  Give me five! 손바닥 부딪히자!

Don't give me that!
그런 말 마!

- A: What are you talking about? B: Don't give me that.
  A: 무슨 소리야? B: 그런 말 마.

  Don't give me that. You were trying to protect yourself.
  말도 안되는 소리마. 넌 널 보호하려는 거잖아.

You always give up too easily!
해보지도 않고 포기한단 말야!

- I won't give up without a fight. 순순히 물러나진 않을거야.
  Don't give up just because things are hard. 상황이 어렵다고 포기하지마.

Please don't give up on her.
제발 걔에 대한 희망을 버리지마.

- Please, Olivia, don't give up on me. 제발, 올리비아, 날 버리지마.
  We've decided to give up on that pesky Harvard dream.
  우린 그 짜증나는 하버드에 대한 꿈을 포기하기로 결정했어.

Give it up. That was incredible, really.
그만해. 그건 말도 안되는 소리야. 정말.

- Give it up, dude, you're arguing with a crazy person.
  그만해, 친구야. 미친놈하고 무슨 언쟁야.

  Gentlemen. Give it up for Esther!
  신사여러분, 에스테에게 박수를 보내주세요!

Don't give your husband up for dead yet.
아직 남편이 죽었다고 단념하지마.

- They gave him up for dead when his ship sank.
  걔가 탄 배가 가라앉았을 때 걘 죽은 것으로 단념했어.

  Police gave many people up for dead after the storm.
  경찰은 폭풍이 지나간 다음에 많은 사람들이 죽었다고 단념했어.

Don't give an inch!
한치도 양보하지마!

- The politicians never give an inch to the other side.
  정치가들은 상대편에게 절대 양보하지 않아.

  Mary won't give an inch in the divorce.
  메리는 이혼하면서 절대 양보하지 않을거야.

■ give me five는 앞서 나온 get five와 같은 맥락의 표현. minutes[seconds]가 생략된 것으로 이번에는 5분[초]을 주다라는 뜻. 하지만 give의 경우 give me five는 기뻐서 손바닥을 부딪히자는 말로도 쓰인다는 점에 주의한다.

■ Don't give me that은 상대방이 거짓말하거나 말도 안되는 변명을 할 때 '그런 말 마!,' '정말 시치미떼기야!'라고 화를 내면서 하는 말.

■ give up은 포기하다로 give up without a fight는 '순순히 포기하다,' give up easily 역시 '쉽게 포기하다,' 그리고 don't give up은 '포기하지마'라는 의미.

■ give up on sb[sth]는 뭘 포기하는지를 on~이하에 구체적으로 말해주는 것으로 '…에 대한 기대나 희망을 접는다'는 표현.

■ give it up은 '그만하다,' '그래봐야 시간낭비야'라는 의미. 또한 give it up for~하면 '…에게 박수를 쳐주다'라는 의미가 된다.

■ give sb up for dead [lost]는 아쉽지만 sb를 죽은 것으로 혹은 실종된 것으로 단념하다라는 의미.

■ give an inch는 주로 부정문이나 의문문에서 '양보하다,' '물러서다'라는 의미.

She gave it to me.
나 걔하고 섹스했어.

- My mom gave it to me. 나 엄마한테 혼났어.
  You have proof? Give it to me. 증거있어? 내게 줘봐.
  Come on, give me more, give me more, you sexy beast.
  어서, 더 해줘, 더 해달라고 이 섹시같은 짐승같은 놈아.
  If I'm gonna give myself to you, you damn well better worship me!
  내가 몸을 허락하면 날 잘 모셔야 돼.
  I give myself over to her beliefs. 난 걔의 믿음에 빠졌어.

▪ give it to sb는 몇가지 의미로 쓰일 수 있는데 가장 먼저 단순히 '…에게 그것을 주다'가 있고, 다음 주인 주는데 '야단'을 주면 '…을 혼내다' 그리고 아리꾸리한 걸 주면 '섹스하다'라는 의미가 된다. 같은 맥락으로 give me more도 침대영역에서 쓰이면 '더해달라는 표현.' 또한 give oneself to sb하면 '몸을 허락하다'라는 뜻으로도 쓰인다.

Why am I doing all the giving here?
왜 내가 다 이해해줘야 해요?

- Wait a minute, why am I doing all the giving here?
  잠깐만, 내가 왜 항상 이해해야 해?
  My parents do all the giving here.
  부모님은 항상 이해해주셔.

▪ do all the giving here는 '이해하다,' '너그러이 받아주다' (being generous)라는 의미.

You can't give in to your fear.
네가 느끼는 두려움을 극복해야지.

- You just had to give in to my incessant begging.
  넌 단지 나의 끊임없는 요구에 굴복한거야.
  You're determined not to give in to these feelings.
  넌 이런 감정에 굴복하지 않기로 굳게 맘 먹었잖아.

▪ give in (to)는 '(…에) 항복하다,' '포기하다,' '패배를 받아들이다'라는 뜻.

No, at any given time, there's a good chance.
아냐, 언제든 좋은 기회는 있어.

- On any given day, how many glasses of wine do you put away?
  어느 날이든 하루에 와인 몇잔을 마셔?
  They could walk through my door at any given day and just fire me. 걔네들은 언제든 문열고 들어와 날 해고할 수 있어.

▪ at any given time은 '언제든'이라는 말로 여기서 given은 '정해진,' '특정한'이라는 단어이다.

Your job's already been given to Tim.
네 일은 이미 팀에게 주어졌어.

- I'm given to understand that your mother is overweight.
  네 엄마가 비만이라는 걸 이해하게 되었어.
  Harry was given to helping his friends and relatives.
  해리는 친구들과 친척들을 도우는데 열심이었어.

▪ be given to는 '단순히 주어지다'는 의미에서부터 시작해서 '…에 몰두하다,' '곧잘 …하다'라는 의미로도 쓰인다.

So given that, do you trust Jack? Or don't you?
그런 점에서 넌 잭을 믿니 안믿니?

- Given this situation, I have no choice but to withdraw my previous objections. 이런 상황에서 전에 했던 반대를 취소할 수밖에 없네요.

▪ given that (S+V)은 (…라)는 점에서라는 의미이고, given this situation은 '이런 상황에서'라는 표현이다

MORE EXPRESSION

Give me Chris, please!
(전화에서) 크리스 부탁합니다!
give as good as sb get
당한만큼 갚아주다
Give me a few. 잠시만요.
give oneself over to sth
몰두하다

» go

Where do we go from here? 이제 어떻게 해야 하지?

Go for it.
한번 시도해봐.

- Let's go for it. 한번 시도해보자.
  I just decided to go for it. 난 그냥 한번 해보기로 했어.

■ go for it은 상대방 격려용 표현으로 힘들고 어려운 목표를 달성하기 위해서 머뭇거리지말고 도전의식을 갖고 시도해보라고 할 때 쓰는 전형적인 표현.

He's going out with Cindy.
걔는 신디하고 사귀는 중이야.

- He's going with Amber? 걔 앰버랑 사귀고 있어?
  We started going out. 우린 교제를 시작했어.

■ go out (with)은 (…와) 사귀다, 데이트하다라는 뜻으로 남녀관계에서 많이 쓰이는 표현. 단 그냥 친구들끼리 외출하는 것도 go out with이니 상황에 따라 표현을 이해해야 한다. 또한 구체적으로 데이트를 밝혀줄 때는 go out on a date라 하면 된다.

I should be going.
가봐야겠어.

- It's time we should be going. 그만 일어나죠.
  I think I'd better be going. 가봐야 될 것 같아.

■ should be going은 모임 자리에서 나가려고 할 때 하는 표현으로 '그만 일어납시다,' '우리도 이제 그만 갈까' 라는 의미. should 대신 must 혹은 had better를 써도 된다.

We should get going.
자 이제 그만 가봐야 되겠네.

- Let's get going. 이젠 어서 가자.
  I should probably get going. It's pretty late. 가봐야 될 것 같아. 꽤 늦었어.
  We'd better get going, it's like a four-hour drive. 우리 가봐야 돼. 차로 4시간야.

■ get going은 좀 늦은 뒤 뭔가 하기 시작하다라는 말로 역시 모임자리에서 일어날 때도 사용하는 표현이다.

I have got to go.
이제 가봐야겠어, 이제 끊어야겠어.

- I gotta go, Mom. Bye. 나 끊어야 돼, 엄마. 잘있어.
  Mom, I gotta go. Let's talk about this later, okay? 엄마, 나 가봐야 돼. 나중에 얘기해, 응?

■ gotta go는 전화상이나 혹은 일반상황에서 '그만 가봐야겠다' 는 의미. 특히 전화상에서도 쓰인다는 걸 기억해두어야 한다.

What's going on around here?
여기 무슨 일이야?

- What is going on with you? 어떻게 된 거야?
  Is anything going on? 뭐 재미있는 일 없니?

■ What's going on?은 막 도착한 장소에서 재미있고 신나는 일 없는지 물어보는 말로, go on은 happen과 같은 의미이다.

Go on, you can do it!
자 어서(힘내), 넌 할 수 있어!

- Go on, honey. Tell him the truth. 자, 계속해 자기야. 걔한테 진실을 말해.
  I have to go on with my life. 내 아내와 계속 잘해나갈거야.
  I'll go on to help others who are lost. 난 계속해서 다른 조난자들을 도울거야.

■ go on은 또한 하던 일을 계속하다라는 뜻을 갖고 있어 Go on이라고 상대방에게 말하면 '어서 계속해' 라는 말이 되고, 계속하는 것을 구체적으로 말하려면 with sth, to+V를 붙이면 된다.

He says it's been going on for years.
걔말에 의하면 오랫동안 그래왔대.

- I'd say this has been going on for months.
  이건 몇 개월째 이랬다고 할 수 있지.

  How long will they go on like this? 걔네들이 얼마나 이런 식으로 갈까?

  You can't go on like this. You have to take care of yourself.
  계속 이런 식은 안돼. 네 자신을 돌봐야지.

■ be going on for는 다음에 숫자관련명사가 나와서 그 숫자에 거의 근접했다고 말하는 경우. 또한 go on like this에서 go on은 continue로 go on like this는 계속 이런 식으로 가다라는 뜻.

Okay, you two have something going on?
좋아, 너희 둘 뭔일 있는거지?

- You two really have something going, don't you?
  너희 둘, 정말 뭔가 잘되고 있는 거지, 그지 않어?

  You have something going on more important than me?
  나보다 더 중요한 일이 벌어지고 있는거야?

  Do you have anything going on tonight? 오늘밤 뭐 재미난 일 있어?

■ have[get] something going on~은 뭔가 일이 벌어지고 있다는 말로 남녀관계 등에서 뭔가 벌어지고 있을 때 쓸 수 있는 말로, on 대신 with sb를 쓰면 '…와 교제하다' 라는 뜻이 된다. 또한 뭐 재미난 일 있냐고 물어볼 때 have anything going on을 쓴다.

We'll have to go on the offensive.
우리가 선제공격을 해야 돼.

- We go on the offensive. Cut off the invading army's supply line.
  선제공격을 한다. 침략군의 보급로를 끊어라.

  Go on the offensive. Counter attack. 공세를 취해. 반격을 한다.

■ go on the offensive는 '공세를 취하거나 선제공격을 하다' 라는 의미.

What have you got going on?
무슨 일이야?

- He's real interested in what you got going on.
  걘 네가 지금 하고 있는 일에 관심이 커.

  Whatever you got going on, fill me in. 무슨 일이든, 내게 알려줘.

  I love the whole kitschy thing you got going on here.
  네가 여기서 하고 있는 아주 저질스러운 일들이 좋아.

  What do we got going on tonight? 오늘 밤 뭐할거니?

■ What you have got going on?은 언뜻 해석하기 어려운 표현으로 지금 현재 하고 있거나 관련된 일(the project or thing(s) that you are doing or involved with right now)이라는 의미. ~you got going on 역시 네가 지금 하고 있는 일을 의미.

Now, go away! Don't come back!
이제, 가버려! 다신 돌아오지마!

- Go away! I don't want to talk to you. 꺼지라고! 너랑 얘기하기 싫어.

  Go away! I don't want to see anybody. 꺼져! 아무도 만나고 싶지 않아.

■ Go away는 떠나다라는 말로 주로 명령문 형태로 상대방에게 '꺼져' 라고 말할 때 사용된다. go away with하면 '…을 갖고 도망치다' 가 된다.

놓치면 원통한 미드표현들

- **a gimmick** 술책, 장치
  There must be a gimmick.
  무슨 수작이 들어 있을거야.
  You just got to be yourself, no more gimmicks. 솔직해져야지, 술책은 그만 부리고.

- **glib with sb** 말장난하는
  Don't be glib with me. Sara adores you.
  나랑 말장난하지마. 새라가 널 흠모해.

Okay, go ahead, we're listening.
좋아, 어서 말해, 듣고 있으니.

- Go ahead. Use my office. 그렇게 해. 내 사무실 써.
  Come on, go ahead and grab it. 자, 어서 들어.

■ go ahead는 '앞서가다,' '밀고나가다' 라는 의미로 주로 상대방의 부탁 등에 흔쾌히 '어서 그렇게 해' 라는 의미로 자주 쓰인다. go ahead and+V하면 '어서 …해라' 는 말.

Just go with it.
좀 쉬면서 긴장풀어.

- Just go with it. Stop worrying so much. 좀 쉬어. 넘 걱정하지 말고.
  I already had this conversation with her. Just go with it.
  걔와 이미 얘기나눴어. 좀 그냥 쉬어.

■ just go with it은 스트레스를 많이 받은 상대방에게 긴장을 풀고 좀 쉬라고 할 때 쓰는 말.

I'm going with it.
난 그걸로 할게.

- The kids went with a visit to Disneyland.
  아이들은 디즈니랜드로 가기로 결정했어.
  I'm going to go with steak and fries for dinner.
  난 저녁으로 고기와 감자튀김으로 할거야.

■ go with sth에서 go with는 choose라는 뜻으로 '결정하다,' '선택하다' 라는 표현. go well with~하면 '…와 잘 어울리다,' 그리고 go with sb하면 '…와 함께 가다' 라는 뜻이 되기 때문에 문맥에 따라 잘 해석해야 한다.

He's handsome and he went to Princeton.
걔는 잘 생겼고 프린스턴 대 나왔대.

- Lewis decided to go to Princeton University.
  루이스는 프린스턴 대학교에 가기로 했어.
  Carry went to a college in her hometown.
  캐리는 고향에 있는 대학교에 갔어.

■ go to college는 대학에 가다로 우리말과 같다. 하지만 '어느 학교를 나왔어,' 혹은 '…학교에 진학했어' 라고 말하려면 애를 먹는데 이때는 가볍게 went to+학교라 하면 된다.

I'll go along with that.
그 점에 동의해.

- Why would you go along with this? 왜 넌 이거에 찬성하겠다는거야?
  You don't always have to go along with what the woman wants.
  넌 여자가 원하는대로 항상 따를 필요는 없어.

■ go along with는 …와 함께 따라가다라는 말로 with 이하의 것에 '찬성하다,' '동의하다' 라는 뜻이 된다.

I think I see where this is going.
안봐도 비디오다.

- I don't know where you're going with this.
  이걸로 네가 뭘 말하려는지 모르겠어.
  Where are you going with this, Raj? 라지, 무슨 말을 하려는 거야?
  Hang on. Let's see where he's going. 잠깐. 걔가 무슨 말을 하려는지 보자.

■ know[see] where S going (with)에서 going은 단순히 '간다' 라는 의미가 아니다. 'S가 어디로 가는지 안다' 라는 말로 S가 말하려는 것, 목표로 하는 것을 안다라는 뜻이 된다.

You go back out there.
다시 뛰어야지.

- So, here's the thing. I gotta go back out there.
  그래, 중요한 건 말야 내가 다시 뛰어야 한다는 거야.
  Get back out there and find that bullet. 거기 다시 가서 총알을 찾아.

■ go back out there은 다시 돌아간다는 말로 비유적으로 '다시 시작한다' 는 의미로 쓰인다. 앞서 나온 get back in the game, go back to the drawing board와 같은 맥락의 표현. 물론 그냥 단순히 '그리고 다시 가다' 라는 뜻으로도 쓰이는데 이때는 go 대신 get을 써도 된다.

Let go of me.
날 가게 해줘요.

- It's time to **let go of** the fantasies. It's time to grow up.
  환상은 놓고 이제 성숙해져야지.
  My boss **let him go**. 우리 사장이 걜 해고했어.

■ let go of는 쥐고 있는 것을 놓다라는 뜻으로 '놓아주다,' '해고하다' 등의 의미로 쓰이는데 let ~go와 같은 표현이다.

Would you let it go?
그냥 잊어버려라.

- **Let it go at that**. 그쯤 해두자.
  Elliot. Come on. **Let it go.** 엘리엇, 그만해. 그냥 잊어.
  Then, maybe you should **let it go**. 그렇다면 그만 손때는게 나을 것 같다.
  Can I **get it to go**? 싸가지고 갈 수 있나요?

■ let it go는 상대방에게 그만 신경쓰라고 하는 것으로 '잊어버려,' '놔둬' 라는 말. 또한 let it go at that은 '그쯤 해두다,' '더 이상 문제삼지 않다' 라는 말이 된다. 또한 get it to go는 음식가게에서 포장해서 간다는 의미.

That's what I was going for.
내가 바라던 바야.

- Thank you. **That's what I was going for.** 고마워. 내가 바라던 바야.
  That's what I was going for. I'm so excited about tomorrow.
  내가 바라던게 바로 그거야. 낼 정말 우리 재미있겠다.

■ be what I was going for는 '내가 바라던 것이다' 라는 어구. That's what I was going for라는 문장으로 많이 쓰인다.

How goes it with you?
어떻게 지내?

- A: **How goes it,** Sam? B: Goes great. A: 샘, 상황이 어때? B: 좋아.
  A: **How goes it?** B: It goes fantastic. A: 어떻게 지내? B: 끝내줘.
  How's it going? You win? 어떻게 됐어? 네가 이겼어?

■ How goes it (with~)?는 상황(it)이 어떻게 가고 있냐고 물어보는 문구. 그리고 How be A going?은 좀 달리 How's it going 혹은 How're things going?의 형태로 상대방의 근황이나 상황을 물어보는 표현.

How'd it go?
어떻게 됐어?, 어땠어?

- So, **how did it go with** Lesley? 그래, 레슬리하고 어떻게 됐어?
  How did it go in court today? 오늘 재판 어땠어?

■ How did it go (with)~?는 과거형으로 상황(it)이 어떻게 되었냐고 물어보는 문장. 물어보는 대상을 적으려면 with 다음에 붙여주면 된다.

Nice going!
참 잘했어!

- Let's take a look at it. **Nice going**. 저것 좀 봐봐. 참 잘했어.
  Nice going. You just saved yourself a couple months of sex.
  잘했어. 넌 몇 달치 섹스를 번 거야.

■ Nice going!은 상대방을 칭찬하는 표현으로 '참 잘했어!,' '잘됐네!' 라는 의미지만 말투에 따라 '자~알한다' 라고 비아냥거릴 때도 사용되는 표현이다.

Don't go there.
얘기 꺼내지마.

- Oh, **don't go there**, Mr. Gibbs. 어, 그 얘긴 하지마세요, 깁스 씨.
  A: Because you married a man... B: **Don't go there!**
  A: 넌 유부남이기 때문에⋯ B: 그 얘긴 하지마.

■ Don't go there는 그냥 '거기 가지마' 라는 의미도 되지만 미드에서는 '그 얘기 꺼내지 마라' 라는 뜻으로 많이 쓰인다.

G

Don't go blaming any of this on her.
이걸 개탓으로 돌리지 않도록 해.

- Just **don't go** making any promises I can't keep.
  내가 지킬 수 없는 약속은 하지 않도록 해.
  Don't go acting all indefatigable. 끈기있는 척하지 않도록 해.

■ **Don't go ~ing**는 주로 명령문 형태로 쓰이며 상대방에게 '(나쁜 일을) 하지 말라'고 할 때 사용한다.

If Tom cheats on his wife, there goes his marriage.
탐이 바람피면 결혼생활이 끝장날거야.

- If I plead guilty, **there goes** my entire academic career.
  내가 유죄인정을 하면 내 평생 학교경력이 끝장날거야.

■ **There goes sth~** 혹은 **Bang goes~**는 다른 일로 인하여 뭔가를 망치거나 실패할 경우를 말하는 표현. '…가 끝장나다'라는 의미.

Just goes to show how easily manipulated we all are.
우리 모두가 얼마나 쉽게 조종되는지 보여주고 있어.

- That **just goes to show how much** attention you give to meals.
  네가 식사에 얼마나 많은 관심을 기울이는지 보여주는 예야.

■ **It just goes to show how~**는 '얼마나 …한지를 보여주고 있다'라는 문장.

What your father says goes. Listen to him.
네 아빠가 말씀하시는 건 따라야지. 잘 귀기울여 들어봐.

- **What** the country's president **says goes**. 대통령이 하는 말은 따라야돼.
  Everyone sit down. **What I say goes.** 다들 앉아요. 내가 하는 말에 따라요.

■ **What sb says goes**는 sb가 하는 말이 곧 진리(?)까지는 아니더라도 명령에 따르듯 sb의 말에 따라 행동해야 한다는 의미.

Where do we go from here?
이제 어떻게 해야 하지?

- A: Let's move on. B: So **where do we go from here?**
  A: 다음으로 넘어가자. B: 여기서 어떻게 해야 돼?
  We need to figure out **where we go from here**.
  이제 어떻게 해야 되는지 알아봐야 돼.

■ **Where does A go from here?**는 여기서 어디로 가냐라는 뜻에서 벗어나려면 '앞으로 어떻게 하지?,' '무슨 묘안이 없어?' 라는 문장이이 된다.

There's plenty of fruit and fish to go around.
모든 이에게 돌아가고도 남을 과일과 생선이 많아.

- There's **enough fun to go around** for everybody.
  모든 사람에 돌아갈 재미가 넘쳐 흘러.
  Plenty of pie, ice cream, grapefruit to **go around**.
  모든 사람에게 돌아갈 파이, 아이스크림 그리고 포도가 넘쳐나.

■ **enough[plenty] to go around**는 두루두루 모든 사람들에게 돌아갈 정도로 풍부하다라는 뜻.

It will not go unanswered, I promise you.
정말이지, 전화 꼭 받을게.

- Your hard work will not **go unrewarded**. 열심히 일한 거 보상받을거야.
  Hundreds of victims **go unnoticed**. 수많은 희생자가 간과되고 있어.

■ **go unanswered [unnoticed, unrewarded]**는 좀 특이한 형태로 go 다음에 동사의 pp가 바로 이어져 'pp한 상태로 되다' 라는 뜻으로 쓰인다. 대표적으로 **go unanswered**는 전화를 했을 때 응답이 없는 상태를 말한다.

Speaking of what goes around comes around...
주는 대로 받는 법에 대해 말하자면…

- It's actually a very elegant system, **what goes around comes around**. 그건 정말 매우 우아한 시스템야. 주는 대로 받으니 말야.

■ **what goes around comes around**는 '주는 대로 받는 법' 이란 우리말에 해당되는 표현.

There's no going back, never, ever again.
이젠 절대 다시 되돌릴 길이 없어.

- We saw each other naked, and there's no going back.
  우린 서로 나체를 봤어, 돌이킬 수 없어.

  Once we sign these papers, there's no going back.
  일단 이 서류에 사인하고 나면 돌이킬 수 없어.

■ There's no going back은 다시 돌아갈 길은 없다라는 말로 비유적으로 후회해도 소용없으니 하던 일 계속해야 한다는 뉘앙스를 담고 있다. 이제 와서 되돌릴 수 없다라는 말.

Get Adam to have a go at him.
아담보고 걜 비난하라고 해.

- Terry had a go at playing the trumpet. 테리는 트럼펫을 연주해보려고 했어.
  Let's have a go at cleaning up this place. 이 곳을 치워보도록 하자.

■ have a go at 다음에 sb가 나오면 '비난하다'라는 뜻이 되며, have a go at it하게 되면 '…을 해보다, 시도하다'라는 의미가 된다.

We're late for the staff meeting. Off we go!
스태프회의에 늦었어. 이제 가자!

- Off we go. This is the beginning of our summer trip.
  자 출발하자. 여름여행의 출발이야.

■ Off we go는 '출발'이라는 표현으로 이제 그만하고 가자(We're leaving[starting] now)라는 뜻이다.

But it goes against who I am.
하지만 이건 나의 정체성에 어긋나.

- It goes against all my instincts, but I said all right.
  내 본능에 어긋나지만 괜찮다고 했어.
  It goes against everything we stand for. 우리 주장하는 모든 것에 위배돼.

■ It goes against sth은 '…에 어긋나다'라는 기본 숙어. 좀 더 복잡하게 '…가 …하는 것은 어긋난다'라고 말하려면 It goes against+N+to+V라고 하면 된다.

And that goes for self-respect as well.
그리고 자존감의 경우도 마찬가지야.

- That goes for your bailiff and your clerk as well.
  집행관과 서기의 경우도 마찬가지야.
  What he does is who he is. And the same goes for you.
  행동을 보면 사람 됨됨이를 알 수 있어. 너도 마찬가지야.

■ the same goes for는 '…도 마찬가지이다'라는 말로 that goes for ~ as well이라고 하기도 한다.

I feel like I could go for three more.
3개 더 먹고 싶어.

- We could go for a run together. 함께 뛰고 싶어.
  I could go for a bite. Who's buying? 간단히 먹고 싶은데 누가 사는거야?

■ I could[would] go for sth은 '…을 하고 싶다'라는 말로 would like sth이나 would like to do와 같은 의미.

My heart goes out to her.
걔 때문에 맘이 아프네.

- My heart goes out to you, pal. 친구야, 정말 안됐다.
  And of course our heart goes out to Linda. 그리고 물론 린다 심정이 이해돼.

■ heart[thoughts] go out to sb는 상대방이 안좋은 일을 당했을 때 하는 말로 '유감이다,' '그 심정 이해하다'라는 뜻.

You want to go?
한판 붙을래?

- You want to go?! Come on! 한판 붙을래?! 덤벼!
  A: You want to go? B: Sure, I'll go. A: 갈래 B: 어, 갈거야.

■ You want to go?는 그냥 '단순히 갈래?'라고 쓰이기도 하고 혹은 '한판 붙을래?'라는 의미로도 쓰인다.

No haircut, ratty old clothes, that'll go over big.
머리도 길고, 추레한 낡은 옷들, 그게 잘 먹혀들거야.

- Yeah, that didn't... Didn't go over well. 그래, 그땐. 잘 안먹혔지.
  Cookies would go over well with your parents.
  쿠키는 네 부모님께 잘 먹혀들거야.

■ go over well[big]하게 되면 사람들에게 '잘 먹혀들다' 라는 의미로 쓰인다.

I'm going.
나 갈거야.

- I'm not busy, I'm going. I will be there. 나 안바빠, 갈게, 갈거야.
  Um, I'm going. I'll call you later. 음, 갈게. 나중에 전화할게.

■ I'm going 어디 가자고 하는 친구의 권유 혹은 모임에 갈거냐고 물어보는 사람에게 갈 때는 I'm going, 안간다고 할 때는 I'm not going이라고 하면 된다.

I'll go.
내가 할게, 내가 갈게.

- A: We need to talk to him. B: I'll go. A: 개하고 얘기해야 돼. B: 내가 할게.
  No, chief. You stay. I'll go. 아니, 반장님. 남아요, 제가 갈게요.

■ I'll go 또한 글자 그대로 '내가 갈게' 라는 뜻도 되지만 상황에 따라 '내가 할게' 라는 뜻으로도 쓰인다.

I'm gone.
나 간다.

- I'm here to get my car, then I'm gone. 차가지러 왔어. 이제 나 간다.
  Okay, that's it, I'm gone. 좋아, 바로 그거야. 나 간다.
  I'll be gone just a few minutes. 잠깐만 갔다 올게.

■ be gone은 슬랭으로 '나 간다' (I'm leaving)라는 의미.

All systems go.
준비완료됐어.

- Glad you're on it. All systems go! 너도 함께 해서 기뻐, 모든 준비가 다 됐어!
  I guess it's all systems go. 모든 준비가 다 된 것 같아.

■ all systems go는 모든 준비가 완료되었음을 말하는 문장으로 all systems go for라 쓰기도 한다.

놓치면 원통한 미드표현들

- **Am I on glue?** 내가 뭔가 착각하고 있는 건가?
  You two are getting married? Am I on glue?
  너희 둘 결혼해? 내가 잘못 알고 있는건가?
  There is no way I got fired. Am I on glue?
  난 잘릴 일이 없어. 내가 잘못 알고 있나?

- **be glue to sth** …에 얽매여 있다
  Mom was the glue to our entire family.
  엄마는 가족 전체에 얽매어 있었어.
  The president is the glue to his company.
  사장은 회사에 묶여 있어.

- **goose** 똥침놓다
  Bill got in trouble when he goosed Anne.
  빌은 앤에게 똥침을 놓고 곤경에 빠졌어.
  Don't goose your co-workers here.
  여기서 동료들에게 똥침놓지마라.

- **sb be golden** 계획대로 잘되다
  You're golden. 다 계획대로 잘 됐어.

- **a golden opportunity** 절호의 기회
  It's his golden opportunity 그건 개의 절호의 기회야.

We're going in.
우리가 맡을게.

- A: So I guess **we're going in**. B: I guess we are.
  A: 우리가 맡을까봐. B: 우리가 맡을게.

  No contact in 30 seconds, **we're going in**.
  30초간 교신없으면 우리가 들어간다.

■ **go in**은 글자그대로 어디 들어간다는 말에서 '어떤 임무나 일을 맡는다' 라는 의미로도 쓰인다.

He really made a go of it!
걔 정말 성공했어.

- Addison and I are gonna try and **make a go of** it.
  애디슨과 난 노력해서 성공할거야.

  The young couple **made a go of** their marriage. 젊은부부는 결혼에 성공했어.

■ **make a go of sth**은 '성공하다' 라는 구어체 표현.

What's going down?
무슨 일이야?

- Can you tell me **what's going down**?
  무슨 일인지 말해줄래?

■ **What's going down?** 은 '무슨 일이야?' 또는 '왜그래?' 라는 문장.

Says he won't go down without a fight.
걘 싸워보지도 않고 항복하지는 않을거래.

- You think he's gonna **go down without a fight**?
  걔가 그냥 항복할거라 생각해?

  It takes two to tangle and girls like these don't **go down without a fight**. 뒹굴려면 둘이 필요한데 저런 여자애들은 거저 취할 수가 없어.

■ **go down without a fight** 는 싸우지 않고 내려오다, 항복하다라는 뜻에서 '아무런 저항없이 항복하다' 라는 의미이다.

Do we have to go through all that again?
그걸 다시 반복하자구?

- Why are you making me **go through** this again?
  왜 내가 이걸 다시 겪게하는 거야?

  I'll **go through** menopause in a couple of years.
  난 몇 년내에 폐경을 겪을 거야.

■ **go through**는 '살펴보다,' '조사하다,' '경험하다' 등 다양한 의미로 쓰이는 동사구.

He's always on the go.
그는 늘 바빠 돌아다니죠.

- I work in fashion. Girls **on the go**. 난 패션계에서 일해. 바쁜 여성들하고.
  Okay. **It's a go**. She's on the move. 좋아. 결정됐어. 걔가 이동 중야.
  The deal's a go. 거래는 결정됐어.

■ **on the go**는 go가 명사로 쓰인 경우로 '바쁜'을 뜻하며 또한 it's a go하면 '결정됐어,' it's no go하면 '이젠 틀렸어' 라는 말이 된다.

I'm finished being your go-between.
이제 네 중개인 노릇은 끝났어.

- Up until then, it was pretty **touch-and-go**. 그때까지 꽤 불안했어.
  My Parisian daughter's such a **go-getter**.
  내 파리지엥 딸은 무척 야심찬 사람야.

■ **go-between**은 중개인, touch-and-go는 불확실한, 불안한, 그리고 go-getter는 야심찬 사람을 뜻한다.

MORE EXPRESSION
go flying 걸려 넘어지다
Go to it! 힘내, 해보는거야!
Let's go get~ ~하러 가자
go off with (남의 것을) 갖고 튀다
go on at 비난하다
party-goer 파티가는 거 좋아하는 사람

G

» god

So you decide to play God. 그래서 넌 신처럼 행동하기로 결정했구나.

Please, for the love of God, get me out of it!
빌어먹을, 제발 날 꺼내줘!

- I tell you, for the love of God, Jane, don't do it!
  제발, 제인 그러지 말라니까!

  Can we please, for the love of God, just order something now?
  제발 지금 뭐좀 주문할 수 있나요?

■ for the love of God은 짜증나서 하는 말로 뜻은 '제발,' '빌어먹을'이라는 말.

He thinks he's God's gift to gay men.
걘 게이들에게는 자신이 최고라고 생각해.

- You're no God's gift to women. 넌 여성들에게 젬병이야.

■ God's gift to~는 '…에 신이 내린 선물'이라는 말로 비유적으로 '…에는 자신이 최고'라는 의미이다.

God forbid you should work.
제발 네가 일하지 않기를.

- God forbid you get one of those new fancy sex diseases!
  네가 신종성병중 하나에 걸렸을 리가 없어!

  Be careful. God forbid you fall off the chair.
  조심해. 네가 의자에서 떨어지지 않기를.

■ God forbid that~은 that 이하의 사실이 절대로 일어나지 않기를 간절히 소망할 때 사용하는 표현. '제발 …가 아니기를,' '그런 일은 없을 것이다'라는 뜻이다.

God only knows where it's been.
그게 어디 있었는지는 아무도 몰라.

- God knows what he did to my daughter. 걔가 내 딸에게 무슨 짓했는지 아무도 몰라.
  You're smart and God knows you're parent. 넌 현명하고 정말이지 부모다워.

■ God (only) knows~는 신만이 알고 있다는 말로 역으로 말하면 '아무도 알 수 없다'는 말의 강조어법이다. God 대신에 Heaven을 써도 된다. 한편 God know (that)~은 '정말이지…이다'라는 의미.

Who in God's name are you?
도대체 너 누구야?

- What in God's name are you wearing? 도대체 넌 뭘 입었어?
  What in God's name have you done? 도대체 넌 무슨 짓을 한거야?

■ What[How, Where, Who] in God's name에서 in God's name은 의문문을 강조하는 역할을 한다.

Well, if the food's late, God help you!
음식이 늦어지면, 어이구 너 불쌍도 해라!

- She's made her choice, God help her.
  걘 선택을 했어요, 걜 돌보소서.

  God help us if they don't make it.
  걔네들이 해내지 못하면 우린 불쌍해지는거야.

■ God help you[him]는 '…가 불쌍해라,' '가여워라'라는 말.

You're an honest to God hero.
넌 정말로 영웅이야.

- Honest to God, I was not gonna say that. 정말로 난 그말 하려 하지 않았어.
  Honest to God. Leonard, tell her I have a girlfriend.
  맹세코, 레너드, 난 애인이 있다고 말해.

■ honest to God는 신께 정직하다는 말로 '정말로,' '맹세코'라는 의미.

He's dead now, God rest his soul.
걘 이제 죽었어, 저승에서도 평안하기를.

- She treated me like trash! God rest her soul.
  걘 날 쓰레기 취급했어. 개 영혼이 고이 잠드시게 하소서.
- So you decide to play God. 그래서 넌 신처럼 행동하기로 결정했구나.
- But that doesn't give you the right to play God.
  하지만 그렇다고 네가 신처럼 굴라는 권리를 준건 아니지.

Oh, thank God I found you.
아, 이런 널 찾았구나.

- Pupils are good. Thank goodness. 학생들은 착해. 다행이지.
- Oh, my God. Who told you that? 맙소사. 누가 이걸 네게 말했어?

■ **God rest his[her] soul**은 '저승에서 평안하기를'이라는 말로 죽은 이를 애도하면서 하는 말. 또한 play God은 신처럼 막강한 힘을 가진 것처럼 '마음대로 행동하다,' '좌지우지하다' 라는 의미.

■ **Thank God[goodness, heavens]**은 안도감을 느꼈을 때 나오는 감탄어구로 '고마워라,' '다행이다' 라는 뜻이다. 또한 Oh, my God은 놀랐을 때 하는 표현으로 '맙소사' 라는 뜻. 약어로 OMG라고도 한다.

MORE EXPRESSION
God willing 별일없으면, 잘되면
There is a God! 이렇게 좋을 수가!

» good

You're looking good for it. 증거를 많이 찾았구만.

That's good to know.
알게 돼서 좋다.

- It's good to know you're watching my back.
  내 뒤를 봐준다는 걸 알게 돼 좋아.
- We're good to go. 우린 가도 돼.

It sounds too good to be true.
너무 좋아 믿어지질 않아.

- I knew it was too good to be true. 너무 좋아 믿지지 않는다는 걸 알았어.
- She's too good to be true, and you're too blind to see it.
  걘 믿기지 않을 정도로 좋아 그리고 넌 눈이 멀어 그걸 보지 못하는거야.

You are way too good for her.
넌 걔한테 너무 과분해.

- You know alcohol's not good for the baby? 알콜이 애한테 안좋은거 알지?
- Sam insisted that it was good for Jack. 샘은 그게 잭에게 좋다고 주장했어.

You're looking good for it.
증거를 많이 찾았구만.

- He looked good for three unsolved rapes in Harlem.
  걘 할렘에서 3건의 미해결 강간사건에 대한 증거를 많이 찾았어.
- You're the one who's looking good for this murder.
  네가 바로 이 살인사건의 증거를 찾은거야.

■ **be good to know**는 '…하게 돼서 좋다' 라는 뜻의 be good to+V 형태 중 하나로 '…을 알게 돼서 좋다' 라는 의미. be good to go[see] 등으로 다양하게 동사를 바꿔서 쓸 수 있다.

■ **be too good to be true** 는 믿기지 않을 정도로 너무 좋은 일이 생겼을 때 쓰는 표현.

■ **be good for~**는 '…에게 좋다,' '상태가 좋다,' '유효하다' 라는 의미.

■ **look good for**가 범죄미드에서 사용되면 '누가 범죄를 저질렀다는 증거가 많다' (there is a lot of evidence that someone committed a crime or crimes.) 라는 의미.

Good of you to join us.
네가 우리랑 함께 해서 고마워.

- It's good of you to come. 와줘서 고마워.
  It was very good of you to tell me in person. 개인적으로 말해줘 고마웠어.

■ (That[This, It] is) Good of sb to~는 상대방의 친절에 감사하다고 말할 때 사용하는 표현으로 구어체에서 주어+동사는 아예 생략하기도 한다.

You're so good at that.
너 그거 정말 잘한다.

- She's good at heart. 걘 마음이 참 따뜻한 것 같아.
  What are you good at? 너 뭐 잘하니?

■ be good at은 '…를 잘하다,' '…에 소질이 있다' 반대로 '…을 잘못하다'는 be not good at 혹은 be poor[terrible] at~이라고 하면 된다.

No, no. It's all good.
아니. 상황이 다 좋아.

- You're here. It's all good. 네가 여기 있고 아무 문제 없어.
  Well, that's all well and good for them. 어, 걔네들에게 정말 좋아.
  Charm is all well and good, but in the real world, knowledge is power. 매력도 좋기는 하지만 실제 세계에서는 아는게 힘이지.

■ It's all good은 모든 상황이 무리없고 안전해서 '좋다,' '문제가 없다' 라는 표현. That's[it's] all well and good 또한 말그대로 '모든 게 좋다,' '괜찮다' 라는 뜻.

Well, if this is as good as it gets for a while.
음, 이게 한동안 이보다 더 좋을 수 있다면.

- Felony battery, that's as good as it gets. 폭행중범죄라, 이보다 더 좋을 순 없군.

■ be as good as it gets는 영어화제목으로 유명한 표현으로 '이보다 더 좋을 수는 없다' 라는 의미.

I don't know. That's a good one.
난 모르겠지만 그거 좋은데.

- That's a good one. I like that. 그거 좋네. 맘에 들어.
  A: Okay, why don't I make us some coffee? B: That's a good one.
  A: 좋아, 커피 좀 타올까? B: 그거 좋지.

■ That's a good one은 '그거 좋다' 혹은 '그거 재미있다' 라는 말로 상대방의 농담이나 제안 등에 맞장구치면서 하는 말.

He's trying to make good.
걘 성공하려고 애쓰고 있어.

- We'll make good for anything that is wrong. 잘못된 건 보상할게.
  The shippers made good for the damaged package. 발송업체는 피해입은 물건에 대해 보상을 했어.

■ make good 혹은 make it good은 '성공하려고 애쓰다,' '약속을 이행하다,' 혹은 '과거에 저지른 실수로 생긴 피해를 회복하려고 노력하다' (try to succeed, or undo some damage he has caused in the past)라는 뜻.

Have a good one, Marty.
재미있게 보내, 마티.

- A: Um. Well, have a good one. B: You too. A: 음. 잘 보내. B: 너도.
  See you, Rory. Have a good one. 담에 보자, 로리. 잘 보내고.
  A: Ok, I'm gone. B: Be good. A: 좋아, 나 간다. B: 잘 다녀와.

■ have a good one은 have a nice day와 비슷한 의미로 생일이나 휴일 등을 재미있게 잘 지내라는 표현. 한편 Be good하게 되면 헤어질 때 하는 말로 '안녕,' '잘 지내,' '잘 다녀와' 라는 의미이다.

Good job. You are a good girl.
잘했어. 너 참 착하구나.

- Hey! You be a good girl, right? 야! 너 얌전히 있어야 돼, 알았어?
  Be a good boy and I'll buy you a toy afterward. 착하게 굴면 나중에 장난감 사줄게.

■ good girl, good boy는 아이들 칭찬할 때나 혹은 남녀사이에서 껄떡대지말고 얌전히 있으라고 할 때 사용된다. 또한 That's a good boy는 '착하지' 라고 아이들에게 사용하는 표현이다.

Well, good for you. Come on in.
저기, 잘됐네. 어서 들어와.

- A: I apologized to her. B: Good for you. A: 걔한테 사과했어. B: 잘했어.
  Good for you, moving on. 잘됐네, 다음 단계로 넘어가자고.

> Good for you는 상대방에게 좋은 일이 생겼을 때 축하해주며 '잘됐네,' 혹은 상대방 행동을 칭찬하면서 '잘했어' 라는 의미의 빈출표현. Good for me하면 '다행이다' 라는 뜻이 된다.

If you know what's good for you, you'll go back to your place.
어떻게 하는게 좋은지 안다면 집으로 돌아가라고.

- If you know what's good for you, you'll stay away from me in the yard. 뭐가 좋은지 않다면 마당에서는 나와 떨어져 있어.

> if you know what's good for you는 직역하면 '무엇이 네게 좋은지 안다면' 이라는 뜻으로 상대방에게 충고할 때 쓰이는 표현이다.

You got a good thing going here.
넌 여기서 잘 풀린거야.

- I've got a good thing going here. A job at a nice hotel.
  난 여기서 잘 풀리고 있어. 멋진 호텔에서 일도 하고.
  I don't have a yard, myself. You got a good thing going.
  난 마당도 없어. 넌 잘된거야.

> have a good thing going (with~)은 '…와 일이 잘 풀리다' 라는 말로 'good'을 뺀 have a thing going(애정을 느끼다)과 헷갈리지 말아야 한다.

He's good and hungry.
걘 엄청 배가 고파.

- When he's good and ready, he works that plan.
  걔가 완전히 준비되면 그 계획을 가동할거야.
  I know it makes you feel good and pretty.
  그게 널 느낌이 좋게 만들거라는 걸 알고 있어.

> good and ready는 good and+형용사의 형태로 여기서 good and는 뒤에 따라나오는 '형용사'을 강조하는 역할을 해서 good and ready하게 되면 '완전히 준비된' 이라는 의미이다.

Oh, that's not good.
어, 좋지 않은데.

- A: Sweetie, how's it going? B: Not good, not good at all.
  A: 자기야, 어때? B: 안좋아, 전혀 안좋아.
  While that's a good reason, that's not good enough.
  좋은 이유는 되지만 충분하지는 않아.

> Not good은 That's not good이란 말로 '그건 심했다,' '안좋다' 라는 표현이고 That's not good enough하면 '그걸로는 충분하지 않아' 라는 뜻.

놓치면 원통한 미드표현들

- **gossip** 험담(꾼), 험담하다, 남얘기하다
  I like to gossip on the phone.
  난 전화로 남얘기하는 거 좋아해.

- **gossip about** …에 대한 소문이야기를 하다
  Those women will spend the entire weekend gossiping about me.
  저 여자들은 주말내내 내얘기하면서 보낼거야.

- **on my mother's grave** 맹세코.
  I swear on my mother's grave. 정말 맹세해.

- **take it to one's grave** 비밀을 지키다(carry sth with sb to sb's grave 무덤까지 가져가다)
  I'll take it to my grave. 절대로 말하지 않을게.

That good, huh?
그렇게 좋아?

- What? What happened? That good, huh? 뭐? 어떻게 되었는데? 그렇게 좋아?
  A: The sex was fantastic. As good as with Chris. B: Hmm. That good, huh? A: 끝내주는 섹스였어. 크리스 때만큼. B: 그렇게 좋았어?

That'll be good.
잘 될거야.

- That'll be good for you. 네게 괜찮을거야.
  That's actually a valid idea. Very good. 정말 근거있는 이야기야. 아주 좋았어.

You're up to no good.
쓸데없는 일을 하고 있는거야.

- I know that look. You're up to no good. 저 표정일아. 무슨 못된 짓을 하려는거야.
  I'm telling you, he's up to no good. 정말이지, 걘 헛수고하고 있는거야.
  I've been up to no good. 별 일도 없이 그냥 지냈어

I suggested it for the good of the school.
학교의 이익을 위하여 그걸 제안한거야.

- For the good of the patient. It's what House would have done. 환자의 이익을 위하여, 하우스라면 이렇게 했을거야.
  I'm only here for the good of the company. 난 회사의 이익을 위해 일하고 있어.

■ That good, huh?에서 'that'은 '그렇게,' '그정도로' 라는 말.

■ That'll be good (for~)는 '좋을거야,' '괜찮을거야' 라는 표현. 또한 very good은 '아주 좋았어' 라는 칭찬의 표현도 되고 상대방의 말에 '잘 알겠다' 라는 의미로도 쓰이는 표현이다.

■ up to no good은 '쓸모 없는' 이라는 뜻으로, '넌 쓸데없는 짓 혹은 나쁜 짓을 하고 있다' (do bad things)거나 혹은 '빈둥거리다' (goof around or waste time)라는 뜻으로 쓰인다.

■ for the good of~는 '…을 위하여,' '…의 이익을 위하여' 라는 말.

MORE EXPRESSION
For the good old days
옛날이 좋았지
hold good 유효하다
good for nothing 쓸모없는
for good measure 추가로
do some good 도움되다
be in sb's good books
…에게 잘보이다
What's the good of~ ?
…해야 무슨 소용야?
good-natured
성격이 좋은(good-tempered)

» goof

We're just goofing around. 우린 그냥 빈둥거리고 있어.

I like to goof off now and then.
난 종종 농땡이치는 걸 좋아해.

- We're just goofing around. 우린 그냥 빈둥거리고 있어.
  Maybe he was just goofin' around. 아마도 걘 그냥 노닥거리고 있었어.

I thought it was goofy, kind of funny.
난 그게 바보같은 짓같아, 좀 웃기기도 하고.

- When I criticize you, you don't put on a big goofy grin!
  내가 널 비난할 때 얼빠진 표정짓지말아!
  I get requests from goofballs every day. 매일 멍청이들로부터 요청을 받아.

■ goof off는 일할 시간에 '농땡이 치는' 걸 말하고 goof around는 '그냥 빈둥거리고 시간을 때우는' 것을 말한다.

■ goofy는 '바보같은,' '얼빠진' 이라는 뜻이고 goofballs는 멍청이라는 단어이다.

» grade

That doesn't make the grade. 그렇게 해서는 안돼.

That doesn't make the grade.
그렇게 해서는 안돼.

- If they don't make the grade, they don't work.
  쟤네들은 어떤 기준에 다다르지 않으면 일을 하지 않아.

■ make the grade는 어떤 필요한 기준에 다다르다라는 말로 비유적으로 '성공하다' 라는 뜻으로 쓰인다.

You get those grades up for college.
넌 대학가려면 성적들 좀 올려라.

- If Tina doesn't pull her grades up, she'll have to go to summer school. 티나가 성적 못올리면 써머스쿨에 가야 될거야.
- I could get my grades up enough to go to Brown.
  난 브라운대에 갈 정도로 충분한 성적을 올릴 수 있어.

■ keep[pull, get] one's grades up에서 'grades'는 '성적'이란 단어로 전체 의미는 '성적을 올리다' 라는 뜻이 된다.

» grasp

You have a really good grasp on this. 넌 이걸 정말 잘 알고 있어.

You have a really good grasp on this.
넌 이걸 정말 잘 알고 있어.

- Do you have a good grasp on this computer system?
  이 컴퓨터 시스템 잘 알고 있어?
  Tim has a good grasp on the subway routes. 팀은 지하철노선을 잘알아.

■ have a good grasp on 에서 grasp는 꽉쥐다라는 말로 have a good grasp on하게 되면 on 이하의 것을 '잘 파악하다,' '잘 알고 있다' 라는 뜻이 된다.

Gimme a break here. I'm just grasping at straws.
좀 봐줘. 지푸라기라도 잡고 싶은 심정야.

- I got a robot hand grasping a man's penis out here.
  여기 로봇팔에 성기를 잡힌 남자환자가 있어.
  Making a million dollars is beyond my grasp. 백만달러 버는 건 불가능해.

■ grasp at straw는 지푸라기라도 잡는 심정으로 '기적을 바라다' 라는 표현이고, beyond [within] one's grasp는 '손이 닿지 않는 곳에' 혹은 '이해할 수 없는' 이라는 뜻으로 쓰인다.

놓치면 원통한 미드표현들

- **be all Greek to sb** …에게 전혀 이해가 되지 않다
  It's all Greek to me. Can you help me out?
  무슨 말인지 모르겠어. 나 좀 도와줄테야?

- **off the grid** 추적 불가능한 *be totally off the grid 세상을 등지다
  His GPS signal goes off the grid.
  걔 GPS 신호는 추적 불가능해.

- **good grief!** 맙소사!
  Oh, good grief. This isn't about you.
  어, 맙소사. 이건 너에 관한 것이 아냐.

- **grill sb (about, on)** 닦달하다
  I know you're not grilling my client without his lawyer present. 네가 걔 변호사도 없는데 내 의뢰인을 심문하지 않았다는 걸 알아.

» great

That's great. Good for you. 대단하다. 너한테 잘됐네.

No, but he's great for theft.
아니, 하지만 걘 도둑질에 아주 능해.

- This is going to **be so great for** Will. 이건 윌에게는 대단한 걸거야.
  I think it'd **be really great for** us to own something together.
  우리가 뭔가 함께 소유하는 건 아주 멋진 일이 될거라 생각해.

■ **be great for ~ing[sth, sb]**는 '…에 능하다,' '…에게 매우 좋다'라는 표현.

I was going to say great minds think alike.
위대한 사람은 같은 생각을 한다라고 말하려고 했어.

- Well, **great minds shop alike.** 어, 위대한 사람들은 좋은 물건을 알아본다니까.
  I do not see you wearing a ring. **Great minds think alike!**
  너 반지 안끼지. 위대한 사람은 같은 행동을 한다니까.

■ **great minds think alike**는 둘이 같은 생각을 하게 됐을 때 '위대한 사람은 같은 생각을 한다'라고 장난스럽게 말하는 표현. think 대신 shop 등을 써서 패러디하기도 한다.

You look great!
너 멋져 보인다!

- You **look great** in the dress. 그 드레스 입으니 멋져 보여.
  A: I'm almost 30. B: Come on, you still **look great**.
  A: 난 30이 다 돼가. B: 괜찮아, 넌 여전히 멋져 보여.

■ **look great**는 사람이나 사물의 겉모양이 좋아 보인다는 의미.

That's great! We can all hang out!
대단해! 우린 모두 놀아도 돼!

- Liz still wants to meet you. **That's great!** 리즈는 여전히 널 만나고 싶어해. 잘됐어!
  That's great. Good for you. 대단하다. 너한테 잘됐네.
  If you want to meet my friends, **that would be great**.
  내 친구들을 만나고 싶다면 아주 좋을거야.
  It's going to be great. 아주 좋아질거야.
  This year **is going to be great.** 금년은 대단할거야.

■ **That's great**는 상대방의 행운을 칭찬해주는거로 good for you와 유사하며 의미는 '그거 아주 좋아,' '굉장해,' '잘됐네'가 된다. 또한 That would be great에서 would는 가정법으로 문맥상 '그렇다면' 아주 좋겠다라는 말이고 be going to be great는 단순히 미래의 일을 말하는 것으로 앞으로 좋을 것이다, 대단할 것이다라는 의미.

MORE EXPRESSION

great big 대단히 큰
be no great shakes 대단치않다
go great guns 잘해나가다
Great Scott! 어머나, 맙소사!
Great Heaven! 맙소사!
Not so great 안좋은(bad)

놓치면 원통한 미드표현들

- **have an ax to grind** 딴 속셈이 있다
  She **has an ax to grind**. 걘 다른 속셈이 있어.
- **get back into the grind** 일을 다시 시작하다
  Let's **get back into the grind**.
  다시 일을 시작하자.
- **be groovy** 멋지다
  How do you like Bob's new hair? Isn't it **groovy**? 밥의 새로운 머리 어때? 멋지지 않아?
- **group sb** 더듬다
  You tore her dress off, you **groped** her.
  넌 걔 드레스를 찢고 걜 더듬었어.
- **groupie** 열성팬
  One of those **groupie** sluts he was banging.
  걘 해픈 열성팬 들중 하나와 섹스하고 있었어.

» green

She gave him the green light for tonight. 걘 오늘 밤 걔한테 허락했어

You're still green.
아직 어리구나.

- **She's still green.** 걘 아직 풋내기야.
  You're a little green. 넌 아직 좀 미숙해.

Serena gave him the green light for tonight.
세레나는 오늘 밤 걔한테 허락했어.

- We'll hold the story until you **give me the green light.**
  네가 내게 허락할 때까지 그 이야기를 보도하지 않을게.

  Transplant committee **gave us the green light.** 장기기증위원회가 승인했어.

You guys have very green thumbs.
너희들 원예에 한가닥하네.

- Where did you **get such a green thumb?** 원예기술은 어디서 배운거야?
  He **has a green thumb.** 걘 식물을 잘 가꿔.

■ **be still green**은 아직 여전히 어리고 미숙하다라는 말로 be a little green하면 좀 약간 미숙하다라는 말이 된다.

■ **give sb the green light**는 sb에게 파란불(green light)을 준다라는 뜻으로 '승락하다,' '허락하다' 라는 뜻으로 쓰인다.

■ **have a green thumb**은 식물이나 원예를 잘한다라는 뜻.

MORE EXPRESSION

green card 영주권
the green-eyed monster 질투, 시기

» grip

Get a grip on yourself. 좀 정신차려.

My God. Get a grip
맙소사. 진정해.

- **Get a grip?** I'm hanging on for dear life, here. 진정하라고? 죽어라 버티고 있는데.
  Get a grip on yourself. 좀 정신차려.

No, I lost it. I lost my grip.
아니, 잃어버렸어. 내가 놔버렸어.

- Sam **lost his grip** on the business and it failed.
  샘은 사업에 대한 열정을 잃고 실패했어.

  Don't **lose your grip** on the course work. 과제물 놓치지말고 해라.

Nick is trying to come to grips with this information.
닉은 이 정보를 이해하려고 노력중이야.

- I never **came to grips with** my dad's death.
  난 절대로 내 아빠의 죽음을 이해하지 못했어.

  They need to **come to grips with** the bad economy.
  걔네들은 경기불황에 직면해야 돼.

■ **get a grip (on)**에서 grip은 '꽉 움켜잡는 것,' '장악' 이라는 말로 get a grip on하면 화가 나서 씩씩대거나 감정이 폭발하는 것을 억제한다는 말. 또한 get a grip on yourself하면 '마음을 다 잡다,' '기운내다' 라는 뜻이 된다.

■ **lose one's grip** 쥐고 있는 것을 놓는다라는 이야기이니까 어떤 열의나 기운 등을 잃는 것을 뜻한다.

■ **come[get] to grips with sth**는 with 이하의 것을 '이해하기 시작했다' 혹은 '…에 직면하다,' '대처하다' 라는 말.

MORE EXPRESSION

be in the grip of sth 시달리다
keep a grip on you 잡다, 진정하다

» gross

 It's really gross. 정말 구역질나.

I need to look at it. Ew! Gross!
좀 봐야겠어. 으! 역겨워!

- That Internet site is really gross! 저 인터넷 사이트 정말 역겹다!
  This movie even sounds gross! 이 영화는 역겹게 들리기까지 해.
  He's gross! I don't want to see him again. 걘 정말 역겨워! 다신 보고 싶지 않아.

■ be gross는 구역질나고 역겨울 정도의 상태를 말하며, 단독으로 Gross!라고 말할 수 있다. Nasty!와 같은 말.

Gross me out!
열받아!

- Are you trying to gross me out so I can't eat my burrito?
  날 역겹게해서 내 부리토를 못먹게하려고?

■ gross sb out은 'sb를 역겹게하다'(disgust)라는 말로 gross가 동사로 쓰인 경우이다.

» ground

 We should hit the ground running. 우린 처음부터 잘해야 돼.

I'm trying to get off the ground.
난 시작하려고 하고 있어.

- I tried, but he kept telling me to get off the ground.
  난 시도했는데 걘 계속해서 나보고 시작하라고 하는거야.
  There's a project I'm trying to get off the ground.
  내가 시작하려는 프로젝트가 있어.

■ get off the ground는 뭔가 순조롭게 활동을 시작하거나 출발한다는 표현. 바닥(ground)에서 off한다고 생각하면 된다.

Get on the ground! Don't move!
바닥에 엎드려! 움직이지마!

- Everybody down! Get on the ground! 다들 엎드려! 바닥에 엎드려!
  The police! Search warrant! Get on the ground!
  경찰이다! 수색영장이다! 바닥에 엎드려!

■ get on the ground는 범죄수사물에서 자주 들리는 표현으로 경찰이 용의자에게 '바닥에 엎드려'라고 할 때 사용하는 표현이다.

You're grounded.
넌 외출금지야.

- My parents grounded me. 부모님이 외출금지시켰어.
  Heather was grounded for a month. 헤더는 한달간 외출금지야.

■ ground는 동사로 사람을 목적어로 받아 '외출금지시키다'라는 의미로 쓰인다. 주로 부모가 자식들이 말 안들을 때 취하는 벌의 종류.

You got no grounds to hold him.
갤 잡아둘 근거가 없어.

- We have no grounds to commit her. 우린 갤 수감할 근거가 없어.
  You had no grounds to detain Mr. Logan. 넌 로간을 억류할 명분이 없었어.

■ have no grounds to+V에서 grounds는 이유나 근거를 말하는 경우이며 의미는 'to~이하 할 이유, 근거가 없다'라는 말이 된다.

On what grounds?
무슨 근거로?

- A: So arrest him. B: On what grounds? A: 걔 체포해. B: 무슨 근거로?
  A: Jill sued you? B: On what grounds? A: 질이 널 고소했어? B: 무슨 근거로?

Give ground, or I'll kill you myself!
양보해, 그렇지 않으면 내가 널 죽일거야!

- No, I'm holding my ground. 아니, 내 입장을 고수할거야.
  Standing my ground is not really my strong suit.
  내 입장을 고수하는게 내 장점이 아냐.

I thought I was gaining ground.
난 내가 점점 강해지는 줄 알았어.

- Gabrielle had been losing ground to Juanita ever since.
  가브리엘은 그 이래로 후아니타에게 점점 밀리고 있었어.

I saw a gun; I hit the ground.
난 총을 보고서 바닥에 엎드렸어.

- I hit the ground. It scared me to death. 바닥에 엎드렸어. 무서워 죽는줄 알았어.
  By the time I hit the ground I thought I was dead.
  내가 바닥에 엎드릴 때 난 죽었다 생각했어.

We should hit the ground running.
우린 처음부터 잘해야 돼.

- I could hit the ground running on Monday. 월요일에 새롭게 시작할 수 있을거야.
  We need to hit the ground running. 우리는 시작부터 잘해야 돼.

■ on what grounds는 의문형태로 주로 쓰이는데 역시 grounds는 근거라는 말로 상대방에게 무슨 근거로 이렇게 행동하는지 반문할 때 사용한다.

■ give ground는 '기반'(ground)을 준다라는 말로 '양보하다,' '후퇴하다,' '자신의 의견을 물리다' 라는 표현이다. 반대로 '자신의 주장을 고수하다' 라고 할 때는 hold[stand] one's ground 라고 하면 된다.

■ gain ground 역시 땅이나 기반을 얻는다라는데서 '강해지다,' '유리한 고지에 서다' 라는 뜻이고 반대로 lose ground는 '기반을 잃다,' '불리해지다,' '물러서다,' '밀리다' 라는 의미를 갖는다.

■ hit the ground는 바닥에 엎드리다, 혹은 바닥에 떨어지다 라는 의미. 참고로 one's feet hit the ground하면 어느 장소에 도착하다 혹은 침대에서 일어나다라는 의미로도 쓰인다.

■ hit the ground running은 '시작부터 성공적으로 잘 되어 가다' 라는 아주 좋은 내용의 표현.

MORE EXPRESSION
down to the ground
아주, 철저히
break new ground
신기원을 열다
on the ground 현장에서
on the ground that~
…의 이유로
have both feet on the ground
현실적이다
be grounded on …을 근거로 하다

» grow

 You were beginning to grow on me. 넌 날 좋아하기 시작했어.

They think money grows on trees.
걔네들은 땅파면 돈이 나오는 줄 알아.

- Chocolate boxes do not just grow on trees. They are made.
  초콜렛박스는 저절로 생기는게 아냐. 만들어지는거지.
  Nannies like her don't grow on trees. 걔같은 유모는 찾기 쉽지 않아.

You have to grow up.
철 좀 들어라.

- Grow up already. 이제 철 들 때도 되지 않았어.
  He treated me like a grown-up. 걔는 나를 성인으로 취급했어.

■ don't grow on trees는 주어가 나무에서 저절로 자라나는 게 아니라는 말로 주어가 드물거나 소중히 아껴써야 한다는 의미.

■ grow up은 성장하다라는 기본숙어로 문맥에 따라 '철들다' 라는 의미로 쓰이기도 한다. grown-up은 명사형으로 '성인,' '어른' 을 뜻한다.

Well, hopefully, it'll grow on you.
저기 바라건대, 네가 그걸 좋아하게 될거야.

- Despite our differences, you were beginning to grow on me.
  우린 차이점에도 불구하고 넌 날 좋아하기 시작했어.

  Maybe it's okay if we grow apart. 우리가 멀어져도 아마 괜찮을거야.

Maybe I'll just grow out of it.
아마도 크면서 그렇게 하지는 않을거야.

- Hopefully she'll grow out of that. 바라건대 걘 나이들어 같은 일을 반복하진 않을거야.
  17-year-old boys don't grow out of their sexuality.
  17살 아이들은 성적취향에서 벗어나지 않아.

■ grow on sb는 주어가 sb에서 자라난다는 뜻으로 결국 'sb가 주어를 좋아하게 되다'라는 뜻이 된다. 한편 grow apart하면 '사이가 멀어지다'라는 의미.

■ grow out of~는 …를 벗어나 성장한다는 점에서 of 이하에 의류 등이 오면 '자라서 …을 못입게 되다'라는 뜻이 되고 그밖에 명사가 올 때는 문맥에 따라 '…을 더 이상 안하다' 등의 의미로 사용된다.

» guard

 You just caught me off guard. 전혀 예상치 못한 일이야.

Oh, you just caught me off guard!
이거 전혀 예상하지 못한 일인걸!

- You're catching me a little off guard here. 전혀 예기치 못한 일이야.
  No, it's not okay. You just caught me off guard.
  아니, 괜찮지 않아. 전혀 예상치 못한 일이야.

I got people standing guard 24/7.
난 항상 경계를 하고 있는 사람들이 있어.

- Two MPs stand guard inside the room. 두명의 헌병이 방에서 경계를 서고 있어.

■ catch[throw] sb off guard는 가드를 내리고 있는 사람을 catch한다는 건 경계를 푼 상태에서 혹은 준비가 되지 않은 상태에서 어떤 일이 일어나는 걸 말한다.

■ keep[stand] guard는 반대로 경계하다, 지키다라는 의미.

 MORE EXPRESSION

It's like having the fox guard the henhouse.
고양이한테 생선가게를 맡긴 격이야.

» guess

 Can you take a guess? 알아맞춰볼래?

Let me guess, you found semen.
가만있자, 너 정액발견했구나.

- I saw you two. Let me guess, your ex-boyfriend?
  너희 둘 봤어. 내가 맞춰볼게, 옛남친?

  Let me guess. You got a huge bonus check.
  추측컨대, 보너스 많이 탔구나.

■ let me guess는 내가 추측해보겠다라는 말로 잠시 생각하면서 하는 표현. 우리말로는 '가만있자,' '추측해보건대,' 혹은 상황에 따라 '말 안해도 알아'라는 뜻으로 쓰인다.

Can you take a guess?
알아맞춰볼래?

- It's a chemical weapon. **Take a guess.** 화학무기야. 알아맞춰봐.
  I won't **hazard a guess.** 무리하게 억측하지 않을래.

■ **take[make] a guess**는 '짐작을 하다,' '추측하다' 라는 표현이고 hazard a guess는 좀 추측을 무리하게 하는 것으로 '억측하다' 라는 뜻.

That's a rough guess.
그냥 어림잡아 하는 얘기야.

- Let me **take a wild guess.** 대강 맞춰볼께.
  Want to **take a wild guess** what my first partner still calls me?
  내 첫파트너가 날 뭐라고 부르는지 대충이라도 맞춰볼테야?

■ **take a wild guess**는 hazard a guess처럼 '대충 맞추다' 라는 뜻으로 wild guess는 rough guess라고 해도 된다.

Well, guess what? I'm not scared.
저기, 그거 알아? 난 무섭지 않았어.

- **Guess what?** I got the part on CSI. 저기 말야. 나 CSI에서 일하게 됐어.
  So guess what? We've come to a decision.
  그래 저기 말야. 우린 결론에 도달했어.

■ **Guess what?**은 뭔가 흥미로운 이야기를 다른 데서 듣고서 상대방에게 얘기할 때 호기심을 자극하기 위해 하는 말로 '저기 말야?,' '그거 알아?' 라는 의미.

I'll give you three guesses.
뻔한 질문 좀 할게.

- How about I **give you three guesses**? 쉬운 질문 좀 할까?
  This is all just **a guessing game**, isn't it?
  이거 그냥 정답맞추는 게임이지, 그지 않어?
  You propose **a guessing game**, yet you don't give me enough time to guess. 알아맞히기게임을 하자고 해놓고 넌 아직 알아맞출 충분한 시간을 주지 않었어.

■ **give sb three guesses**는 sb에게 세 번 알아맞춰볼 기회를 준다는 것으로 '세번' 이 많은 숫자인지는 모르겠지만 하여간 기회를 많이 준다는 맥락에서 '쉬운 질문을 하다' 라는 뜻이 된다. 또한 guessing game은 정답을 알아 맞히는 게임 혹은 수수께끼라는 뜻으로 쓰이는 표현.

You'll never guess what just happened.
방금 무슨 일이 있었는지 넌 짐작도 못할거야.

- You'**ll never guess what** I heard. 내가 무슨 얘기를 들었는지 넌 짐작도 못할 걸.
  You'**ll never guess what** Tom's got in that box.
  탐이 저 박스에 뭘 담고 있었는지 넌 짐작도 못할거야.

■ **will never guess what~**은 뭔가 놀랍고 충격적인 소식이나 사실을 알고 나서 다른 사람에게 그 놀라움을 전달하는 표현법.

Your guess is as good as mine.
모르긴 나도 매한가지야.

- Right now **your guess is as good as ours.**
  지금 너나 우리나 모르긴 마찬가지야.
  A: How did that get there? B: **Your guess is as good as mine.**
  A: 어떻게 거기에 갔어? B: 모르긴 나도 마찬가지야.

■ **sb's guess is as good as mine**은 주어의 guess나 나의 guess나 매한가지라는 말로 '모르기는 마찬가지이다' 라는 뜻이다.

That's anybody's guess.
아무도 몰라.

- It'**s anybody's guess.** 확실치 않아.
  A: I hate it when you do that. B: **Lucky guess.**
  A: 네가 그럴 때 정말 싫더라. B: 우연히 맞춘거지.

■ **be anybody's guess**는 아무도 모른다, 그리고 lucky guess는 '우연의 일치' 라는 뜻이다.

I'm guessing the killer is left-handed.
살인범이 왼손잡이인 것 같아.

- I'm guessing someone late last night. 아마 지난밤 누가 늦은 것 같아.
  I'm guessing this guy isn't exactly an altar boy.
  얘가 정확히 (카톨릭) 복사는 아닌 것 같아.

■ I'm guessing~은 '…을 추측해본다' 라는 표현으로 I guess~ 와 같은 표현.

MORE EXPRESSION

I guess not. 아마 아닐걸.
I guess so. 아마 그럴 걸.
keep sb guessing 안 알려주다
I guess (that)~ 아마 …일거야

» guest

 *Be my guest!* 그럼요!

Be my guest!
그럼요!

- You wanna test this guy? Be my guest!
  이 애를 테스트해보겠다구요? 그렇게 해요!
  Oh, yeah, yeah? Be my guest. Fall in love with her.
  어, 그래? 그렇게 해봐. 걔랑 사랑에 빠져봐.

■ be my guest는 '내 손님 이다' 라는 뜻으로 상대방의 요청에 흔쾌히 '그럼요,' '그렇게 해요' 라는 친절한 표현이다.

Well first, we don't have house guests.
먼저, 우린 자고가는 손님이 없어요.

- I had an unexpected house guest. 예상치 못하게 자고가는 손님이 있어.
  You can still stay in the guest room. 손님방에 더 있어도 돼.

■ house guest는 묵고 가는 손님을 그리고 guest room은 각 집에 있는 손님방을 말한다.

» guilty

 Guilty as charged. I'm out. 어 맞아. 난 빠질게.

They'll find you not guilty by reason of insanity.
넌 정신이상으로 무죄판결 받을거야.

- I find you not guilty by reason of mental defect.
  정신박약으로 당신에게 무죄를 선고한다.
  I find you guilty of manslaughter and sentence you to five years. 과실치사로 평결하고 5년형에 처한다.
  He can still be found guilty of felony murder.
  걘 중죄모살죄로 평결날 수 있어.

■ find sb (not) guilty는 '…을 유죄라고 평결하다' 그리고 not을 붙이면 '…을 무죄라고 평결하다' 라는 말.

He's guilty of multiple homicide.
걘 연쇄 살인죄를 지었어.

- That woman was guilty of a crime she didn't commit.
저 여자는 짓지도 않은 걸로 유죄판결받았어.

  The only thing I am guilty of is loving you in silence.
나의 유일한 죄는 말없이 너를 사랑한거야.

■ be guilty of는 '…의 죄를 짓다,' '…에 대해 유죄이다' 라는 의미.

My client is ready to plead guilty.
내 의뢰인은 유죄를 인정할 준비가 됐어.

- Your Honor, I killed Julie Donovan. I plead guilty.
재판장님, 줄리 도노반을 살해했습니다. 유죄를 인정합니다.

  Sam is going to plead guilty and go to prison.
샘은 유죄를 인정하고 감방에 투옥될거야.

■ plead guilty는 법정드라마에서 많이 나오는 표현으로 '유죄를 인정하다' 라는 말.

Guilty as charged. I'm out.
어 맞아. 난 빠질게.

- Yeah. Guilty as charged. 어, 내가 그랬어.

  A: Oh, you know, how funny you are. B: Guilty.
A: 어, 저말야, 너 정말 웃겨. B: 맞아.

■ Guilty or Guilty as charged는 상대방의 말에 좀 코믹하게 표현하는 것으로 '어 맞아,' '내가 그랬어' 라는 뜻이다.

Do you have a guilty pleasure Luke?
루크야, 너 은근히 즐기는 거 있어?

- Everyone's allowed a guilty pleasure now and again.
누구나 다들 가끔은 남몰래 즐기는 것이 있게 마련이지.

  Yeah, the guilty pleasure that you know is bad for you.
그래, 몸에 안좋은 걸 알면서도 하게 되는 죄의식이 따르는 즐거움.

■ guilty pleasure는 단어들의 의미상 어색한 만남이다. 이는 죄의식을 갖고도 그 과정의 즐거움 때문에 하는 것을 말한다.

MORE EXPRESSION

the guilty party 가해자측

» gun

 Ok, let's not jump the gun. 좋아, 신중하게 행동하자고.

She's bringing out the big guns.
걘 비장의 카드를 꺼내 들었어.

- Roll out the big gun later? 비장의 카드는 나중에 쓴다고?

  Good call, Governor, bringing in the big guns.
훌륭한 결정예요, 주지사님. 거물을 영입하는 건요.

■ big gun은 사람을 뜻할 때는 '거물,' 그렇지 않을 때는 '비장의 카드'를 말한다. 그래서 '비장의 카드를 꺼내다,' '결정타를 날리다' 라고 할 때는 pull out the big gun이라 하면 된다.

We better have a smoking gun.
우린 명백한 증거가 필요해.

- I still can't find the smoking gun. 난 아직 명백한 증거를 찾을 수가 없어.

  If I don't find a smoking gun, I'm screwed. 명백한 증거를 찾지 못하면 난 망해.

■ smoking gun은 총에서 연기가 난다는 말로 '명백한 증거'를 뜻한다.

I'm under the gun.
압력에 시달리고 있어.

- Look, I understand that you're under the gun.
  이봐, 난 네가 많은 부담을 느끼고 있다는 걸 이해해.

■ be under the gun은 총구밑에 있다는 말로 상당한 부담이나 스트레스를 받고 있다는 이야기.

Why not hold a gun to your own head?
왜 너는 하려고 하지 않는거야?

- We need to put a gun to his head for results.
  머리에 총을 겨누고 결과를 얻어내야겠어.

  You don't have to put a gun to my head! 총으로 협박할 필요는 없어!

■ hold[put] a gun to sb's head는 '총으로 협박하여 …하도록 하게 하다'라는 뜻이고 그냥 hold a gun하면 총을 지닌다라는 의미.

I'm not his friend. I'm a hired gun.
난 걔의 친구가 아냐. 살인청부업자지.

- Let's say this hired gun rapes Denise then Jessica.
  이 살인청부업자가 데니스를 강간하고 그런 다음 제시카를 강간한거야.

  I mean like a hired gun professional. 내 말은 전문살인청부업자처럼 말야.

■ hired gun은 청부살인업자, 즉 hit man을 뜻한다.

Ok, let's not jump the gun.
좋아, 신중하게 행동하자고.

- I know the rules. I will not jump the gun.
  난 규칙을 알아. 신중하게 행동할게.

  I think you're jumping the gun here.
  난 네가 경솔하게 행동하는 것 같아.

■ jump the gun은 육상 등의 경기에서 출발신호 총소리보다 빨리 튀어나가는 것을 뜻하는 것으로 비유적으로 '경솔하게 행동하다'라는 의미를 갖는다.

Well, someone's gunning for him, huh?
어, 누군가가 걜 비난하고 있어, 맞지?

- There is a madman gunning for you because of me.
  나 때문에 널 비난하려는 미친놈이 있어.

  I hear the D.A.'s really gunning for the father.
  지방검사가 아버지를 비난하려 한다는 얘기를 들었어.

■ be gunning for sb는 sb에게 총구를 겨냥한다는 뜻에서 'sb를 비난할 기회를 노리다'라는 의미로 쓰인다.

He's a real jackass gunning for my job.
걘 내 자리를 잡으려고 하는 정말 멍청한 놈야.

- You're gunning for disbarment. 넌 변호사자격을 박탈당하려고 기를 쓰는구나.

  It's a little soon to be gunning for a promotion.
  승진을 노리는 건 좀 빨라.

■ be gunning for sth 이번에는 for 다음에 사물이 나오면 '…기회를 잡기 위해 무척 노력하다, 다투다'라는 의미.

MORE EXPRESSION

son of a gun 개자식
with all guns blazing
결의를 불태우며
stick to one's guns
억지부리다, 양보하지 않다

놓치면 원통한 미드표현들

- **grumpy** 짜증부리는
  Mommy gets grumpy if I wake her too early. 내가 넘 일찍 깨우면 엄마는 짜증부려.
  Mrs. Jaffe gets grumpy when she's made to wait. 재프 부인은 기다려야 할 때면 짜증을 부려.

- **gullible** 남의 말에 잘 속아 넘어가는
  I mean, I'm surprised you're so gullible.
  내 말은 네가 잘 속아넘어가는 거에 놀랐어.
  You'd better hope the jury is more gullible than I am. 배심원이 나보다 귀가 얇기를 바래야 돼.

» gut

You think he's got the guts? 걘 배짱이 있다고 생각해?

I hate your guts.
정말 너 싫어.

- I still pretty much hate your guts, Sacks. 색스, 난 아직도 네가 정말이지 싫어.
  He's going to hate your guts. 걘 널 증오하게 될거야.

You got a gut feeling on this?
이거에 본능적으로 오는 느낌이 있어?

- I have a gut feeling it's my best shot. 이게 나의 최선이라는 직감이 들어.
  I just have a gut feeling that it's him. 걔라는 직감이 들어.

You think he's got the guts?
걘 배짱이 있다고 생각해?

- You got the guts? 너 그럴 배짱 있어?
  You don't have the guts. 넌 배짱도 없어.
  I just wish I had the guts to do it. 내가 그걸 할 배짱이 있었으면 좋겠어.

You are a gutless wonder.
넌 정말 한심한 겁쟁이야.

- You're gutless. 넌 배짱도 없어.
  He was gutless and he was pathetic. 걘 배짱도 없고 한심해.

■ hate one's guts에서 gut는 '내장'으로 여기서는 내장까지 싫어할 정도로 무척 싫어한다는 의미.

■ get[have] a gut feeling은 '본능적으로 어떤 직감을 느끼다' 라는 의미.

■ get[have] the guts에서 guts는 용기나 배짱을 뜻한다. 따라서 have the guts to~하게 되면 '…할 배짱이 있다' 라는 말.

■ gutless는 '배짱이 없는,' '한심한' 이라는 단어.

MORE EXPRESSION

beer gut 맥주 많이 마셔 나온 배
spill one's guts 모든 걸 털어놓다
blood-and-guts 지독한
gut sb like a fish 속속들이 다 까발리다

» guy

He's our guy. 저자가 범인이야.

He's our guy.
저자가 범인이야.

- We don't think he's our guy. 저 사람이 우리가 찾는 범인은 아닌 것 같아.
  It looks like our guy wore a condom. 용의자가 콘돔을 낀 것 같아.

I'd rather talk to you guys anyway.
어쨌거나 너희들하고 얘기하는게 낫겠어.

- You guys figure it out, because she's driving me nuts.
  너희들이 알아내봐. 걘 날 돌아버리게 해.
  Looks like these guys are partners. 이 사람들은 파트너같은데.

■ be our guy는 범죄수사미드에서 자주 나오는 표현으로 수사관들이 찾고 있는 용의자, 범인이라는 의미.

■ guy는 원래 남자를 말하는 단어였지만 점점 여성도 가리키며 특히 복수형태로 guys하면 남녀 구분없이 사람들이라는 말로 쓰인다.

MORE EXPRESSION

wise guy 잘난 척하는 사람
bad guy 악당
fall guy 희생양
No more Mr. Nice Guy!
더이상 좋은 사람처럼 행동하지 않을 거야!

H

» habit

They were trying to kick the habit. 걔네들은 습관을 끊으려고 노력했었어.

Joe has a habit of getting high.
조는 마약하는 습관이 있어.

- Sam **has a bad habit of** leaving Joey alone.
  샘은 조이를 혼자놔두는 나쁜 습관이 있어.

  I'm trying to **get you in the habit of** doing things without me.
  난 나없이 네가 일을 하는데 익숙해지도록 하고 있어.

I'm not in the habit of prescribing non-approved drugs.
입증되지 않은 약물을 처방하는 사람은 아냐.

- **I'm not in the habit of** ruining people's reputations on a whim.
  난 맘대로 사람들의 명성을 해치는 사람은 아냐.

  Was she in the habit of staying there all night?
  걔 밤새 거기 있곤 하는 버릇이 있었어?

Don't make it a habit of consorting with liars.
거짓말쟁이들과 어울리지 않도록 해라.

- Do you **make a habit of** referring to your employer as a crazy bitch? 사장을 미친년이라고 부르는 버릇이 있어요?

■ have[get] a habit (of) ~ing는 어떤 사람의 습관을 묘사하는 것으로 습관의 내용은 of ~ing 혹은 그냥 ~ing만 붙여 써도 된다. get sb in the habit of~는 '…에게 …하는 습관을 들이다' 라는 말.

■ I'm not in the habit of~는 앞의 be in the habit을 이용한 표현으로 '나'에 관한 그릇된 이야기를 바로 잡을 때 사용하는 것으로 '나는 …하는 사람이 아냐' 라는 말이다.

■ make a habit of는 of 이하 하는 것을 습관으로 만들다라는 말로 '습관적으로 …하다,' '…하는 버릇을 들이다' 라는 말. 또한 pick up[fall into] a bad habit하면 '나쁜 습관에 빠지다' 라는 표현.

Mother didn't want me picking up any bad habits.
어머니는 나쁜 습관에 전혀 빠지지 않기를 원하셨어.

I don't want you to develop bad habits.
네가 나쁜 습관을 붙이지 않기를 바래.

Old habits are hard to break.
오랜된 습관은 끊기가 어려워.

- Old habits die hard. 세살 버릇 여든까지 가기 마련야.
  They were trying to kick the habit. 걔네들은 습관을 끊으려고 노력했었어.
  I broke the habit of staying up late. 난 늦게까지 안자는 습관을 깼어.
  He'd only do that out of habit. 걘 습관적으로 그러는 거야.

 kick the habit은 '좋지 않은 습관을 끊다' 라는 말로 break the habit, 또는 go out of the habit이라고 해도 된다. 단 단독으로 out of habit하면 '버릇대로,' '하던대로' 라는 뜻.

Chris, you've got a drug habit.
크리스, 너 상습적으로 마약하잖아.

- She had herself a nasty coke habit too. 걔 역시 위험한 코카인을 상습복용해.
  He only takes cash, probably to feed his heroin habit.
  걘 현금만 받는데 아마도 습관적으로 헤로인을 복용하는데 돈을 대기 위해서인 것 같아.

 drug habit은 마약을 상습적으로 복용하는 습관이란 의미. drug 대신 다른 coke, heroin을 쓰기도 한다.

» hair

I'm gonna tear my hair out. 어떻게 해야 할지 몰라 미치겠어.

Have a hair of the dog that bit you.
해장술 한잔 하죠.

- How about a little hair of the dog? It'll perk you right up.
  해장술 어때? 기운이 나아질거야.

■ hair of the dog은 '해장술' 이란 의미로 사연(?)있는 표현. '개한테 물리면 개의 털을 잘라 붙이면 치료되다' 는 옛속설에서 유래된 표현. 술취했을 땐 술로 해장한다는 의미로 쓰이게 되었다.

I might come in here and let my hair down once.
여기 와서 한번 좀 쉬어야겠네.

- I think you should wear your hair down. 너 머리를 내리는 게 나을 것 같아.
  A: You ever wear your hair down? B: What? Yeah, sometimes. Why? A: 머리 내린적 있어요? B: 뭐라고? 그래, 가끔, 왜?

■ let one's hair down은 머리를 풀다라는 말로 '긴장을 풀고 편히하다' 라는 말. 직장여성들이 퇴근후 집에 와서 머리를 푸는 모습을 연상하면 된다. 한편 wear one's hair down은 머리 모양새의 하나로 '머리를 올리지 않고 내리는' 것을 말한다.

They're not making me want to tear my hair out.
걔네들은 내가 걱정하게 하지 않을거야.

- I'm gonna tear my hair out, so out my way.
  어떻게 해야 할지 몰라 미치겠으니 비키라고.
  Why should Serena be the one pulling her hair out?
  왜 세레나가 걱정을 해야 하는 거야?

■ be tearing[pulling] one's hair out은 우리도 그렇듯, 안좋은 상황이나 뭔가 풀리지 않을 때 머리를 쥐어뜯는 모습을 뜻하는 표현으로 '어떻게 할지 몰라 무척 걱정하거나 화내다' 라는 의미.

Well, let's not split hairs.
저기, 너무 세세하게 따지지 말자고.

- Don't **split hairs**, if it works she lives. 걔가 살 수 있게 돌아간다면 그냥 넘어가자.
- Don't **split hairs with** me, Tim! Come on! 팀, 나랑 의견을 달리 하지마! 제발!

■ **split hairs**는 잡기도 어려운 머리카락을 하나씩 분리한다는 뜻에서 '사소한 일에 꼬치꼬치 따지다,' '지나치게 신경쓰다' 라는 의미. split hairs with하면 '…와 의견이 다르다' 라는 말.

Get out of my hair! Just go outside.
그만 가래! 밖으로 나가.

- Well, I'll **get out of your hair** for a while. 잠시 널 혼자둘게.
  Find a way to **get him out of my hair**. 내 눈에 걔 안보이게 해.

■ **get out of one's hair**는 '…를 귀찮게 하지 않고 그만 가다' (leave sb alone)라는 의미.

MORE EXPRESSION

bad hair day 운수 나쁜 날
get in sb's hair …을 짜증나게하다
get out of one's hair 시야에서 사라지다

» half

 You don't know the half of it. 얼마나 심각한지 말도마.

You don't know the half of it.
얼마나 심각한지 말도마.

- You still don't **even know the half of** it. 얼마나 힘든 정도가 아냐.
  You don't **know the half of** what he's done. 걔가 저지른 짓이 장난아냐.

■ **not know the half of**는 상대방의 무지를 혼내기보다는 이하의 상황이 얼마나 충격적인지 강조하기 위한 표현이다.

Might have half a chance.
어느 정도 기회가 있을지 몰라.

- I don't know a young woman who wouldn't want to marry my son, **given half the chance**.
  기회를 좀 준다하면 내 아들과 결혼을 하지 않으려는 젊은 여자는 없을거야.
  A good beginning **is half the battle**. 시작이 반이다.

■ **give ~ half a chance**는 '…에게 어느 정도 기회를 좀 주다' 라는 의미. 또한 be half the battle은 뭔가 이루려면 넘어야 하는 가장 핵심부분으로 '고비'를 뜻한다.

Where's your better half?
네 아내 어디 있어?

- I'm still trying to hard, huh? Trying to get **your other half** to like me. 난 아직 노력중이라고. 네 부인이 날 좋아하게 만들려고 말야.
  Half my genes are drunk and **the other half** are violent and cruel. 내 유전자의 반은 알콜중독이고 나머지 반은 폭력적이고 잔인해.

■ **sb's better half**는 유머있는 말로 한 사람의 아내, 남편, 파트너를 말하는 표현. better 대신 other를 쓰기도 한다. 물론 the other half는 '다른 반쪽' 이란 일반적 의미로도 쓰인다.

You weren't half bad yourself.
넌 괜찮았어.

- You know, you're **not** looking **half bad**. 저말야, 넌 썩 괜찮아 보여.
  Oh, stop your whining. You didn't turn out **half bad**. 그만 투덜대. 괜찮았는데.

■ **not half bad**는 예상했던 것보다 좋을 때 '괜찮다'라는 의미로 쓰인다.

MORE EXPRESSION

half a minute[moment] 잠깐
Half now, half upon completion. 반은 지금, 반은 일 끝나고.
~ and a half 굉장한, 특별한
not do something by halves 일을 어중간하게 하다

» hand

We're all hands on deck. 우린 모두 함께 도와야 돼.

This had gotten out of hand.
일이 너무 커져버렸어.

- This is totally getting out of hand. 사태가 너무 걷잡을 수 없어졌어.
  The case gets out of my hands now. 이건 이제 내가 어떻게 손쓸 도리가 없어.

■ get out of hand는 '상황이 통제불가능한 상태가 되어 있다'는 것을, 그리고 '내손을 떠나서 나도 어쩔 수 없다'고 말할 때는 get out of one's hands라 하면 된다.

I'm going to need to get my hands on the original.
오리지널을 수중에 넣어야 될거야.

- I'd just love to get my hands on a brochure. 브로셔를 하나 얻었으면 해.
  He'll be my dead husband if I ever get my hands on him.
  나한테 잡히면 내 남편은 죽었어.

■ get one's hands on sth은 '…을 수중에 넣다,' '얻다,' '성공하다'라는 말이며 on 다음에 사람이 오면 '붙잡다,' '혼내다'라는 뜻이 된다.

I have a screaming baby on my hands.
난 소리를 지르는 아기를 다루어야 돼.

- I have a very sick child on my hands. 무척 아픈 아이를 돌봐야 돼.
  I've had a little more time on my hands lately. 난 최근에 시간이 좀더 있었어.

■ have sth[sb] on one's hands는 '다루기 어렵고 힘든 문제를 안고 있다'는 의미. 단 have 다음에 시간명사가 오면 '시간이 있다, 없다'라는 의미가된다.

I have my hands full!
너무 바빠 다른 일 할 겨를이 없어!

- It looks like you have your hands full. 보니까 너 너무 바쁜 것 같아.
  I had my hands full, Detective. 형사님, 저 너무 바빴는데요.

■ have one's hands full은 '손이 가득 차다,' 즉 '너무 바빠서 다른 일을 못하다'이다.

I washed my hands of it.
난 그 일에서 손뗐어.

- You washed your hands, right? 너 손 씻었지, 그지?
  I shower twice a day and wash my hands as often as I can.
  하루에 두 번 샤워하고 가능한 자주 손을 씻어.

■ wash one's hands는 그냥 단순히 화장실에서 '손씻다,' 혹은 비유적으로 '손떼다'라는 의미로 쓰인다.

Get your hands off!
건드리지 마!

- Get your groping hands off of me, creep! 내 몸 더듬지마, 이 짐승아!
  What are you doing? Take your hands off of me!
  뭐하는거야? 내게서 손 치우라고!

■ keep[take, get] one's hands off (of)는 '…에서 손떼다'라는 의미로 물리적으로 손을 치우다 혹은 추상적으로 '어떤 일에서 빠지다'라는 뜻으로도 사용된다. 그냥 명령문으로 Hands off~라고도 자주 쓰인다.

I'll take her off your hands.
내가 걜 떠맡을게.

- I can take them off your hands. 내가 그것들을 책임질게.
  Why don't you let me take this one off your hands.
  이건은 내가 맡도록 하지.

■ take A off one's hands에서 off one's hands는 '의 책임이 아닌'이라는 의미로 take ~ off one's hands하면 '…을 …에게서 면해주다,' '…을 떠맡다,' '인수하다'라는 표현이 된다.

A girl has to take matters into her own hands.
여자애는 직접 자신의 손으로 문제를 다루어야 해.

- This woman took the law into her own hands.
이 여성은 스스로 직접 법을 대신했다.

  She decided to take justice into her own hands.
걘 직접 정의를 실현하기로 결정했어.

■ take matters[or sth] into one's own hand는 자신의 손으로 '직접 …을 떠맡다,' '다루다,' '처리하다' 라는 뜻.

Put your hands on your head!
손 머리에 올려!

- Police! Get your hands up! 경찰이다! 손들어!

  Hands up where we can see them. 두 손 보이도록 올려.

  Hands on the back of your head! 두 손 머리 뒤로 해!

  Can you keep your hands to yourself? 손 좀 대지마라.

■ put[get] one's hands up은 경찰들이 주로 쓰는 말로 '손들다' 라는 의미. 단, put one's hand up하게 되면 질문 등의 이유로 '한 손을 들다' 라는 의미가 된다. 그밖에 경찰들이 자주 쓰는 말로는 Hands on your head, 그리고 keep your hands in sight 등이 있다. 한편 keep your hands to yourself(손대지마시오)는 네 두 손을 네게 지니고 있다라는 말로 박물관 등에서 쓸 수 있는 표현.

You had a hand in this.
너 이 일에 관련됐어.

- You still had a hand in her death. 넌 여전히 그녀의 죽음에 연관되어있었어.

  I wouldn't stick your hand in there. 난 네가 거기에 관여하지 않도록 할거야.

  Why she stick her hand in there for anyway? 걔가 거기에 왜 손을 넣었대?

■ have a hand in sth은 in 이하의 일에 '관여하거나 관련되다' 라는 의미로 keep one's hand in이라고도 한다. 또한 stick one's hand in~은 '…안에 손을 집어넣다' 라는 것으로 비유적으로 '…에 개입하다,' '관련되다,' '참여하다' 라는 의미로도 쓰인다.

Can I give you a hand with that?
그거 내가 도와줄까요?

- You going to give me a hand with the bags? 가방드는거 도와줄래?

  He's so friendly and always willing to lend a helping hand.
걘 너무 우호적이어서 언제나 도움의 손길을 주려고 해.

■ give a hand는 '(일)손을 주다' 라는 말로 '도와주다' 라는 기본표현. hand는 결국 '도움의 손길' 이라는 의미로 a helping hand는 '원조,' '도움' 이라는 표현이 된다.

I thought you could use a hand.
난 네가 도움이 필요한 줄 알았어.

- We could use a hand with the geographical profile.
지리적 프로파일로 도움을 받겠어.

  A: I could use a hand. B: Well, then I'll help you.
A: 난 도움이 필요해. B: 어, 그럼 내가 도와줄게.

■ could use a hand에서 could use는 '…을 얻었으면 좋겠다는 희망의 문구로 could use a hand하면 '도움이 있으면 좋겠다' 라는 의미.

Get your hands dirty if you have to.
꼭 그래야 한다면 궂은 일도 마다하지 마라.

- Don't you think it's time to start getting our hands dirty?
이제 손을 더럽혀야 될 때라고 생각하지 않아?

  Because you didn't want to get your hands dirty.
그건 네가 손을 더럽히지 않으려고 했기 때문이야.

■ get one's hands dirty는 손을 더럽히다라는 뜻에서 '부끄러운 짓을 하다,' '궂은 일을 하다' 라는 의미로 사용된다.

I'm sorry, but my hands are tied.
미안하지만 너무 바빠서.

- I wish I could help you, my hands are tied. 도와주고 싶지만 옴짝달싹 못해.

■ sb's hands are tied는 두손이 묶여있다는 말로 주로 바빠서 '옴짝달싹 못하다' 라는 의미가 된다.

He's waiting on her hand and foot.
걘 그녀를 지극정성 돌봤어.

- Jane nursed him, bathed him, waited on him hand and foot.
제인은 걜 돌보고, 목욕시키고 정성스럽게 수발을 들었어.
Edwin's waiting on me hand and foot. 에드윈은 지극정성으로 날 돌봤어.

■ wait on sb's hand and foot는 …의 손발노릇을 하다로 아주 '정성스럽게 sb를 돌보는 것'을 말하며, tie[bind] sb hand and foot은 '달아나지 못하도록 손발을 묶다'라는 뜻이 된다.

You can do it with one hand tied behind your back.
넌 그걸 아주 쉽게 할 수 있을거야.

- Chris could play baseball with one hand tied behind his back.
크리스는 아주 손쉽게 야구를 할 수 있을거야.
You could even cook this with one hand tied behind your back.
이 요리하는거 엄청 쉬워.

■ can do sth with one hand tied behind one's back은 길이에 비해 간단한 표현. 한손을 머리 위에 묶인상태에서 할 수 있다는 건 아주 '쉽고, 간단하게' 할 수 있다는 걸 뜻한다.

I've got to hand it to you!
너 정말 대단하구나!

- All I did was hand it to him. 내가 한 것이라고는 개한데 그걸 건네주는거였어.
I have to hand it to Emily, she's a great businesswoman.
에밀리에게 두손 들었어, 걘 정말 훌륭한 여성사업가야.

■ hand it to sb는 보통 앞에 have to 등이 와서 sb에게 너무 잘해서 '난 두손 들었다,' '네가 이겼다' 등 상대방이 '잘났음(?)'을 인정하는 표현이 된다. 기본적으로 hand sth to sb는 '전달하다,' '건네주다'라는 뜻.

The manager took all of his employees in hand.
매니저는 직원전체를 책임지고 있었어.

- Anna took me in hand when I arrived at the school.
내가 학교에 도착했을 때 애나가 날 안내했어.
I hope the tour guide will take us in hand when we arrive.
우리가 도착할 때 관광안내원이 우리를 안내하기를 바래.

■ take sb in hand는 sb를 손안에 갖고 있다는 말로 sb를 지도하거나 책임지고 다루다라는 의미를 갖게 된다.

Trust me. It comes in handy.
날 믿어. 그게 도움이 될거야.

- We got a doctor there as well. That will come in handy.
거기에 의사도 있어. 필요할 때 도움이 될거야.
I'm sure that would come in handy, right? 그게 도움이 될거야, 그지?

■ come in handy는 '필요할 때 도움이 되다'라는 의미.

He handed in his resignation at the university.
걘 대학교에 사직서를 제출했어.

- I handed in that marketing report. 난 저 마케팅 보고서를 제출했어.
So why don't you just hand over the keys? 그럼 열쇠를 그냥 넘겨줘라.

■ hand in은 '제출하다'(submit)라는 뜻이고 hand over는 '넘겨주다,' '이양하다'라는 의미.

놓치면 원통한 미드표현들

- **harp on about sth** 짜증낼 정도로 계속 얘기하다
Stop harping on that subject.
한 말을 되풀이하지마.

- **hatch (up) a plot** 음모를 꾸미다

What plots are you two hatching?
너희 둘 무슨 음모를 꾸미고 있는거야?

- **down the hatch** 건배, 위하여
Down the hatch! 건배, 원샷!

That's his best shit, hands down.
저건 의심할 여지없이 최고야.

- Mike won the writing contest, hands down. 마이크는 쉽게 작문대회우승했어.
  The biggest horse won the race, hands down. 가장 큰 말이 손쉽게 우승했어.

This is hands down the worst storm I've seen.
이건 의심할 여지없이 지금까지 본 것 중 최악의 폭풍야.

- Shelia is hands down the best looking girl. 쉴라는 최고로 멋진 여자애야.
  This is hands down the silliest thing I have ever heard.
  이건 내가 들어본 것 중에 정말 가장 어리석은 것이야.

I'm really good with my hands.
난 정말 손재주가 있어.

- Joe became a carpenter because he's good with his hands.
  조는 손재주가 있어서 목수가 됐어.
  I'm talking no blow jobs, no hand jobs. 오럴섹스나, 핸드플레이를 말하는게 아냐.

We're all hands on deck. You mean it?
우린 모두 함께 도와야 돼. 알겠어?

- All hands on deck. Now I'm done. 모두 함께 도와서 이제 일을 끝냈어.
  All hands on deck. That was the call, right? 다 힘을 합치자. 그 명령이었어, 응?

No, you'll be on your hands and knees.
아니, 넌 이제 무릎을 꿇게 될거야.

- She begins crawling on her hands and knees to her house.
  걘 집까지 기어가기 시작했어.
  Well, how do I carry it if I'm on my hands and knees?
  저기, 내가 무릎을 꿇고 있는데 이걸 어떻게 날라?

Let's give her a big hand.
걔에게 큰 박수를 보냅시다.

- Okay, let's have a big hand for Robin the reporter. 로빈리포터에게 큰박수를.
  Put your hands together. 큰 박수를 보내줘요.

So we don't need your hand-me-downs.
네가 물려주는 책은 필요 없어.

- By the way, I know that's a hand-me-down ring.
  그건 그렇고, 그건 대대로 물려받는 반지인 걸 알아.
  I don't want hand-me-downs. I want brand new stuff.
  난 헌 것이 필요없어. 새로운 것이 필요해.

He's really a handful.
걔 정말 다루기 힘들어.

- You think Serena's a handful? 세레나가 다루기 힘들다고 생각해?
  He holds out a handful of pens. 걘 한 움큼의 펜을 내밀었어.

■ hands down은 두손을 내리고라는 뜻으로 주로 '손쉽게(easily)' '힘 안들이고'라는 의미. 주로 동사 win과 잘 어울린다. 엔트리 표현인 That's his best shit, hands down은 '최고다'(be absolutely the best)라는 말.

■ This is hands down the+최상급 (that) S+V의 형태로 쓰일 때 hands down은 '의심할 여지없이(without any doubt)'라는 의미.

■ be good with one's hands는 '손으로 뭘 잘 만든다'라는 의미로 한마디로 '손재주(be good at building or making things using his hands)가 있다'는 표현이다. 한편 hand job은 남자성기를 손으로 애무해주는 것을 말한다.

■ all hands on deck에서 deck은 갑판. 따라서 all hands on deck은 비상상황에 처해 모두 갑판으로 모이라는 뜻에서 유래하여 위기상황에서 모두 모여 힘을 합치다, 돕다라는 표현이다.

■ on one's hands and knees는 '네발로 기어서'라는 모습을 표현한 것.

■ Let's give a big hand (for~)는 (…에게) 박수를 보냅시다

■ hand-me-down에서 hand down은 대대로 물려주는 것을 말하고 여기에 me를 넣고 hand me down을 명사형으로 쓴 것으로 '물려주는 것,' '헌 옷' 등을 뜻한다.

■ sb is a handful하면 말썽꾸러기, 다루기 힘든 사람을 말하고, a handful of~하면 '한움큼의,' '한줌의'라는 의미.

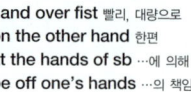

MORE EXPRESSION

hand over fist 빨리, 대량으로
on the other hand 한편
at the hands of sb …에 의해
be off one's hands …의 책임이 아니다
try one's hand at 시도하다
turn one's hand to sth 시작하다
lay one's hands on sth 찾다
come to hand 입수하다

» hang

Hang on to your hat! 놀라지마!, 미리 마음의 준비를 해!

Yeah, I can't hang out with you anymore.
그래, 난 더 이상 너랑 못어울려.

- Just hang out with me. 그냥 나랑 놀자.
- I'm gonna hang out with her tonight as friends.
  난 오늘 친구로서 걔와 어울릴거야.

▬ hang out with sb~는 전형적인 미드표현으로 특정장소에서 특정 사람들과 '함께 시간을 보내다'라는 말. 한편 let it all hang out하면 '편하게 행동하다'라는 의미.

I'm just hanging around.
그냥 놀고 있어.

- We're just hanging around here. 그냥 여기저기 시간때우는 중이야.
- Why are you hanging around with me? 왜 내 주변에서 얼쩡거리는거지?
- He's just really great to hang around with. 걘 정말 같이 어울리기 좋은 친구야.

▬ hang around는 기다리면서 혹은 아무것도 하지 않으면서 시간을 보내는 것을 말한다. hang around with sb하면 '…와 함께 시간을 보내다,' 그리고 not hang around하면 '지체없이 …하다'라는 표현이 된다.

No, wait. Don't hang up yet.
아니, 기다려. 아직 전화끊지마.

- Ask John to hang up and call in again. 존에게 전화끊고 다시 전화하라고 해.
- You hang up first. 먼저 끊어.

▬ hang up은 '전화를 끊다' (get off the phone)이고 hang up on sb하게 되면 '통화중 끊어 버리다'라는 표현이 된다.

Hang in there.
끝까지 버텨.

- All I can tell you, Pam, is hang in there.
  팸, 네게 해줄 수 있는 말은 끝까지 버티라는 것밖에 없어.
- Hang in there, sweetheart. Just hang in there. 자기야, 잘 버텨, 잘 견뎌.

▬ hang in there는 어렵고 힘든 상황하에 처해진 상대방에게 '힘내 참고 기다리다'라고 하는 격려용 문장.

Hang on Casey, It's not that simple.
케이시 잠깐만, 그게 그렇게 간단한게 아냐.

- Hang on a minute, Jack. This is important. 잭, 잠깐만요. 이거 중요한거예요.
- I'm coming! Hang on! 나가요! 잠깐만요!

▬ hang on은 전화상이나 혹은 대화중 '잠깐 기다리려달라'고 할 때 쓰는 표현. 뒤에 잠깐을 말하기 위해 a minute, a moment, a second를 넣어도 된다.

A: How they hanging, brother? B: Low and lazy.
A: 어떠, 친구야? B: 별 볼일없이 지내.

- How they hanging? Are you keeping busy? 어떻게 지내? 바빴어?
- Hey Charlie, how they hanging these days? 찰리야, 요즘은 어떻게 지내?

▬ How (are) they hanging?은 '어떻게 지내?'라는 매우 슬랭에 가까운 표현.

Hang on to your hat!
놀라지마!, 미리 마음의 준비를 해!

- I get that. You should hang on to this. 알았어. 이거 놓치지 않는게 좋겠어.
- Hang on to this girl, Ted. 테드, 이 여자 놓치지 말고 꽉 잡아.

▬ hang on to는 '놓치지 않기 위해 꽉 붙잡다,' '계속 지니고 있다'라는 의미. 한편 hang on to one's hat하면 바람에 모자가 날라가지 않도록 잡고 있으라는 말로 '놀라지 말고 마음의 준비를 하다'라는 뜻으로 쓰인다.

He hung her out to dry.
걘 그 여자를 어려운 처지에 방치했어.

- She hung him out to dry, and he's doing the same thing.
걘 그를 나몰라라 방치했고 그도 똑같이 그러고 있어.

    You hung me out to dry in court.
    년 법정에서 나 몰라라 했어.

■ hang sb out (to dry)는 아주 야비한 표현. 자기가 비난 받지 않기 위해 다른 사람이 어려움에 처했어도 '그냥 버려두고 도움을 외면하다' 라는 뜻.

I've enjoyed watching you hang yourself.
네가 스스로 망가지는 것을 즐겁게 보고 있어.

- A: You're hanging her. B: That's not so. She's hanged herself.
A: 넌 그 소녀를 목매달았어. B: 그렇지 않아. 걘 자살한거야.

    Girl hanged herself from the bed.
    소녀는 침대에서 목매달아 죽었어.

■ hang sb는 목매달아 죽이는 것을 hang oneself는 스스로 자살하는 것을 뜻한다.

You'll get the hang of it.
금방 손에 익을거야.

- Until you get the hang of it.
네가 요령이 붙을 때까지.

    I think I'm getting the hang of it.
    난 점점 요령이 붙는 것 같아.

■ get the hang of에서 'hang'은 명사로 '요령'을 뜻한다. 그래서 주로 상대방이 어떤 일을 시작하면서 불안해할 때 '금방 손에 익을거야,' '요령이 금방 붙을 거야' 라고 말할 때 이용되는 표현.

Hang it up! Hang up the phone!!
관둬! 전화끊어!!

- Hang it, I can't believe she left me. 젠장, 걔가 날 떠나다니.
    Hang it, we're going home now! 제기랄, 이제 집에 가야돼!

■ Hang it!은 제기랄!, Hang it all!은 제기랄, 빌어먹을, Hang it up!은 관둬! 때려치워라는 표현으로 다들 오래된 표현들로 요즘에 일상생활에서는 잘 쓰이지 않는다.

I'll be hanged if I ever support that policy.
결코 난 그 방침을 지지하지 않을거야.

- I'll be hanged if I've ever seen anything like that.
난 결코 그런 것을 본 적이 없어.

■ I'll be hanged (if)!는 '절대 …하지 않다,' '결코 …하지 않겠다' 라는 강한 부정의지를 담고 있는 표현.

He could be older. Don't get hung up on his age.
걘 나이가 더 많을 수도 있어. 나이에 집착하지 말자고.

- You weren't wrong. I just got hung up on the wives.
네가 맞았어. 난 부인들에게 집중했는데.

■ get hung up on~은 '…에 매달리다,' '집착하다,' 그리고 on 없이 쓰이는 get hung up은 '(…로) 늦어지다' (to be delayed) 라는 말이다.

I didn't know you had that hang-up.
네게 그런 걱정이 있는지 몰랐어.

- We got a lot of hang-ups last month.
지난달에 우린 많은 걱정거리가 있었어.

    It was a hang up call. I'm not sure who it was.
    받자마자 전화가 끊어졌어. 누구였는지 모르겠어.

■ hang-up은 걱정, 그리고 hang-up call하면 요즘 많이 받은 경험이 있는 것으로 전화가 걸려와서 받으면 끊는 그런 전화를 말한다.

MORE EXPRESSION

hang a left[right] 좌회전[우회전]
hang fire 행동을 미루다

» hanker

I do have a hankering for some sushi. 스시가 정말 당기네.

Did you ever hanker after another woman?
다른 여자를 강하게 원했던 적 있어?

- Lisa began to hanker after some chocolate.
  리사는 초콜렛을 무척이나 먹고 싶어하기 시작했어.

  I've got lots of work to do, and I'm hankering to get to it.
  난 할 일이 많지만 그걸 무척 하고 싶어.

I've got a hankering for Chinese food tonight.
오늘 저녁 중국음식을 먹고 싶어.

- I got a hankerin' for a Lone Star beer. 론스타 맥주가 정말 당겨.
  I do have a hankering for some sushi. 스시가 정말 당기네.

■ hanker after[for]~는 after[for] 이하를 무척이나 강하게 원한다는 의미의 표현. 물론 hanker to+V를 써도 된다.

■ have a hankering은 hanker의 명사형을 쓴 것으로 have a hankering for+명사[to+동사]의 형태로 쓰인다. 의미는 역시 '…하고 싶다,' '…가 당기다'라는 의미.

» happen

I don't see that happening. 그렇게는 안될걸.

If anything should happen to him,
걔한테 만약 무슨 일이 생기면,

- I'm a surgeon. If anything happens to these hands, I'm screwed.
  난 외과의사야. 이 손에 무슨 일이 생기면 난 끝이야.

  But if anything happens to her, I will destroy you.
  하지만 걔한테 무슨 일이 생기면 널 깔아버리겠어.

As it happens you've come to the right place.
마침 넌 제대로 온거야.

- You're just awful. And as it happens, so am I.
  넌 으악야. 그리고 공교롭게도 나도 그래.

  By any chance, did you happen to see him at that time?
  어쨌거나, 그때 걜 봤었니?

How could this happen?
어떻게 이럴 수가 있니?

- How could this happen to me? 내게 어떻게 이런 일이 생긴단 말야?
  How could that happen to a healthy young man?
  어떻게 이런 일이 건강한 젊은이에게 일어난거야?

■ if anything (should) happens는 '무슨 일 있으면'이라는 의미이고 '내게 무슨 일이 생기면'이라고 하려면 if anything happens to me라고 하면 된다.

■ as it happens는 '마침,' '우연히,' '공교롭게도'라는 의미로 happens 대신에 happened를 써도 된다. it just so happens (that) S+V는 '때마침 …하다'라는 의미. 또한 happen to 다음에 동사가 이어지면 '우연히 …하다,' '마침 …하다'라는 뜻.

■ How could ~ happen? 은 예상치 못한 놀랄 일을 접했을 때 충격 속에서 던지는 표현.

How can this be happening?
어떻게 이런 일이 일어나는 거지?

- Oh, my God, this can't be happening. 맙소사, 이런 일이 있을 수가.
  Can you believe this is already happening? 벌써 이렇게 됐나?
  I just can't believe this is happening, again. 이런 일이 내게 또 생기다니!

■ can be happening은 주로 부정이나 의문형태로 놀람과 당황함을 나타내는 표현이고 can believe (that) this is happening 또한 부정[의문]형태로 놀라운 감정을 표현할 수 있다.

I won't let it happen again.
다신 그런 일 없을거야.

- I'm not gonna let that happen again. 다신 그런 일 없을거야.
  Don't let it happen again. 다신 그러지마.

■ let it happen은 잘못된 일을 벌인 후 다시는 그러지 않겠다, 혹은 다시는 그런 일이 생기지 않도록 해라고 사과 및 경고를 할 때 사용하는 전형적인 어구.

How did it happen?
이게 어떻게 된거야?

- How did it happen that I've agreed to date him?
  내가 걔하고 데이트하기로 했다니 어떻게 된거야?
  A: Where did it happen? B: Central Park. A: 어디서 일어난거야? B: 센트럴파크.

■ How did it happen~?은 역시 놀라거나 혹은 궁금할 때 그 이유를 물어보는 표현. how 대신 when, where 등을 써서 원하는 정보를 물어볼 수 있다.

I don't see that happening.
그렇게는 안될걸.

- Well, I don't see that happening. You see that happening?
  어, 그렇게는 안될거야. 그럴거라고 생각해?
  Yeah, that'll be happening. 응, 알았어.

■ see~ happening은 …가 벌어지는 일을 보다라는 의미로 달리 말하자면 주로 부정문으로 그런 일이 일어나지 않을거라고 돌려 표현하는 경우이다. 또한 ~will be happening하면 '응 알았어' 라는 말이 된다.

It could happen.
그럴 수도 있겠지.

- It could happen any moment now. 이제 언제라도 그럴 수가 있어.
  It was the kind of thing that could happen to anybody.
  누구한테나 일어날 수 있는 일이야.

■ It could happen (to)~은 어떤 안좋은 일이 생겼을 때 '그럴 수도 있다' 라고 하면서 '위로'하거나 혹은 문맥상 '경고'의 문장으로 쓰일 수도 있다.

It[That] happens.
그럴 수도 있지 뭐

- It happens to everybody. 다들 겪는 일이야.
  That happens everyday. Don't worry about that. 매일 그래. 걔 걱정마.
  Bad things happen in darkness. 나쁜 일은 밤에 일어나는 법이야.
  What the hell is your problem? It's a party. Things happen.
  넌 도대체 뭐가 문제냐? 파티잖아. 그럴 수도 있지.

■ It[That] happens (to sb) 역시 상대방의 실수를 비난하지 않으면서 던지는 말. '그럴 수도 있지 뭐' 라는 뉘앙스로 위로하는 표현이다. That happened하면 과거형으로 '다 그러는거야,' 그리고 ~things happen하면 역시 상대방을 안심시키고 걱정을 덜어주기 위해 하는 표현. 앞에 these 혹은 good[bad] 등의 추가단어들이 온다.

(It'll) Never happen!
절대 안돼!, 말도 안돼!

- A date with Pam? It'll never happen! 팸하고 데이트? 절대 그런 일 없을거야!
  You can't get into Yale. It'll never happen! 넌 예일에 못가. 절대 안될걸!

■ Never happen!은 '천만에,' '절대 안돼' 라는 말로 반대 및 거부의사를 강하게 밝힐 때 사용한다. 앞에 It'll이 생략된 것으로 보면 된다.

It never happened.
이런 적 한번도 없었어.

- **That never happened to** me. 이건 처음 겪는 일이야.
  That has never happened before. 난생 처음 겪는 일이야

It's never gonna happen.
절대 그런 일 없을거야.

- **It's gonna happen.** 참고기다려라.
  We're never gonna happen. 우린 안 돼
  That can't happen. 말도 안돼, 그렇게는 안돼.

You'll make it happen.
넌 성공할거야.

- We want him here boys, **make it happen**.
  우린 걔가 여기 있길 바래, 얘들아. 그렇게 하도록 해라.
  How fast can you **make it happen**? 얼마나 빨리 그걸 할 수 있어?

What happened?
무슨 일이야?, 어떻게 된 거야?

- **What happened to** you guys? 그동안 어떻게 지냈어?
  Tell me **what happened**. 무슨 일이 있었는지 말해.
  Tom, **what's happening here**? 탐, 여기 무슨 일이야?
  I think I know **what's happening to** you.
  네게 무슨 일이 일어나고 있는지 알겠어.

Whatever happened to my hopes and my dreams?
대관절 내 희망과 꿈은 어떻게 된거야?

- **Whatever happened to** teaching kids to tell the truth?
  애들에게 진실을 말하도록 가르키는게 어떻게 된거야?

■ **It[That] never happened**는 과거에 전혀 그런 적이 없었다고 말하는 것으로 상황에 따라 자신의 결백 혹은 놀람 등 다양한 감정을 표현할 수 있다.

■ **happen**은 일반적으로 '일어나다(take place)'라는 뜻이므로 모든 문장을 이렇게 해석하면 안되고 창의력(?)를 발휘하여 상황에 맞게 옮겨야 한다. 특히 남녀가 에 사귀는 일을 의미할 때도 많이 쓰이는데 이때 happen대신 work를 쓰기도 한다.

■ **make it happen**은 아주 많이 쓰이는 표현으로 그것이 일어나도록 하게끔 한다는 뜻이니 다시 말해 '그렇게 되도록 하겠다', 나아가 '이루다, 성공하다'라는 뜻도 갖게 된다.

■ **What happened?**는 '어떻게 된거야?' 라는 의미. What happened to[with] sb?하게 되면 '…가 어떻게 된거야?, 무슨 일이야?' 라고 묻는 문장이고 또한 What's happening?은 상대방에게 '무슨 일이냐' 라고 물어보는 문장. 하지만 문맥에 따라 그냥 상대방에게 '잘 지내?' 라고 안부인사를 묻는 경우도 있다.

■ **Whatever happened to~**는 강조표현으로 '도대체 to~ 이하에 무슨 일이 생긴거야' 라고 물어볼 때 사용하면 된다.

MORE EXPRESSION

Sit back and let it happen.
편히 앉아서 일이 벌어지게 내버려 둬.
It shouldn't happen to a dog!
생각만 해도 지긋지긋하다!

놓치면 원통한 미드표현들

- **haze** 신참자를 괴롭히다 **hazing** 신참자 골리기, 신고식
  Think of it as **a hazing ritual**. 신고식이라고 생각해.
  You give him a beer shower? And you don't call that **hazing**? 술을 왕창 먹여놓고 그걸 신고식이 아니라고?

- **have a hectic day** 바쁜 날을 보내다
  I had **a pretty hectic day**. 정신없이 바빴어.
  Sorry. It was **a hectic night**.
  미안. 정말 정신없는 저녁였어.

» hard

Don't make this hard for me. 이걸로 내가 더 힘들게 만들지마.

There's no hard feelings on my part.
기분 나쁘게 생각하지마.

- She was wrong. I had no hard feelings. 걔가 틀렸어. 악의에서 하는 말은 아냐.
  No hard feelings about you leaving the party. 네가 파티 떠나는거 감정없어.

■ no hard feelings (about)는 상대방이 혹 기분이 나빠할 수도 있는 상황이 발생했을 경우 '악의는 없으니 기분나빠하지 말라'고 하는 표현. 뒤에 on my part를 붙이기도 한다.

She's playing hard to get.
걘 튕기는 중이야.

- Tim really liked me, and he was just playing hard to get.
  팀은 정말 날 좋아했지만 걘 튕겼어.
  This playing hard to get thing is not working.
  이렇게 튕기는 것은 통하지 않을거야.

■ play hard to get은 훈남, 훈녀들이 쉽게 품절남, 품절녀가 되지 않는다는 사실을 깨달으면 이해가 쉽게 될 것이다. '잡기 힘든척 연기하다,' '튕기다,' '비싸게 굴다'라는 말.

This is hard for me to say, but you date losers.
이런 말 해서 그렇지만, 넌 바보같은 놈들하고만 데이트를 해.

- This is so hard for me to say, but... Yes. Yes, it was.
  이런 말해서 안됐지만, 어, 맞아, 그래.

■ This is really hard for me to say, but~은 상대방에게 무척 미안하지만 뭔가 자기가 느끼는 사실을 말할 각오를 하고 말하는 것으로 '이런 말 꺼내게 되서 안됐지만' 이란 의미.

This is going to be harder than I thought.
이건 내 생각보다 더 어려울거야.

- It's harder than I thought. 이거 생각보다 더 어려워.
  It's been harder than I thought to keep up with schoolwork.
  학교숙제를 따라가는데 생각보다 더 어려워.

■ harder than I thought는 생각보다 더 힘들다라는 표현으로 뭔가 어려운 일에 봉착했을 때 할 수 있는 말.

Don't make this hard for me.
이걸로 내가 더 힘들게 만들지마.

- Don't make this harder than it is. 더 이상 난처하게 만들지마.
  Don't make it hard on your boyfriend. 네 남친 힘들게 하지마.

■ make this hard는 'this'를 더 어렵게 만든다는 뜻으로 부정형태로 쓰이며 또한 얼마나 어려운지 비교대상을 말해주려면 make this harder than~이라고 써주면 된다.

I'm having a hard time keeping it safe.
그걸 안전하게 하는데 어려움을 겪고 있어.

- He has a hard time with loud noises. 걘 소음 때문에 힘들어해.
  She had a hard time being married to a cop.
  걘 경찰과 결혼해서 고생했어.

■ have a hard time (in) ~ing는 기본적인 표현으로 '…하느라 힘들다,' '어려움을 겪다'라는 의미.

Please don't give me a hard time.
날 힘들게 하지마.

- People give you a hard time about it, I bet.
  사람들이 그것으로 널 힘들게 할거야, 확실해.
  Anyone in the store give Katie a hard time?
  가게에서 누가 케이티를 힘들게 해?

■ give A a hard time은 A에게 어려움을 준다는 의미로 'A를 힘들게 하다'라는 숙어.

You're just going through a hard time.
넌 단지 힘든 시기를 겪고 있어.

- He's going through a hard time. 걘 어려움을 겪고 있어.
  I guess your family's been going through a hard time too.
  너희 가족 역시 힘든 시기를 보내고 있는 것 같아.

> **go through a hard time**
> 에서 go through는 experience로 '어려움을 겪다,' '곤란한 지경이다' 라는 의미이다.

You're getting me hard.
꼴리게 하네.

- God, you're getting me hard. 맙소사, 날 흥분되게 해.
  This guy's got a hard-on for you. 이 친구 네게 흥분되어 있어.

> **get sb hard**는 '19세 이상'에서 나오는 표현으로 'sb를 딱딱하게 만든다'는 노골적인 표현. 아울러 남성의 거시기가 '발기'된 상태는 hard-on이라고 한다.

Don't be so hard on me.
날 너무 괴롭히지마.

- Yeah, he's pretty hard on me, but I can take it.
  그래, 걘 날 심하게 대하지만 난 참을 수 있어.
  Don't be so hard on yourself. You are a good person.
  너무 자책하지마. 넌 좋은 사람야.

> **sth be hard on sb**는 힘들게 하는 주체가 사람이 아니라 사물이나 상황이 되는 경우로 문맥에 따라 '…에게 어렵다, 힘들다' 라는 의미.

Prison is gonna be real hard on you.
감옥은 네게 진짜 힘들거야.

- That's hard on anyone. 이건 누구한테도 힘들거야.
  Why has this been so hard on me? 왜 이게 날 힘들게 하는 거야?

> **be hard on sb (about)**는 '…에게 모질게 대하다' 그리고 be hard on oneself하면 '자책하다' 라는 의미가 된다.

It's hard to believe he'd ever commit.
걔가 저질렀다는게 믿어지지가 않아.

- It's hard to believe I'm actually having this conversation with you.
  너랑 이런 대화를 하고 있다는게 믿기지 않아.
  I'm finding it hard to believe you're actually a woman.
  네가 실제 여자였다는게 믿기지 않아.

> **It is hard to believe~**는 믿기 어려운 일에 언급할 때 사용하는 표현으로 달리 find it hard to believe~라고 쓰기도 한다.

You all have clearly put in a lot of hard work.
여러분들 모두 정말이지 열심히 했어요.

- It takes a lot of hard work. 일을 진짜 열심히 해야 돼.
  The mechanic put in hard work to fix the car.
  그 수리공은 차를 고치는데 무척 열심히 했어.

> **hard work**는 일이나 공부를 열심히 하는 것을 말한다. 그래서 put in hard work하면 '공부나 일이든 뭐든 열심히 하다,' 그리고 make hard work of sth하면 '어떤 이유로 해서 …에 지나치게 고생하다' 라는 의미가 된다.

Chuck's hard at work upstairs, actually.
척은 실은 위층에서 열심히 일하고 있어.

- I'm getting him coffee, and he's hard at work.
  개한테 커피를 갖다주려고, 걘 열심히 일하고 있어.
  Melanie is hard at work today. 멜라니는 오늘 열심히 일하고 있어.

> **be hard at~**은 뭔가에 빠져서 열심히 하는 모습을 연상하면 된다. 특히 be hard at it[work]라고 써서 '바쁘다,' '열중하다' 라는 뜻으로 쓰인다.

You wanna play hardball?
세게 나오시겠다?

- He's playing hardball. 걘 아주 강하게 맞서고 있어.
- What can I say? They played hardball. We lost.
  할말 없어. 개네들이 강하게 나오는데 우린 졌어.

■ play hardball은 원하는 걸 얻기 위해 단호한 입장을 취한다라는 뜻으로 '세게 나오다,' '강경자세를 취하다' 라는 표현.

He's just gonna have to learn the hard way.
걘 고생하면서 배워야 할거야.

- I guess I'm learning that the hard way. 내가 그걸 어렵게 배우고 있는 것 같아.
  I guess we're gonna have to do this the hard way.
  우리가 이걸 고생하면 해야될 것같아.

■ the hard way는 부사처럼 쓰이는 표현으로 '어렵게,' '고생하며' 라는 뜻. learn the hard way는 '어렵게 배우다,' do sth the hard way는 '…을 고생하며 하다' 라는 의미가 된다.

Any hard evidence to support your opinion?
네 의견을 뒷받침해줄 명백한 증거라도 있어?

- We don't have any hard evidence that Dayton did anything.
  데이톤이 뭔가 했다는 아무런 명백한 증거도 없어.
  We can't argue with cold hard facts.
  부정할 수 없는 엄연한 현실을 따질 수는 없어.

■ hard evidence[facts, information]에서 'hard'는 '명백한,' '확실한'이란 의미. 특히 cold hard facts는 '엄연한 현실' 이란 뜻.

The coach went hard on the team during practice.
코치는 연습중 팀원들을 심하게 다루었어.

- The class will go hard if no one studies.
  누구도 공부하지 않으면 수업이 힘들어질거야.
  I know it must be hard going from prom queen to the invisible woman. 프롬퀸에서 아무도 알아봐주지 않은 여자로 전락하는 것은 힘든 일이라는 걸 알고 있어.

■ hard going는 '이해하기 어려운,' '힘든' 이라는 뜻이고 go hard는 '힘들어지다,' '어려워지다,' 혹은 '심하게 하다' 라는 의미.

I've thought long and hard about this.
난 이걸 신중하게 생각했어.

- I would advise you to think long and hard about that.
  네가 이걸 시간을 갖고 신중하게 생각해봤으면 해.
  We should've taken a hard look at Linda.
  우린 린다를 면밀히 관찰했어야 했는데.

■ think long and hard는 시간을 두고 신중하게 생각하는 것을 말하는 표현. 한편 take a (long) hard look at~하게 되면 날카롭게 그리고 자세하게 관찰하는 것을 말한다.

I tried my hardest. I did everything.
난 최선을 다했어. 안해본게 없어.

- I'm going to try my hardest because I am so sorry.
  난 너무 미안해서 최선을 다할거야.

■ try one's hardest는 최선을 다하다라는 것으로 try[do] one's best와 같은 의미.

We were all hard hit by the bad economy.
우린 경제악화에 어려움을 많이 겪고 있어.

- Was the town hard hit when the factory closed?
  공장이 문 닫았을 때 마을이 많은 어려움을 겪었어?
  Just make sure you hit hard enough to leave a mark.
  자국이 남도록 심하게 확실히 때리도록 해.

■ be hard hit은 '어려움을 겪다' (experience difficulty)라는 의미로 '심한 손해를 받다,' '강한 타격을 받다' 라는 뜻의 be hit hard와 구분해야 한다.

Bill took it hard when his wife left.
빌은 아내가 떠났을 때 매우 힘들어했어.

- Mr. Smith took getting fired hard. 스미스 씨는 해고된 것에 무척 괴로워했어.
- We took it hard when our vacation was cancelled.
우리는 휴가가 취소되었을 때 매우 힘들어했어.

Some of these are hard core.
이것들 중 일부는 너무 노골적이야.

- My real name is Peg, and I'm a hard-core lesbian. 골수 레즈인 페그야.
He gave me the hard sell. 그 남자는 물건 사라는 말을 끈질기게 했어.
Therefore, I prefer a hard copy. 그래서 난 인쇄된 출력물을 더 선호해.

■ take sth hard는 sth을 매우 어렵게 받아들이다라는 말로 '…에 몹시 괴로워하다,' '힘들어하다'라는 의미이다.

■ hard core는 '뭐든지 정도가 심한,' '철저한,' '노골적인' 이라는 의미이고 명사로는 '핵심'을 뜻한다. 또한 hard copy는 인쇄된 출력물 그리고 hard sell은 영업사원들의 강매를 뜻한다.

MORE EXPRESSION
the hard stuff 강한 술
hard-boiled 비정한, 완고한
rock-hard 어려운
be[feel] hard done by 화가나서
hard luck 불행, 불운
It's not as hard as it looks.
보기보다 어렵진 않아.

» harm

Come on, what's the harm? 왜 이래, 손해볼 게 뭐 있다고?

Do no harm.
해 끼치지마.

- Wolf had any enemies that wanted to do him harm?
울프와 원한관계인 사람들이 있나요?
No harm done. 잘못된 거 없어.

Come on, what's the harm?
왜 이래, 손해볼 게 뭐 있다고?

- What's the harm in that? 그렇게 해서 뭘 손해보는데?
Everyone's in class. Where's the harm? 다들 교실에 있는데 뭐가 잘못된거야?

There's no harm in looking for a boyfriend.
남친 구한다고 손해볼게 있나.

- I guess there is no harm in putting my name down.
내 이름을 적어도 손해볼 건 없을 것 같아.
It does no harm to ask for more money. 더 많은 돈을 요구해도 손해볼 것 없어.

I didn't mean any harm.
다치게 할 생각은 없었어.

- I'm very sorry. I did not mean any harm. 미안. 피해를 줄려는 건 아니었어.
He's just an old man. He didn't mean any harm. 노인양. 해끼치려 한게 아녔어.

This is putting kids in harm's way.
이건 애들을 위험에 빠지게 하는거야.

- Your questions put me in harm's way. 네 질문들은 날 위험에 빠트렸어.
Her faith just seemed to put her in harm's way. 개신념으로 위험에 빠진 것 같아.

■ do harm (to)는 '(…에) 해를 끼치다'라는 뜻으로 do sth harm이라고 표현해도 된다. 또한 No harm (done)은 별로 피해를 입지 않았을 경우 '괜찮다'라는 뜻.

■ What's the harm?은 '새가슴'들에게 던질 수 있는 말로 그렇게 해서(in that) 손해볼 게 뭐가 있냐, 한번 호연지기를 갖고 해보라는 도전정신을 담은 표현. 한편 Where's the harm?하면 뭐가 잘못되었는데?라는 말이다.

■ There's no harm in ~ing는 in 이하를 해도 아무런 해가 되지 않으니 한번 해보라고 암시하는 표현. It does no harm to~라고 해도 된다.

■ not mean any harm 혹은 mean no harm하면 자신의 말이나 행동이 다른 사람에게 해를 입혔을 경우 그것이 그 사람을 다치게 하려고 일부러 그런 것이 아니었음을 어필하려고 하는 표현.

■ put sb in harm's way는 '…을 위험에 빠트리다,' 그리고 keep~out of harm's way는 '…를 위험에서 벗어나게 하다'라는 표현.

He swore he'd never harm a child.
갠 절대 애를 해치지 않겠다고 맹세했어.

- Do you have any idea who would try to harm your son?
  당신 아들을 해칠려고 할 사람이 누구 있나요?
- Can you think of anyone that might have wanted to harm her?
  걔를 해치고 싶어했을 수도 있는 사람 누구 생각나요?

 harm sb는 harm이 동사로 쓰인 경우로 '…에게 해를 끼치다'이고 특히 might have wanted to harm sb는 '…에게 해를 끼치고 싶었을지도 모른다'라는 표현.

MORE EXPRESSION

harmful 해로운
come to no harm 해를 입지 않다(not come to any harm)

» harass

 You sexually harassed her! 넌 성적으로 걔 희롱했잖아!

Detective Stabler sexually harassed my client.
스테이블러 형사가 제 의뢰인을 성희롱했습니다.

- Kevin's lawyer claims that you harassed him. 케빈변호사는 네가 괴롭혔다고 해.
- You sexually harassed her! 넌 성적으로 걔 희롱했잖아!

She was harassed when you got demoted.
걘 네가 승진했을 때 속이 타들어갔어.

- I'm sick of getting harassed by cops when I'm modeling.
  내가 모델할 때 경찰들 괴롭힘에 넌더리가 났어.
- A woman was being harassed by her ex-boyfriend.
  한 여성이 옛 남친으로부터 괴롭힘을 당하고 있었어.

Damn it, this is harassment!
빌어먹을, 이건 '괴롭힘'이야.

- He was suing you for sexual harassment. 걘 널 성희롱으로 고소중이었어.
- Peter had a sexual harassment suit filed against him recently.
  피터는 최근에 성희롱고소를 당했어.

■ (sexually[racially]) harass는 '…을 괴롭히다'라는 동사로 특히 성적으로(sexually) 희롱당하거나, 인종적으로(racially) 차별당할 때 많이 쓰인다.

■ be[get] harassed는 '괴롭힘을 당하다', '시달리다'라는 말.

■ sexual harassment는 성희롱.

» hassle

 It's such a hassle. 진짜 귀찮은 일이야.

Ladies, I'm not here to hassle you.
숙녀여러분, 전 여러분들을 들볶을려고 여기 온게 아닙니다.

- Has anyone ever tried to hassle him? 누가 걔를 들볶은 적이 있어?
- She ever get hassled by anyone? 누군가가 걔 들볶은 적이 있나요?

Got into a hassle with a cabbie.
택시기사와 함께 티격태격했어.

- It's such a hassle. 진짜 귀찮은 일이야.
- Breast-feeding on this schedule must be a real hassle.
  이 일정에 따라 모유를 먹이는 건 정말 성가신 일이다.

■ hassle sb는 sb에게 …을 하라고 계속 재촉하거나 들볶아 짜증나게 하다라는 의미. be[get] hassled하면 '재촉당하다.'

■ be a hassle은 hassle이 명사로 쓰인 경우로 귀찮고 번거로운 일 혹은 이러쿵저러쿵 서로 잘났다고 따지는 상황을 뜻한다. 그냥 Sth be a real hassle이라고도 쓰이는데 이는 '정말 성가신 일이야'라는 말이다.

» hat

I take my hat off to him. 그분에게 경의를 표합니다.

I'll eat my hat if Gina wins the contest.
지나가 우승하면 내가 성을 간다.

- I'll eat my hat if it snows tomorrow. 내일 눈이 오면 내가 손에 장을 지진다.
  I'll eat my hat if she finishes before me. 걔가 나보다 먼저 끝내면 성을 간다.

■ eat one's hat은 우리말의 '손에 장을 지지다,' '성을 간다'에 해당되는 표현으로 뭔가 도저히 일어날 수 없는 일을 장담할 때 하는 말로 주로 뒤에 '일어날 수 없는 일'을 if절에 써준다.

I take my hat off to him.
그 분에게 경의를 표합니다.

- Well, hats off to the chef. 자, 주방장에게 경의를 표합니다.
  Hank took his hat off to the other runners. 행크는 다른 주자에게 경의를 표했어.

■ take one's hat off to sb는 sb를 향해 모자를 벗는다는 것으로 '…에게 경의와 존경의 표시를 하다'는 의미. 그냥 줄여서 hats off to sb라고 쓰기도 한다.

John is wearing his foreman hat today.
존은 오늘은 배심원장 역할을 해.

- You need to wear your parental hat with the kids.
  넌 아이들과 부모역할을 해야 돼.

■ be wearing one's ~ hat는 '…모자를 쓴다'라는 말로 비유적으로 '…의 역할을 하다(do another person's part)'라는 뜻으로 쓰인다.

I've been able to hang my hat on my family's money.
난 가족의 돈에 의지할 수 있었어.

- He's got to at least give you a good argument to hang your hat on. 걔 네가 의지할 훌륭한 주장을 적어도 네게 줘야돼.
  If you're going to hang your hat on statistics, then you have to look at both sides. 통계에 의존할거라면 양면을 다 봐야 해.

■ hang one's hat on은 모자를 …에 걸다라는 뜻에서 '…에게 의지하다,' '…을 근거로 하다'라는 의미로 쓰인다.

MORE EXPRESSION

pass the hat 모금하다
keep sth under one's hat
…을 비밀로 하다
talk through one's hat
실없는 말하다

» have

What do we have here? 이게 누구야?, 무슨 일인가?

What does that have to do with us?
이게 우리랑 무슨 관계가 있는거야?

- What does that have to do with Jerry? 저게 제리랑 무슨 관련이 있어?
  How does any of this have to do with that girl?
  이게 어떻게 저 여자와 무슨 관련이라도 있는거야?

■ have (got) to do with는 '…과 관련이 있다,' '…와 관한 것이다' 등의 의미를 갖는 표현.

You think I had something to do with it?
내가 그거와 좀 관련되어있다고 생각하는거야?

- This club has something to do with it. 이 클럽은 그 일과 관계가 있어.
  He thinks that Gates had something to do with it.
  걔 게이츠가 그거와 관련이 있다고 생각해.

■ have something to do with는 have to do with와 같은 의미로 '…과 (조금) 관련이 있다'라는 말.

That has nothing to do with this.
저건 이것과 아무런 관련이 없어.

- They have nothing to do with this. 그리고 걔네들은 이것과 전혀 관련이 없어.
  You know that I have nothing to do with this. 이일과 관련없는거 넌 알잖아.

■ have nothing to do with는 앞의 것과 반대로 with 이하의 '아무런 관련이 없다'라고 말하는 경우.

Great, have at it.
대단해, 한번 해봐.

- Have a go at it. 한번 해봐.
  The computer tech couldn't fix it, so have at it.
  컴퓨터 기술자가 그걸 못고쳤으니, 네가 한번 해봐.

■ have at it은 '한번해봐'라는 의미로 상대방에게 뭔가 해보라고 격려하거나 독려할 때 사용하는 표현이다. have a go at it이라고 해도 되며 모두 give it a try라는 표현과 같다.

He always has it in for me.
걘 늘 나를 미워해.

- I'm starting to think someone really has it in for me.
  정말 어떤 사람이 내게 앙심을 품고 있다는 생각을 하기 시작했어.
  Any of them have it in for a guy named Chris Suh?
  걔네들 중 크리스 서에게 앙심을 품은 사람 누구 있어?

■ sb have it in for~는 sb가 for 이하의 사람에게 'it'을 품고 있다라는 것으로 sb가 '…에게 앙심을 품다,' '트집을 잡다'라는 의미로 쓰이는 슬랭.

I like having you here.
네가 여기 있어서 좋아.

- It's good to have you here. 와주셔서 기뻐요.
  It is so nice to have you here, sir. 선생님 여기 와주셔서 감사해요.

■ have you here는 파티 등의 이벤트에서 손님을 맞이하면서 하는 환영인사.

What do we have here?
이게 누구야? 무슨 일인가?

- My, my, my. What do we have here? 이런, 이게 무슨 일이야?
  Good, good. So, uh, what do we have here? 좋아, 좋아. 그래 무슨 일이야?

■ What do we have here? 역시 앞서 나온 What (do) you got?과 같은 표현으로 '무슨 일이야?,' 혹은 '이게 누구야'라는 의미이다.

I've had it!
이제 그만, 참을 만큼 참았어!

- That's enough! Ok! I've had it! All right? 그만해! 됐어! 지겹다고! 알아!
  As soon as you found love, you've had it. 사랑하면 많은 문제들에 부딪혀.

■ have had it[enough]은 화가나 하는 말로 참고 견디었지만 더 이상 못참고 뭔가 변화를 줘야겠다고 하는 말. 단 You've had it하게 되면 문맥에 따라 해 고당하고, 안좋게 끝나고 등 다양한 경험을 하다라는 의미.

I've had it with you.
너한테 정말 질렸어.

- I've had it with you guys. 너희들한테 질려버렸어.
  I have had it with your crap. 네 헛소리에 질렸다.

■ have had it with는 앞의 have had it 다음에 with sb[sth]을 붙인 것으로 뭘 더 이상 참지 못하겠는지, 뭐에 그렇게 질렸는지 구체적으로 언급하는 경우.

I've had it up to here with these people.
이 사람들이라면 정말이지 진절머리가 나.

- I've had it up to here with you two! 너희 둘한테 정말이지 넌더리가 나!
  Dave has had it up to here with Steve being late.
  데이브는 스티브가 늦게 오는 것에 진절머리를 내.

■ have had it up to here with sb[sth]는 역시 have had it을 확장한 표현으로 아주 참을 만큼 참았다는 것을 강조하는 표현.

Let's have it.
어서 말해봐, 내게 줘.

- **Let me have it!** 어서 말해봐!
  Alright then, let's have it. 그럼 좋아, 어서 말해봐.

▬ Let's have it은 상대방이 알고 있는 새로운 소식을 듣고 싶어서 어서 어서 말하라고 할 때 사용하는 표현으로 Let me have it이라고도 한다.

Now there you have me.
그건 정확한 지적야.

- **You have me there.** 내가 졌어.
  Well, you've got me there. I'm a baseball person.
  저기, 내가 손들었어. 난 야구광이야.

▬ Now there you have me는 앞서 나온 You've got me there와 같은 맥락의 표현으로 '모르겠어,' '내가 졌어' 등의 의미. You have me there이라고도 쓴다.

I'll have you know, Todd is a very bright spirit.
분명히 말해두는데, 토드는 매우 영리한 아이야.

- **I'll have you know**, he's been imitating my accent behind my back. 분명히 말해두는데 걘 내 뒤에서 내 억양을 흉내냈어.
  I'll have you know, I was an extremely pretty child.
  분명히 말하자면 난 매우 착한 아이였어.

▬ I'll have you know는 네가 know 이하를 알게 하겠다라는 뜻으로 '분명히 말하는데' 정도에 해당되는 표현.

The police are not having any of your story.
경찰은 네 이야기를 들으려 하지 않아.

- The manager **isn't having any** more excuses.
  매니저는 더 이상의 변명은 들으려 하지 않아.
  Donny **wasn't having any** of it. He just threw that trash out.
  도니는 동의하지 않았고 그 쓰레기를 버렸어.

▬ be not having any (of that)는 동의하지 않다 혹은 들으려하지 않다라는 말.

The money was gone, and we had been had.
돈이 사라졌어, 우리 사기당한거야.

- Karen **had been had** by her ex boyfriend. 카렌은 전남친한테 속았어.
  I think we **have been had** by the stock market investors.
  우린 주식투자자로부터 속은 것 같아.

▬ sb has been had는 '사기당하다,' '속다' 라는 표현.

I called my parents. I had it out with them.
부모에게 전화했어. 담판을 지을려고.

- I'm guessing you and Dad **had it out** about the job thing?
  너와 아빠가 직업문제에 관한 매듭을 지어야겠지?
  The two boys **had it out** after school. 그 두 소년은 방과후에 담판을 지었어.

▬ have it out (with sb)는 어떤 이견이나 불화를 종식시키기 위해 열띤 설전이나 담판을 짓다라는 말로 '결판짓다,' '이견을 해결하다' 라는 의미로 쓰인다.

놓치면 원통한 미드표현들

- **be heinous** 쇼킹한, 아주 나쁜
  You're heinous. 넌 정말 나쁘다.
  I have never been accused of something so heinous! 난 아주 나쁜 짓으로 고소당한 적 없어!

- **hickey** 키스자국(lovebite)
  He has a big purple hickey on his chest.
  걘 가슴에 자줏빛 큰 키스자국이 있어.
  She is trying to hide a big purple nasty hickey! 걘 지저분한 자줏빛 키스자국을 숨기려 해.

I have red skin, which I've never had before.
피부가 빨개지는데 전에는 이런 일이 없었어.

- I hate being old. I have problems which I've never had before.
  나이드는게 싫어. 전에 겪어보지 못한 문제들을 겪고 있어.

  I have a new nickname, which I've never had before.
  전에 가져본 적이 없는 별명을 갖게 됐어.

■ I have sth, which I've never had before는 전에는 '이런 일이 없었는데 …하다' 라는 의미.

Do you have to stare at her boobs?
걔 가슴 그만 좀 봐라.

- Do you have to stick your nose in everyone's business?
  모든 일에 간섭해야겠니?

  Do you have to keep that promise? 그 약속 지켜야 돼?

■ Do you have to+동사?는 일반적으로 '…을 꼭 해야 하니?' 라는 의미이지만 문맥에 따라 좀 상식밖의 행동을 하는 상대방에게 '너 꼭 …해야 되냐?', '…좀 그만 할래?' 라는 의미로도 쓰인다.

I have to say, the presentation is very impressive.
발표회는 매우 인상적이라 할 수 있어.

- I have to say, I'm surprised you called me. 네가 전화해서 놀랬어.

■ I have to say는 '…라고 할 수 있겠다' 라는 말이고 I have to admit은 자신의 생각과 다른 의견에 동의하면서 서두에 꺼내는 말이다.

What do I have to do?
내가 어떻게 해야 하지?

- What do I have to pay a fine? 벌금내려면 어떻게 해야 해요?

  What do I have to do? Put a gun to your head?
  날더러 어찌라고? 총구를 네 머리에 갖다대라고?

■ What do I have to~?는 어떻게 행동을 해야할지 몰라 '내가 무엇을 …해야 하는지?에 대해 반문하는 문장.

You don't have to live like this.
넌 이렇게 살 필요가 없어.

- You know you don't have to stay for the whole thing.
  처음부터 끝까지 남아있을 필요없어.

  Penny, you don't have to do that. 페니야, 넌 그럴 필요는 없어.

■ You don't have to~는 상대방에게 충고하는 표현으로 '…할 필요없어,' '…하지 않아도 돼' 라는 뜻으로 You don't need to~와 같은 맥락의 표현.

What are you having? The veal looks good.
뭐 먹을래? 송아지고기가 괜찮을 것 같은데.

- So, what'll you have? 그래 뭐 먹을래?
  Sheldon, what are you going to have? 쉘든, 뭐 먹을래?

■ What are you having? 은 뭘 먹을지 물어보는 표현으로 What will you have? 또는 What are you going to have? 라고 해도 된다. 다 '뭘 먹을래?'라는 의미.

Tara has got her friends with her.
태라는 친구들과 함께 있어.

- The kids have got their teachers with them. 애들은 선생님들과 함께 있어.
  I have got the police with me. 난 경찰과 함께 있어.

■ have (got) sb with~는 '…가 sb와 함께 있다' (be together with sb)라는 단순한 표현.

Rumor has it the park's going to shut down.
소문에 의하면 공원이 문 닫을거래.

- Rumor has it you're headed back to Boston. 너 보스톤으로 돌아갔다던대.
  Rumor has it you seem to have a history of this type of behavior.
  소문에 의하면 넌 이런 종류의 전력이 있는 것 같아.

■ Rumor has it~은 '소문에 의하면 …이다' 라고 빅마우스(입싼)들이 즐겨 애용하는 표현. rumor 대신에 legend, word를 써도 된다.

70

That's all right, baby. I got to have you.
자기야, 괜찮아. 난 지금 정말 널 갖고 싶어.

- I mean it. Anyone would be lucky to **have you**.
  정말요. 누군들 널 차지하는 사람은 행운일거야.
  We're thrilled to **have you**. 네가 함께 해서 너무 기뻐.

■ **have sb**에서 have는 '가지다'라는 동사로 have sb하면 일반적 의미로 '…가 있다'라는 말이지만 우리도 애인에게 '오늘밤 널 갖고 싶어'라고 말하듯 영어에서도 성적인 의미로 쓰이기도 한다.

That's the minute you become a has-been.
바로 그 순간에 넌 지나간 사람이 된거야.

- Compilation albums are for **has-beens**. 모음곡 앨범은 한물갔어.
  The old baseball player is **a might have been**. He was never famous. 나이든 야구선수는 이름을 날리지 못했어. 전혀 유명하지 않았거든.

■ **has-been**은 사람이나 사물이 유행에 뒤쳐진 사람, 한물 간 사람이나 물건을 뜻하며 또한 might-have-beens 역시 같은 맥락에서 이름을 날리지 못한 사람을 뜻한다.

» head

 I can't get him out of my head. 난 걔를 머릿속에서 지울 수가 없어.

Some of his memories are still in my head.
걔의 기억일부가 아직도 내 머릿속에 있어.

- But **in my head** it, it sounded something like this.
  하지만 내 머릿속에 그건 이와 같이 들렸어.
  Garth **was drunk off his head** at the bar.
  가스는 술취해 바에서 제정신이 아니었어.

■ **be in one's head**는 '머리속에 있다'라는 말이고 be off one's head하면 '제 정신이 아니다,' be drunk off one's head하면 술취해 제정신이 아니라는 의미.

She finally got it into her head.
걘 그걸 마침내 이해했어.

- I **got it into my head** this week that you were eating on me.
  네가 날 괴롭힌다는 걸 이번주에 많이 생각해봤어.
  She **got** the idea of a trip **into her head**. 걘 여행에 대해 생각을 많이 했어.
  I **got** the idea of having a party **into my head**.
  파티 열 생각을 많이 했어.

■ **get into one's head**는 …의 머리 속에 들어가다는 의미로 비유적으로 '다른 사람의 행동이나 사고를 통제하거나 영향을 주는 것'을 뜻한다. 또한 get sth into one's head는 'sth에 대해 많이 생각하다'(think a lot about these specific ideas)를 뜻한다.

Harold put some new ideas into our heads.
해롤드는 새로운 아이디어를 생각해냈어.

- The teacher **put** special dreams **into his students' heads**.
  선생님은 특별한 꿈을 학생들의 머릿속에 집어넣었어.
  Have you ever felt that someone could **put** thoughts **into your head**? 누군가가 네 머릿속에 생각들을 주입할 수도 있다는 것을 느껴봤어?

■ **put sth into sb's head**는 sth을 …의 머릿속에 집어넣는다는 것으로 '…을 생각하게 하다'라는 뜻으로 come into one's mind와 같은 뜻이다.

I mean this is just off the top of my head now.
내 말은 이건 금방 떠오른 생각야.

- **Off the top of my head**, you're on Medicare?
  저 말이야, 메디케어에 가입되어있어?

  I don't know. **Off the top of my head...**dating your friends' exes.
  몰라. 금방생각났는데, 네 친구의 옛애인을 사귄다든가.

■ **off the top of one's head**는 별생각없이 갑자기 뭔가 머릿속에 떠올랐을 때 하는 말로 '금방 생각이 나서 그러는데,' '저 말이죠' 라는 표현이다.

I can't get him out of my head.
난 걔를 머릿속에서 지울 수가 없어.

- I've worked real hard to try to **get** that stupid song **out of my head**. 그 한심한 노래를 잊으려고 무척 노력했어.

  I still can't **get** that image of Lynette **out of my head**.
  리네트의 그 이미지를 머릿속에서 아직 떼어내버릴 수가 없어.

■ **get[put] ~ out of one's head**는 머릿속에서 빼낸다라는 말로 '…을 잊다,' '…을 머릿속에서 지우다' 라는 의미.

You gotta keep your head, man.
야 침착해야 돼.

- When you get out, **keep your head down**. 외출할 때 조심히 다녀.

  I gotta **keep my head down** cause your brother's on trial for murder. 네 형이 살인죄로 재판중이니 조용히 다녀야겠어.

■ **keep one's head**는 '어려운 상황에서도 침착하다' 그리고 keep one's head down은 머리를 낮추다라는 말로 '피하다,' 혹은 '자중하다,' 그리고 keep one's head above water는 물위로 머리를 내놓고 있다는 말로 '익사하지 않다,' '파산하지 않다' 라는 뜻이 된다.

If you wanna bite my head off, go ahead.
날 물고늘어지려면, 어서해.

- **Bite my head off!** I still hate this firm! 괜히 나만 뭐래! 난 여전히 이 회사싫어!
  Don't **bite my head off**, please. 제발 날 물고 늘어지지마.
  Calm down. Don't try to **take my head off**. 진정해. 나한테 화내려고 하지마.

■ **bite one's head off**는 머리를 물다라는 의미에서 '무턱대고 …을 화를 내다,' '아무 이유없이 물고 늘어지다' 라는 뜻으로 쓰인다. take one's head off 또한 다른 사람에게 화를 내다라는 뜻.

I only give head to get head.
난 입으로 애무받기 위해서만 입으로 해줘.

- But she won't **give head**. 하지만 걘 입으로 해주려고 하지 않을거야.
  Oh, fine. Going down, **giving head**. 어, 좋아. 밑으로 내려가 입으로 해주자.
  I love **giving head**. 난 입으로 해주는 걸 좋아해.

■ **give head**는 매우 성적인 표현으로 blow job을 해주다라는 의미. 반대로 받는다고 할 때는 get head라고 하면 된다.

Put your heads together and come up with some ideas.
머리를 맞대고 논의해서 새로운 생각을 내놔봐.

- Did you **put your heads together** to make this work?
  이게 작동하도록 머리를 맞대고 논의해봤어?

  Put your heads together and come up with a plan.
  머리를 맞대고 계획을 짜내봐.

■ **put one's heads together**는 여러명이 머리를 맞대고 어려운 문제를 해결하는 것을 뜻한다.

Maybe he was getting his head together.
아마도 걘 냉정해지려고 하고 있었어.

- I'm talking about you **getting your head together**.
  난 네게 침착하라는 말이야.

  I need a break to **get my head together**. 정신 좀 차리게 쉬어야겠어.

■ **get one's head together** 하면 '확실히하다,' '냉정하다,' '침착하다'(stop stressing, to attempt to return to a normal state of mind)라는 뜻이 된다. head가 단수임에 주의한다.

I can't make heads or tails of this e-mail.
이 이메일은 종잡을 수가 없어.

- The police can't make heads or tails of the murder.
경찰은 이 살인의 갈피를 잡을 수가 없었어.

  Sandra can't make heads or tails of Rick's actions.
샌드라는 릭의 행동에 갈피를 잡을 수가 없었어.

■ can't make head or tail of sth은 도저히 알길이 없어 갈피를 못잡거나 뭐가 뭔지 모를 때 사용하는 표현.

I can walk down the street and hold my head high!
난 거리를 거만하게 활보할 수 있어!

- Don't be ashamed. Hold up your head when you go home.
부끄러워하지마. 집에 갈 때 당당하게 행동해.

  As long as I give it my best shot, I can hold my head high.
난 최선을 다하는 한 머리를 처들고 활보할 수 있어.

■ hold up one's head는 머리를 꼿꼿이 들고간다는 의미로 '당당하게 행동하다' 라는 뜻. 또한 hold one's head high는 한단계 더 나아가 '거만하게 굴다' 라는 의미가 된다.

Keep your head up.
조심하고 다녀라.

- Keep your head up. Don't look down. 조심해 다녀. 아래만 쳐다보지 말고.
Tell her to keep her head up, all right? 걔한테 조심해서 다니라고 해, 알았지?

■ Heads up!은 주변상황이 위험하니 주위를 잘살펴보라는 것으로 '조심하고 위를 봐,' '위험하니까 잘보라구!' 라는 뜻이 된다. 주로 keep one's head up의 형태로 쓰인다.

I thought I'd give you the heads-up.
난 네게 경고를 미리 준걸로 아는데.

- It was a courtesy heads-up, nothing more.
그건 예의상 미리 알려준 거구요, 더는 없어요.

  All I'm saying is give me a heads-up. 내말은 내게 미리 알려달라는 것뿐이야.

■ give sb a heads-up에서 heads-up은 명사로 경고, 경계라는 뜻으로 give a heads-up 하면 '미리 알려주다' 라는 표현이 된다.

The other strategy is to meet them head-on.
다른 전략은 개네들과 정면으로 만나는거야.

- Which would be consistent with a head-on crash.
그건 정면충돌상황에 일치할거야.

  Your husband was in a head-on collision with an SUV.
남편께서 SUV와 정면충돌했어요.

■ head-on은 '정면으로' 라는 표현으로 face~head-on하면 '정면으로 …에 맞서다' 라는 뜻이 된다.

I thought about going head to head with you.
너와 정면으로 맞서려고 했었어.

- You really want to go head to head with me on this?
너 정말 이 문제로 나와 맞서고 싶어?

  We're going head to head with their team. 개네들 팀과 정면으로 맞설거야.

■ go head to head with는 머리를 두명이 맞대고 있는 장면을 연상해보면 된다. 피하지 않고 정면으로 맞서다라는 표현.

I watched her bang her head against that thing!
난 걔가 머리를 그거에 대고 박는 걸 봤어.

- He bashed my head against the wall, I passed out.
걘 내머리를 벽에 내리쳤고 난 의식을 잃었어.

  I gotta stick my head in the oven. 난 오븐에 머리를 내밀어야 했어.

■ bang[bash] one's head against~는 …에 머리를 대고 있는 모습을 묘사하는 표현. 또한 stick one's head는 머리를 어디 안이나 밖으로 내미는 것을 말한다.

You let that cop get in your head?
저 경찰한테 끌려다닐거야?

- The trouble began when she let Glen get in her head.
  걔가 글렌의 통제를 받게되면서 문제가 발생했어.
  Don't let Denise get in your head. 데니스의 통제를 받지 않도록 해.

▬ **let sb get in one's head**
에서 get in one's head는 앞의 get into one's head와 마찬가지로 …를 통제하다, 좌지우지하다 라는 의미로 let sb get in one's head하게 되면 '…에게 좌지우지되다,' '통제받다' 라는 뜻이 된다.

I can do a year standing on my head.
감방 일년은 누워서 떡먹기지.

- She could solve that problem standing on her head.
  걘 쉽게 문제를 풀 수 있었어.
  I could play this game standing on my head. 이 겜을 아주 쉽게 할 수 있어.

▬ **can do sth standing on one's head**에서 'standing on one's head'은 '편하게,' '쉽게'라는 뜻으로 전체적으로 '어렵지 않게 쉽게 …을 하다' 라는 표현이 된다.

Her grandfather had lost his head.
걔 할아버지는 정신을 놓으셨어.

- Have you completely lost it? 너 완전히 정신 나갔구나?
  I just lost my head. 내가 좀 허둥댔어요.

▬ **lose one's head** 원래 head는 heart와 달리 '이성'을 의미했는데 이 이성을 잃어버렸다 라는 말은 '냉정을 잃다,' '정신나가다' 라는 뜻이 된다.

You're headed in the right direction.
넌 제대로 가고 있어.

- Where are you headed? 어디 가?
  We'll head over to the Hill house. 우리는 힐하우스 쪽으로 향할거야.

▬ **be headed**는 '…로 향하다' 라는 의미로 head over to는 '…로 출발하다,' head home은 집으로 향하다라는 뜻이 된다.

Where's your head?
머리는 뒀다가 어디에 쓰려고 그래?

- Use your head for once. I'm not going to let you ruin my life!
  한번이라도 머리 좀 써라. 내가 내 인생을 망치도록 두지는 않을거야.

▬ **Use your head!**는 답답한 친구에게 하는 말로 '머리를 좀 쓰라귀,' '정신을 어디다 둔거야' 란 뜻으로 Use your brain 혹은 Where's your head?라고 해도 된다.

I'm in over my head.
너무 걱정이 돼.

- You're in over your head. 너는 역부족이야.
  I think I might be in over my head. 난 감당이 안될 것 같아.

▬ **be[go] in over one's head**는 머리를 넘어서가니 이해도 안되고, 감당도 안되고 힘에 벅찬 상태를 말한다.

- **take a hike** 꺼지다, 사라지다
  Take a hike! 가버려, 꺼져 버려!
  Good decision. Take a hike, he's mine.
  결정 잘했어. 꺼지라고, 걘 내꺼야.

- **be hilarious** 재미있는
  She's right. Your dad was hilarious.
  걔말이 맞아. 네 아빠는 재미있었어.
  Oh, yeah, I saw that. That was hilarious.
  어 그래, 나도 봤어. 정말 재미있었어.

I've got to hit the head.
(남자) 화장실 가야 되겠어.

- I'm going to explain that after I hit the head. 화장실 갔다와서 설명할게.

Don't shake your head at me.
내게 모른다고 하지마.

- I just shake my head and say, "I know. It's unbelievable."
난 그냥 고개를 가로젖고 '알아, 믿을 수 없어'라고 말했어.

He's got a big head.
걘 으스대.

- I don't want my ass to get a big head. 난 과도하게 아부받는 걸 원치않아.
Charlie got a big head after winning the championship.
찰리는 우승후 우쭐했어.

He got that red-headed tumor removed.
걘 빨간 머리 모양의 종양을 제거했어.

- But you're clear-headed now, right? 하지만 이제 너 냉철하지, 그래?
I'm kind of light-headed. 난 좀 어지러워.

■ hit the head는 속어로 '화장실에 가다'라는 의미.

■ shake one's head (at)는 고개를 좌우로 흔든다는 것으로 '부정(거부)하다'라는 의미.

■ get[have] a big head는 '뽐내다,' '젠체하다'라는 의미. 단 give sb a big head는 '···에게 과도하게 아부하다'라는 말이다.

■ -headed로 복합어를 만드는 경우로 clear-headed는 냉철하다, light-headed는 약간 어지러운이라는 의미.

MORE EXPRESSION
take one's head out of the oven 숨어있지 않다
be a headache 골칫거리이다
Heads or tails! (동전을 던지면서) 앞면일까 뒷면일까
come to a head 위기에 처하다
head to head 맞대면하여

» hear

 **Did I hear you right?** 그게 정말이야?

I hear what you're sayin'. I'm with you.
무슨 말인지 알아. 동감야.

- I hear what your saying, but I don't know if I can give it up.
무슨 말인지 알겠어 하지만 내가 포기해도 되는지 모르겠어.
I hear what you're saying, and truth be told, I am a little nervous. 무슨 말인지 알겠는데, 솔직히 말해서 난 조금 초조해.

So I hear Brett got arrested.
브렛이 체포되었다며.

- So I hear you're leaving our company. 네가 회사를 떠난다며.
So I've heard we'll leave at six. 우리가 6시에 출발한다고 들었어.

Right now I could hear a pin drop.
지금은 핀이 떨어져도 들릴 정도로 조용해.

- Yes, very nice. Quiet. You could hear a pin drop.
어, 아주 좋았어. 조용히 해. 숨소리도 들릴 정도로.
You could hear a pin drop after Jerry walked in.
제리가 들어온 후로 쥐죽은 듯이 조용했어.

■ I hear what you say나 I hear what you're saying은 '네가 하는 말 들었다'라는 의미로 쓰일 때도 있지만 주로 상대방 말에 동의할 때 '무슨 말인지 알겠어'라고 공감할 때 사용된다.

■ so I hear 혹은 so I've heard는 남한테서 들은 얘기를 전달하면서 하는 말로 '그렇다고 들었어'라는 표현. I was told that이라는 말이다.

■ could hear a pin drop은 핀이 떨어지는 소리를 들을 수 있을 정도로 조용하다라는 표현.

You are my guests. I won't hear of it.
손님이신데 못듣은 걸로 할게요.

- Oh, no, I wouldn't hear of it. 오, 안돼, 그렇게는 안돼.
  His mother wouldn't hear of it. 걔 어머니는 허락하지 않을거야.

■ won't[wouldn't] hear of it는 듣지 않을 거라는 말로 '승낙하지 않다', '허락하지 않다'라는 의미.

Then you never hear the end of it.
그럼 너는 계속 그 얘기를 듣게 될거야.

- If he sees me wearing this, I'll never hear the end of it. 걔가 내가 이 옷을 입은 걸 보면 주구창창 얘기할텐데.

■ will never hear the end of it은 그것의 끝을 듣지 못할거라는 건 뭔가 트집을 잡혀서 '평생 계속 그 잔소리를 들을 것이다'라는 말.

I'm hearing things.
난 환청이 들려.

- So there's no reason for me to be hearing things. 내가 환청을 들을 이유가 없어.
  There's no one there. You're hearing things, you crazy old lady! 아무도 없어. 환청이 들리는 거야, 이 미친 노인네야.

■ be hearing things는 '환청을 듣다'라는 표현. 헛것이 보이다라는 뜻의 be seeing things와 함께 알아두면 좋다.

Now hear this.
자, 주목해 주세요.

- No, Leonard, you should hear this. 아니, 레너드, 너 이것 좀 들어봐.
  You're gonna want to hear this. 너 이것 듣고 싶을거야.

■ Hear this는 Get this와 마찬가지로 뭔가 새로운 정보나 소식을 전달하기 앞서 상대방의 주의를 끌기 위해 하는 말.

You're new here? I've heard that one before.
여기 처음이야? 난 들은 적 있는데.

- Stop telling the story, I've heard that one before. 얘기 그만해, 들어본 적 있어.

■ I've heard that one before는 상대방의 말에 '전에도 들은 적이 있는 이야기이다'라고 하면서 맞장구 치는 표현.

Now I've heard everything.
살다 보니 별 말을 다 듣겠네.

- After that lie, now I've heard everything. 그 거짓말후에, 난 별 얘기를 다 들었어.
  Celia has heard everything at her job. 셀리아는 직장에서 별별얘기를 다 들었어.

■ have heard everything은 '살다보니 별말을 다 듣겠군'이라는 뜻으로 상대방이 좀 어처구니 없는 말을 했을 때 쓰는 표현.

Did I hear you right?
그게 정말이야?

- Hey, did I hear you right? 야, 그게 정말이야?
  If I heard you right, you want a job here. 내가 제대로 들었다면, 여기 일을 원하지.
  No, you didn't hear me right. 아니, 넌 내 말을 제대로 이해하지 못했어.

■ hear sb right은 sb가 하는 말을 제대로 듣다라는 말로 주로 의문형태로 상대방이 전하는 소식에 놀라며 '그게 정말야'라고 반문하는 표현이다.

Do you hear me?
내말 듣고 있니?, 알았어?

- Can you hear me now? 이제 내 말 들려?
  We heard you, already. 네 얘기는 벌써 들었어.
  I can't[couldn't] hear you. 안 들려

■ hear sb는 …의 말을 듣다라는 것으로 특히 'I hear you'는 단독으로 쓰이면 '동감이다'라는 뜻의 표현이 된다.

Do you hear that?
들었지?

- Did you **hear that**? (이상한 이야기를 듣고서) 너 그 얘기 들었니?
  You **heard that**? 넌 그 얘기 들었어?
  I didn't **hear that**. 난 못들었는데.

(Do) You hear?
무슨 말인지 알겠니?, 알았지!

- Did you **hear**? 너 얘기 들었니?
  Hey, Sam, **did you hear**? I'm going on tour with Jill!
  야, 샘 너 얘기 들었어? 나 질하고 여행개!
  We won our case. **Did you hear**? 우리가 승소했어. 얘기 들었지?
  Just shut up. **You hear**? 입닥쳐. 알겠어?

Have you heard from her this morning?
오늘 아침 걔한테서 얘기들었어?

- **Have you heard** about Jessica's secret boyfriend?
  너 제시카의 비밀남친에 대해 들어봤어?
  Have you heard what he's been up to lately?
  걔 최근에 어떻게 지내는지 들었어?

Would you just hear me out?
좀 끝까지 내 얘기 들어봐.

- **Hear me out**. 내 말 끝까지 들어봐.
  A: Get the hell away from me. B: **Hear me out**. A: 날 좀 놔둬. B: 다 들어봐.

I heard about it.
얘기는 들어봤어.

- I**'ve heard all about** it. 그 일이라면 이미 알고 있어.
  You **might have heard of** him. 걔 얘기 들어봤을거야.

I never heard of such a thing.
말도 안돼.

- Are you sure that you **never heard of** him? 정말 걔 얘기 못 들어봤어?
  I **never heard of** that woman. Look, I didn't kill anybody.
  저 여자 금시초문예요. 이봐요, 난 아무도 안죽였어요.

I heard it through the grapevine.
소문으로 들었어.

- **Heard through the grapevine** you were back in New York.
  네가 뉴욕으로 돌아왔다는 소문을 들었어.
  I've **heard through the grapevine** that he is so chatty.
  걔가 정말 수다장이라는 걸 소문으로 들었어.

■ **hear that**은 '그 얘기를 듣다'라는 것으로 미드영어에서 간단히 '그 얘기 들었어' 등의 문장을 만들 때 긴요하게 쓰인다. 특히 Do you hear that?은 방금 자기가 한 얘기를 들었지?라고 확인하거나 이상한 소리가 들렸을 때 너도 들었지?라고 물어보는 문장이 된다.

■ **hear** 이번에는 hear가 단독으로 쓰이는 경우. (Do) You hear?는 자신이 한말을 알았들었냐고 화가난 상태 혹은 주의를 주면서 하는 말로 '무슨 말인지 알겠니?'라는 뜻이고 Did you hear?, Have you heard?는 '너 그소식었니?,' '그말 들었어?'라는 의미로 새로운 뉴스거리나 남의 뒷공론을 이야기할 때 상대방의 주의를 환기시키기 위해 사용하는 말이다.

■ **Have you heard~?**는 '…라는 소식 들었니?'라는 뜻으로 뒤에 about, of, from 아니면 that S+V이 이어져 나온다. 단순 사실을 확인하거나 혹은 새로운 화제를 꺼낼 때 사용한다.

■ **hear sb out**는 상대방이 말을 자꾸만 끝까지 듣지 않을 때 혹은 말을 자를 때 하는 표현으로 '이야기를 끝까지 들어보라는 말.'

■ **hear about**은 '…에 관해 듣다,' hear of는 '…의 소식을 듣다' 그리고 hear from은 '…로부터 이야기를 듣다'라는 기본표현들.

■ **never heard of**는 '그런 소리는 들어본 적이 없다' 다시 말해 '말도 안돼'라는 의미로 주로 상대방의 말에 놀라움과 불신이 들 때 애용하는 표현이다.

■ **hear it through the grapevine**은 '소문으로 들었다'는 의미로 A little bird told me, get wind of와 같은 맥락의 표현.

You heard me.
내 말 알겠지.

- **You heard me**, son, turn it down! 시키는대로 해, 자식아. 소리줄이라고!
- A: What did you say? B: **You heard me.** A: 뭐라고요? B: 내 말 들었잖아.

▆ **You heard me**는 내 얘기를 들었으니 들은대로 하라는 다소 명령조의 문장. 우리말 '내 말 알겠어?'에 해당된다.

It's good to hear your voice.
네 목소리 들으니 좋아.

- Oh, great, well, **that's good to hear**. 어, 좋아. 듣기 좋은 소식이네.
  I am glad to hear it. 그것 참 잘됐다.

▆ **be good to hear**는 전화를 시작할 때 혹은 끝나면서 상대방과 통화해서 좋았다라고 말할 때 쓰는 표현. 물론 생기초인 be glad to hear, be sorry to hear도 함께 복습해본다.

▆ **hearing**은 단순하게 '청력,' 혹은 '청문회'를 뜻한다.

I'm sorry, I'm hard of hearing.
미안해요. 귀가 좀 안좋아서요.

- It seems we **have a hearing** in four weeks. 4주후에 청문회가 있을 것 같아.

▆ **overhear**는 '엿듣다'라는 hear 파생어.

I overheard them having phone sex.
걔네들이 폰섹스하는거 엿들었어.

- I'm sorry. I **overheard** you two talking. 미안, 둘이 얘기하는거 엿들었어.

MORE EXPRESSION

hear oneself talk 혼잣말하다
be last heard of~
마지막으로 …을 듣다
That's what you need to hear. 그게 네가 들어야 되는 말야.

» **heart**

 Don't you have a heart? 넌 인정도 없어?

You're breaking my heart.
너 때문에 내 가슴이 찢어져.

- I really liked this guy and he just **broke my heart**.
  난 이 친구를 정말 좋아했는데 내 맘을 찢어놓았어.
- A: What did he do? B: He **broke her heart**.
  A: 걔가 어떻게 했는데? B: 걔가 그녀 맘을 찢어놓았어.

▆ **break one's heart**는 '가슴 찢어지다'라는 말로 특히 실연당했을 때 많이 쓴다. 그렇게 해서 상처받은 가슴은 broken heart라 한다.

You ripped my heart out!
네가 내 마음을 갈기갈기 찢어 놨어!

- Girls like Gabrielle would just **rip my heart out**.
  가브리엘같은 여자들은 내맘을 갈기갈기 찢어놓을거야.
- When I get home, I'm gonna **rip your heart out**.
  집에 가면 네 가슴을 갈기갈기 찢어놓을거야.

▆ **rip one's heart out**는 '가슴을 갈기갈기 찢어놓다'라는 말로 You broke my heart, You destroyed me의 의미.

In my heart of hearts, I hope to marry him.
내 맘 깊은 곳에 걔랑 결혼하고 싶어해.

- In **John's heart of hearts**, he wants to be a musician.
  존의 진심은 음악가가 되고 싶어해.
- **In my heart of hearts**, I just can't believe that he could do such a thing. 내맘깊은 곳에서는 걔가 그런 짓을 할 수도 있다는게 믿어지지 않았어.

▆ **in sb's heart of hearts**는 '…의 마음 깊숙한 곳에,' '남몰래'라는 표현.

I tried with all my heart to forgive my husband.
난 진심으로 남편을 용서하려 했어.

- I love Eric with all my heart. 난 에릭을 진심으로 사랑해.

  I dedicated myself to it completely, heart and soul.
  난 열과 성을 다해 그거에 전적으로 전념했어.

■ with all one's heart (and soul)는 '진심으로,' '충심으로' 그리고 heart and soul은 '열과 성을 다하여' 라는 표현이다.

All of Mary's students are close to her heart.
메리는 학생들 모두를 진정으로 좋아했어.

- They moved away, but they are still close to our hearts.
  걔네들은 이사갔지만 아직 진정으로 좋아하고 있어.

  I'm trying to help a patient very near and dear to my heart.
  정성을 다해 환자를 도우려고 해.

■ close[dear] to sb's heart는 '…의 마음에 근접한이라는 의미로 '맘을 다해서,' '진정으로' 라는 의미가 된다. 특히 사람들끼리 진정으로 좋아하는 경우에 자주 쓰인다.

You can relax to your heart's content this summer.
넌 이번 여름에 실컷 쉬어도 돼.

- I'll document it to my heart's content, and you can't stop me.
  난 맘껏 그걸 서류작성할거고 넌 날 막지 못해.

  Barry ate to his heart's content at the buffet.
  배리는 뷔페에서 맘껏 먹었어.

■ do sth to one's heart's content에서 'to one's heart's content'는 '맘껏,' '실컷' 이라는 표현.

His hearts literally skipped a beat.
걔 심장은 글자 그대로 멈췄어.

- My heart skips a beat when I see my girlfriend.
  여친만 만나면 심장박동이 멈추는 것 같아.

  Life is full of nasty shocks that jolt our systems and cause our hearts to skip a beat.
  인생은 우리 시스템에 충격을 주고 우리의 심장을 멈추게 하는 위험한 충격들로 가득차있어.

■ sb's heart skips a beat는 심장이 뛰는 걸 건너뛴다는 말로 '심장이 멈출 정도로 놀라다' 라는 뜻이 된다. 물론 문자그대로 '심장박동이 건너뛰다, 멎다' 라는 뜻으로도 쓰인다.

You'll pour your heart out.
넌 다 털어놓게 될거야.

- I cannot go up to Steven and pour my heart out to him.
  스티븐에게 가서 내 속내를 털어놓을 수가 없어.

  Did you have a heart to heart with Ron? 너 론하고 맘을 터놓고 얘기했어?

■ pour one's heart out은 '…의 심장을 쏟아붓는다는 말. 비유적으로 말하자면 '속내를 다 털어놓다' 라는 뜻이 된다. 한편 heart-to-heart는 '허심탄회하게' 그리고 heart-to-heart talk은 '마음을 터놓은 진솔한 대화'를 뜻한다.

Well, didn't have the heart to tell them to stop.
어, 걔들보고 멈추라고 할 용기가 없었어.

- I didn't have the heart to tell him he didn't get the part.
  걔가 그 역을 맡지 못했다고 말할 수가 없었어.

■ not have the heart to~에서 the heart는 courage나 nerve에 해당되는 말로 '…할 용기가 없다' 라는 말이다.

My heart wasn't in it.
난 거기에 뜻이 없었어.

- She gave him head, but her heart wasn't in it.
  걘 오럴섹스를 해줬지만 내켜하지 않았어.

  But admit it, your heart wasn't in it. 하지만 인정해, 네 맘은 딴데에 있었잖아.

■ sb's heart isn't in it는 거기에 …의 맘이 없다는 말로 '…에 내키지 않다,' '…에 뜻이 없다,' '마지못해 …하다' 라는 의미이다.

We took Harriet to our hearts after she helped us.
해리엇이 우리를 도와준 후에 걔를 좋아했어.

- I'm hoping my boyfriend will take me to his heart.
남친이 나를 좋아하기를 바래.

  She took him to her heart after the romantic weekend.
로맨틱 주말 후에 그 여자는 걔를 좋아했어.

■ take sb to one's heart 는 'sb를 좋아하다,' give one's heart to sb 또한 sb에게 맘을 주다라는 말로 역시 'sb를 좋아하다' 라는 말이 된다.

Can you find it in your heart to take me in?
나를 받아들일 맘이 날 수 있겠어?

- He hopes you can find it in your heart to forgive him.
걔 네가 자길 용서할 맘이 날 수 있기를 바래.

  I think you'll find it in your heart to take pity on me.
네가 날 가엾게 여길 맘이 생길거라 생각해.

■ find it in one's heart to~는 to 이하를 '할 마음이 나다' 라는 의미.

Yeah, your heart was in the right place.
그래, 너는 진심이었지.

- I know everyone's heart is in the right place, but I need to figure out what I want.
모든 사람들의 맘이 진심이라는 걸 알지만 난 내가 뭘 원하는지 알아내야 돼.

■ sb's heart is in the right place는 …의 맘이 제자리에 있다라는 뜻으로 간혹 안좋은 일도 하지만 '…의 맘은 진심에서 나온 것이다' 라는 의미이다.

My heart bleeds for all the lonely people.
혼자 사는 모든 사람들이 참 불쌍해.

- My heart bleeds for the family of the crime victim.
범죄피해자 가족이 참 안됐어.

  My heart bleeds for Joe after his divorce. 조가 이혼한 후에 참 안됐어.

■ My heart bleeds (for sb)는 '…가 참 안됐다,' '…가 참 불쌍하다(feel sad about sb)라는 표현.

I don't wear my heart on my sleeve.
난 솔직히 말하지 않아.

- It's easy to wear your heart on your sleeve when you're not looking in his eyes. 걔 눈을 바라보지 않을 때 솔직하게 말하는 건 쉬워.

  What does your heart tell you? 솔직하게 말해봐

■ wear one's heart on one's sleeve는 숨기지 않고 솔직하게 말한다는 표현. 한편 What does your heart tell sb? 는 상대방에게 솔직히 말해보라고 채근하는 문장이다.

I have my heart set on it.
난 그걸 하기로 맘먹었어.

- I never really had my heart set on being a cop.
난 정말 경찰이 되기로 맘먹은 적이 없어.

■ have one's heart set on은 맘을 on 이하에 고정시킨다는 말로 '…을 하기로 맘먹다, 결심하다' 라는 의미. set one's heart on이라고 해도 된다.

She had a change of heart.
걔 심경의 변화를 일으켰어.

- You wanna have a change of heart? 너 맘을 바꾸고 싶어?

  That might explain why he had a change of heart.
걔가 왜 맘을 바꿨는지 그럼 설명이 되네.

■ have a change of heart 는 '의견을 바꾸다,' '심경의 변화를 일으키다' 라는 의미.

Come on. Have a heart.
이봐, 인정을 베풀라고.

- That was a little girl! Don't you have a heart? 어린 소녀였잖아! 인정도 없어? Where's your heart? 넌 인정도 없어?

  At least I'm not mean to people who love me. Where is your heart? 적어도 날 사랑하는 사람들에게 비열하게 굴지는 않아. 넌 인정도 없어?

Slow down. You're gonna have a heart attack.
천천히 해. 심장마비오겠어.

- You definitely did not have a heart attack. 넌 절대 심장마비가 온게 아니야.
  I thought I was going to have a heart attack.
  난 심장마비가 오는 줄 알았어.

You called her a cold-hearted bitch.
넌 걜 인정머리없는 년이라고 불렀어.

- You're a cold-hearted little thing, aren't you? 넌 참 냉혈한이다. 그치 않아?
  Everyone looks disheartened. 다들 낙담해 있는 것 같아.

■ have a heart에서 heart는 비유적으로 '인정'을 말하는 것으로 '인정이 있다'라는 뜻이 된다. 주로 명령문 형태로 '한번만 봐줘,' '온정을 베풀라'라는 의미로 상대방에게 인정과 동정심을 호소할 때 사용된다. Where's your heart?도 마찬가지. 또한 have a heart of gold하면 친절한 사람, have a heart of stone 하면 무정한 사람을 뜻한다.

■ heart attack은 심장마비, heart disease는 심장병, heart failure는 심장발작을 뜻한다.

■ cold-hearted는 '냉혈한' half-hearted는 '성의가 없는' 그리고 disheartened는 '낙담한'이라는 의미이다.

MORE EXPRESSION

win sb's heart …의 마음을 얻다
eat one's heart out
마음을 다 뺏기다
know by heart 암기하다, 외우다
cry one's heart out 엉엉울다
take sth to heart …에 맘상하다
win the hearts and minds of sb …의 마음을 사로잡다

» heavy

 Oh, it's heavy, heavy with importance. 오, 이건 매우 중요한거야.

That's heavy.
거 참, 골치아프군.

- I just got out of a marriage. That's heavy. 막 이혼했어. 골치아파.
  It's heavy, I can't hold it. 무거워서 못들고 있겠어.
  My head feels heavy. 머리가 무거워.

Okay. So I went a little heavy on the Vicodin.
좋아. 그래 내가 바이코딘을 좀 과하게 먹었어.

- She goes extra heavy on the chocolate. 걘 초콜렛을 많이 먹어.
  Jack was heavy into drugs before he died. 잭은 죽기 전에 마약에 빠졌어.

Oh, it's heavy, heavy with importance.
오, 이건 매우 중요한거야.

- Drinking beer is too heavy with eating a big dinner.
  저녁만찬을 하면서 맥주를 마시는 건 좀 넘 과하지.
  The police report was heavy with crime details.
  경찰보고서는 범죄세부사항으로 가득해.

■ sth be heavy하게 되면 '…가 무겁다,' 혹은 비유적으로 '…가 골치아프다'라는 뜻이고 한편 sb feel heavy하면 '머리가 무겁다'라는 의미.

■ go[be] heavy on은 뭔가 '많이 먹다' 등 소모량이 많은 경우를 표현한다. 그리고 be heavy into sth은 술, 도박, 마약 등 안좋은 일에 연루되다나 개입되다, 빠지다라는 말이다.

■ be heavy with~는 '…으로 가득차다,' 양이 너무 많은 등 다양한 의미로 쓰인다.

Don't get heavy with the audience.
청중들에 너무 짓눌리지마.

- Things got heavy with my girlfriend today. 오늘 여친상황이 심각했어.
  It's gonna get heavy with the group members. 회원들과 심각해질거야.

You did most of the heavy lifting.
넌 일의 대부분을 다했어.

- I'm the one doing all the heavy lifting. 내가 일의 대부분을 다한거야.

■ get heavy with sb는 'sb에게 뭔가가 심각해진다' (be serious)는 의미.

■ do the heavy lifting은 물리적으로 무거운 것을 들어올리다, 비유적으로는 '대부분의 일을 다하다' 라는 뜻이 된다.

MORE EXPRESSION

heavy date 중요한 데이트
play[come, do, act] the heavy 엄하게 굴다, 꾸짖다
heavy going 이해하기 다루기 어려운

» heck

What the heck was all that about? 이게 도대체 다 무슨 일이야?

Tony is a heck of a basketball player.
토니는 대단한 야구 선수야.

- He seems like a heck of a nice guy. 걘 대단한 친구같아.
  Morning. Heck of a day, isn't it? 안녕. 대단한 날야, 그렇지 않아?

■ a heck of는 명사앞에서 강조하는 수식어로 '대단한'이라는 의미.

What the heck was all that about?
이게 도대체 다 무슨 일이야?

- What the heck is this? 도대체 이게 뭐야?
  What the heck is going on here? 도대체 여기 무슨 일이 벌어지는거야?

■ What the heck~은 What 등의 의문사 바로 뒤에 위치해서 의문문을 강조하는 역할을 한다.

So, I said, "What the heck?"
그래서 내가 "에라 모르겠다!"라고 말했어.

- What the heck, dad! 어쩌라고, 아빠!
  What the heck? Do it anyway. 어쩌라고? 어쨌든 하라고.

■ What the heck!은 해서는 안될 짓을 하면서 던지는 말로 '에라 모르겠다!' 정도에 해당되는 표현이다.

They threw in a beret just for the heck of it.
걔네들은 베레모를 무료로 나누어 주었다.

- Let's go to the fair, for the heck of it. 그냥 재미로 장터에 가자.
  We traveled to Long Island for the heck of it. 재미로 롱아일랜드에 갔어.

■ for the heck of it은 그냥 재미로라는 말로 for fun과 같은 의미로 보면 된다.

MORE EXPRESSION

on heck 도대체(on earth)
Oh, heck! 이런 젠장!

놓치면 원통한 미드표현들

- **a hole in one** 성공 be in a hole 힘든 상황에 처하다
  He got a hole in one. 걔는 단번에 성공했어.
  Help, help, I'm in a hole! 도와줘요, 곤경에 처했어요!
- **be full of holes** 헛점투성이다

His plans are full of holes. 걔 계획엔 허점이 많아.
- **hole up** 숨어지내다
  Don't hole up here till after hours. 근무시간 후까지는 여기에 숨어있지마.

» hell

Hell if I know. 정말 몰라.

You'll die! Go to hell!
넌 죽을거야! 꺼져!

- A: I want a name. B: Go to hell. A: 이름을 대. B: 나 좀 가만히 둬.
  For what? I ain't do anything, so go to hell. 뭐 땜에? 난 아무짓도 안했으니 놔둬.

> ■ Go to hell은 '꺼져,' '그만 좀 놔둬' 라는 뜻. 명령문의 형태로 누군가에게 화난 상태에서 그만 가버리라고(go away) 그리고 나 좀 가만히 놔두라고(leave me alone)하는 이야기.

He said I was a freak, and I was gonna go to hell.
걘 내가 이상한 놈이어서 실패할거래.

- He said Cindy was gonna go to hell for what she did.
  걔는 신디가 자기가 한 짓으로 지옥에 갈거라고 말했어.
  It doesn't matter, that's where it all went to hell.
  상관없지만, 바로 거기에서 모든 게 엉망이 된거지.

> ■ sb[sth] go to hell~은 '망치다,' '실패하다' 라는 의미로 앞의 명령문 형태로 쓰이는 go to hell과 헷갈리면 안된다.

The hell with that!
알게 뭐람!, 맘대로 해!

- Well, the hell with him. He got what he deserved.
  저기, 걔 상관없어. 당해싸지.
  To hell with that! 그게 끝이야, 더는 없어!
  To hell with it, Andy. I don't even care. 알게 뭐야, 앤디. 난 신경도 안써.

> ■ the hell with that은 '맘대로 해라,' '알게 뭐냐,' '난 내 할 일하겠다' 라는 의미. with 이하에 거부감있는 대상을 넣으면 된다. to hell with~라고 해도 된다.

Hey, what the hell are you doing?
야, 너 지금 뭐하는 짓이야?

- Who the hell is Mike Franks? 마이크 프랭크가 대체 누구야?
  Who the hell do you think you are? 대체 네가 누구라고 생각하는거야?

> ■ 의문사 the hell~은 놀라거나 화났을 때 강조하는 것으로 주로 What the hell was that? 아니면 What the hell are you doing?이란 문장이 자주 쓰인다. 앞서 나온 What the heck~보다는 부드러운 표현이다.

Dammit. Stop it. What the hell?
젠장. 그만해. 도대체 뭐야?

- Yeah, what the hell? It's prom. 그래, 알게 뭐야? 프롬파티인데.
  Arrest? What the hell for? 체포한다고요? 대관절 뭐 때문에요?

> ■ What the hell?은 단독으로 쓰이는 경우로 '알게 뭐람?,' '도대체 뭐야?' 라는 의미. 또한 What the hell for?는 '도대체 뭣 때문에?' 라는 표현.

That's a hell of a lucky break.
굉장히 운좋은 기회이다.

- We got a hell of a lot of suspects. 진짜 많은 용의자가 있어.
  I think he would have done a hell of a job.
  걔가 대단한 일을 할 수 있었을거라 생각해.

> ■ a[one] hell of sth은 앞서 나온 a heck of처럼 명사앞에 나와서 명사를 강조하는 표현으로 '굉장한,' '대단한' 이라는 의미.

Right now, it just hurts like hell.
지금, 끔찍하게 아파.

- It hurt like hell, but she did a damn good job.
  엄청 아팠지만 일은 정말 잘했어.
  Mom fought like hell. 엄마는 죽어라 싸웠어.
  Thank you. You look like hell. 고마워. 너 아주 끔찍해보여.

> ■ like hell은 지옥과 같이이라는 뜻으로 hurt like hell하면 '지독하게 아프다,' fight like hell하면 '죽어라 싸우다' 그리고 feel[look] like hell은 '지독한[대단한] 상황이나 상태'를 말한다.

H

83

You look like you've been to hell and back.
저승에라도 갔다 왔니?

- Her system's been to hell and back, but she's stabilized.
개 상태가 죽을 고생을 했지만 이제 안정됐어.
Melissa's been to hell and back with me. 멜리사와 난 힘든 시기를 보내고 있었어.

■ to hell and back은 매우 어려운 상황에서 죽을 고생을 하는 것을 말하는 것으로 주로 have been to hell and back 혹은 go to hell and back의 형태로 쓰인다.

I wanted to scare the hell out of him.
난 간떨어질 정도로 걔를 놀라게 해주고 싶었어.

- He scared the hell out of me. 개 때문에 나 십년감수했어.
Somebody's beating the hell out of her. 누군가 걜 죽도록 패고 있어.

■ beat[surprise, scare] the hell out of sb는 각동사를 강조하는 것으로 '…을 늘씬 패주다, 깜짝 놀라게 하다, 죽을 정도로 무섭게하다' 라는 의미.

I'll give you hell.
너, 나한테 혼날 줄 알아.

- You're gonna give me hell, aren't you? 너 나 괴롭힐거지, 그치?
Dad gave me hell because I got home late. 집에 늦었다고 아빠한테 혼났어.

■ give sb hell은 sb를 '못살게 괴롭히다' 라는 표현.

Get the hell out of my way.
빨리 비키라고.

- I wanted to get the hell out of there. 난 빨리 그곳을 벗어나고 싶었어.
We don't get the hell out of here right now. 우린 당장 여기서 떠나지 않을거야.

■ get the hell out of는 '…에서 재빨리 떠나다' 라는 의미. get out of를 강조한 표현.

Oh, my god. All hell broke loose.
맙소사. 엉망진창이 되었어.

- And then as you know all hell broke loose. 그리고 나서 알다시피 아수라장 됐어.
The next thing we knew, all hell broke loose.
다음에 우리가 안 사실은 온통 아수라장이라는 거였어.
As usual, it's going to hell in a hand basket. 언제나처럼 엉망이 될거야.

■ all hell broke loose는 지옥전체가 풀려났다는 것으로 '아수라장이 되다,' '야단법석이다' 라는 의미. 그리고 go to hell in a hand basket 또한 '엉망이 되다' 라는 표현.

I'm about to caf up right now just for the hell of it.
흥이 나게 카페인 음료를 마실려고.

- I don't think he'd trash the place for the hell of it.
걔가 아무이유없이 그 집을 부수리라고는 생각안해.

■ just for the hell of it은 특별한 이유없이 그냥 장난삼아서 혹은 재미로라는 표현.

She's the motivational speaker from hell.
걘 최악의 동기부여강사야.

- Looks like the party from hell. 최악의 파티같아.
They're cheap and dangerous as hell. 걔네들은 매우 야비하고 위험해.
I sure as hell didn't steal his car. 난 정말 개 차를 훔치지 않았어.

■ sth from hell은 지옥에서 왔다는 말로 '최악의…,' '끔찍한…' 이라는 의미. 또한 형용사+as hell은 '매우… 한,' '대단히…' 이라는 의미로 앞의 형용사를 강조해준다. 또한 sure as hell은 '확실히' 라는 뜻.

Hell if I know. Some lady.
정말 몰라. 어떤 여자였어.

- A: What company do you use? B: Hell if I know.
A: 어떤 회사를 이용해? B: 정말 몰라.
A: What's that? B: Hell if I know. A: 저게 뭐야? B: 내가 어찌 알어.

■ Hell if I know는 '내가 어떻게 알아' 라는 뉘앙스로 I don't know를 강조한 표현으로 생각하면 된다. '정말 모른다니까' 라고 옮기면 된다.

There will be hell to pay.
나중에 엄청난 대가를 치루어야 할 텐데.

- **There is gonna be hell to pay.** Sorry. 나중에 뒤탈이 생길거야. 미안.
  You better take that roast out of the oven or **there'll be hell to pay**!
  고기를 오븐에서 꺼내는게 좋아 그렇지 않으면 나중에 성가시게 될거야!

■ **There will be hell to pay**는 호되게 대가를 치룰거라는 의미로 '나중에 몹시 성가시게 될거야,' '뒤탈이 생길 텐데'라는 뜻. 어리석은 짓을 하려는 상대방에게 충고나 경고할 때 사용한다.

Plus, the defense attorney will raise hell.
게다가 피고측 변호인이 들고 일어날거예요.

- He's gonna **raise hell** the next few years.
  걘 앞으로 몇 년간 소란을 피울거야.
  I tell you, he **was hell on wheels**. 정말이지 걘 성가신 사람이야.

■ **raise hell**은 지옥을 들쑤셔 놓는 것처럼 '자기가 원하는 걸 얻기 위해 격렬하게 항의하다,' '소동피다'라는 뜻. 또한 hell on wheels는 혹독한 것, 성가신 사람 등을 뜻한다

Why are you so hell-bent on derailing this match?
왜 이 경기를 무산시키려고 작정한거야?

- Just yesterday you were **hell-bent on** moving us immediately.
  바로 어제 넌 우리를 바로 이동시키려고 했어.

■ **hell-bent on~**은 철없이 결과에는 아랑곳하지 않고 'on 이하를 하려고 작정한'이라는 의미.

MORE EXPRESSION

oh, hell! 이런 제기랄!, 빌어먹을!
Hell's bells (and buckets of blood)! 젠장할, 제기랄!
come hell or high water 어떤 일이 있어도
run[go] hell for leather 죽어라 뛰다
not have a hope in hell (of ~ing) …할 가능성이 전혀 없다

» help

 You gotta help me out here. 이거 좀 도와줘야겠어.

I can't help but feel a little guilty.
약간 죄의식을 느끼지 않을 수 없어.

- I **can't help but** notice that this isn't porn.
  이건 포르노가 아니라는 걸 알아차릴 수밖에 없어.
  I **can't help but** think about Lisa. 리사 생각을 떨쳐버릴 수가 없어.

■ **can't help ~ing**[명사]는 기본숙어로 '…하지 않을 수 없다' 그리고 can't help but+V 또한 '…을 하지 않을 수가 없다'라는 뜻.

(I) Can't help it.
나도 어쩔 수가 없어.

- It's in your blood. **You can't help it.** 네가 타고난거야. 너도 어쩔 수가 없어.
  Don't hurt him. **He can't help it.** 걜 아프게 하지마. 걔도 어쩔 수가 없어.

■ **can't help it**는 고정된 형태로 미드에서 무척 많이 쓰이는 문장이다. 의미는 '나도 어쩔 수가 없어.'

It can't be helped.
어쩔 수 없는 상황이야.

- I **couldn't be helped.** 나도 어쩔 수가 없었어.
  I **cannot help myself.** 내 감정을 억제할 수가 없어.
  All I know is that I **can't help myself**.
  내가 아는 건 나도 어쩔 수가 없다는거야.

■ **can't be helped**는 이미 발생한 일에 대해 막을 방법이 없었음을 말하거나 자신을 자제할 수 없었음을 말하며 상황을 개선시킬 방법이 전혀 없거나 그것이 어느 누구의 잘못도 아니라는 의미. can't help oneself 또한 '어쩔 수가 없다'라는 뜻이다.

Sometimes that helps.
그게 간혹 도움이 돼.

- It might help if you're just a little more specific.
  네가 좀더 구체적이면 도움이 될텐데.
  Thank you very much. It helped a lot. 정말 고마워. 많은 도움이 됐어.
  It helped me stop hating myself. 그게 날 자학하는 걸 멈추는데 도움이 됐어.

■ That[It] helps (~)는 That[It]이 도움이 되다라는 표현으로 단독으로 쓰이거나 혹은 뒤에 절, sb+V 등이 이어져 문장을 길게 만들 수 있다.

But it won't help Rudi much.
하지만 그건 루디에게 많은 도움이 되지 않을거야.

- Well, then give me the script. It won't help you.
  어, 그럼 스크립트 줘. 너한테 소용없을거야.
  I told you it won't help you find her. 걜 찾는데 그게 소용없을거라 말했잖아.

■ It won't help sb는 그렇게 해봤자 sb에게는 도움이 안된다, 즉 '소용이 없을거야' 라고 말하는 표현.

Help yourself to anything in the refrigerator.
냉장고에 있는거 아무거나 들어.

- Why don't you grab a plate? Help yourself. 접시 들고 맘껏 드세요.
  A: Mind if I sit here? B: Help yourself. A: 여기 앉아도 돼? B: 그러세요.

■ Help yourself (to)는 상대방에게 음식이나 물건을 '마음껏 드세요,' '어서 갖다 드세요,' '맘대로 갖다 쓰세요' 라는 의미로 Help yourself 단독으로 써도 되고 아니면 구체적으로 먹거나 쓰는 대상을 to 이하에 적어주면 된다.

Can I help in some way?
어떻게 좀 도와드릴까요?

- How may I help you? 어떻게 도와드릴까요?
  Can I help you with something? 뭐 좀 도와드릴까요?
  I am being helped now. 다른 사람이 봐주고 있어요.

■ How can I help (you)?는 May I help you?와 더불어 대표적인 친절영어표현으로 손님 등 상대방이 뭘 필요한지 물어볼 때 사용한다. 이때 다른 사람으로부터 이미 도움을 받고 있다고 말할 때는 I'm being helped라고 하면 된다.

Not if I can help it.
할 수만 있다면 피하고 싶어.

- A: He's gonna get out by dinner. B: Not if I can help it.
  A: 걘 저녁때 외출할거야. B: 나 그러고 싶지 않은데.
  Tell me where my wife is, or so help me, I will shoot you.
  내 아내가 어디있는지 말해, 그렇지 않으면 정말이지 널 쏠거야.

■ Not if I can help it은 '하지 않았으면 하는 마음'을 나타내는 것으로 '그건 안하고 싶어' 라는 뉘앙스의 표현이다. 또한 자주 쓰이는 so help me (God)는 '하느님께 맹세합니다' 라는 말로 God은 생략하기도 한다.

We gotta get help.
도움을 받아야 해.

- Get help! 도움을 청해!
  I begged her to get help. 난 개한테 도와달라고 간청했어.

■ get help는 '도움을 받다' 라는 아주 유용한 표현.

You were a great help.
정말 많은 도움이 되었어.

- You're a big help. 고마워.
  That's a big help. 크게 도움이 돼.
  You've been a big help. 큰 도움이 되었어요.

■ be a great help는 '정말 많은 도움이 되었어' 라는 말로 실질적 도움이나 조언을 받거나 혹은 자신에게 도움되는 물건을 상대방이 빌려주었을 때.

Shut up! You're not helping!
닥쳐! 넌 도움이 안돼!

- You're not helping me. 넌 내게 도움이 되는게 아니라 반대야.
  I can't believe I ever even tried to help you. You are so beyond help. 널 도우려고 했던 내가 믿기지 않아. 넌 구제불능이야.

■ be not helping~은 별 도움이 안되거나 도움이 되기는커녕 방해가 되는 경우 핀잔을 주면서 하는 말. 그리고 be beyond help하면 '도와줘도 소용없다' 라는 뜻이 된다.

Do you need help unloading your car?
차에서 짐내리는거 도와줄까?

- You need help getting Chuck to sleep with you? Really? 척이 너와 잠자리하도록 하는데 도와줘? 정말?
  Do you need help making arrangements? 일정잡는거 도와줄까?

■ Do you need help ~ing? 는 상대방에게 도움이 필요하냐고 물어보는 표현으로 help 다음에는 ~ing나 with+N가 나온다.

You gotta help me out here.
이거 좀 도와줘야겠어.

- Somebody help me out! 누구 나 좀 도와줘!
  Are you going to help me out with this or not? 이것 좀 도와줄거야 말거야?

■ help sb out은 문제가 있는 sb를 도와준다는 의미.

MORE EXPRESSION

need sb's help
…의 도움을 필요로 하다

» here

Here's what's what. 상황이 이렇게 된거야.

Here it comes again. Shut up!
또 시작이구만. 입닥쳐!

- A: I have so many awesome plans for us. "Us." Oh, man. It feels so good to say that. B: Oh, God. Here it comes.
  A: 우릴 위해 멋진 계획을 많이 세워놨어요. '우리.' 야, 그 말하니 기분이 무척 좋네요. B: 오, 맙소사. 또 시작이구만.

■ Here it comes는 물건을 건네주면서 '자 여기 있어,' 또는 상대방의 잔소리에 '또 시작이군,' '올 것이 오는구만' 등의 의미를 갖는다.

Here comes our new boss, be polite.
신입 사장님이 저기 오신다, 예를 갖춰.

- Here she comes now. Be cool! 지금 쟤가 저기 오네. 침착해!
  Here comes the unsub. But you don't turn around. Just keep talking. 미확인용의자가 저기 오네. 돌아보지말고 계속 얘기해.

■ Here comes sb 혹은 here sb comes는 sb가 말하는 사람 쪽으로 다가오는 모습을 보고 하는 말로 '저기 오는구만' 이라는 뜻.

Here we are. I had a really great time tonight.
자 도착했네, 난 오늘밤 정말 즐거웠어.

- Well, here we are again, dear boy. 얘야, 우리 여기서 또 만났네.
  Here we are again, in the conference room. 우리 또 회의실에서 만났네.

■ Here we are는 어느 지점에 도착해서 '자 (드디어) 도착했다' 혹은 뭔가 건네주면서 '여기 있다' 라고 한다. 한편 Here we are again은 과거에 비슷한 장소에 만난 사람을 다시 만났을 때 사용한다.

Here you are. Thanks.
여기요. 고마워요.

- And here you are, officially leaning on me.
  이제 네가 내게 공식적으로 의지하네.

  And here you are, making me look the fool.
  이제 네가 나를 바보처럼 보이게 만드네.

■ Here you are는 상대방에게 물건을 건네주면서 '자 여기 있어' 라고 하는 뜻이 기본이고 좀 어렵지만 뒤에 ~ing를 붙여서 상대방의 현재 상태를 언급할 때도 사용된다.

So here goes, I'm having feelings for Karl again.
그래 이런거야. 내가 칼을 다시 좋아하게 됐어.

- We tell each other everything. So, here it goes.
  우린 서로에게 다 얘기하자. 그래, 시작하자.

  Okay, here it goes. I feel bad that she got hurt.
  그래, 시작한다. 난 걔가 상처받아 맘이 안좋아.

■ Here goes는 '한번 해봐야지,' '자 간다,' '자 내가 먼저 한다' 등의 의미로 뭔가 주사를 놓는다든가 사랑고백을 한다든가 등 어렵고 힘든 일을 하거나 말을 하려고 시작하면서 한번 어렵지만 해보겠다라는 표현. 또한 Here it goes는 '자, 시작하자' 라는 말.

I made your favorite, tacos. here you go.
네가 젤 좋아하는 타코 만들었어. 자 여기.

- I'm gonna be right there. Here you go. 손님 바로 갑니다. 자 여기 있습니다.
  Ok, here it is. Your choice. It's simple. 좋아, 들어봐. 네 선택야. 간단해.
  Here it is. I'm gay. 내 얘기할게. 난 게이야.

■ Here you go나 Here it is는 물건 등을 건네며 '자, 여기 있어' 라는 말이며 특히 Here it is는 상대방에게 어떤 이야기를 건넬 때도 쓰이는데 이 때의 의미는 Listen to me이다.

You are going to love these. Ok, here we go.
이거 좋아하게 될거야. 자 시작한다.

- Ok, here we go. I don't think we should go out anymore.
  그래, 해보는거야. 우리 그만 만나는게 나을 것 같아.

  All right, ten centimeters, here we go.
  좋아요, 10cm 열렸네요, 자 이제 나옵니다.

  Oh God! Here we go again. Why does this keep happening to me?
  맙소사! 또 시작이네. 왜 이런 일이 내게 계속 일어나는거지?

■ Here we go는 '자 간다,' '여기 있다,' '자 이제 시작해볼까' 라는 의미로 뭔가 행동을 시작할 때 혹은 뭔가 발견했을 때 사용하면 된다. 하지만 뒤에 again이 붙어 Here we go again이 되면 상대방의 행동에 '또 시작하는구만' 이라는 의미가 된다.

It's good to be here.
오기를 잘했군.

- God, I'm so happy to be here. 야, 여기 오길 잘했네.
  Well, it's good to be here. 저기, 여기 와서 좋으네.

■ be good[happy, nice] to be here는 상대방의 환영에 대한 답례인사로 '오기를 잘했네요,' '환영해줘서 기뻐요' 라는 의미이다.

And from here on out, it's gonna be me.
그리고 지금부터는 내가 될거야.

- From here on out, nobody talks to the press.
  지금부터, 아무도 언론에 이야기하지마.

■ here on out는 '지금부터' (from now on) 혹은 '앞으로' (in the future)라는 의미.

I'm still here.
아직 듣고 있어.

- A: You still there? B: Yes, I'm still here.
  A: 아직 안끊었냐? B: 어, 아직 안끊었어.

■ be still here는 단순히 여기 있다라는 의미를 넘어 내가 아직 듣거나 보고 있다, 즉 주의를 기울이고 있다는 말이고 특히 전화영어에서는 '아직 전화안끊고 듣고 있다' 라는 말이 된다.

I'm up to here in files on my desk.
내 책상에 파일들이 목까지 찼어.

- I'm up to here in parents complaining. 부모님 불평이 목까지 찼어.
  I'm up to here in products I can't sell. 내가 팔 수 없는 제품들이 목까지 찼어.

■ I'm up to here는 단독으로 쓰일 때는 배불러서 사양할 때 혹은 일이 목까지 차서 엄청 바쁘다라는 뜻이 된다. 좀더 구체적으로 …가 목까지 찼는지 말하려면 in~다음에 자신을 숨막히게 하는 것을 적어주면 된다.

I've had it up to here with these people.
난 이 사람들 때문에 돌겠어.

- Kate has had it up to here with riding the bus.
  케이트는 버스타는게 진절머리가 나.
  Mr. Burns has had it up to here with waiting for Steve.
  번즈 씨는 스티브를 기다리는데 미쳐버리겠어.

■ have had it up to here with~는 '…때문에 주어가 돌겠다,' '미치겠다,' '…라면 넌더리가 난다'라는 아주 짜증나고 지친 표현.

Here's to you!
당신을 위해 건배!

- Here's to a great cop! 한 훌륭한 경찰을 위하여!
  Here's to your marriage! 네 결혼을 위하여!

■ Here's to~!는 '…을 위해 건배!,' '…을 위하여'라는 말. Here's mud in your eye하게 되면 '한잔 쭈욱 마셔라'는 뜻이 된다.

Here's what's what.
상황이 이렇게 된거야.

- Save the story, kid. Here's what's what. 얘기 그만해. 상황은 이래.
  You're confused, so here's what's what. 넌 헷갈리고 있어, 상황은 이래.

■ Here's what's what은 자초지종이 이렇게 된거야, 상황이 이렇게 된거야(Here is what the situation is)라고 말하는 표현법.

That's it. I'm out of here. I'm done.
바로 그거야. 나 여기 없는거야. 난 다했어.

- If anyone calls for me, I'm not here. 누가 전화해서 날 찾으면 없다고해.
  Don't talk to me like I'm not here! 내가 여기 없는 것처럼 말하지마!
  Guys, over here. Right here. 애들아, 이쪽야. 바로 여기.

■ I'm not here는 누가 지금 물어볼 때 혹은 나중에 누가 물어볼 때 모두 지금 내가 여기 있지만 없는 것으로 해달라는 표현. '나 여기 없는 거야.' 참고로 I'm outta here는 '나 갈게'라는 뜻. 한편 over here는 이쪽으로라는 말로 over there와 반대되는 표현.

They are going to be here.
걔네들 이리 올거야.

- He really wants you to be here. 걘 네가 여기 오기를 정말 원해.
  Why are you here? 여기는 왜 왔지?

■ be here는 내가 아닌 제 3자가 주어로 쓰일 때는 그쪽에서 이리로 온다(come)는 의미.

- **give (sb) a hint** (…에게) 힌트주다 get[take] a[the] hint 눈치채다
  I can take a hint. 알겠어.
  I get the hint. 눈치 챘어.
  I'll give you a hint about where she works.
  걔가 어디서 일하는지 힌트를 줄게.

- **hock sth to** 저당 잡히다
  I hocked it okay, I pawned it.
  그걸 저당잡혔어. 전당포에 맡겼다고.
  God, I love that car. Hocked my future on it.
  맙소사, 저 차 좋다. 내 미래를 걸어야겠어.

I'm here to help you.
널 도와주러 온거야.

- I'm here to see if I can. 내가 할 수 있는지 보러 왔어.
  A: You here to ambush me again? B: I'm here to apologize.
  A: 날 또 공격하려고 왔어? B: 사과하러 왔어.

Yes. Well, that's neither here nor there.
맞아, 저기 그건 별로 중요하지 않아.

- That is neither here nor there. 그건 중요하지 않아.
  Let's just enjoy the here and now. 현재를 즐기자고.

■ I'm here to~는 여기에 '…하러 왔습니다' 라고 방문목적을 말할 때 사용한다.

■ neither here nor there는 여기저기도 아니라는 말로 중요하지 않은(not important), 그리고 the here and now는 현재(the present time)라는 말이다.

MORE EXPRESSION
(Is that) For here or to go?
여기서 드실겁니까 가지고 갈 겁니까?
Here! 그만해! 그만하면 됐어!
here, there, and everywhere
사방에

» high

Did you guys get high? 너희들 약먹었냐?

Did you guys get high?
너희들 약먹었냐?

- I used to come here to get high. 난 약하러 이리로 오곤 했어.
  Did you see him high or something? 걔가 취해 있는거 봤어?
  I'm high on life. 기분 최고야.

That was the high point for me.
그건 내게 가장 재미있는 부분였어.

- Meeting you is the high point of my career. 널 만난 건 내 경력 중 최고야.
  Don't take the moral high ground. 도덕적으로 우위에 서려고 하지마.

I think it's high time to make a toast.
건배해야 될 것 같아요.

- It's high time our families got together. 우리 가족이 함께 모여야 할 때야.

So don't get so high and mighty with me!
그러니 내게 거만하게 굴지 말라고!

- You were always so high and mighty back at the clinic.
  넌 언제나 클리닉에서 불손했어.
  Our manager was on her high horse during the meeting.
  우리 매니저는 회의중에 잘난 척을 했어.
  Don't get on your high horse talking to me!
  나한테 말할 때 거만하게 굴지마!

■ get high는 미드에 많이 나오는 표현중 하나로 '술, 마약에 취하다' 라는 뜻. be already pretty high하면 '나 꽤 취했어' 그리고 be high on은 '약에 취하다' 라는 의미가 된다.

■ high spirits는 '명랑이나 쾌활', high ground는 '우위' 그리고 high point는 '가장 재미있는, 좋은 부분'을 뜻한다.

■ It's high time은 '딱 좋은 때다,' '그럴 때도 됐다' 라는 말로 뒤에는 to+V나 that 절이 올 수 있다. It's about time처럼 about을 쓰기도 하며, 물론 아무것도 없이 그냥 It's time~이라고도 한다.

■ be[get] on one's high horse는 말에 올라타고 밑을 내리 깔아보는 모습을 연상하면 된다. '빼기다,' '거만하게 굴다' 라는 의미. 또한 high and mighty 역시 '거만한,' '불손한,' '잘난 척 하는' 이라는 의미.

They searched high and low for him.
걔네들은 그를 찾기 위해 사방팔방을 뒤졌다.

- I've been searching high and low for a blunt object.
  난 둔기를 찾기 위해 온사방을 찾았어.

  I looked high and low for your glasses. 난 네 안경을 사방으로 찾았어.

Samsung is riding high this year.
삼성은 올해에 매우 성공적이야.

- The football team is riding high after winning. 축구팀은 승리후 의기양양했어.
  We were riding high when we bought the house. 우린 집샀을 때 잘 나갔었어.

■ look[search] high and low는 높은데도 낮은데도 찾는다는 말로 '샅샅이 찾다'라는 뜻이된다.

■ be riding high는 '의기양양하다,' '인기가 좋다,' '매우 성공적이다' 등 뭔가 잘 풀리는 것을 말한다.

MORE EXPRESSION

from on high 윗사람
have a high temperature 열이 많이 나다
high priority 최우선위
high on the agenda 중요의제
run high 고조되다
on a high note 화려하게

» hip

They were joined at the hip. 걔네들은 매우 친밀해.

You're hip and trendy?
너 유행에 밝고 앞서간다며?

- We can go to some hip club and get some hot guys.
  유행하는 클럽에 가서 멋진 남자들을 낚자.

  I know plenty of cool, hip mothers who live in the city.
  도시에 사는 멋지고 유행에 밝은 엄마들 많이 알고 있어.

I was hip to the problems Ray had.
난 레이가 갖고 있는 문제를 잘 알고 있었어.

- You need to get hip to the new music. 넌 새로운 음악을 잘 알 필요가 있어.
  Sharon is not hip to our secret. 섀론은 우리 비밀을 잘 모르고 있어.

They were joined at the hip.
걔네들은 매우 친밀해.

- We're joined at the hip now, aren't we? 우리는 일심동체야, 안그래?
  She and Shannon were joined at the hip. 걔와 섀년은 한배를 탔어.
  You two have been attached at the hip all week.
  너희 둘 주중내내 같이 다니네.

■ be hip은 매우 인기가 있다는 말로 be all the rage, be the craze, be the fad, be in vogue와 같은 말이며, hip+명사의 형태로 '유행에 밝은'이라는 의미로 쓰인다.

■ be[get] hip to sth은 '잘 알고 있다,' '…에 통달하다'라는 의미.

■ joined[attached] at the hip은 '일심동체이다,' '매우 친밀하다,' '한배타다'라는 뜻.

MORE EXPRESSION

shoot from the hip
깊이 생각하지 않고 행동하다
hip, hip, hooray! 응원소리

- **go[jump] through hoops** 남이 시키는 대로 하다
  All my life I have jumped through hoops to keep men from leaving.
  평생 남자들 떠나보내지 않으려고 별짓을 다했어.

- **visiting hours** 면회시간
  What time are your visiting hours?
  네 면회시간은 언제야?

» history

The rest is history. 그 다음은 뻔한 얘기야.

We are history.
우린 끝이야.

- You're history! It's over! 넌 끝이야! 끝났어!
  Well it's cool 'cause Jackie and I are history!
  저기, 재키와 내가 끝나서 잘됐어.

■ be history는 과거가 됐다는 말로 '우린 이제 죽었다,' '이제 끝이야'라는 말로 'We're done here' 혹은 'We are finished'라는 의미이다.

We got history.
우린 오랜 친분이 있잖아.

- We'll take the lawyer since Fin's got history.
  핀하고 친분이 있기 때문에 그 변호사를 데려올거야.

  A: You guys got history? B: We met at a seminar.
  A: 너희들 예전부터 알아? B: 세미나에서 만났어.

■ have[get] history는 예전부터 알고 지내 '친분이 있다'라는 뜻.

She's got a history of mental problems.
걘 과거에 정신병을 앓은 적이 있어.

- Did Shelly have any history of depression? 쉘리가 우울증 앓은 적있어?
  Now do you have a history of seizures? 과거에 발작을 일으킨 적이 있어요?

■ have a history (of)는 (…의) 전력, 병력 등을 갖고 있다는 말로 특히 과거에 경험한 병 등을 언급할 때 사용된다.

The rest is history.
그 다음은 뻔한 얘기야.

- I cracked her back and the rest is history.
  난 걔등을 때렸고 그 다음은 뻔하지.

■ the rest is history에서 history란 이미 사람들이 알고 있다는 전제하에 '나머지는 역사다'라는 말은 '그 다음은 혹은 결과는 다 알고 있다,' '뻔하다,' 그러니 말하지 말라라는 표현이다.

I'm gonna go down in history with these freaks.
난 이 이상한 놈들과 함께 역사에 남을거야.

- You're gonna go down in history as America's greatest mass murderer. 넌 미국최대의 대량학살범으로 기록될거야.
  We made history. 우린 정말 대단한 일을 해냈어.

■ ~will go down in history는 역사에 남을 만한 일을 하다, 그래서 역사에 기록되다 라는 뜻이고 그리고 make history 또한 역사에 남을 만한 '대단한 일을 하다'라는 뜻이 된다.

I don't care what he told you, it's history.
걔가 너한테 한 말 상관안해, 다 지나간 일인데.

- Our relationship? That's history. 우리 관계? 다 지난 일이야.
  Don't think about his promise. That's history. 약속생각하지마, 다 지난일야.

■ That's (past/ancient) history는 '그건 다 지난 이야기이다'라는 말로 잊어버리고 더 이상 생각하지 말자는 말.

She doesn't want to hear about your life history.
걘 네 인생사에 대해 듣고 싶지 않아해.

- Spyware wipes your computer file history daily.
  스파이웨어는 매일 컴퓨터 파일기록을 지워버려.

  They won't accept her without a full family history.
  가족력이 없으면 걜 받아주지 않을거야.

■ life history는 일대기, disease history는 병력, career history는 직업경력, 그리고 criminal history는 전과기록을 말한다.

» hit

Hit me. 한잔 더 줘요.

Hit me.
나도 줘.

- **Hit us** again! 술 더 줘요!
  A: More wine? B: **Hit me.** A: 와인 더요? B: 한잔 더 줘요.
  I thought he was gonna **hit me**, too. 난 걔가 날 때릴려는 줄 알았어.

■ **Hit me**는 나를 때리다라는 뜻이 아니고 술자리에서 '술 더 달라' 고 하는 표현.

We got a hit on the DNA.
DNA 일치하는 것을 찾았어.

- **Got a hit on** some blood found in Haines's apartment. 하인즈 아파트에서 발견된 혈흔에서 일치하는 것을 찾았어.
  I **got a hit on** him from the DMV database. DMV 데이터베이스에서 걔와 맞는 것을 찾았어.

■ **get a hit on**에서 hit는 목표물에 명중한다는 명사로 get a hit on~하면 on 이하에서 뭔가 맞는 것, 일치하는 것을 찾았다는 의미가 된다. CSI 등 범죄수사물에 많이 나온다.

I think you can hit the road.
네가 떠나도 좋을 것 같아.

- We **hit the road** to a brand-new life. 우리는 새로운 삶을 찾아 출발했어.
  I gotta go home and **hit the books**. 집에 가서 공부할래.

■ **hit the road**는 출발하다, hit the book은 공부하다, hit the spot 적중하다, hit the sack은 잠자다 그리고 hit one's cell은 '휴대폰으로 전화하다' 라는 뜻. 우리도 속어로 '…때리다' 라는 말로 '…하다' 를 뜻하는 경우를 생각해 보면 된다.

If she finds out, she's gonna hit the ceiling.
걔가 알아채면 발광을 할텐데.

- Police commissioner's gonna **hit the roof**. 경찰국장이 난리칠거야.
  When I saw the lightning **hit the roof** you were electrocuted. 내가 벼락이 지붕에 내리치는 걸 봤을 때 넌 감전됐거야.

■ **hit the roof**는 지붕을 치고받을 정도로 열받은 상태로 '격노하다' 라는 말. hit the ceiling 혹은 go through the roof라 해도 된다. 물론 글자그대로 벼락 등이 지붕을 친다라고 쓰이기도 한다.

He hit the deck when the shooting started.
걘 총격전이 시작되자 바닥에 몸을 납작 엎드렸어.

- And just as I **hit the deck**, it exploded. 내가 바닥에 엎드리자마자 폭발했어
  Here it comes, **hit the deck**! 저기 온다, 바닥에 엎드려!

■ **hit the deck**은 '바닥에 납작 엎드리다' 라는 말로 총이나 폭발이 일어날 때 바닥과 일심동체(?)가 되는 모습을 연상해보면 된다.

We hit the jackpot.
우린 땡 잡았어.

- Brenda **hit the jackpot**. 브렌다는 대박을 터트렸어.
  We **hit the jackpot**. The whacko kept diaries. 대박이다. 미친놈이 일기썼네.

■ **hit the jackpot**은 도박에서 '대박을 터트리다' 는 말로 일반 상황에서도 많이 쓰이는 표현.

We'll hit the street tomorrow.
우린 내일 거리를 돌며 탐문수사할거야.

- I've got an idea. How about we **hit the streets**? 생각이 났는데 우리 거리로 나가는게 어때?
  Let's just **hit the streets**, find some girls, question them about violent Johns. 탐문수사하며 매춘부들을 좀 찾아보고 폭력범들에 대해 물어보자고.

■ **hit the street**는 '거리에 나오다' 라는 말로 경찰들이 거리를 돌며 '탐문수사하다,' 그리고 '거리홍보하다' 라는 의미로도 쓰인다.

Well, this case just hit the big time.
저기, 이 소송은 대박쳤어.

- My cousin hit the big time with his job. 내 사촌은 직장에서 아주 잘 나가.
  The actress hit the big time with her new movie.
  여배우는 새로운 영화로 대박을 쳤어.

■ hit the big time은 대박을 치다, 크게 성공하다(become successful or rich)라는 의미로 hit it big이라고 해도 된다.

You're gonna make me take the hit?
나보고 책임지게 하려고?

- Your investments will take a hit this year.
  네가 한 투자는 금년에 손해를 볼거야.
  I'm not going to take the hit for the mistake you made.
  네가 한 실수에 대해 책임을 지지 않을거야.

■ take the hit은 책임을 지다(be responsible)라는 말을 기본으로 해서 문맥과 상황에 따라 많은 다양한 의미로 쓰일 수 있다. 반면 take a hit은 어떤 상황 때문에 '손실이나 손해를 보다'라는 뜻이 된다.

Are you hitting on me?
지금 날 꼬시는 거냐?

- She's a hottie. So guys are always hitting on her.
  걔 섹시해. 그래서 애들이 항상 집적대.
  I thought he was cute. I hit on him. 난 걔가 귀엽다고 생각해서 꼬셨어.

■ hit on는 성적으로 끌려서 어떻게 한번 해보려고 말을 거는 수작행위를 말한다.

Because you just got the greatest hits.
왜냐면 네가 방금 위대한 히트작들을 갖고 있기 때문야.

- His greatest hits include pimping, assault, and robbery.
  걔의 가장 큰 특기는 포주노릇, 폭행 그리고 강도질이야.
  The band was a hit with their new song.
  그 그룹은 새로운 노래로 히트를 쳤어.

■ make a great hit는 히트치다, greatest hits는 대히트한 것들, have a hit with는 히트치다 be a hit with sb하면 …에게 인기가 좋다라는 의미.

It hit me that this isn't going to work.
이건 제대로 되지 않을거라 생각이 들었어.

- It hit me I had seen her in front of Jake's apartment.
  걔 제이크의 아파트앞에서 봤다는 생각이 문득 들었어.
  It just hit me out of nowhere. 그게 문득 떠올랐어.

■ It hit me that S+V는 that 이하의 내용이 문득 떠올랐다라는 의미. "sth just hit me"(뭔가 떠올랐어)라는 문장. 또한 hit on sth하면 '생각해내다'라는 말로 come up with와 의미가 같다.

They really hit it off.
쟤네들은 바로 좋아하더라구.

- We hit it off. 우린 서로 잘 맞았어.
  Great! So uh, so did you guys hit it off? 잘됐다! 그래서 너희들 잘 맞는거야?

■ hit it off는 만나자마자 얼마안돼 서로 좋아하게 되는 경우를 말한다. '죽이 잘 맞다'에 해당되는 표현.

Actually, you said a few things that - hit home.
실제로, 넌 정곡을 찌르는 몇가지를 얘기했어.

- I thought you said he said something that hit home.
  난 걔가 정곡을 찌르는 말을 했다고 네가 말한 걸로 아는데.
  When you made that crack about suicide, it just kind of hit home.
  네가 자살에 관해 농담을 했을 때 그게 내게 좀 의미를 줬어.

■ hit home은 '정곡(급소)을 찌르다,' '…에게 큰 의미를 갖다'라는 의미.

How did she pay for a hit man?
그 여자는 살인청부업자에게 어떻게 돈을 줬지?

- I didn't want to be next on my husband's hit list.
  난 남편의 살생부의 다음 차례가 되고 싶지 않았어.

A hit-and-run is loud, draws attention.
뺑소니는 요란하고 주의를 끌어.

- This is the first hit-and-run rape I've ever seen.
  이건 여태까지 처음 본 기습적인 강간야.

  I'm looking for witnesses to a hit-and-run last night.
  지난 밤의 뺑소니를 목격한 사람을 찾아.

■ hit list는 살생부, hit man 은 살인청부라는 말.

■ hit-and-run은 뺑소니(의) 또는 기습적인이라는 의미.

MORE EXPRESSION

hit the bottle 술을 많이 마시다
hit the nail on the head
정곡을 찌르다
the shit hits the fan
재난이 닥치다

» hitch

You and Yang are getting hitched? 너와 양이 결혼한다고?

He hitched a ride home with us.
걘 우리와 함께 차를 얻어 타고 집에 왔어.

- I hitched a ride with the emergency response team.
  난 긴급대응팀 차를 얻어탔어.

  He might have hitched a ride out of here.
  걘 히치하이크해서 여기를 빠져나갔을지도 몰라.

  Next time, take a bus. You're too pretty to hitch!
  다음번에 버스를 타. 넌 히치하이크하기엔 넘 예뻐.

How could you pick up a hitchhiker?
넌 어떻게 히치하이커를 태운거야?

- I used to hitchhike there when I was a kid.
  어렸을 때 거기서 히치하이크하곤 했어.

  We picked her up hitchhiking on her way to a rock festival.
  우리는 걔가 락 페스티발에 가는 중 히치하이크하는 걸 태워줬어.

You and Yang are getting hitched?
너와 양이 결혼한다고?

- They come to Vegas to get rich or to get hitched.
  부자가 되기 위해 혹은 결혼하려고 라스베이거스에 오지.

What's the hitch?
무슨 문제야?

- Now you've just got that one little hitch. 이제 넌 작은 한 문제가 있는거야.
  This car is free? What's the hitch? 이 차 무료야? 뭐가 문제인데?

■ hitch a ride[lift] with sb 는 히치하이크하다, with~이하가 나오면 '…에 차를 얻어타다' 라는 말이 된다.

■ hitchhike는 히치하이크하 다, hitchhiker는 히치하이크하는 사람을 뜻한다.

■ get hitched에서 hitch는 고리나 줄 등을 걸다라는 말에서 속어로 '결혼하다' 라는 뜻으로 쓰인다.

■ hitch는 일시적인 장애가 생기는 문제를 말한다.

» hold

How are you holding up? 어떻게 견디고 계세요?

Could you hold?
잠시 기다리세요.

- Can you hold for one second please? 잠시만 기다려주세요.
  Could you hold for a moment? 잠시만 기다려요.

■ Could you hold~?는 잠시만 끊지 말고 기다리라라고 할 때쓰는 전형적인 표현으로 뒤에 for a moment, for one second 등을 붙여 말하곤 한다.

Hold on! Just a second.
잠깬 잠시만.

- Hold on for one minute. 잠깐만요.
  Hold on! Please, hold the line[wire]. 끊지 말고 기다리세요.

■ Hold on (a second, a minute])!은 '잠깐만요' 라는 뜻으로 앞서가는 용건 땜에 잠시 멈추라고 하거나 상대방의 움직임에 잠시 멈추고 내얘기를 들으라고 하는 말 혹은 전화상에서 잠시 기다리라고 하는 말로 Hold the wire, Hold the line, Please hold, Hold, please라고도 한다.

I can't get hold of him.
걔 연락 정말 안되네.

- You get hold of Will? 윌과 연락돼?
  Sandy is on the phone trying to get hold of Jim.
  샌디는 짐하고 연락하려고 통화중이야.

■ get (a)hold of sb[sth]는 '연락이 닿다,' '입수하다' 라는 뜻으로 특이한 점은 get hold of~ 혹은 get ahold of~로도 쓰인다는 것이다.

Get a hold of yourself!
진정해!, 정신차려라!

- Don't tell me to get a hold of myself. I'm fine!
  나보고 정신차리라고 하지마. 난 괜찮아!
  Mr. Davenport, get a hold of yourself. 데이븐포트 씨 정신차리세요.

■ get a hold of oneself는 스스로를 잡는다는 말에서 '진정하다,' '정신차리다' 라는 뜻이다.

The fireman had to take hold of survivors.
그 소방관은 생존자들을 잡아야 했어.

- You'll need to keep hold of these files. 넌 이 파일들을 꼭 잡고 있어.
  Come on Terry, take hold of the situation. 자, 테리, 그 상황을 장악하라고.

■ take (a) hold of[on]은 '…잡다,' '장악하다' 라는 의미로 take 대신에 get, keep을 쓰기도 한다.

Put a hold on all promotions.
모든 승진을 중단시켜.

- Is that what you want to put a hold on happiness?
  행복이 오는 걸 막는게 네가 바라는거야?
  Put a hold on that new cell phone. I don't want it.
  새로운 핸드폰 사지마. 나 필요없어.

■ put on hold는 예정된 것을 나중에 하기로 보류하는 것을 말하며 put sb on hold하게 되면 전화영어로 '…을 잠시 기다리게 하다' 라는 뜻이 된다.

Just put the plan on hold.
그냥 그 계획은 보류해.

- You still upset about your case being put on hold?
  네 사건이 보류되어서 기분나빠?
  Someone hacked the project database, and the whole project was put on hold. 누가 프로젝트 데이터베이스를 해킹해서 전 프로젝트가 보류됐어.

■ put a hold on~는 on 이하의 일들이 일어나지 않도록 '중지시키다,' '미리 방지하다' 라는 의미.

Hold it! What's the matter with you?
그대로 있어! 문제가 뭐야?

- A: Maria, hold it! B: Who are you? A: 마리아, 그대로 있어. B: 누구예요?
  Hold still. Let me get him. 움직이지마, 내가 걜 잡을게.

■ hold it은 주로 명령문형태로 '그 자리에 꼼짝말고 서 있으라'는 말이고, hold everything은 '그대로 멈춰,' '가만있어' 그리고 hold still은 움직이지 말고 가만히 있으라는 표현.

Hold it down.
조용히 해.

- I'm sorry. We'll try to hold it down. 미안. 조용히 하도록 할게.
  I am going to have to ask you ladies to hold it down.
  여성분들께 조용히 해달라고 해야겠네요.

■ hold it down은 '조용히 하다,' '소란피우지 않다'라는 뜻으로 pipe down이나 quiet down과 같은 맥락의 표현.

Let's hold off on those for one second.
잠시만 그것들 연기하자고.

- Why don't we just hold off on the meeting? 회의를 연기하자고.
  I couldn't hold Rob off from coming over. 롭이 찾아오는 것을 막을 수가 없었어.

■ hold off on은 '연기하다,' '미루다'라는 뜻이고 hold sb off는 '일시적으로 sb가 …하는 것을 중단시키지 못하다,' '막지 못하다'라는 의미.

Hold the onions
양파는 빼주세요.

- I, uh, told 'em to hold the potatoes. 감자를 빼달라고 했는데요.
  One large pizza, and hold the salami. 피자 라지로요, 소시지는 빼고요.

■ hold the+음식은 주로 식당에서 주문할 때 알러지 혹은 싫어하는 이유 등으로 '…는 빼주세요'라고 말할 때 사용하는 표현.

What's the hold up?
왜 이리 늦는거야?

- What's the holdup? We've got to get moving here.
  왜 이리 늦었어? 여기를 떠나야 돼.
  You're very late. What held you up? 너 너무 늦었어. 뭐 때문에 늦은거야?

■ What hold sb up?은 약속시간보다 늦게 온 사람에게 하는 말로 주어를 what으로 했다는 점을 눈여겨 본다. '왜 이리 늦는거야'라는 말로 What held you up?하면 '왜 늦었어?'라는 표현. holdup 하면 명사로 '지체'를 뜻한다.

How are you holding up?
어떻게 견디고 계세요?

- I'm Detective Ben. How you holding up? 벤슨 형사입니다. 어떻게 지내세요?
  I'm sorry about your house. How you holding up?
  집이 망가져 안됐네요. 어떻게 지내?

■ hold up은 '지탱하다,' '버티다'라는 말로 어려운 상황을 겪고 난 후의 사람들에게 물어볼 때 쓰는 표현. 또한 hold up은 총으로 위협하여 강탈하다, holdup은 노상강도를 뜻하기도 한다.

I got held up at work.
일에 잡혀서 말야.

- I got held up behind a traffic accident. 교통사고로 꼼짝 못하게 잡혔어.
  He got held up at the office. 걘 사무실에서 꼼짝 못하게 잡혔어.

■ be[get] held up는 어떤 일이나 장소에 꼼짝 못하게 잡히다라는 의미.

I gonna hold you to that.
그 약속 꼭 지켜야 돼.

- I hold you to a higher standard. 네가 더 높은 기준에 따라 행동하게 할거야.
  I have to hold you to the same standards as everybody else.
  네가 다른 사람들과 같은 동일한 기준에 따라 행동하게 할거야.

■ hold sb to sth는 sb가 한 약속이나 결정인 sth를 지키도록 하다라는 의미. 특히 늦은 데이트나 초대를 우호적으로 승낙할 때 I'll hold you to that라고 많이 쓰인다. 또 다른 의미로는 sb가 어떤 믿음이나 기준에 따라 계속 행동하게 한다는 뜻을 갖는다.

I won't hold it against you.
널 원망하진 않을거야.

- I don't think you should hold that against him.
  걔 말은 꽁하게 마음 속에 담아두지마.
  I'm sure he won't hold it against me.
  걔가 내게 꽁하게 원망하지 않을거라 생각해.

■ hold it[that] against sb 는 'sb에게 원한을 갖다,' '맘속에 꽁하니 담아두다' 라는 의미로 hold 다음에는 관용적으로 it이나 that이 나온다.

Please don't hold back.
감추지 말고 다 얘기해.

- If we hold back, she's more likely to make a mistake.
  우리가 숨기면 걘 더 실수하기가 쉬워.
  Do you want to hold back the profile based on a feeling?
  느낌에 기초한 프로파일은 자제하길 바래?

■ hold back은 '감추다,' '비밀로 하다,' 그리고 '저지하다' 라는 말로 쓰인다.

Please hold your peace.
아무 말도 하지마.

- We were at the "speak now or forever hold your peace" part.
  우린 지금 말하지 않으면 영원히 침묵해야하는 순간에 있었어.
  Think you can hold your tongue till then?
  그 때까지 말을 하지 않고 있을 수 있겠어?

■ hold one's peace는 '침묵을 지키다,' '아무 말도 하지 않다' 라는 의미로 hold 대신 keep을 쓰기도 한다. hold one's tongue 또한 비슷한 표현으로 '말을 삼가다,' '잠자코 있다' 라는 의미.

I hold you responsible, Ms. Cabot.
캐봇 부인, 당신이 책임이 있다고 생각합니다.

- They don't hold you responsible. You don't need to blame yourself.
  네가 책임있다고 생각하지 않아, 자책할 필요가 없어.
  Because you hold me responsible for breaking up your marriage.
  결혼파경에 대한 책임이 있다고 생각해서 그런거야.

■ hold sb responsible은 'sb에게 책임을 묻다' 라는 말로 be held responsible이라고 하면 '…가 책임이 있다' 라는 의미가 된다.

And give us something to hold on to.
그리고 우리가 고수할 수 있는 것을 줘.

- She's not like you. She doesn't hold on to that stuff.
  걘 너와 달라. 걘 그런 일에 집착하지 않아.
  If we hold on to the past too tight, the future may never come.
  우리가 과거에 너무 집착하다보면 미래는 절대 오지 않을지도 몰라.

■ hold on to는 손에 꽉쥐고 있다는 말로 '고수하다,' '지키다,' 그리고 '끝까지 매달리다' 라는 의미를 갖는다.

She's a tramp. Hold out for a good girl.
걘 잡년야. 착한 여자를 구하라고.

- You should just hold out for something else. 넌 뭔가 다른 것을 요구해야 돼.
  You should hold out for something bigger. 넌 뭔가 더 큰 것을 요구해야 돼.

■ hold out for는 더 좋고 나은 것을 단호히 요구하다라는 의미. 따라서 for 다음에는 이미 언급한 것보다 더 나은 것이 나와야 한다.

You've been holding out on me.
넌 내게 지금까지 숨겨왔어.

- See how irrational I get when you hold out on me?
  내게 비밀로 했을 때 내가 얼마나 비이성적으로 되는지 봤지?
  Why you've been holding out on us? 왜 우리에게 비밀로 했나요?

■ hold out on sb는 sb에게 '비밀로 하고 감춘다' 라는 의미.

I guess I can hold out a little longer.
더 있어도 될 것 같아.

- **Hold out your hand** like this, please. 이렇게 손을 내밀어봐요.
  I can **hold out hope** that I'm wrong about what happened.
  적어도 내가 잘못 생각할 수도 있다는 기대는 해볼 수 있어.

▪ **hold out**은 '계속 지속되다,' hold out one's hand는 '…의 손을 내밀다,' hold out hope는 '기대하다,' 그리고 hold out the possibility는 '가능성이 있다고 말하다'이다.

MORE EXPRESSION

can hold one's liquor 술이 강하다
with no holds barred 마음대로
be held to sth …로 생각되다
hold fast 고수하다, 유지하다

» honor

 You do the honors. 자네가 해봐.

I'm honored.
영광인데요.

- I would **be honored** to carpool with you.
  당신과 카풀을 한다면 영광일거예요.
  I **was honored to** even be sitting at the same table with him.
  그 사람과 같은 테이블에 앉은것만 해도 영광이었어.

▪ **be[feel] honored (to do)**는 자신에게는 기쁨을 넘어 영광이라는 말로 왜 영광스럽게 느끼는지 내용을 말하려면 to~ 이하에 적어주면 된다.

Sidebar, Your Honor.
가까이 가도 될까요, 재판장님.

- No further questions, **Your Honor**. 질문 마치겠습니다, 재판장님.
  Excuse me, **Your Honor**, we need an arrest warrant.
  미안해요, 재판장님, 체포영장이 필요합니다.

▪ **Your Honor!**는 법정에서 흔하게 듣는 표현. 검사나 변호인이 판사에게 이의를 제기하거나 의견제시할 때 부르는 호칭으로 '재판장님'이라는 말.

Graduated with honors from northwestern law.
노스웨스턴 법대를 우등으로 졸업했어요.

- She graduated **with honors**, she could've done anything.
  걘 우등으로 졸업했는데, 다재다능했어.
  I graduated **with honors** in criminal justice at Yale.
  난 예일대 형사행정학과를 우등으로 졸업했어.

▪ **with honors**는 학교에서 '우등'으로라는 말로 graduate with honors from+학교하게 되면 '우등으로 졸업하다'라는 말이 된다.

It's an honor to meet you, sir.
만나게 돼서 영광입니다.

- **It's an honor to** serve your country. 귀국을 위해 봉사하게 돼 영광예요.
  Our guest of honor has just arrived. 우리의 귀빈이 방금 도착했어요.

▪ **It's an honor to~**는 to~ 이하를 하게 돼서 영광이라는 의미. 또한 guest of honor는 귀빈, maid of honor는 결혼식에서 신부측 대표들러리를 뜻한다.

You do the honors.
자네가 해봐.

- Vampire Lou, would you **do the honors**? 뱀파이어 루, 진행을 할래요?
  I thought you'd like to **do the honors**. 네가 주인역을 하고 싶어하는 걸로 생각했어.

▪ **do the honors**는 '주인노릇을 하다,' 행사나 모임등에서 '진행을 맡아서 하다'라는 의미.

No. No, I won't. Scout's honor.
아니, 아니. 안 그럴거야. 맹세해.

- Tom, scout's honor, this booth will make you proud, okay?
  탐, 정말야, 이 부스로 넌 자부심을 느낄거야, 알았어?

  Ok. I will get back to you super fast. Scout's honor.
  좋아. 무지 빨리 네게 돌아갈게. 맹세해.

I need to honor my promise to Dale.
난 데일과의 약속을 지켜야돼.

- The bank manager decided to honor the check.
  은행 매니저는 수표에 대한 현금을 지불하기로 결정했어.

  Dwight, thank you for honoring us with your presence.
  드와이트, 와줘서 너무 고마워.

■ Scout's honor는 명예를 소중히 여기는 보이스[걸] 스카웃의 명예라는 뜻으로 자신의 말이 거짓이 아님을 말할 때 쓴다. '정말야,' '맹세해' 라는 뜻.

■ honor one's promise는 약속을 지키다, honor the check은 은행에서 어음을 지급하다, 그리고 honor sb with one's presence는 초대받은 손님이 왔을 때 기쁜 맘에서 하는 말로 때때로 비아냥거릴 때도 쓰인다.

MORE EXPRESSION

honor killing 가문의 수치를 가져왔을 때 가족이나 친척들이 죽이는 행위
word of honor 명예를 건 맹세
in honor of~ …에 경의를 표하여
on my honor 내 명예를 걸고

» hook

 Are you gonna hook up with him? 걔 낚아서 잘거야?

He's off the hook.
걘 어려움에서 벗어났어.

- Contractor's off the hook. He's been out of town for a week.
  하청업자는 지금 일 안해. 일주일간 출장 중이야.

  She can finish the job. You're off the hook.
  걔가 일을 끝낼 수 있으니 넌 안해도 돼.

You have to get him off the hook.
넌 걔를 곤경에서 구해줘야 해.

- You think PJ killed her to get off the hook?
  PJ가 곤경에서 벗어나려고 걜 죽였다고 생각해?

  How can I use this to get Nate off the hook?
  어떻게 이걸 이용해서 네이트를 어려움에서 벗어나게 할 수 있어?

I got hooked on TV.
난 텔레비전에 중독됐어.

- Baby, baby don't get hooked on me. 자기야, 나한테 빠지지마.

  Carol got him hooked on the other stuff. 캐롤은 걔가 다른 일에 열중토록 했어.

I guess she and Max hooked up last night.
걔하고 맥스는 간밤에 엮인 것 같아.

- We hooked up, and we've been dating ever since.
  우리는 관계를 시작했어 그 이후로 계속 데이트를 하고 있어.

  No. I'm looking for a hookup. 아니. 난 그냥 가벼운 만남을 원해.

■ be off the hook에서 hook은 갈고리를 뜻해 off the hook하게 되면 '곤경이나 어려움에서 벗어난' 또는 '해야 할 일에서 면제된' 이라는 뜻이 된다.

■ get off the hook은 '곤경에서 벗어나다,' get sb off the hook은 'sb를 곤경에서 구해내다' 라는 표현.

■ get hooked on은 on 이하에 갈고리에 걸려 꼼짝 못하게 되었다는 것으로 '…에 빠지다,' '중독되다' 라는 말이다. 결국 hooked는 addicted란 의미.

■ hook up는 두사람이 주로 나오게 되면 관계를 맺기 시작하거나 어떤 일을 시작하다라는 것으로 '엮이다' 라는 뜻이 되고, hook up (~) to하게 되면 인터넷에 연결하다라는 의미가 된다. 한편 hookup하면 명사로 '가벼운 만남'을 뜻한다.

Are you gonna hook up with him?
걔 낚아서 잘거야?

- I need to hook up with a woman. 난 여자가 있어야겠어.
  When I hook up with a guy, we'll do everything. 남자를 낚으면 다 해볼거야.

Our phone was ringing off the hook.
우리집에 전화가 줄창 왔어.

- My phone's been ringing off the hook with job offers.
  내 전화기는 구인전화가 계속 왔어.
  It's been ringing off the hook all morning. 아침내내 전화가 줄창 왔어.

I can't let Tony off the hook.
토니를 자유롭게 해줄 수가 없어.

- The court let him off the hook. 법정은 그 사람을 자유롭게 해줬어.
  That's pretty nice of you, letting her off the hook like that.
  정말 고마워, 걔 그렇게 곤경에서 벗어나게 해주다니.

He played hooky yesterday.
걔가 어제 학교를 땡땡이쳤어.

- I love playing hooky. How about you? 난 땡땡이치는게 좋아. 넌 어때?
  I think I could play a little hooky. 좀 땡땡이칠까 생각했는데.

What'd you think I was, a hooker?
날 뭘로 본거야, 창녀?

- Come on, Jack, let's get you a hooker. It'll be fun.
  그러지마, 잭. 창녀구해줄게. 재미있을거야.

I was on the hook for half the debt.
부채의 반은 내가 책임졌어.

- You're already on the hook for helping the murderer.
  넌 이미 살인자를 도운 책임을 지고 있어.

■ **hook up with sb**는 sb와 '성적인 관계를 시작하다' 혹은 '만나서 친하게 지내다' 그리고 hook sb with sth하면 'sb가 원하는 것을 구해준다' 라는 뜻이 된다.

■ **be ringing off the hook**는 전화통에 불이날 정도로 전화가 많이 오다라는 표현.

■ **let[get] sb off the hook**는 sb를 갈고리(hook)에서 풀어준다는 뜻으로 어떤 곤경이나 의무에서 벗어나게 해준다는 의미이다.

■ **play hooky**는 무단으로 학교를 결석하는 것을 말하는 것으로 play truant, miss the class, skip school이라고도 한다. '땡땡이치다' 라는 말로 직장에서도 쓰인다.

■ **a hooker**는 갈고리를 이용해서 낚는 사람이라는 의미에서 '창녀(whore)'를 뜻한다.

■ **be on the hook for~**는 '…에 대한 책임을 지고 비난받다' 라는 말로, be on the hook for homicide하면 살인에 책임을 지다.

MORE EXPRESSION

hook, line, and sinker 완전히
sling one's hook
살짝 도망치다
by hook or by crook
어떻게 해서든

- **man of the hour** 각광받는 인물.
  Hey, there she is, the woman of the hour!
  야, 쟤 저기온다, 주목받고 있는 여자야.

- **at an ungodly hour** 너무 빠르거나 늦거나 아주 터무니없는 시간에
  Well who's calling at this ungodly hour?
  누가 이렇게 일찍 전화하는거야?

- **hussy** 왈가닥, 제멋대로인 여자
  I am not some hussy who will just sleep around to get ahead!
  난 출세하기 위해 잠자리를 하는 제멋대로인 여자는 아냐!

» hoot

 Sounds like a hoot. 정말 재미있을 것 같아.

Don't give a hoot if I get shot, do ya, kid?
내가 총맞더라도 신경쓰지마, 알았어 꼬마야?

- Not that I give two hoots about finance.
  내가 금융에 신경을 쓴다는 건' 아니고.

  Gina doesn't give a hoot that she's broke.
  지나는 돈이 떨어졌어도 상관하지 않아.

Sounds like a hoot.
정말 재미있을 것 같아.

- You're a hoot, Stabler. 넌 우스운 사람야, 스테이블러.
  She's my surrogate! Isn't it a hoot? 걔가 내 대리모라고! 웃기지 않아?

■ don't give a hoot에서 hoot는 콧방귀라는 말로 '콧방귀도 안뀌다,' 즉 '전혀 상관하지 않는다' 라는 말이 된다. give 대신 care를 써도 되며 또한 a hoot 대신 two hoots라고도 된다. Who gives a fuck[damn]?과 같은 의미.

■ be a hoot에서 hoot는 '폭소' 라는 뜻으로 무척 재미있다(to be very funny or amusing)라는 표현. 또한 사람을 지칭할 때는 '매우 웃기는 사람' 이라는 뜻이 된다.

MORE EXPRESSION

hooters 여자의 가슴

» hop

 Now he's club-hopping with Jason. 이제 갠 제이슨과 클럽을 전전하고 있어.

Hop to it!
가자!, 서둘러!

- You just hop to it and do whatever I say.
  빨리 서두르고 어떤거든 내가 시키는대로 해.

  Well you can see why I'd wanna get rid of them. Hop to it!
  왜 내가 걔네들을 제거하고 싶은지 알게 될거야. 빨리 서둘러!

Just hop in the back.
뒤쪽으로 어여 타.

- Why don't you hop in, Teddy? 테디야, 어서 타.
  It's nice to see you again. Hop in. 다시 만나 반가워. 어서 타.

Now he's club-hopping with Jason.
이제 갠 제이슨과 클럽을 전전하고 있어.

- Your fiance was bar-hopping for his bachelor party.
  네 약혼자가 총각파티한다고 바를 이곳저곳 돌아다니고 있어.

■ hop to it은 주로 명령문 형태로 '서둘러' 라는 뜻으로 jump to it이라고도 한다.

■ hop in는 자동차에 어서 타라는 동사구. 슬랭으로 get in보다 빠른 동작으로 차속으로 들어오라는 말.

■ bar-hopping hop은 개구리가 이리저리 뛰어다니듯 옮겨다니는 것을 말하는 것으로 bar-hopping은 바를 전전하는거, job-hopping은 직장을 이리저리 옮겨다니는 거 그리고 bed hopping은 침대 바꿔가면서 이 남자 저 남자 사귀는 것을 말한다.

MORE EXPRESSION

hopping mad 매우 화난
It's just a hop, skip and a jump. 엎어지면 코 닿을 거리야.

» hope

Just try not put all your hopes on this. 이거에 모든 희망을 걸지않도록 해.

Don't get your hopes up yet.
아직 너무 기대하지마.

- Just don't get your hopes up too high, okay?
  너무 많은 기대를 하지마, 알았어?

  I just don't want you to get your hopes up too high.
  네가 기대를 너무 많이 안했으면 해.

I had such high hopes for him.
난 걔한테 정말 많은 기대를 품고 있어.

- I don't have high hopes for it. 난 거기에 많은 기대를 하지 않아.

  There's some poor woman going to pin her hopes on my sperm. 내 정자에 희망을 거는 불쌍한 여인이 좀 있어.

Just try not to put all your hopes on this.
이거에 모든 희망을 걸지않도록 해.

- He put all his hopes and dreams into this little butcher shop.
  걘 이 작은 정육점에 모든 희망과 꿈을 걸었어.

  The couple put all their hopes on their son.
  그 부부는 아들에게 모든 희망을 걸었어.

I hope not. She's married.
아니라면 좋을텐데. 걘 결혼했잖아.

- A: She's having a good time. B: I guess so. I hope so.
  A: 걘 재미있게 보내고 있어. B: 그러는 것 같아. 그러길 바래.

  Then hopefully it'll be a quick verdict. 그럼 판결이 빨리 나왔으면 좋겠어..

All we can do is wait and hope for the best.
우리가 할 수 있는 건 기다리며 잘되기를 바라는게 전부야.

- I had to send her to Child Welfare, hope for the best.
  난 걔가 잘되기를 바라며 아동복지센터로 보내야했어.

  My last hope is that you finish what we started.
  내 마지막 희망은 우리가 시작한 걸 네가 마무리하는거야.

  Right now he needs you. You're his only hope.
  지금 당장 걘 우리를 필요로 해. 넌 걔의 유일한 희망야.

  So, that's it. That was my last hope.
  그래. 그게 다야. 그게 나의 마지막 희망이었어.

I'm hoping that's three different guys.
난 그게 3명의 다른 사람이기를 바래.

- I'm hoping that I could get a look around his house a bit.
  걔 집을 좀 둘러봤으면 해.

■ get[build] one's hopes up은 아직 확실하지 않은 상황에서 될거라 '기대를 많이 하다' 라는 뜻으로 주로 부정형태로 쓰인다.

■ have high[great] hopes for~ 역시 for~이하에 대해 많은 기대를 품고 있다라는 표현. pin one's hopes on~ 또한 on~이하에 '희망을 걸다' 라는 말.

■ put all one's hopes on~은 마치 올인하듯 '…에 모든 희망을 걸다' 라는 뜻.

■ I hope so는 '그랬으면 좋겠어' 반대로 '그러지 말았으면 좋겠다,' '아니라면 좋을텐데' 라고 할 때는 I hope not!이라고 한다. 또한 Hopefully는 '바라건대,' '그랬으면 좋겠다' 라는 말로 자신이 바라는 일이 이루어졌으면 하는 맘에서 나오는 표현.

■ hope for the best는 안 좋은 상황에서 가능한 잘되기를, 잘풀리기를 바란다는 의미. 그리고 be sb's last[only, best] hope는 글자그대로 '…의 마지막[유일한, 최상의] 희망이다' 라는 표현.

■ I'm hoping that~ 혹은 I'm hoping to~는 '…하기를 바래' 라는 뜻으로 기대나 희망사항을 말하는 표현.

MORE EXPRESSION

with the hopes of~
…의 희망을 갖고
You're hopeless. 넌 구제불능야.
dash[shatter] (sb's) hopes
…의 희망을 깨트리다
raise someone's hopes
희망을 심어주다
hope against hope
희망을 버리지 않다
be beyond hope 가망이 없다

» horn

Stop horning in on my private life! 내 사생활에 참견하지마!

She's been on the horn with all of her friends.
갠 친구들 모두와 통화중이야.

- She's been on the horn with every member of the school board all day long. 갠 온종일 전화통을 붙잡고 학교이사진 모두와 전화했어.
  Barnett's attorney's on the horn with every city official he can think of. 바네트의 변호사는 생각나는 모든 시공무원들과 통화중이야.

I'm on the horns of a dilemma.
난 이러지도 저러지도 못하고 있어.

- Were you ever on the horns of an important dilemma? 중요한 문제로 이러지도 저러지도 못한 적 있어?
  I'm on the horns of a dilemma about my fiance. 내 약혼남을 어떻게 해야 할지 모르겠어.

Stop horning in on my private life!
내 사생활에 참견 좀 하지마!

- Please, stop trying to horn in on my new friends. 제발 내 새 친구들에게 간섭하려 하지마.
  Thelma always horned in on the lives of her friends. 텔마는 항상 친구들 생활에 참견했어.

▬ be on the horn with는 '…와 통화중이다' 라는 의미.

▬ be on the horns of a dilemma는 딜레마의 뿔위에 있다는 말로 '이러지도 저러지도 못하는 상황이다,' '진퇴양난이다' 라는 말로 많이 쓰이지 않는 표현. 별로 바라지 않는 두 개중에서 선택해야 하는 것으로 비슷한 표현으로는 between a rock and a hard place 혹은 be a gum tree라고도 한다.

▬ horn in on은 반기지도 않는데 나서서 참견한다는 의미로 butt in과 같은 의미.

MORE EXPRESSION

draw[pull] in one's horn
조심하다, 소극적이 되다

» horse

Stop horsing around! 제발 좀 그만 뛰어 놀아라!

Cart before the horse, Nick.
순서가 바뀌었어, 닉.

- Aren't you putting the shopping cart before the horse? 너 앞뒤 순서가 바뀐거 아나?
  Jen put the cart before the horse when she traveled to China. 젠은 중국여행때 엉뚱하게 행동했어.

Hold your horses.
서두르지마, 닦달하지마.

- I got it, just hold your horses. 알았어, 다만 서두르지는마.
  Just hold your horses. He's hurt. 좀 천천히 해. 걔 아파.

▬ put the cart before the horse는 말이 수레(cart)를 끌어야 하는데 수레를 말앞에 놓는다는 말은 '비논리적으로 행동하다,' '본말을 전도하다,' 혹은 '앞뒤 순서를 바꾸다' 라는 표현.

▬ hold your horses는 말이나 마차를 세울 때를 연상하면 된다. 어떤 일을 결정내릴 때 넘 서두르지 말고 천천히 하라는 말로 주로 명령문으로 쓰인다.

Stop horsing around!
제발 좀 그만 뛰어 놀아라!

- That's not funny! Just stop horsing around! 재미없거든! 그만 좀 법석떨어!
  I love brotherly horseplay! 난 형제들이 하는 거친 장난이 좋아!

Well, that's a horse of a different color.
어, 그건 전혀 다른 문제야.

- Your ideas are a horse of a different color. 네 생각은 전혀 다른 문제야.

■ horse around는 거칠게 야단법석을 떨면서 노는 것을 그리고 horseplay는 그렇게 거칠게 노는 장난을 말한다.

■ a horse of a different color는 관용어구로 '전혀 다른 문제야' 라는 의미.

MORE EXPRESSION

(I'd) Better get on my horse. 출발해야겠어, 일어나야겠어.
flog a dead horse 헛수고하다

» hot

 Hot off the press. I didn't hold back. 방금 들은 이야기야. 숨기고 있지 않았어.

And he landed this hottie.
그리고 걘 이 섹시한 여자를 차지했어.

- What a hottie, huh? I'm sure you're a real player. 진짜 섹시해, 넌 정말 꾼야.
  He's kind of a hottie. 걘 좀 섹시해.

You're hot for Castle.
너 캐슬한테 끌리지.

- Mona was hot for the guy. 모나는 걔한테 성적으로 끌렸어.
  I don't know. But they look pretty hot on something.
  모르겠어. 하지만 걔네들은 뭔가 잘 알고 있는 것처럼 보여.
  You two still have the hots for each other. 너희 둘은 아직도 성적으로 끌려.

It's Garcia. Talk to me, hot stuff.
가르시아야. 말해봐, 섹시남.

- Well, we need you now more than ever, hot stuff.
  저기, 우리 네가 어느때보다 널 더 필요해, 섹시남.
  Go ahead, hot stuff, talk to me. 어서 해, 섹시남, 내게 말해봐.

You got a hot date tonight?
오늘 밤 멋진 데이트 있어?

- Yep, and I got a hot date tonight. 어, 그리고 오늘밤 멋진 데이트있어.
  It would be your treat. I'm a hot date. 네가 내야지. 난 멋진 데이트 상대잖아.

Hot off the press. I didn't hold back.
방금 들은 이야기야. 숨기고 있지 않았어.

- Cutting edge. Hot off the press from Homeland security.
  최신정보야. 국토안보국에서 나온 소식이야.
  The news about the war is hot off the presses. 전쟁뉴스 방금 들어온거야.

■ hottie는 속어로 성적으로 '섹시한 사람'을 말한다.

■ be hot on[for] sb는 학교 성적이 아니라 성적(sexually)으로 끌리다라는 뜻이고, be hot on sth은 '…을 잘 알다' 그리고 be hot for sth는 준비돼서 빨리 하고 싶다라는 표현. 또한 have[get] the hots for sb 역시 'sb에게 성적으로 끌리다' 라는 말로 여기서 hots는 명사로 쓰인 경우이다.

■ hot stuff는 '멋있는 사람,' '섹시한 사람'을 말하는 속어.

■ a hot date는 '멋진 데이트' 혹은 '멋진 데이트 상대'를 말한다.

■ be hot off the press는 원래 '방금 출간된,' '이제 막 보도된' 이라는 뜻에서 '방금 들은 따끈따끈한 소식이다' 라는 말.

MORE EXPRESSION

be hot to trot 열의에 차있다
get hot under the collar
매우 화내다
I don't feel so hot. 몸이 좀 안 좋다.

» house

 He brought the house down. 걘 모든 이들의 갈채를 받았어.

It's on the house.
이건 서비스예요.

- In fact, everyone's coffee's on the house today.
  사실, 오늘 모든 커피는 공짜입니다.

  First time customers are on the house. 처음 방문하신 고객들은 공짜입니다.

I thought this was an in-house position.
난 이게 회사내 자리인줄 알았어.

- My publisher is thinking about doing his advertising in-house.
  내 출판사는 내부적으로 광고를 할 생각이야.

  We informed your in-house counsel. 우린 당신의 회사변호사에게 알려줬어요.

He brought the house down.
걘 모든 이들의 갈채를 받았어.

- The great performance brought the house down.
  훌륭한 공연은 많은 갈채를 받았어.

  Have you ever seen a comedian bring the house down?
  코미디언이 갈채를 받는 걸 본 적 있어?

The shed was used to house extra boxes.
헛간은 여분의 박스들을 보관하는데 이용됐어.

- Can you house some of my friends tonight?
  오늘 밤 내 친구들 몇 명 재워줄 수 있어?

  This hotel can house 300 people. 이 호텔은 300명을 수용할 수 있어.

  We do know that the bomb is housed in a white commercial van. 폭탄이 하얀 상업용밴차에 보관되어있는지 알고 있어.

■ **be on the house**는 'It's on me(내가 낼게)'에 반대되는 표현으로 가게 주인이 부담할테니 공짜로 먹으라는 의미의 표현.

■ **in house**는 외부가 아니라 내부에서라는 말로 '사내의,' '회사조직내의'라는 의미.

■ **bring the house down**은 극장이나 공연 등에서 많은 사람들의 갈채를 받다라는 의미. 극장이 떠나갈 정도라는 우리말을 연상하면 된다.

■ **house**는 동사로 '보관하다,' '소장하다,' 혹은 '집에 재우다'라는 뜻으로도 쓰인다.

MORE EXPRESSION

open house 부동산 매각 집 공개
put[set, get] one's house in order 정돈하다, 질서회복하다
house husband 전업남편
My house is your house. 내집이라 생각하고 편히 계세요.

» how

 How's that again? I can't hear you. 다시 한번 말해주라. 잘못 들었어.

Oh. Hi, Amy. How you been?
어, 안녕, 에이미, 잘지냈어?

- A: How you been, Elliot? B: Everything is good.
  A: 어떻게 지냈어, 엘리엇? B: 다좋아.

  Oh, no, that's okay. How have you been? 어, 아냐, 괜찮아. 어떻게 지냈어?

■ **How (have) you been?** 은 오랜만에 만난 상대의 안부를 물어보는 표현. '그간 잘지냈어?'라는 말이다. 또한 what have you been doing?(어떻게 지냈어?), Where have you been all my life?(넌 도대체 오랫동안 어디 있었니?)도 함께 알아둔다.

How about if I pay you twice your fee?
요금을 두배 내면 어때요?

- **How about** a cup of coffee? 커피 한잔 하실래요?
  How about we meet at your apartment, lunch time?
  점심시간에 네 아파트에서 보면 어때?

How about ~?은 상대방에게 제안을 할 때 사용하는 표현으로 How about 다음에는 명사, ~ing 그리고 S+V의 절 및 if S+V절 등 다양하게 온다.

We planned a birthday party. How about that?
생일파티를 준비했는데, 어때?

- You just graduated? **How about that!** 이제 졸업했네! 잘했다!
  How about that! We get to go home! 거 근사한데! 우리 집에 가야겠어!

How about that?은 '이게 어때?' 하고 상대방의 의견을 물어보는 표현. 하지만 느낌표로 바꿔 How about that!하면 '거근사한데,' '그거 좋은데,' '놀라운데!' 이란 의미가 된다.

I'd love to see that. How about you, Raj?
난 보고 싶어. 넌 어때, 라지?

- It was great! **How about you?** 멋졌어! 넌 어때?
  How about you? Did you always want to be a photographer?
  넌 어때? 꼭 사진작가가 되고 싶었어?

How about you?는 상대방의 의견을 직접적으로 물어보는 것으로 '네 생각은 어때?' 라는 표현.

How are you doing? You having a good time?
잘 지냈어? 재미있어?

- It looks great. Patty, **how are you doing?** 대단해, 패티, 안녕?
  Um, so, **how are you?** You look good. 어, 안녕. 좋아보인다.

How are you?나 **How are you doing?**은 만났을 때 인사하는 법으로 '안녕,' '잘 지냈어' 라는 의미. 하지만 꼭 인사할 때만 아니라 서로 얘기를 하다가도 '괜찮아?' 라는 의미로 How are you나 How are you doing을 쓴다는 점을 새겨두어야 한다.

Sad? How so?
슬프다고? 어째서?

- A: He sounded different. B: **How so?** A: 걔 목소리가 좀 이상해. B: 어떻게?
  A: It's gonna get worse. B: Yeah, **how so?** A: 더 악화될거야. B: 그래, 어떻게?

How so?는 상대방에게 더 구체적인 정보를 구하기 위해 '어떻게 라고 말할 때 혹은 '그래서요?' 라는 의미로 모두다 상대방에게 설명을 요구하는 표현이다.

How was it?
어땠어?

- **How was it with** your friends? 네 친구들은 어땠니?
  How's (it) with you? 어떻게 되어가?, 잘 돼가?

How was it?은 was가 쓰인 것으로 봐서 이미 지난 일이 어떠했는지 물어보는 표현으로 '어땠어?' 라고 하는 의미.

How's that again? I can't hear you.
다시 한번 말해주라. 잘못 들었어.

- **How's that again?** You're talking too quietly.
  뭐라고? 넌 너무 조그맣게 얘기해.
  But I'll watch you ride, **how's that?** 하지만 네가 타는 걸 지켜볼게, 어때?
  I have my moments. **How's that?** 내가 잘 나가던 때가 있었어, 뭐가 어때서?

How's that again?은 잘 못들어서 상대방에게 다시 한번 이야기해달라고 할 때 쓰는 표현. '다시 한번 말해줄래?' 라는 뜻. What was that again?(뭐라고 했죠?)라고 해도 된다. 한편 How's that?는 '뭐가 어때서?' 혹은 '어때?' 라는 뜻이다.

How's that for pain?
고통은 어때?

- **How's that for** a start? 시작으로 어때?
  How's that for a birthday present? 생일 선물로 어때?

How's that for sth~?은 sth을 상대방이 어떻게 생각하는지 물어보는 단순표현.

How's the wife?
부인은 잘 지내?

- How's the victim taking it? 피해자는 그걸 어떻게 받아들이고 있어?
  A: How's the woman? B: She's like in shock.
  A: 그 여자 어때? B: 쇼크상태인 것 같아.

■ How's A (~ing)?는 A가 어떻게 지내는지 물어보는 것으로 좀 더 구체적으로 A가 …하는 것이 어떤지라고 할 때는 A뒤에 그냥 ~ing을 붙여 주면 된다.

What? How could that be?
뭐라고? 어떻게 그럴 수가 있지?

- Gee, how could that be? 이런, 어떻게 그럴 수 있죠?
  How could that be? I mean, I didn't know what the hell I was doing. 어떻게 그럴 수가 있는거지? 내 말은 난 어떻게 해야 될지 몰랐어.

■ How could that be?는 놀라운 소식을 듣고 혹은 당황한 상황에서 '어떻게 그럴 수가 있지?'라고 하는 말.

MORE EXPRESSION

and how! 그렇고 말고!
How's my boy?/How's the boy? 넌 어떻게 지내?, 그래 잘 지냈어?

» hug

Jessica gives Ron a big bear hug. 제시카는 론을 꽉 안아줬어.

Well, what is a boss for? Hug it out!
저기, 사장이라는게 뭔데? 그냥 잊어버려!

- Apology accepted. Okay, you wanna hug it out?
  용서해줄게. 좋아, 너도 잊어버릴거지?
- When the fight finishes, hug it out. 싸움이 끝나면 잊어버려.

■ hug it out은 속상하고 기분 나쁜 감정을 안고 있지 말고 잊어버리라는 의미로 get over it 이나 let it go와 같은 맥락의 표현이다.

Mother, just say thank you and give me a hug.
엄마, 그냥 고맙다고 하고 절 안아줘요.

- Hey, hey come here, give me a hug. 야, 이리와 날 안아줘.
  I wanna come over there and give you a hug.
  그쪽으로 가서 널 안아주고 싶어.

■ give sb a hug는 sb를 안아준다는 뜻.

Come here and give mamma a three-bear hug.
이리와서 엄마를 세 번 힘차게 안아주렴.

- He throws his arms around Alan in a bear hug. 갠 알렌을 꽉 안아줬어.
  Jessica goes over and gives Ron a big bear hug.
  제시카는 다가가 론을 꽉 안아줬어.

■ bear hug는 hug 중에서도 꽉 힘차게 껴안는 것을 뜻한다.

» hump

Eric really busted his hump. 에릭은 정말 무리할 정도로 열심히 일해.

He was trying to hump her in the lobby.
걘 그녀와 로비에서 섹스를 하려고 했었어.

- Let's **hump**. 같이 자자.
  I'm really out **humping** busty chicks. 정말 나가서 가슴 큰 여자와 섹스하고 싶어.
  Did you know there's a couple **humping** outside of your window?
  네 창문 밖에서 커플이 섹스하고 있는 거 알았어?

■ **hump**는 '섹스하다'라는 속어로 상당히 점잖지 못한 표현.

Eric really busted his hump.
에릭은 정말 무리할 정도로 열심히 일해.

- All these years, I **have been busting my hump**.
  최근 몇 년간 난 정말 열심히 일했어.
  We just **busted our humps** getting this guy's state of mind.
  이 친구의 정신상태를 알기 위해 전념했어.

■ **bust one's hump**는 '일을 너무 무리하게 열심히 하다'라는 의미로 bust one's butt[balls, chops]도 같은 의미이다.

You're over the hump.
넌 고비를 넘겼어.

- The first week is the hardest. We'**re over the hump**.
  첫주가 제일 어려워. 우린 고비를 넘겼어.
  You think something like this would help us **get over the hump**?
  이런 게 우리가 고비를 넘기는데 도움이 될거라 생각해?

■ **be over the hump**는 가장 힘든 부분을 마쳤다는 말로 '고비를 넘기다'라는 의미의 표현.

His own brother thinks he's a hump.
걔 친형은 걔가 멍충이라고 생각해.

- Did you **see the hump** that shot you? 널 쏜 멍청한 놈 봤어?
  We'll get his list of customers and arrest **every hump** on it.
  우리는 고객명단을 입수해서 거기 있는 모든 머저리를 체포할거야.

■ **be a hump**는 상당한 속어로 문제나 일으키며 별 도움이 안되는 멍충이, 머저리를 뜻한다.

MORE EXPRESSION

give sb the hump 화나게 하다
get the hump 화나다

» hunch

You're going on a hunch. 넌 직감으로 행동하는 거야.

I have a hunch he's lying to me.
걔가 내게 거짓말하는 느낌이 들어.

- We **have a hunch** you wrote it. 우린 네가 그걸 쓴 것 같아.
  I'**ve got a hunch** about these guys. 난 이 친구들에 대해 어떤 직감이 들어.
  My hunch is you won't say a word to anybody.
  내 직감은 네가 누구한테도 말하지 않을거야.

■ **I have a hunch S+V [about~]**에서 hunch는 '예감'이라는 말로 have a hunch하면 '…하는 예감[느낌]이 든다'로 I think ~과 같은 의미이다. sb's hunch is that~라고 해도 된다.

I thought I'd play a hunch.
난 예감대로 행동한다고 생각했어.

- I don't have a warrant. I was following a hunch.
  영장은 없고 직감을 따르고 있었어.

  I'm running with a hunch. 난 내 나름대로의 직감이 있어.

You're going on a hunch.
넌 직감으로 행동하는 거야.

- You don't snatch a baby on a hunch. 직감으로 아이를 체포하면 안돼.
  Look, even if you're right, we can't hold him on a hunch.
  이봐, 네가 맞더라도 직감으로 걜 잡아둘 수는 없어.

■ **play a[one's] hunch**는 예감이나 직감으로 행동하다라는 말로 '요행수를 노리다,' '예감대로 행동하다'라는 뜻. 또한 follow a hunch하면 직감을 따르다, run with a hunch하면 직감을 활용하다라는 의미가 된다.

■ **on a hunch**는 '직감에 따라,' '느낌으로'라는 부사구.

MORE EXPRESSION
hunch one's shoulders 어깨를 움츠리다
hunch forward 이야기할 수 있도록 가까이 몸을 구부리다

» hurt

 It hurts when I'm not with her. 걔가 떨어져있을 때 아파.

It doesn't hurt to ask.
물어본다고 손해볼 것 없어.

- It won't hurt to try. 한번 해본다고 해서 나쁠 건 없지.
  Mom, it doesn't hurt to be prepared. 엄마, 준비해둬도 손해볼 것 없어요.

It wouldn't hurt.
밑질 것 없어.

- Well, a little pleasant conversation wouldn't hurt.
  저기, 잠깐 즐거운 대화를 해도 손해볼 거 없잖아.

  It wouldn't hurt you to think things through a little more carefully next time, would it?
  다음번에 좀 더 신중하게 생각한들 밑질 거 없잖아, 그지?

Easy, man! God, you're hurting me!
진정해, 이 사람아! 맙소사, 아프단 말야!

- You're hurting people I love. 넌 내가 사랑하는 사람들을 아프게 하고 있어.
  A: You're hurting me! B: Not our concern.
  A: 아프단 말야! B: 내 알바아냐.

That hurts.
그거 안됐네.

- Well, that hurts me deeply. 어, 그 때문에 내 맘이 많이 아파.
  Ah! Oh my God, that hurts. 아! 맙소사, 안됐네.
  That had to hurt! 아팠겠다!

■ **doesn't hurt (to)**는 to 이하를 해도 손해보지 않는다, 그러니 한번 해봐라라는 뜻의 격려용 표현으로 won't hurt sb to~라고도 많이 쓴다.

■ **~ wouldn't hurt to~**는 앞의 표현과 같은 표현으로 '손해볼 것 없다,' '밑질 것 없다'라는 표현.

■ **You're hurting me!**는 '네가 나를 아프게 한다!'는 말. '아프단 말야!' 정도로 생각하면 된다.

■ **That hurts**하면 '아프다'라는 뜻으로 '안됐다,' '맘이 아프겠구나'라는 의미를 갖는다. 물론 뒤에 사람이 와서 '그 때문에 …가 아프다'라고 표현할 수도 있다.

It hurts when I'm not with her.
걔와 떨어져있을 때 아파.

- It hurts so much to keep it inside.
  그걸 안에 지니고 있을 때 정말 아파.

  Oh God, it hurts to even joke about it.
  맙소사, 그거에 대해 농담할 때조차도 아프네.

I just don't want her to get hurt again.
난 걔가 다시 상처받기를 원치 않아.

- Do you want to get hurt? 너 상처받고 싶어?

  Nobody needs to get hurt. 상처받고 싶어하는 사람은 아무도 없어.

■ It hurts sb to~는 to 이하를 하는 게 아프다라는 뜻이고, it hurts when~ 또한 '…할 때 아프다' 라는 뜻으로 어떤 때, 언제 아픈지를 말하는 표현.

■ get hurt는 '다치다,' '상처받다' 라는 말로 get 대신에 be를 써도 된다.

MORE EXPRESSION

Does it still hurt?
아직도 아프니?

» hustle

 What's his hustle? 걔가 뭐 때문에 법석을 떠는거야?

Don't you hustle me. This is Charnel.
재촉하지 마세요. 이거 샤넬이잖아요.

- She said a con man had hustled her at the airport.
  걘 한 사기꾼이 공항에서 자기를 거칠게 밀쳤다고 했어.

  Come on now, hustle. We got a man coming over.
  어서, 서둘러. 한 남자가 오고 있어.

  Just kind of seemed like you're trying to hustle Vicky out of the country. 네가 비키를 서둘러 해외로 내보내려고 하는 것 같았어.

  You mean you got hustled? 너 당했다는 거야?

What's his hustle?
걔가 뭐 때문에 법석을 떠는거야?

- He was doing the hustle. 걘 법석을 떨었어.

  I don't know what kind of hustle you pulled on him, but it's not gonna work on me.
  네가 걔한테 어떤 법석을 떨었는지 모르겠지만 내겐 통하지 않을거야.

She's no innocent victim here. She's a hustler.
걘 순진한 피해자가 아냐. 매춘부야.

- He called himself Paul, worst hustler name I ever heard.
  걘 이름이 폴이라고 했는데 지금까지 들어본 중 최악의 사기꾼 이름야.

  We're having a promotional party at Hustler store.
  우리는 허슬러 가게에서 판촉행사를 하고 있어.

■ hustle sb는 sb를 거칠게 밀치다, 비유적으로 결정하라고 재촉하거나 서두르게 하다라는 의미로 쓰인다. 또한 get hustled하면 '속다' 라는 의미.

■ hustle이 명사로 쓰일 경우에는 '소란,' '법석' 이란 뜻.

■ hustler는 '사기꾼' 혹은 '매춘부' 라는 뜻. 대문자로 쓰이는 왕년에 유명했던 포르노 잡지를 말한다.

MORE EXPRESSION

hustle and bustle 혼잡함

» idea

Where did you get that idea? 어떻게 그런 생각을 하게 된거야?

Do you have any idea?
뭐 좋은 생각있어?

- **Any good ideas?** 어떤 좋은 생각 있어?

  Do you **have any idea** what kind of guys I'm meeting?
  내가 어떤 친구들을 만나는지 알기나 해?

I get the idea.
알겠어.

- I think **I get the idea.** 알 것 같아.

  Probably not as much as I do, but **you get the idea.**
  아마 나만큼은 아니더라도 너도 이제 좀 알거야.

Infection? Where did you get that idea?
감염이라고? 어떻게 그런 생각을 하게 된거야?

- I'm not leaving. **Where did you get that idea?**
  난 안떠나. 그런 생각을 어떻게 한거야?

  Kevin didn't get arrested. **Where did you get that idea?**
  케빈은 체포되지 않았어. 왜 그렇게 생각하게 된거야?

■ **have any idea**는 의문형 태에서 상대방에게 혹 좀 아는게 있냐 혹은 좋은 생각이 있냐라고 물어볼 때 사용되는 표현이다.

■ **get the ideas**는 한단어로 말해서 understand라는 의미로 I get the idea는 '알겠어,' you get the idea하면 '너도 이해할거야,' '너도 이제 알겠지' 라는 말이 된다.

■ **Where did you get that idea?**는 '그런 생각을 어떻게 한 거야?' 라는 말로 상대방 생각의 출처를 단순히 묻거나 혹은 상대방의 말도 안되는 소리에 비아냥 거리면서 할 수 있다.

I think you have the wrong idea.
잘못 짚은 것 같은데.

- He's got the right idea. 걔 말이 맞아.
  Smith might get the wrong idea about our professionalism.
  스미스는 우리 전문성에 관해 잘못 알고 있을지 몰라.

■ have the right[wrong] idea는 생각이나 판단이 맞았다, 틀렸다라고 할 때 사용하는 표현으로 have 대신에 get을 써도 된다.

I have no idea.
모르겠어.

- I have no idea why. 난 이유를 몰라.
  We have no idea where or how she's been living.
  우린 걔가 어디서 어떻게 살아왔는지 몰라.

■ I have no idea는 '좋은 생각'이 없다는 게 아니라 구어체에서 '단순히 모른다'(don't know)고 할 때 자주 쓰는 표현. 뒤에 what[when~] 등의 의문사절을 붙여 모르는 내용을 구체적으로 말해주기도 한다.

You have no idea how to reach him.
넌 걔한테 어떻게 연락해야 하는지 몰라.

- You have no idea what I could do to you!
  내가 네게 뭘 해줄 수 있는지 몰라.
  You have no idea what you're talking about.
  넌 지금 무슨 말인지 모르고 하는 말야.

■ You have no idea what~는 '네가 …를 모르거야'라는 의미로 단순히 네가 모른다고 말할 수도 있지만 문맥에 따라 상대방에 대한 섭섭함 내지는 답답함이 포함되어 있다.

You have no idea what it's like to care for somebody.
다른 누구를 좋아한다는게 뭔지 넌 몰라.

- You have no idea what it's like to provide for a family!
  가족을 부양한다는게 뭔지 넌 몰라!
  You have no idea what it's like to watch your child die.
  자기 아들의 죽음을 지켜보는게 어떤건지 넌 몰라.

■ You have no idea what it's like to~는 앞의 응용표현으로 본격적으로 상대방의 무지나 그런 무지함에 답답해서 하는 표현. '넌 to 이하를 하는 것이 어떤 건지 몰라'라는 의미.

Don't get any big idea.
헛된 생각을 하지마.

- I hope you're not getting any big ideas. 네가 헛된 생각을 하지 않았으면 좋겠어.
  I'll be watching to see if you share, so don't get any big ideas.
  네가 공유하는지 지켜볼테니 헛된 생각은 마.

■ not get any big ideas는 '어림없는 생각, 헛된 생각을 하지 않다'라는 표현.

What's the big idea?
어쩔 셈이야?

- What's the big idea? Why are you pushing me?
  어떻게 된거야? 왜 날 몰아붙이는거야?
  Did you make this mess? What's the big idea?
  네가 이렇게 어지럽혀놨어? 어쩔 셈이야?

■ What's the big idea?는 '어떻게 된거야?,' '어쩔 셈이야?'라는 표현으로 상대방을 이해못하는 상황에서 사용한다.

None of this was my idea.
이 어떤 것도 내 생각이 아냐.

- Getting married was my idea. 결혼한다는 건 내 생각였어.
  It was my idea. I take responsibility. 내 생각였어. 내가 책임질게.

■ be one's idea는 '…의 생각, 의견이다'라는 말로 어떤 생각이 자기의 것인지 아닌지를 분명히 구분해서 말할 경우에 사용한다.

That gives me an idea.
그러고보니 좋은 수가 떠올랐어.

- It also gave me an idea of something else. 그러고보니 뭔가 다른 생각이 떠올랐어.
  What would give you an idea like that? 뭣 때문에 그런 생각을 하게 된거야?

■ **It gives sb idea**는 주어인 it이 sb에게 좋은 생각을 주었다라는 말로 '그러고보니 좋은 생각이 떠올랐다'라는 의미가 된다. put ideas into sb's head도 같은 맥락의 표현.

That's not a good idea.
별로 좋은 생각이 아냐.

- You know it's not a good idea for us to be alone all night.
  우리가 밤새 홀로 있는 건 좋은 생각이 아니란건 너도 알잖아.
  A: I was thinking I could visit her mother. B: That's an idea.
  A: 걔 엄마를 방문할까 생각중이었어. B: 그거 괜찮은 생각야.
  I think that's a great idea! 그게 아주 좋은 생각같아!

■ **be not good idea**는 어떤 결정이나 의견을 완곡하게 반대할 때 사용하는 표현. 좀 더 구체적으로 말하려면 be not good idea for sb to~라고 하면 된다. 반대로 좋은 의견이라고 말할 때는 That's an (great) idea, There's an idea를 쓰는데 '그거 좋은 생각이다'라는 말.

That's the idea.
바로 그거야.

- That's the idea, right? 그래 바로 그거야, 알았어?
  A: I don't see any scars. B: That's the idea. A: 상처 없는데. B: 바로 그거야.

■ **That's the idea**는 상대방이 일을 제대로 했을 경우 제대로 말귀를 알아들었을 때 '그래 바로 그거야'라고 칭찬하는 표현. 이는 상대방이 제대로 이해했을 때 쓰는 표현으로 좋은 아이디어를 내놓은 다른 표현들과는 구분해야 한다.

MORE EXPRESSION

get the same idea
생각이 같다

» impress

What's your impression? 인상이 어땠어?

I'm impressed.
놀라운 걸.

- Fantastic. I'm so impressed. 멋져. 정말 놀라워.
  We're impressed by your generosity. 당신의 관대함에 감명받았어.

■ **be impressed (by)**는 수동태형으로 '감동을 받다'라는 표현.

What's your impression?
인상이 어땠나요?

- Well then, she did a lovely impression of you.
  그럼, 걘 너를 아주 사랑스럽게 흉내냈어.
  I'd marry him just for his Angelina Jolie impression alone.
  나 같으면 안젤리나 졸리를 닮은 것만으로도 결혼하겠어.

■ **one's impression**은 '…가 받은 느낌,' '인상'이라는 말. 한편 do impression of~하면 사람들 웃기려고 유명인의 행동이나 말투를 '흉내내다'라는 뜻이 된다.

Make a good impression on the judge.
판사에게 좋은 인상을 줘.

- I think you made an impression on the examiner.
  네가 검사관에게 인상을 심어 줬다고 생각해.
  He left us three good impressions on this gum.
  걔는 이 껌에 3개의 자국을 남겼어.

■ **make an impression**은 '인상을 주다'라는 말. impression 앞에 good, first를 넣어서 인상의 종류를 달리 말할 수 있다. 또한 make 대신에 leave를 써도 되는데 문맥에 따라 '어떤 자국을 남기다'라는 뜻으로도 사용된다.

I got the impression she was going to meet someone.
걔가 누굴 만날거라는 인상을 받았어.

- I must have said something that gave you a terribly wrong impression. 네게 끔찍한 나쁜 인상을 준 뭔가를 내가 말했음에 틀림없어.

  You gave us the impression that you could handle him.
  넌 네가 걜 다룰 수 있다는 인상을 줬어.

■ get the impression은 '어떤 인상이나 느낌을 받다,' 그리고 give sb an impression하게 되면 '…에게 인상을 주다'라는 뜻.

Are you under the impression that we're still friends?
우리가 아직 친구라고 믿는거야?

- He's under the impression that his interview with you didn't go well. 걘 너와의 인터뷰가 잘못됐다고 믿고 있어.

■ be under the impression는 실제로는 그렇지 않은데 '…라고 믿다'라는 의미.

» influence

 You ever see him under the influence? 넌 걔가 술에 취한 모습을 본적 있어?

Barnett had a strong influence over him.
바네트는 걜 완전히 좌지우지해.

- Veronica had a huge influence on me. 베로니카는 내게 큰 영향을 줬어.
  Right, he had no influence on you at all. 맞아, 걘 네겐 아무런 영향도 못줬어.

■ have influence on [over]는 '…에 영향을 끼치다,' '좌지우지하다'라는 말로 influence 앞에 strong, huge 혹은 no 등을 써서 다양하게 문장을 꾸밀 수 있다.

They thought I was a bad influence.
걔네들은 내가 악영향을 끼쳤다고 생각해.

- Donna's been having trouble because Eric's a bad influence! 도나는 에릭이 나쁜 영향을 끼쳐서 어려움을 겪고 있어.

  You are now officially a bad influence.
  넌 이제 공식적으로 나쁜 영향을 주는 사람이야.

■ be a bad influence는 '나쁜 영향을 끼치다,' '악영향을 주다'라는 의미.

You ever see him under the influence?
넌 걔가 술에 취한 모습을 본적 있어?

- Okay, drunk drivers kill when under the influence.
  좋아, 음주운전자들은 술에 취해 사람들을 죽이지.

  What's the penalty for driving under the influence?
  음주운전 벌칙은 뭐야?

■ under the influence (of alcohol)는 '술에 취해서,' '과음한 상태에서'라는 말. 또한 while under the influence(술에 취해서)라는 표현도 많이 쓰인다.

You used to be influenced by me.
전에는 내가 하라는 대로 했잖아.

- Do you think these computer games influenced his behavior?
  이 컴퓨터 게임이 개행동에 영향을 줬을거라 생각해?

  He's so easily influenced. 걘 너무 쉽게 영향을 받아.

■ influenced sb[sth] (to)~는 influence가 동사로 쓰여 '…에게 영향을 끼치다'라는 의미. be influenced란 형태로도 많이 쓰인다.

» inform

Keep me informed. 나한테 계속 알려줘.

Keep me informed.
나한테 계속 알려줘.

- **Keep me informed of** her progress and take good care of her.
  개의 진행상태를 내게 알려주고 잘 보살펴줘.

  Listen, these deals are never easy so **keep me informed**, please. 저기 말야, 이 거래들은 절대 쉽지 않으니 내게 계속 진행상황을 알려줘.

▪ **keep sb informed (of~)** 는 sb에게 최신정보를 계속 준다는 의미로 정보의 구체적 내용은 of 이하에 써주면 된다.

Well for your information, I still have a shot with her.
네게 귀띔해주자면 난 아직 걔와 가능성이 있어.

- **For your information**, Becky doesn't like steak, she likes spaghetti. 참고로 말해두는데, 베키는 고기를 싫어하고, 걘 스파게티를 좋아해.

▪ **FYI**를 풀어쓰면 for your information으로 '(너한테) 참고로 말하자면,' '네게 귀띔해주면' 혹은 문맥에 따라 '뭘 모르시나본데' 라는 의미로도 쓰인다.

Hurley is continuing to gather information.
헐리는 계속 정보를 수집하고 있어.

- We're just trying to **gather information**. 우린 그냥 정보를 수집하려는거야.
  You're a Harvard-educated man, presumably **well-informed**.
  넌 하버드에서 공부했으니 아마도 해박하겠지.

▪ **gather information**은 정보를 모으고 수집하는 것을 말하는데 gather 대신 collect를 써도 된다. 그리고 well-informed는 '정보에 밝은,' '잘 알고 있는' 이라는 의미.

» initiative

I appreciate the initiative. 주도적으로 해줘 고마워

Okay, I've gotta take some initiative here.
좋아, 이제 내가 좀 주도권을 쥐어야겠어.

- Don't be silly. I **admire your initiative**.
  바보같은 말 하지마. 난 네 솔선수범을 존경해.

  Garcia, I **appreciate the initiative**. 가르시아, 알아서 앞서 해줘서 고마워.

▪ **take the initiative**는 '선수치다,' '솔선수범하다,' 혹은 '주도권을 쥐다' 라는 뜻.

Cross it out, initial it, and sign again.
바꿔가면서 이름의 이니셜을 적고 사인해.

- That's correct, but **initially** there was no age limit in Nebraska.
  맞아, 하지만 첨부터 네브라스카에서 나이제한은 없었어.

  For the **initials** C.K., we've got a Cindy Kerber.
  C.K.라는 이름 이니셜로 신디 커버를 찾았어.

▪ **initial**은 다양한 품사로 쓰이는데 동사로는 '이름의 첫글자를 표시하다,' 형용사로는 '초기의' 그리고 명사로는 '이름의 첫 글자' 를 뜻한다. 또한 initially는 '처음에는.'

MORE EXPRESSION

lose the initiative 주도권을 잃다

» insane

I feel like I'm going insane. 내가 정신이 돌 것 같아.

Are you insane?
너 돌았니?

- You broke me and Karen up? Are you insane?
  네가 나와 카렌을 헤어지게 했지? 너 제 정신이야?

  Are you insane? Are you out of your mind?
  너 미쳤니? 제 정신이야?

▬ be insane은 정신나가다라는 말로 주로 말도 안되는 이야기를 하는 사람에게 '너 제정신이야?'라는 뜻으로 'Are you insane?'라는 문장이 많이 쓰인다.

I would go insane here!
난 여기서 미쳐버릴 것 같아!

- I think he might be going insane. 걔가 미쳐버릴 것 같아.
  I feel like I'm going insane. 내가 정신이 돌 것 같아.

▬ go insane은 '미쳐버리다,' '돌아버리다'라는 말.

This is insane!
이건 미친짓이야!

- Conspiracy... this is insane. 음모라고… 말도 안돼.
  A: But that's insane! B: No, it's completely sane.
  A: 하지만 이건 말도 안돼! B: 아냐, 완전히 말돼.

▬ This is insane은 사람이 아니라 어떤 행동이 말도 안되는 일이라고 생각할 때 쓰는 말.

» institution

He's quite an institution. 걘 명물이야.

He's quite an institution.
걘 명물이야.

- Take care of her. Liz is an institution around here.
  걔 잘 부탁해. 리즈는 여기서 유명인이야.

  The police chief is an institution around here.
  경찰서장은 여기서 유명인이야.

▬ sth[sb] an institution은 다소 의외일지 모르겠지만 장소나 사람이 오래동안 있어서 잘 알려진 경우를 말한다.

We need to institute partial elimination.
우리는 부분적으로 제거를 시행해야 돼.

- Sheriff, I suggest you institute a curfew. 보안관님, 통행금지를 시행하시죠.
  I spent the summer at the culinary institute in Hong Kong.
  난 홍콩의 요리단체에서 여름을 보냈어.

▬ institute는 명사로는 '기관,' 동사로는 '정책 등을 도입하다,' '절차를 시작하다'라는 의미.

» insult

Let's not add insult to injury. 상황을 더 나쁘게 만들지는 맙시다.

Don't insult my intelligence, Mr. Moredock.
모독씨, 날 바보취급하지마.

- He constantly insults you and belittles you.
  걘 계속 너를 모욕하고 너를 깎아내리고 있어.

  Don't you dare insult Mr. Tripley. He's a saint.
  어떻게 감히 트리플리 씨를 모욕을 해요. 성인이신데.

Let's not add insult to injury.
상황을 더 나쁘게 만들지는 맙시다.

- And to add insult to injury, she kept the ring I gave her.
  그리고 설상가상으로 걘 내가 준 반지를 갖고 있었어.

  And to add insult to injury, the copy gets worse every time.
  그리고 설상가상으로 복사물은 매번 더 상태가 나빠져.

And that's just a little bit insulting.
그리고 그건 좀 모욕적이야.

- Your question is insulting, I am not stupid.
  네 질문은 모욕적이야, 난 멍청이가 아니라고.

  There's nothing more insulting to a bride.
  신부에게 그것보다 더 모욕적인 건 없어.

■ insult는 모욕하다라는 뜻으로 insult one's intelligence하면 '…의 지능을 무시하다'가 되며 또한 명사로도 쓰여 be an insult to sb's intelligence라 표현할 수도 있다.

■ add insult to injury는 이미 난 상처에 모욕을 준다는 말로 '일을 더 악화시키다'라는 의미. to add insult to injury하면 '설상가상으로'라는 말.

■ insulting (to)은 '모욕적인'이라는 말로 상대방의 말이나 행동 등이 (…에게) 모욕적이라는 뜻이 된다.

» interest

That's what interests me. 그게 날 관심을 갖게 하는거야.

I take an interest in you.
나 너한테 관심있어.

- Talk to them. Take an interest in their lives.
  걔네들한테 말해봐. 걔들 삶에 관심을 가지라고.

  It was nice to see you finally taking an interest in my life.
  네가 내 삶에 관심을 갖는 걸 보니 좋았어.

I expressed an interest in your relationship.
난 너와의 관계에 관심을 표명했어.

- What makes you think I have an interest in helping you?
  네가 널 도와주는데 관심이 있을거라고 왜 생각하는거야?

  Moms love it when you show an interest in their babies.
  엄마들은 네가 자기 아이들에게 관심을 보여줄 때 좋아해.

■ take an interest in은 '…에 관심을 갖다,' an 대신에 no를 써서 take no interest하면 '관심이 없다'라는 표현이 된다.

■ have an interest in 역시 '관심이 있다'이고 show an interest in하면 '관심을 나타내다,' 그리고 express an interest in하면 '관심을 표명하다'라는 말이 된다.

I'm not interested in her.
난 걔한테 관심이 없어.

- What are you interested in? 무슨 일에 흥미가 있어?
  Are you interested in physics? 물리학에 관심있어?

What are your interests?
무슨 일에 흥미가 있어?

- Why the sudden interest? 갑자기 웬 관심이야?
  Tell me more about yourself. What are your interests?
  너에 대해 더 말해봐. 관심사가 뭐야?

That's what interests me.
그게 날 관심을 갖게 하는거야.

- What interests you? Give me the chart. 뭐에 관심있어? 차트줘봐.
  What interests Kelly? I want to know about her.
  켈리가 뭐에 관심있어? 걔에 대해 알고 싶어.

Hey, look at that. That's interesting.
야, 이거봐. 재미로운데.

- That's interesting, but not exactly helpful. 흥미롭지만 도움이 안돼.
  That's interesting. Do you have a magnifying glass?
  흥미로운데, 돋보기 있어?

It was in her best interest to come forward.
밖으로 나서는게 걔한테 최선이었어.

- Even if he did, it's not in his best interest to seek you out.
  걔가 그랬다해도 너를 찾는 건 걔한테 최선이 아냐.
  Is it of interest to you? 그 사건에 관심있어?
  Which is of no interest to me, I'm a neurologist. 내 관심사아냐. 난 신경학자거든.

He is a person of interest, but that is all.
걘 요주의 인물이지만 그게 다야.

- She's a person of interest in our investigation.
  걘 우리 사건에서 요주의 인물이야.

That would be a conflict of interest.
그렇게 하면 이해간의 충돌이 생길거야.

- Conflict of interest. There's no way they'll ask for our help.
  이해가 상충돼. 걔네들이 우리 도움을 요청할 리가 없어.
  You can't date Karen! You're still protecting her husband. It's a clear conflict of interest.
  넌 카렌과 데이트할 수 없어! 넌 아직 걔 남편을 보호하잖아. 명백한 이해충돌이라고.

■ be interested in도 역시 같은 의미이나 interest가 동사로 쓰인 점이 다르다. '…에 관심이 있다' 라는 말로 Are you interested in~?하면 '…에 관심있니?,' '…할 생각있니?' 라는 말.

■ What are your interests? 는 상대방의 관심사가 무엇인지 물어볼 때 사용하는 것으로, 특별한 관심을 물어볼 땐 special interests, 갑작스런 관심은 sudden interests라 한다.

■ What interests sb는 interest를 동사를 써서 주어가 sb의 관심을 갖게 하다라는 의미. It may interest sb to know that~하면 sb가 that 이하에 흥미를 가질 지도 모르겠다라는 표현.

■ That's interesting은 '그거 흥미롭네,' '그거 재미있네' 라는 말. Sounds interesting이라고도 한다.

■ be in sb's best interest to+V는 'to 이하를 하는 것이 …에게 최선의 길이다' 라는 말. 또한 be of interest to sb하면 '…에게 관심이 있다,' 반대로 be of no interest to sb하면 '…에게 관심이 없다' 라는 뜻이 된다.

■ person of interest는 특히 범죄물에서 아직 용의자(suspect)까지는 아니지만 주목받고 있는 사람, 즉 '요주의 인물' 이라는 의미. 약어로 POI라 한다.

■ conflict of interest는 어떤 목적 등에서 동시에 공존할 수 없는 것을 '이해간의 충돌,' '이해 상충' 이라고 한다.

MORE EXPRESSION
in the interests of justice 정의를 위하여
be in the national[public] interest 국익[대중]을 위하여
out of interest 호기심에서
as a matter of interest 궁금해서 그러는데(채팅약어로는 AAMOI)
Could I interest sb in~? …을 권해드릴까요?

» issue

They have issues with rage. 걔네들은 분노에 문제가 있어.

Sex was an issue in your relationship.
섹스는 너희들 관계에서 중요한 문제야.

- That has little bearing on the issue at hand.
그건 지금 문제와는 거의 관련없어.

  So her credibility's an issue. 그럼 걔의 유명도가 문제야.

  It's statutory rape. Consent isn't an issue.
미성년자 강간야. 합의는 문제가 안돼.

  But the real issue here is not teenagers gossiping online.
하지만 여기 진짜 문제는 온라인으로 험담하는 10대들이 아냐.

▬ be an issue에서 issue는 가장 중요한 문제, 주제, 쟁점이라는 말. the real issue is~는 '진짜 문제는 …이다' 라는 뜻이 된다.

They have issues with rage.
걔네들은 분노에 문제가 있어.

- The last time I saw him, he had anger issues with me.
지난번에 걜 봤을 때 걘 내게 분노가 있었어.

  This girlfriend's got some serious issues with the relationship.
이 여친은 관계맺는데 심각한 문제가 있어.

▬ have issues with~는 '…에 문제가 있다,' '…와 불화하다' 라는 표현.

My personal feelings are not at issue.
내 개인적인 감정은 문제가 되지 않아.

- What's at issue here is her state of mind.
여기서 문제가 되는 것은 걔의 정신상태야.

  There are many factors at issue here. 여기서 문제가 되는 많은 요인들이 있어.

▬ at issue는 '문제가 되고 있는,' '쟁점이 되고 있는'이라는 의미.

I'd like to issue a press release.
언론보도를 내고 싶어.

- I don't issue invitations to your mother.
네 엄마한테 초대장을 보내지 않아.

  I think it will be irresponsible to issue a warning without a specifics. 구체적인 내용이 없이 경고장을 발부하는 것은 무책임한거라 생각해.

▬ issue가 동사로 쓰이면 '언론보도를 발표하거나,' '영장을 발부하다' 라는 뜻. 명사로도 쓰여 press release는 언론보도를 말한다.

MORE EXPRESSION

take issue with 문제삼다
make an issue (out) of 걸고 넘어가다
stand on the issues 어떤 문제에 단호한 입장을 취하다
take a stand on the issue 입장을 표명하다

놓치면 원통한 미드표현들

- **be the perfect image of one's father**
부모 판박이(be the spitting image of one's father)
He was the spitting image of his daddy.
걘 아빠를 빼다 닮았어.
Patty, I'm the spitting image of the Renoir girl. 패티, 난 르노와르 그림의 여자를 빼닮았어.

- **have an inkling** 눈치채다
I'm having an inkling.
어렴풋이 알 것 같아.
You didn't even have an inkling?
넌 눈치도 없냐?

» itch

You itching for a lawsuit? 소송걸고 싶어 죽겠어?

I have an itch to eat some doughnuts.
도너츠 좀 먹고 싶어.

- Ron has an itch to visit his sister in California.
  론은 캘리포니아에 있는 걔 누이를 방문하고 싶어해.

  Do you have an itch on your scalp? 두피가 가려워?

You itching for a lawsuit?
소송걸고 싶어 죽겠어?

- We're itching to find this guy. 이 사람을 정말 찾고 싶어.
  This guy's itching for another victim, though.
  이 놈은 그래도 또 다른 희생자를 찾고 있어.

■ have an itch on~은 …가 가렵다, 그리고 have an itch to+ 동사는 '…하고 싶어 몸이 근질근 질하다' 라는 표현.

■ be itching to[for~]는 좀 이 쑤실 정도로 …하고 싶다는 의 미로 be dying to[for~]와 같은 맥락의 의미. '…하고 싶어 죽겠 다,' '몹시 …하고 싶다' 라는 말.

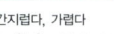
MORE EXPRESSION
be itchy 간지럽다, 가렵다
seven year itch 바람기, 권태

» jam

I hear you're jammed up. 너 문제가 생겼다며.

It's usually jammed.
거긴 늘상 꽉 막혀.

- I guess the circuits are jammed. 전기회로에 잼이 걸린 것 같아.
  It's jammed. It won't open any more. 걸렸어. 이제 더는 안 열릴거야.
  But the gun jammed. 하지만 총이 걸렸어.
  The radio must have jammed. 무선이 전파방해를 받았음에 틀림없어.
  The bullet jammed in the feed, didn't it? 총알이 걸려서 발사되지 않았어, 그지?

I hear you're jammed up.
너 문제가 생겼다며.

- He was jammed up, 'cause he had some important business.
  걔 문제가 있었어, 중요한 사업을 하고 있었기 때문이야.
  It usually doesn't take long, but today we got jammed.
  보통 그렇게 시간이 많이 걸리지는 않는데, 오늘은 좀 문제가 있네.

We're jamming the signal.
우리가 신호를 방해하고 있어.

- It's a frequency-jamming signal, Gibbs.
  그거 주파수방해신호예요, 깁스.
  Found the jamming signals that were hidden in your artwork.
  네 예술품 뒤에 숨겨져 있는 전파방해신호를 찾았어.

■ be jammed jam은 명사로 맛난 쨈이지만 동사로는 '잔뜩 밀 어넣다,' '작동하지 못하게 하다,' '전파를 방해하다' 등 다양하게 쓰인다. 여기 be jammed는 '걸 리다,' '막히다' 라는 의미. 그냥 sth jam이라고도 많이 쓰인다.

■ sb be jammed up 역시 같은 의미이나 주어가 사람이 오 는 경우는 뭔가 문제가 있다는 의 미.

■ jam은 동사로 전파신호를 의도적으로 방해한다는 의미로도 쓰인다.

MORE EXPRESSION
kick out the jams 락음악을 신 나게 연주하다
get into a jam 궁지에 빠지다
jam into~ …로 몰려들다
traffic jam 교통체증
jam on the brakes 브레이크를 갑자기 세게 밟다

121

» jerk

Don't be jerking me off. 날 속이려 하지마.

Don't be jerking me off.
날 속이려 하지마.

- He had no idea why he was jerking off into a cup.
  걘 왜 자기가 컵에 자위를 해야 하는지 몰랐어.

  Maybe he jerked off before you got there.
  아마 내가 거기 도착하기 전에 자위했나보다.

■ jerk off는 기본적으로 자위하다(masturbate)라는 의미. 하지만 jerk sb off해서 sb에게 '거짓말하다,' '속이다' 라는 뜻으로도 쓰인다.

They're jerking us around.
걔네들은 우리를 부당하게 대하고 있어.

- Stop jerking around and find the guest book.
  그만 멍청하게 행동하고 방명록을 찾아봐.

  I hope you're not jerking us around. 네가 우리를 정당하게 대해줬으면 해.

■ jerk sb around는 sb를 부당하게 정직하지 않게 대하다, 골치아프게 하다 그리고 sb를 빼고 jerk around로 쓰이면 '멍청하게 행동하다' 라는 뜻이 된다.

I'm the biggest jerk of all time.
난 역사상 가장 바보야.

- I thought you were gonna call me a jerk. 네가 날 바보라 부를거라 생각했어.
  I thought you were such a jerk. 난 네가 바보라고 생각했어.

■ such a jerk jerk가 명사로 쓰이면 바보, 멍청이라는 뜻으로 강조하려면 such a jerk라고 하면 된다.

» job

I'm just doing my job. 단지 내 일을 한 것 뿐이야.

A guy like this can't hold down a job.
이런 사람은 직업을 계속 유지할 수가 없어.

- It's supposed to make me better, so I can hold down a job.
  내가 더 나아질거니까 난 직업을 계속 유지할 수 있어.

  Some people get addicted and can't even hold down a job!
  마약에 중독되어 직장도 유지할 수 없는 사람들도 있어!

■ hold down a job은 직업이나 직장을 계속 유지한다는 뜻.

Freezer'd do the job.
냉장고가 효과가 있을거야.

- He's gonna do the job you've been neglecting.
  걘 네가 소홀히 했던 일을 할거야.

  Four of these around the perimeter will do the job.
  주변에서 이것들 중 4개면 효과가 있을거야.

■ do the job은 글자그대로 '그 일을 하다' 라는 의미로도 쓰이지만 문맥에 따라 '…에 효과가 있다,' '성공하다' 라는 의미로 이때는 do the trick과 같은 의미이다.

Do your job.
네 일이나 잘해.

- Now go in there and **do your job**. 자 이제 들어가서 네 일을 해라.
  I'm not trying to tell you how to **do your job**.
  네 일을 하는 방법을 네게 말하려고 했던게 아냐.

■ **do your job**은 상대방에게 '네 일을 잘 하라'고 할 때.

Do your job right.
일에 차질없이 제대로 해.

- He just wasn't smart enough to **do the job right**.
  걘 일을 제대로 할 만큼 똑똑하지가 않았어.
  Well, he didn't think he **was doing his job right**.
  저기, 걘 자기가 일을 제대로 하리라 생각하지 않았어.

■ **do one's job right**는 뒤에 right가 붙은 경우로 '일을 제대로 잘 하다' 라는 의미.

I'm just doing my job.
내 일을 한 것 뿐인데요.

- Hey, don't make me feel bad for **doing my job**.
  저기, 내 일을 한 것 뿐인데 날 기분나쁘게 하지마.
  He **has his job**, too. 걔도 자기 일이니 어쩔 수 없지.

■ **be just doing one's job**에서 포인트는 'just'이다. just가 들어간 이 표현의 의미는 문맥에 따라 '그냥 내 일을 한 것뿐이다,' 혹은 '어쩔 수 없이 내 직업이 요구하는 걸 했다' 라는 뜻으로 쓰인다. have one's job도 같은 맥락의 표현.

Dad, don't do this. I'll get a job.
아빠, 이러지 말아요. 내가 직장을 구할게요.

- I wanted Nick to **get a job**. 난 닉이 직장을 얻기를 바랬어.
  I do this because you won't let me **get a job**.
  내가 직장갖는 걸 허락하지 않아서 이러는 거예요.
  Otherwise, you and I'd **be out of a job**.
  그렇지 않다면, 너와 나는 직장을 잃게 될거야.

■ **get a job**은 직장을 구하다, 돈벌이를 하다라는 말. Get a job!이라고 명령형태로 쓰면 '그만 게으름을 피워라' 라는 따끔한 충고성 멘트. 또한 be out of a job now는 현재 직장이 없는 백수[백조]라는 말. 쬐끔 고상하게 between jobs[이직중]라고 말해도 된다.

You were on the job?
근무중이었어?

- Ron was retired by the time you come **on the job**.
  론은 네가 들어왔을 때쯤 퇴직했어.
  It's my first week **on the job**. 내 출근 첫주야.
  It **was an inside job**. 그건 내부자소행였어.

■ **on the jobs**는 근무중, 혹은 직업을 갖고 있는 중이라는 의미. 한편 inside job은 '내부자 소행' 이라는 뜻이니.

■ **do a good[nice] job**은 상대방을 칭찬하는 말로 '잘했어,' '좋았어' 라는 말로 그냥 Good job!, Nice job!이라고도 쓰인다.

You did a good job!
아주 잘했어!

- You know what? We **did a good job**. 그거 알아? 우리가 일을 아주 잘했어.
  You're **not doing a very good job**! 넌 그렇게 일을 잘하지 못하고 있어!

■ **That's[it's] a good job**은 칭찬하는 말로 '잘했어,' '좋았어' 라는 말이나 상황에 따라 연봉이 많은 직장(a job has a good salary)을 뜻하기도 한다. 한편 칭찬할 때는 그냥 Good[Nice] job! 이라고도 하고 It's a good job S+V하면 '…가 잘됐다' 라는 의미.

That's a good job.
잘했어.

- Oh, **that's a good job**. You married? 야, 좋은 직장이네. 결혼했어?
  It's **a good job** you prepared for your future. 미래를 준비한 건 잘한 일야.

MORE EXPRESSION
nose job 코성형수술,
boob job 가슴성형
land a job 직장을 구하다
make the best of a bad job
어려운 상황하에서도 최선을 다하다

» joke

Can't you take a joke? 농담도 못하나?

Is this some kind of joke?
장난하는거지?

- What is that, some kind of joke? 이게 뭐야, 장난하는거야?

> **Is this some kind of joke?**는 상대방이 어처구니 없거나 놀랄만한 일을 얘기해줄 때 믿기지 않으면서 '뭐 장난하는거야' 라는 의미의 표현. 그냥 Is this는 빼고 쓰기도 한다.

You must be joking?
농담하는 거지?

- You're joking? 정말이야?, 농담이지?
  I'm like, he must be joking, right? 나는 말야, 걔가 농담하는거지, 맞지?

> **must[got to] be joking** 역시 상대방의 말이 믿기지 않을 때 '너 농담하는거지' 라고 하는 표현.

Is this your idea of a joke?
네가 보기엔 그게 우습냐?

- Is this Eddie's idea of a joke? 에디가 재미있다고 생각하는 거야?
  Walter, if that's your idea of a joke, it's really not very funny.
  월터, 네가 재미있다고 생각한다면 정말이지 재미없거든.

> **Is it sb's idea of a joke?**는 '이게 넌 재미있다고 생각하는 거야?' 라는 뜻. 자기는 하나도 재미없는데 상대방이 재미있어 할 때 상대방을 비난이나 비아냥거리면서 하는 말.

It's a big joke.
그거 정말 웃기는 일이야.

- I know you think this is a big joke. 이게 정말 웃기는 일이라고 생각한다는 걸 알아.
  I was a joke. 난 웃음거리였어.

> **sth be a joke**는 sth이 '매우 웃기는 일이다' 이고, sb be a joke로 쓰이면 sb가 '웃음거리이다' 라는 말.

Can't you take a joke?
농담도 못하나?

- Don't make a joke of your life. 인생을 낭비하지 마라.
  So you just make a joke and do nothing?
  그래 너 그냥 농담이나하고 아무 것도 하지 않는거야?

> **take a joke**는 '농담을 받아들이다' 그리고 make a joke[jokes]하면 '농담하다,' make a joke of하면 '…을 우습게 생각하다' 라는 의미.

This is not a joking matter.
농담할 일이 아냐.

- This is not a joking matter. Can I trust you with this information?
  농담이나 할 일이 아냐. 이 정보 널 믿어도 돼?
  Murder is no joke. 살인은 장난이 아냐.

> **This is not joking matter**는 상황이나 일이 심각하기 때문에 '농담할 일이 아냐' 라는 뜻. 또한 This is no joke 또한 같은 맥락으로 '농담이 아니다,' '심각한 문제다' 라는 말로 그냥 줄여서 No joke!(농담아니야!)라 하기도 한다.

놓치면 원통한 미드표현들

- **be an item** 사귀다 item 관심거리가 되는 couple
  We are still an item. 우린 아직도 사귀어.

- **be jazzed** 들뜨다(be excited)
  I'm completely jazzed about this.
  난 이거에 완전히 들떴어.

- **all that jazz** 기타등등(things like that)
  Must be all that jazz. 다른 것도 다 그랬겠구나.

- **the jig is up** 들통나다, 뽀록나다
  The jig is up, Mom. 뽀록났어, 엄마.

» joy

And the moment of joy is upon us. 그리고 우리의 즐거운 순간이 다가오는군.

Most likely some kid looking for a joyride.
대개, 일부 아이들은 차를 훔쳐 몰고 싶어해.

- Cops said it was probably just kids, joyriding.
  경찰은 그건 아마 아이들이, 차훔쳐타기였을거라고 했어.

And the moment of joy is upon us.
그리고 우리의 즐거운 순간이 다가오는군.

- Life is joy, death is peace. 삶은 즐겁고, 죽음은 평화로운거야.
  Our life together has brought me more joy.
  우리 함께 살아서 나 더 큰 즐거움을 받았어.

There's no joy that lies before us today.
오늘 우리 앞에는 기쁜 일이 없을거야.

- I tried calling her from the hotel when I got into town, but no joy.
  시내에 와서 호텔에서 개한데 전화를 걸었는데 실패했어.

Your words give my heart great joy.
네 말들은 내 맘을 아주 기쁘게 해줘.

- I'm gonna go continue to spread the joy. 난 계속 사람들을 기쁘게 해줄거야.
  I'm great at spreading the joy. 사람들을 기쁘게 해주는 걸 난 잘해.

■ joy ride는 남의 차를 훔쳐 타고 제멋대로 모는 것을 말하며 또한 비유적으로 그런 자유분방한 행위를 말한다.

■ ~be a real joy는 '…는 커다란 즐거움이다'. 그리고 bring sb joy는 'sb에게 즐거움을 가져다주다'라는 의미.

■ no joy는 '실패'라는 말로 원하는 것을 얻지 못한 경우에 사용한다. 물론 joy가 기쁨이라고 쓰이는 것은 기본이어서 kill joy하면 흥을 깨다라는 말이 된다.

■ give ~ great joy는 '…에게 큰 즐거움을 주다,' 그리고 spread the[one's] joy 역시 다른 사람들을 기쁘게 해주다라는 의미.

MORE EXPRESSION

joyful 아주 기쁜
joyous 아주 기뻐하는

» judge

Don't be judgmental. 비난하지마.

Don't judge a book by its cover.
겉만 보고 사람을 판단하지마.

- You can't judge a book by its cover. 겉만 보고 판단하면 안돼.

I'm not here to judge you.
널 비난하러 여기 온게 아냐.

- You have no right to judge me. 넌 날 비난할 권리가 없어.
  A: Are you judging me? B: I'm not judging you.
  A: 날 비난하는거야? B: 널 비난하는게 아냐.

■ judge a book by its cover는 유명표현으로 책표지로 책을 판단하지 말라는 아주 좋은 표현. 하지만 현실에서 표지가 서적판매를 많이 좌우(^^)하듯 겉만 보고 판단하는 경우가 많은게 현실. 참고로 It's not for sb to judge~라 하면 sb가 판단할 일은 아니다란 말.

■ judge sb는 주로 상대방을 부당하게 비난한다는 의미로 의외로 미드에서 많이 쓰이는 표현이다. 그냥 판단한다라고 해석하면 어색할 때가 많다.

Don't be judgmental.
비난하지마.

- I don't need you getting all judgmental.
네가 그렇게 비판을 일삼지 않았으면 해.

You see, and you thought she'd be judgmental.
봤지, 그리고 걔가 비판을 잘한다고 생각했잖아.

■ be judgmental은 미드에서 많이 쓰이는 표현으로, 여기서 judgmental은 '남에 대해 비판적인' 이라는 의미이다.

I'll be the judge of that.
내가 판단할 일야.

- We'll be the judge of that. 우리가 그걸 판단할거야.

We'll let the medical examiner be the judge of that.
우린 의료진이 그걸 판단하도록 할거야.

■ be the judge of~는 …의 재판관이다라는 말로 '…는 내가 판단하겠다' 라는 의미. 달리 let me be the judge of~라고 쓰기도 한다.

You are a pretty good judge of people.
넌 사람보는 눈이 아주 좋아.

- You are a smart girl, you're a good judge of character.
넌 영리한 소녀야, 사람보는 눈이 있어.

■ be a good[bad] judge of character는 '사람보는 눈이 있다[없다]' 라는 표현. of 이하에는 character 뿐만 아니라 다른 단어를 써도 된다.

Judging from the smaller wheel base, I'd say it's a compact.
작은 휠베이스로 보건대, 컴팩트차인 것 같아.

- Judging from the fractures, they think he was beaten with something. 골절로 봐서, 걔가 뭘로 맞았다고 생각돼.

Judging from the bruising, he was probably strangled with a wire. 타박상으로 봐서, 걘 줄로 교살당한 것 같아.

■ judging from sth은 '…로 미루어보아,' '…로 판단하건대' 라는 의미의 표현으로 뭔가 의견을 말할 때 그 근거로 제시할 경우에 사용한다.

I'm not passing judgment on your ability.
네 능력에 판단을 내리는 게 아냐.

- Have I passed judgment on your breakfast habits?
네 아침식습관에 뭐라고 한 적 있어?

People in church love to pass judgment on others.
교회사람들은 다른 사람들에게 의견제시하는 걸 좋아해.

■ pass judgment on은 '…에 대한 판결을 내리다' 혹은 '…에 대한 의견을 제시하다' 라는 의미.

MORE EXPRESSION

judgement call 개인적 판단에 따른 결정

» jump

I'd love to get a jump on traffic. 교통체증에 안걸렸으면 좋겠어.

You're not the one she jumped all over.
걔가 호되게 꾸짖은 건 너뿐만이 아냐.

- Pete's jumping all over me. 피트가 날 엄청 비난했어.

He starts jumping all over me about what I'm wearing.
걘 내가 입은 거에 대해 호되게 꾸짖었어.

■ jump all over sb는 sb를 '몹시 비난하다,' '다그쳐 추궁하다,' '호되게 꾸짖다' 라는 뜻이 된다. jump down sb's throat도 같은 맥락의 의미.

Make him nervous and jumpy.
걜 초조하고 예민하게 만들어.

- They make him jumpy or startled? 걔네들이 걜 신경질적이고 놀라게 만들었어?
  Hey, Ken Cleary. A little jumpy this morning?
  야, 켄 클리어리. 오늘 아침 좀 예민하네?

■ jumpy는 신경질적인, 예민한, 조마조마하는이라는 의미.

Don't call the cops when they get jumped.
강도를 당했을 때 경찰은 부르지마.

- Maybe she was headed home and she got jumped by some guy. 아마 걘 집으로 향했고 어떤 놈한테 강도를 당했을거야.
  He says he got jumped on the way home.
  걘 집에 가는 중에 강도를 만났대.

■ get jumped는 다른 사람이 주어에게 달려든다는 의미로 '습격하다,' '강도당하다'라는 의미.

I'd love to get a jump on traffic.
교통체증에 안걸렸으면 좋겠어.

- You can get a jump on Christmas shopping today.
  오늘 일찍 크리스마스 선물을 사.
  Just thought I'd get a jump on things. How was your trip?
  좀 앞서갈려고 생각했어. 네 여행은 어땠어?

■ get a jump on~은 다른 경쟁자나 다른 일이 시작되기에 앞서 먼저 시작을 해서 유리하거나 다른 사람보다 앞지르다(get ahead of competitors or get ahead of others who want to do the same thing)라는 의미.

Give her a jump start.
그 차 점프스타트시켜.

- The popular movie jump started the actor's career.
  그 인기 영화는 배우의 경력에 많은 도움을 줬다.
  We can get a jump start on your veganism.
  우리는 네가 당장 채식주의자가 되게 할 수 있어.
  You mean smokers get a jump start on the poisoning process?
  흡연자들은 담배 때문에 다른 사람들보다 빠르게 몸이 상한다는 말이지?

■ jump start는 자동차시동이 안걸릴때 다른 차의 밧데리를 이용해 시동을 거는 것을 뜻하는 말로 비유적으로 '많은 노력을 기울여 …을 시작하다,' '도약하다'라는 의미로 쓰인다. 한편 get a jump start on은 앞의 표현에 start만 붙인 것으로 '다른 사람보다 먼저 시작하다'(someone begins something before others)라는 뜻이다.

MORE EXPRESSION

Jump to it! 서둘레!
take a running jump 꺼지다
jump the tracks 탈선하다

» jury

The jury is still out. 배심원단이 아직 결정못했어.

The jury is still out.
배심원단이 아직 결정못했어.

- The jury still out on that. 배심원단이 그거에 대해 아직 결정을 못내린 상태야.
  It's cutting edge. The jury's still out.
  그건 첨단기술이야. 아직 지켜봐야 돼.

■ the jury is (still) out on sth는 배심원단(the jury)이 아직 on 이하에 대한 최종결정을 내리지 못했다는 표현. 비유적으로 좀 더 지켜보다, 아직은 모른다는 의미로도 쓰인다.

You ever been on a jury before?
배심원 해본 적 있어?

- I **was on a jury** over the summer. 여름동안 배심원했었어.

  I mean, who wants to **serve on a jury** if there's a chance of being killed? 내 말은 살해위험이 있다면 누가 배심원을 하고 싶겠어?

  She wanted to **serve her jury duty**. 걘 배심원을 하기를 원했어.

■ **sit[serve] on a jury**는 배심원을 맡게 되다, 배심원을 하다 라는 뜻으로 sit, serve 대신에 be를 써도 된다. 또한 이런 의무를 jury duty라 하는데 배심원으로 지정되면 배심원의 판결에 임해야 하는 의무를 말한다.

The grand jury's got enough to indict him.
대배심은 걔를 기소하기에 충분했어.

- This is just **a Grand Jury** hearing. 이건 단지 대배심일 뿐이야.

  A judge in New Jersey will tell my story to **a Grand jury**. 뉴저지의 한 판사가 내 이야기를 대배심에 말해줄거야.

■ **Grand jury**은 미국의 대배심제도로 일반시민이 참여하여 사건의 기소여부를 결정하는 제도로 오리지널 Law and Order를 보다보면 자주 나온다.

Hung jury. Hopelessly deadlocked.
불일치배심야. 절망적으로 막다른 골목에 몰렸네.

- A: What a surprise. I'm a little out of breath. B: Oh, **hung jury**? A: 놀라워. 숨이 좀 차네. B: 어, 불일치배심야?

■ **hung jury**는 배심원단이 만장일치가 되지 않아 판결을 못내리는 상태인 '불일치 배심'을 뜻한다.

» justice

 My compliments don't do you justice. 내가 칭찬을 아무리 해도 너희 선행에 부족해.

The photos don't do justice to the island.
사진들이 섬의 모습을 제대로 담지 못했어.

- The diamond ring doesn't **do justice to** your beauty. 다이아몬드 반지는 너의 아름다움에 부족해.

  I can't **do justice to** describing the movie. 난 그 영화의 묘사를 제대로 못하겠어.

■ **do justice to sb[sth]**는 '공정히 평가하다,' '정당하게 취급하다' 라는 의미.

The photos don't do Cindy justice.
신디의 사진이 제대로 나오지 않았어.

- My compliments don't **do you justice**. 내가 칭찬을 아무리 해도 너희 선행에 부족해.

■ **do one justice**는 '제대로 안 나오다,' '…에 부족하다' 라는 의미.

I am of the belief that justice has been served.
정의는 이루어진다는 믿음을 갖고 있어.

- He tells them how happy he is that **justice has been served**. 걘 정의가 이루어져 얼마나 기쁜지 그들에게 말했어.

  He's serving a life sentence without the possibility of parole. **Justice has been served**. 걘 가석방없는 종신형을 살고 있어. 당연한 처벌을 받은거지.

■ **justice has been done[served]**은 정의가 이루어졌다, 당연한 처벌을 받았다, 정당한 일이 벌어졌다라는 의미.

» keep

Keep out of this! 끼어들지 마!

Keep going!
계속 해!

- You cannot keep going like this. 넌 이렇게 계속갈 수는 없지.
  Let us keep trying as long as we can. 할 수 있는한 우리는 계속 노력해보자.

■ keep going은 어떤 일이나 행위를 계속하라는 격려용 혹은 채근용 표현. 또한 keep trying은 멈추지말고 계속 노력해 보라는 표현.

I didn't think she should keep it going.
걔가 그걸 계속 작동시켜야 한다고 생각하지 않았어.

- That's good. Now just keep it going, ready?
  좋아. 이게 계속 돌아가게 해. 준비됐어?
  Just a little thing I do to keep me going.
  내가 계속 일하기 위해서 하는 작은 거야.

■ keep sb[sth] going은 sb나 sth을 움직이게 하다, 작동하게 하다라는 의미.

I don't know what's keeping him.
걔가 뭣 때문에 늦어졌는지 모르겠어.

- What's keeping him? 걔 왜 이렇게 늦지?
  We have no idea what's keeping him up there.
  걔가 뭣 때문에 위에서 늦어지는지 모르겠어.

■ What's keeping sb는 앞의 What hold~처럼 sb가 왜, 무엇 때문에 늦어졌는지 물어보는 표현.

I kept myself busy.
그동안 바빴어.

- I kept myself busy by cleaning the house. 집안 청소하는라 바빴어.
  Where have you been keeping yourself?
  도대체 어디있었길래 코빼기도 안보였니?

■ keep oneself busy는 keep busy와 같은 말로 바쁘다라는 의미. 하지만 busy 빼고 의문으로 keep oneself하면 최근에 어떻게 지내냐고 물어보는 표현이 된다.

I won't keep you any longer.
네 시간 그만 뺏어야겠다.

- I won't keep you any longer, I know how busy you are.
  네 시간 그만 뺏을게, 네가 얼마나 바쁜지 알아.
  I understand. I wouldn't wanna keep you any longer.
  알아, 네 시간 많이 뺏지 않을게.

■ keep sb any longer는 sb를 더 이상 잡지 않겠다는 말로 주로 전화를 끊으면서 하는 말.

Better keep still about it.
입다물고 있는게 좋을거야.

- Ok, let's go. Shh. Keep quiet. 좋아, 가자. 입다물어.
  I offered her a grand to keep quiet. 걔한테 입다물라고 천달러를 줬어.

■ keep still[quiet] about~나 keep sth quiet은 어떤 사실을 함부로 발설하지 말라는 말. 또한 It'll keep이라고 하면 '비밀로 지켜질거야'라는 말이 된다.

It's hard to keep up.
따라잡기 힘들어.

- We tried following you, but it was hard to keep up.
  널 따라갈려고 했지만 쫓아가기 힘드네.
  You know, it's hard to keep up with it all. 저기 말야, 그거 따라잡기가 힘들어.

■ be hard to keep up은 계속 유지하기(keep up) 혹은 따라잡기(keep up) 힘들다라는 표현.

Keep it up pal, you'll get hurt.
친구야, 계속 열심히 해, 다칠지 몰라.

- This is going very well gentlemen, **keep it up**.
  이거 잘풀리고 있네 신사양반, 계속 잘하라고.

  You did great work. **Keep it up.** 일 아주 잘했어. 계속 잘해봐.

  Keep in there! 그 상태로 계속 열심히 해!

■ **keep it up**은 계속 유지하다라는 말로 지금처럼 그렇게 '계속 열심히 하다'라는 표현. 또한 keep in there 또한 '그 상태로 계속 열심히 하다'라는 의미의 표현이다.

Keep out of this!
끼어들지마!

- I'm trying to **keep out of it**. 끼어들지 않으려고 해.

  He wants me to **keep out of it** for now. 갠 내가 지금은 끼어들지 않기를 바래.

■ **keep out of~**는 …로부터 벗어나 있으라는 말로 '…을 피하다,' '…을 하지 않다,' '…에 끼어들지 않다' 라는 의미.

Keep you from looking like an idiot.
네가 바보처럼 보이지 않도록 말이야.

- She's trying to **keep me from** talking to anybody.
  내가 다른 누구와도 얘기하지 못하도록 하려고 해.

  That's gonna **keep me from** seeing him. 그렇게 되면 걜 보지 못하게 될꺼야.

  She can barely **keep herself from** smiling. 걘 간신히 웃음을 참을 수 있었어.

■ **keep sb[sth] from ~ing**는 '…가 …하는 것을 막다,' '…가 …하지 못하게 하다'라는 뜻. 따라서 keep oneself from ~ing는 스스로 자발적으로 하지 않다라는 의미가 된다.

Hey, keep off the grass! Go on, get outta here!
야, 잔디밭에 들어가지마! 어서, 나가!

- You're going to have to **keep off** it a couple of weeks.
  몇주간 그걸 멀리해야 할거야.

  Just try to **keep it off** your mind until then. 그때까진 그걸 맘속에서 멀리해.

■ **keep off sth**은 떨어진 상태로 유지한다는 말로 '멀리하다,' '피하다' 라는 의미.

Keep this to yourself.
이건 비밀이야.

- Now, you **keep this to yourself** while we work it out.
  우리가 해결하는 동안 이거 비밀로 해야 돼.

  You **keep this to yourself**! Not a word. 이거 비밀로 해. 한마디도 하지마.

  Nobody's gonna protect me. I mostly **keep to myself**.
  아무도 날 지켜줄려고 하지 않아. 대개 나 혼자 지내.

■ **keep sth to oneself**는 스스로에게 sth를 간직한다는 말로 '비밀로 하다,' '너만 알고 있어라' 등의 의미. 반대로 나한테 비밀로 하고 안알려줄 경우에는 keep sth from me라 한다. 반면 keep to oneself는 사람들과 어울리지 않고 '혼자 지내다' 라는 의미.

- **jock** 운동선수
  You said I was **a high school jock**.
  넌 내가 고등학교 운동선수라고 했어.
  Well, here come **the jocks** and cheerleaders. 어, 선수들과 치어리더가 온다.

- **juice sth up** 흥미를 느끼게 하다 *Where's the juice? 요점이 뭐야?(What's your point?)
  You **get juiced up** hearing them scream.
  넌 개네들이 비명지르는 것을 듣고 흥분했어.

I'm going to **juice up** this drink.
이 음료를 맛나게 먹을거야.

- **juicy** 재미있는, 매우 성적인
  Chris wanted to give us **the juicy details**.
  크리스는 성적으로 자세한 이야기를 해주고 싶어했어.
  My gossip's **too juicy to** wait.
  내 가십은 너무 야해 기다릴 수가 없어.

I'm sure he can't keep up with you.
걔가 널 따라갈 수 없다고 확신해.

- When I couldn't keep up with her, she gave me Viagra.
  내가 걜 따라가기 벅차니 내게 비아그라를 줬어.
- Stop trying to keep up with the Joneses.
  뱁새가 황새 따라가려다 가랑이 찢어져.

▬ **keep up with sb**는 '…에 뒤처지지 않도록 쫓아가다,' '…에 뒤지지 않다' 라는 의미로 경쟁관계를 밑에 깔고 있는 표현이다. 또한 keep up with the Joneses는 '남부럽지 않게 살다' 라는 뜻. 가장 흔한 이름중 하나인 Jones의 복수형을 쓴 표현이다.

Would you keep it down?
조용히 좀 해줄래요?

- Can you keep it down, please? 좀 조용히 해주라.
- Would you keep it down, she's gonna hear you! 조용히해, 걔가 듣겠다!

▬ **keep it down**은 '조용히 하다,' 혹은 '줄이다' 라는 뜻이 된다.

All right. Keep at it.
좋아. 끝까지 버텨.

- If we keep at it, we'll finish soon. 우리가 포기하지 않으면 곧 끝낼 수 있을거야.
- You may have failed, but you must keep at it.
  넌 실패할 수도 있어 하지만 끝까지 버텨야 돼.

▬ **keep at it**은 어렵고 힘들더라도 포기하지 말고 끝까지 버티고 견디다라는 말.

But why should that keep me up?
하지만 왜 그거 때문에 내가 잠 못자야 돼?

- It was something else keeping me up last night.
  지난밤에 잠 못잔 건 다른 것 때문이야.
- This whole dating drama has been keeping me up at night.
  이 연애드라마 때문에 간밤에 잠 못잤어.

▬ **keep sb up**은 sb를 up하게 한다는 말로, 즉 자지 못하게 않다는 의미로 '…을 잠못들게 하다' 라는 표현.

I do my part, earn my keep.
난 내 역할을 했고 생활비를 벌어.

- But some gifts are for keeps. 하지만 어떤 선물들은 오래가.
- She's not your keeper. She has no responsibility for you.
  걘 네 책임자가 아냐. 너를 책임질 의무가 없어.

▬ **earn one's keep**은 생활비를 벌다, for keeps는 영원히 (for ever) 그리고 be not one's keeper는 '…의 책임자가 아니다' 라는 말이다.

MORE EXPRESSION

How are you keeping?
어떻게 지내?

» kick

 I need to kick back and relax. 난 쉬어야겠어.

I kicked myself the entire night for doing it.
난 그걸 한거에 대해 밤새 자책했어.

- I could kick myself for giving him my money.
  걔한테 돈을 준 걸 자책할 지도 몰라.
- I kicked myself for not asking you out that summer.
  난 지난 여름 네게 데이트 신청을 안한 걸 자책했어.

▬ **kick oneself**는 스스로를 차다라는 말로 '자책하다' 라는 의미. 자책해야 될 짓을 for~이하로 적어주면 된다.

The press kicks politicians when they are down.
언론은 정치가들이 곤경에 빠졌을 때 비난을 해.

- Helen is sad. Don't kick her when she is down.
  헬렌은 슬퍼해. 어려울 때 뭐라하지마.

  It's a bad thing to kick people when they are down.
  사람들이 어려울 때 비난하는 것은 나쁜 일이야.

■ kick sb when sb are down은 쓰러져 있는 사람 패는 거 연상하면 되는 표현으로 '어려운 상황에 몰린 사람을 비난하거나 공격하다' 라는 의미.

We kicked around some ideas last night.
우린 지난밤에 여러 아이디어들을 검토했어.

- There were a lot of different ideas kicking around.
  토의해야 할 많은 다른 생각들이 있었어.

  Let's kick around some ideas before starting.
  시작하기전에 아이디어를 검토하자.

■ kick around는 '사람들의 의견을 알아보다,' '제안 등을 검토하다' 라는 의미로 많이 쓰이며, 그냥 물리적인 의미로 뭔가 '발로 패는 것'을 뜻할 때도 있다.

How about a little private party to kick things off?
작게 사적으로 개인파티를 열면 어때?

- All right, Tyra Banks is about to kick someone off.
  좋아, 티아라 뱅크스가 누군가를 내쫓을려고 해.

  Did I miss anything? Did they kick Giselle off?
  내가 뭐 놓쳤어? 걔네들이 지젤을 내쫓았어?

■ kick off는 축구에서 '킥오프' 라고 하듯 '어떤 회의나 행사 등을 시작하다' 라는 뜻으로 쓰인다. 물로 kick sb off의 경우에는 '내쫓다' 라는 뜻이 된다.

Blair, are you really gonna kick her out?
블레어, 정말 걜 쫓아낼거야?

- She kicked you out of her house? What happened now?
  걔가 널 집에서 쫓아냈어? 무슨 일인데?

  You want to get kicked out? 너 쫓겨나고 싶어?

■ kick out은 '내쫓다' 라는 뜻으로 get kicked out of school 하면 '학교에서 잘리다' 라는 말이 된다.

I need to kick back and relax.
난 쉬어야겠어.

- This is one of my favorite places to kick back.
  여기는 내가 좋아하는 쉬는 장소 중 하나야.

  Were they getting kickbacks? 걔네들이 뇌물을 받았어?

■ kick back은 느긋하게 쉬다(relax)라는 단순한 표현이지만 은밀한 거래속에서는 '뇌물을 주다,' 그리고 kick back하면 명사로 '뇌물' 이라는 단어로 쓰인다.

It'll take about 10 minutes to kick in.
효과가 나타나는데 한 10분 걸릴거야.

- If he feels trapped, his animal instinct's gonna kick in.
  함정에 빠졌다고 느끼면 개의 동물적 본능이 발휘될거야.

  Well, it usually takes an hour for a drug like that to kick in.
  어, 그런 약이 효과를 나타내는데는 한시간 정도 보통 걸려.

■ kick in은 '효력이 나타나다'(have an effect)라는 의미 그리고 '돈을 갹출하여 돕다'(chip in)라는 의미로 각각 쓰인다.

Ain't that a kick in the head?
정말 뽕가는 일 아냐?

- Oh. Well... Ain't that a kick in the head. 어, 저기… 정말 멋진 일 아냐.

  I guess I've just been waiting all this time for a good kick in the head. 난 정말 기분좋은 경험을 위해 지금껏 내내 기다려왔던 것 같아.

■ kick in the head는 정신적으로 기분 좋은 경험이나 일을 뜻한다.

Yeah, for kicks.
그래, 재미로.

- I do it **for kicks**. 난 재미로 한건데.
  She's doing it purely **for kicks**. 걘 그걸 순전히 재미로 해.
  Just kicking it. 좀 바쁘게 지내

■ **for kicks**는 '재미로' 그리고 do sth for kicks는 '장난삼아 하다' 라는 표현.

I thought you'd get a kick out of it.
난 네가 그것을 아주 즐길 줄 알았어.

- I thought you might **get a kick out of** seeing.
  난 네가 보는데서 즐거움을 느낄거라 생각했었어.
  You're going to **get a kick out of** me feeding you like a baby.
  넌 내가 널 아기처럼 먹이는걸 아주 좋아할거야.

■ **get a kick out of~**는 …로부터 즐거움을 얻는다라는 말로 '…을 아주 즐기다' 라는 표현. give sb a kick 또한 sb에게 즐거움을 주다라는 뜻이 된다.

It's a kick in the pants!
야 이거 예상치 못한 낭패야!

- Well... Ain't that **a kick in the pants!** 저기, 정말 뜻밖의 낭패야.
  You know what it's worth? **A kick in the teeth!**
  그게 무슨 가치가 있는 줄 알아? 뜻밖의 낭패야.

■ **a kick in the teeth**는 '예상치 못한 낭패', '감정을 상하게 하는 것'을 뜻하는데 동사형으로 쓰면 kick sb in the teeth [pants]라 하면 된다.

MORE EXPRESSION

kick and scream 싫다고 발버둥치다
kick the shit out of …을 개패듯이 패다
Get off that kick! 관심끄라구!
kick up a fuss 소란피다
be kicking it with …로 바쁘다

» kid

 Don't kid yourself? 장난해?

No, I'm just kidding. This is great.
아니, 농담야. 이거 대단해.

- **I'm just kidding.** It was a joke. 농담야. 조크였어.
  I'm just kidding. You look fine. 농담야. 너 좋아 보여.

■ **I'm just kidding**은 '그냥 농담야,' '농담 한번 해본거야' 라는 의미.

I'm not kidding.
정말이야.

- **I'm not kidding.** Those are their real names. 정말야. 그게 걔네 본명야.
  I'm not kidding. We think there's gonna be more.
  정말야. 우리는 더 있을거라 생각해.

■ **I'm not kidding**은 농담이 아니라 '정말야,' '진짜야' 라는 말로 상대방이 잘 믿지 않을 때 던질 수 있는 말.

You're kidding! Who is he?
농담매! 걔가 누구야?

- **You're kidding!** It took me forever to read that.
  정말야! 난 그거 읽는데 진짜 오래걸렸어.
  You're kidding! How did that happen? 장난매! 어쩌다 그렇게 된거야?

■ **You're kidding!**은 상대방을 불신하거나 의도를 모를 때 '농담하지마,' '장난하는거지?,' 그리고 약간 놀랐을 때 '정말야?' 라고 의미하는 표현.

You've got to be kidding!
농담매

- Oh, come on, you got to be kidding me. 이러지마, 너 나 놀리는거지.
  Oh. Uh, you have got to be kidding. I do not believe this.
  말도 안되는 소리, 난 안믿어.

■ You've got to be kidding (me) 역시 상대방 말이 믿기지 않거나 놀라운 소식을 접했을 때 '웃기지마,' '농담말아' 라는 뜻이 된다. You must be kidding!이라고 해도 된다.

Are you kidding?
농담하는거야?

- Are you kidding me? You want me to snitch? 농담해? 나보고 고자질하라고?
  Are you kidding? They're older than I am. 농담해? 걔네 나보다 나이었어.

■ Are you kidding (me)? 마찬가지로 상대방의 믿기지 않는 말에 '농담하는거야?' 혹은 '무슨 소리야?' 라는 말.

No kidding, is she here?
설마, 걔가 여기 있어?

- No kidding. How do they track the car? 농담이지. 어떻게 차를 추적한거야?
  A: They still love each other. B: Oh, no kidding.
  A: 걔네들은 서로 사랑해. B: 설마.
  No kidding. Those dudes are nuts. 너 농담해. 저녀석들 멍청이야.

■ No kidding 역시 같은 맥락의 표현으로 상대방의 말에 약간 놀라거나 혹은 사실확인시 '설마?,' '너 농담하내,' '진심야,' '농담이지?' 그리고 사람들 다 아는 사실을 이제야 알았냐라고 말할 때도 쓰이는데 이때는 '그걸 이제야 안거야' 라는 뜻이 된다.

I kid you not.
정말이야.

- A firing squad, I kid you not, was waiting for that kid back in Havana. 정말야, 총살집행대가 하바나에서 저 소년이 돌아오기를 기다리고 있었대.
  I kid you not. She's keeping it warm.
  정말이라니까 걘 그걸 따뜻하게 하고 있었어.

■ I kid you not은 난 널 놀리는 게 아냐라는 말로 자신의 말이 거짓이 아닌 진실임을 강조하는 표현.

You know, Jane used to kid me about you.
저기 말야, 제인이 너에 관해서 나를 놀리곤 했어.

- You wouldn't be trying to kid me, would you?
  지금 그 말을 나더러 믿으라는 건 아니지?
  It would be cruel to kid me. 날 놀리는 건 잔인한 걸거야.

■ kid sb는 sb를 '놀리다,' '약올리다' 라는 말.

Don't kid yourself?
장난해?

- Don't kid yourself. I'm the ultimate mercenary.
  내 말 정말야. 난 최고의 용병야.
  Don't kid yourself, honey. I didn't do it for you.
  정말야, 자기야. 난 자기 때문에 그런거아냐.

■ don't kid oneself는 '솔직해져라,' 혹은 '내말은 정말야' 라는 의미.

How's your kid?
애 어때?

- I'm not a kid anymore. 난 더 이상 어린애가 아냐.
  All you can do is love your kids.
  네가 할 수 있는 거라곤 네 아이들을 사랑하는거야.

■ a[one's] kid는 kid가 명사로 쓰인 경우로 어린 아이들을 말한다.

» kill

Oh, you're killing me here. 어, 너 날 왕짜증나게 하네.

Look at those thighs. I'd kill for Tina's thighs.
저 허벅지 좀 봐. 티나처럼만 되면 뭐든지 하겠어.

- I'd kill to have Ellis Grey as a mother.
엘리스 그레이가 내 엄마라면 원이 없겠어.

  Most people would kill to have that in their lives.
대부분의 사람들은 삶에서 그걸 가질 수 있다면 뭐든지 할거야.

■ would kill for+N[to do]는 강렬한 소망을 말하는 표현으로 '뭐든지 하겠다'라는 뜻으로 would do anything~과 같은 의미의 표현.

It wouldn't kill you to slow down a little.
조금 속도를 늦추어도 괜찮을거야.

- Well it wouldn't kill you to say it once in a while.
어, 가끔 그걸 말해도 괜찮을거야.

  It wouldn't kill you to acknowledge that some things are sacred. 어떤 것들은 성스럽다고 인정을 해도 상관없을거야.

■ It won't[wouldn't] kill sb to do~는 호언장담을 강조하는 표현으로 sb가 to 이하를 해도 죽지 않을 것이고, 즉 '…해도 괜찮을 것이다' 라는 말이다.

I'll stay married, even if it kills me.
난 죽어도 이혼하지 않을거야.

- I'll tell him the truth, even if it kills me. 죽더라도 진실을 말할거야.
  I'll finish writing the book, even if it kills me. 죽더라도 그 책을 끝낼거야.

■ (even) if it kills me는 '죽어도'라는 말로 자기가 하고자 하는 행동을 꼭 실천하겠다고 다짐하는 표현.

My head is killing me.
머리 아파 죽겠어.

- Suspense is killing me. 긴장감 때문에 미치겠어.
  The anticipation's killing me. 기대감 때문에 죽겠어.

■ kill sb는 주어로 신체부위가 오면 신체가 아파 죽겠다, 그리고 기타 다른 명사가 와서 sth kill sb하면 '…때문에 슬프거나 짜증나다'라는 말이 된다. 한편 sb kill sb하면 '매우 화나다'라는 표현이 된다.

Oh, you're killing me here.
어, 너 날 왕짜증나게 하네.

- Stop it! You're killing me! 그만해! 너 때문에 왕짜증난다!
  I hate you! You're killing me! 난 네가 싫어! 너 때문에 내가 미쳐!

■ You're killing me는 주어인 you가 나를 귀찮게 하고 짜증나게 한다는 표현. 또한 Kill me now(KMN)는 농담조로 난 쓰레기 같은 인간이니까 혹은 불행하니까 '죽여줘'라는 조크성 표현.

I made a killing.
나 떼돈 벌었어.

- They made a killing in Las Vegas. 걔네들 라스베가스에서 횡재했어.
  We are gonna make a killing tonight. 우린 오늘 횡재할거야.

■ make a killing는 아주 '큰 돈을 벌다,' '횡재하다'라는 의미.

I thought she and Hyde were just killing time.
걔하고 하이드가 그냥 시간보내는거라고 생각했어.

- I don't know, really. Just killing time, I suppose.
난 모르겠어, 정말. 그냥 시간이나 보낼까봐.
  I'm just killing time. 그냥 시간이나 보내고 있는거야.

■ kill time은 특정한 일을 하지 않고 그냥 시간을 죽치고 있는 것을 말한다.

I have come up with this killer idea.
난 아주 멋진 생각을 해냈어.

- We've got to throw you a killer bachelor party!
  네게 죽여주는 총각파티를 열어줘야겠어!
- This guy! He has a killer apartment. 이 친구! 걘 아파트는 아주 죽여줘.

■ killer는 살인자라는 명사도 되지만 구어체에서는 형용사로 '죽여주는,' '아주 멋진' 이라는 의미로 쓰인다.

He's training serial killers.
걘 연쇄살인범을 훈련시키고 있어.

- So he's our killer. Case closed. 그럼 우리가 찾는 살인자야. 사건종결해.
- Are you aware that viagra is a killer for men with heart problems?
  비아그라가 심장병이 있는 남자에게는 치명적이라는 걸 알고 있어?
- I heard Jack took your pain killers. 잭이 네 진통제를 가져갔다며.

■ killer가 원래 의미대로 쓰인 경우. 살인자는 뜻이고 연쇄살인범은 serial killer라 한다. 또한 경찰 살해범은 cop killer, 바람둥이는 lady killer 그리고 진통제는 painkiller라 한다.

It's really a major buzz-kill.
정말 분위기 확 깨게 하네.

- What are you, on buzz kill patrol tonight?
  너 뭐해, 오늘밤 기분잡치는 순찰야?
- You're right, buzz kill. This tells us next to nothing.
  네 말이 맞아, 이 기분잡치는 놈아. 이건 우리에게 아무것도 얘기해주지 않아.

■ buzz-kill은 분위기 깨는, 기분잡치게 하는 사람이나 혹은 그런 것을 뜻하는 속어.

This was a mercy killing.
이건 안락사였어.

- This wasn't a mercy killing. This was an execution.
  이건 안락사가 아냐. 처형였어.

■ mercy killing은 자비로운 살해, 즉 안락사를 말한다.

MORE EXPRESSION

kill two birds with one stone 일석이조
killer instinct 킬러본능
go in for the kill 결정타를 날리려하다

» kind

 We're two of a kind. 우리는 똑같아.

I'm not that kind.
난 그런 사람 아냐.

- Not that kind of shrink. 난 그런 종류의 정신과의사가 아냐.
- I guarantee you I am not that kind of attorney.
  내 장담하는데 난 그런 종류의 변호사가 아닙니다.

■ not that kind (of~)는 '그런 종류의 …가 아니다' 라고 자신의 진면목을 설명하는 표현.

It's one of a kind.
아주 귀한 거야.

- It's gotta be one of a kind. 그건 아주 귀한 것일거야.
- Isn't that a kind of sushi? 저건 일종의 스시아냐?
- We're two of a kind. 우리는 똑같아.

■ one of a kind는 보기 드문, 유례를 찾기 힘든이라는 표현. '일종의' 라는 a kind of와 헷갈리면 안된다. 또한 two of a kind하면 '아주 비슷한' 이라는 의미.

I said nothing of the kind.
난 그런 얘기를 안했어.

- No one said anything of the kind to Neil Armstrong.
  아무도 닐 암스트롱에게 그런 종류의 말을 하지 않았어.

  Get a chocolate cake, or something of the kind.
  초콜렛 케익 아니면 그런 종류로 가져와.

■ nothing[anything] of the kind는 앞에 말한 '그런 것이 아니다'라는 이야기이고 something of the kind는 앞에 말한 '그런 비슷한 것' 혹은 '그저 그런 것'이라는 뜻이 된다.

We kinda need to talk.
우리 좀 얘기해야겠어.

- We just actually kinda wanted to be alone. 우린 실은 좀 혼자 있고 싶어.
  You're such a kind person. 정말 친절하시네요.

■ kind of는 구어체에서 kinda로 표기되기도 하는데 의미는 '약간,' '좀'이라는 의미로 sort of[sorta]와 같은 뜻이다. 앞에 'a'가 붙지 않는다는 점에 주의해야 하며 또한 친절한이라는 의미의 kind와도 구분해야 한다.

» kink

 Let's see how kinky our guy was. 우리가 찾는 범인이 얼마나 이상한지 보자고.

I'm working out the kinks.
난 문제들을 해결하는 중이야.

- Don't worry, it's just a small kink. 걱정마, 쉽게 풀 수 있는 문제야.
  I kinked my hair. 난 머리를 꼬았어.
  How did it get a kink in it? 그안에 어떻게 비틀어진 선이 있는거야?

■ work out the kinks in~ 에서 kinks는 구부러진 것을 말하는 것으로 비유적으로 '문제'를 뜻한다. 따라서 전체 표현은 '조그만 문제들을 해결하다'라는 뜻이 된다.

Let's see how kinky our guy was.
우리가 찾는 범인이 얼마나 이상한지 보자고.

- People who are truly kinky never use the word kinky.
  진짜 킨키한 사람들은 절대로 킨키라는 말을 쓰지 않는다.

  I guess I always thought of myself as a little kinky.
  난 항상 조금 변태스럽다고 스스로 생각했었던 같아.

■ kinky는 좀 이상하다는 의미로 특히 '성적으로 특이한,' '변태스러운'이라는 뜻을 갖는다. be into kink는 이상한 섹스행위를 하다라는 말이 된다.

» kiss

 I never kiss and tell. 절대로 신의를 버리지 않아.

I'm not one to kiss and tell.
난 떠벌리는 사람은 아냐.

- Sorry, chief. I never kiss and tell. 미안해요, 반장님. 절대로 신의를 버리지 않아요.
  Had a great night last night. I don't like to kiss and tell.
  지난밤에 즐거웠어. 재미보고 떠벌리는 사람은 아냐.

■ kiss and tell은 신의를 저버리고 '서약을 깨다,' '비밀을 폭로하다'라는 말.

Leo's attitude was the kiss of death at his job.
레오의 태도는 직장에서 안좋은 결과를 가져올 것이었어.

- Meeting Bonnie was the kiss of life for her boyfriend.
보니를 만나는 건 걔 남친에게는 활력소였어.

  Wearing dirty clothes is the kiss of death at school.
더러운 옷을 입고다니는 건 학교에서 좋지 않은 결과를 가져올거야.

He was always a good kisser.
걘 언제나 키스를 잘했어.

- Yeah, I'm a good kisser. 그라, 난 키스를 잘해.
  Wow, you're an amazing kisser. 와, 너 키스 하나 죽여준다.

■ the kiss of death는 겉으로 보기에는 좋아보이나 파국을 가져오는 일을 말하며 the kiss of life는 인공호흡이나 비유적으로 희생시켜주는 행위를 뜻한다.

■ good kisser는 kiss를 잘하는 사람, 더 잘하는 사람은 amazing kisser, 그리고 입술과 혀를 구분못할 정도로 헤매는 사람은 bad kisser라 한다.

MORE EXPRESSION

kiss goodbye to 작별하다
kiss sth better 아픈 곳에 호호해주다

» knock

Knock yourself out! 좋은 시간 보내!

You could have knocked me over with a feather.
나, 정말 놀랐어, 쓰러질 뻔 했다니까, 기절안한게 다행이라구.

- Carley knocked the old lady over on the sidewalk.
칼리는 보도에 있는 노부인을 차로 쳤어.

  They knocked people over running out of the bar.
걔네들은 사람들을 때려눕히고 바에서 달려나왔어.

Knock it off!
그만 집어쳐!

- Knock it off. Come on. Move! 그만해. 제발, 움직이라고!
  All right, that's enough. Knock it off. 좋아, 그만하면 됐어. 그만해.

We were all knocked out.
우리 모두 뻗어버렸어.

- She's knocked out. She won't feel it. 걘 실신해서 그걸 느끼지 못할거야.
  A: Well, why didn't he rape her? B: She was knocked out.
A: 왜 그가 걜 강간하지 않은거야? B: 실신했거든.
  These girls were real knockouts. 이 여자들 정말 끝내준다.

Knock yourself out!
좋은 시간 보내!

- A: I need to use the restroom. B: Knock yourself out.
A: 화장실 좀 가야겠어. B: 좋은 시간 보내라구.
  A: Mind if we take a look? B: Knock yourself out.
A: 둘러봐도 돼? B: 맘대로 해

■ knock sb over with a feather는 '…을 깜짝 놀라게 하다' 라는 의미. knock over는 원래 차가 사람을 치거나, 때려눕히는 것을 말한다.

■ knock it off는 상대방보고 짜증나게 하는 행동을 그만하라고 하는 표현으로 주로 명령형태로 쓰인다.

■ be knocked out은 권투에서 KO라는 말로 완전히 나가떨어지다, 뻗어버리다, 실신하다라는 의미. knock sb out하면 sb를 나가 떨어지게 하다라는 말. 명사형으로 knockout하면 명사형으로 실신할 정도로 '멋진' 그리고 '끝내주는 여자' 를 말하는 속어.

■ knock oneself out은 스스로를 녹다운시킨다라는 말로 혼신의 힘을 다하다라는 뜻이지만 구어체에서는 '맘대로 해봐,' '좋은 시간 보내' 라는 뜻으로 많이 쓰이는데 가끔 비꼴때도 사용한다. 따라서 Don't knock yourself out하면 더 이상 애쓰지 말라는 말이 된다.

You knocked her up!
걔 임신시켰구나!

- What about the kid that knocked her up, huh?
  걔 임신시켰던 그 애는 어때?
- I should have knocked her up when I had the chance.
  기회가 있을 때 걔 임신시켰어야 했는데.

■ knock sb up은 '여자를 임신시키다'(to make a woman pregnant)라는 표현. get knocked up하면 '임신하다'가 된다.

I bet we could knock some sense into her.
우리가 걔가 분별있게 행동하게 할 수 있을거야.

- I wanna pay Eddie a visit, knock some sense into him.
  에디를 찾아가서 정신 좀 차리게 해야겠어.

■ knock some sense into sb[sb's head]는 'sb를 정신차리게 하다,' '분별있게 행동하도록 하다'라는 의미. knock이란 단어에서 느낄 수 있듯 좀 강제성이 느껴지는 표현이다.

I should knock your heads together.
난 너 정신 좀 차리게 해야겠어.

- Dad knocked our heads together when we fought.
  아빠는 우리가 싸울 때 서로 머리를 부딪히게 하면서 혼냈어.
- The police knocked some heads together to find the truth.
  경찰은 진실을 말하도록 하려고 사람들을 팼어.
- The new manager knocked some heads together.
  새로운 매니저가 아주 혼쭐을 냈어.
- That meal knocked our socks off. 그 식사가 너무 좋아서 우리는 까무라쳤어.

■ knock sb's heads together는 싸움을 말리고 정신을 차리게 하다(punish two people by pushing their heads together violently). 한편 knock some heads together는 혼쭐을 내다(scold severely)라는 표현. knock sb dead는 일반적으로 sb를 죽여줄 정도로 강한 인상을 주다, 뿅가게 하다 혹은 때려 죽이다. 또한 knock sb's socks off는 너무 좋아서 뒤로 까무라치다, 너무 놀라다라는 의미.

But I will, knock on wood.
하지만 그렇게 할게, 그렇게 계속 되길 빌어.

- You jinxed it. Quick, quick. Knock on wood.
  넌 그거에 징크스가 있잖아. 빨리, 빨리, 징크스를 깨야지.
- The storm may miss our area, knock on wood.
  폭풍이 우리 지역은 오지 않을 것 같아, 계속 이러기를.

■ knock on wood는 미신에서 유래된 표현으로 자신의 행복이 계속되길 그리고 불행이 그만길 바라는 맘에서 악마의 훼방을 받지 않도록 나무를 세 번 두드리는 데서 시작된 표현이다.

Let's knock off the jokes, all right?
농담 좀 그만해라, 알았니?

- I get to knock off an hour early today. 오늘 한시간 일찍 끝낼게.
- Knock off the fighting or I'll call the cops! 싸움 그만두지 않으면 경찰부른다!

■ knock off는 중간에 끝내다, 깎아주다.

Let's go knock down some walls.
가서 벽 좀 부수자.

- Hallway's knocked down. We're going in. 복도가 무너졌어. 우리가 들어간다.
- The city will knock down the old house because it's dangerous.
  시는 위험해서 오래된 집들을 철거할거야.

■ knock down은 '뭔가 때려 부수거나 쓰러트리는 것'을 말하며 또한 '차로 치다,' '값을 깎다'라는 뜻으로 쓰인다.

I'm gonna knock back this beer.
난 이 맥주를 빨리 마셔버릴거야.

- I feel like I can knock back a glass of wine. 와인 한잔 빨리 들이키고 싶어.
- They knocked back a lot of beer last night. 걔네들은 맥주를 엄청 마셨어.

■ knock back은 많은 양의 술을 빨리 들이켜 마시다라는 뜻.

MORE EXPRESSION
knockers 유방
knock sb for six 큰 타격을 주다
knock the stuffing out of 열의를 꺾다
knock one's head[block] off 호되게 때리다
take a knock 타격을 받다

» know

Wouldn't you just know it? 그걸 몰랐단 말야?

I know what I'm doing.
나도 아니까 걱정하지마.

- Nate, it's okay. I know what I'm doing. 네이트, 괜찮아. 내가 알아서 할게.
  I know what I'm saying. 나도 알고 하는 말이야.

Could have dyed his hair for all I know.
걘 아마 염색했을지도 몰라.

- For all I know, that guy's my soul-mate.
  아마도 저 남자가 내 소울메이트일지 몰라.
  She could be in the CIA for all we know. 걔는 CIA일 수도 있어, 누가 알겠어.

I wouldn't know.
알 도리가 없지.

- I wouldn't know. I work from home. 내가 그걸 어떻게 알겠어. 난 집에서 일해.
  I wouldn't know. This is all I have. 내가 어떻게 알아. 이게 내가 갖고 있는 전부야.

Wouldn't you just know it?
그걸 몰랐단 말야?

- Which, wouldn't you know it? It's me. 몰랐단 말야, 그거 나야.
  Wouldn't you know it, we all hit traffic on the way.
  젠장, 우리 모두 차가 막혔어.

Before you know it, you'll be all upset.
순식간에, 넌 뒤집어질거야.

- We're gonna get real intimate before you know it.
  우린 금새 정말 친밀해질거야.
  I'll be there and back before you know it. 순식간에 갔다올게.

Do I know you?
저 아세요?

- Don't I know you from somewhere? 어디선가 만난 적이 있지 않나요?
  Do you two know each other? 두 분 아는 사이세요?

Don't I know it. So what's the plan?
말 안해도 알아. 그래 계획이 뭐야?

- A: It'll happen. B: Yeah, don't I know it? A: 그렇게 될거야. B: 그래, 나도 알아.
  It's been very tough. Don't I know it! 정말어렵대. 정말이라니까
  Don't I know it. We face many problems. 정말이야. 많은 문제가 있어.

■ I know what I'm doing 은 상대방이 날 못미더워해 간섭하는 경우에 쓰는 말로 '내가 다 알아서 해,' '나도 아니까 걱정하지마' 라는 표현. I know what I'm saying 역시 '알고 하는 말이야,' '내가 알아서 얘기한다구' 라는 말로 같은 맥락의 표현이다.

■ ~ for all I know는 자기 말에 확신이 없을 때 하는 말로 '아마도 …일지 모른다,' '…인지 누가 알아' 라는 의미.

■ (I) wouldn't know는 '내가 (그걸) 어떻게 알겠니' 라는 말로 그냥 I wouldn't know라고 해도 되고 know 다음에 명사나 if절을 연결해도 된다.

■ Wouldn't you (just) know it은 한마디로 that's ironic하다는 말이며 또한 뭔가 실망했을 때 '저런,' '이런' 이란 뜻으로 사용된다.

■ before you know it은 '순식간에,' '눈깜짝할 사이에' 라는 표현.

■ know sb는 엄밀히 말해서 직접 만나서 알고 있다는 의미. 이야기나 소식을 통해 혼자 알고 있는 경우는 know of를 쓰면 된다.

■ Don't I know it?은 자신도 아는 걸 상대방이 말할 때 대꾸하는 표현으로 '말 안해도 나도 알아,' '그런 것쯤은 말 안해도 알아' 라는 의미이고, Don't I know it하면 정말이야!(I'm serious. It's true)라는 의미.

Don't you know?
정말이라니깨

- **Don't you know?** They just said the president died.
  몰랐어? 사장님이 죽었대.
  Don't you know it yet? You love me, Jack.
  그거 아직 몰랐어? 넌 날 좋아해, 잭.

Nobody knows.
아무도 몰라.

- **Who knows?** Maybe we'll wind up getting married someday.
  누가 알겠어? 언젠가 우리가 결혼하게 될지 몰라.

Who knows what they talk about in bed?
걔네들이 침대에서 뭘 얘기하는지 어떻게 알겠어?

- **Who knows where** he went to find another victim.
  걔가 다른 피해자를 찾으러 어디로 갔는지 누가 알겠어.
  Lord knows I've tried. 나도 정말 할만큼 했어.

He knows what's what.
걘 진상을 알고 있어.

- Talk to Chris. He **knows what is what**. 크리스에게 말해. 걘 다 알고 있어.
  I'm new here, so I don'**t know what is what**.
  난 여기가 처음이라 뭐가 뭔지 모르겠어.

He's a real know it all.
걘 너무 잘난 척해.

- And you still **know it all**. 넌 여전히 아는 척하네.
  I'm smart but I'm not **a know-it-all**.
  내가 똑똑은 하지만 뭐든지 다 알지는 못하지.

How should I know?
내가 어떻게 알겠어?

- She didn't know, **how should I know?** 걔도 몰랐는데, 내가 어떻게 알아?
  A: Where does he keep it? B: **How should I know?**
  A: 걔가 그걸 어디에다 숨겨놨어? B: 내가 어떻게 알아?

How do I know?
내가 어떻게 알아?

- A: What is it? B: **How do I know?** A: 그게 뭔데? B: 내가 어떻게 알아?
  How do I know when it's gonna start? 그게 언제 시작할지 내가 어떻게 알아?
  A: That's not who we are. B: **How was I to know?**
  A: 우리는 그런 사람이 아냐. B: 내가 어떻게 알았겠어?

■ **Don't you know?**는 자신은 모르지만 상대방은 알고 있을거라 생각하에 '네가 알고 있지 않니?', '무슨 말인지 알지?'라는 말이고 그리고 Don't you know sth?하면 '…을 몰랐단 말이야?'라는 의미.

■ **Who knows?**는 '누가 알겠어?'라는 말로 아무도 모른다는 표현. God (only) knows!, Nobody knows, Heaven[Lord /Christ/Hell] knows!, 그리고 One never knows와 같은 의미.

■ **Who knows what [where~]?**은 앞의 표현에 알수 없는 내용을 붙여서 말하는 경우로 Who knows 다음에 what [where~] 등의 절을 붙이면 된다. God[Lord] knows what~도 같은 의미. 단 that 절이 이어지면 '정말이지 …하다'라는 의미.

■ **know what's what**은 무엇이 무엇인지 알고 있다는 말로 '진상을 잘 알고 있다,' '분별력이 있다'라는 의미.

■ **know it all** 모든 걸 다 안다는 건 불가능한 일. 따라서 know it all이면 '너무 잘난 척하다,' 또한 명사로도 쓰여 '잘난척하는 사람'이란 뜻으로도 쓰인다.

■ **How should I know?**는 도저히 모르는 어떤 일에 대해 상대방이 물어보는 경우 짜증 섞인 말투로 '내가 어떻게 알아?,' '내가 알고 있을 리가 없지'라는 의미.

■ **How do I know?**는 내가 어떻게 알아?, How did I know?는 '내가 어떻게 알았겠어?' 그리고 How was I to know?는 약간 변형조로 '내가 어떻게 알수 있었겠니?'라는 문장이다. 물론 how do I know 다음에 wh~절이 이어져 역시 알수 없는 내용을 구체적으로 덧붙일 수 있다.

I don't know him from Adam.
나 그 사람 전혀 몰라.

- After many years apart, she didn't know her son from Adam.
오랜기간 떨어져 있어서 걘 자기 아들이 누구인지 전혀 몰랐어.

■ not know sb from Adam은 sb가 누구인지 전혀 모른다고 강조하는 표현.

You know better than that.
알만한 사람이 왜 그런 짓을 해.

- You know better than to bother me here.
날 괴롭히면 안되는 정도는 알지 않아.

I should know better than to keep a beautiful woman waiting.
아름다운 여인을 기다리게 해서는 안되는 건데.

■ know better than to+V는 모양새는 전혀 부정어가 없지만 실상 내용은 '…할 정도로 어리석지는 않다'라는 의미이다.

Old enough to know better.
나잇살이나 먹었으니 알 건 알아야지.

- I was 8! I was too young to know better!
난 8살이야! 알아야 될 걸 알기엔 너무 어려!

I haven't observed religious holidays since I was old enough to know better. 철이 든 이후로는 종교휴일을 지키지 않았어.

■ old enough to know better는 직역하면 더 잘 알 정도로 충분히 나이가 들은이라는 의미로 역으로 말하자면 '철이든,' '나이가 된'이라는 의미.

Not that I know of.
내가 알기로는 그렇지 않아.

- Not that I know of, but I'm kind of sloppy with them.
내가 알기로는 안그렇지만 확실하지가 않아.

No, not that I recall. No. 아니, 내가 기억하기로는 아냐.

■ not that I know of는 내가 알기로는 그렇지 않다는 말로 제한적 부정답변. 참고로 that 다음에 know of만 오는 것은 아니다. not that I recollect [recall], not that I remember 등 다양하게 쓰일 수 있다.

What do you know for sure?
네가 뭘 확실히 아는데?

- Let's do math. What do you know? 머리 굴려봐. 알고 있는게 뭔데?
What's going on? What do you know? 무슨 일이야?
What do you know about his history with women?
걔 여성편력에 대해 너 아는 거 있어?
How do you know about Alison? 앨리슨 일은 어떻게 알았어?

■ What do you know?는 '(about) …에 대해 아는 것 있어?'라는 기본적 의미외에 문맥에 따라 '놀랍군,' 또는 '네가 뭘 안다고!'라는 뜻으로 쓰인다는 점에 주목해야 한다. 단순한 정보를 구할 때는 What else do you know about~? 혹은 How do you know about~?이란 표현도 쓴다.

 놓치면 원통한 미드표현들

- **junkie** 마약중독자(junky)
So you think these guys were junkies?
그래 넌 이친구들이 마약중독자란 말이야?

- **(down) on one's knees** 무릎을 꿇고
Get down on your knees! 무릎 꿇어!
On your knees. Hands behind your head.
무릎꿇어, 손은 머리 뒤로 하고.

- **take sb out at the knee** 무릎을 한 대 쳐주다

I was gonna take her out at the knees.
난 걔를 무릎으로 한 대 쳐주려고 했어.

- **go under the knife** 수술을 받다
I'm going to be under the knife.
난 수술을 받을거야.

- **have knowledge of** …을 알고 있다
We have knowledge of a misconduct.
우리는 불법행위에 대해 알고 있어.

How do you know anything about physics?
물리학에 대해 어떻게 아는거야?

- Excuse me, do you know anything about this stuff?
  저기, 이거에 대해 뭐 아는 거 있어?

  Do you know anything about where Sylvia went yesterday?
  실비아가 어제 어디갔는지 아는 거 있어?

■ Do you know anything about~?은 '…에 대해 아는거 있어?' 라는 말로 앞에 How를 붙이면 '…에 대해 어떻게 알아?' 라는 의미가 된다.

What's to know?
뻔하잖아?

- What's to know about the downtown area? 시내지역은 뻔한 거 아니야?
  What's there to know about our new boss? 새로운 사장 뻔할 뻔짜야.

■ What's (there) to know?는 뻔한 것을 물어보는 상대방에게 핀잔을 주면서 하는 말로 '뻔하기 아냐?' 라는 말.

Just I'm a federal agent, you know.
저기 말야, 난 연방요원이야.

- You know, nothing seemed out of the ordinary.
  저말이야, 아무것도 비정상인 것으로 보이지 않았어.

  Well, as you know, I was 16. 저기, 알다시피, 난 16살이야.

  As you know, I am not a lover of war.
  알다시피, 난 전쟁을 좋아하는 사람이 아냐.

■ You know는 '말야' 라는 말로 말하던 중 적절한 말이 떠오르지가 않아 더 이상 설명하기 곤란할 때 하지만 상대방은 내가 무슨 말을 하는지 알수 있을 거라는 전제하에 하는 말로 '무슨말인지 알지?,' '말안해도 알지?' 라는 말. 또한 as you know는 '알다시피' 라는 표현.

You know what?
그거 알아?, 근데 말야?

- Ok, you know what? We can take a break.
  좋아, 그거 알아? 우린 쉴 수 있어.

  You know something? 하나 알려줄까?

■ You know what?은 뭔가 소식을 전하면서 상대방의 주의를 끄는 표현으로 '저 말이야,' '근데말야' 에 해당되는 표현. You know something?(너, 그거알아?) 또한 같은 기능의 표현.

You want to know something?
뭐 알고 싶지 않아?

- You want to know something about my book?
  내 책에 대해 뭐 알고 싶지 않아?

  Stop saying that you're sorry! You want to know something?
  미안하다는 말 그만해! 궁금하지 않아?

■ (Do you) Want to know something?도 역시 뭔가 새로운 정보를 말하면서 상대방의 호기심을 자극하기 위해 하는 말로 '뭐 알고 싶지 않니?,' '궁금하지 않아?' 라는 말.

You never know.
그야 모르잖아.

- But you never know, do you? 하지만, 모르는 일이잖아, 그렇지?
  You never know when he's going to come back.
  걔가 언제 돌아올지 모르는 일이야.

■ You never know는 격려용 문장으로 앞으로의 일이 확정되지 않았기 때문에 아직 희망이 있다라는 말로 '그야 모르잖아,' '그야 알 수없지,' '누가 알아,' '아마도' 라는 의미로 불가능하지 않으니 아직 포기하지 말라는 뜻이 함축되어 있다. 또한 You never know 다음에 S+V의 절을 연결할 수도 있다.

I don't know what hit him.
걔가 뭐 때문에 그렇게 놀랐는지 모르겠어.

- Those idiots don't know what hit them. 저 바보들은 어리둥절하고 있어.
  I don't know what hit me when I was walking.
  내가 걷고 있을 때 뭔가 날 쳤는지 모르겠어.

■ not know what hit sb는 전혀 예상밖의 일이 일어나서 너무 놀라고 혼란스러워 한다는 구어체 표현.

He's been known to accomplish things.
걘 일을 성공리에 마치는 것으로 알려져 있어.

- That's been known to happen. 그렇게 될거라고 알고들 있어.
  I've known Herman to drink too much beer.
  허먼이 그렇게 술을 많이 마시는 것을 본 적이 있어.

■ I've known A to do sth는 '…가 …하는 것을 본 적이 있어'라는 말. 수동태형인 A has been known to~가 많이 쓰인다. 의미는 A는 '…로 잘 알려져 있다'라는 말.

I know my way around a sailboat.
난 요트에 대해 잘 알고 있어.

- I know my way around a razor blade. 면도날에 대해 잘 알고 있어.
  He knows his way around. 걔는 사정을 훤히 알고 있어.

■ know one's way around sth은 자기주변을 알고 있다는 말로 비유적으로 '사정을 훤히 알고 있다,' '자기가 할 일을 잘 알고 있다'라는 의미로 쓰인다.

I don't know about you, but I'm nervous.
넌 어떨지 모르겠지만, 난 떨려.

- I don't know about you, but that sounds like a marriage to me.
  넌 어떻게 생각할지 모르겠지만, 내게 결혼으로 들리는데.
  I don't know about you, but I never wrote in anyone's yearbook.
  넌 어떨지 모르겠지만 난 누구의 연감에도 글을 쓰지 않았어.

■ I don't know about you, but~은 상대방과 다른 자기 감정이나 생각을 말하기 앞서 상대방에게 가볍게 예를 갖추는 표현법. '넌 어떻게 생각할지 모르겠지만,' 혹은 '넌 어떨지 모르겠지만' 이라는 뜻이다.

Well, if I didn't know any better, I'd think I cared.
어, 내가 좀 더 알지 못했다면 내가 신경을 쓰고 있다고 생각했을거야.

- If I didn't know any better, I'd think you were a good guy.
  내가 좀 더 알지 못했다면 네가 좋은 사람이라고 생각했을거야.
  If I didn't know any better, Mr. Gibbs, I'd think you were avoiding me. 좀 더 알지 못했다면 깁스, 날 피하고 있다고 생각했을거예요.

■ if I didn't know any better는 내가 좀 더 알지 못했다면이라는 가정법 조건절. 반대로 해석하자면 '내가 그나마 좀 알아서 …라고 생각(말)하지 않다'라는 의미가 된다.

Just so you know, I'll be home late.
참고로 말하는데, 난 오늘 늦어.

- Just so you know, the police are outside.
  혹시나 해서 그러는데 경찰들이 밖에 와있어.
  Just so you know, it's going to rain this afternoon.
  그냥 말하는건데, 오늘 오후에 비올거래.

■ just so you know는 상대방이 모를 듯한 정보를 이야기 하면서 '그냥 참고로 말하는데,' 혹은 '그냥 알아두세요'라는 뉘앙스.

I knew it. You got a boyfriend.
그럴 줄 알았어. 너 남친있구나.

- I knew it. I told you. 그럴 줄 알았어. 내가 말했잖아.
  I knew it! You need more time! 그럴 줄 알았어! 넌 시간이 더 필요해!

■ I knew it은 자기가 생각했거나 예상했던대로 일이 벌어졌을 경우 '내 그럴줄 알았어'라고 잘난척 하는 표현.

Well, we are known for our cheesecake.
저기, 우리는 치즈케익으로 잘 알려져 있어.

- Was he known for carrying around that much money?
  걔는 그렇게 돈을 많이 지니고 다니는 걸로 알려져 있었어?
  She's a well-known pro-life attorney. 걘 낙태반대 변호사로 유명해.

■ be known for는 '…으로 유명한,' '잘 알려진' 그리고 well-known은 '유명한'이라는 말.

I didn't know that.
모르고 있었지 뭐야.

- **I didn't know that.** That's fantastic. 몰랐는데 정말 끝내주네.
  I didn't know this was a competition. 이게 시합인지 몰랐어.
  I don't know about that. I've got a lot of stuff I need to do.
  글쎄. 난 해야 할 일 엄청 많아.

I don't know what to do.
어떻게 해야 할 지 모르겠어.

- **I don't know what else to** do. 달리 어떻게 해야 할 지 모르겠어.
  I don't know what to do about it. 그걸 어떻게 해야 할지 모르겠어.

I want you to know I appreciate it.
내가 고마워한다는 걸 알아줬으면 해.

- **I want you to know that** I'm dealing with it. 내가 그걸 처리할테니 그리 알아.
  I want you to know that you have friends around here.
  넌 여기에 친구들이 있다는 걸 네가 알았으면 해.

But the first thing I'd like to know is, who are you?
먼저 내가 알고 싶은 건, 넌 누구야?

- **What I'd like to know is** how did William know to get out of town. 내가 알고 싶은 건 어떻게 윌리엄이 시내를 빠져나가는 방법을 알았냐는거야.

Let me know if you need anything else.
뭐 필요한거 있으면 알려줘.

- **Let me know if** you find my foot cream. 발에 바르는 크림 찾으면 알려줘.
  Let me know how that goes for you. 저기, 그게 너한테 어떻게 되가는지 알려줘.

You can't know what's wrong.
넌 뭐가 잘못됐는지 이해못해.

- **You can't know where** I am all the time. 항상 내가 어디에 있는지 넌 알길이 없어.
  You can know who you had sex with. **You can't know** who she is. 넌 네가 누구랑 섹스했는지 알 수 있지만, 걔가 어떤 애인지는 알 수가 없을거야.

 놓치면 원통한 미드표현들

- **kudos** 명성, 영광
  I think I deserve some **kudos** for my selfless courage. 나의 이타적 용기에 명예를 얻을 만하다고 생각해.
- **crack one's knuckle** 손가락을 꺾다
  Does **the knuckle-cracking** bother everybody? 손가락 꺾는 소리가 그렇게 듣기 싫으니?
- **knuckle under** 항복하다
  Knuckle under, my ass. 항복해, 이놈아.
- **rap sb on[over] the knuckles** …을 비난하다, 자로 너클을 때리다
  She **raps her knuckle to** emphasize the last three words. 걘 마지막 세단어를 강조하려 손으로 테이블을 쳤어.

■ **I didn't know that**은 몰랐다라는 말이고 구체적으로 모르고 있는 내용을 말하려면 I didn't know that S+V라 써주면 된다. 한편 I don't know about that은 글쎄, 잘 모르겠어라는 뜻.

■ **I don't know what to do~**는 I don't know와 what to+동사가 결합된 것으로 뭘해야 할지 몰라 당황스러울 때 사용.

■ **I want you to know that~**는 상대방에게 '네가 …을 알았으면 해'라는 표현. 좀 더 격식을 갖추려면 I'd like to let you know~라고 하면 된다.

■ **What I would like to know is~**는 '내가 알고 싶은 것은 …야' 그리고 The first thing you need to know is that~는 '먼저 네가 알아둬야 할 것은 …이다' 라는 뜻.

■ **Let me know**는 상대방에게 '알려달라'는 말로 간단히 let me know that이라 해도 되고 혹은 Let me know if[what]~으로 써도 된다.

■ **You can't know**는 경고성 멘트로 '알면 다쳐' '알아선 안돼,' '알려고 하지마' 라는 의미. You can't know wh~ S+V하면 '넌 …을 이해못해,' '알 수가 없어' 라는 말.

MORE EXPRESSION

known associates 관련자 범인의 친구나 공범
in the know 잘 알고 있는
I know where it's at. 핵심이 뭔지 알아.
know right from wrong 옳고 그른 것을 가릴 줄 안다
You don't know where it's been. 어디서 굴러다니던 건지도 모르니.
I know it all from A to Z 처음부터 끝까지 다 알아

» lame

That's so lame. 그거 재미없어.

That's so lame.
그거 재미없어.

- My parents. They're so lame. 부모님, 정말 재미없어.
  Maybe it's one of Jill's lame friends. 아마도 질의 지루한 친구중 하나겠지.

■ sth[sb] be lame은 주어가 지루하거나 재미없거나 좋지 않다고 말하는 구어체표현.

Another lame excuse for criminal behavior?
범죄행위에 대한 또다른 구차한 변명야?

- What kind of a lame excuse is that? 그건 또 어떤 종류의 구차한 변명야?

■ lame excuse 어떤 설명이나 변명이 lame하다고 하는 것. 이때의 lame은 '뻔한,' '구차한' 이라는 의미이다.

» language

Watch your language! 말 조심해!

We're talking the same language.
우린 이제 얘기가 통하네

- We are not speaking the same language. 우린 전혀 통하지 않아.
  You're talking my language. 넌 나하고 말이 통해

■ talk[speak] the same language는 같은 말을 한다는 것으로 '이제 얘기가 통한다,' '뜻이 맞다' 라는 표현. talk[speak] one's language라고도 한다.

Watch your language!
말 조심해!

- **Watch your language,** young lady. What did Larry want?
  말조심해, 젊은 아가씨, 래리가 뭘 원했어?

  Watch your language. There're ladies present. 말조심해. 숙녀분들 계시잖아.

■ watch one's language 는 말을 함부로 하지말라는 의미. '말조심하다' 가 된다.

» lap

When did this fall into your lap? 이 좋은 기회가 언제 굴러들어온거야?

He got into shape by swimming laps at the gym.
걘 체육관에서 수영으로 몇바퀴돌면서 몸을 만들었어.

- You two **run five laps** around the field. 너희 둘 필드 주변을 다섯바퀴 돌아라.
  Ricky was always the fastest kid to **do a lap**.
  리키는 항상 한바퀴 도는데 가장 빨랐어.

■ do[run, swim] a lap은 동그란 지역을 한바퀴 돌아보다 혹은 풀장의 한쪽 끝에서 다른 끝까지 수영하다라는 의미.

He stole the money to live in the lap of luxury.
걘 사치스럽게 살려고 돈을 훔쳤어.

- Paris Hilton was born **into the lap of luxury**.
  패리스 힐튼은 편하고 사치스럽게 즐길 수 있도록 태어났어.

■ in the lap of luxury는 부유하게 자라서 편하고 사치스럽게 즐기는(enjoying a good life with expensive things)이라는 의미.

Can't believe the press is lapping it up.
언론이 이렇게 즐겨 다루다니 믿기지 않아.

- The press **is lapping up** the scandal. 언론은 그 스캔들을 즐겨 받아들이고 있어.
  Lena **lapped up** all the gossip she heard. 레나는 자기가 들은 모든 가십들을 즐기고 있어.

■ lap sth up은 '…을 즐겁게 받아들이다,' '즐거워하면서 더 많은 걸 원하다' 라는 말로 파파라치들이 제공하는 가십이나 사진들을 즐기면서 맘속으로 더, 더를 외치는 사람들을 떠올리면 된다.

Don't dump your problems into my lap.
네 문제를 내가 책임지도록 떠넘기지마.

- This money just **dropped into my lap**.
  이 돈은 방금 내가 책임지게 됐어.
  Do you expect a job to **drop into your lap**?
  네가 어떤 일을 책임질거라 기대해?

■ drop[dump]~ in sb's lap은 '…가 책임지도록 맡기다'

When did this fall into your lap?
이 좋은 기회가 언제 굴러들어온거야?

- These opportunities **fell into Anna's lap**.
  이런 기회들이 애나한테 굴러들어왔어.
  A perfect guy is going to **fall into your lap**.
  완벽한 훈남이 너한테 굴러 들어올거야.

■ sth fall[drop] into sb's lap은 '좋은 기회가 …에 굴러들어오다.'

» last

That's the last straw. 더 이상은 못참아.

That's the last straw.
더 이상은 못참아.

- It's the last straw, so she kills herself. 더 이상 참을 수 없어. 걔는 자살했어.
  It was the last straw, and mom left him. 더는 못참고 엄마는 걜 떠났어.

The last thing I want to do is make him angry.
가장 원치않는 일은 걜 화나게 하는거야.

- The last thing I want to do is see my ex-boyfriend.
  가장 원치않는 일은 전남친을 보는거야.

When was the last time you saw him?
마지막으로 걜 본게 언제인가요?

- When was the last time you did talk to him?
  네가 개하고 마지막으로 얘기한게 언제야?
  The last I heard, Paul ran off with someone's wife.
  최근에 들은 소식에 의하면 폴은 다른 사람의 아내와 달아났대.

■ That's the last straw는 해야하는 일이지만 불쾌하거나 바람직하지 않은 일로 어떤 일에 대해서 도저히 더 견디지 못해서 하는 말로 '해도해도 너무 하는군,' '더 이상 못참겠어'라는 말.

■ The last thing I want to do is + V는 '내가 제일 하기 싫은 일은 …하는 거야'라는 의미로 강한 거부감을 나타내는 표현.

■ When was the last time (that)~?은 '마지막으로 … 한게 언제였죠?'라고 물어보는 것으로 역시 미드범죄수사물에 많이 나오는 문장이다. 또한 ~the last I heard는 가장 늦게 다시말해서 가장 최근에 들은 것이다라는 의미.

MORE EXPRESSION
for the last time 마지막으로
last of all 최후에
last for …동안 지속하다
last-minute 마지막 순간의

» laugh

Don't make me laugh! 웃기지 좀 마!

This is no laughing matter.
웃을 일이 아니야.

- Your safety's no laughing matter. 너의 안전은 웃을 일이 아니야.
  You'll be laughing about it soon enough. 곧 그거에 대해 웃게 될거야.

Don't make me laugh!
웃기지 좀 마!

- I want to be mad. Don't make me laugh. 나 미치고 싶어. 웃기지 좀 마.
  Don't make me laugh. I'm being photographed. 웃기지 마. 난 사진찍어.

You make me laugh, cause you're silly!
너 진짜 웃기고 있네, 너 바보잖아!

- I enjoy you because you make me laugh. 네가 웃기니까 너랑 같이 있는게 좋아.
  You make me laugh when you are angry. 네가 화나면 정말 웃겨.

■ be no laughing matter는 사태가 심각하다는 걸 상기시키려는 표현으로 '웃을 일이 아니다'라는 표현. 또한 You'll be laughing은 일이 다 잘될거다라고 위로하는 표현. 물론 그냥 웃거나 비웃다라는 뜻도 된다.

■ don't make sb laugh는 상대방이 부적절한 말을 했을 때 대꾸하는 말로 '웃기지 좀 마,' '웃음밖에 안 나온다'라는 표현.

■ You make me laugh 역시 상대방이 어처구니없고 엉뚱한 말을 할 때 하는 말로 '진짜 웃긴다,' '웃기고있네'라는 표현.

MORE EXPRESSION
have the last laugh
마지막으로 웃는 사람이 승자
laugh up one's sleeve
혼자 웃다
be laughed out of court
무시되다
That's a laugh. 웃기지마.

» lay

I wanna get laid. 나 섹스하고 싶어.

Could you lay off, please?
그만 좀 할래요?

- Let's **lay off** Ted, all right? 그만두자고, 테드, 알았어?
  The wife wouldn't **lay off** until he did something about it.
  · 아내는 걔가 그것에 대해 뭔가 조치를 취하기 전까지는 이야기를 끝내지 않을거야.

I wanna get laid.
나 섹스하고 싶어.

- You called me to ask me to how to **get laid**?
  섹스 어떻게 하는 건지 물어보려고 전화한거니?
  I wouldn't pay her for **a lousy lay**. 섹스가 형편없으면 돈을 지불하지 않을거야.

I say we lay low.
우리 숨자고.

- He can't **lay low** for long. 걘 오래 숨어지내지 못할거야.
  We had to find a place to **lay low**. 우린 숨어지낼 곳을 찾아야만 했어.

Tony laid a trap for her.
토니는 걔한테 함정을 놓았어.

- A: The best **laid plans**. B: Tell me about it.
  A: 가장 잘 짜여진 계획이야. B: 누가 아니래.
  He predicted satan's armies would come and **lay siege to** us.
  걘 사탄의 군대가 쳐들어와 우릴 포위할거라 예언했어.

Then I'll just lay out my situation.
그럼 내가 그냥 내 상황을 설명해줄게.

- I will **lay out** four possible choices. 내가 4가지 가능한 초이스를 설명해줄게.
  Now I'm **laying out** six hundred dollars a month for it.
  지금 난 거기에 월 600달러를 지출해.

■ **lay off**는 경제기사에 나오면 해고하다이지만 일반 구어체에서는 다른 사람들 짜증나게 하는 것을 '그만두다' 라는 뜻. 주로 명령형태로 많이 쓰이며 lay off sth 하게 되면 일시적으로 중단하는 것을 뜻한다.

■ **get laid**는 속어로 '섹스하다'(have sex)라는 말. 또한 lay를 명사로 써서 lay하면 섹스파트너를 말하는 것으로 a great[good, easy] lay 등으로 쓰인다.

■ **lay low**는 몸을 낮추고 있다는 의미에서 '숨어지내다,' '잠수하다' 라는 의미.

■ **lay plans**는 '계획을 짜다,' '세우다,' lay a trap은 '함정을 놓다' 라는 말이 된다. 또한 lay siege to는 '포위하다.'

■ **lay out**은 다양한 의미로 쓰이는데 '자세히 설명하다' 또는 '돈을 쓰다'(spend)라는 뜻을 알아둔다.

MORE EXPRESSION

lay eyes on …을 보다
lay sth on the line 솔직하게 말하다

» lead

All right. Lead the way. 좋아, 앞장서.

Get the lead out!
서둘러!

- **Get the lead out** and we can finish this race. 서두르면 이 경주 끝낼 수 있어.
  The manager told everyone to **get the lead out**.
  매니저는 모두에게 서두르라고 했어.

■ **get the lead out**은 주머니에 있는 납을 빼라는 말로 '빨리하다,' '서두르다' 라는 의미. 속어로 shake the lead out이라고도 한다.

He's asking a leading question.
그는 유도 심문을 하고 있습니다.

- Did you ask him leading questions? 걔한테 유도심문을 했어요?
  You do know that was a leading question, right?
  그게 유도심문인지 알죠, 맞죠?

■ leading question은 법정 드라마 용어로 검사나 변호사들이 사용하는 것으로 '유도심문'을 뜻한다.

One thing led to another and we had sex.
어찌어찌 하다보니 우린 섹스를 했어.

- I missed my exit, flew off the overpass, and one thing led to another. 어떻게 하다보니 출구를 지나쳐 고가도로를 타게 됐어.

■ one thing led to another 는 '어쩌다 보니 일이 꼬리에 꼬리를 물어서,' '어찌어찌하다보니,' '이래저래 하다보니' 라는 표현.

Police have no leads.
경찰에선 단서를 찾지 못했대.

- So we have no leads? 그럼 우린 단서가 없는거야?
  Well, 4 days, no leads, I feel like crap. 4일지났는데 아무 단서도 없고. 죽겠구만.

■ have no leads에서 lead 는 생소한 의미로 역시 범죄수사 물에 단골로 나오는 단어로 '단서(clue)를 말한다.

But perhaps I should take the lead.
하지만 아마도 내가 선두에 서야될 것 같아.

- Who's gonna take the lead? 누가 선두에 설거야?
  Prentiss is gonna take the lead. 프렌티스가 선두에 설거야.
  Fantastic! Lead the way, I'm coming in. 끝내주네! 앞장서, 들어갈게.

■ take the lead in~ing는 '…하는데 선두에 서다,' '…하는데 솔선수범하다' 라는 의미. 한편 lead the way는 길을 앞장서다라는 말로 '앞장서다,' '안내하다' 라는 의미가 된다.

MORE EXPRESSION
lead a life 삶을 살다
lead a double life 이중생활을 하다
lead a better life 더 나은 삶을 살다
That leads me to~ 그것을 통해 …을 하게 되다
go down like a lead balloon 전혀 먹혀들지 않다

» leap

 You're taking a big leap there. 그건 너무 큰 비약이다.

I'll leap to his defense if there is a fight.
싸움이 발생하면 난 걔를 옹호할거야.

- The defense lawyer leapt to his client's defense.
  피고측 변호사는 의뢰인을 옹호했어.
  You look before you leap. 돌다리도 두들겨야 돼.

■ leap to sb's defense는 즉각적으로 sb를 '옹호하다,' '지지하다' 라는 뜻이고, look before you leap은 '행동하기에 앞서 잘 생각해보다' 라는 표현.

You're taking a big leap there.
그건 너무 큰 비약이다.

- It's not a big leap to murder. 살인이라고 해도 되겠네.
  It's not such a leap to attacking her dad. 자기아빠를 공격한거나 매한가지네.
  You just have to take the leap. 넌 그냥 계획대로 밀고나가야 돼.
  So let's take the leap. Let's get married. 그럼 건너뛰고 결혼하자. '

■ a big leap은 큰 발전으로 take a big leap하면 '많은 발전을 하다,' '앞으로 나아가다' 라는 뜻이고 반대로 not a big leap to~하면 '거의 …와 마찬가지인 셈이다' 라는 의미도 된다. 한편 take a leap하면 '잘 될지 안될지 모르지만 결정에 따르다' 라는 의미.

MORE EXPRESSION
leap in the dark 무모한 행동
by leaps and bounds 급속히

» learn

I'm still learning. 아직 배우고 있는 중이예요.

I'm still learning.
아직 배우고 있는 중이예요.

- I'm still learning this stuff too. 아지도 이것을 배우고 있는 중아.
  I need help because I'm still learning. 난 아직 배우고 있어서 도움이 필요해.

I told you not to do it. You never learn.
하지말라고 했잖아. 넌 구제불능야.

- He totally tricked you. You never learn. 걔가 널 완전히 속여먹었어. 넌 안돼.
  You never learn. You always date the wrong people.
  이 구제불능아. 넌 항상 이상한 놈들과 데이트하더라.

■ I'm still learning은 상대방의 칭찬을 듣고서 아직 배우는 단계라고 겸손하게 말하는 표현.

■ You never learn은 고3이 공부는 안하고 컴퓨터만 줄창하고 있을 때, 넌 절대 배우지 못할거야, 넌 발전이 없을거야라는 말로 한마디로 한다면 '넌 구제불능이야' 라는 참혹한 표현.

MORE EXPRESSION

learner's permit 임시면허증
learn to say no 거절하는 걸 배우다
That'll learn you. 이제 알겠지.
learn by note 암기하다

» least

It's the least I can do. 최소한의 제 성의예요.

Last but not least.
끝으로 중요한 말씀을 더 드리자면.

- Last but not least, I want to thank my friends.
  끝으로 중요한 걸 말하자면, 내 친구들에게 감사하고 싶어.
  Last but not least, we want to congratulate Larry.
  끝으로 중요한 걸 말하자면, 래리에게 축하해주고 싶어.

That's the least of your worries.
그건 걱정거리도 못된다

- But she's the least of our concerns. 하지만 걔는 우리 관심거리도 아냐.

It's the least I can do.
최소한의 제 성의예요.

- Well, it's the least I can do. 저기, 내 최소한의 성의야.
  It's the least I can do for the city I love.
  내가 사랑하는 도시를 위해 내가 할 수 있는 최소한의 성의야.

That was very awkward, to say the least.
아무리 좋게 말해도 저건 너무 어색해.

- I was a little bit surprised, to say the least. 줄여서 말해도 난 좀 놀랬어.
  The science on this type of testing is unproven, to say the least. 이런 유형테스트의 과학은 입증되지 않았어, 아무리 좋게 말해도 말야.

■ Last but not least는 연설 등 이야기를 하면서 맨끝부분에 중요한 말을 할 때 끝(last)에 말하지만 결코 덜 중요하지않은 (not least)이라는 말. 우리말로는 '끝으로 중요한 말씀을 더 드리자면' 이라고 생각하면 된다.

■ be the least of sb's worries[problems, troubles] 는 가장 적은 걱정, 문제, 곤란이라는 말로 그건 사실 걱정, 문제, 곤란이라는 축에도 못든다라는 의미. 다른 걱정이나, 문제, 곤란이 있다는 것을 암시한다.

■ It's the least I can do는 내가 할 수 있는 최소한의 것이다라는 뜻. 상대방이 감사하다고 할 때 답하는 것으로 '최소한 성의예요,' '이건 기본이죠' 라는 뜻으로 You're welcome과 같은 맥락.

■ to say the least는 가장 줄여서 말한다는 것으로 '줄잡아 말해도,' '아무리 좋게 말해도' 라는 뜻을 갖는다.

MORE EXPRESSION

not least 특히
least of all 가장 …하지 않는

L

151

» leave

Where does that leave us? 그럼 우리는 어떻게 되는 거야?

I'm leaving and I'm never coming back.
나 간다 그리고 다시 안올거야.

- No! Damn it! **I'm leaving.** 아니! 젠장헐! 나 간다.
  You don't need to worry about firing anyone. **I'm leaving.**
  누굴 해고할까 걱정할 필요없어. 나떠나.
  I'm sorry but **we were just leaving.** 미안하지만 나가려는 참이었어.

He's on leave right now.
걔 지금 휴가중이야.

- Uh, said he **was on leave.** 어, 걔 휴가중이라고 했는데
  Linda **is on leave** until she has her baby. 린다는 출산때까지 휴가야.

Leave me alone.
나 좀 내버려둬.

- I told them to **leave me alone.** 걔네들에게 나좀 가만히 두라고 했어.
  I'm gonna kill Mary for **leaving me all alone** here!
  여기에 나 혼자 내버려두고 가다니 메리보면 죽여버릴거야!

Leave me out of it.
난 빼줘.

- Either do your job or go home. **Leave me out of it.**
  일을 하던지 집에 가. 난 빼주고.
  Why don't you **leave me out of this**? 나는 좀 빼주라.

Leave it at that.
더 이상 말하지마.

- Let's just say busy and **leave it at that.** 바쁘다고 하고 그만 하자.
  Can we **leave it at that**? 그냥 놔두자. 그냥 지나가자.

Leave it to me!
내게 맡겨!

- All right. **Leave it to me.** 알았어. 내게 맡겨.
  Leave it to me, I'll solve the riddle. 내게 맡겨, 내가 수수께끼를 풀게.

Take it or leave it.
하든지 말든지 해.

- None of your business. **Take it or leave it.** 네 알바아냐. 하든 말든.
  This is it. **Take it or leave it.** 이게 다야. 하든지 말든지.

■ **I am leaving**은 '나 간다' 라는 말로 'I'm going,' 'I'm gone'과 같은 표현. 한편 Are you leaving so soon?하게 되면 I'm leaving하는 친구에게 할 수 있는 말. 한편 We were just leaving은 '막나가려는 참이다' 라는 의미

■ **be on leave**에서 leave는 명사로 휴가를 뜻해 be on leave 하면 휴가중이라는 말. be on vacation과 같은 말이다.

■ **leave sb alone**은 sb를 혼자 놔두다라는 말로 주로 상대방이 귀찮게 하거나 혹은 혼자서 몽상을 하고 싶을 때 'Leave me alone'이라고 사용한다. 한편 Leave me in peace 역시 '나 좀 가만히 놔둬' 라는 말.

■ **leave sb out of it**은 sb 를 '끌어들이지 않다,' '관련되지 않도록 빼다' 라는 의미.

■ **leave it at that**은 저거에 그걸 놔두라는 말로 그게 무엇이든 충분히 했기 때문에 '더 이상 하지말자' 라는 뜻이 된다.

■ **Leave it to me**는 어떤 일을 자기 혼자 맡아하겠다고 할 때 혹은 자기가 어떤 일을 해내겠다고 할 때 '내가 맡아서 할게' 라는 의미. 구체적으로 뭘할건지 말하려고 할 때는 Leave it to me to do~이라고 하면 된다.

■ **Take it or leave it**은 선택의 여지가 없이 받아들이든지 말든지 알아서 하라는 의미. 받아들이든지 관두든지 둘 중하나 선택하라고 하는 말.

152

Where does that leave us?
그럼 우리는 어떻게 되는 거야?

- Any prints would have been washed away. **Where does that leave us?** 지문이 있어도 다 씻겨나갔을거야. 그럼 어떻게 되는거야?

  You get to go home with the baby, OK? **Where does that leave me?** 넌 집에 아기와 함께 가면 되지만 그럼 난 어떻게 되는 거야?

■ **Where does that leave sb~?** 는 직역하자면 'that'이 sb를 어디에 두느냐는 말로 의역하자면 '그렇게 되면(that) sb는 어떻게 돼냐?' 라는 문장.

That leaves us with two options.
그럼 우리에겐 2가지 옵션이 남아.

- Okay, **that leaves us with** two possibilities.
  좋아, 그럼 우리에겐 2개의 가능성이 남아.

■ **That leaves us with~** 는 위의 표현에 대한 답변으로 '그렇게 되면 우리에게는 with 이하가 남는다' 라는 의미.

Where did we leave off last time?
지난 번에 어디까지 했죠?

- Where did we **leave off** when we finished? 우리가 마칠 때 어디였지?
  We're going to **leave off** on page 51. 우리는 51페이지에서 멈출거야.

■ **leave off** 는 '중단하다,' '멈추다' 라는 뜻으로 Where did~ leave off?하게 되면 우리가 지난 번에 어디까지 했다라는 의미로 쓰인다.

I'm not gonna leave you hanging.
널 기다리게 하지 않을거야.

- Come on, you can't **leave me hanging** on that.
  자, 그렇게 궁금하게 만들지마.
  You think I'd just **leave you hanging**? 내가 그냥 널 바람맞힐거라고 생각해?

■ **leave sb hanging** 은 sb를 매달아둔채로 놔두라는 말로 sb를 '기다리게 하다,' '궁금하게 하다,' 문맥에 따라서는 '바람맞히다' 등의 의미로 쓰인다.

Yeah, you left out a few details.
그래, 넌 몇가지 세부사항을 빠트렸어.

- I **left out** the possibility our unsub might be a cop.
  미확인용의자가 경찰일 수도 있다는 가능성을 배제했어.
  I don't wanna **be left out**. 나 소외당하고 싶지 않아.

■ **leave out** 은 '빼다,' '배제하다' 라는 말로 be[feel] left out 하면 '소외감을 느끼다' 라는 말이 된다.

We had lots of food left after the party.
파티후에 많은 음식이 남았어.

- Do you **have ice left** in the fridge? 냉장고에 얼음남은거 있어?
  They **had presents left** under the Christmas tree.
  걔네들은 크리스마스 트리 밑에 선물을 남겨놨어.
  If you're hungry, there are lots of **leftovers**. 배고프면 음식남은 거 많아.

■ **have sth left** 는 뭐가 남아 있다고 말하는 표현으로 sth자리에 남아있는 것을 말하면 된다. 참고로 leftover하면 구어체에서 '먹다 남은 음식'을 말한다.

Have you taken leave of your senses?
정신이 나갔어?

- He **took a leave of absence** due to health issues.
  걘 건강문제로 휴가를 갔어.
  He **took leave of his senses** and gave his money away.
  걘 정신나간 것처럼 행동하더니 걔 돈을 나눠줘버렸어.

■ **take the leave** 는 벗어나다라는 뜻으로 take leave of one's senses하면 '정신나간 것처럼 행동하다,' 그리고 take the leave of absence는 '휴가 등을 가다' 라는 뜻이 된다.

MORE EXPRESSION

leave sb in the dust
…을 앞지르다

» lesson

I've learned my lesson. 난 교훈을 얻었어.

Let that be a lesson to you.
그걸 교훈삼아야 돼.

- Let that be a lesson to all of you. 그게 너희 모두에게 교훈이 되도록 해.
  By the way, let this be a lesson to you. 그나저나 넌 이걸 교훈삼도록 해.

■ let that[this] be a lesson to sb에서 lesson은 불쾌한 경험을 통해 배우는 '교훈'이라는 의미로 '그것을 교훈삼다'라는 표현이 된다.

I've learned my lesson.
난 교훈을 얻었어.

- I know it is, but I've learned my lesson. 그건 알아, 하지만 난 교훈을 얻었어.
  Anyway, I've learned my lesson. She's out of my league.
  어쨌든 교훈을 얻었어. 걘 나하고 레벨이 달라.

■ learn one's lesson은 역시 나쁜 경험을 통해 다시는 그러면 안된다는 교훈을 깨우치다라는 의미.

I'll teach him a lesson.
내 걔 버르장머리를 고쳐놓을게.

- So you wanted to teach her a lesson. 그래 걔 버릇을 고쳐놓고 싶었던거야?
  And he teaches her a lesson by making her his bitch?
  그리고 걘 걔를 자기여자로 만드는 것으로 버릇을 고쳐놓은거야?

■ teach sb a lesson은 'sb의 버릇을 고쳐놓다,' 'sb를 혼내다' 라는 뜻.

» let

I'll let you off this time. 이번엔 용서해줄게.

Don't let him take Tessa.
걔한테 테사를 뺏기지마.

- Please don't let them take me. Mom! 제발 걔네들이 절 데려가게 하지마요, 엄마!
  Detective, don't let him get away with it. 형사님, 걔 처벌받게 해주세요.

■ don't let A do~도 역시 상당히 영어적 감각이 필요한 표현으로 'A가 …하지 못하도록 하다' 라는 뜻. 경우에 따라 'A 때문에 …하지 않도록 하다' 라고 해석하는게 더 자연스러울 때도 있다.

I'm not gonna let her do that.
걔가 그거 못하도록 할거야.

- I'm not gonna let you take that away from me!
  네가 저걸 나한테서 뺏어가지 못하도록 할거야.
  I'm not gonna let Red bully me out of it.
  레드가 날 협박해서 그걸 못하게 하도록 가만 있지는 않을거야.

■ I'm not gonna let A do~는 '…가 …하도록 하지 않겠어' 라는 '내'가 다른 사람이 …하는 것을 금지하겠다고 다짐하는 표현.

I'll let you off this time.
이번엔 용서해줄게.

- I'm gonna let you off with a warning. 경고만하고 처벌 하지 않을게.
  I'm not going to let you off that easily. 그렇게 쉽게 봐주지 않을거야.

■ let sb off는 sb가 잘못해서 처벌을 해야 하는데 '처벌을 안하거나' 아니면 '가볍게 처벌해주면서 봐준다' 라는 의미의 표현이다.

Let me through.
지나가게 길 좀 비켜봐.

- You're just gonna let me through? 그냥 통과시켜줄거지?
  What's wrong with you? Let me through. 뭐가 문제야? 좀 지나가게.

▬ let ~ through는 '…가 지나가게 길을 비켜주다,' '통과시키다,' 그리고 '어떤 잘못을 간과하다,' '눈감아주다' 라는 뜻으로도 쓰인다.

Let's let the good times roll.
맘껏 즐기자고.

- We let the good times roll Saturday night. 토요일 밤에 신나게 즐기자고.
  Everyone let the good times roll at the nightclub.
  다들 나이트클럽에서 맘껏 즐겼어.

▬ let the good times roll 은 레이찰스의 노래제목으로도 유명한 표현. '좋은 시간을 보내다,' '맘껏 즐기다' 라는 뜻이다.

I'm not gonna let up.
난 그만두지 않을거야.

- Oh, you just don't let up, do you? 어, 너 그만두지 않을거지, 맞지?
  Don't let up before you get an interview. 인터뷰하기 전까지는 그만두지마.

▬ let up은 그만하다, 멈추다, 약해지다 등 다양한 의미로 쓰인다.

MORE EXPRESSION

let bygones be bygones
지나간 일을 잊다
sublet 집을 재임대하다
let oneself in for sth
책임을 짊어지다
let sb have it 공격하다

» level

  Level with me. 솔직히 말해봐.

Level with me.
솔직히 말해봐.

- I'll level with you. 너한테 솔직히 말할게.
  We're friends. Level with me. 우리 친구야. 내게 솔직히 말해.

▬ level with sb는 sb와 level을 맞추자는 이야기로 비유적으로 '…에게 솔직히 말하다' 라는 뜻이 된다.

Let's see if this thing is on the level.
이 일이 사실인지 알아보자.

- The money making scheme was not on the level.
  그 돈버는 계획은 사기였어.
  Look, your excuse had better be on the level.
  이봐, 네 변명은 솔직하게 해야 돼.

▬ be on the level with~는 level을 명사로 쓴 경우로 의미는 앞의 것과 동일하다. '…와 허심탄회하게 말하다,' '솔직히 말하다' 라는 의미.

Dad levels us with his eyes when he's angry.
아빠는 화나시면 우리 눈을 정면으로 쳐다보셔서 무서워.

- You've never known someone that could level you with her eyes. 넌 너를 제대로 쳐다보는 여자를 만나 본 적이 없어.
  Tina is so hot. She levels me with her eyes.
  티나는 너무 섹시해서 눈이 마주치면 기가 죽어.

▬ level sb with one's eyes는 sb와 눈을 딱 맞추다, 정면으로 마주치다, 그래서 무섭게 하거나 기가 죽게 한다는 의미.

» liberty

I took the liberty of contacting Interpol. 난 임의대로 인터폴에 접촉했어.

I took the liberty of contacting Interpol.
난 임의대로 인터폴에 접촉했어.

- She took the liberty of showing me your piece.
  걘 제멋대로 네 물건을 보여줬어.
  I took the liberty of analyzing a few other samples and found a match. 난 임의대로 몇몇 다른 샘플들을 분석해서 일치하는 걸 발견했어.

■ take the liberty of ~ing 는 허락없이 '제멋대로 …하다', '임의대로 …하다' 라는 의미.

I'd say he's a conservative, she's a liberal.
그는 보수주의자이고 그녀는 진보주의자야.

- They say you can't make money with a liberal arts degree.
  문과대학 학위로는 돈을 벌 수 없다고들 해.
  You're not gonna be too liberal with this, are you?
  이거에 대해 너무 후하지는 않을거지, 그지?

■ liberal은 진보적인, 진보주의자를 뜻하며 또한 be liberal with하면 '…을 맘껏 쓰다' 라는 뜻이 된다. 한편 liberal arts는 대학교의 문과대학을 뜻한다.

» lick

If you can't lick 'em, join 'em. 이길 수 없다면 손을 잡아라.

If you can't lick 'em, join 'em.
이길 수 없다면 손을 잡아라.

- The big man licked the guy who bothered him.
  큰 덩치의 남자가 자길 괴롭히는 놈을 물리쳤어.
  I can't lick the problems I've been having. 내 문제들을 물리칠 수가 없어.

■ lick은 '물리치다' 라는 의미로 defeat와 같은 의미. 하지만 일상회화에서는 잘 안쓰이며 또한 스포츠 경기에서도 드물게 사용된다.

You don't have a lick of substantiating proof.
넌 입증할 만한 증거가 조금도 없어.

- Or haven't I ever given it a lick of thought?
  혹은 내가 그거에 대한 생각을 손톱만치도 안한건가?
  It's a nice little bedtime story for your kids, but it doesn't have a lick of truth. 애들에게는 잘 때 들려주기 좋은 이야기이지만 다 거짓말이잖아.

■ not have a lick of~는 '조금도 아니다'(not even a little bit of something)라는 뜻.

Bill got promoted by licking the bosses' boots.
빌은 사장에게 아첨해서 승진했어.

- Does my wife know you were licking her boots?
  내 아내가 네가 자기한테 알랑거리는 걸 알아?
  Angela is quite the ass licker at the office. 앤젤라는 사무실에서 정말 아첨꾼야.
  Linda, don't be such an ass licker! 린다야, 그렇게 아부꾼이 되지마라!

■ lick sb's boots는 글자그대로 연상해보면 된다. 아첨하다 라는 뜻이고 그렇게 아첨하는 사람은 ass licker라 한다. 참고로 kiss my ass는 아첨하다, Kiss my ass!는 Fuck you!와 같은 의미.

MORE EXPRESSION

lick one's lips[chops]
입맛을 다시다
This food is finger licking good. 이 음식 정말 맛있어.
have (got) sth licked
어려운 문제를 다루는데 성공하다

» lid

So why don't you just put a lid on it? 그래 입 좀 다물지 그래.

Yeah, we'll just keep the lid on it, okay?
그래, 우리는 비밀로 하자고, 좋아?

- Keep a lid on the stuff I told you. 내가 말한 거 비밀로 해.
  It's a parking space! Keep a lid on your hormones, honey.
  주차장이! 자기야 성질 좀 죽여.

So why don't you just put a lid on it?
그래 입 좀 다물지 그래.

- Put a lid on all of your talking. 그만 좀 지껄이지.
  Put a lid on the information in these files. 이 파일에 있는 정보 비밀로 해.
  Put a sock in it. 좀 조용히 해.

We can't take the lid off the agency's secrets.
우린 에이전시의 비밀을 폭로할 수 없어.

- The police decided to take the lid off the details of their case.
  경찰은 사건의 세부사항들을 알리기로 결정했어.

■ keep a[the] lid on sth은 두껑(lid)을 닫아놓는다는 의미로 비유적으로 '감추다,' '비밀로하다' 그리고 '억제하다,' '단속하다' 라는 의미로도 쓰인다.

■ put a[the] lid on sth 이번에는 keep 대신 put을 써서 뚜껑을 덮는다는 말이 된다. 비유적으로 '입다물게 하다' 혹은 나아가 생각이나 일 등을 마무리하라는 맥락에서 '…을 끝내버리다' 라는 뜻으로도 쓰인다. lid 대신에 muzzle, cork, sock을 써도 된다.

■ take the lid off는 뚜껑을 열다라는 말로 '안좋은 사실 등을 알도록 하다' 라는 의미. lift the lid on 또한 '폭로하다' 라는 뜻.

» lie

You're lying to me. 거짓말하지마.

I will not take this lying down.
난 이걸 그냥 받아들일 수는 없어.

- She decided she wasn't going to take this stand-up lying down.
  걘 이 혼자서하는 코미디를 참지 않을거라 결심했어.
  None of the workers took getting fired lying down.
  해고를 그냥 받아들이는 근로자는 아무도 없었어.

I'm not lying.
거짓말 아냐.

- She wasn't lying about this, though, was she?
  걘 그래도 그거에 대해 거짓말안했지, 그지?
  He wasn't lying about the bike injury. 걘 자전거타다 다친거 거짓말 안했어.

I'd be lying if I said I wasn't.
내가 아니라고 말하면 거짓말이겠지.

- I guess I'd be lying if I said I never... 내가 전혀 그런 적 없다고 하면 거짓말일거야.
  I would be lying if I said I wasn't disappointed.
  내가 실망하지 않았다고 말한다면 거짓말이겠지.

■ take sth lying down은 모욕이나 불쾌한 일을 당하고도 불평없이 부당한 대우를 감수하고 받아들이다라는 의미.

■ be lying (about)은 '(…에 대해) 거짓말하다' 라는 의미.

■ I'd be lying if I said~는 가정법문장으로 '내가 …라고 한다면 거짓말이겠지' 라는 말로 결국 어떤 사실이나 자기의 진실이나 진심을 우회적으로 표현하는 방법.

He told me a white lie.
걔가 내게 선의의 거짓말을 했어.

- Have you ever told a lie? 거짓말해본 적 있어?
- You always laugh like that when you're telling a lie.
  넌 거짓말할 때면 항상 그렇게 웃더라.

■ tell a lie는 '거짓말하다,' 반대로 '진실을 말하다'는 tell the truth라고 하면 된다.

You're lying to me.
거짓말하지마.

- I can't help you if you're lying to me. 네가 거짓말하면 널 도울 수가 없어.
- Would I lie? 내가 거짓말하겠어?
- You're lying through your teeth. 너 뻔한 거짓말을 하는구나.

■ lie to sb는 '…에게 거짓말하다' 라는 표현으로 싸우면서 거짓말이잖아, 너 거짓말하잖아라고 말하려면 'You lied to me!'라고 하면 된다. 또한 lie through one's teeth는 '새빨간 거짓말하다,' '뻔한 거짓말을 하다' 라는 표현

That's a big, fat lie.
그건 터무니 없는 거짓말이야.

- It's all a big lie! She's just gonna break your heart!
  터무니없는 거짓말이야! 걘 네 맘을 찢어놓을거야.
- Humphrey, you are a born liar. 험프리, 넌 타고난 거짓말쟁이야.

■ big, fat lie는 '터무니 없는 거짓말' 이라는 말로 그냥 big lie라고 해도 된다. 또한 be (such) a good liar는 거짓말을 잘하는 사람.

MORE EXPRESSION

You shouldn't just lie down and take it.
당하고만 있으면 안돼.

» life

 You saved my life. 너 때문에 내가 살았어.

Get a life!
정신차려!

- That girl needs to get a life. 저 여자애는 정신 좀 차려야 돼.
- You need a life. 넌 철 좀 들어야 돼.

■ get a life는 상대방이 무료하고 따분한 생활을 하거나 사소한 일에 목숨걸 때 '(제발) 정신차려,' '철 좀 들어라,' '인생 똑바로 살아' 라는 말.

Maybe you get to upgrade. Life goes on.
더 나아질 수도 있어. 인생은 계속되니까.

- Charlotte, yes, we're disappointed, but life goes on.
  샬롯, 맞아. 우린 실망했어, 하지만 인생은 계속되는거야.
- But that's life. You know? 하지만 그게 인생야. 알아?

■ Life goes on은 세상이 아파도 혹은 내가 슬퍼도 인생은 계속된다는 의미. 또한 That's life는 어느 정도 살아본 사람이 알고도 남을 만한 표현. '사는게 다 그렇지 뭐' 라는 뜻으로 Such is life 혹은 좀 인생의 쓴맛을 본 사람이라면 Life's a bitch라 해도 될 듯.

Now this is the life!
야, 이제 살맛이 나는군!

- I love this hotel. This is the life! 이 호텔이 좋아. 살맛나네.
- This is the life! It's great to be rich.
  이게 살맛나는거구만! 부자가 되는건 멋진 일이야.

■ This is the life! 하지만 인생에 쓴맛만 있는게 아니라 단맛도 있어서 This is the life하면 이제 살맛난다라는 뜻이 된다. 또한 How's the life?는 상대방에게 요즘 사는게 어떠냐고 근황을 물어보는 표현.

She wasn't living the life of a dealer.
걘 딜러로서 살고 있지 않았어

- A cultural anthropologist. I live the life of the people I'm studying. 문화인류학자. 난 내가 연구하는 사람들의 삶을 살고 있어.

> live the life of~는 ~의 이하의 삶을 살고 있다고 말하는 것으로 live 대신에 lead나 have를 써도 된다.

John came to life after a few beers.
존은 맥주 몇잔 먹은 후에 다시 살아났어.

- I don't come to life until I've had some coffee. 커피 좀 마시고서야 다시 활기가 났어.

> come to life에서 life는 생명이라는 뜻으로 '다시 활기를 띠다,' '소생하다,' '다시 살아나다'라는 의미가 된다.

You saved my life.
너 때문에 내가 살았어.

- I asked you for the money to save my life. 난 죽지 않으려고 네게 돈을 빌려달라고 했어.

HIV attacks the life-saving T cells that fight disease. HIV는 병과 싸움을 하며 목숨을 구해주는 T셀을 공격해.

> save one's life는 목숨을 구하다라는 뜻이지만 부정문장의 뒤에서 쓰일 때는 절대로 …하지 못한다라는 뜻이 되니 조심해야 한다. 또한 life-saving은 '목숨을 구하는,' life saver는 '구세주,' '재난구조원' 이라는 말.

I have no life of my own.
난 정말 내 삶이 없어.

- I had nothing in that house. I had no life. 집에 아무 것도 없어. 삶이 없어.
She threw her whole life away. 걘 인생 전체를 포기했어.

> have no life는 '사는게 사는게 아니다,' 그리고 throw one's life away는 '인생을 버리다' 라는 말.

He takes his own life.
걘 자살했어.

- He'll take his own life. It's the only way we can save Jordan. 걘 자살할거야. 우리가 조단을 살릴 수 있는 유일한 길이야.
Did they take his life too? 걔네들이 그를 살해한거야?

> take one's own life는 자기 목숨을 앗아간다는 말로 '자살하다' (kill oneself)라는 의미. 한편 take sb's life하면 '살해하다' (kill)라는 표현.

I see how you've turned your life around.
난 네가 어떻게 인생역전을 했는지 알아.

- Tina turned her life around after her divorce. 티나는 이혼후에 인생역전했어.
Some prisoners turn their lives around when they are released. 일부 재소자들은 출소후에 개과천선해.

> turn one's life around에서 turn around는 주로 나쁜 쪽으로 가던 방향을 180도 튼다는 의미로 '인생을 좋게 개선하다,' '개과천선하다,' '인생역전하다' 라는 의미가 된다.

- **be in labor** 분만중이다
I'm in labor. 진통이 있어.
I don't know. I've never been in labor before. 몰라. 난 첫출산야.

- **lash out** 비난하다, 갈기다
Sometimes pain can cause you to lash out. 간혹 고통 때문에 격분하게 되거든요.
You'd wanna lash out at the person who caused it. 넌 그걸 야기한 사람을 후려갈기고 싶을거야.

L

The lies she told took on a life of their own.
걔가 한 거짓말이 점점 부풀려졌어.

- The small show began to take on a life of its own.
  소규모 전시회가 점점 더 커지기 시작했어.

  I know this thing with your mom took on a life of its own.
  네 어머니와의 이 일이 점점 더 확대되어가는 걸 알고 있어.

■ take on a life of its own 은 저절로 살아서 움직이다, 즉 '자생하다,' '부풀려지다' 라는 의미이다.

I've got a friend here who is fighting for his life.
목숨걸고 필사적으로 싸우는 친구가 있어.

- You took something. The kid's fighting for his life!
  넌 뭔가 뺏어갔고 그 아이는 필사적으로 싸우고 있어.

  They're more interested in the gun than a cop fighting for his life.
  걔네들은 목숨걸고 싸우는 경찰보다 총에 더 관심이 있어.

■ be fighting for one's life는 목숨걸고 싸운다는 말로 '필사적으로 싸우다' 라는 의미.

My anger had a life of its own.
내가 화났을 땐 통제하기 힘들어.

- The dress led me on, it had a life of its own.
  드레스가 날 이끌었어, 살아움직이는 것처럼.

  Suddenly it's like my hand has a life of its own.
  갑자기 내 손이 제멋대로 움직이는 것 같았어.

■ (have) a life of its own 은 스스로 살아있는 듯이 움직이다라는 뜻으로 달리 얘기하면 '통제가 안된다,' '제멋대로 움직이다' 라는 의미로도 쓰인다.

Not on your life!
결사반대야, 절대 안돼!

- Never in my life. 두번다시는 안돼.

  A: Ready to talk plea? B: Not on your life. A: 유죄협상거래할까? B: 절대.

■ not on your life는 네 생전에는 절대로 안된다라는 뜻으로 아주 단호한 거절을 표현하는데 over my dead body와 같은 의미. never in my life도 있다.

They scare the life out of me.
걔네들이 날 혼비백산하게 만들었어.

- You crushed the life out of him. 넌 걜 때려눕혔어.

  I'm gonna choke the life out of you. 난 널 숨막히게 할거야.

■ scare[frighten] the life out of sb는 sb를 혼비백산하게 만들 정도로 무섭게 하다라는 의미.

You're the life of the party.
넌 파티에서 분위기 메이커야.

- Someday I'll wake up and no longer be the life of the party.
  언젠가 난 정신차리고 파티의 활력소 역할을 더 이상 하지 않을거야.

■ be the life of the party 는 글자그대로 파티의 생명력이라는 말로 파티에서 흥을 돋구는 활력소가 되는 사람을 말한다.

놓치면 원통한 미드표현들

- **be out of your league** 너에 비해 수준이 넘 높다
  It's out of your league. 그건 네 능력 밖이야.
  Andy is way out of my league. 앤디는 나보다 수준이 훨 높아.

- **lean on** 기대다, 믿다 **lean towards** …로 마음이 기울다
  We were leaning towards murder. 우리는 살인 쪽으로 맘이 기울고 있어요.
  You can lean on me. 날 믿어.

For the life of me, I can't figure out why.
아무리해도 난 그 이유를 모르겠어.

- **For the life of me**, I can't remember the correct name.
아무리해도 그 정확한 이름을 모르겠어.

I cannot **for the life of me** read my own handwriting.
아무리해도 내가 손으로 쓴 글을 못읽겠어.

She's my whole life.
걘 내 인생의 전부야.

- So you've been a liar **your whole life**. 그래 네 평생동안 거짓말쟁이였구나.
It was the opportunity **of a lifetime**. 그건 일생일대의 기회였어.

■ for the life of me는 부정문에서 쓰이는 표현으로 아무리 노력해도 …을 할 수 없다는 의미를 부여한다.

■ be sb's whole life는 …가 내 인생의 전부이다, sb's whole life는 '평생' 그리고 V+sb's whole life하면 '평생 …하다'라는 의미가 된다. 또한 life and death는 '삶과 죽음,' a matter of life and death는 '생사가 걸린 문제,' of a lifetime은 '일생일대의,' 그리고 life-size는 '실물크기의' 라는 뜻이다.

MORE EXPRESSION
social life 사교생활
take one's life in one's own hands 목숨걸고 모험하다
true to life 사실적인
lifer 무기수

» light

 You're making light of things. 넌 일들을 너무 안이하게 처리해.

There's light at the end of the tunnel.
고생 끝에 낙이 온다.

- I began to **see the light**. 난 이해를 하기 시작했어.
These sorts of things inevitably **see the light of day**.
이런 종류의 일들은 필연적으로 빛을보게 되어있어.

New information has come to light.
새로운 정보가 나왔어.

- Evidence supporting criminal intent has just **come to light**.
범죄의도를 뒷받침해주는 증거가 밝혀졌어.

Apparently, some new evidence **has come to light**.
명백히, 일부 새로운 증거가 밝혀졌어.

He's out like a light already.
걘 이미 잠들었어.

- I **was out like a light** when he hit me. 걔가 날 쳤을 때 난 잠들어버렸어.
I'd love that, but Bill **is out like a light**. 나도 그러고 싶지만 빌은 바로 잠들어버렸어.

She's the light of my life.
걘 내 인생에서 가장 소중한 사람이야.

- Oh, you are **the light of my life**, sweet lady.
어, 자기야, 넌 내 인생에서 가장 소중한 사람이야.
Sam was **the light of her father's life**. 샘은 아버지 삶에서 가장 소중한 사람이었어.

■ see the light는 '뻔한 것을 이해하다,' see the light of day하면 '세상에 널리 알려지다,' '빛을 보다' 그리고 see the light at the end of the tunnel는 '고생 끝에 낙이 온다' 라는 표현이다.

■ come to light은 사람들이 알게 되다, 밝혀지다라는 뜻으로 bring sth to light하면 '…을 사람들이 알게 하다'라는 의미.

■ go[be] out like a light은 '매우 빨리 잠들다' 라는 표현.

■ the light of sb's life는 인생의 빛이란 말로 가장 소중한 사람을 말한다.

You're making light of things.
넌 일들을 너무 안이하게 처리해.

- How dare you make light of this situation! 어떻게 이 상황을 가볍게 처리해!
  He's making light of a kidnapping, false imprisonment.
  걘 유괴나 불법감금을 대수롭지 않게 처리해.

We all need to lighten up a little.
우린 모두 좀 긴장을 풀 필요가 있어.

- Just a little joke to lighten up the mood. 분위기를 좀 가볍게 할 가벼운 조크야.
  He'll lighten up. 걘 괜찮아 질거야.

■ make light of~는 어 이하를 심각하게 고려하지않고 가벼운 일처럼 쉽게 처리하다라는 표현이다.

■ lighten up은 주로 명령형태로 상대방에게 너무 심각하지 말고 긴장을 풀어보라고 할 때 사용한다.

MORE EXPRESSION
in light of~ …을 미루어보아
a leading light in[of] sth 핵심멤버
light up the room 주어가 너무 멋져 뿅가다
shed[cast] light on 밝히다, 해명하다

» like

 I don't like it this way. 이런 방식은 맘에 안들어.

He's a little boy, very much like our son.
걘 어린 아이야, 내 아들과 아주 비슷해.

- A cell phone is very much like a computer. 핸드폰은 컴퓨터와 다름없어.
  I would very much like to say no to this. 난 이거에 싫다고 말하고 싶어.

What is it like?
어떤 느낌이지?

- Then tell me, what is it like? 그럼 말해봐, 어땠어?
  What was the show like last night? 지난밤 공연 어땠어?

Gibbs doesn't do things like that.
깁스는 그런 일을 하지 않아.

- Why do you tell her things like that? 왜 걔한테 그런 것들을 말해주는거야?
  Why would she do something like that? 왜 걔가 그같은 일을 하겠어?

■ be very much like+명사는 '…와 대동소이하다,' '거의 비슷하다'라는 의미. 단 would very much like to+동사는 would like to~의 강조하는 경우이니 헷갈리지 않도록 한다.

■ What's A like?는 A가 어떤지 물어보는 것으로 이때 What~like는 how. 이 표현은 종종 What~ look like?와 비교되는데 What~ like?가 사람이나 사물의 성격이나 질을 물어보는데 반해 What~look like?는 단순히 외모를 물어본다는 점이 다르다.

■ things like~는 '…와 같은 것들,' 그리고 something like that는 '뭐 그런거'라는 의미이다.

놓치면 원통한 미드표현들

- **leer at** (성적으로 끌려) 곁눈질하다
  I hate 'em all. Look at them just leering at us. 걔네들 다 싫어. 우리 곁눈질하는 것 좀 봐.

- **be a lemon** 불량품이다
  My new car is a real lemon. 새로 산 차가 완전히 불량품이지 뭐야.

- **have a lift** 차를 얻어타다 **give sb a lift** 차를 태워주다
  Can I give you a lift? 차 태워줄까?
  Last night she offered to give me a lift home. 어젯밤 걔가 날 집에 태워주겠다고 했어.

- **go out on a (big) limb** 위험을 감수하고 …하다
  I went out on a limb to get you into that game. 난 위험을 감수하고 널 저 게임에 투입했어.

Like it or lump it!
고르고 말 것도 할 것 없어!

- We're working late, like it or lump it. 선택의 여지없이 우린 야근해야 돼.
  Like it or lump it, he is our president. 싫건 좋건 갠 우리 사장이야.

> ■ like it or lump it은 달리 선택이 없기 때문에 맘에 안들어도 선택하다라는 의미. 선택의 여지가 없다라는 말.

It's very nice of you, I would like that.
고마워라, 그럼 좋지.

- A: I want Kate to meet you. B: I'd like that.
  A: 케이트가 널 만나길 바래. B: 그럼 좋지.
  Now, see, I like that. 이제 봤지, 난 그거 좋아해.

> ■ I'd like that은 상대방의 제안에 '그렇게 한다면 난 좋다'라는 뜻으로 '맘에 들다,' '좋다'라는 뜻의 I like that과 구분해야 한다.

I don't like it this way.
이런 방식이 맘에 안들어.

- I don't like it when people hurt my friends.
  사람들이 내친구 맘을 아프게 할 때 싫어.
  I don't like it either, Jason, but what choice do we have?
  나도 싫지만, 제이슨 다른 선택이 없잖아?

> ■ I don't like it 싫다라고 할 때 hate보다는 don't like를 많이 쓴다. 부정어자체보다는 부정부사+긍정어를 쓰는게 일반적인데 not happy도 not good도 그런 경우. I don't like it은 '싫어,' '그러지 말자' I don't like either는 '나도 싫어,' I don't like anymore는 '더 이상 좋아하지 않아' 그리고 I don't like when~은 '…할 때 싫더라'라는 표현.

Did you like it?
좋았어?

- A: Well, you were great. B: Did you like it?
  A: 저기, 너 대단했어. B: 좋았어?
  What about you, Peter? Did you like it? 넌 어때, 피터? 좋았어?

> ■ Did you like it?은 상대방에게 그게 어땠냐고 물어보는 것으로 How was it?과 같은 맥락의 의미.

I would so much like to see Chris.
난 크리스가 정말 무지무지 보고 싶어.

- I'd very much like to read about your sex life. 너 성생활 무척 듣고 싶어.
  I'd like to see another doctor. 다른 의사선생님을 뵙고 싶어요.
  I'd like you to meet my colleagues. 내 동료들을 만나봐.

> ■ I'd like to see~는 …을 보고싶다는 말로 see 다음에는 명사, 명사+동사, 명사+~ing[pp] 등이 올 수 있다. I would very much like to~는 강조형. 또한 I'd like you to~는 상대방에게 부탁하는 표현으로 '…좀 해줄래(요)'라는 문장이다.

Please do as you like.
당신의 뜻대로 하세요.

- Do as you like, no one cares. 맘대로 해, 아무도 신경안써.
  I think it's wrong, but do as you like. 틀린 것 같지만, 하지만 원하는대로 해.

> ■ Do as you like는 상대방 좋을대로 하라는 말로 문맥에 따라 허락, 관용 혹은 포기의 뜻을 가질 수 있다. do whatever you like 또한 편한대로, 원하는 대로 맘껏하라는 이야기.

How do you like my work?
내가 한 작업 어때?

- A: How do you like that? B: You think you can threaten me?
  A: 어때 맘에 드냐? B: 날 협박할 수 있다고 생각해?
  That's how I like it. How do you like it? 그게 내가 좋아하는 방식이야. 어때?
  How do you like dating a fashion model? 패션 모델과 데이트하니까 어때?

> ■ How do you like that?은 다양하게 쓰이는 미드표현으로 이상한 행동이나 사건을 보고 '저 것 좀 봐,' '황당하지 않나?,' 혹은 뭘보여주면서 '어때?' '맘에 드니?'라는 뜻으로 쓰이고 마지막으로 처벌을 가하면서 '맛이 어떠냐'라는 뜻으로 쓰인다. How do you like ~ing?는 '…하는 건 어때?'라는 말.

How would you like your job back?
직장을 다시 가져보면 어때?

- **How would you like** some Tiki Death Punch? 티키 데쓰 펀치 마셔 볼래?
  How would you like two parties this year? 올해 파티를 두번 하는거 어때?
  How would you like that shipped? 그거 어떻게 발송할까?

How would you like to have a drink with me?
나랑 술한잔 어때?

- **How would you like to** get together next Monday? 담주 월요일에 만나는게 어때?
  How would you like to pay for it? 이거 어떻게 지불하시겠어요?

How would you like it if I kicked your ass?
내가 널 혼내면 좋겠니?

- **How would you like it if** I read yours? 내가 네것을 읽으면 어떻겠어?
  How would you like it if I told everyone that you were gay? 네가 게이라고 모두에게 얘기하면 어떻겠어?

What would you like?
뭘 드시겠어요?

- A: Make me a fucking drink. B: **What would you like?**
  A: 마실 것 좀 줘. B: 뭐 마실래?
  Trust me, it's all stored. **What would you like?**
  날 믿어, 다 저장됐어. 뭐 먹을래?

What would you like to know?
뭘 알고 싶어?

- We know all about her. **What would you like to** find out? 걔에 대해 다 알아. 뭘 알고 싶은거야?
  What would you like me to do? 내가 뭘 해주기를 바래?

I know what it's like to be a teenager.
10대라는 게 어떤 건지 알아.

- You don'**t know what it's like to** have a baby. 아기를 갖는게 어떤 건지 넌 몰라.
  You **remember what it's like to** be eighteen years old? 18살이 된다는게 어떤 건지 기억해?

I'm not like you.
난 너와 달라.

- But you'**re not like** that? 너는 그렇지는 않지?
  He'**s nothing like** me. 걘 나랑 전혀 달라.

■ **How would you like~?** 는 '…는 어때요?'라고 상대방의 의견을 묻거나 혹은 음식 등을 '어떻게 (준비) 해드릴까요?'라고 물어볼 때 사용한다. 또한 How would you like that?은 '어떻게 생각해?'라고 물어보는 문장. 한편 How would you like sth pp~는 '…한다면 어떻겠어?'라는 의미.

■ **How would you like to~?** 는 상대방에게 제안할 때 사용하는 표현으로 '…어때?,' '…한다면 어떻겠어?'라는 말. 또한 How would you like to pay~처럼 '어떻게 …하시겠어요?'라는 의미로도 사용된다.

■ **How would you like it if~**는 '…한다면 어떻겠어?'라는 말로 역시 상대방의 의향을 물어보는 표현이지만 문맥에 따라 상대방에게 핀잔내지는 비난을 하는 뉘앙스를 띨 때가 많다.

■ **What would you like?** 는 상대방에게 뭘 먹겠냐고 물어보는 것으로 웨이터들의 18번, 물론 일반 상황에서도 쓰이는 표현.

■ **What would you like to+V?** 는 what과 would you like to~가 결합된 것을 상대방에게 뭘 하고 싶냐고 물어보는 표현이다.

■ **(not) know what it's like to~**는 to 이하를 하는 것이 원지 모른다라는 표현. 응용문장으로 I know[understand] what it's like to~하면 '…하는 것이 어떤 건지 알아,' You don't know[You have no idea] what it's like to~하면 '…하는 것이 어떤 건지 넌 몰라'라는 표현이 된다. 동사는 know, remember 등 다양하게 올 수 있다.

■ **be like sb**는 주어가 sb와 같다는 표현이고, be nothing like sb는 주어가 전혀 sb와 다르다라는 뜻이다.

There's nothing like it!
그만한게 없어!

- You'll love the feeling! There's nothing like it! 그 느낌 좋아할거야! 최고야!
  There's nothing like the smell of a brand-new car. 신차냄새만한 것도 없어.

■ There's nothing like~는 직역하면 like 이하의 것과 유사한 것은 없다는 말로 '…만큼 좋은 것은 없다'라는 의미.

It's like I tricked you.
내가 널 속인 것 같아.

- It's like a porn movie gone wrong. 포르노영화가 잘못 된 것 같아.
  It's not like it's brain surgery. 뇌수술같지가 않아.

■ It's like~는 다음에 명사 [~ing]나 S+V를 붙여 '…하는 것 같아,' '…하는 것과 같은 셈야'라는 표현. 반대로 It's not like+명사[~ing, S+V]라 하면 '…처럼인 것은 아니다,' '꼭 …는 아니다'라는 말이다.

It's not like you to get right down to business.
바로 본론으로 들어가는 건 너답지 않다.

- It's not like you to ask those kind of questions.
  저런 종류의 질문을 하는 건 너 답지 않아.
  Not like you to leave something unfinished. 일을 하다마는 건 너답지 않아.

■ It's not like you to+V는 상대방이 실망스런 행동을 했을 경우 비난하면서 '…하는 것은 너답지 않다'라고 말하는 법.

It's not like that.
그런게 아냐.

- It's not like that. He's sweet. 그런게 아냐. 걘 착해.
  It's not like that. We're together. 그런게 아냐. 우리 같이 있어.

■ It's not like that은 '그런 게 아냐' 그리고 반대로 It's like that은 '그 경우와 비슷해,' '그런 경험야,' '그런거야'라는 말.

Like this?
이렇게 하면 돼?

- A: Like this? B: I think it was a little bit faster. A: 이렇게? B: 좀 빨라.
  A: Like this? B: Ah, fuck. A: 이렇게? B: 아, 빌어먹을.
  A: My dad's a pro at hiding things. B: Like what?
  A: 아빠는 물건 숨기는데 프로야. B: 예를 들면?

■ Like this? 지시를 받고 자기가 제대로 하고 있는지를 확인하는 것. 제대로 하고 있을 땐 Yes, like that, 잘못하고 있을 땐 No, not like that이라고 말한다. 한편 Like what?은 상대방에게 추가적인 예를 들어달라고 요구할 때 쓰는 표현. '예를 들면,' '어떤 거?'라는 말.

- **the sky is the limit** 제한이 없다 that's the limit 더 이상 못참다
  The sky is the limit. 제한이 없다.
  That's the limit. 더 이상 못참아.

- **be off limits** 금지구역이다
  This area is off limits. You can't come in here. 금지구역이라 오시면 안돼요.

- **know one's limits** 한계가 있다 have one's limits 한계가 있다
  No, I know my limits. 아니, 난 내 한계를 알아.
  No, thanks. Two's my limit.
  고맙지만 됐어. 두 개가 내 한계야.
  I have my limits. You want me to strip, you're going to need a warrant.
  나도 한계가 있지. 내 옷을 벗기려면 영장이 필요할거야.

Yeah. Well, it's just like that.
그래. 어, 그냥 그렇게.

- And just like that, it's all okay. 그리고 그냥 그렇게, 다 괜찮았어.
  And just like that, I was hooked. 그리고 그냥 그렇게, 난 낚였어.

I am going whether you like it or not!
네가 좋든 싫든 난 갈거야.

- Donna and I are getting married whether you like it or not. 네가 좋든 싫든 도나와 난 결혼할거야.
  Whether you like it or not, you're one of us. 네가 좋든 싫든, 너와 우린 한 팀이야.

I was, like, a hundred pounds heavier.
난, 그니까, 100파운더 더 무거웠어.

- Okay, I'll see you in, like, ten minutes? 좋아, 저기, 10분 후에 보자.
  Dude, that's, like, seven miles. 친구야, 그건 뭐, 7마일이야.

That's more like it.
그게 더 낫네.

- Brilliant? Foolish is more like it. 명석하다고? 어리석다고 하는게 더 좋겠는데.
  A: You win. B: That's more like it. A: 네가 이겼다. B: 그래 그거야.

They've really taken a liking to me.
걔네들은 정말 나를 좋아해.

- They took a liking to the work schedule. 걔네들은 업무일정을 좋아해.
  The steak here is to my liking. 여기 고기는 내가 좋아하는거야.

Same killer. Most likely.
같은 살인자예요. 아마도 그럴 겁니다.

- That's not likely. 그건 별로 가능성이 없어.
  He's likely to call in lawyers. 걘 변호사를 부를 것 같아.

Likewise, and thanks again for letting me stay here.
마찬가지야, 그리고 여기 머물게 해줘서 다시 한번 고마워.

- A: It was really nice meeting you. B: Likewise.
  A: 정말 반가웠어. B: 나도.
  In all likelihood, I'll be seeing him next week.
  십중팔구, 난 걜 담주에 보게 될거야.

■ just like that은 '그냥 그렇게 빨리'라는 말로 뭔가 아주 빨리 진행됐다는 뉘앙스를 갖는다.

■ like it or not는 좋든 싫든 간에, 양단간에라는 표현.

■ like는 참 설명하기 그리고 이해하기 어려운 경우. 틀에 박혀 공부를 하다보니 더 힘들게 느껴지는데 우리도 우리말을 할 때면 아무 의미없이 중간중간 하는 말들이 있은데 여기 like도 그런 것중 하나로 '뭐냐 하면,' '그니까,' '뭐…' 라는 것으로 문장이 전달하려는 의미에 아무 영향도 끼치지 못하는 허사이다.

■ ~ be more like it은 처음 꺼보다 이번에 선택한 것이 더 좋은 경우를 말하는 것으로 '훨씬 좋은데,' '아까 것보다 이번 게 더 낫군,' '그래 그거야' 라는 의미.

■ take a liking to sb는 sb를 '단기간에 좋아하기 시작하다'라는 의미. 또한 sth is to your liking은 '네가 좋아하게끔 되어 있다' 라는 말.

■ most likely는 '아마도 그럴 거야' 라고 상대방의 의견에 동조하면서 하는 말. 반대로 '그럴 것 같지 않다'고 말할 때는 (that's) Not likely라고 하면 된다. be likely to~는 …할 것 같다, 반대로 be unlikely to~하면 그럴 것 같지 않다라는 표현.

■ Likewise는 인사를 주고받을 때 '이하동문이야,' '마찬가지야' 라고 하는 표현. 또한 in all likelihood은 '십중팔구' 라는 표현.

MORE EXPRESSION

likable 호감이 가는, 맘에 드는
have a liking 좋아하다
I hope you like it. 선물이 맘에 들었으면 좋겠어.
You like it here? 여기 살만하니?
for the likes of sb …같은 사람들에게
likes and dislikes 선호
and the like 기타등등(and such like)
as likely as not 십중팔구

» line

 I'm probably out of line here. 내가 좀 지나쳤나보네.

I'm up against deadline.
마감날짜가 코앞에 닥쳤어.

- We have to hurry because we're up against a deadline.
  마감일이 닥치기 때문에 서둘러야 돼.

■ be up against dead line 은 '마감날짜에 임박했다,' '만기 일이 다가오다' 라는 의미.

It's gonna put your life on the line.
네 목숨이 위태로와 질거야.

- This is my life on the line here. 내 목숨이 걸려있어.

■ put one's life on the line은 '목숨을 걸고 하다,' '죽음을 무릅쓰다' 라는 표현으로 put 대신에 lay를 써도 된다. 또한 be one's life on the line하면 '목숨이 걸려있다' 라는 뜻이 된다.

I am in line to get a promotion.
내가 다음으로 승진할 차례이야.

- The patient is in line to get a heart transplant.
  저환자가 심장이식수술 받을 차례야.
- Are you in line? 줄 서 계신 거예요?
- Come on. Get the girls in line. 이봐, 여자들을 줄세워.

■ be in line to+동사[for+명사]~는 '다음으로 …할 차례이다,' be in sb's line이나 be in line은 '단순히 줄서있다' 라는 말. 그리고 '새치기하다' 는 cut in line이라고 한다.

I'm probably out of line here.
내가 좀 지나쳤나보네.

- It's totally out of line. 그건 도가 지나쳤다.
- That price is out of line. 값이 터무니없이 비싸.
- You are so out of line. 너 지금 실수하는거야.

■ be out of line은 우리말에도 있듯 선을 넘어 지나쳤다는 말이다. 그렇게 해서는 안되는데 그렇게 했다는 뉘앙스가 있다. '도가 지나치다,' '무례하다' 라는 의미.

You can't cross the line, buddy.
친구야 선을 넘으면 안되지.

- How can he tell me to cross the line? 걔가 어떻게 나보고 선을 넘으라고 할 수 있어?
- I didn't cross the line. We had a truce. 난 경우에 어긋나지 않았어, 휴전했거든.

■ cross the line도 역시 선을 넘었다는 말로 '도가 지나치다,' '경우를 벗어나다' 라는 의미.

I mean, you already have your pickup line.
내말은 네가 이미 너만의 픽업라인이 있다는거야.

- It's the greatest pickup line of all time. 그건 가장 멋진 픽업라인이야.
- He totally screwed up the punch line. 걔는 완전히 펀치라인을 망쳐버렸어.

■ pick-up line은 보통 남자가 여자에게 작업들어갈 때 하는 멋진 말로 punch line이라고도 한다.

Who's on the line?
누구 전화예요?

- There's someone on the other line. 다른 전화가 와 있어요.
- Get on the line and figure out what is going on.
  전화해서 무슨 일인지 알아봐.

■ get on the line은 전화하다, get off the line은 전화끊다, 그리고 be on the line은 통화중이다라는 의미.

We were thinking more along the lines of some guidelines.
우리는 뭔가 어떤 지침에 따라 생각을 하고 있는 중이었어.

- **Think along the lines of** creating a TV program.
  TV 프로그램을 만드는데 방향을 갖고 생각해봐.

■ **think along the lines of sth**은 '…에 대한 생각이나 방향을 갖고 생각하다' (ask sb to think with some idea or theme in mind)라는 의미.

You kill one, and the others fall into line.
한 놈 죽이면 나머지는 뒤따르게 되어 있어.

- The gang members **fell into line** behind their leader.
  갱단원들은 자신들의 두목을 따랐어.

  There will be problems if she doesn't **fall into line**.
  걔가 보조를 맞추지 않으면 문제가 될거야.

■ **fall into line**은 '다른 사람의 리더십을 따르다,' '동의하다,' 그리고 bring sb into line은 '어떤 규칙이나 리더쉽을 따르게 하다'라는 의미.

In my line of work it's accepted.
내 직종상, 그건 용납이 돼.

- **In my line of work,** there are two kinds of tippers.
  내 직종상 두 종류의 팁을 주는 사람이 있어.

■ **in my line of work**는 in my profession이라는 말로 '내 직업에서는,' '내 직종상' 이라는 의미.

We were together right down the line.
우리는 바로 만났어.

- Sometime **down the line** we'll need to have a serious chat.
  앞으로 언제가 우린 진지한 대화를 나누어야 돼.

■ **down the line**은 보통 미래에, 향후에라는 말로 in the future라는 의미.

MORE EXPRESSION
run lines with sb in the car 차로 동행하다
toe the line 규칙을 지키다

» lip

My lips are sealed. 절대로 말안할게

Great, lip service, that's what I need.
좋아, 립서비스라, 그게 바로 내가 필요한거야.

- You always **pay lip service to** the boss.
  넌 언제나 사장에게 입에 발린 말만 하더라.

■ **pay lip service to~**는 말로만 좋게 해주다, 즉 '입에 발린 소리만 하는 것'을 말한다.

You heard me, all right? Read my lips.
내 말 들었잖아, 그지? 내 약속을 믿으라고.

- **Read my lips** carefully. 내말을 잘 들어봐.
  Read my lips; you need to leave. 내 말 잘들으라고, 그만 가라고.

■ **read[watch] my lips**는 아버지 Bush의 선거구호로 유명세를 탄 표현으로 약속할때니 '내 말 잘 들어보세요' 라고 하는 표현이다.

■ **My lips are sealed**는 입술을 봉한다라는 말로 '절대 말하지 않을게,' '꼭 비밀로 할게' 라는 의미이다.

My lips are sealed.
절대로 말안할게.

- Its cool, little porn on a Saturday night. **My lips are sealed.**
  좋구만, 토요일 저녁 포르노 좀 보는거. 아무한테도 말안할게.

MORE EXPRESSION

None of your lip. 참견마.
give one's lips 키스를 허락하다
give me any of one's lip
사람들의 뺨에 입맞춤을 하다(cheek on everyone's lips)

» listen

Listen to yourself. 멍청한 소리 그만해.

I'm listening.
어서 말해.

- I'm listening, amuse me. 듣고 있어, 날 기쁘게 해봐.
  Keep going. I'm listening. 계속해. 듣고 있으니.

> I'm listening은 미드초보자도 많이 들리는 표현으로 상대방보고 듣고 있으니 어서 말하라고 할 때 전형적으로 쓰이는 표현이다. '듣고 있어,' '어서 말해'라는 뜻.

You don't seem to be listening.
넌 듣고 있지 않는거 같아.

- You're just not listening. 내 말 안듣고 뭐하냐?
  It doesn't matter. She's not listening. 그건 문제 안돼. 말을 들으려 하지 않아.

> be not listening은 반대로 말을 하는 사람은 있는데 상대방이 말을 듣고 있지 않을 때 혹은 단순히 말을 듣고 있지 않을 때 뿐만아니라 말을 받아들이지 않을 때도 쓴다.

Are you listening to me?
내 말 듣고 있어?

- A: Are you listening to me? B: Oh, I'm sorry. A: 내말 듣고 있어? B: 어 미안해.
  Dan, are you listening to me? Stop eating. 댄, 내말 듣고 있어? 그만 먹으래.

> Are you listening to me?는 위에서처럼 말을 듣지 않는 상대방에게 '내말 듣고 있어?'라고 확인하는 표현.

Listen to me.
내 말 좀 들어봐.

- I'm not going to listen to this jackoff. 저런 개자식이 하는 말은 듣지 않겠어.
  I don't care. She never listens to me. 상관없어. 걘 내말 절대로 듣지 않아.

> listen to sb[sth]는 sb[sth]에 신경을 집중해서, 주의를 기울여서 '잘 들어보다'라는 의미. 하지만 주어가 3인칭으로 listen to sb하게 되면 주어가 to 이하 사람의 말을 잘 듣는다는 의미가 된다.

Listen to yourself
멍청한 소리 그만해

- Will you listen to yourself? 방금 뭐라고 했지?
  Listen to you. What's your deal? 잘 들어. 너 문제가 뭐야?

> Listen to you[yourself]는 '내 말 좀 잘 들어봐라'는 뜻. 특히 문맥에 따라 Listen to yourself는 '멍청한 얘기는 그만 좀 해라'라는 뜻으로도 쓰인다.

MORE EXPRESSION

Listen up! 잘 들어(Listen good!)

- **take out on a loan** 대출받다 = get a loan
  I just got a loan from a family friend.
  친척 친구로부터 대출을 받았어.
  I would rather try and get a loan from a bank. 난 차라리 은행으로부터 융자를 받을려고.
  It's no wonder the Sparks had to take out a loan. 스파크씨네가 대출받아야 했던 건 당연하지.

- **loan shark** 고리대금업자
  So why go to a loan shark for $200,000?
  그럼 왜 20만 달러를 고리대금업자에게 빌리러갔어?
  He's tapped out with the loan sharks.
  돈을 갚지 못해 고리대금업자로부터 돈을 더 못빌려.

» live

  I'm sorry. I cannot live a lie. 미안, 난 거짓으로 살 수가 없어.

He lives for the moment.
걘 계획없이 되는대로 살아.

- Forget your parents. Let's **live for the moment**. 부모님잊고, 되는대로 살자.
  No more anger, no more frustration. **Live and let live.**
  더 이상 화도 내지 말고, 좌절도 하지말고 그냥 살아.

■ **live for the moment**는 그때 그때 순간의 즐거움을 쫓아 사는 것을 말하는 것으로 그렇게 살면 안된다는 의미가 함축되어 있다. 또한 live and let live는 '다 각자 자기만의 삶이 있는거지'라는 뜻으로 서로 간섭하지 말자는 의미가 함축되어 있다.

I can live with that.
괜찮아, 참을 만해.

- **I could live without it.** 없어도 돼, 필요없어.
  Can you both live with that? 그 정도 선에서 둘이 합의하면 안돼?

■ **can live with that**은 that과 함께 지낼 수 있다는 말로 비유적으로 어떤 조건이나 상황을 그 정도면 받아들일 수 있다, 다시 말해 '난 괜찮아'라는 의미.

I know where you live.
두고보자

- "**I know where you live.**" this was a threat. "두고보자"라는 말은 협박였어.
  I know where you live. You know how I know?
  너 어디 사는지 알아. 내가 어떻게 아는지 알아?

■ **know where you live**는 네가 어디 살고 있는지 알고 있다는 말로 문맥에 따라 '두고보자'라는 의미로 쓰인다.

You live and learn.
살다 보니 별 걸 다 알게 되네.

- A: Oh, I'm sorry your trip was so sucky. B: Yeah, well, **live and learn**. A: 여행이 엉망이었다며. B: 어, 별일 다 겪고 살아.
  As I **live and breathe,** is that your sister? 놀라워라, 네 누이야?

■ **live and learn**은 뭔가 새롭거나 놀라운 이야기를 들었을 때 하는 말로 '오래 살다보니 별꼴 다 본다', '별별일 다 겪어'라는 말이다. 또한 as I live and breathe는 내뱉는 말로 '내 살다보니', '이거 놀랍네', '놀라워라'에 해당하는 표현.

Then have fun. Live it up.
걔네들은 즐기고 있어. 돈쓰면서 즐겨.

- **Live it up** before you get married. 결혼하기 전에 신나게 놀아.

■ **live it up**은 특히 '돈을 많이 펑펑 쓰며 즐기다'라는 의미.

I'm sorry. I cannot live a lie.
미안, 난 거짓으로 살 수가 없어.

- You just reach a point where you can't **live a lie** anymore.
  넌 더 이상 거짓삶을 살 수 없을 정도에 이르렀어.
  It's very difficult for two people to **live a lie,** let alone three.
  3명은 말할 것도 없고 2명이 자신들에 대해 숨기고 살아가는 건 매우 어려운 일이야.

■ **live a lie**는 '속내를 드러내지 않다'라는 말로 자신에 대해 그리고 자신의 감정을 숨기고 사는 것을 말한다.

You wanna live to see your baby?
살아서 네 아기를 보고 싶어?

- I **live to see** my wife again, because of you.
  너땜에 살아 아내를 다시 봐야겠어.
  You plead out now, you'll **live to see** parole.
  유죄인정했으니 생전에 가석방될거야.

■ **live to see**는 살아서 …을 보다라는 말로 '살아 생전에 …을 보다'라는 의미.

When I was a kid, I used to live on these.
내가 어렸을 때, 이것들을 먹고 살곤 했어.

- It's a party where women live out their sexual fantasies.
  여성들이 성적환상을 실제로 해볼 수 있는 파티야.

  You could get to live out my fantasy! 넌 내 상상을 실현시킬 수 있을거야!

■ live on sth하게 되면 '…을 먹고 살다,' 그리고 live out은 상상만 하던 것을 '실제 실행에 옮기다'라는 뜻이다.

How can I possibly live up to that review?
그 평가에 맞게 어떻게 행동할 수 있겠어?

- I mean, who can live up to that? 내말은 누가 그에 맞게 행동할 수 있냐는 거지?

■ live up to~는 to 이하의 기준이나 기대에 맞게 행동하다, 부응하다라는 뜻. live up to one's expectations 등이 많이 쓰인다.

Have the press there. Tell them to go live.
방송사 오라고 하고 생방으로 가자고 해.

- She's gonna go live with him. 걘 개와 함께 살러 갈거야.
  You go live your life as you please. 넌 원하는대로 네 삶을 살아.

■ go live는 일반적인 의미로 '단순히 가서 살다'라는 뜻이지만 또한 언론쪽 관련에서는 go live[laiv]로 '생방송으로 가다'라는 뜻이 된다.

Guy's gotta make a living.
그 사람은 돈을 벌어 생계를 꾸려나가야 돼.

- Can't blame a guy for trying to make a living. 돈벌려 한다고 비난할 순 없지.
  I wasn't in his will. Yes, I need to make a living.
  난 유산상속에서 제외되었어. 그래, 난 생계유지를 하기 위해 돈을 벌어야 돼.

■ make[earn] a good living은 돈벌이가 괜찮다, 수입이 많다라는 바람직한 표현. 그냥 make a living은 '생계를 꾸리다.'

I'm living proof he's right.
난 걔가 맞다는 것을 입증하는 살아있는 증거야.

- You are making a difference. I'm living proof.
  넌 많이 변했어. 내가 살아있는 증거야.
  He is living proof of my theories. 걘 내 이론이 맞다는 것을 보여주는 본보기야.

■ living proof of[that]는 '…의 살아 있는 본보기이다' 혹은 '…임을 보여주는 살아있는 증거'라는 표현.

MORE EXPRESSION
sb haven't lived if[until]~
…하지 않았다면 인생 헛살았다
live life to the full 열심히 살다
Long live the King! 왕이시여 만세!
in[within] living memory
살아있는 사람들이 기억하는

» load

Get a load of this. 이것 좀 봐.

Get a load of this.
이것 좀 봐

- Get a load of this. She's proposing to Tim. 이거봐. 걔가 팀에게 프로포즈했대.
  Get a load of that drunk guy. 저 술취한 사람 좀 봐.

■ get a load of는 상대방에게 뭐라고 보라고 하거나 자기가 하는 말을 들으라고 할 때 쓰는 표현. '…을 좀 봐,' '…을 들어봐'라는 뜻.

Sure thing, Pally. Here. Take a load off.
물론, 팰리. 다, 좀 쉬어.

- Sit down there. Take a load off. 거기 앉아서, 좀 쉬어.
  Sit here and take a load off. 여기 앉아서 좀 쉬어.

■ take a load off는 짐(a load)을 내려놓는다라는 말로 '편히하다,' '안심하다,' '짐을 덜다' 등의 의미로 쓰인다.

He keeps a loaded gun under the counter.
걘 카운터 밑에 장전된 총을 갖고 있어.

- My father was born poor. I was born loaded.
  아버진 가난하게 태어나셨고 난 부유하게 태어났어.

  My uncle is loaded. He owns several businesses.
  내 삼촌은 부자야, 사업체를 여러개 소유하고 있어.

I don't want to unload her.
난 걜 차버릴 생각은 없어.

- Would you help me unload some groceries from the car?
  차에서 식료품내리는 거 도와줄래?

  I'll help you guys unload the van. 밴에서 짐내리는 거 도와줄게.

■ loaded는 원래 '짐이 실린'이라는 뜻으로 시작해서 '돈이 많은,' '술취한,' '총이 장전된' 등 다양한 의미로 쓰인다.

■ unload는 짐을 내리다라는 뜻으로 unload A from+차량형태로 쓰이지만 unload 다음에 바로 차량을 쓸 수도 있다. 또한 unload 다음에 사람이 오면 '차버리다'라는 의미.

MORE EXPRESSION

freeloader 공짜로 얻어먹기만 하는 사람
carry a high load 취해있다

» lock

 I am locked and loaded. 난 준비됐어.

I am locked and loaded.
난 준비됐어.

- You said come locked and loaded. 넌 다 준비해서 오라고 했어.
  Lock and load. We're going to fight the enemy.
  실탄 장전해. 적과 싸울거야.

You locked out?
너 열쇠두고 나왔어?

- I'm locked out of my apartment. I need to come pick up my extra key. 아파트 열쇠를 두고 잠가버렸어. 여분의 키를 가지러 가야돼.
  We locked out a priest? 우리가 신부님을 못들어오게 한거야?

We've been in lockdown for almost 20 minutes.
우리는 거의 20분동안 갇혀있었어.

- You're going to be spending the next 10 years in lockdown.
  넌 앞으로 10년간 갇혀지낼거야.
  Dr. House? Lockdown ended a few minutes ago.
  하우스 박사요? 몇분 전에 끝났는데요.

■ lock and load는 군대에서 유래된 표현으로 탄창을 넣어 고정시키고 실탄을 장전하라는 의미, 즉 싸울 준비를 하라는 뜻으로 일상생활에서는 '준비하다(get ready)'라는 말로 쓰인다.

■ lock out은 문이 잠겨서 사람이 들어오지 못하게 하다라는 표현으로 주로 노동현장에서 사측이 출근을 못하게 하는 거 그리고 일상생활에서는 문이나 차문을 잠그는데 열쇠를 안에 둔 경우에 주로 쓰인다.

■ lockdown은 안전 혹은 제재하기 위해 일시적으로 가두는 구류조치를 말한다.

MORE EXPRESSION

lock horns with sb 다투다, 싸우다
a lock of hair 머리카락 한뭉치
have a lock on 통제하다

» long

I promise this won't be long. 이건 시간 얼마 안걸릴거야.

It was a long day.
힘든 하루였어.

- You look like you've had a long day. 아주 힘든 하루를 보낸 것 같아.
  No, but this is gonna be a long day. 아니, 아주 힘든 날이 될거야.

■ a long day는 얼굴이 길어지면(long face) 힘든 모습이듯 하루가 길게 느껴질 때는 무척 고되고 힘든 날을 뜻한다.

You stay here, Charlie. I won't be long.
찰리, 너 여기 있어. 금방올게.

- Don't be long. We're starting soon. 빨리와. 우리 곧 시작해.
  Here is the bathroom. Don't be long. 여기가 화장실이야. 빨리와.

■ don't be long은 잠깐 자리를 비우는 사람에게 빨리 오라고 할 때, 그리고 won't be long은 자리를 잠깐 뜨면서 시간이 오래 걸리지 않을거라고 말할 때 사용한다.

I promise this won't be long.
이건 시간 얼마 안걸릴거야.

- It won't be long before my body starts to wither. 곧 내 몸이 시들기 시작할거야.
  It won't be long until our house is finally livable again. 우리집이 다시 곧 살기좋게 될거야.

■ This[It] won't be long (before, until)~은 위에서처럼 won't be long이지만 주어가 it이고 또한 뒤에 before나 until이 와서 '곧 ~할 것이다'라는 뜻으로 쓰이는 표현이다.

You're not taking the long view.
넌 장기적인 관점에서 보질 않아.

- You've got to take the long view of the stock market. 주식시장은 장기적인 관점에서 봐야 돼.
  Vera is taking the long view of her marriage. 베라는 자기 결혼을 장기적인 관점에서 보고 있어.

■ take the long view (of~)는 길게 본다는 것으로 '장기적인 관점에서 보다'라는 뜻.

You know what else goes a long way?
오래가는 다른 거 뭐 알아?

- Take it easy though, a little goes a long way. 그래도 진정해. 작은 출발이지만 큰 도움이 될거야.

■ (a little) goes a long way에서 go a long way는 '오래가다,' '많은 도움이 되다,' '큰 효과가 있다'라는 뜻으로 앞에 a little이 붙으면 작은 것이 큰 효과[도움]를 가져오다라는 뜻이 된다.

Well, We have a long way to go.
저기, 아직 갈길이 멀어.

- She's not too happy about it but she's got a long way to go. 걘 불만이었지만 아직 갈길이 요원해.
  That's a long way to go for a lube job. 자동차엔진 윤활유작업하려면 아직 멀었어.

■ have a long way to go는 가야할 길이 아직 많이 남았다라는 말로 '갈길이 멀다'라는 뜻이다. That's a long way to go라고 해도 된다.

I long for it to be so.
난 그게 그렇게 되기를 간절히 바래.

- Don't you long for it? 그걸 간절히 바라지 않아?
  I am touched by your words, but I long to see you again. 네 말에 감동했지만 널 정말 다시 보고 싶어.

■ long to[for]는 long이 의외로 동사로 쓰인 경우. 이때 long은 wish와 같은 말이다. 열망하다, 갈망하다라는 뜻.

MORE EXPRESSION

longing 갈망, 열망
longingly 간절한 맘으로, 애타게
for the longest time 아주 오래동안
the long and (the) short of it 요점

» look

Don't give me that look. 날 그렇게 쳐다보지마.

Look alive!
빨리빨리 서둘러!

- Come on Monica! Look alive! 이봐, 모니카! 빨리 서둘러!
  Look alive! Our boss is coming in the building.
  빨리 서둘러! 사장이 건물로 들어오고 있어.

■ Look alive!는 꾸물대지 말고 빨리 움직이라는 말로 특히 직장상사가 다가 올 때 경계경보발령시에 많이 쓰인다.

I'll look you up when I'm in town.
시내에 오면 한번 들를게.

- We were thinking looking it up on a computer.
  그거 컴퓨터에서 찾아보려고 했어.
  Things are looking up already! 상황이 이미 좋아지고 있어.

■ look (sth) up은 사전에서 단어를 찾듯 뭔가 '정보를 찾는다'는 말이고 look sb up하면 '방문하다'(visit)라는 의미가 된다. 하지만 look up 앞에 상황이 오면 '상황이 나아지다'(get better)라는 뜻이 된다.

It looks that way.
그런 것 같아.

- Will he fail? It looks that way. 걔가 실패할까? 그렇게 보여.
  Yeah, it looks that way. I'm guessing he discovered.
  그래. 그렇게 보여요. 걔가 발견한 것 같아.

■ It looks that way는 상황이 그런 것 같아, 그렇게 보인다라는 의미.

Don't look at me.
내가 안 그랬어.

- Don't look at me. It was his idea. 나 아니야. 걔 생각이었어.
  Don't look at me. I quit ten years ago. 난 몰라. 10년 전에 그만둔 걸.

■ Don't look at me는 날 쳐다보지 말라는 말로 상황에 따라 그냥 당황하거나 쪽팔리는 상황에서 보지말라고 할 수도 있고 또 어떤 실수가 발생했을 때는 내가 안그랬어라는 뜻을 나타낼 수도 있다.

Don't look at me like that.
그런 식으로 날 쳐다보지마.

- Don't look at me that way. You know you wanted her dead.
  그런식으로 보지마. 넌 걔가 죽기를 원했잖아.
  Don't look at me like I'm some con. 내가 무슨 사기꾼인 것처럼 쳐다보지마.

■ Don't look at me like that은 좀 더 상대방의 시선을 지목해서 '그런 식으로 보지마라' 라고 하는 표현. 또한 좀 더 구체적으로 억울한 내용을 적으려면 don't look at me like S+V라 해도 된다.

Don't give me that look.
날 그렇게 쳐다보지마.

- Don't give me that look. It wasn't my fault.
  그렇게 쳐다보지마. 내 잘못이 아니었어.
  Don't give me that look, don't feel sorry for me. 그렇게 보지마, 동정도 말고.

■ Don't give me like that look은 look이 명사로 쓰인 경우로 '날 그런 표정으로 보지 말라' 라는 말. 역시 상대방의 표정에 못마땅할 경우에 사용한다.

Have a close look.
천천히 봐요.

- I don't think he broke in. Take a close look.
  걔가 침입한 것 같지는 않은데.. 자세히 봐봐.
  Lift the gate. Let's take a look inside. 문을 올려봐. 안을 좀 자세히 보게.

■ take[have] a look는 한마디로 look과 같은 말로 쳐다보다, 좀 가까이 쳐다본다고 할 때는 take[have] a close look이라고 하면 된다. 한편 take[have] a look-see는 잠깐 보다라는 뜻이다.

I can look after myself.
내 몸은 내가 돌볼 수 있어.

- Excuse me, would you look after the children? 저기, 아이 좀 봐줄래요?
  Would you look after her for the night? 밤새 걜 좀 돌봐줄테야?

▬ look after는 안전하도록 돌보다, 봐주다, 보살피다, 맡다라는 기본표현.

I'm just looking.
그냥 구경하고 있는 거예요.

- A: Would you like to try them on? B: No. No, I'm just looking.
  A: 입어보실래요? B: 아뇨, 그냥 보는 거예요.

▬ I'm just looking은 상점에서 종업원이 낚을려고 May I help you?라고 할 때 그냥 구경하고 있는 거라고 말하는 것으로 I'm just browsing이라고도 한다.

House stares daggers at Wilson.
하우스 박사는 윌슨을 화난 표정으로 바라봤다.

- Tim and Mina stare daggers at each other. 팀과 미나는 서로 노려봤어.
  The two look up and down each other. 그 둘은 서로 위아래 훑어봤다.

▬ look[stare] daggers at sb는 무척 화가나서 sb를 노려보다라는 말이고 look sb up and down은 위아래로 훑어보다[찾아보다] 그리고 look with distaste는 눈살을 찌푸리며 보다, 혐오의 눈길로 보다라는 뜻이 된다.

John's looking to hook up.
존은 가벼운 만남을 해볼 길을 찾고 있어.

- This guy's looking to buy. We want you to sell to him.
  이 친구는 사려고 해. 우린 네가 걔한테 팔기를 바래.
  You were looking to pick a fight. 넌 싸움 걸려고 하고 있어.

▬ be looking to~는 '…할 길을 찾고 있거나 모색하고 있다'는 표현.

Oh, and one more thing... don't look now!
어, 하나 더, 지금 보면 안돼!

- Don't look now, but we're on candid camera. 쳐다보지마, 몰래카메라야.

▬ Don't look now는 '쳐다보지마,' '지금 보면 안돼' 라는 표현.

Wow, look what you've done here.
와, 너 참 잘했다.

- You're not Kurt either! Now look what you've done.
  너도 커트는 아니잖아. 참 잘한 짓이다.
  Now look what you've done! I think my damn hip's broken. Help me. 참 잘한 짓이다! 내 엉덩이가 부러진 것 같아. 도와줘.

▬ Look what you've done은 네가 한 짓을 보라는 말로 상대방이 바보같은 짓이나 멍청한 실수를 했을 때 하는 말로 의역하면 '참 잘하는 짓이다' 라는 의미에 해당된다.

I'm really looking forward to this.
난 정말 이걸 학수고대해.

- The girls are looking forward to this. 소녀들은 이걸 무척 기다리고 있어.
  I'm looking forward to your speech. 네 연설 빨리 듣고 싶어.

▬ be looking forward to 휴가나 월급날 혹은 연인과의 만남처럼 어떤 일에 대해 학수고대 할 때 쓰는 표현. 조속한 답장을 요하는 business letter나 email의 전형적인 결구(結句)로 자주 등장한다. 이때, 전치사 to 뒤에는 동명사나 명사를 써야 한다는 것에 유의하자.

It doesn't look good.
바람직하진 않아.

- You don't look so good. 그렇게 좋아 보이지는 않아.
  She doesn't look good in a bathing suit. 걘 수영복 차림이 별로 안어울려.
  You're young, you're reasonably good-looking. 넌 젊고 적당히 잘 생겼어.

▬ It doesn't look good은 보기 안좋다, 바람직하지 않다 등의 의미. Sb doesn't look good하면 겉모양을 봐서 짐작컨대 상태가 좋아보이지 않는다는 말이고 good-looking하면 잘생긴, 보기 좋은이라는 말.

Look at you.
얘 좀 봐.

- Oh, look at you! All shiny and bright. 얘좀봐! 화려하고 화사하게 입었네.
  Look at that! 저거 좀 봐!
  Oh, look at the time. I'm going to bed. 어, 시간 좀 봐. 나 잘게.

Look here, Sam. Things are different now.
이것봐, 샘. 이제 상황이 바뀌었어.

- Look here, I'm tired of listening to you. 이것봐, 네 말 듣는 거 지겨워.
  Look here, everyone is ready to go home.
  이것봐, 다들 집에 갈 준비가 되어 있어.

Look who's here!
아니 이게 누구야!

- Look who's here. Do a little shopping, ladies?
  이게 누구야. 쇼핑 좀 하시나요, 숙녀분들?
  Well, look who's here! It's my school chums!
  어, 이게 누구야! 학교 때 단짝 친구야.

You say I'm fat? Look who's talking.
내가 뚱뚱하다고? 지는 어떻고.

- Helen says I'm a bad cook, but look who's talking.
  헬렌은 내 요리가 형편없다지만 지도 마찬가지면서.
  Dad says I'm lazy, but look who's talking.
  아빠가 내가 게으르다고 하는데 누가 할 소리를.

I got him. Prentiss, look out!
내가 잡았어. 프렌티스, 조심해!

- Look out! Coming through! 조심해요! 좀 지나 갈게요!
  Why do you look out for him? 왜 걜 주시하는거에요?
  I have to look out for my career first. 내 경력부터 챙겨야돼요.

Mike, it looks like you signed it.
마이크, 네가 사인한 것 같은데.

- Looks like he became born again in prison.
  걔가 감옥에서 개과천선한 것 같아.
  Looks like maybe a junkie or an overdose. 마약중독자나 마약과용자 같아.

You don't look like it's okay.
괜찮은 것 같지 않은데.

- You don't look like you're having fun. 너 재미있게 보내는 것 같지 않아.
  You don't look like me anymore. 더 이상 날 닮은 것 같지 않은데.

■ **Look at you**는 서로 만났을 때 새로워진 모습을 보면서 하는 말로 '얘 좀 봐라,' '이거봐라' 라는 표현. 또한 look at the time은 주로 시간가는 줄 모르고 있다가 늦었을 때 '이런 시간 좀 봐' 라고 놀래면서 하는 말.

■ **Look here**는 뒤에 이어지는 말의 내용을 강조하기 위해 '이것 봐,' '중요한 건 이거지' 라고 초를 치는 표현.

■ **Look who's here**는 예상 못한 사람을 보고서 하는 말로 '아니 이게 누구야,' '누가 왔는지 보라고' 라는 뜻. 놀람과 반가움을 표현한다.

■ **Look who's talking**은 자기 잘못은 모르고 타인을 비난할 때 어처구니 없음에 탄식하며 던지는 말로 '사돈 남말하네,' '누가 할 소리'이라는 의미. 물론 비아냥거리는 말이다.

■ **Look out!**은 상대방에게 위험이 근접해있음을 경고하면서 '조심해!,' '정신 차리라고!' 라고 하는 표현이다. 또한 look out for~하게 되면 '주시하다,' '돌보다,' '챙기다' 라는 뜻.

■ **It looks like+N[~ing, S+V]**는 '…처럼 보이다,' '…인 것 같다' 라는 표현으로 look like 다음에는 명사, ~ing 혹은 S+V절이 온다.

■ **You don't look like+N**는 '…와 닮지 않다,' 그리고 you don't look like S+V는 '…같지 않다' 라는 뜻이다.

I didn't like the look of the jury.
배심원들의 표정이 맘에 안 들었어.

- I didn't like the look of the guy that Vicky was with.
  난 비키가 같이 있던 사람 표정이 맘에 안들었어.

  I don't like the look of the guy who's standing over there.
  저쪽에 서있는 사람의 표정이 맘에 안들어.

He gets his good looks from his dad.
걘 아빠를 닮아 훤칠해.

- He's got money, good looks. 걘 돈도 많고 생김새도 멋져.
  She's got more than good looks. 걘 아주 멋진 여자야.

■ not like the look of~는 '…의 표정을 싫어하다' 라는 말.

■ get one's good looks는 매력적인 부모를 닮아서 멋지다 (physical attractiveness)라는 말이고 lose one's looks하면 매력을 잃다라는 뜻이 된다.

MORE EXPRESSION

look kind of goofy 이상해보여
try (out) a new look 새롭게 보이려하다
not much to look at 매력없는
She's not unfortunate looking. 걘 못생긴건 아니야.
You look young for your age. 나이보다 어려보이시네요.
look-alike 대역

» loop

 It threw me for a loop. 나 놀랬다니까.

I wanted to keep you in the loop.
난 너에게도 진행상황을 알리고 싶었어.

- We need to be kept in the loop. 우리는 돌아가는 상황을 잘 알고 있어야 돼.
  She's yours now. Just keep me in the loop.
  걘 이제 네가 맡아, 내게 보고만 해.

I don't like to be out of the loop.
난 끼지 못하고 소외당하는 건 싫어.

- I would appreciate not being left out of the loop, okay?
  계속 진행상황을 알려줘서 고마워요, 알았죠?
  I want him taken out of the loop. 걔한테는 진행상황을 모르게 했으면 해.

It threw me for a loop.
나 놀랬다니까.

- Yeah, that kind of threw me for a loop. 그래, 그 때문에 좀 놀랬어.
  He threw me for a loop by chasing after Vanessa.
  걔가 바네사를 쫓는 바람에 내가 기겁했어.

■ keep sb in the loop는 의사소통의 고리(loop)에 sb를 넣어달라는 말로 sb에게 '계속 진행상황을 알려달라,' '계속 보고하다' 라는 표현. keep sb posted [informed]와 같은 맥락의 표현.

■ be out of the loop는 반대로 loop에서 빠지다라는 말로 '소외당하다,' '끼지 못하다' 라는 말이다. 앞의 표현을 이용하여 be taken out of the loop라고 해도 된다. 물론 be in the loop는 계속 진행상황을 알고 있다라는 말.

■ throw[knock] sb for a loop는 sb를 어이없게 하다, 놀라게 하다라는 뜻으로 Don't be thrown for a loop하면 '놀라지마' 라는 표현이 된다.

» loose

Someone tying up loose ends. 누군가 일 마무리를 지으려고 해.

I'll cut him loose.
난 걔 놓아주려고.

- Otherwise you gotta cut her loose. 그렇지 않으면 넌 걔 놓아주어야 돼.
  It's not enough for an arrest. We've got to cut him loose.
  체포하기엔 충분치않아. 걔 놓아줘야돼.
  There's a serial killer on the loose. 연쇄살인범이 도주중이야..

■ cut loose는 아무런 통제나 영향을 받지 않게 되어 자유롭다, 나아가서는 통제에서 풀려 자유롭게 신나게 즐기다라는 뜻. 한편 cut sb loose는 그런 통제를 풀고 자유롭게 해주는 것을 말한다. 그리고 on the loose는 도망중인, 도주중이라는 의미.

Well, they wouldn't let their victim loose.
저기, 걔네들은 피해자를 통제하려고 할거야.

- We'll let loose at the party tonight. 우리 오늘 밤 파티에서 자유롭게 놀거야.
  Our boss let loose on Kristin. 사장은 크리스틴이 맘대로 해보도록 했어.

■ let A loose는 제멋대로 말하거나 행동하다, 풀어주다 그리고 let sb loose on sth은 틀리더라도 자유롭게 해보도록 놔두다라는 뜻이다.

All hell broke loose!
모든 게 엉망진창이야!

- Dog broke loose, maybe chased the perp and got a piece of him. 개를 풀었고 아마 범인을 쫓아 문 것 같아.
  Did she ever get loose? 걔가 정말 도주한거야?

■ break[get] loose는 도망치다, 도주하다, 달아나다라는 표현. 특히 all hell broke loose하게 되면 모든 지옥이 다 풀러났다는 의미이므로 모든 게 혼란스러워진 상태를 말한다.

Someone tying up loose ends.
누군가 일 마무리를 지으려고 해.

- A: What's this all about? B: Just tying up loose ends.
  A: 이게 다 무슨 일이야? B: 일을 마무리할려고.
  Nate is obviously trying to tie up his loose ends.
  네이트는 분명히 마무리 못한 일을 끝내려고 하고 있어.

■ tie up loose ends는 마무리가 되지 않은 일을 마무리짓다라는 의미.

Let's face it, you're somewhat of a loose cannon.
피하지 말자고, 넌 좀 통제불능야.

- Pat got fired because she was a loose cannon at work.
  팻은 직장에서 통제불능이어서 해고됐어.
  The new cop is a real loose cannon. 새로운 경찰이 위험하게 행동해.

■ loose cannon은 고삐 풀린 망아지처럼 풀어진 대포라는 뜻으로 '예상외의 돌출행동을 하는 사람'을 말한다. '구제불능,' '통제불능인 사람'으로 time bomb 또는 powder keg이라고도 한다.

I don't even know how it came loose.
나도 그게 어떻게 풀렸는지 몰라.

- I don't care! The wires have come loose in your head!
  상관없어! 너 나사 풀렸어!
  Right. No biggie. Stay loose. 맞아. 별일아냐. 침착하라고.
  Won't take long, so hang loose. 금방돼, 그러니 침착해.

■ come loose는 '풀리다'(break away from where a thing is supposed to be held), '느슨해지다,' 하지만 hang[stay] loose는 걱정하지 않고 '계속 침착함을 유지하다' (stay relaxed)라는 말이다.

» lose/ loss

 *I'm so sorry for your loss.* 고인의 명복을 빕니다.

I think I'm lost.
길을 잃은 것 같아요.

- Are you lost? 길을 잃었어요?
  I thought I'd feel happy, but I just feel lost.
  즐거울거라 생각했는데 어떻게 해야할지 모르겠어.

■ be[get] lost는 길을 잃다, 그리고 feel lost는 정신적으로 길을 잃다라는 말로 '어떻게 해야 할지 모르다' 라는 뜻이다.

Get lost!
꺼져라!

- Oh, this is like a nightmare. Get lost! 어, 악몽같이. 꺼져!
  Get lost, all right? 꺼져, 알았어?

■ get lost가 명령형으로 쓰이면 그만 괴롭히고 꺼지라는 이야기로 Get out of here와 같은 의미가 된다.

I'm sorry, you lost me.
못 알아듣겠는데.

- You lost me there. 말씀을 못 알아들었는데요.
  You lost me at bourgeois. 부르주아라는 데서 말을 이해못했어.

■ you lost me (at~) 역시 상당히 미국적인 표현으로 직역하면 네가 나를 …에서 놓쳤다라는 말로 역으로 말하면 '내가 그 지점부터 네 말을 못 알아들었다' 라는 뜻이 된다. fail to hear[understand]라는 말로 '…때부터 이해못했어' 라고 생각하면 된다.

I'm losing you.
전화가 끊기려고 해.

- Wait.. I'm losing you. 미안, 전화가 끊어지려고 해.
  I'm in the elevator. I'm losing you. Sorry.
  엘리베이터안이야. 전화가 끊어지려고 해. 미안.

■ I'm losing you는 휴대전화가 엘리베이터나 지하에서 혹은 배터리가 다돼서 막 끊기려고 할 때 '전화가 끊기려고 해' 라는 표현. 혹은 곤란한 상황일 때 써먹을 수 있는 영양가 있는 표현이다.

You've got nothing to lose.
밑져야 본전인데 뭐.

- So we've got nothing to lose. 우리는 잃을게 없어.
  He has nothing to lose, so she has to act the same way.
  갠 손해볼 게 없어서 그녀는 똑같은 방식으로 행동해야 해.

■ have (got) nothing to lose는 잃을 게 없다, 손해볼게 없다는 말로 뭔가 과감히 해보라고 상대방에게 권할 때 필요한 표현.

Man, you made me lose it!
야, 너 날 미치게했어.

- I'm losing it. 나 미쳐가고 있어.
  I might lose it, so please don't. 나 미칠지도 몰라, 그러니 제발 그러지 말아줘.
  Barney is proposing, she'll lose it and they'll break up.
  바니가 프로포즈를 한다는데, 걔가 화를 낼거고 그럼 헤어지겠지.

■ lose it은 웃음 등이 시작되서 '참지 못하다' 혹은 '갑자기 화를 내다' 그리고 마지막으로 정신줄을 놓다, 즉 '미치다' 라는 뜻으로 쓰인다.

He's been a loser all his life.
걔 평생 찌질이로 살아왔어.

- Oh, you must think I'm such a loser. 어, 넌 내가 정말 못났다고 생각하는 것 같아.
  My mother thinks Justin's a loser. 어머니는 저스틴이 멍청하다고 생각하셔.
  I found it. Finders keepers, losers weepers. 내가 발견했어. 줍는 사람이 임자야.

■ loser는 거의 우리말처럼 쓰는 단어, 패배자는 뜻에서 멍청이, 못난이라는 의미로 많이 쓰인다. 또한 finders keepers, losers weepers는 '찾는 사람이 갖고, 잃은 사람은 운다' 라는 뜻으로 보통 줍는 사람이 임자라는 뜻으로 쓰인다. 그냥 finders (are) keepers라고 쓰기도 한다.

I'm at a loss.
난처해서 어쩔 줄을 모르겠어.

- He is at a loss for words. 갠 당황해서 말문이 막혔어.
  He seems at a loss about what to do. 어떻게 해야할지 몰라 당황한 것 같아.

■ be at a loss는 당황해서 어쩔 줄 모르다, be at a loss for words는 당황해서 말문이 막히다 라는 의미.

I'm so sorry for your loss .
고인의 명복을 빕니다.

- You look like you lost your best friend. 제일 친한 친구라도 죽었니?
  We are very sorry for your loss. 고인의 명복을 빕니다.

■ be so sorry for your loss는 범죄수사미드에 정말 많이 나오는 표현. 형사들이 피해자의 가족에게 할 때 많이 들을 수 있다. '고인의 명복을 빕니다,' '삼가 조의를 표합니다' 라는 말.

Then that would be my loss.
그럼 그건 나의 손실이 될거야.

- Thanks. But it's not my loss. 고마워. 하지만 그건 나의 손실이 아니야.
  That's your loss if you don't appreciate my advice.
  내 충고에 감사하지 않으면 네 손해야.

■ that's[it's] sb's loss는 '…의 손실이다' 라는 의미.

MORE EXPRESSION

loss of memory 기억력 상실
loss of control 통제력 상실
loss of self-control 자기통제력 상실
be lost in thought 생각에 잠기다
be lost for words 할말을 잃다
be lost on sb …의 주목을 못받다

» loud

Your shirt is so loud. 너 셔츠 한번 요란하다.

I hear you loud and clear.
잘 알았어.

- I think you heard him loud and clear. 네가 개 말을 잘 들었을거라고 생각해.
  No, I got it. Loud and clear. 아니, 알았어. 아주 분명하게.

■ loud and clear는 무선통신용어로 상대방의 말이 잘 들린다라는 뜻. 일반적으로 '분명하게,' '확실하게' 라는 의미로 쓰인다.

I didn't say that out loud.
난 큰소리로 말하지 않았어.

- Don't answer out loud. 큰소리로 대답하지마.
  Did I say that out loud? 내가 큰소리로 말했어?

■ out loud는 큰소리로, 큰소리를 내어라는 뜻으로 say[talk] out loud하면 큰소리로 말하다는 뜻이다.

Your shirt is so loud.
너 셔츠 한번 요란하다.

- I tried to yell for help but the music was too loud.
  난 도와달라고 소리치려했으나 음악이 너무 시끄러웠어.

■ be loud는 시끄럽다, 그리고 좀 의외지만 의상 등이 '요란하다' 라는 뜻으로 쓰인다.

» lousy

You are lousy at cooking meals. 넌 요리하는데 서툴러.

She was a lousy cook.
걘 형편없는 요리사였어.

- That's a lousy conversation starter. 그건 형편없는 대화를 시작하는 말이었어.
  No. I feel lousy, but I don't know why I'm sweating.
  아니, 몸이 안좋아. 하지만 왜 땀이 나는지 모르겠어.

Everyone knows they're lousy with gold.
걔네들이 금을 잘 다룰 줄 모른다는 사실을 다 알고 있어.

- Most people are lousy at bowling. 대부분 볼링을 잘 못쳐.
  You are lousy at cooking meals. 넌 요리하는데 서툴러.

■ lousy하면 '안좋은,' '엉망인,' '형편없는'이라는 뜻. 특히 feel lousy하면 '몸이 안좋다'라는 말이다.

■ be lousy at[with]은 '…에 서투르다,' '잘하지 못하다' (have no talent)라는 의미.

» love

They're gonna love it! 걔네들이 좋아하게 될거야!

I'm falling in love with you.
난 널 사랑하게 됐어.

- I'm in love with you. 널 사랑하고 있어.
  I'm madly in love with you. 미치도록 널 사랑하고 있어.

You watched us make love?
우리가 사랑을 나누는 것을 봤어?

- He made love to me. 난 그 사람과 사랑을 나눴어.
  I begged her not to leave. We made love that night.
  난 걔한테 떠나지 말라고 간청했어. 그날 우린 사랑을 나눴어.

(I) Love it!
너무 멋지다!, 내 맘에 쏙 들어!

- I love it! I just hope I don't get too emotional. 좋아! 너무 감정적이지마.
  I'd love it if you girls would come with me. 너희 여자들이 나와 함께 온다면 좋지.

They're gonna love it!
걔네들이 좋아하게 될거야.

- Don't be nervous. He's gonna love it. 초조하게 생각하지마, 걔가 좋아할거야.
  Don't worry. I'm sure they're gonna love you. 걱정마, 걔네들이 널 좋아할거야.

■ fall[be] in love with는 잘 알려진 표현으로 …와 사랑에 빠지다.

■ make love to[with]는 아주 좋은 표현으로 have sex를 완곡하게 표현한 것으로 우리말로 그렇듯 '사랑을 나누다'라는 말이다.

■ I love it!은 어떤 것이 매우 훌륭하고 멋져서 내 맘에 든다, 정말 좋다, 그리고 I'd love it은 가정법으로 그렇게 된다면 좋겠다라는 뉘앙스. 아예 I'd love it if~의 형태로 if 이하에 그렇게 되었으면 하는 내용을 쓰기도 한다.

■ be going to love~는 '…을 좋아하게 될거다'라는 뜻으로 내가 좋아하게 될 것 같으면 I'll love it 그리고 그녀가 좋아하게 될 것 같으면 She will love it이라고 하면 된다.

I'd love to, but I can't stay.
그러고 싶지만 가야 돼.

- Is your husband here? I'd love to meet him. 네 남편 여기 있어? 만나고 싶어.
  I'd love to know what he painted, Dr. Reid. 리드박사, 개가 뭘 그렸는지 알고싶어.

Love you!
너 정말 멋져!

- A: Great. B: Love you! A: 좋아. B: 너 정말 대단해!
  Get over here. Love you! 이리 와봐. 정말 멋져!

■ I'd love to는 I'd like to와 같은 표현으로 …을 하고 싶다, 그리고 I'd love to, but~ 역시 I'd like to, but과 같은 말로 '그리고 싶지만 …할 수가 없다' 라는 말로 정중히 거절할 때 사용한다.

■ Love you!은 진짜 사랑한다는 말이 아니라, '당신 멋져,' '대단해' 라는 의미.

MORE EXPRESSION
love of one's life 소중한 사랑
tug of love 양육권 다툼
love affair 정사
not for love or[nor] money
어떻게 해도 안된다
Love me, love my dog.
나를 사랑한다면 내 모든 걸 사랑해줘.

» luck

 I think it's just beginner's luck. 그건 초보자에게 오는 운같은데.

Don't push your luck!
넘 욕심부리지마.

- I don't mean to press my luck, but I'm going to place another bet. 과욕부리려는 것은 아니지만 한번 더 내기할려고.

I will try my luck.
한번 해봐야겠어.

- Try your luck. 한번 해봐.
  Want to try your luck? 운에 맡기고 한번 해볼테야?

Let's make our own luck. What do you say?
우리 스스로의 운을 만들자. 어때?

- In this world, son, you've got to make your own luck.
  아들아, 이세상에서 넌 네 운을 스스로 만들어야 된다.

It's bad luck to see the bride before the wedding.
결혼식전에 신부를 보면 불운하대.

- Isn't having sex before the wedding the bad luck thing?
  결혼전 섹스는 불운한 거아냐?
  Hey, tough luck about the wife abuser getting released.
  야, 아내 폭행범이 풀려나다니 참 재수없군.

I think it's just beginner's luck.
그건 초보자에게 오는 운같은데.

- Hope it wasn't just beginner's luck. 단순히 초보자에게 오는 운이 아니길 바래.
  Your high score was just beginner's luck. 너의 고득점은 초보자 운이야.

■ push[press] one's luck은 자기 운을 믿고 너무 과욕을 부려 일을 망치다라는 의미. 주로 부정형태로 상대방에게 '위험하니 너무 욕심부리지 마라' 라는 뜻으로 쓰인다.

■ try one's luck은 운을 걸어보다라는 말로 되든 안되든 한번 '운에 맡기고 해보다' 라는 의미이다.

■ make one's own luck은 스스로의 운을 만들다, 다시 말해서 운이 아니라 스스로 열심히 노력하여 성공하거나 부자가 되다 라는 말.

■ bad luck은 불운, 특히 거울을 깨면 7년간 재수없다는 말에서 7 years' bad luck이란 표현도 있다. 또한 Tough luck 또한 '운이 없네' 라는 말이 된다.

■ beginner's luck은 무식하면 용감해진다라는 걸 생각해보면 답이 개떡같은 볼링초보자가 연속으로 스트라이크를 때릴 때, 골프초보자가 홀인원을 하는 것처럼 초보자에게 따르는 운을 말한다.

182

A: No luck? B: Nope.
A: 안됐어? B: 응.

- A: Any luck? B: I think she's from central America.
  A: 잘돼가? B: 걔가 중미출신인 것 같아.

  So now we've got 3 victims who won't talk. Any luck?
  이제 사망자가 3명인데 잘되는거야?

With any luck, we'll find Tyler.
운좋으면 타일러를 찾을거야.

- With any luck I will be here to enjoy it. 운이 좋다면 여기와서 즐길거야.

  Well, with any luck, we'll get a clear thumbprint.
  운좋으면 선명한 엄지손가락 지문이 나올거야.

I'm out of luck.
난 운이 없어.

- You're in luck, this is an easy one. 넌 운이 있네, 이거 쉬운거였어.
  You're SOL(shit out of luck). 넌 운이 없구나.

Good luck. You'll need it.
행운을 빌어. 필요할거야.

- Good luck! 잘 해, 행운을 빌어!
  Good luck with that. 그거 행운을 빌어.

I'm happy for you. Best of luck.
너 잘되서 기쁘다. 행운을 빌어.

- Best of luck with the wedding. 결혼식 잘되기를 빌어.
  Best of luck with your recovery. 빨리 회복되기를 빌어.

I wish you good luck.
행운을 빌어.

- Wish me luck! 행운을 빌어줘.
  It's the big night! We wanted to wish you good luck!
  굉장한 저녁야! 우린 네가 행운이 있기를 바랬어.

Blow my dice for luck.
내 주사위에 행운을 빌어줘.

- This is what I do for luck. 이게 내가 운좋으라고 하는 거야.
  A: Kiss for luck? B: Oh, sure. A: 행운의 키스를 해달라고? B: 어, 알았어.

I really lucked out.
난 정말 땡잡았어.

- You lucked out with my mom last night, huh? What a relief, right?
  간밤에 우리 엄마랑 운좋았지, 그지? 마음이 놓여 그지?

  So far it looks like I lucked out. 지금까지는 운이 좋은 것 같아.

■ Any luck?, No luck?은 둘다 모두 상대방에게 진행하던 일이 잘되어가는지 여부를 물어볼 때 사용하는 것으로 각각 '잘돼가?' '안됐어?' 라는 의미.

■ with any luck은 운이 좋다면이라는 말로 희망을 담은 표현으로 hopefully와 같은 의미.

■ be in luck은 운이 있다, 반대로 운이 없다고 할려면 be out of luck이라고 하면 된다.

■ Good luck (to you)은 상대방의 일에 행운을 빌며 행운을 빌어, 다 잘 될거야라는 말로 행운이 있기를 바라는 일에는 good luck with sth을, 사람에겐 good luck to sb라 한다.

■ best of luck 역시 행운을 빌어줄 때 사용하는 것으로 '행운을 빈다' 라는 뜻. 단독으로 써도 되고 잘되기를 바라는 일을 붙이려면 best of luck with~, 그리고 잘되기를 바라는 사람을 말할 때는 best of luck to sb라고 한다.

■ wish sb good luck은 sb에게 행운이 있기를 바란다라는 표현.

■ do sth for luck은 행운을 가져온다고 해서 …하다, kiss [hug] for luck에 행운의 키스, 포옹을 하다, 그리고 blow one's dice for luck은 '…의 주사위에 행운을 위해 입으로 불다' 라는 말.

■ luck out은 운이 좋다(to be lucky)라는 표현으로 You lucked out하면 '땡잡았네' 라는 의미.

L

My luck ran out.
난 운이 다했어.

- Which was good for this guy, until **his luck ran out**.
  걔 운이 다할 때까지는 걔한테 잘된 일이었어.

That's just my luck.
내가 그렇지 뭐.

- A: Gentlemen, time is up. B: **Just my luck.**
  A: 여러분, 시간이 다 됐습니다. B: 내 운이 그렇지 뭐.
  It's **just my luck** that it rained today. 내 운이 그렇지 뭐, 오늘 비가 오네.

Better luck next time.
다음엔 더 나아질 거야.

- Home pregnancy test. Negative. **Better luck next time.**
  집에서 임신테스트했는데 임신아니야. 다음번에 좋아지겠지.
  Sorry you lost. **Better luck next time.** 잃었다며. 다음번에 운이 있겠지.

Being born poor is just the luck of the draw.
가난하게 태어난 건 팔자소관이야.

- It's not **the luck of the draw** that you're in here with him.
  네가 여기 걔와 함께 있는 건 우연히 그런게 아냐.

■ **one's luck run out**은 '운이 다했다,' 그리고 be down on one's luck하면 '운이 기울다' 라는 의미.

■ **just my luck**은 사사건건 하는 일마다 안풀리는 지지리도 운이 없는 사람이 불운을 또 만나면서 하는 하소연, '내가 무슨 운이 있겠어,' '내가 하는 일이 그렇지 뭐' 라는 자조적인 말.

■ **better luck next time**은 just my luck이라고 한탄하는 친구에게 다음번에는 운이 따를거라고 위로해줄 때 혹은 스스로 위로할 때도 쓰인다.

■ **the luck of the draw**에서 draw는 무승부가 아니라 제비뽑기라는 말로 the luck of the draw하면 추첨운, 나아가 운이 좋은, 팔자소관이라는 뜻으로 쓰인다.

MORE EXPRESSION
potluck party 각자 음식가져오는 파티
Some people have all the luck. 어떤 사람은 정말 운도 좋아.
You never know your luck. 운이 좋을 수도 있다.

» lucky

 He got lucky with Susie. 걔, 수지랑 잤대.

He got lucky with Susie.
걔, 수지랑 잤대.

- Maybe we'll **get lucky with** some sexy cowgirls.
  아마도 우린 좀 섹시한 터프걸들과 섹스할 수 있을지도 몰라.
  We **got so lucky with** the weather. 우린 날씨운이 참 좋았어.

Lucky for you.
다행이다.

- And, uh, **lucky for you,** I'm a nurse. 너 참 다행인게, 나 간호사야.
  Well, **lucky for you,** I don't have that bag right now.
  어, 너한테 다행인데, 난 지금 그 가방을 안갖고 있어.

Lucky me! Son of a bitch.
내가 운좋구만! 이 개자식.

- **Lucky me!** Oh my God! That is good news! 내가 운좋네! 맙소사. 좋은 소식이야!
  Dad gave you money? **Lucky you!** 아빠가 돈줬어? 운도 좋네!

■ **get lucky with sb**는 원래 with 이하에 운이 좋다는 의미에서 아주 속어적으로 급발전하여 '…와 섹스했다' 라는 의미로도 쓰인다. 그리고 일반적인 의미로도 쓰이는 것 물론이다.

■ **Lucky for you**는 상대방에게 유리하게 된 상황을 이야기 하면서 너에게 잘된 일이야, 다행스럽게도라는 의미.

■ **Lucky you!, Lucky me!**는 lucky+sb! 형태로 '…가 운도 좋다' 라는 의미지만 질투와 투기심이 배어있는 표현이다. 상대방의 운에 복장이 터질 때는 Lucky bastard!(그 자식 운도 좋구만!)라고 하면 된다.

Who's the lucky guy?
그 행운의 사나이는 누구야?

- A: Who's the lucky guy? B: Just a guy from my English class.
  A: 그 행운아가 누구야? B: 영어수업같이 듣는 아이야.
  So, who's the lucky guy? 그래, 그 행운아가 누구야?

■ Who's the lucky guy?는 행운을 차지한 사람이 누구냐라고 물어보는 문장. '행운의 사나이가 누구야?,' '누가 행운아야?'라는 의미.

Today is my lucky day.
오늘 일진 좋네.

- This is your lucky day. 너 오늘 운수 대통이구나.
  It's my lucky day. 오늘 나 운좋은 날이야.

■ be one's lucky day는 '…가 운이 좋다'라는 말로 일진이 좋다고 말할 때 사용한다.

I would be lucky to have a son like you.
너 같은 아들이 있었으면 좋겠다.

- I'll be lucky if the judge lets me use it as an alias.
  판사가 그걸 내가 가명으로 쓰는 걸 허락해주면 좋겠어.

■ will[would] be lucky to[if~]는 '…하면 난 운이 좋을거다'라는 의미.

» lust

 She is a lust trigger. A lust trigger! 걘 욕정을 자극해, 욕정을 불러일으켜!

I was just lusting after my teacher.
난 선생님하고 꼭 하고 싶었어.

- You can lust after whomever you want.
  넌 누구든지 원하면 성적으로 원할 수는 있어.

■ lust after[for] sb는 sb에게 성적으로 강하게 끌려서 함께 자고 싶다는 표현. 만약에 sth이 오면 무척 갖고 싶다는 말이 된다.

I admit to having lust in my heart.
내 맘속에 성적욕망이 있는게 맞아.

- My husband won't admit that he has lust in his heart.
  남편은 맘속에 성적욕망이 있다는 걸 인정하려하지 않아.
  She is a lust trigger. A lust trigger! 걘 욕정을 자극해, 욕정을 불러일으켜!

■ have lust in one's heart는 맘속에 섹스하고픈 성적욕망을 품고 있다는 표현. lust는 성욕, 욕정이란 뜻이며 성과 관련되지 않은 경우에는 …을 갖고 싶은 강한 맘을 말한다.

놓치면 원통한 미드표현들

- **local** 지역의
  I'm gonna call the local hospitals.
  지역 병원에 전화걸거야.

- **be located in** …에 위치해 있다
  Bree sits at a bar located in the middle of the store. 브리는 가게 중앙에 위치한 바에 앉아 있어.

- **relocate** 이동[이전시키다]
  They'd been relocated in the Witness Protection Program.
  증인보호프로그램에서 위치를 재배정받았어.

- **lone wolf** 외로운 늑대 loner 왕따
  I know, but I'm different, I'm a loner.
  알아, 난 달라, 왕따야.

- **gird one's loins** 만반의 준비를 하다(get one's ducks in a row), 싸울 준비를 하다(get ready to fight)
  Larry is waiting there, just girding his loins.
  래리는 싸울 준비를 하고 거기서 기다리고 있어.

» mad

 Don't be mad at me. 나한테 화내지 마요.

I'm so mad about you.
난 너를 열렬히 좋아해.

- Don't **be mad at** me. 나한테 화내지 마요.
  I can't **get mad at** you for ditching me. 날 차버렸다고 네게 화낼 수가 없어.

Have you gone mad?
너 제정신이야?

- If you lock me up, I'll **go mad**. 날 가두면 나 미칠거예요.
  Jack **went mad** when the baseball hit him.
  잭은 야구공에 맞았을 때 아파서 미칠 것 같았어.

This is mad.
이건 말도 안돼.

- Come in out of the heat. **This is madness.** 안으로 들어와 진정해. 미친짓야.
  This is mad to keep stealing things. 물건을 계속 훔치는 것은 미친 짓이야.
  We worked **like mad** on our project. 우린 미친 듯이 우리 프로젝트에 열중했어.

■ be[get] mad about[at]은 화를 내다이지만, ~mad about을 쓰면 '…에 사족을 못쓰다,' '열중하다' 라는 뜻도 갖는다.

■ go mad는 기본적으로 미치다라는 말로 정신적으로 문제가 있거나 그래서 이상한 행동을 하거나 혹은 너무 지루하거나 너무 좋아서 미쳐 날뛰는 것 등 다양하게 쓰인다.

■ This is mad는 '말도 안되다,' '어리석은 짓이다' 라는 뜻으로, This is madness라 해도 된다. 또한 like mad는 미친 듯이, 정신없이라는 표현.

» make

What do you make of this? 뭐 알아낸 거 있어?

Do you want to make something of it?
그래서 싸우기라도 하겠다는 거냐?

- I'm fine. Why are you trying to make something of it?!
  난 괜찮아. 왜 싸우려고 하는거야?

  When Dan was insulted, did he make something of it?
  댄이 모욕을 당했을 때 걘 싸우려고 했었어?

■ make something of it은 어떤 일로 싸우거나 논쟁을 하겠냐고 하는 무례하고 시비거는 말투로 '그래서 나랑 한 판 붙자 구?' 라는 의미.

What do you make of this?
뭐 알아낸 거 있어?

- So what do you make of this, Walter? 그래 월터, 어떻게 생각해?
  What do you make of this? We noted a similar type substance on the girl's wrists. 어떻게 생각해? 여자의 손목에서 유사한 물질을 봤잖아요.

■ What do you make of this?는 미드영어에 자주 나오는 표현으로 '이걸로 뭘 얻었냐?,' 즉 '넌 어떻게 생각하느냐?,' '뭐 알아낸 것 있어?' 라는 의미로 범죄 현장을 조사할 때 자주 쓰인다.

You'll make a great hooker.
넌 대단한 창녀가 될거야.

- He will make a good husband. 그 사람은 좋은 아빠가 될거야.
  He thinks I'll make a bad witness on account of the eye.
  걘 내가 눈 때문에 별로 도움안되는 증인이 될거라 생각해.

■ will make+사람하면 앞으로 커서 어떤 직종이나 성품의 사람이 될 것이다라는 의미.

You were so great. You made it!
너 대단했어. 네가 해냈어!

- I'm trying to make it in this big city. 난 이 도시에서 성공하려고 노력하고 있어.
  You'll never make it on your own. 넌 절대로 혼자 해내지 못할거야.

■ make it 해내다. 어떤 쉽지 않은 일을 성취하고 감격스러운 맘에 열심히 노력한 결과 목표를 달성했다고 하는 것. go places, pull off, get there와 같은 의미. 또한 make it on one's own하면 혼자 스스로 해내다라는 뜻. 보통 You made it(너 해냈구나), I made it(해냈어)의 문장이 많이 쓰인다.

Let's make it around four.
4시쯤 보기로 하자.

- When can you make it? 몇 시에 도착할 수 있니?
  Can you make it? 올 수 있어?
  I'm afraid you're not going to make it to trial. 재판시간에 맞춰 못갈 것같아.

■ make it은 기본적으로 '(노력해서) 어떤 목적지에 도달하다,' '참석하다' 라는 의미로 '제 시간에 도달하다' (arrive in time)라는 뜻으로 쓰인다. 특히 만날 시간이나 장소를 정할 때 혹은 결혼식이나 파티 및 프리젠테이션에 올 수 있는지 여부를 말할 때 많이 쓰인다.

I want a boyfriend to make out with.
함께 애무할 남친을 원해.

- I wanna make out with my girlfriend. 여친하고 애무하고 싶어
  I also said I would never make out with a garbage man.
  난 또한 청소부하고는 절대 애무하지 않을거라고 말했어.

■ make out (with)은 kiss 나 touching 등 성적으로 남녀가 서로의 육체를 비체계적(?)으로 지지고 볶는 것을 말한다.

I want to try to make it up to you.
내가 다 보상해주고 싶어.

- I'll make it up to you, though, I promise. 그래도 내가 다 보상해줄게, 약속해.
  What can I do to make it up to you? 너한테 보상해주려면 어떻게 해야 돼?

■ make it up to sb는 상대방을 난처하게 하거나 실망시키고 난 후 자신이 저지른 과오나 실수를 벌충할 수 있게 앞으로 잘하겠노라고 약속할 때 사용하는 표현. '앞으로 잘할게,' '내가 다 보상해줄게' 라는 말. 참고로 make it up for the lost time하면 시간뺏으면 보충해줄게라는 표현.

Make it two.
같은 걸로 2개 주세요.

- Oh, that sounds great, make it two. 좋아, 그걸로 2개 줘요.
  Make mine the same. 같은 걸로 주세요
  Make mine well done. 내 것은 잘 익도록 해줘요.

■ make it two는 식당에서 먼저 주문한 사람과 동일한 것을 주문할 때 하는 말로 '같은 걸로 주세요' 라는 표현. 또한 Make mine something 역시 음식주문 시 사용하는 말로 '난 …로 하겠어요,' '내껀 …해주세요' 라는 말.

That makes two of us.
나도 그렇게 생각해.

- A: I just don't like seeing you like that. B: That makes two of us.
  A: 난 네가 그러는 걸 보기 싫어. B: 나도 그래.

■ that makes two of us는 상대방의 말에 찬성하는 것으로 '나도 그래,' '나도 마찬가지야,' '나도 그렇게 생각해' 라는 의미이다.

They were made for each other.
걔들은 천생연분이야.

- We are not made of each other. 우리는 궁합이 안 맞아.
  It's like you were, uh, made for each other. 너희들은 천생연분인 것 같아.

■ be made for each other는 서로를 위해 만들어졌다는 말로 로미오와 줄리엣, 춘향과 이도령처럼 '천생연분이다' 라는 의미.

We made up.
우린 화해했어.

- Lovers' quarrel... they usually kiss and make up.
  연인들의 싸움, 보통 용서하고 화해하지.
  They must put a lot of makeup on you. 화장을 너무 진하게 해줬나보네.

■ make up은 싸웠다 화해하다 그리고 화장하다라는 의미로 쓰인다. 특히 make up with sb 하면 '…와 화해하다' 그리고 kiss and make up은 용서하고 화해하다라는 의미이다.

Is that something you're making up?
이게 네가 꾸미고 있는 거야?

- I'm not making it up. 속이고 있는 게 아니야.
  She made up a story about being raped by Jack.
  걘 잭한테 강간을 당했다는 이야기를 꾸며냈어.

■ make up의 또 다른 의미는 어떤 핑계나 변명을 만들어내거나 가공으로 지어내는 것을 말한다. 그냥 make up 혹은 make up a story, make stuff up 등으로 쓰인다.

I want to make it right.
난 그것을 제대로 바로 잡고 싶어.

- Nina needs her mother. Make it right. 니나는 엄마가 필요해. 제대로 잡으라고.
  I've got a way to make it right. 바로 잡을 방법이 있어.

■ make it right은 뭔가 정상적으로 되어 있지 않은 것을 '제대로 바로잡다' 라는 의미.

We'll make it through this.
우린 이걸 이겨낼거야.

- Did you make it through security? 너 경비원들을 잘 통과했어?
  There's only one way that we're gonna make it through this night.
  우리가 밤을 잘 넘기는 방법은 오직 하나야.

■ make it through는 어려운 상황을 잘 견뎌내다라는 의미. 노래가사로도 유명한 help me make it through the night은 가지 말고 이 밤 함께 섹스하자는 의미.

You'll have to make do with it.
이걸로라도 때워야 할거야.

- I'm afraid you'll have to make do with me. 넌 나로 때워야 할 것 같아.
  We'll make do with what we have here. 우리가 갖고 있는 것만으로 해야 될거야.

■ make do with~는 with 이하의 것이 부족하지만 '그것만으로 상황을 잘 넘기다,' '때우다' 라는 의미.

You've got it made.
잘 풀리는구나.

- This guy's got it made. 이 친구는 잘 나가네.
- I came back here, I've got it made. 나 다시 돌아왔어, 나 일이 잘풀려.

■ get it made는 상황이 잘 돼서 살아가는 게 잘 풀리다라는 의미.

I don't know what to make of it.
어떻게 해야 할지 모르겠어.

- It may be a crime, but we don't know what to make of it. 범죄일 수도 있지만, 어떻게 해야 할지 모르겠어.
- Is this letter for me? I don't know what to make of it. 이게 내 편지야? 원지 잘 모르겠어.

■ don't know what to make of it은 어떻게 해야 할지 모르겠다, 어떻게 받아들여야 할지 모르겠다, 혹은 원지 잘 모르겠다라는 의미.

That's what made Fanny return to her hometown.
그렇게 해서 패니가 자기 고향으로 돌아오게 된거야.

- That's what made him hurt his best friend. 그렇게 해서 걔가 자기 절친을 다치게 한거야.
- That's what made us move to California. 그렇게해서 캘리포니아로 이사가게 됐어.

■ That's what made sb+동사는 '그래서 …가 …했다'라는 의미로 sb의 행동의 원인을 설명해주는 표현.

What makes you say that?
왜 그렇게 말하는거야?

- What makes you say that I have? 왜 내가 갖고 있다고 말하는거야?
- What makes you think he's capable now? 걔가 왜 이제 할 수 있다고 생각해?

■ What makes you say~는 상대방이 한 말을 이해할 수 없을 때 하는 말로 왜 그렇게 말하는지 그 이유를 물어보는 표현이다. 또한 What makes you think~ 또한 같은 문형이지만 say 대신 think를 쓴 경우로 왜 상대방이 think 이하를 생각하는지 물어보는 문장.

She made me a cheese sandwich.
걔 나한테 치즈 샌드위치를 만들어줬어.

- Mom made us a large dinner. 엄마는 저녁을 푸짐하게 차려줬어.
- The cook made the group a pot of stew. 요리사는 한 냄비의 스튜를 만들어줬어.

■ make sb+음식하게 되면 sb에게 음식을 만들어주다라는 표현이 된다.

You just made my day.
덕분에 오늘 좋았어.

- And thank you for the compliment. It made my day! 칭찬해줘서 고마워. 정말 오늘 기분 좋아요.
- I really enjoyed talking to you. You made my day. 함께 얘기나눠 기뻐요. 덕분에 오늘 참 좋았어요.

■ make my day는 직역하면 나의 날을 만들다라는 뜻, 상대방이나 어떤 상황으로 해서 일이 수월해지거나 도움을 받거나 등을 했을 경우 덕분에 오늘 하루 좋았어라고 감사하거나 기뻐할 때 사용한다.

I suggest that we make the most of it.
우리가 최선을 다해야 한다고 생각해.

- The most you can do is make the most of it. 네가 할 수 있는 최선은 그걸 최대한 활용하는거야.
- I make too much of the stuff. 난 그 것을 아주 대단히 생각해.
- You shouldn't make much of her remarks. 걔의 말들을 너무 중시하지마.

■ make the most of~는 '…을 가급적 최대한 이용하다, 활용하다'라는 의미이고, make the best of~ 또한 '최대한 이용하다,' '최선을 다하다'라는 표현이다. 한편 make much of~는 '…을 중시하다,' make too much of~는 강조표현으로 '…을 너무 대단히 생각하다'라는 의미.

MORE EXPRESSION
be made of …으로 만들어지다
make like …인 척하다
make out like a bandit 한 밑천 챙기다
rain maker 실적우수자

» man

It's every man for himself. 스스로 알아서 하는거야.

He's your man.
걔가 적격이야.

- That's my man. 넌 내 사람이야.
  Be a man, just stop calling. 남자답게 행동해. 그만 전화하고.
  Yes, our man killed Jamie. 응, 우리가 찾는 용의자가 제이미를 살해했어.

At least I'm still my own man.
적어도 난 여전히 내 맘대로 해.

- You're your own man. 넌 독립적으로 행동하잖아.
  Show your family that you're your own man. 독립할 수 있는 걸 가족에게 보여줘.

Garcia? You're the man.
가르시아? 넌 최고야.

- Swifty, you're the man. 스위프티, 너 멋지다.
  It's your decision, you're the man. 네가 결정할 일이야. 네가 최고잖아.

What's the matter, man?
이봐, 무슨 문제야?

- Look, man, I wasn't even doing nothing. 이것봐요, 난 아무짓도 안했어요.
  Oh, man! That guy is cool. 야! 저친구 멋지다.
  You're doin' great, my man. 이봐, 아주 잘하고 있어.

It's every man for himself.
스스로 알아서 하는거야.

- Every man for himself is not gonna work. 각자 알아서 하는 건 잘 안될거야.
  Forman, every man for himself! 포먼, 각자 일은 각자 알아서 해야지!

You gotta man up and just go for it.
넌 남자답게 그냥 한번 해봐야지.

- If only Max had been strong enough just to man up... 맥스가 남자답게 행동할 정도로 강하기만 했다면…
  If you want her, then man up and tell her. 걜 원하면 그럼 남자답게 말해라.

Madam foreman, how do you find?
여성배심장님, 판결이 어떻게 나왔습니까?

- Mr. Foreman, have the members of the jury reached a verdict? 배심장님, 배심원단이 판결을 내렸습니까?
  Mr. Foreman, you've been deliberating for two weeks. 배심장님, 2주간 심사숙고하셨습니다.

■ be one's man은 '…에게 적합한 사람이다,' '…의 편이다,' '친구이다'라는 의미. 한편 Be a man이라고 명령문형태로 쓰면 남자답게 행동해라라는 뜻이 된다. 또한 our man은 범죄수사미드에서 '우리가 찾고 있는 용의자'라는 의미로 많이 쓰이는 표현이다.

■ be one's own man은 다른 사람에 좌지우지되지 않고 독립적으로 판단하고 행동할 수 있는 사람을 말한다. '자기 마음대로 할 수 있다'라는 뜻.

■ You're the man는 상대방이 일을 잘했을 경우 칭찬하는 표현으로 '너무 멋지다,' '근사하다,' '넌 최고야'라는 의미로 You da man!이라고도 한다.

■ Oh, man은 '오 남자여'라는 뜻이 아니라 '어휴,' '맙소사'라는 의미. 이처럼 man은 꼭 남자가 아니라 허사 비슷하게 '자네,' '이봐' 등의 의미로 자주 쓰인다.

■ be every man for oneself는 남에게 의지하지 않고 도움을 구하지 않고 스스로 알아서 한다라는 아주 독립적인 표현.

■ man up은 '남자답게 용기있게 행동하다'라는 의미.

■ Mr. Foreman은 역시 범죄수사물의 재판과정 마지막에 나오는 단어로 배심원단 대표, 즉 배심장을 뜻한다.

MORE EXPRESSION

a man of one's word 약속을 지키는 사람
man sb …을 배치하다
manly 남성다운

» **manner**

Where are your manners? 매너가 그게 뭐야?

He has a good bedside manner.
환자 다루는 솜씨가 좋다.

- The doctor has a great bedside manner. 그 의사는 환자를 잘 다루어.
  Your bedside manner makes people upset.
  너 환자다루는 태도가 사람들을 화나게 해.

■ bedside manner는 의사가 환자를 다루는 태도를 말한다.

Where are your manners?
매너가 그게 뭐야?

- Oh, for heaven's sake, Tyler, where are your manners?
  맙소사, 타일러, 왜 이렇게 버릇이 없어?
  Where's your manners? Aren't you gonna invite us in?
  예의를 지켜라, 우리 초대안할거야?

■ Where're your manners? 우리도 너 버릇 어디다 두고 다니냐?라고 하듯 같은 맥락의 표현인데 '좀 점잖게 굴어라,' '왜 이렇게 버릇이 없니,' '예의를 지켜라'라는 말.

Watch your manners, young man!
젊은이, 예의를 지켜야지!

- Remember your manners at your grandmother's house.
  할머니 집에서는 예의를 지켜야지.

■ remember one's manners는 버릇없이 굴지 말구 예의를 지키라는 말. 다른 사람에게 무례하지 않도록 아이들이 외출할 때 많이 사용하며 mind [watch] one's manners는 상대방이 인사 등을 잊어버렸을 경우에 인사해야지, 예의를 지켜야지라는 뜻.

» **mark**

Sometimes you miss the mark. 때때로 틀릴 수도 있어.

No tire treads or skid marks.
바퀴자국이나 스키드마크가 없어.

- Check out the skid marks. 스키드마크를 확인해봐.
  Did you check to make sure these skid marks match the other vehicle? 이 스키드마크가 다른 차량과 확실히 일치하는지 확인했어?

■ skid mark는 범죄미드에 자주 나오는 용어로 자동차가 급브레이크를 걸었을 때 길에 표시된 것을 말한다.

He's fine, he's just slow off the mark.
걘 괜찮아, 걘 행동이 느려.

- Ned is quick off the mark and learns fast.
  네드는 행동이 빠르고 빨리 배워.

■ slow[quick] off the mark는 주로 어떤 행동이나 상황에 대한 대처가 느리거나 빠르다는 것을 말할 때 사용하는 표현.

Sometimes you miss the mark.
때때로 틀릴 수도 있어.

- If I miss the mark by even a hair, your heart might explode.
  내가 아주 조금만 빗나가면 네 심장은 폭발할거야.
  Maybe I was a little off the mark in my design concept.
  아마 내 디자인 컨셉하고 좀 틀렸던 것 같아.

■ miss the mark는 목표에서 빗나가다라는 말로, 실패하다라는 뜻이고 반대는 hit the mark(적중하다). 또한 wide of the mark, be off the mark 또한 빗나간, 틀린이라는 표현이다.

Okay, how about, uh, on your mark, get set, go?
좋아, 제자리에 준비하고 출발하는게 어때?

- Ok, on your mark... Get set... GO!!! 좋아, 제자리에, 준비하시고, 출발!!!
  Ladies and Gentlemen, on your marks. . .get set. . .and go!
  신사숙녀 여러분, 제자리에 서시고, 준비하고 그리고 출발!

■ on your mark(s), get set, go는 육상경기출발시에 심판이 하는 말로, '제자리에, 준비, 출발' 이라는 의미.

Mark my words. Where's your father?
내 말 잘들어. 네 아빠 어디계셔?

- Tomorrow, mark my words, you will see. 내일, 내말 잘 새겨들어, 알게 될거야.
  Mark my words. You'll thank me. 내 말 잘들어. 내게 고마워하게 될거야.

■ Mark my words는 내가 하는 말을 귀기울여 신중하게 잘 들으라는 표현. 주로 명령문형태로 쓰이면서 주의나 경고를 할 때 사용하는 표현이다. '내 말 잘들어,' '내 말 잘 새겨들어' 라는 뜻.

MORE EXPRESSION
make one's mark 성공하다
leave its mark on~ 안좋은 흔적을 남기다

» market

 I'll be off the market. 난 품절남이야.

I'm bringing a date, so I'll be off the market.
애인데려오니까 난 품절남이야.

- Is it true? Are you finally off the market? 정말야? 임자생긴거야?
  Save yourself the misery, man. She's off the market.
  야, 절망은 그만해. 걘 품절녀잖아.

■ off the market는 원래 시장에서 이미 팔린 상태를 말하는 것으로 남녀관계에서 이성을 구할 필요가 없는, 임자가 생긴, 쉽게 말하면 품절된 사람을 지칭한다.

I'm always on the market.
난 언제나 혼자야.

- There's a drug on the market called Rytex. 라이텍스라는 약이 팔리고 있어.
  I just got back on the market. 난 이성을 다시 구하고 있어.

■ on the market은 반대로 매물로 나와있는, 시장에서 팔리는이라는 의미로 남녀관계에서는 이성을 구하고 있는 상태를 말한다.

So, what are you guys in the market for?
그래 너희들은 뭘 사려고 하는거야?

- You know anyone in the market for a wedding?
  결혼식을 하려는 사람 누구 알아?
  Are you in the market for some luggage? 가방 살거야?

■ be in the market for~는 주어가 for 이하를 사려고 하다라는 의미.

MORE EXPRESSION
flea market 벼룩시장
play the market 주식거래를 하다

놓치면 원통한 미드표현들

- **I think I can manage** 내가 할 수 있을거야
  I think I can manage.
  괜찮아질거야

- **manage to** 간신히 …하다
  We managed to escape. 우리는 간신히 탈출했어.
  Our guess is he managed to lure them.
  우리 추측은 걔가 걔네들을 유혹할 수 있을거라는거야.

» marry/ marriage

Not the marrying kind, I guess. 결혼할 사람이 아닌 것 같아.

I thought she'd never get married.
난 걔가 결혼한 적이 없는 줄 알았어.

- Son of a bitch was gonna get married. 개자식이 결혼을 할거였어.
  I'm married to an amazing girl. 난 멋진 여자와 결혼했어.

■ get married는 결혼하다, get married to sb는 …와 결혼하다라는 의미. 이미 결혼해 있다라는 의미를 갖는 be married보다는 동적인 표현이다.

Mrs. Solis, will you marry me?
솔리스 부인, 나랑 결혼해줄래요?

- A: Will you marry me? B: Wait, really? A: 나랑 결혼해줄래? B: 잠깐, 정말?
  A: Will you marry me? B: Are you serious? A: 나랑 결혼해줄래? B: 정말야?

■ Will you marry me?는 미드나 영화에서 보면 남자가 여자에게 무릎꿇고 청혼할 때 쓰는 정해진 표현. 물론 Will you be my wife?라고 해도 된다.

Not the marrying kind, I guess.
결혼할 사람이 아닌 것 같아.

- He told her he wasn't the marrying kind.
  걘 자기는 결혼할 타입이 아니라고 했어.
  Tom decided perhaps he was the marrying kind after all.
  톰은 결국 자기는 결혼할 타입이 아닐 수도 있다고 결정했어.

■ (be) not the marrying kind는 결혼할 사람이 아니다, 결혼 타입이 아니다라는 의미. 독신주의이거나 혹은 바람둥이들에게 걸맞는 표현.

» match

DNA doesn't match. DNA가 일치하지 않아.

It's a match made in heaven.
천생연분이에요.

- A: A match made in heaven. B: Well, thanks a lot!
  A: 천생연분야. B: 정말 고마워.

■ be a match made in heaven은 앞에 나온 be made for each other와 같은 말로 남녀가 천생연분이다라는 말.

DNA doesn't match.
DNA가 일치하지 않아.

- Pattern doesn't match. 패턴은 일치하지 않아.
  The problem is, the package doesn't match the wrapping.
  문제는 소포가 포장과 맞지가 않아.

■ ~match는 동사로 주어가 일치하다, 맞다라는 말로 '…와 일치하다'고 할 때는 전치사없이 바로 목적어를 붙이면 된다.

She will make a perfect match for you?
걔는 너와 완벽하게 어울릴까?

- Got a match on two hairs. 머리카락 2개에서 일치하는 것을 찾았어.
  You'll find it's a match to the DNA. DNA에 일치하는 것을 찾게 될거야.

■ a match는 일치하는 의미로 match가 명사로 쓰인 경우, 한편 make a (perfect) match하면 완벽하게 일치한다, 어울리다라는 의미.

It didn't match up with Melissa's account.
그건 멜리사의 설명과 맞지가 않아.

- My burn scenarios don't match up with your data.
  건물이 타서 무너질 때의 내 시나리오가 네 데이타와 맞지 않아.

  These socks match up with each other. 이 양말들은 서로 짝이 맞지 않아.

■ match up with~는 '…와 조화를 이루다,' '일치하다,' '맞다' 라는 의미.

You owe me a rematch.
넌 나랑 다시 한번 게임해야 돼.

- You go back last night for a rematch? 다시 경기하러 어제밤에 돌아간거야?
  Do you want a rematch? 리매치하길 원해?

■ rematch는 재시합으로 주로 억울해서 다시 한번 붙자는 의미.

» mate

 They mate for life. 걔네들은 천생연분이야

They mate for life.
걔네들은 천생연분이야.

- Swans are known to mate for life. 백조는 천생연분하는 것으로 알려져있어.
  It's romantic when people mate for life. 사람들이 천생연분일 때 낭만적이지.

■ mate for life는 '천생연분이다' 라는 표현으로 be made for each other, be a match made in heaven과 같은 의미.

You are my hero and my soul mate.
넌 나의 영웅이자 영혼의 동반자야.

- I mean, we're soul mates, so there's no rush.
  내말은 우리가 소울메이트인데 서두를 필요없다고.
  But how am I supposed to know if we're soul mates?
  하지만 어떻게 우리가 소울메이트인지 알 수 있는거야?
  I also get thousands of letters from prison inmates.
  난 수감자로부터 수많은 편지를 받았어.
  They have detailed photos of everyone on every inmate.
  걔네들은 수감자 모두에 대한 상세한 사진들을 보유하고 있다.

■ soul mate는 친구든 애인이든 감정과 생각 그리고 태도 등 모든 면에서 잘 통하는 친구나 애인을 말한다. 문맥에 따라서는 천생연분이다라고 할 수도 있다. 또한 inmate 역시 범죄미드에 나오는 단어로 수감자, 재소자라는 의미.

 놓치면 원통한 미드표현들

- be all over the map 집중되지 않고(not focused)
  분명하지 않다(be unclear)
  We said the kills were all over the map.
  우린 살인이 어느 한곳에 집중되지 않았다고 말했어.
  This guy's all over the map. How could you be so sure?
  이 놈은 이곳저곳 돌아다니는데 어떻게 확신할 수 있어?

- ~ material …감
  He is not boyfriend material. 걔는 애인감이 아냐.
  She is not marriage material.
  걘 결혼상대는 아냐.

- do the math 계산해봐, 생각해봐, 뒷말은 안해도 되겠지
  You do the math. 네가 생각해봐.
  Do the math. It's so obvious. 생각해봐. 뻔하잖아.

» matter

What does it matter? 그게 뭐가 중요해?

That's all that matters.
그게 가장 중요한거야.

- The only thing that matters is finding that kid.
  유일하게 중요한건 저 아이를 찾는거야.
- Truth is all that matters. 진실은 가장 중요한 것이다.

■ ~ that matters (to)에서 matter는 동사로 쓰인 경우로 '(…에게) 중요한 것은 …이다'라는 표현. All that matters is~, that's all that matters to~ 등의 표현이 자주 쓰인다.

It matters to me. I like to be prepared.
나한테는 중요해. 준비되어 있는 상태가 좋거든.

- Uh, it matters to me. I don't want ugly grandchildren.
  어, 내게 중요해. 못생긴 손자는 싫거든.
- I don't really think that it matters to Alexis.
  그게 알렉스에게 중요하다고 생각하지 않아.

■ It matters to sb는 it이 sb에게 중요하다는 의미.

Doesn't matter. I'm curious.
상관없어. 궁금해서.

- It doesn't matter to me. 난 아무래도 상관없어요.
- It doesn't matter to me who you marry. 네가 누구와 결혼하든 상관없어.

■ don't matter~ 중요하지 않다, 상관없다고 말하려면 ~don't matter로 쓰면 된다. 주로 It[That] doesn't matter~의 형태로 쓰인다. 상관없는 사람과 상관없는 내용을 표시하려면 to sb wh~절로 말하면 된다.

What does it matter?
그게 뭐가 중요해?

- What does it matter? You were right. 그게 뭐 중요해? 네가 맞았는데.
- Mom, what does it matter? It's just a little frosting.
  엄마, 그게 뭐 상관예요? 좀 서리깐 것 뿐인데.

■ What does it matter?는 별일 아닌 것 갖고 벌벌떨고 큰일 났다고 소란피는 사람에게 할 수 있는 말로 '그게 뭐가 중요해,' '그게 무슨 상관야'라는 의미. Why does it matter?하면 그게 왜 중요하냐고 이유를 물어보게 된다.

No matter what I say.
내가 무슨 말을 하든지 간에.

- No matter what Jones believes, I was never given that drug.
  존스가 무엇을 믿든지간에 난 절대로 그 약을 받지 않았어.
- No matter what happens, she'll be happy. 무슨 일이 일어나든, 걘 행복할거야.

■ No matter what S+V은 잘 알려진 표현으로 '무엇이 …한다 해도'라는 의미.

What's the matter with her? Is she sick?
걔 왜그래? 아파?

- A: What's the matter with you, man? B: I was just messing around. A: 야, 너 왜그래? B: 그냥 시간때우고 있는거야.

■ What's the matter with you?는 상대방에게 안좋은 일 있었나 혹은 어디 아프냐고 물어보는 말로 '무슨 일이야?' '도대체 왜그래?' 혹은 상대방의 바보같은 행동이나 말에 화가 났을 때 '도대체 넌 뭐가 문제냐?'라는 의미.

The fact of the matter is, you're an ass.
문제의 요점은 네가 멍충이라는 거야.

- Well, it was only a matter of time. 저기, 그건 단지 시간문제야.
- You know it's only a matter of time before she spills.
  걔가 폭로하는건 시간문제일 뿐이야.

■ the truth[fact] of the matter is~ 사건의 진상은[문제의 핵심은] …이다, a matter of time은 (단지) 시간문제라는 말로 It's just only a matter of time before~하게 되면 …는 그저 시간문제일 뿐이다가 된다. 또한 to make matters worse는 설상가상.

» max

We'll be here for 30 minutes, max. 우리는 기껏해야 30분 정도 여기 있을거야.

It's one day job, max.
그래봤자, 하루 일거리인데.

- You should only spend $100, **max**. 넌 최대로 100달러만 쓸 수 있어.
  We'll be here for 30 minutes, **max**. 우리는 기껏해야 30분 정도 여기 있을거야.

■ **, max.** max는 maximum의 약어로 명사 앞에서 최대라는 의미로 쓰이며 또한 여기서처럼 문장 끝에서 '기껏해야,' '많아봤자'라는 의미로 많이 쓰인다.

That'll max out your credit card.
그렇게 되면 네 신용카드한도가 초과될거야.

- You'**ve maxed out** every credit card we own.
  우리가 갖고 있는 모든 신용카드의 한도를 초과시켰어.
  His credit cards **are all maxed out**. 걔 신용카드는 한도가 초과됐어.

■ **max out**은 최고에 다다르다, 최고를 넘어 한도를 초과하다라는 말로 주로 신용카드가 한도 초과됐을 때 자주 쓰인다.

You can still make sure he gets the max.
넌 걔가 최대형량을 받을 수 있도록 확실히 해.

- Both of your clients are gonna **do the max**.
  네 의뢰인 둘다 최선을 다할거야.
  No confession, no plea bargain. Which means you **do the max**.
  자백도 없고, 유죄협상도 없어. 이 말은 네가 최선을 다해야 한다는 거야.

■ **do the max**는 '최대한 하다,' '최선을 다하다,' 그리고 get the max는 '최대한 받다, 얻다'라는 의미. 또한 '최대한도로'라는 부사로 쓰려면 to the max라고 하면 된다.

» mean

If that's what you mean. 그게 네 진심이라면.

You mean to tell me you can't find one?
넌 하나도 찾을 수 없다는 말이야?

- **You mean to tell me that** Jerry is gay? 제리가 게이라는 말 진심야?
  You mean to tell me she didn't once slip out to the bathroom.
  걔가 한번도 화장실에 살짝 가지도 않았다는 거야?

■ **You mean to tell me ~?**에서 mean to는 '…할 셈이다'(intend to)라는 뜻으로 You mean to tell me~?라고 하면 너 그말 진심이니?라는 의미.

I didn't mean to do that.
그럴려고 그런게 아니었어.

- **I didn't mean to** offend you. 기분 나쁘게 하려고 한거 아니었어.
  I don't mean to cut you off. 말을 끊으려고 하는 건 아닌데.

■ **didn't mean to**는 '…하려고 한 건 아니었어'라는 말로 남에게 해를 끼치거나 기분을 상하게 했지만(upset or hurt sb) 의도적으로 그런 것이 아니니까 헤아려 달라고 용서를 구할 때 쓸 수 있다. 현재시제로 don't mean to~라고 하면 '…할 생각은 없다,' '…하려는 의도는 아니다'라는 뜻이 된다.

I didn't mean it.
일부러 그런게 아냐.

- **I didn't mean it** the way it sounded. 들리는 것처럼 그런게 아냐.
  I don't mean that in a bad way. 나쁜 의미로 말하는거 아냐.

■ **didn't[don't] mean it[that]**은 오해를 풀기 위한 표현으로 위에서처럼 to~이하로 자세히 설명없이 바로 it이나 that을 써서 '그렇게 아냐'라고 신속하게 말하는 법.

I really didn't mean any offense.
정말 기분상하게 하려는게 아니었어.

- Pardon me, I didn't mean any offense by that.
  미안해요, 그거 기분상하게 하려는게 아니었어요.

  She didn't mean any offense when she didn't talk to you.
  걔가 너와 얘기하지 않았을 때 기분상하게 하려는게 아니었어.

■ didn't mean any offense 는 오해를 좀 더 노골적으로 풀고 자신을 방어하기 위해서 하는 말로 상대방에게 '기분상하게 하려는게 아니었어'라고 하는 말.

That's not what I mean.
실은 그런 뜻이 아냐.

- A: Believe me, he is not gay. B: That's not what I meant.
  A: 내말 믿어, 걘 게이야냐. B: 내말은 그게 아냐.

  A: It's not going to fail. B: That's not what I meant.
  A: 실패하지 않을거야. B: 난 그런 뜻이 아니었어.

■ That's not what I mean(t) 역시 상대방이 자신의 말이나 행동에 오해할 경우 자신의 의도와는 상관없음을 말하며 그런 뜻이 아니었어라고 말하는 문장.

I mean, I've got divorced last month.
내말은 난 지난달에 이혼했다고.

- I mean, heck, I didn't pass my nurse's exam.
  내말은, 젠장, 간호사 시험에 떨어졌다고.

  I mean, no adoption agency is gonna touch us now.
  내말은, 이제 우리에게 연락하는 입양기관이 없을거라는거야.

■ I mean,~은 상대방이 내가 한 말을 못알아 들었을 때 혹은 내가 이건 다시 설명을 해주어야겠다고 생각들 때 필요한 표현. 일단 I mean, 이라고 한 다음에 좀 더 명확히 자기 말을 부연해주거나 아니면 I mean (that) S+V라고 하면 된다.

What I mean is it didn't surprise me.
내말은 난 놀라지 않았다는거야.

- What I meant to say was, my feelings for you, they keep growing.
  내가 말하고자 하는 건 너에 대한 감정이 점점 강해지고 있다는거야.

  What I mean to say is we're very sorry for your loss.
  내말은 삼가 조의를 표한다는거예요.

■ I'm sorry, I meant to say는 미안하지만 내 말은… 이라는 뜻. 자기 의사를 더욱 분명하게 말하려는 표현법으로 더 딱부러지게 정리해주려면 what I mean(t) to say~라 해도 된다. 또한 you don't mean to say~ 하면 '…라 말하는게 진심은 아니겠지'라는 의미.

By "escort," you mean prostitute?
에스코트가 매춘이란 말야?

- You mean we're completely alone? 우리가 완전히 외톨이가 됐다는 말야?

  You mean she's getting worse? 걔 상태가 악화되고 있다는 말야?

■ You mean~은 '…라는 말인가요?,' '네 말은 …라는 거니?'라는 뜻으로 내가 상대방의 말을 이해못했거나 헷갈릴 경우 상대방이 한 말을 확인하고자 할 때 쓰는 표현으로 Do you mean ~?이라고 해도 된다.

I guess that means you turned down this.
네가 이걸 거절한 모양이구나.

- I guess that means I don't have to go to the wedding on Saturday.
  내가 토요일날 결혼식에 갈 필요가 없는 모양이구나.

  I guess that means you heard about John. 네가 존에 대해 얘길 들은 것 같아.

■ I guess that means는 그것이 의미하는 것은 …인 것 같다라는 의미로 그냥 단순히 '…인 것 같아,' '…한 모양이구나'라고 이해하면 된다.

It doesn't mean she's bad in bed.
그렇다고 걔가 섹스가 형편없다는 얘기는 아냐.

- It doesn't mean that we can't enjoy it.
  그렇다고 우리가 그걸 즐길 수 없다는 얘기는 아냐.

  It doesn't mean that I don't love you. 그렇다고 내가 널 사랑하지 않는다는 말은 아냐.

■ It doesn't mean that~ 은 '…라는 의미가 아니다'라는 뜻으로 뭔가 잘못 전달된 혹은 틀린 정보를 바로잡기 위해 할 수 있는 말. '그렇다고 …라는 의미는 아니다'라고 생각하면 된다.

What does that mean?
이건 무슨 뜻이야?

- **What does that mean?** Are you guys getting back together?
  그게 무슨 말야? 너희들 다시 사귀는 거야?

  What does that mean in English? 이건 영어로 무슨 뜻이야?

What do you mean, back here?
이리로 다시 온다는 의미가 뭐야?

- **What do you mean** you can't shoot her? 걜 촬영못한다는 의미가 뭐야?
  What do you mean by weird? 이상하다는 말이 뭘 뜻하는거야?
  What do you mean by that? 그게 무슨 말이야?

You know what I mean?
내말 이해했어?

- I need sex now. **You know what I mean?** 지금 나 섹스해야돼. 무슨말인지 알지?
  We need us time. **You know what I mean?**
  우리에겐 시간이 필요해. 무슨 말인지 알지?

I'm primed and ready, if you know what I mean.
알겠지만, 난 준비완료됐어.

- He's the one who had a little problem, **if you know what I mean.**
  알고있겠지만, 문제가 좀 있는 사람이 걔야.

  I let him snake my drain, **if you know what I mean.**
  걔가 내 배수관을 뚫게 했어, 내가 무슨 말하는지 안다면 말야.(*snake a drain은 배관공이 배수구가 막혔을 때 긴 금속막대기로 뚫는다는 것으로 여기서는 성적인 의미)

See what I mean?
내 말 알겠지?

- **See what I mean?** Don't feel bad. 내말 알겠지? 기분나빠하지마.
  A: **See what I mean?** B: Your prints came back unknown, too?
  A: 내말 알겠지? B: 또 지문에 일치하는 사람이 없단말야?

I know what you mean.
무슨 말인지 알아.

- A: I meant she was killed instantly. B: **I know what you mean.**
  A: 걔가 즉사했다는 말야. B: 무슨 말인지 알겠어.

  I see what you mean, that's quite nice. 무슨 말인지 알아, 그거 정말 좋은데.
  I don't know what you mean exactly. 네가 정확히 무슨 말을 하는지 모르겠어.

If that's what you mean.
그게 네 진심이라면.

- Nobody suspicious, **if that's what you mean.**
  그게 사실이라면 의심스러운 사람은 아무도 없어.

  There was no rotting corpse in the living room **if that's what you mean.** 그게 사실이라면 거실에는 부패한 시체가 없었어.

■ **What does that mean?** 은 이게 무슨 뜻이야?라는 말로 상대방의 말의 의미를 이해못해 풀어설명해달라는 표현. 문맥에 따라 놀라거나 혹은 좀 화가나 '그게 무슨 말야?' 라고 하면서 상대방의 진의를 캐물을 때도 쓴다.

■ **What do you mean by ~ing?[S+V]** '…는 무슨 뜻이죠?' 라는 말. 상대방이 말한 내용을 다시 한번 확인하거나 상대방 말의 진의를 파악하고자 할 때 쓰는 표현. 보통 What do you mean?이라고 간단히 말하거나 What do you mean 다음에 주어+동사 혹은 by+명사[~ing]형태, 혹은 what do you mean, 다음에 이해안되는 어구만 넣어도 된다.

■ **You know what I mean?** 은 상대방이 내 말을 이해했는지 혹은 나와 같은 생각인지 물어볼 때 쓰는 말로 '무슨 말인지 알겠어?,' '너 내 말 이해했냐?' 라는 의미이다.

■ **If you know what I mean** 은 직역하면 내가 무슨 말 하는지 안다면 말야…, 좀만 의역하면 상대방에게 '알겠지만,' 혹은 '이해해준다면' 이라는 뜻이다.

■ **(You) See what I mean?** 은 내가 의미하는 것을 알았지?라는 의미. 의역하면 '내말 알겠지?', '내말이 맞지?,' '그러면 그렇지' 등의 뜻으로 옮길 수 있다.

■ **I know[see, understand] what you mean**은 네 말을 이해했다는 의미로 '무슨 말인지 알겠어,' '나도 그렇게 생각해' 라는 표현. 반대는 I don't know what you mean.

■ **if that's what you mean**는 '그게 네 진심[사실]이라면,' '네 뜻이 그렇다면' 이라는 의미.

Not perfect. How do you mean?
완벽하지 않다니 그게 무슨 말이야?

- A: This place used to be different. B: **How do you mean?**
  A: 이 곳은 예전엔 달랐었는데. B: 그게 무슨 말이야?

  A: I didn't mean it that way. B: Well, **how'd you mean it?**
  A: 난 그런 뜻으로 말하게 아니었는데. B: 그럼, 그게 무슨 말이었어?

■ **How do you mean?**은 '무슨 말이야?'로 상대방의 말을 이해하지 못했을 때 하는 표현. How did you mean it?는 '그게 무슨 말이었어?'라는 뜻.

Guys, stop it! Stop it, I mean it.
얘들아, 그만해, 그만두라고, 정말야.

- This time **I mean it**. 이번엔 진심이야.

  Jim, I need you to call me back! **I mean it!** 짐, 전화해줘, 분명히 말했어!

■ **mean it[that]**은 자기가 한 말이 장난이나 거짓이 아니라 진심임을 말하는 표현으로 '정말야', '진심이야', '분명히 말했어'라는 뜻. I mean it(정말야) 정도는 외워둔다.

Do you mean that?
그말 진심이야?

- Really, honey? **Do you mean that?** 정말, 자기야? 진심이야?

  A: **Do you mean that?** B: No. A: 진심이야? B: 아니.

  Oh, **you mean it?** That would be so fun! 어, 정말야?정말 재미있겠다.

■ **Do you mean that?**은 반대로 상대방의 말에 놀라서 다시 확인하면서 하는 말로 '정말이야?', '진심이야?' 라는 표현. do는 빼고 그냥 You mean it[that]?이라고 많이 쓰인다.

You don't mean that.
농담이지.

- A: **You don't mean that.** B: Oh yes I do. A: 진짜 아니지. B: 어, 맞아. 정말야.

  Oh, come on, man, **you don't mean that.** 어, 이 사람, 정말 아니지.

■ **You don't mean that** 역시 상대방 말이 선뜻 믿어지지 않을 때 '그말 진짜 아니지', '농담이지'라는 표현. You can't mean that 역시 같은 맥락의 의미.

I don't mean maybe!
대충 하는 말 아냐, 진심으로 하는 말이야.

- You clean up this room, and **I don't mean maybe.**
  너 이방 청소해, 장난아냐.

  I'm quitting smoking, and **I don't mean maybe.** 난 담배끊었어, 진심야.

■ **I don't mean maybe**는 그럴수도 있다고 말하는게 아니라 자기가 한 말이 농담이 아니라 진심이라는 것을 강조하는 표현.

It doesn't mean anything to me.
난 상관없어.

- Does the date July 4, 2005 **mean anything to** you?
  2005년 7월 4일이 너에게 무슨 의미가 있는 날이야?

  You're not so special. Men **mean nothing to** her.
  넌 특별한게 없어 개한테 남자는 별 의미가 없을거야.

■ **not mean anything to~**나 mean nothing to는 같은 표현으로 to~이하의 사람과는 전혀 상관없다고 말하는 표현. to 대신에 with를 써도 된다.

They mean a lot to me.
그건 나한테는 의미가 많아.

- It would really **mean a lot to me** if you guys came.
  너희들이 오면 정말 큰 의미가 될거야.

  It would really **mean a lot to me** if you stayed.
  너희들이 머문다면 정말 고마울거야.

■ **mean a lot to sb**는 많은 것(a lot)을 의미한다는 말로 매우 중요한, 소중한이라는 표현. I'd really mean a lot to me if you+과거동사하면 가정법문장으로 '네가 …한다면 정말 고맙겠다'라는 말이 된다.

That mean something to you?
저게 너한테 무슨 의미가 있어?

- Does this song mean something to you?
  이 노래가 너한테 무슨 의미가 있어?

  Is that supposed to mean something to me?
  이게 내게 무슨 의미가 있어야 되는 거야?

■ mean something to sb 는 상관이 전혀 없는 것도 아니고 의미가 많아 소중한 것도 아닌 그냥 무슨 상관이나 의미가 있는지 말하는 표현.

Meant for each other.
천생연분이다.

- Those two are meant for each other. 저 두사람은 천생연분이야.
  It was meant to be. 운명이었어, 하늘이 정해준거야.
  They are meant to be together. 천생연분이다.

■ be meant for each other는 be made for each other, be a match made in heaven, mate for life 그리고 be meant to, be와 마찬가지로 '천생연분이다' 라는 표현이다.

I've been meaning to call you.
그렇지 않아도 전화하려고 했는데.

- Dr. Heller. I've been meaning to call you.
  헬러 박사님, 안그래도 전화하려고 했어요.

  Its been so long. I've been meaning to call you.
  오랜만야. 안그래도 전화할려고 했었는데.

■ have been meaning to call you는 전화를 하려다 계속 미루고 있었는데 마침 상대방이 먼저 전화했을 때 좀 미안해하면서 하는 말.

By all means.
물론이지.

- By all means, read it when you have a free moment.
  그럼, 시간있을 때 읽어봐.

  A: Shall I read it? B: By all means. A: 내가 읽을까요? B: 물론.

■ by all means는 오래전부터 배워온 기본숙어. 상대방의 부탁이나 요구에 '그러세요', '물론 되지요' 라는 답변으로 미드에 종종 나온다.

I know you mean well.
날 생각해서 그러는거 알아.

- I know you mean well, but that's not gonna happen okay.
  날 위해 그러는건 알겠는데 절대 그럴 일 없을거야.

  I know you mean well, but I'm not gonna deal with my parents on this one, okay?
  날 위해 그러는건 알겠는데 이 건으로 부모님과 거래하지는 않을거야, 알았어?

■ mean well은 결과는 안좋더라도 선의에서 그랬다는 것을 어필하기 위한 표현.

You're so mean.
너 정말 야비하다.

- Yeah, let's take a break. You're so mean to him.
  그래, 좀 쉬자. 너 걔한테 너무 야비해.

  A: You're so mean. B: Put your clothes on right now.
  A: 너 정말 야비하다. B: 지금 당장 옷입어.

  That's a mean thing to say! 그건 야비한 말이다!

■ mean이 형용사로 쓰이면 야비한, 천박한이라는 의미가 된다. 또한 be a mean thing to say 하면 참 야비한 말이다라는 뜻.

MORE EXPRESSION

not know the meaning of sth …의 의미를 모르다

» memory

Well, let me refresh your memory. 그래, 네 기억을 되살려줄게.

I have an excellent memory.
난 기억력이 정말 뛰어나.

- You've got a photographic memory. 넌 사진찍는 것 같은 기억력을 갖고 있어.
  She's like a goldfish, she has a three-second memory.
  걘 금붕어같아. 3초지나면 다 잊어.

■ have a good[bad, poor] memory는 기억력이 좋다, 나쁘다라고 할 때 사용한다. 물론 기억력의 상태에 따라 다양한 형용사를 넣을 수도 있다.

She literally has no memory of it.
걘 말그대로 그걸 기억못해.

- You have no memory of shooting the attendant?
  승무원을 쏜 기억이 안나?
  Docs say I may have some temporary memory loss.
  의사들이 내가 일시적인 기억력 상실을 겪을 수 있대.

■ have no memory of~는 '…을 기억못하다,' lose one's memory는 '기억력을 잃다,' 그리고 memory loss는 '기억력 상실'을 뜻한다.

I think he's getting his memory back.
걔가 기억을 되찾고 있는 것 같아.

- Did you know that his memory was coming back?
  걔 기억이 돌아오고 있다는 걸 알았어?
  When will I get my memory back? 내가 언제 기억을 되찾을까?

■ get one's memory back은 '잃었던 기억을 되찾다,' 단순히 memory comes back하면 '기억이 돌아오다'라는 말.

Now if memory serves, her husband had an alibi?
내 기억으로는, 걔 남편은 알리바이가 있었지?

- I met him once a long time ago, and if memory serves.
  걜 오래전에 만났어, 내 기억이 맞다면 말야.
  If memory serves me, she had a huge 'butt.'
  내 기억이 맞다면 걘 엉덩이가 엄청나게 컸어.

■ if (my) memory serves (me correctly)는 관용적인 표현으로 '내 기억이 맞다면,' '내가 기억하는 바로는'이라는 뜻.

Well, let me refresh your memory.
그래, 네 기억을 되살려줄게.

- Could you refresh my memory, Mr. Kopek?
  내 기억을 되살려줄수 있어요, 코펙씨?
  I'm gonna need to refresh my memory. 난 기억을 되살려야돼.
  I always use a list to jog my memory. 늘 내 기억을 되살리기 위해 표를 이용해.

■ refresh sb's memory는 잊어버려서 기억이 안나는 상태에서 '…의 기억을 되살리다'라는 의미. 또한 jog one's memory는 '과거의 기억을 일깨우다'라는 의미로 앞의 표현에서 refresh 대신에 jog를 쓴 점이 다르다. 또한 trigger를 써도 된다.

MORE EXPRESSION
keep one's memory alive 잊지 않도록 하다
in memory of …을 기념하여
to one's memory …을 기억하며
sb's memory lives on …의 기억이 살아있다

- **meat lover[love meat]** 육식체질 fresh meat 순진하고 경험없는 사람
  A: I don't know what she does. B: She's fresh meat out here. 걘 여기 초보자야.

- **the meat and potatoes** 중요한 부분
  I'm an ordinary man, Jack. Meat and potatoes.
  난 보통 사람이야, 잭. 아주 중요한 부분이지.

» mention

Now that you mention it. 말을 하니까 말인데.

As I mentioned before, this is very important.
전에 말했듯이, 이건 매우 중요해.

- **As I mentioned before,** the shop will be closing.
  내가 전에 말했듯이, 그 가게는 문을 닫을거야.

  As I mentioned yesterday, we'll be holding a debate next week. 내가 어제 말했듯이, 우리는 다음주에 토의를 할거야.

▬ **As I mentioned before**는 '내가 전에 말했듯이'라는 의미로 자기 얘기를 다시 한번 하기에 앞서 써먹으면 좋은 표현. before 대신 earlier를 쓰거나 혹은 구체적인 시점을 말해도 된다.

Don't mention it.
천만에요.

- A: Thanks for doing it my way. B: Yeah, **don't mention it.**
  A: 내 방식대로 하게 해줘서 고마워. B: 어, 무슨 말을.

  A: I wanted to thank you. B: **Don't mention it.**
  A: 고맙다고 말하고 싶어. B: 천만에.

▬ **Don't mention it**은 You're welcome, Not at all 등과 함께 상대방의 감사하다는 인사에 대한 3대 답변으로 배웠던 표현. '천만에요,' '그런말 마세요'라는 뜻이다.

Now that you mention it.
말을 하니까 말인데.

- **Now that you mention it,** he looked terrified.
  말이 나왔으니 말인데, 걘 두려움에 질린 표정이었어.

  Now that you mention it, I did find something odd.
  말이 나와서 말인데, 좀 이상한 거 발견했어.

▬ **Now that you mention it**은 생각못하고 있다가 상대방의 말로 해서 기억이 나서 말한다는 뜻으로 '말씀을 하니까 말인데요,' '그 말이 나와서 말인데'라는 의미.

Not to mention the rumor about what he was involved with.
걔가 연루되었다는 것에 대한 소문은 말할 것도 없고.

- This is my bathroom! It's late, and **not to mention** disgusting.
  내 화장실이야! 늦었을 뿐만 아니라 네가 사용하는 게 싫어.

  He's totally old school, **not to mention** just plain old.
  그는 늙었을 뿐아니라 진짜 따분해.

▬ **not to mention sth**은 '…은 말할 것도 없고'라는 의미. 뭔가 추가적으로 정보를 말하거나 혹은 자기가 말하려는 내용을 강조하기 위해 먼저 미끼로 던지는 말.

Your hard work deserves a mention.
너의 성실한 근무는 언급할 가치가 있어.

- The hero **deserved a mention** during the ceremony.
  그 영웅은 행사중 언급될 가치가 있었어.

  The house fire **deserved a mention** in the newspaper.
  그 집의 화재는 신문에 날 만했어.

▬ **deserve a mention**은 언급할 만한 가치가 있다라는 말로 어떤 대상의 가치기준을 따질 때 사용하는 표현이다.

Fred didn't win, but he got an honorable mention.
프레드는 졌지만 감투상을 받았어.

- The last runner in the race **got an honorable mention.**
  경주의 마지막 주자는 감투상을 받았어.

  Did you **get an honorable mention** for your work?
  넌 네 일로 칭찬을 받은 적이 있어?

▬ **get a honorable mention**에서 honorable mention은 경쟁대회에서 수상은 못했지만 못지 않은 실력이 있다는 의미로 주는 감투상, 야차상 등을 의미한다. 참고로 get a mention은 '상을 받다,' '칭찬받다'라는 의미.

» mess

Don't mess with me. 나 건드리지마.

Don't mess with me.
나 건드리지마.

- They're trying to mess with us. 우리를 속이려고 하고 있어.
  Nobody's gonna mess with us if we're in a group.
  우리가 함께 뭉치면 누구도 우리를 엿먹이지 못할거야.

You mess up.
네가 망쳐놨어.

- You mess up, and you're going to prison. 네가 잘못했고 감방에 갈거야.
  He can mess up our lives for a couple of weeks.
  걘 몇주안에 우리 삶을 망칠 수 있어.
  Are you kidding me? Where did I mess up? 정말? 내가 어디서 실수했는데?

It was messed up?
그게 엉망이 됐어?, 뭐 문제있었어?

- He's pretty messed up about the whole thing.
  걘 상황전체에 무척 속상해 하고 있어.
  Her hair was messed up. She smelled like sex.
  걔 머리는 엉망이었어. 섹스를 한 냄새가 났어.

What did I tell you? I don't mess around.
내가 뭐랬어? 난 빈둥거리지는 않는다니까.

- We were just messing around. 우리 그냥 빈둥거렸어, 우리 그냥 섹스하고 있었어.
  Do you think I'm messing around with you? 내가 널 갖고 노는 것 같아?
  Am I your girlfriend? Am I somebody you mess around with?
  내가 네 여자야? 네가 갖고 놀아도 되는 사람인거야?

You made a mess of things.
네가 이 일을 망쳤어.

- Tom tried to help, he made a mess of it. 탐은 도와줄려고 했지만 일을 망쳤어.
  I'm so sorry that I made a mess of everything. 다 엉망으로 만들어 미안해.

I'm so sorry, I'm such a mess.
미안하지만 내가 정말 엉망진창야.

- Well, I'm sorry this place is such a mess. 어, 너무 지저분해서 미안.
  He's in a mess. 걘 아주 엉망야.

So umm, sorry I got us into this mess.
어, 내가 우릴 곤란한 상황에 빠트렸네, 미안.

- My cousin got us into this mess. 내 사촌이 우릴 이 지경으로 만들었어.
  How did you get yourself into this mess? 어쩌다 이 지경에 빠지게 된거야?

▬ mess with는 위험하고 문제있는 일이나 사람에 관여하다 혹은 누구를 속이거나 누구에게 문제나 말썽을 일으키는 것을 뜻한다.

▬ sb mess up은 주어가 사람이 와서 목적어없이 혹은 목적어를 대동하고 '(계획) 망치다,' '더럽히다,' '실수하다,' '잘못하다' 라는 의미로 쓰인다.

▬ sth[sb] be messed up은 수동태로 쓰인 경우로 뭔가 어지럽혀져있거나 일이 꼬인 상태를 말한다.

▬ mess around는 기본적으로 '할일없이 빈둥거리다,' 혹은 '키스, 애무, 섹스하다' 는 뜻으로도 사용된다. 또한 mess sb around하면 '거짓으로 맘을 바꿔 …을 곤란하게 하다,' 즉 '…을 갖고 놀다' 라는 의미가 된다. 또한 mess around with는 '해서는 안될 사람과 성관계 맺다,' '가지고 장난치다,' '가지고 놀다' 라는 의미.

▬ make a mess of~는 뭔가 '일을 망치다,' '실수하다' 라는 의미. 하지만 make a mess of+장소가 나오면 '장소'를 더럽히다 그리고 그냥 a mess of sth하면 구어체로 a lot of sth과 같은 의미가 된다.

▬ be (such) a mess는 하도 문제가 많아 정상적이지 않은 상태로 엉망진창이다, 엉망이다라는 뜻. be in a mess 또한 엉망이라는 의미이다.

▬ get sb into a mess는 'sb를 곤란한 상황, 어려운 상황에 빠트리다' 라는 표현. get oneself into a mess하면 '난처한 처지에 빠지다' 라는 말.

Steven cleaned up the mess outside.
스티븐은 밖을 청소했어.

- You have to clean up the mess. 넌 어지럽혀진 걸 치워야돼.
- We can cool off and clean up the messes we've made.
  우리 좀 식히고 어지럽힌 걸 치우자.

■ clean (up) the mess는 어지러운 곳을 치우다라는 말로 청소하다, 치우다라는 뜻이다.

» middle

 We're in the middle of nowhere. 우린 어딘지 모르는 외진 곳에 있어.

Don't you get in the middle of us!
우리 일에 끼어들지마!

- You didn't need to get in the middle of it. 넌 개입할 필요가 없었어.
- I hate to get calls in the middle of having sex.
  섹스하는 중간에 전화오는게 정말 싫어.

■ get in the middle of~는 '…에 끼어들다,' '개입하다'라는 뜻. 물론 get sth in the middle of sth하게 되면 '…하는 도중에 …을 받는 걸 싫어한다'라는 의미가 된다.

We're in the middle of an investigation.
우린 한참 조사중이야.

- I'm in the middle of a case, and I'm not real focused right now.
  사건을 조사중인데 지금은 집중을 정말 못하겠어.
- We're in the middle of an exam. 우리는 지금 시험보는 중이야.

■ be in the middle of~는 '한참 …하고 있다,' '…하느라 바쁘다'라는 의미.

We're in the middle of nowhere.
우린 어딘지 모르는 외진 곳에 있어.

- Okay guys, we're in the middle of nowhere. 그래, 우리들은 길을 잃었어.
- We're just gonna leave the truck in the middle of nowhere?
  어딘지도 모르는 곳에 트럭을 남겨둘거라고?

■ in the middle of nowhere는 어디인지 모르는 한가운데 있다는 말로 시내에서 떨어진 외곽인데 어디 모르겠다라는 말로 주로 운전하다 길을 잃어버렸을 경우에 사용한다.

The whole town split right down the middle.
마을 전체가 반반으로 양분됐어.

- We'll draw an imaginary line down the middle.
  우리는 한가운데에 상상의 선을 그을거야.

■ down the middle '한가운데에,' '반반으로'라는 뜻으로 down 앞에 straight, right 등의 단어를 붙여 쓰기도 한다.

놓치면 원통한 미드표현들

- **meddle** 간섭하다   **meddler** 쓸데 없이 참견하는 사람
  It's up to you dear, we don't want to meddle.
  네가 결정해, 우린 간섭하기 싫어.

- **meddle with[in]** 참견하다, 간섭하다
  This is all your fault! You meddled in our relationship! 다 네 잘못이야! 네가 우리관계에 끼어들었어!

- **mellow out** 긴장을 풀다, 진정해(Chill out!)
  I was just trying to mellow out.
  난 긴장을 풀려고 한거야.

- **mellow** 차분한, 스트레스를 풀게 해주는
  Guys, can we play something mellow?
  여러분 그윽한 노래 연주할까요?

» mind

I don't mind taking care of him. 난 기꺼이 걜 돌볼거야.

Are you out of your mind?
너 제정신이야?

- You've got to **be out of your mind**! 제정신이 아니구나!
  I'm **losing my mind**. 내가 제정신이 아냐.
  Don't leave me here. I'm **going out of my mind**.
  날 여기에 남겨두지마. 나 미쳐버릴거야.

■ **be[go] out of one's mind**는 제정신이 아니다, 돌다, 미치다라는 뜻으로 lose one's mind (over~)와 같은 의미.

I was out of my mind with grief.
난 슬픔에 정신이 없어서.

- That woman is **out of her mind with worry**. 저 여자는 무척 걱정하고 있어.
  Her mom **was out of her mind with worry** last night.
  걔 엄마는 간밤에 무척 걱정했었어.

■ **be out of one's mind with worry[grief]**는 위의 표현을 생각하면 쉽게 이해할 수 있다. with 이하로 제정신이 아니라는 말로 다시 말해 무척 걱정하다, 무척 슬프다라는 뜻이 된다.

I can't get that one moment out of my mind.
난 그 순간을 잊을 수가 없어.

- I've decided I'm **putting her out of my mind**. 걜 잊기로 결심했어.
  I want you to know how difficult it's been to **get you out of my mind**. 널 잊는게 얼마나 어려웠는지 네가 알았으면 해.

■ **put[get] sb[sth] out of one's mind**은 맘속에서 …을 꺼낸다라는 뜻으로 비유적으로 '…을 머릿속에서 지우다,' '생각하지 않다'라는 의미. 한편 put ~ to the back of your mind하면 좀 더 강조하는 표현으로 …을 맘속 깊은 곳으로 밀어넣다라는 뜻. 부정형을 쓰면 당연히 잊지못하다라는 뜻이 된다.

I still haven't made up my mind!
난 아직 맘의 결정을 못했어!

- I **made up my mind** to tell my family. 난 가족에게 말하기로 결정했어.
  Looks like you've **made up your mind**. 너 맘의 결정을 한 것 같아 보인다.

■ **make up one's mind (to do)**는 결심하다(make a decision)라는 의미.

What do you have in mind?
뭘 생각하고 있는 것 있어?

- Did you **have something else in mind**? 너 뭐 다른 거 생각하고 있는 거 있어?
  The thief **had the police in his mind** and ran away.
  도둑은 경찰을 염두에 두고 도망쳤어.

■ **have[have get] ~ in mind**는 특정한 뭔가 혹은 사람을 맘속에 두고 있다는 말. 비슷한 표현으로 have sth in one's mind가 있다.

That's not what I had in mind.
내가 생각한 것은 그게 아냐.

- It's **not what I had in mind** but okay. 내 생각했던 것과는 다르지만 좋아.
  That's pretty much what I had in mind. 내가 생각했던 것과 거의 같아.

■ **This[it]'s not what I have in mind**는 내가 생각하고 있던 것과 다르게 일이 진행되거나 결과가 나왔을 경우 '이건 원래 내가 생각했던 건 아니다'라고 말하는 표현법.

I'll keep that in mind.
그점 기억해둘게.

- **Bear in mind that**. 그점 명심해.
  Keep in mind, this is just a theory. 명심하라고, 이건 그냥 이론일 뿐이야.

■ **keep[bear] ~ in mind (that)**는 …을 잊지 말고 마음에 담아두다, 즉 '명심하다'라는 말로 명령문 형태로도 많이 쓰인다.

Would you mind if I came home with you?
너와 함께 집에 가도 될까?

- **You mind if** I take a look in the back of your truck?
  트럭 뒤를 둘러봐도 될까요?

  Do you mind if we ask you a few questions? 질문 몇 개 해도 될까요?

  Would you mind coming in, sir? 들어오실래요, 선생님?

  Do you mind giving me a hand moving my couch?
  나 소파 옮기는거 좀 도와줄래?

I don't mind if I do.
그럼 좋지.

- Hey hey hey! **Don't mind if I do!** 이봐요! 난 좋지요.
  A: Why don't you join us, Harry? B: **Don't mind if I do.**
  A: 해리, 우리랑 함께 하자. B: 그러면 좋지.

Do you mind?
그만해줄래?

- Castle, **do you mind?** 캐슬, 그만해.
  I really need that espresso. **Do you mind?**
  저 에스프레소 정말 먹고 싶어. 괜찮겠어?

Don't mind me.
난 신경쓰지마.

- Now **don't mind me.** I'm just putting some clothes in.
  난 없다고 생각해. 옷입고 있는 중이야.
  Keep going, **don't mind me.** 계속해. 난 신경쓰지말고.

Yes. It has crossed my mind.
맞아. 그게 생각이 났어.

- The thought **had crossed my mind.** 그 생각이 났었어.
  Yeah? Any names **come to mind**? 그래? 생각나는 이름이 하나도 없어?

Can you just take my mind off of me?
그냥 날 잊어줄래?

- Well, it's the only thing that **keeps my mind off** Danielle.
  음, 그게 다니엘을 잊는 유일한 길이야.
  You just need to **get your mind off** it. Do you want to go to the comic book store? 그거 잊어야 돼. 만화가게에 갈까?

I have half a mind to tell the story.
얘기를 할까말까 망설이고 있어.

- I **have half a mind to** call her mother. 걔 엄마한테 전화할까말까 망설이고 있어.
  I've **half a mind to** storm out of here right this minute.
  당장 여길 뛰쳐나갈까말까 했어.

■ **Would[Do] you mind +~ing[if절~]?**는 …해도 될까요? 라는 말로 정중하게 상대방의 허락을 구하는 표현. 단 mind는 …하기를 꺼려하다라는 단어로 전체적으로 부정의문문이 된다. 영어는 철저히 개인중심으로 대답하기 때문에 오로지 자기의 대답내용에 따라 Yes, No를 선택한다. 그래서 "Do you mind if I come over to your place tonight?"이라는 남자직장동료의 추근거림에 여자가 Yes라고 대답한 걸 이를 승대로 생각했다가는 모진 뺨을 맞는 수밖에. 풀어 쓰면 "Yes, I mind." 즉 나는 당신이 if 이하를 하면 방해가 되거나 싫다는 말이 되기 때문이다.

■ **I don't mind if I do**는 상대방 제의에 승낙하면서 '그러면 좋지,' '그거 좋지'라는 말.

■ **Do you mind?**처럼 단독으로 쓰이면 두가지 의미로 쓰인다. 먼저 상대방의 말이나 행동에 짜증나고 '그만 좀 해줄래?'라는 뜻으로 쓰이고 또 한가지는 상대방에게 허락을 구하는 것으로 '그래도 괜찮겠어?'라는 의미이다.

■ **don't mind me**는 난 빠질테니 없는 것으로 생각하고 하고 싶은대로 하라는 표현이다. '난 신경쓰지마,' '맘대로 해라'는 의미.

■ **cross one's mind**는 come into one's mind와 같은 의미로 '…마음 속에 생각이 떠오르다, 났다'라는 의미. 또한 come to mind하면 '생각이 나다'라는 표현.

■ **take[keep, get] one's mind off**는 '걱정을 그만하게 하다,' '…을 잊다'라는 표현으로 off 다음에 어를 덧붙이기도 한다.

■ **have[get] a mind to~**는 '…할 맘이 있다'는 것으로 '…하고 싶다'라는 뜻이다. 강조하고 싶으면 a good mind, 할까말까 망설이는 상태라면 had half a mind to~라 하면 된다.

I'd like to ask you a few questions, if you don't mind.
괜찮다면 질문 좀 할게요.

- **If you don't mind,** I am off to prepare for tonight's main event.
  괜찮다면 오늘의 주이벤트를 준비할게요.

  If you don't mind, could we not share too much?
  괜찮다면 우리 너무 털어놓지말도록 해요.

If you don't mind me asking, why're you interested in this?
실례되는 말이지만 왜 이거에 관심있어요?

- **If you don't mind me saying so,** when you left here, you kind of broke his heart.
  내가 이렇게 말해도 괜찮다면, 네가 떠났을 때 넌 개맘에 상처를 좀 줬어.

  If I don't mind saying so, I have many of those qualities myself. 내가 이런 말해도 되는지 모르겠지만, 난 그런 재주가 많이 있어.

I don't mind taking care of him.
난 기꺼이 걜 돌볼거야.

- **I don't mind** fighting over little things! 사소한 문제라도, 기꺼이 싸울거야!

  I wouldn't mind having that ability right now.
  지금 당장 그 능력을 기꺼이 가질거야.

That is such a load off my mind!
정말 맘이 한결 가벼워진다!

- **That is a load off my mind.** Well, thank you. 맘이 가벼워졌어. 고마워.

  Ray got a job, and that is **a load off his mind**.
  레이는 취직했고 그래서 맘이 가벼워졌어.

Mind your P's and Q's!
행동거지 조심해!

- **Mind your P's and Q's** in this class. 이 수업에서는 행동바르게 해.

  Mind your P's and Q's during the interview. 면접중 예의바르게 행동해.

If you set your mind to the task.
네가 그 일에 전념한다면.

- I have to believe that if you **put your mind to** it.
  네가 그거에 전념하면 믿을게.

  If you really **put your mind to** it, I know you can.
  네가 정말 전념한다면 넌 할 수 있을거야.

I've had my mind on a lot of things.
신경 쓸 일이 많아요.

- Then stay here and **keep your mind on** your job, you hear me?
  그럼 여기 남아서 네 일에 집중해, 알았어?

  She seems to **have her mind on** something else.
  걔 다른 거에 맘이 가 있는 것 같아.

■ **if you don't mind**는 상대방에게 뭔가 요청하면서 혹은 자기 행동에 미리 상대방의 허락을 받기 위해서 하는 말로, if you wouldn't mind라 해도 된다. '괜찮다면'이라는 뜻.

■ **if you don't mind me saying so~**는 앞의 표현과 의미는 같지만 뒤에 saying, asking이 붙어서 좀 더 구체적으로 좀 더 예의있게 허락이나 양해를 구하는 표현이다. '내가 이렇게 말해도[물어봐도] 괜찮다면,' '실례되는 말이지만'이라는 뜻이다.

■ **I don't mind ~ing**는 '기꺼이 …하다'(be willing to)라는 의미로 don't 대신에 wouldn't로 써도 된다. 특히 I don't mind telling[admitting]~은 좀 말하기 힘든 말을 시작할 때 꺼내는 표현으로 '정말 이건 알아줘야 하는데,' '까놓고 말해서'라는 뜻으로 사용된다.

■ **It[That] is a load off one's mind**는 맘속에서 짐(load)을 덜어놓는다는 뜻으로 걱정이나 근심에서 벗어나 한결 맘이 가벼워지다(that's a relief)와 같은 의미. take a load off와 같은 맥락의 표현.

■ **mind your P's and Q's**는 비슷하게 생긴 p와 q를 구분하라는 말에서 출발해서 예의바르게 행동하고, 행동거지를 조심하라는 뜻으로 쓰이는 관용어구이다.

■ **put[set] one's mind to it**은 it에 맘을 두다라는 것으로 '…을 잊지 않다,' '…에 마음먹다'라는 뜻이 된다.

■ **keep[have, set] one's mind on~** 역시 비슷한 표현으로 맘을 on 이하에 두다라는 말로 '…에 전념하다,' '…에 마음에 두다'라는 의미.

Walt knows his own mind.
월트는 자기 소신이 분명해.

- Rory has her own mind. 로리는 자기 의지가 있어.
  Tony can't decide because he doesn't know his own mind.
  토니는 자기 맘을 알 수가 없어 결정을 못하고 있어.

■ know one's own mind는 자기 맘을 스스로 알고 있다는 말로 자아가 없는 것처럼 보이는 해파리와 달리 자기 소신을 굽히지 않다, 자기 의지가 있다라는 의미로 know 대신 have를 써도 된다.

I've got a mind of my own. This is my decision.
난 나름대로 생각이 있어. 이건 내 결정야.

- This old computer has a mind of its own. 이 낡은 컴퓨터는 제멋대로야.
  I can't control it. This thing has a mind of its own.
  통제할 수가 없어. 이게 제멋대로 작동해.

■ have (got) a mind of one's own 또한 비슷한 표현으로 '자기 주관이 뚜렷하다,' '독자적인 생각을 갖고 있다'라는 의미이다. 단 기계 등이 주어로 오면 기계를 조정하는 사람의 예상과 달리 멋대로 작동하는 것을 말한다.

Get your mind out of the gutter crack-whore.
정신 좀 차려라 이 갈보야.

- Get your mind out of the gutter. They're just nuts. 정신차려. 걔네 미쳤어.
  Get your mind out of the gutter and stop saying sexual things.
  정신 좀 차리고 섹스얘기는 그만 좀 해라.

■ get one's mind out of the gutter는 gutter(시궁창)에서 마음을 꺼내다라는 표현으로 비유적으로 문맥에 따라 '좋은 쪽으로 생각해라,' 혹은 '정신차리다'라는 뜻으로 쓰인다.

Never mind.
신경쓰지마.

- Never mind him. You and I need to have a talk.
  걘 신경꺼. 너와 내가 얘기 좀 해야돼.

  Never you mind about the cost of these things.
  이것들 비용은 신경쓰지마.

■ never mind는 주로 상대방이 감사하거나 미안해할 때 괜찮으니 신경쓰지 말라는 대답으로 많이 쓰이는 표현이다. '신경쓰지마,' '맘에 두지마'라는 뜻. 한편 never mind sb는 'sb는 신경쓰지 말라'는 뜻이고 Never you mind~은 '…은 신경쓸 거 없어, …은 네 알 바 아니야'라는 뜻이지만 오래된 표현으로 요즘에는 잘 쓰이지 않는다.

Love is a state of mind, Shirley.
사랑은 맘의 한 상태야, 셜리.

- Dan was in a bad state of mind after the fight.
  댄은 싸우고 난 후 정신상태가 좋지 않았어.

  We were all in a good state of mind this morning.
  우린 모두 오늘 아침 정신상태가 좋았어.

■ state of mind는 정신상태를 말하는 것으로 frame of mind라고 해도 된다.

School is the last thing on their minds.
학교는 머릿속에 들어오지도 않아.

- Sex is the last thing on my mind right now.
  섹스는 지금 생각나지도 않아.

■ be the last thing on sb's mind는 …의 마음 속에 있는 가장 마지막 것이란 말로 의역하면 머릿속에 들어오지도 않다라는 뜻으로 be the furthest thing from sb's mind라고 해도 비슷한 표현이 된다.

I followed, giving him a piece of my mind.
난 따라와서 걔한테 불편한 심기를 드러냈어.

- I'm going to give that son of a bitch, a piece of my mind.
  난 그 개자식에게 따끔하게 한마디 해줄거야.

  I am going to give them a piece of my mind.
  내 생각을 거리낌없이 걔네들에게 말할거야.

■ give sb a piece of my mind는 주로 부정적인 의견이나 생각을 거리낌 없이 얘기하다, 따끔하게 한마디 해주다, 불편한 심기를 드러내다라는 의미이다.

Who in their right mind would ever want kids?
제 정신이 있는 사람이라면 누가 애를 원하겠어?

- Anybody in their right mind would have ratted me out.
  정신이 제대로 박힌 사람이라면 나를 밀고했을텐데.

▬ not one in their right mind는 제 정신인 사람은 아닌, Who in their right mind~?은 반어적으로 '제 정신이 있는 사람이라면 …을 하겠나?'라는 의미로 결국 one이나 who는 정신이 제대로 박힌 정상적인 사람이라는 것을 뜻한다.

▬ in one's mind는 '…의 생각으로는,' '…의 맘속에' 라는 뜻.

I mean, in my mind he had never aged.
내말은, 내 맘속에 갠 절대 늙지 않았어.

- Now I have that memory burned in my mind.
  이제 난 그 기억을 맘속에서 없앴어.

  Is there any doubt in your mind that she wanted to end her life? 걔가 자살하고 싶어한다는 의혹이 맘속에 조금이라도 있었어?

Put your mind at rest, she appears not to have intentions.
맘 가라앉혀, 걔 의도가 없어 보여.

- Talking with his friends set Blake's mind at ease.
  친구들과 얘기하면 블레이크의 맘이 편해져.

  I'm going to put your mind at ease about these problems.
  난 이 문제에 대해 네 맘을 편하게 해줄게.

▬ set[put] sb's mind at rest[ease]는 '…의 맘을 편하게 해주다,' '맘을 가라앉히다,' '편히 하다' 라는 의미.

I'm trying to keep an open mind.
난 편견을 갖지 않으려고 해.

- Keep an open mind! 미리 판단하지마!
  I will try and keep an open mind on this.
  난 이거에 편견을 갖지 않으려고 노력해.

▬ open mind는 다른 사람의 말에 귀기울이고 편견(prejudice)을 갖지 않는 태도를 말한다. open-minded는 형용사가 된다.

Jill's mind is not on cooking the meal.
질의 맘은 요리하는데 있지 않아.

- You will dishonor us, if your mind is not on the games.
  게임에 집중하지 않으면 넌 날 욕보이는거야.

  Your mind is not on winning the tennis match.
  네 맘은 테니스 시합에서 이기는데 있지 않아.

▬ sb's mind is not on sth은 무슨 일을 하지만 다른 생각 때문에 집중하지 못하는 경우로 '맘이 떤데 가 있다' 라는 의미.

▬ speak one's mind는 입술로 말하는게 아니라 맘을 말한다는 뜻에서 '심중을 털어놓다,' '서슴없이 속내를 이야기하다' 라는 뜻이 된다.

Don't be afraid to speak your mind.
속내이야기를 하는데 두려워하지마.

- I think it is time to speak our minds.
  지금이 우리의 심중을 털어놔야 될 때라 생각해.

  Frank was fired for speaking his mind at the meeting.
  프랭크는 회의에서 속내이야기를 해서 잘렸어.

▬ -minded는 명사뒤에 붙여 다양한 의미의 단어를 만들어낸다. serious-minded는 '진지한 마음의,' evil-minded은 '사악한 마음의,' 그리고 broad-minded는 '넓은 마음의' 이라는 뜻이다.

MORE EXPRESSION

Aren't we broad-minded?
우리는 맘이 넓지 않았나?

- Unfortunately, parents and donors aren't so open-minded.
  불행하게도, 학부모나 기증자들은 그렇게 마음이 열려있지 않았어.

  You are so closed-minded to new things. 넌 새로운 것에 정말 닫혀있어.

with~in mind …을 염두에 두고
Change your mind? 마음을 돌리셨나요?
Mind you! 주의해, 기억해!
bring[call] sth to mind 떠올리다
be of one mind 뜻이 서로 통하다

» minute

I'll be counting the minutes. 손꼽아 기다리고 있을거야.

Do you have a minute to chat?
잠깐 얘기할 시간돼?

- Can we **have a minute**, please? 우리 시간 좀 낼 수 있어, 제발?
  When you **get a minute** I'd like to talk about that.
  가능하다면 그에 대해 얘기하고 싶어.
  Boss, you **got a minute**? 사장님, 시간되세요?

I'll be with you in a minute.
잠시만 기다리세요, 금방 올게.

- She'll be with you **in a minute**. 걔 곧 이리로 올거예요.
  Can I talk to you? It'll just **take a minute**. 얘기 좀 하자. 금방이면 돼.
  Will you wait here for me **for a minute**? 잠깐만 여기서 기다려줄래?

Give me a minute alone.
잠시 혼자 있고 싶어.

- **Give me a minute,** will you? 잠시만 시간좀, 그래줄래?
  Can you **give us a minute**? 우리한테 잠시 시간 좀 줘.

It's true. I get handsomer by the minute.
정말야, 난 시시각각 멋있어지고 있어.

- Hey, this day is getting weirder **by the minute**.
  야, 오늘은 시시각각 이상해지고 있어.
  He's becoming more attractive **by the minute**, isn't he?
  걘 시시각각 매력적으로 변하고 있어, 그지 않아?

And you've loved every minute of it.
그리고 넌 그걸 매우 좋아했어.

- And I'**m enjoying every minute of** it. 그리고 난 매순간순간을 즐겼어.
  Why are you doing this? You **hated every minute of it**.
  왜 이러는거야? 넌 정말 싫어했잖아.
  Wow. **Every minute of every day** is booked. 와, 언제나 예약이 차있네.
  Kent feels the pain **every minute of every day**.
  켄트는 끊이지 않는 고통을 느꼈어.

I'm sure the cops will be there any minute.
경찰이 확실히 곧 도착할거예요.

- What took you so long? People are gonna be here **any minute**. 왜 오래걸렸어? 사람들이 하시라도 도착할거야.
  Results will be faxed here **any minute**. 결과가 곧 팩스로 올거야.

■ **have[get] a minute**는 잠시 시간이 있다라는 것으로 주로 상대방에게 시간이 좀 있냐고 물어볼 때 쓰는 표현이다. 또한 (You) Got a minute?은 상대방에게 개인적으로 할 말이 있어 '시간돼?,' '(잠깐) 얘기 좀 할 수 있을까?'라는 말로 진짜 많이 쓰이는 표현. you도 생략하고 그냥 Got a minute?라고도 쓰인다.

■ **in a minute**는 금방(very soon)이라는 표현. 또한 within minutes는 곧, 이내라는 의미이고 Just a minute 역시 잠시만이라는 의미. for a minute[moment] 역시 잠시만, 잠깐만이라는 표현. 한편 take a minute는 잠깐이란 시간이 걸린다라는 말로 오래 걸리지 않는다는 걸 강조할 때 사용한다. 또한 wait[hold on, hang on] a minute는 잠깐만이라는 뜻.

■ **give sb a minute**는 sb에게 잠깐 시간을 주다라는 뜻으로 시간을 내서 뭘할지는 give sb a minute to~라고 말하면 된다.

■ **by the minute**는 '시시각각으로'란 뜻으로 minute by minute라 해도 된다.

■ **love[enjoy, hate] every minute of~** …의 매 순간을 즐기다, 싫어하다라는 말로 즐겁거나 싫었던 것을 강조하는 표현. 한편 every minute of every day는 '늘,' '항상,' '언제나'라는 말로 all the time과 같은 말.

■ **(at) any minute (now)**에서 any minute는 언제라도라는 뜻으로 '지금 당장이라도,' '하시라도,' '곧'이라고 생각하면 된다.

The minute people fall in love, they become liars.
사람들은 사랑에 빠지자마자 거짓말쟁이가 된다.

- **The minute** they stepped into that house, they were dead.
  걔네들이 저 집에 들어가자마자 죽었어.
- **The minute** my feet hit the ground, I knew right where to find her. 난 도착하자마자, 걜 어디서 찾아야 하는지 알았어.

■ **the minute S+V**는 특이하게 명사구가 부사절처럼 쓰이는 경우로 '…하자마자' (as soon as)라는 뜻. 비슷한 경우로 the moment S+V도 있다.

Right this minute, I'm hating being a lesbian.
지금은, 레즈비언이라는게 싫어.

- As of **right this minute** you are on vacation. 지금 이순간 넌 휴가야.
  You know what I realized **this minute**? 지금 내가 깨달은게 뭔지 알아?

■ **this minute**는 '바로 당장', '지금 당장' (immediately)이라는 뜻.

For one minute, I'd like to not think about her.
한순간이라도 걔에 대해 생각하고 싶지 않아.

- I don'**t for one minute believe that** man is your gigolo.
  저 남자가 남창이라는 걸 결코 믿고 싶지 않아.
  Can you just **hold on for one minute**? 잠깐만 기다려 줄래?

■ **not think[believe] for one minute**은 1분이라도 생각[믿지]하지 않다라는 것으로 '결코 …라고 생각[믿지]하지 않다'라는 부정을 강조하는 표현. 참고로 그냥 긍정문에 for one minute하면 '잠깐만' 이라는 뜻이다.

One minute he was holding a urine bag, the next minute he's kissing me.
한순간 소변백을 들고 있더니 다음 순간 내게 키스를 하고 있었어.

- **One minute** he's all over me, and **the next minute** he's pushing me away. 한순간 내게 달라붙어 애무하더니 바로 다음 날 밀쳐내는거야.

■ **one minute ~~~ the next (minute)**는 어떤 상황이 갑자기 바뀌는 것을 의미하는 것으로 '한순간 …하더니 바로 …해 버렸다'라는 표현이 된다.

I'll be counting the minutes.
손꼽아 기다리고 있을거야.

- All right. I'**m counting the minutes**. 좋아, 난 손꼽아 기다리고 있을거야.
  I know you **count the minutes** until you can escape from your humdrum lives. 네가 지루한 삶에서 벗어날 때를 손꼽아 기다리고 있다는 걸 알아.

■ **count the minutes**는 시간을 세다라는 말은 그만큼 '손꼽아 기다리다'라는 뜻이 된다. 주로 진행형으로 많이 쓰인다.

MORE EXPRESSION
take the minutes 의사록을 작성하다.
the next minute 금새, 바로
minute 대단히 작은, 상세한

- **member** 구성원 member of society 시민
  He's a contributing **member of society**.
  걘 기여하는 시민이야.
- **dismember** 사지를 절단하다
  Not just dead. **Dismembered**.
  그냥 죽은게 아니라 사지가 절단됐어.

He mutilated and **dismembered** Mary Kelly.
걘 메리 켈리의 사지를 절단하고 토막냈어.

- **be miffed at sb[about sth]** 좀 화를 내다
  All right. Why **are** you still **miffed at** me?
  좋아. 왜 아직 내게 화나있어?

» miser/ misery

Just put me out of my misery. 날 비참하게 놔두지마.

Just put me out of my misery.
날 비참하게 놔두지마.

- Most hunters put animals out of their misery.
  대부분 사냥꾼들은 동물들을 안락사시킨다.
  I thought those are nurses who put people out of their misery.
  저 간호사들이 사람들을 안락사시켰다고 생각해.

■ put A out of one's misery는 기본적으로 불치병 걸린 사람이나 동물들을 안락사시키다라는 뜻으로 쓰이고 비유적으로 반가운 소식을 전해줘서 고통과 걱정에서 벗어나게 하다라는 의미로도 쓰인다.

He's made my life miserable for 3 years.
걘 내 삶을 지난 3년간 비참하게 만들었어.

- My son has had a miserable life. 내 아들이 비참한 삶을 살고 있어.
  He's a miserable human being. 걘 한심한 인간이야.

■ make one's life miserable는 '…의 삶을 비참하게 하다,' have a miserable life는 '비참한 삶을 살다' 라는 의미이다.

MORE EXPRESSION
What a miser[tightwad]!
지독한 수전노군!

» miss

You really missed out! 넌 정말 좋은 기회를 놓친거야!

Am I missing something here?
내가 놓친 내용이 있어?

- It's impossible. We must be missing something.
  불가능해. 우리가 뭔가 놓친게 틀림없어.
  Sorry I'm late. Did I miss anything? 늦어서 미안. 내가 놓친게 있어?

■ be missing something은 뭔가 빠져있다, 원가를 놓쳤다라는 의미. 특히 늦게 도착해서 자기가 놓친 부분이 있는지 혹은 사람들 대화내용에서 이해가 안되는 부분이 있을 때 써먹을 수 있는 표현이다.

What did I miss?
내가 놓친게 뭔대?

- Sorry I'm late. What did I miss? 늦어서 미안. 내가 놓친게 뭔대?
  Is the show on? What did I miss? 쇼하는 중야? 내가 놓친게 뭐야?

■ What did I miss? 역시 같은 맥락에서 사용되는 표현으로 내가 놓친게 뭔지 물어보는 표현.

I wouldn't miss it for the world.
꼭 그렇게 할게.

- I'll never miss it. 꼭 갈게요.
  Hi, love your column, never miss it. 안녕, 네 칼럼 좋아해. 절대 놓치지 않고 봐.

■ I wouldn't miss it (for the world)는 주어의 강한 의지가 돋보이는 표현으로 세상이 두쪽 나도, 즉 어떤 일이 있어도 '초대에 응하겠다,' '꼭가겠다,' 혹은 '꼭 그렇게 하겠다' 라는 뜻이다. 그냥 never miss it이라고 해도 된다.

You can't miss it.
꼭 찾으실 거예요.

- You can't miss it. It's right off the main road.
  쉽게 찾을 수 있어요. 대로변 벗어나 오른쪽에 있어요.
  Our bedroom's right upstairs, you can't miss it.
  침실은 이층 오른쪽에 있어요, 바로 찾으실거예요.

■ You can't miss it은 길이나 장소를 안내할 때 꼭 쓰게 되는 표현. 설명을 상세히 잘 해준 다음에 마지막에 붙이는 표현으로 '쉽게 찾으실 수 있어요' 라는 의미.

You really missed out!
넌 정말 좋은 기회를 놓친거야!

- I don't want to miss out on knowing you. 널 알게 되는 기회를 놓치고 싶지 않아.
  I missed out on the ultimate girl next door.
  옆집 죽여주는 여자를 알 수 있는 기회를 놓쳤어.

■ miss out on~은 …하는 기회를 놓치다. miss a chance [opportunity]와 같은 의미이고 또한 sth is not to be missed하면 '…하는 기회를 놓치면 안된다' 라는 뜻이다.

I'm sorry I missed that.
미안해요 못 들었어요.

- Oh, yeah. I'm really sorry I missed that. 어, 그래. 미안하지만 못들었어.
  A comet passed over. I was sorry I missed that.
  혜성이 지나갔어. 못봐서 아쉽네.

■ sorry I missed that은 대화도중에 얘기를 못들었다고 하는 것으로 다시한번 이야기를 해달라고 할 때 쓰는 표현.

You missed the exit!
너 출구를 지나쳤잖아!

- You missed the deadline. 너 데드라인을 지나쳤어.
  Is that why you missed last year's anniversary?
  그래서 작년 기념일을 놓친거야?

■ miss sth[~ing]는 miss의 기본적 의미중 하나로 '…을 하지 못하다,' '(기차 등을) 놓치다' 라는 의미.

I am going to miss you.
네가 보고 싶을 거야.

- I miss you so much. 네가 많이 보고 싶어
  I'm really gonna miss you guys. 너희들 정말 보고 싶을거야.

■ miss sb에서 miss의 의미는 '그리워하다,' '보고싶어하다' 라는 의미로 헤어지면서 하는 공식표현인 I'm going to miss you, I already miss you 등은 외워둔다.

MORE EXPRESSION

missing in action 실종된(MIA)
hit-and-miss 마구잡이의
without missing a beat
주저없이
not miss a trick 빈틈이 없다

» mistake

Make no mistake about it! 실수하지마!

And make no mistake, we have more to talk about.
정말이지, 우린 얘기할 게 더 있어.

- And make no mistake, the problems will get worse.
  정말이지, 문제들이 더 악화될거야.
  And make no mistake, I'm going to marry her. 정말이지, 걔랑 결혼할거야.

■ and make no mistake는 자기가 한 말을 강조하는 것. 즉 자기가 말한게 실수가 없다는 표현으로 '확실히,' (certainly) '정말' 이라는 표현.

Make no mistake about it!
실수하지마!

- Make no mistake about it, your father is the love of my life.
  내 분명히 말해두는데, 네 아버지는 내 소중한 사랑이었어.
  But make no mistake, she definitely crossed the line.
  하지만 실수하지마, 걘 정말 선을 넘었어.

■ make no mistake (about it) 역시 자기가 하는 말을 강조하는 표현으로 이번에는 명령문형태로 문두에 쓰인다. '내 분명히 말해두는데,' '틀림없이 …해라' 등의 의미로 상대방에게 자신의 말이나 행동을 오해하지 말라고 경고하거나 주의 주는 표현.

It was my mistake.
내 잘못이야.

- That's my responsibility. My mistake. 내 책임이었는데, 내 잘못야.
  It was my fault. My mistake. 내 실수였어, 내 잘못야.

I made a mistake.
내가 잘못했어.

- Oh well, we all make mistakes. 그야 뭐, 사람은 누구나 다 실수하는거잖아.
  Did I make a mistake not calling the FBI? 내가 FBI 안부른게 실수인거야?
  I made the mistake of telling him that I was pregnant.
  걔한테 내가 임신했다는 말을 하는 실수를 했어.

Jason took my keys by mistake.
제이슨은 실수로 내 키를 가져갔어.

- He went into the father's room by mistake. 걘 실수로 아버지방에 들어갔어.
  Allison sent it to him by mistake. 앨리슨은 실수로 걔한테 보냈어.

There's no mistaking it.
그게 틀림없어.

- And there's no mistaking your signature. 네 사인이 틀림없어.
  There's no mistaking that people can be cruel.
  사람들이 잔인할 수 있다는 건 확실해.

I'm sorry, I mistook you for my father.
미안, 너를 네 아빠로 잘못봤어.

- She mistook salt for sugar while drinking coffee.
  걘 커피를 타다 소금과 설탕을 착각했어.
  I'm sorry, you must have me mistaken for someone else.
  미안, 날 다른 사람으로 잘못봤나봐요.

I tried to tell her she was mistaken.
난 걔한테 걔가 잘못했다고 말하려고 했어.

- My client was mistaken. 내 의뢰인은 잘못 생각했어.
  I told him he must be mistaken. 난 걔한테 걔의 실수라고 말했어.

If I'm not mistaken, it'll be hot today.
내가 알기로는 오늘 더울거래.

- If I'm not mistaken, we've met before. 내가 알기로는, 우린 전에 만났어.
  If I'm not mistaken, I'm fairly certain I said I'd kill you if I ever saw you again. 내가 알기로는 내가 널 다시 만나면 죽여버리겠다고 말한게 확실해.
  But it is clearly a case of mistaken identity.
  하지만 그건 분명히 사람을 혼동한 케이스야.

■ be my mistake는 솔직하게 자기 잘못임을 이실직고 고백하는 표현. 또한 My mistake는 더 간결하게 자기 잘못을 콜하는 표현.

■ make a mistake는 유명 표현으로 실수하다. 또한 make the mistake of ~ing는 실수의 구체적인 내용을 함께 말하는 경우로 '…하는 잘못을 저지르다' 라는 의미.

■ by mistake는 '실수로, 잘못하여' 라는 잘 알려진 표현이고, be a mistake to~하면 '…하는 것은 잘못이다' 라는 의미.

■ There's no mistaking sb[sth]/that S+V는 …를 실수없이 쉽게 알아볼 수 있다는 말로 '…가 확실하다,' '틀림없다' 라는 의미.

■ mistake A for B는 A를 B로 실수로 착각하다라는 뜻.

■ be mistaken은 '주어가 잘못했다,' '잘못 생각했다' 라는 표현.

■ if I'm not mistaken은 '내가 틀리지 않았다면,' '내가 알기로는' 이라는 뜻으로 조심스럽게 자기 생각을 표현할 때 사용한다. 또한 mistaken identity는 '사람을 잘못보다,' '신원을 오인하다' 라는 의미.

MORE EXPRESSION

be full of mistakes
실수투성이다
You can't mistake sb[sth]~
…을 잘못 알아볼 리가 없다
catch out one's mistake
…의 실수를 지적하다
put one's mistake on
책임전가하다
cover one's mistake
실수를 숨기다

» mix

He's a good mixer. 걔 친구들을 잘 사귀어.

I'm all mixed up.
너무 혼란스러워.

- Couple of hundred years, races will **be so mixed up**.
  2,3백년전에 인종들이 엄청 뒤섞였어.

  You just know that idiot **got** all our orders **mixed up**.
  저 바보가 우리 주문을 다 뒤죽박죽해놨다는 걸 알고 있으라고요.

He got mixed up in some crazy stuff.
걔 말도 안되는 일에 연루됐어.

- I didn't want to **get mixed up in** that. 난 거기에 관련되고 싶지 않았어.

  My daughter **got mixed up with** drugs. 내 딸이 마약에 빠졌어.

I got it mixed up.
내가 헷갈렸어.

- I always **get them mixed up**. 난 항상 그것들이 헷갈려.

  You've **got the pictures mixed up**! 너 사진들을 섞어놨구나!

I'm mixing business with pleasure.
난 공과사를 혼동하고 있어.

- I don't like to **mix business with pleasure**. 공과사를 혼동하는 걸 안좋아해.

  Didn't you once say you never **mix business with pleasure**?
  너 언젠가 공과사를 혼동한 적이 한번도 없다고 하지 않았어?

I like to fight and mix it up and get all dirty.
난 싸우고 더러워지는걸 좋아해.

- We're going to **mix it up with** a rival team. 우리는 경쟁팀과 싸울거야.

  Dominicans and Mexicans ever **mix it up** in here?
  도미니카 사람들과 멕시코 사람들이 여기서 싸운적 있어?

Money and friendship don't mix.
돈과 우정은 서로 섞이지 않아.

- Apparently babies and weddings **don't mix**. 정말 아이들과 결혼은 안 어울려.

  Drinking and driving **don't mix**. 운전과 음주는 어울리지 않아.

He's a good mixer.
걔 친구들을 잘 사귀어.

- I'm Peter, uh, we met at **the mixer**. 난 피터야, 모임에서 만난 적 있어.

  A: What kind of party was it? B: **A mixer**. A: 무슨 파티였어? B: 자선파티.

  Listen, bad news. There's been a horrible **mix-up**.
  들어봐, 안좋은 소식인데, 끔찍한 실수가 있었어.

■ **be[get] (all) mixed up**은 뒤섞이다 그래서 혼란스럽다는 의미. 강조하려면 all을 쓰면 된다.

■ **be[get] mixed up in[with]**하면 나쁜 일에 연루되거나 혹은 나쁜 영향을 미치는 사람과 어울리다라는 의미로 쓰인다.

■ **get ~ mixed up**은 앞의 것과 달리 …를 뒤섞다'라는 말로 주어가 '…를 혼동하다라는 뜻이 된다. 또한 mix sb up with하면 sb가 '…와 혼동하다' 라는 의미가 된다.

■ **mix business with pleasure**는 서로 반대되는 개념인 business와 pleasure를 이용한 표현으로 '공과사를 혼동하다'라는 표현이 된다.

■ **mix it (up)**은 '싸움에 말려들다,' mix it up with sb하면 '…와 싸우다,' '경쟁하다'라는 표현이 된다.

■ **~ sth don't mix**는 물과 기름처럼 서로 섞이지 않는 것을 말할 때 사용하는 표현. '…는 서로 어울리지 않는다,' '서로 섞이지 않는다'라고 해석하면 된다.

■ **be a good mixer**는 사교성있게 잘 어울리는 사람을 말하며 또한 mixer는 자선파티나 행사를 말하기도 한다. 또한 mix-up은 혼동해서 발생하는 실수를 말한다.

MORE EXPRESSION

mixed feelings 착잡한 심정
mixed bag 잡동사니
mix and match 짜맞추다

» mock

He makes a mockery of the law. 걘 법을 비웃어.

You mocked me publicly.
년 날 공개적으로 놀려댔어.

- Wait a second. Are you mocking me? 잠깐만. 날 놀리는 거야?
  I didn't come to help, I came to mock. 도우러 온게 아냐, 놀려먹으러 왔지.

We've been examining eyewitness testimony in mock court.
모의법정에서 증인의 증언을 검토했어.

- The judge made her write a mock obituary for the child.
  판사가 아이의 거짓사망기사를 쓰게 했어.
  It's a mock-up. Don't be thrown. 실물같은 모형야. 버리지마.

He makes a mockery of the law.
걘 법을 비웃어.

- You're making a mockery of this court. 이 법정을 비웃는 겁니깨
  This dress is making a mockery of me. 이 드레스는 나를 바보로 만들고 있어.

■ mock는 상대방을 비웃거나 흉내내거나 심한 말을 하면서 놀리는 것을 말한다.

■ mock interview에서 mock은 형용사로 쓰였는데 이때는 실제가 아닌, 가짜의, 모의의라는 뜻이 된다. 그래서 mock interview하면 가상면접, mock surprise[horror]하면 가짜 두려움이란 뜻이 된다. 또한 mocks하면 '모의시험'을 뜻하고 mock-up하면 '실물크기의' 라는 뜻.

■ make a mock [mockery] of~ 하면 역시 '비웃다,' '조소하다,' '놀리다' 라는 의미.

MORE EXPRESSION
mockingly 조롱하듯이
mock up 실물크기의 모형을 만들다
mock-up 실물크기의 모형

» moment

It has its moments. 나름대로 다 때가 있는 법이야.

Not at the moment.
현재로서는 아니야.

- We're not friends at the moment. 우린 지금 친구가 아니야.
  The press are on her side at the moment. 언론은 지금현재는 그 여자 편야.

Let the issue rest for the moment.
그문제는 당분간 놔두자.

- For the moment, let's assume what you say is true.
  당분간, 네 말이 사실이라고 가정하자.
  I think that that's enough for the moment. 당장은 그걸로 충분하다고 생각해.
  From that moment on Marshall never worried about her.
  그때 이후로 마샬은 걜 걱정하지 않았어.
  Would you excuse me for a moment? 잠깐 실례할게요.

■ at the moment는 지금, 바로, 마침 그때라는 의미.

■ for the moment는 상황이 바뀔 때까지 잠시동안, 지금은 이라는 말로 for now, for a while과 같은 의미. 단 for[in] a moment는 잠시, from that moment on은 그 때 이후로라는 의미이다. 그리고 after a moment는 잠시후.

One moment, please.
잠시만요.

- Excuse me one moment. 실례지만 잠시만요.
  If you could sit up for one moment. Thanks.
  잠깐만 앉아있으면 돼요. 고마워요.

■ one moment, please는 '잠시만 기다려 주세요'라는 말로 just a moment (please)와 같은 의미. 또한 for one moment '잠시만'이라는 의미.

It started the moment you got here?
네가 여기 오자마자 시작했어?

- I knew this dinner was a bad idea the moment you suggested it.
  난 네가 제안했을 때 바로 이 저녁식사가 좋은 생각이 아니라는 걸 알았어.
  Try to remember the moment when you felt someone's eyes on you. 다른 사람의 시선이 느껴지는 순간을 기억해보도록 해봐.

■ the moment S+V는 앞서 나온 the minute S+V와 같은 문구로 minute가 moment로 바뀌었을 뿐이다. 의미는 '…하자마자'라는 뜻이고 the moment when~하면 '…하는 순간'이라는 의미.

This is the moment I've been waiting for.
이게 바로 내가 기다리던 순간이야.

- This is the moment we'll want to remember.
  이게 바로 우리가 기억하고 싶어하는 순간이야.

■ This is the moment S+V는 '이 순간이 …가 …하는 순간이다'라는 응용표현.

I'm kind of waiting for my moment.
난 내 때를 기다리고 있는 중이야.

- I gotta pick my moment. It's kind of a big deal.
  내 때를 기다리고 있어. 좀 큰 일이거든.
  It definitely was a Kodak moment. 그건 정말 감동적인 순간였어.

■ choose[pick, wait for] one's moment에서 one's moment는 '…의 때'라는 말. 따라서 표현은 자기 때를 선택하다, 고르다, 기다리다라는 의미. 또한 Kodak moment는 감동적인 순간을 말한다.

It has its moments.
나름대로 다 때가 있는 법이야.

- California has its moments. 캘리포니아가 땡길 때도 있어.
  Honey, this is your moment, okay? 지금이 네 전성기야, 알겠어?
  Oh, my god. I won. This is my moment.
  어 맙소사. 내가 이겼어. 내 전성기야.

■ have its[one's] moment는 역시 나름대로 때가 있다, 또한 this is my moment는 뭔가 특별하고 중요한 것을 할 수 있는 때, 즉 '나의 때이다,' '나의 전성기이다'라는 의미가 된다.

It was a spur of the moment.
그건 충동적인 행동였어.

- I didn't plan it that way. It was spur of the moment.
  난 그렇게 계획안세웠어. 충동적이었어.
  Oh well, it was just sort of a spur of the moment thing.
  오, 저기 그건 일종의 충동적인 것이었어.

■ spur-of-the moment는 사전 준비없이 행해진다는 말로 '충동적인,' '즉석의'라는 의미이다.

MORE EXPRESSION
at the last moment 최후순간에
(at) any moment 하시라도
one moment~ the next 한순간은 …, 다음 순간에는 …

놓치면 원통한 미드표현들

- **come home with the milk** 외박하고 집에 오다
  He came home with the milk. 그 사람 외박하고 아침에 들어왔어
- **milk** 돈이나 이득을 부정한 방법으로 뽑아내다, 짜내다
  And you're milking me. But no more.
- 그리고 넌 날 악용했어. 하지만 더 이상은 안돼.
- **molest** 성추행하다, 폭행하다 molestation 추행, 폭행
  Sean, convicted two counts child molestation.
  션은 2건의 아동성추행으로 기소됐어.

» money

Put your money where your mouth is! 그 말 책임지라고!

You come from money.
부잣집 출신이군.

- You're saying maybe she came from money the whole time?
  네 말은 걔가 부잣집 출신일 수도 있다는거야?

  He came back, he'd have a lot of money to burn.
  걘 돌아왔고 돈이 남아돌 정도로 많이 갖고 있었어.

■ come from money는 돈 출신이다라는 말로 부유한 집안출 신이라는 의미. come from money the whole time라고 해도 된다. 이런 사람들한테 money is no object이 된다. 참고로 have money to burn은 태워버 릴 정도로 돈이 많이 남아돌다, 돈이 썩 어나다라는 표현이 된다.

Is the money good?
돈벌이는 괜찮아요?

- You pay good money to that place. 넌 그곳에 많은 돈을 지불했어.
  Not anymore. Paid good money for it. 더는 안돼. 이미 많은 돈을 지불했어.

■ good money는 많은 돈 이라는 뜻으로 pay good money for~하면 '…에 많은 돈 을 들이다'라는 의미가 된다.

Was he tired of dumping money into this club?
걔 이 클럽에 돈을 뿌리는게 지겨워진거야?

- He hired a new attorney, poured all his money into the appeal.
  걘 새로운 변호사를 고용해서 항소에 모든 돈을 쏟아부었어.

  Put money into real estate and make a profit. 돈을 부동산에 투자해 수익내.

■ put money into~는 '… 에 돈을 투자하다,' put 대신 pump, dump, pour를 쓰면 '돈을 쏟아붓는다'는 느낌을 준다.

Want to put money on who nails the queen?
누가 저 여왕하고 자는지 내기할까?

- You gave yourself twenty seconds, then put money on it.
  20초면 된다고 했으니 그때 돈을 걸어.

  A: The father's going to sue. B: Oh, I'd put money on that.
  A: 아버지는 소송할거야. B: 어, 확실히 그렇게 할거야.

■ put (one's) money on~ 은 내기나 도박에서 돈을 걸다라 는 뜻이고 I'd put (one's) money on~하게 되면 가정법 문장으로 '돈이라도 걸만큼 확실하다'라는 의미의 표현이다.

My money's on the physical evidence.
난 신체적 증거에 걸게.

- Oh, my money's on bag number two. 어, 난 2번 가방에 걸게.
  You're a good cop, my money's on you. 넌 좋은 경찰야, 너한테 걸게.

■ my money's on~ 역시 돈을 …에 걸다라는 말로 비유적 으로 쓰이면 자기 생각을 강조하 면서 '난 …에 걸게'라는 의미가 된다. 주로 범죄미드에서 자주 나 오는 표현이다.

Put your money where your mouth is!
그 말 책임지라고!

- Let me see you put your money where your mouth is.
  네가 말한 대로 행동하는지 보자고.

  Would you put your money where your mouth is? 네가 말한거 책임질거야?

■ Put one's money where one's mouth is는 자기가 한 말 대로 행동하다라는 말로 '자기 말 에 책임을 진다'라는 의미가 된다.

I did not marry for money.
난 돈 때문에 결혼하지 않았어.

- Can't blame her for trying to marry for money.
  돈땜에 결혼한다고 걜 비난할 수 없어.

  She's after his money. 걔는 그 남자 돈 때문에 사귀는 거야.

■ marry for money는 살다 보면 뻔한 결과가 나올 뿐인 '돈 때문에 결혼하다'라는 의미. be after one's money는 돈 때문에 사귀다.

I come from the big city where money talks.
돈이면 다되는 대도시 출신이야.

- He **throws the money at** the bar keep and looks fed up.
  걘 바텐더에게 돈을 뿌리더니 지친 것 같아.
  Show me the money. 돈을 벌게 해줘.

Money can't buy.
돈으로 다 되는 건 아냐.

- There are some things **money can't buy**. 돈으로 살 수 없는 것들도 있어.
  Exactly. **Money can't buy** happiness. 바로 그거야. 돈으로 행복을 살 수는 없어.

You are right on the money.
그래 바로 그거야.

- Doctor Huang **is right on the money**. 황박사가 바로 맞었어요.
  The evaluation **was right on the money**. 그 평가가 바로 맞었어.

I'm making some money.
돈을 좀 벌고 있어.

- **I'm making money hand over fist.** 돈을 긁어모으고 있어.
  I didn't kill my wife! I **lost this money** at the tables.
  난 아내를 죽이지 않았어! 도박에서 이 돈을 잃은거야.

It takes money to make money.
돈을 벌려면 돈이 든다.

- Yeah, you missed, '**Takes money to make money.**'
  그래, 넌 놓쳤어. 돈벌려면 돈이 든다는 사실을.
  Fred knew you got to **spend money to make money**.
  프레드는 네가 돈을 벌려면 돈을 써야 한다는 것을 알고 있었어.

I want my money back.
내 돈 돌려줘.

- All I want to do is **get my money back**. 내가 바라는 건 내 돈을 돌려받는거야.
  Give me my money back, bitch. 내게 내돈을 돌려줘 이년아.

■ **throw money at sth**은 돈이면 뭐든지 해결된다(Money talks)고 믿는 사람들의 행태로 '돈을 써서 …을 해결하려고 하다'라는 의미. 한편 show me the money는 돈을 보여달라, 즉 돈을 벌게해달라는 표현이다.

■ **money can't buy~**는 Money talks와 반대되는 표현으로 돈으로 뭐든지 다 살수 있는 것은 아니라는 아주 소중한 표현.

■ **be right on the money** 는 상대방이 옳은 이야기를 할 때 맞장구치면서 하는 말로 '바로 그거야,' '바로 맞었어'라는 표현이다.

■ **make money**는 돈을 벌다, make some money는 돈을 좀 벌다, make good money는 돈을 많이 벌다 그리고 make money hand over fist는 돈을 쓸어모으다라는 뜻. 반대로 돈을 잃다라고 하려면 lose money라고 하면 된다.

■ **take money to make money**는 돈놓고 돈먹기라는 말로 돈을 벌려면 돈이 필요하다는 말. spend money to make money라고 해도 같은 맥락의 표현이 된다.

■ **want[get, give] one's money back**은 빌려간 돈이든 훔쳐간 돈이든 돈을 돌려달라고 할 때 쓰는 표현들.

- **have a monkey on one's back** 골칫거리, 골칫거리인 사람, 중독되다
  Jack **has a monkey on his back** because of the monthly payments. 잭은 할부금 때문에 골치야.

- **monkey business** 부정행위, 협잡
  I can make sure there's no **monkey business**. 부정행위는 없다고 확신해요.

- **make a monkey (out) of sb** 웃음거리로 만들다 **be (like) a monkey** 일을 제대로 못하는 사람
  He's a killer. He'll **make a monkey of** you. 걘 킬러야. 널 웃음거리로 만들거야.
  I **was like a monkey** playing the trumpet. 난 트럼펫을 부는 원숭이같았어.

I'm not made of money!
나 그렇게 돈이 많지 않아!

- I'm not made of money. Are you made of money?
  난 돈이 많지 않아. 넌 많아?

Well, he finally came up with the money.
어, 걘 마침내 돈을 마련했어.

- You're gonna have to come up with the money by Friday.
  금요일까지는 돈을 구해야 돼.

  You're hemorrhaging money at lunch. 넌 점심때 돈을 너무 많이 쓴다.

He can't find his money stash.
걘 비상금을 찾을 수가 없어.

- He won't accept blood money. 걘 보상금을 받으려 하지 않았어.
  The tabloids will pay big money for the story.
  타블로이드 신문들은 그 이야기거리에 거액을 지급할거야.

■ be not made of money 는 돈으로 만들어지지 않았다는 말로 돈이 많지 않다는 표현.

■ come up with the money 는 돈을 마련하다, 돈을 구하다, hemorrhage money는 많은 돈을 쓰다, 그리고 play for the money는 돈이 되는 일만, 돈버는 일만 하다.

■ money stash는 비상금, blood money 피살자에게 주는 보상금, seed money는 종자돈, 그리고 big money는 고액을 뜻하는 단어들.

MORE EXPRESSION
There's money to be made in sth …로 돈을 벌다
for my money 내 생각으로는
Not for my money.
나라면 그렇게 하지 않는다.
have a run for one's money
노력한 만큼 만족을 얻다
what little money I have
조금이나마 있는 돈

» mood

 He's been in a mood all day. 걘 종일 기분이 안좋았어.

He's been in a mood all day.
걘 종일 기분이 안좋았어.

- I'm just in a mood. I don't know why. 기분이 안좋은 이유를 모르겠어.
  The students seem to be in a good mood today.
  학생들이 오늘 기분이 좋은 것 같아.

You in the mood for a night cap?
자기전에 술한잔 하고 싶어?

- Well, I was more in the mood for sex then than I am now.
  어, 지금보다 전에 섹스하고 싶었어.
  So what are you in the mood for, huh? 그래 뭐 하고 싶은데, 응?
  I'm in no mood for jokes. 농담할 기분이 아냐.

Any odd behavior or mood swings?
어떤 이상 행동이나 감정의 기복이 있나요?

- I hadn't had any mood swings in, like, a year.
  저기 일년간 어떤 감정기복도 없었어.
  I can't be held responsible for her mood swings.
  쟤 감정이 수시로 바뀌는 걸 내가 책임질 수 없잖아.

■ be in a mood에서 mood 는 자체적으로 기분이 안좋은 때 라는 의미가 있어 그냥 be in a mood만으로도 기분이 안좋다 는 의미가 된다. 하지만 좀 더 분명히 기분의 좋고 나쁨을 말할 때는 be in a good[bad] mood라 고 하면 된다

■ be[feel] in the mood for~는 '…할 기분이 나다,' '…하고 싶은 맘이 있다'라는 표현. 이번에는 반대로 be in no mood for[to do]는 '…할 기분이 아니다'라는 말로 상대방의 제안에 거절하는 표현법.

■ mood swings는 감정 (mood)이 그네(swings)처럼 왔다 갔다한다는 말로 감정의 기복, 감정이 수시로 변하는 것을 말한다.

» moon

I am over the moon. 난 무척 기뻤어.

I am over the moon.
난 무척 기뻤어.

- He's coming straight from his new job, which he is over the moon about. 걘 매우 만족해하는 새로운 직장에서 바로 집으로 귀가해.
  A: That's great, Liz. It's great, right? B: Amazing. I am over the moon. A: 대단해, 리즈. 멋져, 그지? B: 훌륭해. 무척 기뻐.

■ be over the moon은 무척 기뻐하다(be very happy)라는 말로 I was over the moon for you하면 널 미치도록 좋아했어, 그리고 She was over the moon when~ '…하자 그 여자는 크게 기뻐했다' 라는 말이 된다.

Oh my God, someone in the crowd is mooning!
맙소사, 군중속의 누가 엉덩이를 까내보이고 있어!

- I'm trying to break the tension by mooning you guys!
  너희들에게 엉덩이를 까보이며 긴장을 깨보려하고 있어.

■ moon은 동사로 장난삼아 엉덩이를 드러내보이다라는 민망한 뜻. mooning은 엉덩이 내보이기라는 의미이다.

MORE EXPRESSION
moonlight 부업하다
new moon 초승달
full moon 보름달
moonstruck 조금 이상한

» more

There's more to it than that. 다른 뭔가가 있어.

There's more to it than that.
다른 뭔가가 있어.

- I think there is more to it than that. 그것보다 다른 뜻이 있는 것 같아.
  There is more to the story than you heard. 네가 들은 이야기 외에 다른 게 있어.

■ be there more to~는 …에 더 첨가할게 있냐라고 물어보는 문장. '얘기할게 더 있으면 하라' 라는 말씀.

I'd be more than happy to take off your clothes.
네 옷을 벗길 수 있다면 더없이 기쁘겠어.

- My client is more than happy to assist in the investigation.
  내 의뢰인은 이번 조사에 도움을 주게 되서 더없이 기뻐하고 있어.
  You're more than welcome to come with us, right?
  너는 언제든 우리와 함께 가는 거 환영이야, 알았어?

■ more than happy는 형용사 앞에 more than이 나오는 경우로 '더없이,' '언제든'라고 강조하는 표현법이다. more than welcome도 자주 보이는 표현

- **mope around** 목적없이 침울하게 서성거리다
  You mope around this place like a dog that likes to get kicked. 넌 발로 차인 개처럼 처져서 돌아다니고 있잖아.

- **mopey** 울적한
  Julie dumped him, he's been depressed and mopey. 줄리가 걜 차서 우울하고 울적해.
  What am I getting so mopey about?
  내가 뭐 때문에 이렇게 울적할까?

And what's more, there was no break-in.
그리고 게다가 강제침입한 흔적도 없어.

- You know what's more important than winning or losing?
  승패보다 더 중요한게 뭔지 알아?

No more questions.
질문은 더 이상 받지 않아요.

- No more police. No more investigating. It's over.
  경찰도 이제 그만, 조사도 그만. 다 끝났어.

  No more messing around. 더 이상 엉망으로 만들지 마요.

■ what's more는 게다가, 그뿐아니라라는 의미로 추가정보를 얘기할 때 서두에 하는 말.

■ No more~는 반대하거나 거부할 때 명령형 형태로 쓰이는 것으로 '…은 이제 그만'이라는 뜻.

MORE EXPRESSION

more or less 거의, 다소간, 대강
one more time 한번 더(once more)
get[make] the most of 최대한 활용하다
more and more 더욱더
for the most part 대부분

» motion

 He filed a motion to dismiss. 걔는 기각신청을 냈어.

You're not paying me to just go through the motions.
시늉만하려고 돈낸거 아니잖아.

- You just go through the motions, you don't actually have to strip.
  그냥 하는 척만 해, 실제로 옷을 벗을 필요는 없어.

Mike's attorney filed a motion to dismiss.
마이크 변호사는 기각신청을 냈어.

- I'll file a motion to dismiss all charges on Monday.
  월요일날 모든 죄목을 기각하는 신청을 낼거야.

  I also intend to file a motion to exclude this evidence.
  난 또한 이 증거를 제외해달라는 신청을 낼 거야.

I should bring a motion for sanctions!
처벌명령신청을 해야 될 것 같아!

- And the other attorney has brought a motion for sanctions?
  그런데 상대측 변호인이 처벌명령신청을 해온 건가?

You have to make a motion to put it on agenda.
그걸 의제에 상정한다는 동의를 해야 돼.

- I'd like to make a motion to dismiss all charges based on lack of evidence. 증거부족으로 모든 기소를 기각하고 싶어.

  I'll make a motion, but you're not going to like it.
  내가 동의서를 제출하려는데 네가 안좋아할 것 같아.

■ go through the motions (of~)는 실제로는 그러고 싶지 않지만 할 수 없는 상황에서 '마지못해 …하는 척하다,' '…하는 시늉을 하다'라는 의미.

■ file a motion to~는 …하는 신청을 하다라는 뜻으로 법정드라마에서 자주 들을 수 있는 표현이다. 특히 file a motion to dismiss하면 법정에서 기각신청을 하다라는 뜻.

■ bring a motion for sanctions에서 sanctions는 처벌, 제재라는 말로 motion for sanctions는 처벌명령신청이라는 말이 된다. 즉 처벌명령신청을 한다는 뜻으로 역시 법정드라마에서 자주 들을 수 있다.

■ make a motion to~는 '…하려는 동의(서)를 제출하다'라는 법적표현. '동의가 재청되었다'고 할 때는 the motion has been seconded, '동의가 가결되었다'라고 할 때는 the motion carried라고 한다.

He's got a motion for costs. For sanctions.
걘 비용 지불과 처벌명령신청을 했어.

- I've got a motion to amend our witness list.
  난 증인리스트를 수정하는 신청서를 냈어.

  I'll grant a motion to have his grand jury testimony read to the jury. 난 대배심증언을 배심원에게 읽어주자는 거에 동의를 수락합니다.

■ have got a motion to [for~]는 '…할 동의나 신청서를 내다'라는 뜻이고 grant a motion하면 동의나 신청을 수락하다라는 뜻이 된다.

My team's already in motion.
내 팀은 벌써 가동되고 있어.

- Once she opted to speak, she set the ball in motion.
  일단 걔가 말하기로 하자, 행동으로 옮겨졌어.

  New operations were put in motion. 새로운 시스템이 가동되었어.

■ set[put] sth in motion 은 시동을 걸다라는 뜻으로 꼭 차뿐만이 아니라, 회의나 계획 등을 '시작하다', '가동하다'라는 뜻으로 쓰인다.

MORE EXPRESSION

propose[put forward] a motion 제안[제의]하다

» mouth

 You better watch your mouth. 말 좀 조심해라.

Good. Then try and keep your mouth shut.
좋아. 그럼 입 다물도록 해.

- You have the right to keep your mouth shut.
  당신은 묵비권을 행사할 권한이 있습니다.

  Why don't you give your mouth vacation? 그만 입 좀 다물지.

■ keep one's mouth shut (about~)는 '(…에 대해) 누구한테 말하면 안되다'라는 표현으로 shut one's mouth, 좀 더 재미난 표현을 쓰자면 give one's mouth vacation이라 해도 된다.

I said open your mouth.
입벌리라고 했어.

- You had better open your mouth and talk. 입열고 비밀을 말하는게 좋아.

  Did you open your mouth about our secrets? 너 우리 비밀에 대해 말했어?

■ open your mouth는 그냥 말 그대로 입을 벌리다라는 뜻과 비유적으로 참지못하고 지켜야 될 비밀을 말하다라는 의미로 쓰인다.

He has got a big mouth.
걘 입이 엄청 싸네.

- She has a big mouth. 걘 입만 살았어.

  I've got such a big mouth. 난 입만 살았어.

■ have a big mouth는 입이 크다라는 말로 비밀을 지키지 못하고 사사건건 다 말해버리는, 즉 '입이 싸다', '입만 살다'라는 뜻이 된다. You and your big mouth하면 '너 왕수다 또 시작이구나'라는 의미로 입싼 사람이 입 싸게 굴리기 시작할 때 써먹을 수 있는 표현.

You better watch your mouth.
말 좀 조심해라.

- Maybe you should watch your mouth. 넌 입조심해야 할 걸.

  Hey, watch your mouth, pal. 야, 말 조심해, 친구야.

■ watch one's mouth는 부적절하고 예의없는 말을 하는 사람에게 말조심해서 하라는 표현으로 mouth 대신 tongue이나 language를 써도 된다.

You said a mouthful.
그 말 한번 잘했어.

- You really said a mouthful. 진짜 지당한 말이야.
  Honey, you said a mouthful. 자기야, 바로 그거야.

Because he had a smart mouth?
걔가 말을 함부로 해서?

- See, now that's a smart mouth. You're fired Mr. Smartmouth!
  봐요, 그건 듣기 거북한 말이네요. 당신 해고예요, 시건방 씨.
  Well out of the mouths of babes, huh?
  아이답지 않게 똑부러진 소리하네, 어?

Don't mouth off to the officers.
장교들에게 불평하지 마라.

- When you can top that, you can mouth off.
  능력이 더 뛰어나면 불평해도 돼.
  Mike spent half our date bad-mouthing Cora.
  마이크는 데이트하면서 반 정도는 코라를 험담했어.
  She was so angry she was foaming at the mouth.
  걘 무척 화가나서 입에 게거품을 물고 말했어.

■ you said a mouthful은 상대방의 말에 공감할 때 쓰는 표현으로 '지당한 말이야,' '그 말 한번 잘했어,' '바로 그거야'라는 뜻이다.

■ smart mouth는 위아래 구분도 못하고 버릇없이 말을 함부로 하는 사람 혹은 그렇게 말을 함부로 하다라는 동사로 쓰이는 표현. 또한 out of the mouths of babes하면 '아이같지않게 똑똑한 소리를 하는'이라는 의미이다.

■ mouth off는 '불평하다'(complain), bad-mouth는 '험담하다'라는 뜻이다. 또한 be foaming at the mouth는 '입에 게거품을 물고 말하다,' '엄청 화내다'라는 뜻.

MORE EXPRESSION
mouth to feed 부양가족
make one's mouth water 군침돌게 하다
down in the mouth 낙심한
by word of mouth 구전으로
get the word of mouth going 말을 퍼뜨리다

» move

 Time to move on to other things. 이제 다른 일을 해야지

It's time I was moving.
일어설 때가 됐어.

- It's time to move. We got everything we need.
  이제 가봐야겠어. 필요한 건 다 얻었어.
  You'd better get moving. 너 그만 가보는게 좋겠어.

I'm just trying to help you, move on.
난 단지 널 도우려는 것뿐이야, 잊어버려.

- It's much easier for men to move on. 남자들은 잊고 넘어가는게 훨씬 쉬워.
  Karl, I want to move on. I don't want to go backwards.
  칼, 난 다음으로 넘어가고 싶어, 뒤로 돌아가고 싶지 않아.
  Time to move on to other things. 이제 다른 일을 해야지.
  Move on to the next chapter of our lives.
  우리 삶의 다음 단계로 넘어가자.

■ (It's) Time to move는 자리에서 일어날 때 하는 말로 이제 그만 가봐야겠어(=I've got to go)라는 말로 move 대신에 push along을 써도 된다. 물론 문맥에 따라서는 이사갈 때라는 뜻이 되기도 한다. 또한 get[be] moving은 일어나 그만 가봐야겠다로 말하는 표현.

■ (It's time) to move on은 move on 앞에 it's time을 넣어 나쁜 기억은 빨리 털어버리고 다음 단계로 넘어가자고 서두르는 표현. 다음 단계는 to~이하에 적으면 된다.

Call it even and move on with our lives.
비겼다 생각하고 각자 삶을 살자고.

- I'm just trying to move on with my life. It is nothing to be ashamed of! 난 단지 내 삶을 살아가려는거야. 전혀 부끄러울게 없어!

■ move on with one's life 는 과거의 삶과 다른 각자의 삶을 살아가다, 영위하다라는 의미.

Move it! Let's go, ladies!
어서! 가자고, 숙녀분들!

- Let's move. Hurry up, guys. Move it! 이동하자. 얘들아 서둘러. 떠나자!
  Move your ass! 서둘러, 빨리와.

■ move it은 '떠나자,' '가자' 라는 말로 move one's ass와 비슷한 표현. 하지만 문맥에 따라 단순히 '…을 이동하다'라는 뜻으로도 쓰인다.

We should get a move on.
우린 서둘러야 돼.

- I'd better get a move on it. 빨리 서둘러야겠어.
  Get a move! 빨리 움직여!

■ get a move on 역시 다른 사람에게 서두르게 하다라는 말로 명령형태로 쓰이는 경우가 많다.

He made a move on me.
걔가 내게 추근댔어.

- I didn't make a move on her. 난 걔한테 집적대지 않았어.
  I don't think he'll make a move on me again. 걔가 다시 내게 집적댈거라고 생각안해.
  We don't make a move until after she's taken the money. 걔가 돈을 받을때까지 우린 움직이지 않는다.

■ make a move on sb하면 '성적으로 집적대거나 추근대는 것'을 말한다. 하지만 그냥 make a move하면 '이동하다,' '…하기 시작하다,' '…자리를 떠나다'라는 의미가 되니 구분해야 한다.

Let's keep it moving here boys, huh?
얘들아, 그거 계속 움직여, 알았지?

- Keep the line moving so everyone gets on the bus. 줄 좀 움직이자고 그래야 다들 버스에 타지.
  We tried but we couldn't keep it moving. 노력했지만 계속 돌아가게 할 수 없었어.

■ keep it moving은 계속 움직이게 하다, 혹은 비유적으로 진전하다, 발전하다라는 뜻.

I'll do it, even if I have to move heaven and earth.
온갖 노력을 해야 한다해도 난 할거야.

- She moved heaven and earth to help find her daughter's killer. 걘 딸의 살인범을 찾는데 돕기 위해 온갖 노력을 했어.

■ move heaven and earth (to do)는 하늘과 지구를 움직인다는 아주 과장적인 표현으로 '온갖 노력을 하다'라는 의미.

놓치면 원통한 미드표현들

- **muscle in** …에 끼어들다
  He was trying to muscle in on my turf. 걘 내 영역에 끼어들려고 했어.

- **pull a muscle** 근육이 다치다
  I pulled a muscle waving at you. 너한테 손흔들다 근육이 다쳤어.

- **not move a muscle** 꼼짝도 하지 않다.
  Don't you move a muscle. I will grind you, you bitch. You hear me?
  가만히 있어. 널 갈아뭉갤테다, 이년아. 알았어?

Move over a little bit. Let me sit down.
옆으로 조금만 가. 나 좀 앉게.

- **Move over,** you're in the middle of the bed. 옆으로가, 너 침대 가운데잖아.
  Move over, Disney. 42nd street is building up steam.
  비켜라, 디즈니. 42번가가 이제 유행이다.

Don't move.
꼼짝 마.

- **Don't move.** Freeze! 거기 꼼짝마. 움직이지마!
  Don't move. Pick you up in ten. 꼼짝말고 있어. 10분 후에 픽업할게.

You can't move in with me.
나랑 동거는 아직 안돼.

- We decided to **move in together.** 우리는 함께 살기로 결정했어.
  We **move into** my dad's house in Staten Island.
  우리는 스테이튼 섬에 있는 아버지 집으로 이사해.

■ **move over**는 옆으로 공간적으로 이동하다라는 뜻이고 특히 move over+예전유행물 형태로 쓰이면 '…야 비켜라 새롭게 …가 유행이다'라는 의미의 문장을 만든다.

■ **Don't move** 미드범죄수사물에서 범인을 추격 끝에 잡기 직전에 하는 말. '꼼짝마'라는 뜻이다.

■ **move in** 혹은 **move into**하면 이사하다라는 의미이고 반대로 move out하면 이사나가다라는 의미이다. 하지만 move in with나 move in together하면 결혼 전에 동거하다라는 말이 된다.

MORE EXPRESSION
be on the move 이동하다, 움직이다, 활동하고 있다
move with the times 시류를 따르다
I have to be moving along. 슬슬 일어날 때가 됐어
be deeply moved 무척 감동받다

» much

 That's not much of a case. 그건 사건이 성립되지 않는 편이야.

I'm not much of a sports fan.
난 열광적인 스포츠팬은 아냐.

- That's **not much of** a case. 그건 사건이 성립되지 않는 편이야.
  You're **not much of** a cop, are you? 넌 대단한 경찰은 아냐, 그지?

I think the burden was too much for her.
걔한테 짐이 너무 무거운 것 같아.

- It's **too much for** any man to take. 누구라도 받아들이기에는 버거워.
  Between you and me, that woman **is too much for** me.
  우리끼리 얘긴데, 걘 내게 벅차.
  This **is too much**. 이건 너무해.
  You're **too much**. 정말 너무해.

Hmm, recently? Not much.
음, 최근에? 그럭저럭.

- A: Well, what do you know about them? B: **Not much.**
  A: 저기, 걔네들에 대해 아는게 뭐있어? B: 별로
  Nothing much. How about you? 그냥 그래. 넌 어때?

■ **I'm not much of**는 '…하는 편은 아니야,' '대단한 …는 아니야'라는 말로 미드에서 무척 많이 쓰이는 표현들중 하나. 예로 들어 not be much of a drinker하면 술을 잘 못하다라는 뜻이 된다.

■ **be too much for sb**는 '…에게 지나치게 벅차다,' '상대하기에 버겁다'라는 의미. 또한 ~be too much는 주어가 '너무하다,' '너무 심하다'라는 의미.

■ **Not (too) much**는 별일 없어, 그냥 그럭저럭이라는 의미로 주로 상대방의 인사에 답변하는 표현들이다. Nothing much 역시 별로 특별한 건 없어, 별일 아니냐라는 의미로 훌륭한 인사답변중 하나.

There's not much I can tell you.
네게 해줄 말이 별로 없어.

- Well, there's not much to see. 저기, 별로 볼게 없어.
- I know he's not much to look at but he's horny as hell.
걘 볼품은 별로 없는데 성적매력이 죽여줘.

I like Ron as much as the next guy.
어느 누구 못지 않게 론을 좋아해.

- I love a sex scandal as much as the next guy.
어느 누구 못지 않게 섹스 스캔들을 좋아해.

I didn't think much of it.
난 그걸 별로 대수롭지 않게 생각했어.

- He's not a big talker anyway, so I didn't think much of it.
어쨌든 걘 말을 잘하는 사람은 아니지만 별로라 생각해.

▬ (There's) not much to~ 는 …할게 별로 없다라는 의미. not much to tell은 할말이 별로 없는, not much to look at는 별로 볼품없는, 그리고 not much to see는 별로 볼 것이 없다이라는 뜻이다.

▬ as much as the next guy는 어느 누구 못지 않게라는 뜻으로 자기의 감정이나 의견을 강조해서 말할 때 사용하면 된다.

▬ not think much of~는 …을 대수롭지 않게 생각하다라는 표현.

MORE EXPRESSION
That's not saying much. 별거 아니다.
I'm not up to much. 난 별일 없는 녀석, 건강이 안좋다.
be as much as sb could do~ 겨우 …하고 있다
not[without] so much as …하지도 않고
Well, so much for that. 끝이군, 그 문제는 더 이상 말 않겠다.
say this[that] much for sb …에 대해서는 이정도만 이야기하다
say much for sb 칭찬하다
as much again 그만큼 더

» mug

Oh, my God, you got mugged! 오 맙소사, 너 노상강도당했구나!

Seen this ugly mug around?
이 쌍판 주변에서 본 적 있어?

- Oh, don't remember this ugly mug? 오, 이 쌍판 기억못해?
- I thought I might see your ugly mug in here tonight.
오늘밤 여기서 네 추한 낯짝 보게 될거라 생각했어.

Oh, my God, you got mugged?!
오 맙소사, 너 노상강도당했구나?!

- Well, I don't think you were mugged. 저기, 네가 노상강도 당한 것 같지 않아.
- Vicky was afraid of getting mugged. 비키는 노상강도 당하는 것을 두려워했어.

▬ ugly mug[face]는 상당히 무례한 표현으로 '쌍판,' '낯짝' 정도로 생각하면 된다.

▬ be[get] mugged는 노상강도를 당하다. 또한 mugging은 노상강도, mugger는 노상강도질을 하는 놈을 말한다.

놓치면 원통한 미드표현들

- **be music to one's ears** …에 듣기 좋은 소리이다
  That's nice. That's music to a mother's ears. 좋아. 어머니라면 정말 반가운 소리야.
- **face the music** 자기 행동에 책임을 지다, 비난받다
  I think it's time for us to face the music.
  우리가 책임을 져야 할 시간인 것 같아.
- **elevator music** 엘리베이터에서 나오는 음악
  God, this elevator music really sucks!
  휴, 이 엘리베이터 음악 정말 꾸지다!

» nag

 Something's been nagging me. 뭔가가 날 계속 괴롭히고 있어.

Something's been nagging me.
뭔가가 날 계속 괴롭히고 있어.

- But the question nagged me for days.
  하지만 그 문제 때문에 며칠 동안 힘들었어.
  Yeah, I'll get to it, don't nag me. 그래, 바로할게, 들볶지마.

I do hate a nagging woman, Duck.
난 정말 들볶는 여자는 싫어, 덕.

- I have had this nagging feeling that I've forgotten something.
  뭔가 잊어버렸다는 불안한 생각이 계속 들었어.

I guess that makes you such a nag.
그래서 네가 그렇게 잔소리꾼이 되었나보네.

- I figured that you were a nag or bad in bed.
  넌 잔소리꾼 아니면 침대에서 형편없다고 생각했어.
  I should have called, but I didn't want to be a nag.
  전화를 했어야 했는데 잔소리꾼이 되기 싫었어.

■ **nag sb**는 sb에게 성가시게 계속 잔소리하는 것을 말한다. '들볶다,' '바가지를 긁다' 라는 의미로 nag sb to는 '…을 들볶아서 …하게 하다' 라는 표현이다.

■ **nagging feeling**은 '뭔가 분명하지 않아 찜찜하고 불안한 느낌이나 생각' 을 말한다. nagging하면 이처럼 '불안하게 하는,' '짜증나게 하는' 이라는 의미로 쓰인다.

■ **be such a nag**처럼 명사로 a nag가 되면 늘상 불평하고 짜증내는 사람, 즉 '잔소리꾼,' '트집쟁이' 을 말한다.

» nail

You have nailed her, haven't you? 너 걔랑 했지, 그치않아?

You've hit the nail right on the head!
정확히 바로 맞혔어!

- They were not on the nail. 걔네들은 틀렸어.
  You hit the nail on the head with your statement. 네 진술은 정곡을 찔렀어.

■ **hit the nail on the head**를 직역하면 못의 머리를 정확히 치다라는 뜻으로 비유적으로 '정곡을 찌르다,' '맞는 말을 하다,' '요점을 찌르다' 라는 의미로 쓰인다. 한편 on the nail은 단독으로 completely correct라는 뜻으로 사용된다.

You have nailed her, haven't you?
너 걔랑 했지, 그치않아?

- You nailed me, Carlos. Maybe not the way that I wanted you to.
  카를로스 넌 나하고 했는데 내가 원하는 방식이 아니였지만 말야.
  You know that chick I took out last night? Nailed her.
  내가 지난밤에 데리고 간 여자 알지? 나 했어.

■ **nail sb**하면 사람 몸에 못을 박는게 아니라 못을 박는 모습에서 연상되듯 '남자가 여자를 범하다' 라는 뜻의 속어가 된다.

We nailed Keppler and got a conviction.
우린 케플러를 체포해서 기소했어.

- The feds nailed me for sending Simon money.
  연방수사관은 사이먼에게 송금한 죄로 날 체포했어.
  She got nailed for gambling. 걔 도박하다 체포됐어.

■ **nail sb for sth**하면 역시 못질하는 걸 연상하면 되는데 '범인을 잡다,' '체포하다' 라는 뜻이 된다. get nailed for~하면 '…로 체포되다.'

Someone just got nailed to the cross.
누군가 방금 호되게 혼났네.

- I could have still nailed Jane to the wall. 제인을 엄청 혼냈을 수도 있었는데.
  Do you want to vacate the charges against Greg while we try to nail him to the wall? 그렉을 장기복역시키려고 하는데 너 기소를 안하고 싶다는거야?

■ **nail sb to the wall [cross]**는 십자가나 벽에 못박힌다는 의미로 'sb를 화가 나서 심하게 벌하다,' '처벌하다' 라는 뜻.

You really nailed it this time.
너 이번엔 정말 성공했어.

- Yes, I did it! I nailed it! 그래, 내가 해냈어! 내가 성공했어!
  I'm going to nail this account, Tom. 내가 이 건을 꼭 따낼 거예요, 탐.

■ **nail it** 혹은 nail sth하게 되면 '합격하다,' '성공하다,' '해내다' 라는 뜻으로 쓰인다.

Garcia nailed down the geographic profile.
가르시아가 지리적프로파일을 해결했어.

- I think we may have nailed down the problem.
  그 문제에 대한 합의에 도달할 수도 있을 것 같다는 생각이 들어.
  We're gonna have to nail down all our furniture.
  우리 가구를 다 고정시켜야 될거야.

■ **nail sth down**은 '최종적인 결론에 도달하다,' '합의에 도달하다,' '해결하다' 라는 뜻이고, nail sb down하게 되면 'sb가 어쩔 수 없이 …하게 만들다' 라는 의미.

The problem he caused was the final nail in the coffin.
걔가 일으킨 문제는 완전 결정타였어.

- Karin's lateness was another nail in the coffin at her job.
  케이린의 지각은 직장에서 또 하나의 결정타였어.

■ **(another) nail in the coffin**은 관에 못을 박는다는 말로 돌이킬 수 없는 '결정타,' '망쳐놓는 것' 을 말한다. 또한 put the nail in the one's (own) coffin하면 '자기무덤을 파다' 라는 말.

» name

I don't want to name names. 누구라고 딱히 밝히고 싶진 않아

Don't call me names!
내게 욕하지 마!

- She called me names. She laughed at me.
  걔가 내게 욕을 했어. 걘 나를 비웃었다고.

  And then he didn't call me names anymore.
  그리고나서 걘 더 이상 내게 욕을 하지 않았어.

■ call sb names는 call sb's name과 헛갈리면 안된다. call sb's name하면 단순히 '…의 이름을 부르다' 라는 뜻이지만 call sb names하게 되면 '욕을 하다,' '험담하다' 라는 의미가 된다.

That's the name of the game.
그건 매우 중요한 일이야.

- Getting rich quick is the name of the game.
  빨리 부자가 되는게 중요한거야.

  The name of the game is to find a beautiful wife.
  중요한 건 아름다운 아내를 얻는거야.

■ the name of the game은 '가장 중요한 것' 이라는 말로 The name of the game is~하면 '핵심은 바로 …야' 라는 표현이 된다.

I don't want to name names.
누구라고 딱히 밝히고 싶진 않아

- Make sure he didn't name names? 걔가 이름을 불지 않은게 확실해?

  I want him here 9 o'clock tomorrow morning ready to name names. 걔가 내일 9시까지 여기와서 이름을 불 준비가 되기를 바래.

■ name names에서 앞의 name은 동사 그리고 뒤의 names는 명사이다. 즉 이름을 대다라는 말로 주로 잘못된 일을 저지른 사람들의 '이름을 밝히다,' '불다' 라는 의미로 쓰인다.

You name it.
말만 해, 누구든지[뭐든지] 말만 해.

- A: I need a favor. B: You name it. A: 좀 도와줘. B: 말만해.

  It's my contacts, email, internet, maps, you name it.
  그건 내 연락처, 이메일, 인터넷, 지도 그리고 기타 등등야.

■ you name it은 '뭐든지 다 있고 다 해줄테니 말만하라' 는 상당히 적극적인 표현. 상대의 부탁에 대한 답변으로 혹은 뭔가 열거하고 나서 뭐든지 다 있다라는 식으로 쓰일 수도 있다. 이때는 to name a few(몇개 대자면)와 같은 의미.

Did Gale have a name for it?
게일이 그거에 명성이 있어?

- We have a name for it in Canada. 우린 캐나다에서 그 분야에 명성이 있어요.
  You've made quite a name for yourself. 꽤 이름을 날렸다며.

■ have a name for~는 우리말에도 '그거 이름있는거야, 이름있는 사람이야' 라고 하듯 name은 명성을 뜻하기도 한다. 또한 make a name (for oneself)은 '(…로) 유명해지다,' '이름을 떨치다' 라는 의미.

Dr. Dangerous is his online screen name.
위험한 박사는 걔의 온라인 닉네임이야.

- She's a shipper who goes by the screen name FoxCanLover.
  걘 폭스캔러버라는 닉네임으로 통하는 운송업자야.

■ screen name은 실명이든 가명, 혹은 별명이든 '컴퓨터 온라인 등에서 사용하는 닉네임'을 뜻한다.

Stop it! It has my name on it!
그만해. 거기에 내 이름 적혀있잖아!

- See, it's got your name on it. 봐, 그것에 네 이름이 적혀져 있어.

  That little sports car has my name on it. 저 소형스포츠카에 내 이름이 적혀져 있네.

■ sth has sb's name on it은 직역하면 sth에는 …의 이름이 적혀져 있다라는 말로 단순히 '…의 것이다' 라는 의미로 쓰이기도 하고 비유적으로 sth는 …의 것으로 가야 한다, 즉 '…을 갖고 싶다' 라는 소망을 말하기도 한다.

I got a stuffed drain with his name on it.
배수관이 막혀서 걔가 고쳐줘야 돼.

- Did UPS drop off a Nobel Prize with my name on it?
  UPS가 내이름이 적혀져있는 노벨상을 놓고 갔어?
- I gave him a studio ID badge with my name on it.
  걔한테 내이름이 적힌 스튜디오 신분증을 줬어.

I want into that auction, you name your price.
저 경매를 하고 싶은데, 가격을 말해봐.

- A: Name your price. B: I don't need your money, Chuck.
  A: 가격을 말해봐? B: 척, 난 네 돈 필요없어.

■ **with one's name on it**
은 '…의 이름이 적혀져 있는,' 혹은 비유적으로 '…의 것인,' '…가 해야하는' 이라는 의미로도 쓰인다.

■ **name one's price**는 …가 생각하는 가격을 말하라는 말로 '가격을 제시하다' 라는 의미.

MORE EXPRESSION

by the name of …라는 이름으로
under the name of …의 명의로
Name your poison. 어떤 술 줄까.
Can I have your name?
이름이 뭐예요?
What was the name again? 이름이 뭔지 한번 더 말씀해 주세요.
be named for …의 이름을 따서 짓다
can't put a name to~ 기억못하다

» narrow

We'll need to narrow it down. 우리는 그걸 좁혀야 돼

I'm gonna narrow down that list.
그 리스트의 범위를 좁혀갈거야.

- We'll need to narrow it down. 우리는 그걸 좁혀야 돼.
  The profile's just a starting point for narrowing down the suspects. 프로파일은 용의자를 좁혀가는 시작점일 뿐이야.

Pathetic, narrow-minded people do.
한심하기는, 속좁은 인간들이 그래.

- That's not narrow-minded. 저건 속좁은게 아냐.
  Aw, that was a narrow escape. 아, 진짜 아슬아슬한 탈출이었어.

■ **narrow down**은 역시 범죄물 미드에서 자주 나오는 표현으로 용의자나 어떤 가능성의 '범위를 좁히다' 라는 뜻이다.

■ **narrow-minded**는 '맘이 좁은,' '속좁은,' narrow escape는 '아슬아슬한 탈출'을 말한다.

» nature

She's a natural. 걘 타고났어.

I need to answer the call of nature.
화장실 다녀올게.

- I have to answer a call of nature. 화장실에 갔다올게.
  Nature calls. 화장실에 가야겠는데요.

■ **answer the call of nature**는 자연의 부름에 응하다 라는 뜻으로 '화장실에 가다' 라는 뜻의 완곡어법이다.

So just let nature take its course.
자연스럽게 흘러가도록 해.

- Should nature take its course, you are on your own.
  자연스럽게 일이 흘러간다면 너도 자연스럽게 너 스스로 살아봐.

  Pumping in a lethal dose of morphine is not letting nature take its course. 치사량의 모르핀을 주입하는 건 자연스러운 치유법이 아니야.

■ let nature take its course는 자연이 그냥 가는대로 놔두다라는 말로 '순리대로 하다,' '자연에 맡기다' 라는 뜻.

Tomorrow it'll be second nature.
내일이면 자연스럽게 몸에 배일거야.

- I'm used to it now, so it's kind of second nature to me.
  이제 적응이 돼서, 내게 거의 식은죽먹기야.

  Because being irritating is second nature to you.
  성깔부리는게 너한테 몸에 배였기 때문이야.

■ be second nature (to sb)는 (…에게는) 오랫동안 생각없이 해오던 것이어서 그냥 자연스럽게 하게 되는 것을 말한다. '몸에 배다,' '식은죽 먹기다' 정도로 상황에 따라 이해하면 된다.

She's a natural.
걘 타고났어.

- I figure I'm a natural 'cause I root for you all the time.
  난 항상 널 지지하기 때문에 내가 적임자라고 생각해.

  Oh, my God, you're a natural. 오 맙소사, 넌 정말 타고 났어.

■ be a natural은 natural이 명사로 쓰인 경우로 '타고난 사람,' '적임자' 를 의미한다.

MORE EXPRESSION

good-natured
성격이 좋은

» neck

 Judge was afraid to stick her neck out. 판사는 위험을 무릅쓰는 걸 두려워했어.

I saw them neck in the street.
난 걔네들이 거리에서 애무하는 걸 봤어.

- I saw a couple necking at the back of the library.
  한 커플이 도서관 뒤쪽에서 애무하는 걸 봤어.

  They start necking in a darkened car. 걔네들은 어둔 차에서 애무하기 시작했어.

■ neck은 동사로 남녀들이 전력으로 껴안으면서 키스하고 흡혈귀처럼 목을 빠는 행위를 말한다. 그냥 '애무하다' 라고 해석하면 된다.

Tony and she are neck and neck.
토니와 걘 막상막하야.

- But he's neck and neck with the third one, though.
  하지만 걘 그래도 세 번째 남편과 우열을 가리기 힘들어.

■ neck and neck은 육상경기 등 경주나 경쟁에서 '막상막하,' '우열을 가리기 힘드는' 이라는 의미로 쓰이는 표현.

Judge was afraid to stick her neck out.
판사는 위험을 무릅쓰는 걸 두려워했어.

- I know you're sticking your neck out on this thing for me.
  네가 이 일에 날 위해 무모한 짓을 한다는 걸 알아.

  Back at the tank, why'd you stick your neck out for me?
  아까 수조에서 왜 위험을 무릅쓰고 날 구해줬니?

■ stick one's neck out은 목을 길게 빼다라는 말로 위험한 정글같은 이 세상에서 '위험한 짓을 하다,' '위험을 자초하다,' '무모한 짓을 하다' 라는 의미로 쓰인다.

MORE EXPRESSION

V-neck 삼각목둘레 옷
be up to one's neck in
…하느라 무척 바쁘다.
by a neck 근소한 차이로

» need

That's all I need to know. 내가 알고 싶은 건 그게 다야.

Give me a call if you need me.
필요하면 전화해.

- **If you need me,** you know where I am. 도움이 필요하면 바로 불러.
  If you need me. This is my home number. 필요하면, 여기 내 집전화번호야.

▬ **if you need me**는 어려운 표현이라기보다는 자주 두루두루 쓰이는 표현으로 알아두면 유용하다.

That's all I need to know.
내가 알고 싶은 건 그게 다야.

- **That's all I needed to** hear. 내가 듣고 싶은 건 그게 다야.
  5 minutes. **That's all I need.** 5분만. 내가 필요한 건 그게 다야.

▬ **That's all I need**는 내가 필요한 건 다 갖고 있다, 즉 '내가 필요한 건 그게 다야' 라는 의미로 필요한 걸 구체적으로 언급하려면 need 다음에 to~를 붙이면 된다.

A: Who needs it? B: You needs it.
A: 누가 저걸 필요로 하겠어? B: 네가 필요하잖아.

- I quit smoking. **Who needs it?** 나 담배 끊었어. 누가 저런걸 필요로 하겠어?
  This job is too stressful. **Who needs it?** 이 일은 너무 스트레스가 많아. 누가 하겠어?

▬ **Who needs it[them]?**는 반어적용법으로 '누가 저걸 필요로 하겠어?' 라는 표현.

There's no need to get frustrated.
좌절할 필요가 없어.

- We have to relax. **There's no need to** panic.
  우리 진정해야돼. 공황상태에 빠질 필요가 없어.
  All right, **there's no need to** bark at me. 좋아, 나한테 뭐라고 할 필요는 없어.

▬ **There's no need (for sb) to~**는 '…할 필요가 없다' 는 말로 상대방에게 충고나 위로 혹은 항의할 때 사용하면 좋은 표현이다.

All I need to do is make one phone call.
내가 필요한 건 전화한통하는거야.

- **All I needed was** the money to pay for the test.
  내가 필요로 했던 건 테스트비 낼 돈이었어.
  All I needed was a genetic match for the stem cells.
  내가 필요로 했던 건 줄기세포에 유전적으로 일치하는 것이었어.

▬ **All I need (to do) is~ N[V]**는 '내가 필요한 건 …뿐이야,' '그저 …가 필요해,' 동사가 이어질 경우에는 내가 필요한 것은 …하는 것밖에 없으로 내가 필요한 것을 강조해서 말하는 표현.

놓치면 원통한 미드표현들

- **naked** 벗은, 알몸인 half-naked 반라인, 반라로
  Naked. I'm naked in the shower.
  나 다 벗었어. 벗고 샤워중야.
  I was walking around **half-naked**.
  나는 반라로 걸어다니고 있었어.

- **get naked** 다벗다, 다 밝혀지다
  I'm going into the bathroom and **getting naked**. 난 화장실로 가서 다 벗었어.

- We're never ready for that moment when the truth **gets naked**.
  진실이 밝혀지는 순간에 전혀 준비가 되어있지 않아.

- **stark naked** 완전히 다 벗은
  My secretary walked in on me **stark naked**.
  내 비서가 홀딱 벗고 내게로 다가왔어.

- **take a nap** 낮잠자다
  I'm going to **take a nap**. 낮잠 좀 자려고.

It's a person in need of supervision.
감독이 필요한 사람이야.

- I'm in need of refuge. It's too hot. 쉴 곳이 필요해. 여긴 넘 더워.
  Chris Crawford's car is in need of maintenance.
  크리스 크러포드 차는 정비가 필요해.

Melissa, I need you to pull the file.
멜리사, 네가 파일을 꺼내와봐.

- You really need me to tell you? 정말로 내가 말하기를 바래?
  Just let me know when you need me to testify.
  내가 언제 증언해야 하는지 알려만줘.

■ be in need of는 '…를 필요로 하다' 라는 표현.

■ I need you to~ 는 '네가 …해 줬으면 해' 그리고 반대로 You need me to~는 '내가 … 해주기를 네가 바라다' 라는 뜻.

MORE EXPRESSION
need sth like a hole in the head …는 전혀 필요가 없다
if need be 필요하다면
I need some T.L.C. 다정한 보살핌이 필요해(Tender Loving Care)

» nerve

 You've got a nerve. 너 참 뻔뻔스럽다.

It's get on my nerves.
그거 땜에 신경이 거슬려.

- That's getting on my nerves. 그거 정말 짜증나게 하네.
  It doesn't mean you get on my nerves. 너 때문에 짜증난다는 말은 아냐.

■ get on one's nerve는 '…의 신경을 짜증나게 하다,' '거슬리게 하다,' '…을 화나게 하다' 라는 표현.

You've got a nerve.
너 참 뻔뻔스럽다.

- You've got a hell of a nerve coming here. 여기 오다니 너 참 철면피다.
  I can't believe he had the nerve to kiss Jill. 와, 걔가 질에게 키스할 용기를 냈다니.
  What gave you the nerve to ask me out? 무슨 용기로 내게 데이트 신청한거야?

■ have got a nerve (to do)에서 nerve는 용기, 배짱 혹은 뻔뻔스러움이라는 뜻이어서 문맥에 따라 '…할 용기[배짱]가 있다,' 혹은 '뻔뻔스럽다' 라는 의미로 쓰인다. 강조하려면 a lot of nerve, a hell of nerve라고 하면 된다.

The nerve of you!
참 뻔뻔스럽네!

- What a nerve! 정말 뻔뻔하군!
  The nerve of some people! 참 뻔뻔스러운 사람들이네!
  The nerve of him bringing her into here. 걔가 그녀를 데려오다니 참 뻔뻔스럽다.

■ The nerve of you!는 다른 사람의 뻔뻔스러움을 간단히 표현하는 것. the nerve of sb (~ing)라고 좀 더 응용해서 말할 수도 있다. What a nerve! 또한 같은 의미.

Did you work up the nerve to ask her out?
걔한테 데이트 신청할 용기를 냈어?

- I need to work up the nerve to ask for a raise.
  급여인상을 요구할 용기를 내야 돼.
  Lea couldn't get up the nerve to leave her husband.
  리아는 남편을 떠날 용기를 낼 수가 없었어.

■ work up the nerve (to~)는 '(…할) 용기를 내다' 라는 뜻으로 get up the nerve와 같은 의미.

If I had waited, I might have lost my nerve.
내가 기다렸더라면, 기가 죽을 수도 있었을거야.

- I just sat in front of the house and I lost my nerve.
  난 집앞에 앉았고 겁이 났어.

  I lost my nerve when I wasn't trusting my instincts.
  내 본능을 믿지 못했을 때 난 기가 죽었어.

■ lose one's nerve는 반대 표현으로 용기나 배짱을 잃다라는 말로 '겁내다,' '기가죽다' 라는 의미.

Did I hit a nerve?
내가 아픈 곳을 건드렸어?

- Anne is obviously hitting a nerve with Denise.
  앤이 분명 데니스의 아픈 곳을 힘들게 하고 있어.

  It's obvious that you've touched a nerve. 네가 아픈 곳을 건드린 건 분명해.

■ hit a nerve는 '아픈 곳을 건드리다' 라는 표현으로 hit 대신에 touch나 strike를 써도 된다.

I get so nervous around celebrities.
유명인들 주변에 있으면 불안해.

- He's not exactly nervous about tying the knot. 걘 결혼 땜에 초조한 건 아냐.
  I'm kinda nervous. I have a confession to make. 좀 초조해. 고백할게 있어.

■ be nervous about~은 '…을 걱정하다,' '신경을 많이 쓰다,' '노심초사하다' 라는 말이다. feel[get] nervous라고 해도 된다.

Is he having a nervous breakdown?
걔 신경쇠약야?

- I think I'm about to have a nervous breakdown.
  나 신경쇠약에 걸릴 것 같아.

  Mother had a nervous breakdown. 엄마는 신경쇠약에 걸렸어.

■ nervous breakdown은 '신경쇠약,' 그리고 신경쇠약한 사람은 nervous wreck이라 한다.

MORE EXPRESSION
be a bundle of nerves
신경이 예민하다
set one's nerves on edge
…의 신경을 날카롭게 하다
hold[keep] one's nerve
진정하다
nerve oneself to do[for]
용기내서 …하다
calm one's nerves 진정시키다

» never

 That will never be repeated. 저건 절대로 되풀이 되지 않을거야.

Not anymore and never ever again.
더 이상도 아니고 절대 그럴 일도 없고.

- I promise I will never ever use charts again.
  다시는 절대로 그 차트를 쓰지 않는다고 약속할게.

  I couldn't figure out why you never ever smile.
  왜 네가 전혀 웃지않는지 알수가 없어.

■ never ever는 부정을 강조하는 표현으로 '결코, 절대로 …아니라' 라는 뜻.

They will never again be absent.
걔네들은 다시는 결석을 하지 않을거야.

- Never again. No, it's not gonna happen again.
  두 번 다신 안돼. 응, 다시 그러지 않을거야.

  I can't believe I ever listen to you! Never again!
  나 참, 네 말을 듣다니! 두 번다시 그런일 없을거야!

■ never again은 '다시는 … 하지 않았다' 라는 의미.

That will never be repeated.
저건 절대로 되풀이 되지 않을거야.

- **That would never happen.** 저건 절대 일어나지 않을거야.
  No, **that'll never work.** 아니, 저건 절대로 제대로 돌아가지 않을거야.

Well, my answer is usually "never say never."
음, 내 대답은 보통, '절대로 안되는 것은 없다' 야.

- **Never say never,** I may have a plan in motion.
  절대 안된다라고 하지마, 내게 다른 계획이 진행중일 수도 있어.

■ **That would[will] never~**는 다음에 동사가 이어져서 '절대 그럴 일이 없을 거라는 것'을 말하는 굳어진 표현.

■ **never say never**는 무슨 일이 벌어질지 모르기 때문에 모든 가능성을 열어두어야 한다는 점에서 나온 표현으로 '절대 안된다는 말을 하지 않다' 라는 의미이다.

MORE EXPRESSION
Well, I never! 어휴 그럴리가!
never-ending 영원히 끝나지 않는
never-never 환상의, 실재하지 않는

» new

 That's news to me. 처음듣는 얘긴 걸.

What's new?
뭐 새로운 일 있어?

- A: So **what's new?** B: Nothing. A: 어떻게 지내? B: 별로.
  So, **what's new** in sex? 그래, 섹스생활에 뭐 새로운 거 있어?

What else is new?
뭐 더 새로운 소식은 없어?

- If it makes you angry, **what else is new?** 그 땜에 화났다면 뭐 새론 소식없어?
  A: Yes, I'm furious. B: Oh, **what else is new?** A: 어, 화났어. B: 어, 다른 소식은?

I've got news for you.
소식 좀 전해줄 말이 있어.

- **I got news for you.** Life isn't fair. 해줄 말이 있어. 인생은 공평치 않아.
  I got news for you. Things are going to change around here.
  해줄 말이 있는데 여기 상황이 변할거야.

I have good news and bad news. which do you want?
좋은 소식, 나쁜 소식있는데 뭐 들을래?

- As often is the case, **has good news and bad news**.
  흔히 그럴듯, 좋은 소식과 나쁜 소식이 있어.
  The good news is he really didn't do it. 좋은 소식은 걔가 정말 안그랬다는거야.

That's news to me
처음듣는 얘긴 걸.

- I already knew my daughter was into girls; **that's not news to** me.
  딸이 여자랑 사귄다는 걸 이미 알고 있었어. 아는 얘기야.

■ **What's new?**는 그냥 인사말로 '잘지내?,' '어떻게 지내?' 라는 의미로 이에 어울리는 맞장 구표현으로는 What's new with you?로 '그러는 넌 별일 있니?' 라는 의미. 한편 그냥 인사가 아니라 뭐 새로운 거 있냐고 물어볼 때도 사용된다.

■ **What else is new?**는 상대방의 하는 말을 이미 들어서 (I've heard that before) 더 이상 새롭지 않으니 다른 건 없냐고 물어보는 말. '뭐 더 새로운 소식은 없어?' 라는 의미이다.

■ **have got news for sb**는 sb에게 뭔가 좀 좋지 않은 소식이나 이야기를 건넬 때 시작하는 말. '너한테 해줄 말이 있어,' '너한테 전해줄 말이 있어' 등의 의미.

■ **have good news and bad news**는 '좋은 소식과 나쁜 소식을 갖고 있을 때 상대방에게 어떤 소식을 먼저 들을래' 하는 장면을 많이 봤을 것이다. 또한 좋은 소식을 들었을 때는 That's good news라고 하고 좋은 소식을 말할 때는 The good news is~라고 하면 된다.

■ **be news to~**는 …에게 뉴스, 즉 새로운 소식이라는 말로 '금시초문이다,' '처음듣는 이야기이다' 라는 의미.

But this baby is brand-spanking new.
하지만 이 아이는 정말 신생아이잖아.

- I was dating someone brand-spanking new.
  난 아주 새로운 사람과 데이트하는 중이었어.
  Papa's got himself a brand new bag. 아버지는 신상가방을 사셨어.
  We're gonna get you fixed up as good as new.
  널 아주 새사람으로 만들어버릴거야.

He's like a new man.
걘 새로운 사람같아.

- You're gonna feel like a new man. 넌 새로 태어난 사람처럼 느껴질거야.
  I've been on them for ten days, and I feel like a new man.
  그걸 10일째 복용중인데 새로운 사람이 된 것 같아.

■ brand-new는 '새로운'이라는 뜻이고 brand-spanking new는 새로운 것을 아주 강조하는 표현으로 '정말 새로운'이라는 의미. 여기서 spanking은 좀 의외지만 new나 clean 앞에서 부사로 쓰여 매우, 아주라는 뜻이다. 또한 as good as new는 '새것 같은,' like new는 '새것과 같은'이라는 의미이다.

■ feel like a new man [woman]은 '새로 태어난 사람처럼 느끼다'라는 표현.

MORE EXPRESSION
That's a new one on me.
첨 들어본 이야기이다.

» next

 What's next? Break up my marriage? 다음은 뭐지. 내 결혼을 깨는거?

Next up is an ultrasound and an x-ray.
다음 차례는 초음파와 엑스레이입니다.

- Next up, please welcome Edie. 다음은, 에디를 환영하죠.
  You're up for next, baby. 자기야, 네가 다음 차례야.
  We're up next, okay? So, so let me do the talking.
  우리가 다음 차례야, 알았어? 그러니 내가 말을 할게.

What's next? Break up my marriage?
다음은 뭐지. 내 결혼을 깨는거?

- So what's the next move? 그래, 다음 단계는 뭐야?
  Ah, let's see. What next? 어디보자. 다음엔 뭐지?

The next, she puts the brakes.
그리고 나서 걘 브레이크를 밟았어.

- And then the next, she's making out with a professor in a dark corner. 그리고 나서 어두운 코너에서 교수와 애무를 하고 있어.

The next thing I know, we're making out.
어느샌가, 우리는 애무를 하고 있었어.

- And then the next thing I know you hate my music.
  그리고 나서 어느샌가 네가 내 음악을 싫어한다는 걸 알았어.
  The next thing I know, I'm running for my life in the woods.
  나도 모르는 사이에 난 죽어라 숲속을 뛰고 있었어.

■ Next up!은 '다음 주제로 넘어가자,' Next up is~는 '다음 차례는 …이다,' 그리고 Next, please하면 '다음 손님요'라는 표현. 또한 be next in line (to)은 '주어가 다음으로 to~이하를 할 것이다'라는 의미. be up (for) next 또한 '주어가 다음 차례'라는 의미.

■ What's next?는 '그 다음번에는 뭐야?,' What's the next(+명사)?는 '다음에 해야 할 일은 뭐야?,' 문맥상 확실하면 명사빼고 그냥 '다음은 뭐지?'라고 묻는 말. 하지만 What next?하면 '다음엔 뭐야?'라고 좀 비아냥 거리거나 혹은 좌절을 겪고 있는 사람이 자포자기 심정으로 '또 무슨 불행이 찾아오려나?'라는 자조적인 표현.

■ the next, S+V는 그리고 '다음에 …했다'라는 표현.

■ the next thing I knew는 '어느 틈엔가, 어느샌가,' '나도 모르는 사이에 어느덧'이라는 표현으로 before I knew it과 같은 맥락의 표현.

MORE EXPRESSION
the next best thing
그 다음으로 좋아하는 것
the best thing 최선책
the next to last 끝에서 두번째

» nice

Be nice to each other. 서로 착하게 지내라.

I had a nice time tonight with you.
오늘 밤 정말 즐거웠어요.

- I had a nice time. 즐거웠어.

  We had such a nice time with you two last night.
  너희 둘과 간밤에 정말 즐거웠어.

It'll be nice to have a partner.
파트너가 있으면 좋을거야.

- It'll be nice to get this off finally, won't it?
  마지막으로 그거 벗으면 멋질까야, 안그래?

  It would be nice if there weren't so many people.
  사람들이 많지 않으면 좋을텐데.

  It is nice to know that someone cares about justice.
  누군가 정의에 대해 신경쓴다는 것을 알게돼 좋아.

It's very nice of you.
너무 고마워.

- Well, that was very nice of you. 저기, 정말 고마웠어.

  Well, that's very nice of you to say. 말해줘서 정말 고마워.

That's nice.
좋아.

- Oh, a family dinner. That's nice. 어, 가족모임저녁식사야. 좋아.

  Ah. That's nice. So where were we? 아, 좋아. 어디까지 얘기했더라?

  That's nice. I've done that for friends.
  좋으네. 난 친구들을 위해 그렇게 한거야.

Be nice to each other.
서로 착하게 지내라.

- It's not going to be that bad. Hey. Be nice.
  그렇게 나쁘지 않을거야. 야, 착하게 굴어.

  Be nice to have that finished by the time I get back.
  착실하게 그거 내가 돌아올 때까지 끝내.

Nice one. But I'm serious.
잘됐어. 하지만 난 심각해.

- And I'm not the nice one? 그리고 나는 좋은 사람이 아니라고?

  Sally is the nice one in her family. 샐리는 걔 가족 중에서 성격이 좋아.

■ have a nice time은 '손님이 떠나면서 주인에게 작별인사 겸 감사인사로 하는 말.'

■ It'll be nice to~는 '…하면 멋질꺼야, 좋을거야,' 그리고 It'd be nice if~하면 가정법 표현으로 '…한다면 좋을텐데'라는 의미가 된다. 물론 it's nice to know (that~)는 '…알아서 기쁘다'라는 의미.

■ be (very) nice of sb (to~)는 '상대방의 친절에 고맙다고 말하는 표현'으로 고마운 내용을 말하려면 to~이하에 이어 말하면 된다.

■ That's nice는 상대방의 말이나 제안에 좋다구 맞장구 칠 때 하는 표현으로 '좋아,' '좋네'라는 말. That's nice to hear하면 '듣던 중 반가운 소리네요'라는 의미가 된다.

■ Be nice는 상대방에게 '얌전하게 굴어라,' '착하게 굴어라'라는 말로 Be nice to sb로도 쓰이며, Be nice to+동사 형태로 쓰면 '친절하게 …해라'라는 의미가 된다.

■ (That's a) nice one!은 '정말 좋애,' '잘됐어'라는 표현. sb be the nice one하면 'sb가 성격이 참 좋다'고 칭찬하는 표현.

MORE EXPRESSION

be super-duper nice to sb
…에게 아주 잘해주다

Nice work if you can get it.
할 수 있으면 해라.(그 일이 즐거나 보수가 좋은 거야)

» night

Yeah, I pulled an all-nighter. 그래, 난 철야했어.

We're going to get a good night's sleep.
우린 잠을 푹 잘 잘거야.

- The first good night's sleep I had was last night.
  지난밤에 처음으로 숙면했어.
  Okay. Good night, Castle. 좋아, 잘자요, 캐슬.
  A: I have to go to sleep. B: Nighty-night! A: 자러가야 돼. B: 잘재

▬ a good night's sleep은 '숙면'을 말하는 것으로 Did you have a good night's sleep?하면 '잠 푹 잘잤어?' 라는 말이 된다. 또한 Nighty-night은 어린이용 Good night으로 '잘 자거라' 라는 말. 그냥 Night!라고만 해도 된다.

If all goes well, we'll have an early night.
모든게 잘 되면 우린 일찍 잘거야.

- Tomorrow, you are going to have an early night. 내일 넌 일찍 자야돼.
  Did you have a late night yesterday? 어제 늦게 잤어?

▬ have a late[early] night은 '잠을 일찍 자다', '늦게 자다' 라는 표현.

Yeah, I pulled an all-nighter.
그래, 난 철야했어.

- What are you talking about? I pulled an all-nighter.
  무슨 말이야? 나 철야작업했어.
  Nothing's come up so far. I'm gonna pull an all-nighter.
  아무 것도 나온게 없어. 철야해야 겠어.

▬ pull an all-nighter에서 all-nighter는 밤새도록 하는 것을 말하는 명사로 pull an all-nighter하면 '밤을 새워 …하다', '철야작업하다' 라는 뜻이 된다.

I'm a single mother. I work nights.
난 싱글맘야. 야근해.

- I'm a waitress. Work nights. 난 웨이트리스야. 야근을 해.
  He usually doesn't work nights. 걘 보통 야근을 하지 않아.

▬ work nights는 규칙적으로 혹은 종종 회사에서 '야근하다' 라는 표현으로 work at night라고도 한다.

MORE EXPRESSION
last thing at night
자기 직전에

놓치면 원통한 미드표현들

- **be nasty to sb** 못되게 굴다, 악랄하게 굴다
  She was nasty to the customers.
  걘 고객들에게 못되게 굴어.
  I said something nasty to him. It's my fault.
  난 걔한테 야비한 말을 했어.

- **nasty~** 야비한 ~
  Her husband's got a nasty temper.
  걔 남편은 성질이 야비해.
  She got a lot of nasty calls. Hate mail, too.
  걘 많은 더러운 전화를 받아, 협박편지도.
  Nasty! 추잡해라!

- **be neat** 정돈되다, 근사하다
  It's neat. 근사해.
  For a single guy, you're so neat.
  혼자사는 셈치고는 너 깔끔하다.

- **neat** 정돈된, 뛰어난, 훌륭한
  Neat! 괜찮은데!
  Oh neat, what's the occasion?
  어, 깨끗하네, 무슨 일이야?
  Yeah, okay, neat, but I really got to get to work. 그래, 좋아, 멋진데 난 일하러 가야 돼.

I followed your boy night and day.
밤낮으로 네 애를 따라다녔어.

- If you need anything, day or night, just call me.
언제라도 필요하면 전화해.
Call me and I'll come, night or day. 언제라도 전화해, 내 갈테니.

■ night and day 혹은 day and night은 '밤낮으로 계속'(all the time)이라는 의미이고, night or day 혹은 day or night은 '언제라도,' '아무 때나'(at any time)라는 의미.

Did you spend the night with Edie? Oh, my god!
에디와 밤을 보냈어? 오, 맙소사!

- I wanted to spend the night with Monica. 모니카하고 밤을 보내고 싶었어.
You're going to spend the night with Mike in a hotel.
너 호텔에서 마이크하고 밤을 보낼거지?

■ spend the night with~는 '…와 함께 밤을 지내다'라는 말로 완곡하게 sex를 했다는 말이 된다. spend the night together 라고 해도 된다.

» nose

 I got a nose for the truth. 난 진실을 찾아내는데 일가견이 있어.

I'm really sorry for sticking my nose into that.
그 일에 간섭해서 정말 미안해.

- You just have to stick your nose into other people's business.
넌 다른 사람들의 일에 신경을 써야 돼.
Don't stick your nose into Jerry's problems.
제리의 문제에 참견하지마.

■ stick[poke] one's nose into~는 코를 들이댄다는 말로 '남의 일에 간섭하다,' '참견하다'라는 의미.

Keep your nose out of my business.
내 일에 참견하지마.

- Well, maybe you need to keep your nose outta my business!
저기, 아마도 너 내 일에서 신경꺼야 될거야!
Henry kept his nose out of the argument. 헨리는 논쟁에서 빠져나갔어.

■ keep one's nose out of~는 들이댄 코를 빼라는 말로 '남의 일에 쓸데없는 간섭을 하지 말라'는 의미.

I got a nose for the truth.
난 진실을 찾아내는데 일가견이 있어.

- He has a nose for who's telling the truth.
걘 누가 진실을 말하는지 알아내는 능력이 있어.
She may not have had a nose for coffee, but she sure could smell money. 걘 커피맛에 젬병일지 모르지만 돈냄새는 정말 잘 맡아.

■ have a (good) nose for~는 '…을 찾는데, 알아보는데 일가견이 있다, 능력이 있다라는 표현으로 '…을 보는 눈이 있다'라는 have an eye for~와 같은 형태의 표현이다.

Keep your nose clean.
나쁜 일에 말려들지 마.

- I was in high school. Studying, keeping my nose clean, doing volunteer work for the community.
난 고등학생였어. 공부하고, 얌전히 지내고, 지역사회에 봉사활동을 했어.

■ keep one's nose clean는 코를 항상 깨끗이 한다는 의미로 '나쁜 일에 휘말리지 않다,' '말썽피지 않다,' '얌전히 지내다'라는 의미.

I didn't want to be nosy. She didn't like that.
난 캐고 다니고 싶지 않았어. 걘 그걸 싫어했어.

- I'll just head over there now and nose around and see if she has an alibi. 지금 그쪽으로 가서 걔한테 알리바이가 있는지 캐물을게.

I guessed Tina's weight on the nose.
난 티나의 몸무게를 정확히 추측했어.

- Isn't that a little on the nose, even for a psycho? 사이코라 할지라도 좀 너무 정확하지 않아?
- Good evening. 11 o'clock on the nose. 안녕, 정확히 11시네.

You got this whole other life right under my nose.
바로 눈앞에 너한테는 전혀 다른 삶이 있는거야.

- How else do you think I started sleeping with Chip right under your nose? 어떻게 바로 네 면전에서 내가 칩과 자기 시작했다고 생각해?
- Because your husband was having sex with Ilena right under your nose? 네 남편이 바로 면전에서 일레나와 섹스를 하고 있었기 때문이야.

House was rubbing my nose in it.
하우스 박사는 내 잘못을 상기시켰어.

- Your nose is growing. 넌 지금 거짓말하고 있어.
- Before you get your nose out of joint and accuse me of interfering, hear me out. 화내고 간섭했다고 날 비난하기에 앞서 내말을 끝까지 들어봐.

■ **nose around**는 특히 '정보를 캐내다,' '조사하다,' '알아보다' 라는 말로 be nosy하면 '캐고 다니다' 라는 뜻이 된다.

■ **on the nose**는 '정확하게,' '정확한 시간에 맞춰,' 즉 exactly와 같은 표현.

■ **right under one's nose**는 바로 코앞에라는 말로 '뻔히 보이는 곳에,' '바로 면전에서,' '바로 눈앞에서' 라는 말로 It was right under my nose하면 '등잔 밑이 어둡다' 라는 말이다.

■ **rub sb's nose in it**은 '뭔가 좋지 않은 과거를 상기시켜 괴롭히다' 라는 관용어구. 또한 put sb's nose out of joint는 '화나게 하다,' put 대신 get을 쓰면 '화내다' 라는 뜻이 된다.

MORE EXPRESSION

bite one's nose off 난리치다, 못잡아먹어 안달이다
keep one's nose to the grindstone 뼈빠지게 일하다
by a nose 아슬아슬하게 이기다
lead sb by the nose …을 맘대로 쥐고 흔들다
brown-noser 아첨꾼
pick one's nose 코를 파다
pay through the nose 엄청 많은 돈을 치르다

» **not**

That's not for me. 그건 내게 안 어울려.

Not for me.
난 싫어

- That's not for me. 그건 내게 안 어울려
  A: It's over. B: Not for me. A: 다 끝났어. B: 난 아니야.
  Not me, but I know someone who would. 나 아니지만 누가 그랬을지는 알아.

Not that there's anything wrong with that.
그거에 잘못된게 없다는 것은 아냐.

- She's scared, not that she'll ever admit that. 걔가 겁먹었지만 절대로 그걸 인정하지는 않을거야.
- Not that I'm going to be much good after last night. 지난밤 이후에 내가 그렇게 잘하지는 않을거야.

■ **Not for me**는 거절할 때 사용하는 표현으로 '난 싫어,' '난 괜찮아,' '난 아니야' 라고 부정할 때 사용한다. 또한 Not me는 '나는 아니다,' '나는 그렇지 않다' 라고 부정하는 표현.

■ **Not that S+V**는 '…한 것은 아니다' 라고 역시 부정하는 표현.

MORE EXPRESSION

not the sharpest tool in the box 똑똑하지 않다

» notch

 Please take it down a notch. 진정해요.

Okay, Dad, please take it down a notch.
좋아요, 아빠, 진정해요.

- Come on Ellen, take it down a notch. 엘렌, 진정해.
  You know what would bring it down a notch? Some Hawaiian Punch and a chocolate cigarette.
  뭔가 진정시켜줄지 알지? 하와이안 펀치랑 초콜렛 담배.

■ take it down a notch는 '진정하다,' '흥분을 가라앉히다.'

You always gotta take me down a notch.
넌 늘 내 콧대를 꺾어놔야 돼.

- Chad's parents took him down a notch. 챠드의 부모님은 걔의 콧대를 꺾어놨어.
  Losing the race took Dina down a notch. 경주에서 져서 디나는 콧대가 꺾였어.

■ take sb down a notch 는 'sb의 콧대를 꺾다,' '쓰러트리다' 라는 의미.

Bart's people are top-notch and very discreet.
바트의 사람들은 최고이고 매우 신중해.

- He's always done a top-notch job for us before.
  걘 늘 전에 우리를 위해 훌륭한 일을 해줬어.

■ top-notch는 '최고의,' '아주 훌륭한' 이라는 표현.

» note

 I'd like it noted for the record. 그것을 기록해놓기를 바랍니다.

Duly noted. And I'll stay out of your business too.
잘 알아들었어. 네 일에서 빠질게.

- A: Business partner. B: Oh, clarification duly noted. Nice to meet you. A: 사업파트너입니다. B: 예, 잘 알았습니다. 만나서 반가워요.
  A: May I say how lovely you look today? B: Duly noted.
  A: 네가 오늘 얼마나 예쁜지 말할까? B: 잘 알겠어요.

■ Duly noted는 상대방의 말에 동의여부를 떠나서 '잘 알아들었어,' '확인해볼게' 라고 말하는 formal한 표현.

On that note, I'll say good night.
자 이제, 저녁인사 해야겠네.

- And on that note, I have to get to work. 자 이제, 일하러 가야겠어.

■ on that note는 우리말로 옮기기 어렵지만 보통 '이제 난 다른 일을 해야겠어(OK, now I'm going to do something else)'라고 말할 때 사용한다. '이말을 끝으로,' '자 이제' 정도로 생각하면 된다.

I'll make a note of it.
내가 그걸 적어놓을게.

- I'll make a note for the quiz on Friday. 금요일 퀴즈대비해서 필기해둘게.
  I saw you make a note on your pad two hours ago.
  2시간 전에 메모장에 노트하는거 봤어.

■ make a note of~는 '…을 기록해두다,' '필기하다' 라는 의미.

She was taking all sorts of notes.
걘 모든 종류의 노트를 하고 있었어.

- This is what happens when I don't take notes!
  내가 노트를 하지 않으면 이런다니깨
- How are you going to take notes without a notebook?
  노트북없이 어떻게 노트를 할거야?

■ take a note of 혹은 take notes of~하면 '받아적다,' '기록하다,' '적어두다' 라는 표현으로 다음에 나오는 take note of와 구분해야 한다.

The gods rarely take note of fools.
신들은 바보들을 거의 주목하지 않아.

- Upon arrival, please take note of the emergency exits.
  도착하자마자, 비상구를 기억해둬.
- Take note. We are cooperating with your investigation.
  기억해둬. 우린 네 조사에 협조하고 있다고.

■ take note of~는 위와 달리 a note나 notes가 아닌 무관사 단수 명사인 note를 써서 take note하면 '주목하다,' '알아채리다,' '기억해두다' 라는 표현이 된다.

I'd like it noted for the record.
그것을 기록해놓기를 바랍니다.

- Your objection is noted for the record, Mr Chase.
  체이스 씨, 당신의 이의는 기록해놓겠습니다.

■ be noted for the record는 청문회나 공청회나 면담할 때 '기록을 남기기 위해 적어놓다' 라는 의미. …으로 유명하다라는 의미의 be noted for와 헷갈리지 말 것.

He keeps leaving me love notes on Post-Its.
걘 포스트잇에 사랑의 글을 적어 계속 내게 남겨놔.

- I can't believe you didn't tell me there was a suicide note!
  유서가 있다는 말도 내게 안하다니!
- I got about three grand here, all in C-notes.
  여기 3천달러 정도 있는데 모두 다 100달러 지폐야.

■ suicide note는 '유서,' thank you note는 '감사메모,' quick note는 '간단한 메모,' love note는 '연애편지' 나 '메모,' 그리고 C-note는 '100 달러'를 뜻한다.

MORE EXPRESSION
hit[strike] the right[wrong] note 좋은[나쁜] 견해를 말하다
be noted for …로 유명하다(be famous for)

» nothing

 There's nothing you can do about it. 그건 네가 도저히 어쩔 수 없는 거야.

So he's nothing like you.
그래 걘 너랑 전혀 달라.

- For the record, she's nothing like Nikki Heat.
  참고로 말해두는데, 그 여자는 니키 히트랑 전혀 달라.
- It was nothing like the others. 그건 다른 것들과는 아주 달라.

■ be nothing like~는 '…와 아주 다르다,' '전혀 다르다' 라는 의미로 be 대신에 seem이나 look을 써도 된다.

Blair, it's nothing like that.
블레어, 전혀 그런게 아냐.

- Well, it's nothing like that. Come on. 어, 전혀 그런게 아냐. 어서.
  Besides, Gillian is nothing like that. 게다가, 질리언은 그런 사람이 아냐.

■ be nothing like that은 관용적으로 '그게 아냐,' '전혀 그런게 아냐,' '그런 사람이 아냐' 라는 의미.

You must accept nothing less than perfection.
넌 완벽함을 절대적으로 인정해야 돼.

- The change in his behavior is nothing short of remarkable.
  걔 행동의 변화는 정말 대단해.

  It would take nothing short of a miracle.
  기적같은 걸 기다려야 될거야.

■ be nothing less than~은 '절대적으로'(absolutely)라는 말. be nothing short of~도 같은 의미.

There's nothing in the tax records either.
세금기록에도 아무 것도 없어.

- There's nothing in the juvenile offender records.
  청소년비행기록에도 아무 것도 없어.

  But there was nothing in his medical records.
  하지만 걔 의료기록에는 아무 것도 없었어.

■ there's nothing in~은 '…안에 아무 것도 없다,' there's nothing in sth that~은 '…안에 …하는 것은 아무 것도 없다' 라는 뜻으로 문맥에 따라서는 비유적으로 '다 거짓이다,' '사실이 아니다' 라는 의미로 쓰인다.

There's nothing for us to talk about.
우리가 얘기를 나누는 수밖에 없어.

- I mean, there's nothing for me to do but to leave.
  내 말은 내가 떠나는 수외에는 달리 할 방법이 없다는거야.

  I guess there's nothing for us to do but wait to be captured or killed. 체포나 살해되기를 기다리는 것외에는 우리가 달리 할게 없는 것 같아.

■ there's nothing for sb (but) to~는 sb가 to~이하를 하는 것외에는 달리 방법이 없다는 것으로 'sb가 …을 할 수밖에 없다' 라는 표현.

There's nothing you can do about it.
그건 네가 도저히 어쩔 수 없다는 거야.

- Looks like there's nothing you can do. 네가 도저히 어쩔 수 없는 것 같아.

  There's nothing you can do to make me stop loving you.
  내가 널 사랑못하게 할 수 있는 것은 아무것도 없어.

■ there's nothing you can~은 네가 …을 할 수 있는 건 하나도 없다라는 말로 '도저히 어쩔 수 없다' 라는 의미.

There's nothing to worry about.
걱정할 필요가 전혀 없어.

- There's nothing to help me with. 나를 전혀 도와줄 게 없어.

  There's nothing to say. 전혀 말할게 없어.

  There's nothing to it. 식은 죽먹기야.

■ there's nothing to+동사는 …하게 아무 것도 없다라는 말로 '전혀 …할 필요가 없다' 라는 의미. 또한 there's nothing to it 하게 되면 관용표현으로 '식은 죽먹기야,' '해보면 아무 것도 아냐' 라는 뜻이다.

It was nothing.
아무 것도 아냐.

- It was nothing. He left a message. 별일 아냐. 걔가 메시지를 남겼어.

  I asked her about it. She told me it was nothing.
  걔한테 그게 뭔지 물어봤는데 걔는 별일 아니라고 했어.

■ It was nothing은 상대방의 질문에 답하고 싶지 않거나 문제를 확대시키가 않거나 혹은 특별히 해줄 말이 없을 때 '별일 아니야,' '아무 것도 아냐' 라고 답하는 표현.

I am nothing if not sensitive.
난 무척 예민한 사람이야.

- These guys are nothing if not dedicated. 얘들은 아주 헌신적이야.

  She is nothing if not punctual. 걘 시간을 엄청 잘지켜.

■ sb be nothing if not~은 직역하면 …아니면 sb는 아무 것도 아니다, 다시 말하면 'sb는 무척 …하다' 라는 의미가 된다.

Think nothing of it.
마음쓰지마.

- The boss **thinks nothing of** spending thousands of dollars.
  사장은 많은 돈을 쓰는 것을 별로 신경쓰지 않아.

  I can't **make nothing of** it. 그걸 전혀 이해 못하겠어.

  I **made nothing of** the clues you gave me.
  난 네가 준 단서들을 대수롭지 않게 생각했어.

  The teacher can **make nothing of** the test results.
  선생님은 성적결과가 이해가 되지 않았어.

▪ **think nothing of~**는 기본적으로 별로 신경안쓴다는 말로 감사인사답변으로 도와줘서 오히려 기쁘다, 혹은 사과에 대한 답변으로 상대방의 행동으로 인한 불편함이나 피해가 없으니 신경쓰지 말라고 할 때 '괜찮습니다'라고 하는 말이다. 또한 make nothing of~는 '대수롭지 않게 생각하다,' '무시하다,' 그리고 can make nothing of~하면 '이해할 수 없다'는 말.

You've got nothing on me.
넌 나보다 나은게 별로 없어.

- I'm not going to jail, detective, you **have nothing on** me.
  형사님, 난 감옥에 안가요. 나에 대한 증거가 없잖아요.

  This bastards gonna escape, we **got nothing on** the rape.
  이 자식들이 빠져나갈거야, 강간에 대해 우린 아는게 아무 것도 없잖아.

▪ **have nothing on sb**는 '…보다 조금도 낫지 않다,' '…에 비하면 아무 것도 아니다' 그리고 have nothing on sth하면 '…에 아무 것도 없다'는 말로 이 경우에는 문맥에 따라 다양하게 해석될 수 있다.

It was all for nothing.
모든 일이 수포로 돌아갔어.

- Would it be better if it **was all for nothing**? 다 수포로 돌아가면 더 낫겠어?

  I've spent the last six years in this city, focusing on my career, **all for nothing**. 이 도시에서 지난 6년간 열심히 경력을 쌓았는데 다 수포로 돌아갔어.

▪ **be all for nothing**은 노력을 했는데 아무 결과도 없이 시간만 낭비했다는 것으로 '다 수포로 돌아가다'라는 의미.

I want for nothing.
난 부족한 게 없어.

- A: Want a drink or anything? B: I **want for nothing**.
  A: 음료수나 뭐 할래? B: 됐어.

  This girl **wanted for nothing**. 이 여자는 아쉬운게 없었어.

▪ **want for nothing**은 원하는 것이 없다는 말로 '부족한게 없다,' '아쉬운게 없다'라는 말이 된다.

Better than nothing.
없는 것 보다 낫지.

- Fifty grand'**s better than nothing**. 5만 달러면 그게 어딘데?

  But something'**s better than nothing**. 하지만 어떤 것은 없는 것보다 나아.

▪ **(It's) Better than nothing**은 없는 것보다는 낫다라는 말로 긍정적인 사고방식에 기초한 표현. 의역하면 '그거라도 어딘데,' '그게 어딘데'라고 할 수 있다.

- **be in the neighborhood** 주변[근처]에 있다
  I **was in the neighborhood**.
  지나가는 길이었어.
  She's a waitress **in the neighborhood**.
  걘 근처에서 웨이트리스 일을 해.

- **sth in the neighborhood of**+숫자 약, 대략
  I'd say somewhere **in the neighborhood of** fifteen thousand dollars. 약 만오천달러 가량일거야.
  Her family is worth somewhere **in the neighborhood of** 20 million dollars.
  걔의 가족은 대략 2천만 달러에 가까운 가치가 있어.

Nothing's more important than that.
그거 보다 더 중요한 건 없어.

- **Nothing is more frightening than** running into an ex.
  옛 아내를 우연히 마주치는 것보다 더 무서운 건 없어.

■ I think that nothing is more+형용사+than~은 '…보다 더 …한 것은 없는 것 같다' 라는 의미로 비교급으로 최상의 표현을 하는 방법.

So I apologized for nothing?
그래 난 아무 이유도 없이 사과했단 말야?

- I will work **for nothing**. It can be like an internship.
  난 무보수로 일해. 인턴쉽같은거야.

  The employees did a lot of work **for nothing**.
  종업원들은 무보수로 많은 일을 했어.

■ **for nothing**은 be all for nothing이나 want for nothing과 구분해야 한다. for nothing은 기본적으로 '무료로' 혹은 '아무 이유도 없이' 라는 뜻으로 쓰인다.

I did nothing of the sort.
난 그런 종류의 일을 하지 않았어.

- He will do **nothing of the sort**! And do you know why?
  걘 그런 종류의 하지 않을거야 그리고 넌 그 이유를 알아?

  I asked him **nothing of the sort**!
  난 걔한테 그런 종류의 것을 묻지 않았어.

■ **nothing of the sort [kind]**는 강한 부정으로 '그런 종류의 것은 아니다' 라는 의미로, 함께 쓰이는 동사와 어우려져 해석을 잘해야 한다.

You good for nothing little bastard.
넌 아무짝에도 쓸모없는 잡놈야.

- Get out of here, **good for nothing**. 꺼져, 이 아무짝에도 쓸모없는 놈아.
  He'**s nothing**. 걘 정말 별볼일 없어.
  Sweetie, she'**s nothing to** me. 자기야, 그 여잔 내게 아무 것도 아냐.

■ **good-for-nothing**은 '아무짝에도 쓸모없는 사람,' '건달'을 말하며 be good for nothing 하면 '아무짝에도 쓸모없다' 가 된다. 또한 sb be nothing (to sb) 하면 '…는 …에게 별볼일 없는 사람이다, 의미없는 사람이다.'

Here's the thing. You got nothing coming.
요는 말야 넌 아무런 소득도 없어.

- The first commandment is **you've got nothing coming**.
  헌법 제 1수정조항으로 넌 아무런 보상도 받지 못해.

■ **You got nothing coming**은 어떤 보상(reward)나 수익(profit)이 없을거라는 의미를 담고 있는 표현이다.

MORE EXPRESSION
come to nothing 수포로 돌아가다
Nothing doing. (거절) 어림없다
Sweet nothings 달콤한 밀어
~like nothing on earth 이상하게 …하다
Nothing in particular. 별일없어.
Nothing special. 특별한 거 없어.

- **nerd** 컴퓨터만 파고 드는 따분한 친구, 멍청한 친구
  I'm just **a computer nerd**. 난 컴퓨터광이야.
  I hate my name. It has **nerd** in it. Len **nerd**.
  난 내 이름이 싫어. 이름안에 nerd가 있잖아. Len nerd라고 말야.
  I'm just **another lonely nerd**, living with his mother.
  난 단지 또 한명의 외로운 얼간이야. 엄마랑 살고 있는.

- **nerdy** 범생이 같은, 얼간이 같은
  So, is this Bruce Lee's **nerdy brother**, Stan?
  그래 이게 브루스 리의 범생이, 스탠야?
  Come here, you crazy, **nerdy guy**. I could never be mad at you.
  이리와, 범생이 같은 미친놈아. 너한테 열받을대로 받았거든.

» now

It's now or never. 지금 아니면 기회가 다시 오지 않을거야.

It's now or never.
지금 아니면 기회가 다시 오지 않을거야.

- Come on, man. It's now or never. 자 어서. 지금 아니면 안돼.
  No! I'm not waiting! It's now or never!
  안돼! 난 기다리지 않을거야! 지금 아니면 안돼!

No, I'm good for now.
아니, 지금은 좋아.

- That's all that happened for now. 지금으로서는 일어난게 그게 다야.
  It was okay to accept help every now and then.
  가끔 도움을 받는게 좋았어.

We're expecting him back any minute now.
우린 걔가 곧 돌아올거라 생각해.

- I figure I'll be recruited by the FBI any day now.
  난 곧 FBI에 채용될거라 생각해.
  I'm gonna get out of there any day now. 난 금방 거기서 나올거야.

Oh, well now it's way less creepy.
오, 이제 좀 훨씬 덜 이상하네.

- I have just now returned from the meeting. 난 회의에서 바로 전에 돌아왔어.
  Now then, do they validate parking here? 근데 여기 주차증 찍어줘요?

And now for the great news.
자 이제 빅뉴스를 전해줄게.

- And now, who was it? 그런데, 누구였어?
  Now now. You wanted to wait. 진정해. 기다리고 싶다고 했잖아.

Hello? What is it now? Alma did what?!
이봐? 또 무슨 일이야? 앨마가 뭘 했다고?!

- A: Now what? B: Just a few more questions.
  A: 또 뭐야? B: 질문 좀 몇 개하려고.
  A: Now what? B: You're under arrest. A: 또 뭐야? B: 넌 체포됐어.

If you've got a better idea, now's the time.
네가 더 좋은 생각이 있으면, 지금이 적기야.

- You have anything to tell us, now's the time.
  우리에게 말할게 뭐 있잖아, 지금이 그때야.
  If you got a confession, now's the time to give it.
  고백할게 있으면 지금이 기회야.

■ be now or never는 지금 (now)아니면 절대로 오지 않는 (never)이라는 것으로 상대방에게 이번 기회를 놓치지 말고 꼭 잡으라고 할 때 사용할 수 있는 표현. '지금 아니면 안돼,' '지금 아니면 기회가 없어,' '지금 아니면 기회가 다시 오지 않을거야' 라는 의미.

■ for now는 '지금은,' '그만,' '당분간' 등의 의미. 또한 now and then은 '가끔,' '때때로,' '어쩌다' 그리고 now and again 역시 '이따금,' '때때로' 라는 의미.

■ any time[day, minute] now는 '곧,' '금방'(very soon) 이란 표현.

■ just now는 '지금,' '바로,' '바로 전에,' now then은 '근데' 그리고 well now는 자 이제.

■ and now for~는 '자 이제,' and now는 '그런데,' '그건 그렇고,' now now는 보통 '진정해'(calm down, be patient)라는 뜻으로 쓰인다.

■ What is it now?는 좀 짜증을 내면서 '또 무슨 일이야?,' 그리고 Now what? 혹은 What now? 역시 짜증이나 상대방 말을 끊고 '이번엔 또 뭐야?' 라고 물어보거나 아니면 앞으로 어떻게 해야할지 걱정하면서 '이제 어떻게 하지?' 라는 의미로 쓰인다.

■ Now's the time (for sb) to~ '지금이 …하기에 적기이다,' '이제 …할 때야' 라는 말로 상대방에게 뭘 하기에 딱 좋은 시기라고 말해주는 표현.

247

Now you tell me how you escaped prison.
자 이제 네가 어떻게 감방을 탈출했는지 말해봐.

- **Now you tell me** what you saw in that room.
  자 이제 저 방에서 뭘 봤는지 말해봐.

  Now you tell me how I got the wrong guy.
  내게 어떻게 엉뚱한 사람을 소개시켜줬는지 말해봐.

▧ **Now you tell me**에서 you tell me라고만 하면 말해봐가 되는데 now를 붙이면 now you tell me하면 '자 이제 나한테 말해 줘,' 혹은 '왜 이제야 말해주는거야' 라는 약간 불만의 표현이 된다. 물론 now you tell me what [how~]처럼 뒤에 what~ 등의 절을 써서 붙여도 된다.

MORE EXPRESSION
from now on 지금부터
up to now 지금까지
until now 지금까지
by now 이제

» nowhere

I'm nowhere near it. 난 전혀 준비가 되어 있지 않아.

This is getting us nowhere!
이건 우리에게 아무런 도움이 되지 않아.

- Joining a gang will **get you nowhere**. 갱에 가입해서 남는 거 하나도 없어.

  I've tried playing fair, and I **got nowhere**.
  공정하게 경기하려고 했지만 그러지 못했어.

▧ **get[go] nowhere (with)**는 아무데도 가지 못하거나 도착하지 못했다는 것으로 '아무런 성과나 진전을 보지 못하다,' '아무 소용없다' 라는 뜻이 된다. 한편 sth get sb nowhere하게 되면 'sth은 sb가 하는 일에 아무런 도움이 되지 않는다' 라는 의미.

I'm nowhere near it.
난 전혀 준비가 되어 있지 않아.

- I'**m nowhere near ready** to laugh about it, so please, no jokes.
  난 그거에 대해 웃을 기분이 전혀 아냐, 그러니 제발 농담하지마.

  It **was nowhere near** that nasty this morning.
  오늘 아침에 이렇게 형편없지 않았어.

▧ **be nowhere near sth**은 '…의 근처에도 가지 못했다라는 말로 '…할 준비가 전혀 안되어 있다' 라는 뜻으로 쓰인다. 또한 be nowhere near ready는 '…와는 거리가 멀다' 라는 의미.

He was furious that he was nowhere to be found.
걘 화가나 어디에서도 보이지 않았어.

- We tried to contact you for the wedding, but you **were nowhere to be found**. 결혼식 때문에 연락을 시도했는데 어디에도 찾을 수가 없었어.

▧ **be nowhere to be found**는 글자그대로 '어디에서도 발견되지 않다,' '찾을 수 없다' 라는 의미.

We have nowhere else to go.
우린 달리 다른 곳으로 갈 곳이 없어.

- There'**s nowhere to hide** in Washington Square.
  워싱턴 광장에는 숨을 곳이 없어.

  I'**ve got nowhere to** go this morning. I'm unemployed!
  오늘 아침에 갈 곳이 없었어, 백수거든!

▧ **have nowhere to go [hide]**는 '갈 곳이나 숨을 곳이 없다,' there's nowhere to hide 역시 '숨을 곳이 없다' 라는 의미.

They came out of nowhere and jumped me.
걔네들은 느닷없이 와서 내게 덤벼들었어.

- I politely said good day and **out of nowhere** she just bit my head off. 난 정중하게 인사를 했는데 갑자기 그 여자는 통명스럽게 대했어.

  I got hit **from nowhere**. Next thing I know, I'm taped up.
  갑자기 맞았는데, 어느샌가 난 끈으로 묶여있었어.

▧ **out of nowhere**는 '갑자기,' '느닷없이' 라는 말로 from nowhere이라고 해도 된다.

» number

You did a number on me. 내가 당했구만.

I got your number.
네 의중을 알았어.

- They got your number, Gloria. 걔네들이 네 의중을 알았어, 글로리아.
  You're probably wondering how I got your number.
  넌 아마도 어떻게 내가 네 전번을 아는지 궁금할거야.

His days are numbered.
걔도 얼마남지 않았어.

- Do you think that I don't know that my days are numbered? 내가 조만간 잘릴 것을 모른다고 생각하니?
  The old man's days are numbered. 그 노인의 생명은 얼마 남지 않았어.

Hey! Take a number.
야! 순서를 지켜야지.

- A: Susan, can I come in? B: I'm with a client. Take a number.
  A: 수잔, 들어가도 돼? B: 의뢰인과 함께 있으니 좀 기다려.
  You want to crawl up my ass? You can take a number.
  나하고 한판하고 싶으면 순서를 기다려.

You did a number on me.
내가 당했구만.

- I know her. She did a number on me. 나 걔 알아. 걔한테 나 속았어.
  He really did a number on her. 걔 정말 그 여자를 속였어.

She's always looking after number one.
걘 늘 자기 생각만 해.

- Paula has always looked out for number one. 폴라는 늘 자기 생각만 해.
  Look out for number one or you'll be hurt. 너 조심해 그렇지 않으면 다쳐.

They were just about to do number two.
걔네들은 막 대변을 보려고 했었어.

- If it's only number one, go behind the tree. 소변이면 나무 뒤로 가.
  There was a bad smell after Art did a number two.
  아트가 대변을 본 후에 냄새가 지독했어.

■ **get one's number**는 단순히 '전화번호를 받다, 알다' 라는 의미, 그리고 '…의 의중을 알아채다' 라는 의미로도 쓰인다.

■ **One's days are numbered**는 어떤 임기나 생명의 남은 시간이 카운트다운 들어갔다는 말로 '얼마 안남았다,' 혹은 여자화장실 몰래 훔쳐보다 걸린 중년남자에게 쟤도 '이제 잘릴 일이 얼마 안남았네' 라는 식으로 쓰일 수 있다.

■ **take a number**는 너만 그런게 아니다, 다 같은 처지이니 '순서를 기다려라' (You're not the only one)라는 의미.

■ **do a number on sb**는 'sb를 비난하거나 속이거나 구타하는 것'을 말하는 표현.

■ **look after number one** 누구에게나 number one은 자기 자신. 그래서 이 표현은 '자기 생각 하다,' '자기 이익만 추구하다' 라는 아주 이기적인 표현이 된다.

■ **number one**이 여기서는 속어로 '소변'을, number two는 '대변'을 뜻한다. 이 두표현이 헛갈리면 우리가 작은거, 큰거라고 말하듯 one은 작은거, two는 큰거로 생각하면 된다.

MORE EXPRESSION

give sb one's number
전번을 알려주다
Can I have[get] your number?
전번 좀 알려주실래요?
You have the wrong number
전화 잘못 거셨어요(Sorry, wrong number)
number cruncher 회계사
dial one's number 전화하다

놓치면 원통한 미드표현들

- **If I had a nickel for every+명사+S+V** 수없이 …했다
  If I had a nickel for every time I heard that.
  그런 소리 수백 번도 들었어.

- **be nifty** 멋지다, 훌륭하다
  That's nifty. I'd sure love a room like that.
  멋지네. 저런 방이면 좋지.

» nut

Are you off your nut? 너 미쳤어?

She's a nut job.
걔 아주 돌았어.

- You were so funny with that waiter! You're such a nut!
  너 저 웨이터랑 재밌어하더라! 미친놈!

  You want to treat her? She's a nut job. 걔 대접하려고? 걔 또라이야.

■ be such a nut은 '아주 미친놈'(crazy person)이란 뜻으로 be a nut job이라고 해도 된다.

He's a nut bag.
걔 완전 미치광이야.

- I'm on the verge of becoming a nutcase. 미치기 일보 직전이야.

  Last week, a couple of nut bags egged Jessie's trailer.
  지난 주에 몇몇 미친놈들이 제시의 트레일러에 계란을 투척했어.

■ nug bag, nutcase 모두 다 '미치광이' 라는 뜻.

Are you off your nut?
너 미쳤어?

- Come on, you're off your nut. 이봐, 넌 미쳤어.

  He was off his nut when he went to jail. 걘 감옥에 갔을 때 미쳐버렸어.

■ be off one's nut은 '미치다' 라는 말로 to be crazy와 같은 표현.

She'll finally succeed in ripping my nuts off.
걘 마침내 날 열받게 하는데 성공했군.

- You do that again and I'll rip our nuts off.
  너 다시 그러면 가만두지 않을거야.

  Basically, a hundred different ways to rip a guy's nuts off.
  기본적으로 남자의 거시기를 찢어발기는 방법은 여러 가지야.

■ rip one's nuts off는 남자의 거시기를 없애버리다는 말로 '매우 화가나서 폭력을 쓸 수도 있다' 는 표현.

She is nuts, right?
걔 미쳤지, 맞지?

- Are you nuts? 너 미쳤니?

  Come on, this is nuts. 이봐, 이건 미친 짓이야.

  I'm not going nuts. Do you see me going nuts?
  난 화내지 않을거야. 내가 화내는 걸 보고 싶어?

  I must be nuts. 내가 정신나간 게 틀림없어.

  The noisy music is driving everyone nuts.
  시끄러운 음악 때문에 다들 열받고 있어.

■ go[be] nuts는 '미치다,' 혹은 '무척 화나다' 라는 의미이고 drive sb nuts하게 되면 'sb를 짜증나게 하다' 라는 뜻이 된다.

I am nuts about you.
난 네게 미쳤어어.

- She's going to go nuts for it. 걔가 엄청 좋아할거야.

  That's why I'm completely nuts about it.
  그래서 내가 그거에 엄청 빠진거야.

■ be nuts about[over, for]처럼 nuts 다음에 about 등의 전치사가 붙게 되면 '미치도록 좋아하다,' '몰입하다' 라는 의미가 된다.

Sure you can plan the party. Go nuts.
물론 파티 계획은 세워도 돼. 어서 해봐.

- It's your decision. Go nuts. 그건 네가 결정할 일이야. 어서 해봐.
  I'm not going to steal. Nuts to you.
  난 도둑질 하지 않을거야. 말도 안되는 소리마.

Honey, let me give it to you in a nutshell.
자기야, 간단히 요약해서 줄게.

- That's what she said, in a nutshell. 간단히 말해서 그게 걔가 말한거야.
  So there's a hotter girl. Isn't that the problem in a nutshell?
  더 섹시한 여자가 있는데, 간단히 말해서 문제가 되지 않겠어?

Whitey exercises because he's a health nut.
휘트니는 건강광이어서 운동을 해.

- Being a gold nut, Emily has a lot of jewelry.
  금이면 사족을 못써서 에밀리는 보석이 많아.
  The opera nuts are all at opening night.
  그 오페라광은 모든 첫날밤 공연에 가.

■ Go nuts!는 '실컷 놀아보라구,' '어서 해봐'(go ahead)라는 뜻이고 Nuts to you는 '말도 안되는 소리마' 라는 뜻인데 오래 전에 사용되던 표현으로 요즘 일상생활에서는 잘 쓰이지 않는 표현이다.

■ In a nutshell에서 nutshell은 견과류의 단단한 껍질로 그 안에 꽉 채웠다는 의미에서 비유적으로 '간단히 말하자면,' '요컨대'라는 뜻이 된다.

■ health nut은 '건강에 집착하는 사람,' golf nut은 '골프에 빠진 사람' 그리고 opera nut은 '오페라에 빠진 사람'을 뜻하는 것으로 여기서 nut은 '…에 빠진 사람'을 뜻한다.

MORE EXPRESSION

the nuts and bolts 핵심, 기본
tough[hard] nut 다루기 어려운 사람
He's a tough nut to crack.
걘 상대하기 어려운 상대이다.

- **nip sth in the bud** 애초에 싹을 잘라버리다
  You'd better nip this in the bud.
  넌 이걸 애초에 싹을 잘라야 돼.
  If we nip it in the bud here, teenagers will never again have sex.
  이걸 애초에 싹을 자르면 십대들은 절대 다시 섹스를 할 수 없을 거야.

- **nip and tuck** 막상막하의, 성형수술
  He just went in for a little nip and tuck.
  걘 성형수술 좀 받으러 갔어.

It was nip and tuck there for a while.
잠시동안 막상막하였어.

- **nobody home** 제정신이 아니다
  There's nobody home! 정신 어디다 두고 있는거야?
  Nobody home? 너 제정신이야?
  The lights are on but nobody's home.
  정신을 딴데 팔고 있구만.

O/P

» object

Objection. Leading the witness. 이의있습니다. 유도질문하고 있습니다.

Apparently, my son is the object of the slander.
명백히, 내 아들이 중상모략을 받고 있어.

- Hellos, Boys, it is me, **the object of your desire**.
  안녕, 얘들아, 나야, 너희들이 갈망하는거.

  I never saw Tanya as **a sex object**. 난 타냐를 절대로 성적대상으로 본 적 없어.

■ an object of pity는 '비참한 대상,' '동정의 대상,' an object of desire는 '욕망의 대상,' 그리고 친숙한 sex object은 '성적대상' 이란 말.

I object. Counsel doesn't wanna take this seriously.
난 반대해. 변호사는 이걸 진지하게 받아들이지 않으려고 해.

- Your Honor, **I object**. 재판장님, 반대합니다.

  I object. You're completely ignoring the law.
  반대합니다. 당신은 전적으로 법을 무시하고 있어요.

■ I object는 '나는 반대한다' 라는 말로 주로 법정 등에서 변호사나 검사들이 쓰는 말이다.

Objection.
이의있습니다.

- **Objection.** Leading the witness. 이의있습니다. 유도질문 하고 있습니다.

  Objection. Irrelevant. 이의 있습니다. 이 사건과 무관합니다.

  Objection. This certainly has no relevance. 이의있습니다. 관련없는 것입니다.

■ Objection은 법정드라마에서 수없이 듣는 말로 검사나 변호사가 상대의 진행에 태클을 걸 때 재판장에게 하는 표현. '이의있습니다' 라는 뜻으로 이 말을 힘차게 한 다음 왜 반대하는지 이유를 대면 된다.

Objection. Speculation. 이의있습니다. 추측일 뿐입니다.
Objection. Badgering the witness. 이의있습니다. 증인을 괴롭히고 있습니다.
Objection. Hearsay. 이의있습니다. 전해들은 이야기입니다.
Objection. He's disparaging my client. 이의있습니다. 의뢰인을 폄하하고 있어요.
Objection. He's drifting off point. It's inappropriate.
이의있습니다. 논점을 흐리고 있습니다. 부적절합니다.

I have no objection to that.
난 그거에 반대하지 않아.

- We **have no objection,** your honor. 이의없습니다, 재판장님.
  No objections, Your Honor. 이의없습니다, 재판장님.

■ **have no objection (to)** 은 '…에 이의가 없다,' '…에 반대하지 않는다' 라는 의미. 법정 등에서는 간단히 No objection(이의없습니다)이라고 한다.

MORE EXPRESSION
object lesson 구체적인 실례
without any objection
이론없이

» occasion

 ### *What's the occasion?* 오늘이 무슨 날이야?

What's the occasion?
오늘이 무슨 날이야?

- Thank you so much for inviting me to **this special occasion.**
  이 특별한 날에 초대해줘서 고마워.

■ **special occasion**은 '결혼기념일,' '생일' 등 어떤 특별한 날이라는 뜻으로 special을 빼고 그냥 occasion만 써도 그런 뜻이 된다.

Maybe he couldn't rise to the occasion.
아마 갠 어려움에 잘 대처해나갈 수 없을거야.

- You'll just have to **rise to the occasion?** 너 곤경을 잘 헤쳐나가야 돼.
  Being a parent means **rising to the occasion.**
  부모가 된다는 건 어려움을 견뎌낸다는 것을 뜻해.

■ **rise to the occasion**은 어려움이 닥치면 그에 맞서 견디고 이겨낼 수 있다는 말로 '위기에 대처하다,' '곤경에 처해서도 잘 헤쳐나가다' 라는 뜻.

» odd

 ### *What are the odds?* 가능성이 어때?, 내 알바 아니지.

I'm odds and ends.
난 기인야.

- Could I store some **odds and ends** in your garage?
  네 차고에 잡동사니 좀 보관해도 돼?
  Odds and ends wound up out here over the years.
  자질구레한 것들이 오랫동안 여기에 쌓이게 됐어.

■ **odds and ends**는 좀 이상하고 극단적이라는 말로 물건이면 '잡동사니,' '자질구레한 것들'을, 그리고 사람이면 '기이한 사람' 을 뜻한다.

What are the odds?
가능성이 어때?, 내 알 바 아니지.

- What are the odds of that? 그거의 가능성이 어때?
  What're the odds of getting out of this? 여기서 빠져나갈 가능성이 얼마나 돼?

That's the odd thing.
이상한 일이네.

- Did he keep that gun in the safe? That's the odd thing. 걔가 금고에 총을 보관했어? 이상하네.
  You didn't think that was odd? 이상하다고 생각하지 않았어?

Teenagers are often at odds with their parents.
십대들은 종종 부모들과 사이가 나쁘다.

- The scientists are at odds with our government. 과학자들이 우리 정부와 갈등을 빚고 있어.
  I haven't seen Mary in 20-odd years. 난 20여년 남짓 메리를 보지 못했어.

■ **What's[What are] the odds that~[of~ing]?**은 '어떤 일이 일어날 가능성을 물어보거나 상대방의 의견을 물어보는 표현.' 단순히 What are the odds?라고 해도 가능성을 물어보지만 문맥에 따라 내 알바가 아니다 라고 비아냥거릴 때도 쓸 수 있다.

■ **the odd thing**은 '이상한 일[것]'을 뜻하는 단어로 the odd thing is~하면 '이상한 것은[이상하게도] …이다'라는 뜻이고 그리고 that's the odd thing하면 '그거 참 이상하다'라는 의미. 또한 sth[sb] be odd는 '…가 이상하다'라고 생각하면 된다.

■ **be at odds with~** '…와 뜻이 안맞다,' '…와 사이가 나빠지다'라는 표현. 한편 숫자 다음에 odd가 이어지면 의미는 대략, 약, …남짓의이라는 뜻을 갖게 된다.

MORE EXPRESSION

the odd man[one] out
동전을 던져서 제외된 한 사람
It makes no odds.
별 차이없다, 대수롭지 않다.

» off

 Where're you off to? 어디로 가는거야?

Where're you off to?
어디로 가는거야?

- My husband's off to his business dinner. 내 남편은 사업상 저녁식사에 갔어.
  You're off when I say you're off. 내가 쉬라고 하면 쉬어.
  Lisa was off after missing her nap. 리사는 낮잠을 놓치더니 좀 이상해졌어.

You can't turn them on and off.
넌 그것들을 껐다 켰다하면 안돼.

- We dated on and off for the last six months. 우리는 지난 6개월동안 가끔씩 데이트했어.
  It's been on and off for about a week. 한 일주일 동안 오락가락했어.

Her father killed her mother and then offed himself.
걔 아버지는 아내를 죽이고 자살했어.

- He attacked her, killed her, realized what he's done, offed himself. 걘 그녀를 공격해서 죽이고 자기가 무슨 짓을 했는지 깨닫고 자살했어.

■ **be off~**는 간단히 말해서 leave라는 의미로 be off to+장소 하면 '…로 떠나다,' '가다,' 그리고 be off to+동사하게 되면 '…하러 가다'라는 뜻이 된다. 또한 직장에서 '하루쉬다'(have a day off) 그리고 또한 '기분이 좋지 않거나 행동이 좀 이상하다'(not feeling or action normal on a certain day)라는 의미로도 쓰인다.

■ **on and off**는 붙었다 떨어 졌다라는 말로 '가끔,' '때때로,' '오락가락'이라는 의미.

■ **off**가 동사로 쓰이는 아주 특이한 경우로 의미는 '죽이다.' 따라서 off oneself하면 '자살하다'라는 뜻이 된다.

254

» **offend**

She's not offended. 걔는 기분나쁘지 않아.

See? She's not offended.
봤지? 걔는 기분나쁘지 않아.

- You guys get offended when I hug you? 너희들 내가 안을 때 기분나빴어?
I'm almost offended by how much you underestimate me.
네가 날 얼마나 평가절하했는지 기분이 상할려고해.

There's DNA proving he's the offender.
걔가 범죄자임을 증명하는 DNA가 있어.

- The offender in this new attempt is a black male.
이 새로운 시도의 범죄자는 흑인 남성야.
Let's just treat him like he's a new offender. 걔가 초범인 것처럼 대하자구.

No offense, lieutenant, but we're not wrong.
오해하지마, 경위. 하지만 우리는 틀리지 않았어.

- A: No offense. B: None taken. A: 기분나빠하지마. B: 어 그래.
I mean, this is no offense to your dad, sweetie.
자기야 내말은 이건 네 아빠를 비난하는게 아냐.

I take offense at that terminology.
저 용어들 때문에 화가 났어.

- Carney took offense at what her friend said. 카니는 친구말에 기분나빴어.
Smoking in a hospital is a federal offense. 병원에서 흡연은 연방범죄야.

■ feel offended는 '감정이 상하다,' '기분이 나쁘다,' '불쾌하다' 라는 의미로 feel 대신에 look, be, get을 써도 된다. 불쾌한 사람을 언급해주려면 be[feel] offended with~라고 써주면 된다.

■ first offender는 '초범자.' offender는 '나쁜 짓을 하는 사람,' 즉 범죄자를 말해, 성범죄자라고 하려면 sex offender라고 하면 된다.

■ No offense는 상대방이 오해할 수도 있는 상황에서 '악의는 없었어,' '기분 나빠하지마,' '오해하지마' 라고 하는 말. 이럴 때 대답으로 오해하지 않았다고 하려면 none taken이라고 한다.

■ take offense at sth은 상대방이 한 말이나 행동 때문에 '기분이 나쁘다,' '화내다,' '성내다' 라는 표현. at 다음에 사람이 아니라 사물이 온다는 점에 주의한다. 또한 federal offense는 '연방법 위반,' serious offense는 '중죄'(felony) 그리고 criminal offense는 '형사범죄' 라고 한다.

» **okay**

Okay by me. 난 괜찮으니 그렇게 해.

Would it be okay if I came in and waited?
내가 들어와서 기다려도 돼?

- Would it be okay if I just let him know I was waiting?
내가 기다리고 있다는 걸 걔한테 알려줘도 괜찮겠어?
Is it okay if I go out with your brother? 네 오빠랑 데이트해도 돼?
I'm sure everything is gonna be okay. 모든 게 다 잘될거야.

I'm doing OK.
나 잘 지내고 있어.

- You're doing OK? 괜찮아?
I'm glad to see you're doing okay. 네가 잘지내는 걸 보니 기뻐.
Do you think she's doing okay? 걔가 잘 지내고 있다고 생각해?

■ Would it be okay if~는 '…해도 괜찮아' 라는 의미로 상대방에 제안하거나 허락을 구하는 표현. 물론 Is it okay if~라고 해도 된다. 또한 be everything okay?는 안부를 비롯해 주위 여러가지 일들의 상태까지 잘 되어가느냐고 물을 때 '잘 지내니?,' '일은 다 잘 되지?' 라는 표현.

■ do OK는 '잘 지내고 있다'는 말로 안부인사시 물어볼 때 대답할 때 쓸 수 있는 표현. 또한 힘들고 어려운 상황에서 상대방이 잘 견뎌내어 무사한지 물을 때도 '괜찮니?,' '무사하니?' 라는 문장을 만들 때도 사용된다.

255

It's going to be okay.
잘 될거야.

- Stay with me. You're gonna be okay. 정신차려. 넌 괜찮을거야.
  A: How's she doing? B: She's gonna be okay.
  A: 걔가 어떻게 지내? B: 괜찮을거야.

▬ be going to be okay는 상대방이 어떤 문제로 고민하고 있을 때 다 잘될테니 걱정말라고 위로하는 표현. '괜찮을거야,' '잘 될테니 걱정마' 라는 의미.

If it's okay with you, I'd like to tag along.
괜찮다면 따라가고 싶어.

- If it's okay with you, I'd just like to go to my room.
  괜찮다면 내 방에 가고 싶어.
  What time is okay for you? 너 몇시가 좋아?.

▬ If it's okay with you 역시 상대방의 허락을 구하거나 뭔가 제안할 때 사용하는 표현. '네가 괜찮다면' 이라는 뜻.

Okay by me.
난 괜찮으니 그렇게 해.

- Okay. I'm sorry. All right. 알았어. 미안해. 좋아.
  I wanted you to know, it's okay by me. 네가 알았으면 좋겠는데, 난 괜찮아.
  Okie-dokie, you can go into her office. 좋아, 걔 사무실에 들어가도 돼.

▬ Okay는 다른 사람의 말에 동의하거나 찬성이나 승인할 때 '좋아,' '알았어,' 그리고 현재상황을 그대로 받아들이겠다는 말로 '좋아,' '자,' 그리고 현재상황을 받아들일건지 물어보는 말로 '알았지?' 라는 의미로 쓰인다. 또한 Okie-dokie는 okay를 장난스럽게 사용한 구어체 표현.

I already okayed your nerve biopsy.
난 이미 네 신경조직검사를 승인했어.

- The assistant coroner okayed a live scan of her prints.
  감시관 조수가 걔 지문의 라이브스캔을 허락했어.
  Just hang tight till we give the okay. 우리가 승낙할 때까지 참고 견뎌.

▬ okay도 동사로 쓰이는데 이때는 공식적으로 '허락하다,' '승인하다' 라는 뜻. 또한 give (sb) the OK는 '승낙하다,' get the OK하면 '승낙받다' 라는 의미가 된다.

» one

You're not the only one. 너만 그런게 아니야.

Make yourself one.
너도 한잔 하지.

- If you want a scotch and soda, make yourself one.
  스카치하고 소다를 먹으려면 타서 먹어.
  Ok. One for the road? 좋아, 마지막으로 한잔 더?

▬ make oneself one은 '한잔하다,' '섞어서 한잔하다,' have one too many는 '취하다' (get drunk) 그리고 have one for the road는 '마지막으로 한잔하다' 라는 의미.

That's a new one for me!
이런 일은 처음이에요!

- Some men wear make-up? That's a new one on me.
  일부 남자들이 메이크업을 했다고? 이런 일 처음이야.
  Rick has two girlfriends? That's a new one for him.
  릭 여친이 두명이라고? 걔 그런 적 없는데.

▬ That's a new one for [on] sb는 자신이 전혀 모르고 있던 어떤 사실에 대해 놀라움을 나타낼 때 사용하는 것으로 '그런 말을 들어본 적이 없어,' '이런 일 처음이야' 라는 의미이다.

You're not the only one.
너만 그런게 아니야.

- **You're not the only one** who has a date tonight.
  너만 오늘 밤에 데이트있는 거 아냐.

  She**'s not the only one** being interrogated. 걔만 조사받고 있는 것은 아냐.

  And I**'m his one and only.** 그리고 난 걔의 소중한 사람이야.

■ **You're not the only one** 은 앞서 배운 take a number와 같은 말로 '너만 그런게 아니다' 라는 의미. 참고로 one's one and only는 하나밖에 없는 유일한 것이라는 뜻에서 '매우 소중한, 사랑하는 사람' 이라는 의미.

I'm the one who found it.
내가 바로 그걸 발견한 사람야.

- You**'re the one who**'s unethical, Will. 윌, 비윤리적인 사람은 바로 너야.
  I**'m the one who** got out of bed too early. 너무 일찍 일어나는 사람은 나야.
  I**'m the one to** come to for relationship advice.
  내가 관계에 대해 조언을 해주러 온 사람이야.

■ **be the one who~** 는 강조용법으로 '나만이 …하다,' '…한 사람은 바로 …야' 라는 표현. 한편 be the one to+동사는 '…하는 사람은 …이다' 라는 표현.

You're the one with undercover experience.
잠복근무 경험이 있는 사람은 너야.

- You**'re the one with** the pictures of her, and the emails.
  걔의 편지와 이멜을 갖고 있는 사람은 너야.
  I will not **be the first one to** speak. 내가 제일 먼저 말하지는 않을거야.
  I want to **be the one to** tell his wife. 내가 제일 먼저 걔 부인에게 말해주고 싶어.

■ **You're the one with~** 이번에는 who~대신에 with를 쓴 경우로 '…한 사람은 너다' 라는 의미. 또한 be the first one to+동사는 '…하는 최초의 사람이다,' 즉 제일 먼저 …하다라는 의미가 된다.

That's the one thing.
그게 하나의 가능성일 수 있지.

- **That's the one thing** I can't do. 그것도 내가 할 수 없는 부분이야.
  That's the one thing we won't think. 그것도 우리가 생각하지 않을 부분이야.

■ **That's the one thing** 은 '그것도 하나의 가능성이다,' 그리고 구체적으로 That's the one thing S+V하게 되면 '…하게 되는 수도 있어' 라는 말.

Mom has never been one for cooking.
엄마는 요리를 아주 좋아하던 사람은 절대 아니었어.

- Helen **has never been a great one for** studying.
  헬렌은 절대 공부를 좋아하지 않았어.
  My boyfriend **is not one to** insult. 내 남친은 모욕을 하는 사람이 아니야.

■ **not be (a great) one for[~ing]** 는 부정형태로 어떤 행동이나 일을 즐기지 않다라는 뜻으로 '…을 (아주) 좋아하는 사람이 아니다' 라는 표현. 비슷한 표현으로 not be one to+동사는 '…는 …하는 사람이 아니다' 라는 표현이 된다.

It's just one of those things.
그건 흔히 있는 일이에요.

- Savantism **is just one of those things.** It's inexplicable.
  천재적자폐증은 흔히 겪는 일이야. 설명할 길이 없어.
  This **is one of those things** you have to do before you turn 30.
  네가 30이 되기 전에 해야되는 것들중 하나야.

■ **be (just) one of those things** 는 '많은 일들 중의 하나' 라는 말. 즉 살다보면 겪는 흔한 일이다, 어쩔 수 없는 일이다라는 뜻이 된다. 다만 things 뒤에 수식어구가 붙으면 '…하는 것들 중의 하나이다' 라는 평범한 의미가 되기도 한다.

And I, for one, miss her.
그리고 개인적으로 난 걔가 보고 싶어.

- **And I, for one,** am happy to be that human.
  그리고 난 개인적으로 저런 사람이 되어 기뻐.
  Donna's got a new friend and **I, for one,** think it's time you met her. 도나에게 새친구가 생겼고, 개인적으로 난 네가 걔를 만날 때가 됐다고 생각해.

■ **I, for one, V~** 는 좀 특이한 표현법으로 '개인적인 의견을 나타낼 때' 쓴다.

That's just one crazy bitch.
저건 아주 미친년이야.

- There **is one crazy person** no one wants to sit near.
  아무도 옆에 앉지 않으려는 한 미친놈이 있어.

  Working at the night club must **be one interesting job**.
  나이트클럽에서 일하는 건 흥미로운 일이야.

■ **be one crazy woman**은 '미친년이다,' be one interesting job은 '흥미로운 일이다' 라는 의미.

For one thing, they're pretty cute.
우선 첫째로, 개네들은 무척 귀여워.

- I guess Tiny's mother can be proud of her son **for one thing**.
  난 타이니의 어머니가 한가지 이유만으로도 아들을 자랑스러워 할 수 있을 것 같아.

  Things were going great, except **for one thing**.
  상황이 하나만 빼놓고는 아주 좋았어.

■ **for one thing**은 많은 이유중에서 '우선 한가지 이유는,' '우선 첫째로는,' '한가지 말하자면' 이라는 뜻이고 except for one thing은 '하나만 빼놓고는' 이라는 표현.

This one's on me.
이번엔 내가 낼게.

- **This one's on me,** Hotch. 하치, 이건 내가 낼게요.

  This one's on me, boss. 사장님 이건 제가 낼게요.

■ **This one's on sb**은 '이번에 내가 낼게,' '이건 내가 낼게' 라는 의미. It's on me와 같은 맥락의 표현.

One down, two to go.
하나 끝났고, 두개 남았네.

- We finished here. **That's one down two to go.**
  여기 일은 끝냈어. 하나 끝내고 두 개 남았네.

  When the report is done, **it will be two down, three to go**.
  그 보고서 다 되면 2개는 끝난거고 아직 3개 더 해야 돼.

■ **one down, two to go**는 '하나는 끝냈고 두 개는 더 해야 돼' 라는 의미로 상황에 따라 맞게 해석하면 된다.

Just be yourself.
평소대로 자연스럽게 해.

- **You are not yourself.** 넌 지금 제정신이 아냐.

  I'm not myself. 난 지금 제 정신이 아냐.

  I've already tried to **do by myself**. 난 이미 혼자 힘으로 해보려고 했어.

■ **be oneself**는 '평소의 자기 모습대로 행동하다' 라는 의미로 be not oneself하면 '제정신이 아니다,' '평소의 네 모습이 아니다,' 그리고 명령문으로 Be oneself!하면 '정신차려라' 라는 뜻. 또한 do by oneself은 '남의 도움없이 스스로 해내다' 라는 의미.

MORE EXPRESSION

little ones 어린 아이들
There's no one here by that name. 그런 사람 여기 없는데요.
one-on-one 일대일, 맨투맨

놓치면 원통한 미드표현들

- **once again** 다시 한번
  And **once again**, you are welcome.
  그리고 다시 한번 환영해요.

- **once and for all** 최종적으로, 완전히
  I'm gonna handle this **once and for all**.
  난 이걸 완전히 처리할거야.

- **never once** 한번도 …하지 않다
  Ask her why she **never once** visited her husband. 개한테 왜 남편을 한번도 방문하지 않았는지 물어봐.

- **(just) for once** 이번에는 (just) **this once** 이번만은
  I want the truth. **Just this once.** What is it?
  진실을 원해. 이번만은. 뭐야?

- **standing ovation** 기립박수
  Karl gives her **a standing ovation**.
  칼은 개한테 기립박수를 했어.

- **overdo it** 지나치게 하다
  Don't **overdo it**. 그건 너무 심한데.
  I really didn't mean to **overdo it**. 난 정말 무리하게 하려고 안했어.

» open

Get it out in the open! 속 시원히 터놓고 얘기해!

She's an open book.
걘 감추는게 없어.

- Dan never lies. He is an open book. 댄은 절대 거짓말 안해. 아주 솔직한 애야.
  From now on every aspect of my life is an open book to you.
  이제부터 넌 내 삶의 구석구석을 다 알게 될거야.

Get it out in the open!
속 시원히 터놓고 얘기해!

- Let's get this out in the open. 백일하에 드러내놓자.
  All right, let's just get this out in the open, okay?
  좋아, 이거 터놓고 이야기하자, 응?

The door is open for you to get hired.
네가 취직할 수 있는 기회가 열려있어.

- The door is open for us to take a vacation. 우리가 휴가갈 기회가 왔어.
  You should open the door to dating him. 넌 걔와 데이트할 기회를 만들어야 돼.

■ be an open book은 '솔직하고 누구나 다 이해하는 성격이라는' 말이고, sth be an open book to sb는 '…은 …에게 다 알려진 사실이다,' '…가 다 이해하고 잘 알고 있다' 라는 의미.

■ get it[that] out in the open은 '솔직하게 다 털어놓다' 라는 말이고, sth be an open book to sb는 '…은 …에게 다 알려진 사실이다,' '…가 다 이해하고 잘 알고 있다' 라는 의미.

■ the door is open은 '문이 열려져 있다,' open the door하면 '문을 열다' 이지만, 비유적 표현으로 '…가 …할 기회가 왔다, 있다' 라는 의미가 된다.

MORE EXPRESSION

eye-opener 눈을 번쩍 뜨이게 하는 것, 눈이 휘둥그래질 만한 일
with one's eyes open
눈을 뜨고

O
P

» order

Order! Order in the court! 질서를 유지해주세요! 법정에서 질서를 요!

Hi, you guys ready to order?
안녕, 주문할거야?

- We're not ready to order yet. 조금 있다 주문할게요.
  Are you ready for order? 주문하실래요?

Could I take your order now?
주문할래요?

- Could you hurry the orders? 음식 아직 멀었어요?
  We'll bring your order right up. 주문하신 것 바로 갖다 드릴게요.

You're getting ready to place an order.
이제 주문하실 수 있어요.

- Who did you order it from? 어떤 사람한테 주문했죠?
  I call a toll-free number to place an order. 주문하려고 수신자부담전화를 했어.

■ be ready to order는 '식당 등에서 주문할 준비가 되었다'는 말로 주로 웨이터가 손님에게 의문형태로 물어보는 경우가 많다.

■ take one's order는 '주문을 받다,' hurry the orders는 '주문한 것을 서두르다,' 그리고 bring one's order right up은 '주문한 것을 바로 가져오다' 라는 뜻이 된다. 그리고 fill an order하면 '주문을 받아 응하는 것' 을 말한다.

■ place an order는 일반적으로 '상품이나 제품을 주문할 때 쓰는 표현'으로 place an order with A for B하게 되면 'A에게 B를 주문하다' 가 된다. 또한 order sth from은 order를 동사로 쓴 경우로 '…로부터 …을 주문하다' 라는 표현.

259

He was slapped with a restraining order.
걘 접근금지명령서로 뺨을 맞았어.

- I'm afraid I have no other choice but to grant the restraining order. 내가 접근금지명령을 허락할 수밖에 없네요.

I can keep order in my own town.
난 내 마을에서 질서를 유지할 수 있어.

- The police kept order at the trial. 경찰은 재판정에서 질서를 유지했어.
  Jill did the office filling in order. 질은 사무실 비품을 하나씩 정돈했어.

Yes, I believe everything is in order.
어, 모든 일이 제대로 되고 있어.

- I thought a celebration was in order. 난 축하행사가 제대로 되고 있다고 생각했어.
  Make sure everything's in working order. 다 잘 돌아가도록 확실히 해.

Sit down, sir. You're out of order.
앉으세요. 법 위반입니다.

- This entire trial is out of order. 이 재판은 전체가 다 엉망야.
  It's like someone got drunk and put everything out of order. 누가 취해서 다 엉망으로 해놓은 것 같아.

Order! Order in the court!
질서를 유지해주세요! 법정에서 질서를 요!

- Order! Order! Everyone, quiet down. 질서유지! 질서유지! 다들 조용히 앉아주세요.
  Order! Get the jury out of here! 질서유지! 배심원단을 퇴장시켜주세요.

■ restraining order는 '접근금지명령'으로 file a restraining order하게 되면 '접근금지명령을 신청하다'라는 뜻으로 미드에 많이 나오는 표현. 또한 court order는 '법원명령.'

■ keep order 혹은 keep sb in order하게 되면 '질서를 유지하다,' '통제하다'라는 의미이고 do sth in order는 '계획에 따라 하나씩 해나가다,' put sth in order는 '…을 정리하다,' '정돈하다'라는 의미.

■ be in order는 '순서대로 되어있다,' '제대로 되어있다'라는 의미. 또한 be in (good) working [running] order 또한 '뭔가 좋은 상태이다,' '잘 작동되다,' '잘 돌아가다'라는 뜻.

■ be out of order는 '기계 등이 고장나다,' 그리고 '언행 등이 법의 규칙에 어긋나다'는 의미. 또한 사람이 주어로 오는 경우에는 out of line이란 뜻으로 '행동이 지나쳤다'라는 뜻.

■ Order! 특히 법정드라마 재판과정에서 재판장 혹은 질서유지 경찰들이 하는 말로 재판장의 질서를 유지하기 위해 하는 것으로 '질서를 지켜요'라는 의미.

MORE EXPRESSION
law and order 법과 질서
be the order of the day 유행이다
in the order of sth …의 순으로
of the order of+수 대략, 대충
call ~ to order 회의시작하다

» organize

 I'd say it's pretty organized. 참 잘 계획된 것 같아.

I'll organize a search and rescue.
내가 구조탐색대를 구성해볼게.

- You know, I really need to organize my thoughts. 저말이야, 난 정말 내 생각들을 정리해야겠어.
  This is a great party. Wait, are you one of the guys who organized this? 파티 멋지다. 잠깐, 너도 이 파티를 준비한 사람중 하나야?

I've decided that we need to get organized.
우리는 좀 정리를 좀 해야된다고 결정했어.

- I know. I just need to get organized. 알아. 난 좀 체계적으로 살아야 돼.
  He'll be able to keep his thinking organized. 걘 자기 생각을 체계적으로 할 수 있을 거야.

■ organize sth은 '어떤 일을 준비하거나 조직하다' 혹은 '체계화하다'라는 의미.

■ get organized는 '정돈하다,' '체계적으로 하다' 그리고 keep[get] ~ organized는 '…을 정리하다' 혹은 '체계적으로 할 수 있게 하다.'

260

I'd say it's pretty organized.
참 잘 계획된 것 같아.

- Our unsub is male, intelligent, organized, and methodical. 우리가 찾는 미확인용의자는 남성이고, 지적이고, 계획적이고 체계적이다.
  That's typical of disorganized behavior. 저건 전형적 정신분열 행동야.

■ well organized는 '잘 계획된,' 그리고 disorganized는 반대로 '체계적이지 못한,' '흐트러진'이라는 말. 또한 organized crime'는 '조직범죄,' organized killer는 '계획살인자'를 뜻한다.

» out

 It's good to see you out and about. 네가 다시 활동하는 거보니 좋으네.

Out, please.
저, 내려요, 저 좀 내릴게요

- Get rid of her! Out, please! 걔 제거해. 그만 나가주실까?
  Where should you take them? Out, please. 걔네들 어디로 데려갈거야? 어, 나 좀 내릴게.

■ Out, please는 '저 내려요,' '저 좀 내릴게요'라는 말로 엘리베이터 등에서 내릴려고 할 때 사용하는 표현.

It's good to see you out and about.
네가 다시 활동하는 거보니 좋으네.

- We'll be out and about this afternoon. 오늘 오후에 밖에서 돌아다닐거야.
  Julie was out and about for a few hours. 줄리는 몇시간 밖에서 돌아다녔어.

■ be out and about은 직역하면 나가서 돌아다니다라는 말로 아픈 후에 '다시 활동하다,' '일을 다시 하다'라는 의미.

I was out for dinner with some friends.
난 친구들과 저녁먹으러 나갔어.

- For some reason, Jones is out to get me. 무슨 이유에서 인지, 존이 날 만나려고 했어.

■ be out for sth[to~]은 단순하게 '…하러 외출하다,' '나가다'라는 뜻으로도 쓰이고 또한 문맥에 따라 특정한 목적을 갖고 '…을 하려고 애쓰다'라는 의미로도 사용된다.

Well, he's always out of it.
저기, 걘 언제나 외톨이야.

- Herb has felt out of it since getting sick. 허브는 아픈 다음부터 소외감을 느꼈어.

■ feel[be] out of it은 모임이나 친구들 사이에서 '외톨이처럼 소외감느끼다'라는 의미.

But outing your sister's boyfriend is dark.
하지만 네 누이의 남친을 일른 건 안좋아.

- Sam outed her classmate as a cheater. 샘은 반친구의 부정행위를 폭로했어.
  What is it? Out with it. 왜 그래? 말해봐.

■ out이 동사로 쓰인 경우로 특히 게이, 레즈비언 혹은 안좋은 일을 '폭로하다,' '발설하다'라는 뜻. 또한 Out with it은 주로 명령형태로 상대방이 숨기고 있거나 말할까말까 주저하고 있을 때 '어서 털어놓으라'고 하는 표현.

I'm kind of on the outs with the boss right now.
지금 사장과 사이가 별로 안 좋아.

- She must know we're on the outs with him, right? 걘 우리가 개와 생각이 다르다는 걸 알고 있겠지, 그지?
  I guess I'm not the only one on the outs with the Doc. 내가 선생님과 생각이 다른 유일한 사람은 아닐걸요.

■ be on the outs (with sb)는 sb와 싸우거나 동의하지 않는 상태를 말한다. '…와 다투다,' '사이가 좋지 않다,' '생각이 다르다' 등으로 생각하면 된다.

MORE EXPRESSION

family outing 가족나들이
go on an outing 외출하다, 나들이가다
leave sb out of it 제외하다

» outrageous

This is an outrage, Your Honor. 이건 불법입니다, 재판장님.

It's beyond surprising, it's outrageous.
이건 놀람을 넘어 충격적이야.

- **This is outrageous.** I am beyond offended. 말도 안돼. 화가난 정도가 아냐.
  This is outrageous! They've completely ruined it! 이럴수개 개들이 완전 망쳤어!

■ **be outrageous**는 뭔가 말도 안되는 쇼킹한 이야기를 들었을 때 '말도 안되다'라는 뜻으로 쓰인다. 특히 That's[It's] outrageous!의 형태로 잘 쓰인다.

That's an outrageous accusation.
그건 말도 안되는 비난야.

- There is no truth in these **outrageous** allegations. 이 터무니없는 주장에는 아무런 진실도 없어.
  This is **an outrage,** Your Honor. 이건 불법입니다, 재판장님.
  I'm outraged by this. Why aren't you? 난 이 땜에 엄청 화났는데 넌 왜 안그래?

■ **outrageous claims[lies, allegations]**에서 outrageous는 별나고 특이하고 터무니 없다는 의미로 순서대로 '말도 안되는 주장,' '터무니없는 거짓말,' '말도 안되는 주장'이라는 뜻이다. 또한 be an outrage에서 outrage는 명사로 격분, 잔혹한 행위라는 말이고 또한 동사로도 쓰여 be outraged by하면 '…로 격분하다'라는 뜻이 된다.

» owe

Thanks, kid. I owe you one. 고마워, 꼬마야. 내 신세졌다.

We owe them an explanation.
걔네들에게 해명을 해야 돼.

- I **owe you an apology**. 네게 사과해야 돼.
  I **owe you the truth**. 네게 사실대로 말할게.
  I don't **owe you no favors**. 난 네게 신세진 것 없어.

■ **owe sb a favor**는 owe A B(추상명사) 형태의 표현으로 말하는 사람이 'A에게 B를 신세졌다'는 의미. B가 추상명사이기 때문에 그때그때 문맥에 맞게 이해를 해야 한다.

I owed a lot of money to some scary people.
무시무시한 사람들한테 돈을 많이 빌렸어.

- Go tell the manager he **owes us an appetizer**. 매니저보고 전식가져오라고해.
  You **owe me 500 bucks**. 너 나한테 500달러 갚아야돼.

■ **owe sb+돈** 이번에는 같은 구조이나 B의 자리에 돈이나 음식 등의 물질명사가 오는 경우이다. owe+물질명사+ to sb라고 해도 된다.

How much do I owe you?
얼마죠?

- Okay, so **how much do I owe you?** 좋아, 그럼 내가 얼마주면 돼?
  Three coffees would be great. **What do I owe you?** 커피 3잔요. 얼마죠?

■ **How much[what] do I owe you?**는 내가 얼마 빚졌냐라는 말로 주로 상대방에게 돈을 돌려줄 때 혹은 식당, 가게 등에서 '얼마예요?'라고 물어볼 때 사용되는 표현이다.

I owe you one, Penny!
너한테 신세졌어, 페니!

- Keep your mouth shut, **I owe you one**. 비밀로 해줘, 내 신세졌어.
  Thanks, kid. **I owe you one**. 고마워, 꼬마야. 내 신세졌다.

■ **I owe you one**은 굳어진 관용문장으로 여기서 one은 그냥 신세진 것을 말한다. 그래서 뭔가 도움을 받고 난 후에 '너한테 신세졌어,' '신세가 많구나'라고 하는 표현이다.

I owe it to my colleagues.
내 동료들 덕분이야.

- You owe it to the community to testify. 넌 지역사회 덕분에 증언하게 된거야.
  I owe it to him to find out the truth. 내가 진실을 알게 된 것은 걔덕분이야.

I owe it to myself to do this or that.
이걸 하든 저걸 하든 그건 내가 알아서 해야 해.

- I think we owe it to ourselves to talk about what happened.
  발생된 일에 대해 말하는 건 우리의 몫이라 생각돼.

■ owe it to sb는 '…의 덕택이다' 라는 의미로 구체적인 덕택의 내용은 다음에 ~to do, 혹은 ~that S+V를 연결해서 말하면 되는데 이때는 '…한 것은 …의 덕분이다' 가 된다.

■ owe it to oneself to~는 to 이하를 하는 건 자기 자신에게 빚졌다라는 말로 '…할 의무가 있다,' '…하는 것은 내몫이다' 라는 의미가 된다.

MORE EXPRESSION

To what do I owe the the pleasure
어쩐 일로 갑자기 오셨는지요?

» own

 She has come into her own. 걘 자신의 진가를 드러냈어.

I want to do my own thing.
내가 좋아하는 일을 하고 싶어.

- It frees me up to do my own thing. 내가 하고 싶은 일을 하면 자유로워져.

I make good money and I'm on my own.
난 돈을 많이 벌어 자신의 힘으로 지내고 있어.

- You wanted me to live my own life, be on my own.
  넌 내가 혼자 힘으로 자립하기를 바랬어, 스스로 살아가는 걸 말야.
  I just wanted to do it on my own. 난 그냥 스스로 그것을 하고 싶었을 뿐이야.

She has come into her own.
걘 자신의 진가를 드러냈어.

- I know. I'm really coming into my own. 알아. 난 정말 성공했어.
  Andy came into his own as a businessman. 앤디는 사업가로 인정을 받았어.

Grace, this is for his own good.
그레이스, 이건 걔를 위한거야.

- This is for your own good. 이건 너 자신을 위한거야.
  I'm sorry, but it's for her own safety. 미안하지만 걔의 안전을 위해서야.

I could hold my own.
난 잘 할 수 있어.

- A: Were you any good? B: I could hold my own.
  A: 잘했어? B: 나 일가견이 있어.

  I guess I didn't feel I could hold my own with you.
  너하고 내가 잘 할 수 있으리라고 느낌이 안들었던 것 같아.

■ do one's own thing은 '자기가 가장 좋아하는 일을 하다' 라는 의미.

■ ~on one's own '스스로 …하다,' '자신의 힘으로 해내다' 라는 의미로 by oneself와 같은 뜻. 강조하려면 all on one's own 라고 하면 된다.

■ come into one's own은 '인정받다,' '성공하다,' '진가를 발휘하다' 라는 의미로 인정받은 내용을 쓰려면 뒤에 ~as를 붙여서 이어쓰면 된다.

■ be for one's own good 은 '…을 위한 것이다' 라는 의미. good 대신에 safety를 넣으면 '…의 안전을 위한 것이다,' 그리고 benefit를 쓰면 '…의 이익을 위한 것이다' 라는 표현이 된다.

■ hold one's own은 자기 것을 꽉 쥐고 있는 모습에서 '자기 입장을 고수하다,' '남에게 지지않고 버티다' 라는 의미로 쓰인다.

MORE EXPRESSION

get one's own back on
보복하다

» pace

Pick up the pace, shall we? 속도 좀 낼까, 응?

Brad Chase keeps pace with her.
브래드 체이스는 걔와 보조를 맞추었어.

- Jack tries to keep pace but hurts his ankle. 잭은 보조 맞추다가 발목을 다쳤어.
  Let's keep up the pace, Mr. Langan. 페이스를 유지하시죠, 랭건 씨.

Pick up the pace, shall we?
속도 좀 낼까, 응?

- That's it, good. Pick up the pace a little. 바로 그거야, 좋아. 속도 좀 만 더 내.
  It's a long holiday, you gotta pace yourself.
  연휴가 길잖아. 페이스 유지를 잘 해야 돼.

I'll let her set the pace.
걔가 선두로 가도록 할거야.

- I assure you, America will be setting the pace.
  미국은 선두를 달릴거라니까.
  Our boss sets the pace for the rest of us. 사장은 우리들 보다 앞서가고 있어.

Lane is pacing around in frustration.
레인은 좌절감에 왔다갔다하고 있어.

- He starts to nervously pace around the clinic.
  걘 클리닉 주변을 초조하게 왔다갔다하기 시작했어.

■ keep pace with는 '…와 보조를 맞추다,' '…에 뒤지지 않다' 라는 의미로 keep up the pace라 해도 된다.

■ pick up the pace는 반대로 '페이스를 올리다,' '속도를 내다' 라는 의미이다. 또한 pace oneself는 '자기 페이스를 유지한다' 는 말로 자기 능력이상으로 오버하거나 서두르지 않겠다라는 말이 된다. 술자리에선 당연히 정도껏 마시다라는 뜻이 된다.

■ set the pace는 페이스를 정하다라는 뜻으로 '선두로 달리다,' '첨단을 가다' 라는 표현.

■ pace around는 초조하고 불안하여 생각이 많을 때 주로 '뒷짐을 지고 왔다갔다하는 것' 을 말한다.

MORE EXPRESSION

go through one's paces
솜씨를 보여주다
show one's pace 수완을 발휘하다

» pack/ packet

Are you packing? 너 총 갖고 있어?

Are you packing?
너 총 갖고 있어?

- Are you packing? This is a legal gun? 너 총 갖고 있어? 허가받은 총이야?
  Most policemen pack a gun while on duty. 대다수 경찰들은 근무중 총을 지녀.
  He was packing heat when he robbed the store.
  걘 가게를 털 때 총을 지니고 있었어.

I guess I'll have my stuff packed up.
내 물건들을 포장시켜야 될 것 같아.

- I packed up some of your things. 네 물건들 중 일부를 챙겼어.
  She packed up the kids and left. 걘 아이들을 챙긴 다음 떠나버렸어.
  Let's go. It's time to pack. 가자. 떠날 시간이야.

■ pack a gun에서 pack은 구어체에서 '총을 휴대하다' 라는 의미로 쓰이며 pack a gun으로 쓰이기도 한다. 즉 pack (a gun) = carry a gun이 되는 셈이다. 많이 쓰이는 Are you packing?은 따라서 Are you carrying a gun?이라는 의미와 같게 된다. 또한 be packing heat도 같은 의미.

■ pack up은 '떠나기 위해 짐을 싸다,' '챙기다' 라는 의미. 그래서 time to pack하면 뭔가 끝내고 출발하거나 떠날 시간이 됐다는 표현.

Hey! I'm all packed and ready to go!
야, 나 짐 다 쌌고 떠날 준비됐어!

- Oh, good luck, the bar is packed. 어, 행운을 빌어. 바는 사람들로 꽉 찼어.
  He keeps your club packed with hotties? 걘 클럽을 핫걸로 계속 채우고 있어?

Pack it up.
그만해.

- How about you pack it up, John? 오늘은 그만하지, 존?
  Okay, let's pack it up. We're leaving. 좋아, 그만하자. 우리 간다.

He decided to pack it in.
걘 그만 두기로 했어.

- Hey, I think we're gonna pack it in. 야, 우린 그만 두어야 할 것 같아.
  This just might be a sign to pack it in. 이건 아마 관두라는 징조일 수도 있어.

She just packed her bags and left.
걘 짐을 싸서 가버렸어.

- Pack your bags, we're going to Mexico. 가방싸, 우리는 멕시코로 갈거야.
  Let's pack our bags and get out of this hotel. 짐싸 이 호텔에서 나가자.

You pack quite a wallop for a six-year-old.
너 6살치고는 펀치가 아주 강한데.

- Whoa, this whiskey packs a punch. 와, 이 위스키 정말 강하다.
  Hot peppers pack a strong punch. 고춧가루가 정말 맵다.

After she insulted me, I sent her packing.
걔가 날 모욕한 후에 난 걜 해고했어.

- Dan was sent packing from his teaching job. 댄은 교육직에서 쫓겨났어.

I just need one six-pack and 2 chicks.
난 6개들이 맥주세트하고 2명의 여자가 필요해.

- How much do you drink? A six-pack a day? 얼마나 마셔? 하루 맥주 여섯캔?
  I asked you for a six-pack. You brought me out a tall boy. 근육남 소개시켜달라고 했더니 키 큰 남자를 데려왔네.

■ ~be packed에서 pack은 어떤 장소에 사람이나 물건을 빽빽이 채우다라는 말로 수동태로 쓰이면 '…로 가득하다,' '북적거리다,' '만원이다,' '꽉차다,' 혹은 문맥에 따라 '짐을 싸다'라는 뜻이 된다. 또한 keep~packed with하게 되면 '…을 …로 계속 꽉 채우다'라는 표현.

■ pack it up은 '하던 일을 끝내다,' '하루 일과를 마무리하다' (wrap it up)라는 의미.

■ pack sth in은 '직장이나 좋아하던 일을 그만두다'라는 뜻이지만 영화, 연극제목 등이 주어로 와서 pack sb in하게 되면 '연극, 영화가 많은 사람을 모으다'라는 뜻이 된다.

■ pack one's bags는 '짐을 싸다'라는 단순한 의미에서부터, '불화로 짐싸서 가버리다,' '그만두다'라는 의미까지도 갖는다.

■ pack a (hard/hefty/strong) punch는 강한 펀치를 날리다라는 의미 비유적으로 '강한 영향력을 끼치다'라는 뜻. pack a wallop이라고도 한다.

■ send sb packing은 짐싸서 보내다라는 뜻에서 '…을 쫓아내다,' '해고하다'라는 의미로 쓰인다.

■ six-pack은 원래 '맥주캔 6개'가 달린 한 세트(six-pack of beer)를 말하는 것으로 비유적으로 아주 '잘 달련된 복근'을 말한다.

MORE EXPRESSION

A pack is a pack.
약속은 약속야.
do one's own packing
자기 짐을 싸다

놓치면 원통한 미드표현들

- **paddle one's own canoe** 남 도움없이 자립하다
  Paddle your own canoe.
  네 일은 네가 알아서 해, 네 일이나 잘해.

- **paddle** 심장이 멎었을 때 다시 되살리기 위해 심장에 충격을 주는 것
  Get the paddles. Charging to 200.
  패들가져오고 200으로 충전해.

- **be on the same page** 같은 생각이다
  We're on the same page. 우린 같은 생각이야.

- **get paged** 호출되다 page sb 호출하다
  Hey, Nicky, you paged me? 야, 니키, 나 호출했어?

» packet/ package

Let me see that little package. 귀여운 거시기부분 보자.

Cheryl will gather the money packets.
쉐릴은 돈다발을 모을거야.

- We couldn't get the packets via the usual method.
  우리는 평상시 방법으로 그 소포를 받을 수가 없었어.

■ packet는 '소포,' '포장용 통'을 말한다.

Good things come in small packages.
좋은 일은 한꺼번에 오지 않아.

- I guess good things don't always come in small packages.
  행운은 항상 조금씩 오는 것 같지도 않아.

  My mom always told me big things come in small packages.
  엄마는 항상 작은 일에 충실하면 좋은 일이 올거라 말씀하셨어.

■ good things come in small packages는 직역하면 좋은 일들은 조그만 소포들로 온다는 것으로 '좋은 일이나 행운은 조금씩 천천히 온다'는 격언. 대박만 노리지 말고 자그마한 일들에 충실하라는 깊은 뜻이 새겨져 있다.

Take off your clothes. Let me see that little package.
옷벗어봐. 귀여운 거시기부분 보게.

- We could see his package while he showered.
  개 샤워할 때 개의 그 부분을 볼 수 있었어.

  Go get dressed. We don't want to see your package.
  가서 옷입어. 네 거기는 보고싶지 않아.

■ package는 일괄적인 묶음이라는 데서 보통 사람의 신체나 성기를 포함한 sex organs, 특히 남성의 소시지와 알두개 등을 포함한 '거시기 지역'을 말할 때가 많다.

» paint

I painted myself into a corner. 내가 잘못해서 곤란한 상황에 처하게 됐어.

I painted myself into a corner.
내가 잘못해서 곤란한 상황에 처하게 됐어.

- I've painted myself into a corner with this deal.
  난 이번 거래로 자충수에 걸렸어.

■ paint oneself into a corner는 구석을 등지고 계속 바닥만 보고 칠하다가 결국 구석에 몰려 빼도박도 못하는 사람을 머릿속에 그려보면 된다. 결국 '곤란한 상황에 처하다'라는 뜻이지만 특히 '스스로 궁지에 몰리다'라는 의미가 내포되어 있다.

We'll get all dolled up and paint the town!
자 잘 차려입고 나가서 한바탕 신나게 놀자.

- Kick up the heels. Paint the town red. 나가 떠들어대면서 술마시고 놀자.
  The group painted the town red in Vegas. 그 그룹은 베이거스에서 엄청 놀았어.

■ paint the town red는 '즐겁게 흥청망청 술마시고 놀다,' '한바탕 신나게 놀다'라는 의미.

Let me paint a picture of how it's gonna go.
그게 어떻게 될건지 설명 좀 해주라.

- Care to paint a picture? Does this party require clothes?
  설명 좀 해주라. 이 파티는 옷을 입기는 하는 거야?

■ paint a picture of~는 …을 그림을 그리다라는 말에서 '이해하다,' '기억하다,' 혹은 문맥에 따라서 '설명하다'라는 뜻으로 쓰인다.

» pan

My plan didn't exactly pan out. 내 계획은 뜻대로 안되었어.

My plan didn't exactly pan out.
내 계획은 뜻대로 안되었어.

- There's a lot of theories that didn't pan out. 실패한 이론은 엄청 많아.
  A: How was your trip? B: It didn't really pan out. A: 여행 어땠어? B: 안좋았어.

It wasn't just a flash in the pan, was it?
그냥 반짝하고 마는거 아니지, 맞지?

- The singer is no good. He's a flash in the pan.
  저 가수는 별로야. 반짝하고 말거야.
  Fry the eggs up in a pan for us. 달걀 후라이해서 우리 좀 줘.

■ pan out에서 pan은 19세기 중반 미국에서 gold rush 때 사람들이 금을 채취하기 위해 pan에 흙이나 모래를 올려놓고 흔들어 금을 찾는 모습에서 유래한 표현으로 '좋은 결과가 나타나다,' '성공하다,' '뜻대로 되다'라는 뜻이 된다.

■ a flash in the pan은 원래 총알이 총의 약실(pan)에 남아 있다가 방아쇠를 당기면 펑소리만 나고 발사되지 않는 현상을 말하는 문구로 '성공이나 인기가 반짝하는 것'을 말한다. 또한 fry it up in a pan은 '먹기 위해서 후라이팬에 튀기는 것'을 뜻한다.

MORE EXPRESSION

go down the pan 낭비되다
be panned out 기진맥진하다

» pant

Keep your pants on. We're coming. 진정해. 우리가 가고 있어.

I'm beating the pants off you.
난 너를 쉽게 이기고 있어.

- I can see why you scare the pants off of her. 왜 걜 겁내하는지 알겠어.
  The teacher bored the pants off the students.
  선생님은 학생들을 졸라 지루하게 했어.

The mayor was caught with his pants down.
시장은 나쁜 짓을 하다 걸렸어.

- They divorced after he was caught with his pants down.
  걔네들은 걔가 나쁜 짓하다 걸린 후 이혼했어.

Keep your pants on. We're coming.
진정해. 우리가 가고 있어.

- Hey, keep your pants on. I ain't going nowhere. 야, 진정해. 나 아무데도 안가.
  You gotta learn to keep it in your pants. 함부로 굴리지 않는 걸 배워야겠어.

I've been saying that all night just to get in your pants.
밤새 너와 섹스하고 싶다고 계속 말했어.

- He's just saying whatever it takes to get in your pants.
  걘 너랑 섹스하기 위해서 뭐라도 하겠다고 말하고 있어.

■ the pants off sb는 아주 지독하게, 철저하게라는 부사로 생각하면 쉽게 이해할 수 있다. 동사자리에서 beat, scare 등이 올 수 있다.

■ catch sb with one's pants down은 바지 내리고 있다 들켰다라는 말로 '뭔가 해서는 안될 일을 하다' 혹은 '해야 될 일을 하지 않다가 들키는 경우'를 말한다. '…의 허를 찌르다,' '기습적으로 잡다'라는 뜻. 참고로 pull one's pants down하면 바지를 벗다, 내리다라는 말.

■ hold[keep] your pants on은 바지를 입고 있으라는 말로 기다리거나 '침착하다,' '진정하다'라는 의미. 하지만 keep it one's pants하면 종종 성적으로 다른 사람과 관련되다(sexually involved)라는 뜻으로도 쓰인다.

■ get in one's pants는 바지속에 들어가고 싶다니 '섹스하다'(have sex)라는 말이고, have one's ants in one's pants는 '안절부절못하다,' '걱정하다' 혹은 '섹스하고 싶어 근질근질하다'라는 뜻.

267

» paper

Good on paper, bad in bed. 겉보기엔 문제없지, 하지만 침대에선 꽝이야.

Good on paper, bad in bed.
겉보기엔 문제없지, 하지만 침대에선 꽝이야.

- I'm hot. You're hot. On paper, we should be having great sex.
  너도 나도 흥분했으니 이론상으로 우리들은 멋진 섹스를 해야하지.

This contract is not worth the paper it is printed on.
이 계약은 가치가 없어.

- This convoluted piece of legislation isn't worth the paper it's written on. 이 난해한 법률안은 전혀 가치가 없어.

Get the man's statement down on paper.
저 사람의 말을 기록하게 해.

- She got the marriage agreement down on paper. 걘 혼인서약서에 기록했어.
  It's time to sit down and put pen to paper. 앉아서 집필해야 될 시간야.

She just filed the divorce papers.
걘 이혼소송 서류를 제기했어.

- You gonna sign those divorce papers or not? 이혼서류에 사인할거야 말거야?

■ on paper는 '서류상으로,' '이론적으로' 라는 뜻으로 서류상에는 진실인 듯 보이지만 실제로는 그렇지 않다는 뉘앙스가 있다.

■ not worth the paper it is written [printed] on은 '계약서나 서류 등이 전혀 의미가 없다, 가치가 없다' 라는 뜻. 한마디로 종이에 적어놓기에 종이값이 아깝다는 말씀.

■ put[set] pen to paper는 '펜을 잡고 종이에 '글을 쓰다,' '집필하다' 라는 말. 또한 get[put] sth down on paper하면 '기록하다' 라는 의미.

■ divorce papers는 '이혼서류,' 현실이 그렇듯 미드에서도 무지무지 나온다. file the divorce papers는 '이혼소송을 하다' 라는 말.

MORE EXPRESSION
toilet paper 휴지폭탄 (휴지를 온통 발라 놓는 장난)
paper over the cracks 땜질하다
paper 에세이, 시험

» parade

Jack paraded his new girlfriend at school. 잭은 학교에서 새 여친을 자랑했어.

I hate to rain on your parade, but we got a problem.
찬물을 끼얹고 싶지 않지만, 우린 문제가 있어.

- Hate to rain on your parade, but looks like you're wrong about Sarah. 찬물을 끼얹고 싶지만 넌 새라에 대해 잘못 알고 있는 것 같아.
  If I wanted my parade rained on, I would just step outside.
  내 기회를 망치길 원하다면 그냥 발만 빼겠지.

You wouldn't parade your mistress in public.
공개자리에서 네 정부를 자랑하지 않겠지.

- Don't parade that diamond necklace around.
  저 다이아몬드 목걸이 공개적으로 자랑마.
  Jack paraded his new girlfriend at school. 잭은 학교에서 새 여친을 자랑했어.
  Why don't we just throw him a parade? 우리 걔 축하해주자.

■ rain on one's parade 신나게 퍼레이드하고 있는데 비가 오면?? '찬물을 끼얹다,' '분위기 망치다,' '기회를 망치다' 라는 표현으로 throw a wet blanket on 과 같은 말.

■ parade sb[sth]는 '대중들 앞에 공개적으로 자랑하다' 는 의미로 자기가 자랑하고 싶은 것을 내세우는 것을 말한다. 또한 throw sb a parade는 'sb에게 퍼레이드를 해준다' 는 말로 축하해준다는 의미이지만 경우에 따라서는 비아냥거리는 표현으로 쓰이기도 한다.

» part

 I am doing my part here. 난 여기서 내 도리를 다했어.

The hard part is still to come.
앞으로 더 힘든 상황이 올거야.

- The hard part is truly over. 힘든 상황은 정말 끝났어.
- You haven't heard the best part. 넌 아직 가장 멋진 부분은 못들었어.

■ hard part는 '어려운 일,' '힘든 부분,' 그리고 반대는 easy part라고 한다. 사는게 힘들다보니 자연 hard part란 표현이 더 많이 쓰인다. 또한 the good part는 '좋은 부분,' the best part는 '가장 좋은 부분,' 그리고 the worst part는 '최악의 부분'을 말한다.

Chuck is a part of me.
척은 내 일부야.

- Reading other people's scripts is a part of your job. 다른 사람들의 대본을 읽는게 네가 하는 일이야.
- Who else was a part of the project? 다른 누가 또 이 프로젝트에 참가했어?

■ be a part of~는 '…의 부분이라는 말로 '…의 일원이다,' '…의 일부이다' 혹은 '…에 참가하다' 라는 표현.

He has won the part of dying man.
걘 죽어가는 사람의 배역을 따냈어.

- I get the part. 내가 그 역을 맡았어.
  You got the part of Detective Chuck Rafferty.
  네가 형사 척 라페르티의 역을 맡았어.

■ take[play] the part of~는 드라마나 영화에서 '…의 역을 하다,' 그리고 get[win] the part of~하면 '…의 역을 따내다,' '맡다' 라는 표현이 된다.

You should take the company's part in this.
넌 이점에 있어 회사측 입장을 대변해야 돼.

- Don't take my husband's part in the argument! 이 싸움에서 남편편을 들지마!
  The politician took the president's part in the debate.
  그 정치가는 토론에서 대통령의 입장을 방어했어.

■ take sb's part는 논쟁 등에서 'sb를 도와주거나 방어해주다,' 즉 편들다라는 말.

I am doing my part here.
난 여기서 내 도리를 다했어.

- I'm the big drinker, doing my part for science.
  난 술을 많이 마시는 사람이고 과학에서 내 역할을 다하고 있어.
  Just trying to play my part cutting costs. 경비절감하는데 내 역할을 하려는 거뿐이었어.

■ do one's part에서 part는 역할이라는 의미로 do[play] one's part하게 되면 '…의 역할이나 본분, 도리를 하다' 라는 표현이 된다.

The alcohol played a part in Jim's death.
술이 짐의 죽음을 초래했어.

- Did the wound to the head play a part in the victim's death?
  머리상처가 피해자의 죽음을 가져온건가요?
  Took part in a gang rape in prison. 감옥에서 집단 강간을 같이 했어.
  Did you take part in the meeting? 너 회의에 참석했어?

■ a part in~은 '…에 혹은 …을 하는데 역할을 하다라는 말, '…에 관여하다,' '개입하다,' '…의 결과를 가져오다' 라는 말로 part 앞에는 동사 play, take, want, have 등이 온다.

Jack, it's not true. I had no part in it.
잭, 그건 사실이 아냐. 난 전혀 모르는 일이야.

- My son took no part in that crime! 내 아들은 이 범죄에 조금도 관련되지 않아.

■ no part in~은 반대로 '…에 전혀 관련되어 있지 않다,' '…의 원인이 아니다' 라는 의미. 마찬가지로 part 앞에는 play, take, want, have 등이 온다.

She'll play no part in our committee. 걘 우리위원회에 아무 관련도 되지 않을거야.
I want no part of this. 난 이거에 관여하고 싶지 않아.

There's a part of me that doesn't want to know.
내 맘속 일부는 그걸 알고 싶지 않아.

- There is a little part of me that really thought I was gonna win.
내가 이길 것이라는 생각이 맘 한 구석에 조금 자리잡고 있어.

    No part of you wants a life of actual commitment?
    너는 실제로서 서로 헌신하는 삶을 원치 않아.

She wasn't willing to part with.
걘 전혀 헤어지기 싫어했어.

- I'm fortunate enough to be able to part with it. 난 함께 나눌 정도로 부유해.
The owners did not want to part with them.
소유주들은 그것들과 떨어지는 걸 원치 않았어.

I'm partial to the novel by Stephen King.
난 특히 스티븐 킹의 소설을 좋아해.

- Really? I'm partial to the swab myself. 정말, 난 면봉이 더 좋던데.
I'm rather partial to grape. 난 포도를 좋아하는 편이야.

■ there's a (little) part of sb that~는 좀 응용한 표현으로 'sb의 마음 한 구석에 that 이하가 있다'는 말. 또한 No part of you~는 '넌 조금도 …하지 않는다'라는 뜻이 된다.

■ part with sb, part from sb는 '…와 헤어지다,' 그리고 part with sth하게 되면 원치 않지만 '다른 사람에게 …을 주다'라는 표현이 된다.

■ be partial to에서 partial은 한쪽으로 치우쳐 편애하는 등의 의미로 상대적으로 '특별히 좋아하다' 라는 의미가 된다.

MORE EXPRESSION
private parts 남녀의 생식기
a good[large] part of 대부분
in large part 아주 크게, 많이
for the most part 대개
have a part to play in
도울 수 있다
for one's part …에 관한 한
parting kiss 이별의 키스
parting shot 이별의 말

» partner

 You don't work with any partner. 넌 동업은 하지 않잖아.

We're partners. What's the big deal?
우리 같이 사는데 뭐 문제 있어요?

- Is she the first sexual partner you ever had?
걔가 네 첫 성적대상이야?

    They're not his sexual partners. They're his rape victims.
    걔네들은 섹스파트너가 아니라 강간희생자야.

You don't work with any partner.
넌 동업은 하지 않잖아.

- I'm gonna need a new partner. 난 새로운 동업자가 필요해.
Between you and me, he will make partner this year.
우리끼리 얘기지만 걔가 금년에 파트너가 될거래.

■ (sexual) partner는 '같이 사는 사람,' '부부' 혹은 '그냥 잠자리는 같이 하는 사람'을 말한다.

■ partner는 비즈니스상 같이 일을 하는 '동업자'를 말한다. 또한 make partner는 동업자가 된다라는 말로 '이사로 승진하다'라는 의미. 사장도 이사 중 한명이므로 같이 주인의 입장에서 일을 하게 된다는 표현.

» party

I'm not gonna be a party to your lie. 난 네 거짓말에 가담하지 않을거야.

Party's over. Let's move, people.
파티는 끝났어. 자 다들 움직이자.

- A: Are you leaving? B: Party's over. It is so over.
  A: 가는거야? B: 즐거운 시간은 끝났어. 다 끝나버렸어.

  Look up here! Mom's here. Party's over. 여기봐봐! 엄마왔어. 다 끝났어.

  That crazy party animal will be your brother-in-law.
  저 미친 파티광이 네 처남이 될거야.

I'm gonna throw a party.
난 파티를 열거야.

- I have a party to throw. 파티를 한번 할게 있어.
  Come on. Let's go. Let's party. 이봐, 가자, 파티하자.

He's setting up a search party.
갠 수색대를 짜고 있어.

- We're putting together a search party. 우리는 수색대를 구성하고 있어.
  We could send out a signal and help the rescue party find us.
  우리는 신호를 보내서 구조대가 우리를 찾는데 도움을 줄 수 있을거야.

Well, she's not exactly an innocent party.
저기, 갠 꼭 무고하다고 할 수는 없어.

- The guilty party is now in prison. 가해자는 이제 감옥에 있어.
  There's definitely a third party involved. 분명히 제 3자가 개입되어 있어.

I'm not gonna be a party to your lie.
난 네 거짓말에 가담하지 않을거야.

- And Chris wasn't a party to this? 그리고 크리스는 이거에 관여하지 않았어?
  I won't be a party to your lies. 네 거짓말에 가담하지 않을거야.

■ **Party's over**는 그냥 단순히 '파티가 끝났다,' 비유적으로 '좋은 시절, 좋은 일은 다 끝났다,' 혹은 문맥에 따라 '이제 넌 죽었다' 라는 의미로 쓰인다. 또한 party animal은 파티하면 사족을 못쓰는 '파티광'을 말하며, 반대로 party pooper하면 분위기나 흥을 깨는 사람'을 말한다. the life of the party와 반대되는 표현.

■ **throw a party**는 '파티를 열어주다'이며 throw 대신 give를 써도 된다. …에게 파티를 열어주다라고 할 때는 give sb a party, 또한 파티를 열다는 have[hold] a party라고 하면 된다. 또한 Let's party에서 party는 동사로 사람들과 함께 술마시고 춤추고 즐기는 것을 말한다. 한편 party out은 '지치게 놀다.'

■ **search party**에서 party는 group of people이라는 뜻으로 '수색대,' 그리고 rescue party는 '구조대'를 말한다. a party of~하면 '…하는 사람들'을 말한다.

■ **guilty party**는 법적용어로 '가해자(측),' innocent party는 '무고한 사람,' '무죄인'을 말한다. 또한 third party는 역시 법적관련 용어로 소송이나 계약 등에서 당사자가 아닌 '제 3자'라는 의미.

■ **be a party to~**는 '…에 가담하다,' '관여하다'라는 뜻으로 be involved in, be a part to와 같은 뜻이다.

- **paramedics** 응급구조대원, 구급대원
  The paramedics came and rushed him to the E.R.
  응급대원들이 와서 걔를 급히 응급실로 데려갔어.

- **PO** 가석방감찰관(parole officer)
  His PO has been out of contact with him for the past four days.
  걔의 가석방 감찰관은 지난 며칠간 걔와 연락이 두절됐었어.

- **on parole** 보호감찰중인
  He's on parole. You need to tell us where he is.
  걔는 보호감찰중이야. 어디있는지 말해줘야 돼.

- **parole board** 가석방위원회
  Your act may have fooled the parole board, but not me.
  너의 행위는 가석방위원회를 속일 수 있어도 난 안돼.

» pass/ past

 And you passed with flying colors. 그리고 넌 우수한 성적으로 합격했어.

He made a pass at me.
걔가 내게 추근거렸어.

- Did he **make a pass at** you? 걔가 너에게 집적댔어?
  Finn didn't **make a pass at** me. 핀은 내게 추근거리지 않았어.

■ **make a pass at**은 '작업 걸다,' '추근대다,' '껄떡대다' 등 원치않는 이성에게 집적대는 것을 말한다. make a move와 같으나 이때는 at이 아니라 on을 쓴다는 점이 다르다.

I'm pregnant. I think I'll pass.
나 임신했어. 그냥 빠질래.

- A: You're not even going to try it? B: **I'll pass** this time.
  A: 시도도 안할거지? B: 이번에 안할래.
  I'll pass. Hang on a second. 난 안할래. 잠깐 기다려봐.

■ **I'll pass[I pass]**는 상대방이 뭔가 제안이나 권유, 초대 등을 할 때 거절하는 표현으로 '난 됐어,' '난 안 먹을[할]래,' '난 빠질래' 라는 의미이다.

She passed out behind the wheel.
걘 운전하다 기절했어.

- You choke them till they **pass out**, then you rape them.
  넌 걔네들이 기절할 때까지 목을 조르고나서 강간했어.
  Is he serious? Did your mom **pass away**? 걔말 정말야? 네 엄마 돌아가셨어?

■ **pass out**은 '기절하다,' '필름이 끊기다' 혹은 '여러사람에게 나눠주다' 라는 뜻. 또한 pass away는 die의 완곡어법으로 우리말로 '돌아가셨다' 라고 생각하면 된다. pass away 대신 pass on을 쓰기도 한다.

We'll pass on the cost to the customer.
우린 그 비용을 고객에게 넘길거야.

- I'm just gonna **pass on** the concert. 난 콘서트 안갈래.
  I'm gonna have to **pass on** dinner. It's getting so late. I've got a deadline. 난 저녁식사 안갈래. 너무 늦었고 마감맞춰야 되는게 있어.

■ **pass on**은 다양한 의미로 쓰이는데 '책임을 전가하다,' 혹은 '정중하게 거절하다' (say no)라는 의미로 쓰인다.

And you passed with flying colors.
그리고 넌 우수한 성적으로 합격했어.

- Not only that, they **passed with flying colors**.
  그것뿐이 아냐, 걔네들은 좋은 결과를 얻었어.
  I'm sure you'll **come through with flying colors**!
  난 네가 좋은 성적으로 통과할거라 확신해.

■ **pass with flying colors**는 '우수한 성적으로 합격하다,' '좋은 결과를 얻다' 라는 말이다. pass with 대신 come through 를 써도 된다.

I just can't get past it.
난 그걸 잊을 수가 없어.

- Can we please **get past** this? 제발 이건 좀 잊으면 안될까?
  Could you **get past yourself** for a second? 다른 사람 생각 좀 해줄 수 없어?

■ **get past**는 '지난간 일이나 사람을 잊어버리다' 라는 의미이고 일반적인 의미로는 get past 다음에 물리적인 장소나 지점이 나오면 '…을 통과하다' 라는 뜻이 된다. get past oneself는 get over yourself의 변형으로 그리 많이 쓰이지 않는 표현.

Dana, you can't live in the past.
데이나, 과거에 연연해 살면 안돼.

- Take some time to **think back over the past**. 시간을 내서 과거를 돌이켜봐봐.
  I **thought back over the past** after our reunion.
  우리가 다시 합친 다음 과거를 돌이켜봤어.

■ **not live in the past**는 '과거에 연연해 살지 않다,' 그리고 run[look, think] back over the past는 '과거를 돌이켜보다' 라는 의미.

Well, I wouldn't put it past them.
그래, 걔네들 충분히 그럴 수 있어.

- A: Am I dating your friends? B: I wouldn't put it past you.
  A: 내가 네 친구들하고 데이트하고 있는거야? B: 너야 능히 그러고도 남지.

  I wouldn't put it past him to hurt his own family.
  걔는 능히 자기 가족에 상처를 주고도 남을 놈야.

The electric bill is a month past due.
전기세가 한달치 밀렸어.

- These reports will be past due on Monday.
  보고서는 월요일이면 마감을 못맞춰.

  Have you seen these? Five more past due notices.
  이거 봤어? 미납통지서가 5개나 더 있어.

■ I wouldn't put it past sb (to do)는 sb는 원래 이상한 짓을 하는 놈이어서 sb가 to 이하를 해도 전혀 놀랍지 않다라는 의미로 'sb는 능히 그러고도 남는다.'

■ be past due는 '지급기간이 지나 미납되다,' 해야 될 일을 다 못해서 늦은 것처럼 뭔가 마감기간을 넘겼다는 의미. 형용사 past due+명사로도 쓰인다.

MORE EXPRESSION

pass the time 뭔가 기다리면서 혹은 지루해서 시간을 보내다
let it pass 봐주다, 놔주다
pass sentence on 형을 선고하다
pass judgement on 비판적 의견을 말하다
pass sb's lips 무심코 말이 나오다
come to a pretty pass 난처한 지경에 이르다

O
P

» path

 Don't lead me down the garden path. 날 속이려 하지마.

Don't lead me down the garden path.
날 속이려 하지마.

- Will led his girlfriend down the garden path. 윌은 자기 여친을 속여먹었어.
  He was led down the garden path by the crook. 걔 사기꾼에게 당했어.

AJ went down the wrong path when he used drugs.
AJ는 마약을 했을 때 실수를 한거야.

- Take care not to go down the wrong career path.
  직장경력에서 실수하지 않도록 조심해.

He's on the warpath.
걔 화가 잔뜩 나 있어.

- You know when Ed's on the warpath. 넌 언제 에드가 화나있는지 알지.
  Bailey was on the warpath. I was trying to protect you.
  베일리가 엄청 화나있었어. 널 보호하려던 거였어.

■ lead sb down the garden path는 'sb를 의도적으로 속이다'라는 뜻. 예전 저택정원의 미로를 떠올리면 쉽게 이해가 될 수 있다.

■ go down the wrong path는 틀린 길을 내려가다라는 말로 '실수하다,' '잘못된 결정을 하다' (make the wrong choices in life)라는 뜻이다.

■ be on the warpath는 '잔뜩 화가 나있거나 기분상태가 무척 안좋은'이라는 말이다.

MORE EXPRESSION

stand in sb's path
…가 …하는 것을 막다
off the beaten path
사람들이 안 가는 곳

 놓치면 원통한 미드표현들

- **pee** 오줌싸다
  You peed into your boxers 2 minutes ago.
  넌 2분전에 사각팬티에 오줌을 쌌어.
  I can't pee in a mug with a picture of grandma on it.
  할머니 사진이 새겨진 머그컵에 오줌을 쌀 수 없어.

- **take a pee** 오줌싸다
  You took a pee behind a convenience store? 편의점 뒤에서 오줌쌌어?

» pathetic

 You guys are so pathetic. 너희들 정말 한심하다.

Some guys are just pathetic.
어떤 애들은 그냥 딱해.

- **I'm pathetic.** Stop looking at me! 난 한심한 놈이라구. 그만 날 쳐다봐!
  You guys **are so pathetic**. 너희들 정말 한심하다.

How pathetic!
정말 한심해!

- **How pathetic** is that? 저게 얼마나 한심하니?
  How pathetic am I? 내가 얼마나 한심해?

■ be pathetic은 '비참하거나, 한심하거나 딱하다, 형편없다' 라는 의미로 구어체에서 많이 쓰인다.

■ how pathetic 이번에는 하도 한심해서 감탄문형태로 쓰는 것으로 '정말 한심하다,' '딱하다' 라는 말.

» patience

 I'm losing my patience with you, man. 야 난 너를 더 이상 참지 못하겠어.

You're trying my patience.
너 정말 짜증난다.

- My girlfriend really **tried my patience** tonight.
  내 여친은 오늘 밤 정말 날 열받게 했어.

I have tried to have patience with him.
난 걔를 참아보려고 노력했어.

- I don't **have the patience to** comfort you a fourth time.
  널 4번이나 위로할 인내심이 내겐 없어.

I'm losing my patience with you, man.
야, 난 너를 더 이상 참지 못하겠어.

- Kelly was fired after the manager **ran out of patience** with her.
  켈리는 매니저가 걔에 대해 인내심의 한계를 느껴 잘렸어.
  I am rapidly **reaching the end of my patience with** you.
  난 너한테 인내심의 한계를 무척 빨리 느끼고 있어.

Tony, be patient. It could still happen.
토니, 조급해하지마. 아직 가능성이 있어.

- A: You tell me now. B: **Patience,** Jack. Patience.
  A: 이제 말해봐. B: 참아, 잭, 참으라고.
  Be patient? You coppin' an attitude with me? 기다리라고? 너 거드름피우냐?

■ try one's patience는 인내심을 테스트하다라는 말로 '…을 짜증나게 하다' 라는 의미. 특히 Don't try my patience (날 열받게 하지마라)라는 문장이 많이 쓰인다.

■ have the patience는 '인내심을 갖다' 라는 의미로 have the impatience to+동사하면 '인내심을 갖고 …하다,' have the patience with sb하면 '…에 인내심을 갖다, 참다' 라는 의미. 반대로 인내심이 적거나 없을 때는 have little[no] patience with sb[to+V]라고 하면 된다.

■ lose one's patience with는 '…을 더 이상 참지 못하다' 라는 의미. run out of patience with sb는 '…에게 인내심이 바닥나다,' 그리고 reach the end of one's patience with~는 '…에게 인내심의 한계를 느끼다' 라는 표현.

■ (have) patience는 주로 Patience, 형태의 한 단어 문장으로 상대방에게 '참아봐,' '조바심 내지마라' 는 뜻으로 be patient라고 쓰기도 한다.

MORE EXPRESSION

a patient 환자

» pay

 You get what you pay for. 땀을 흘린 만큼 얻는 거야.

Be sure to pay up front.
반드시 선불로 지급해.

- I love Americans, they **pay up front**. 난 미국사람들이 좋아. 선불로 지급하잖아.
  Everyone **pays up front** before going inside. 다들 입장전 선불로 지급해요.

■ **pay up front**는 '선불로 지급하다.'

I promise I'll pay you back.
정말 돈 갚을게.

- Can I borrow 20 bucks? I'll totally **pay you back**.
  20 달러 빌릴 수 있어? 꼭 갚을게.
  I am gonna **pay back** your investment. 네가 투자한 돈 갚을거야.

■ **pay sb back**은 기본적으로 '빌린 돈을 갚다,' '되돌려주다,' 또는 '환불하다' 라는 뜻이고, 비유적으로 당한 것을 갚다, 즉 '복수하다' 라는 의미로도 쓰인다.

We should be able to pay off our creditors.
채권자들에게 빚을 갚을 수 있을거야.

- How else are you gonna **pay off** that debt? 달리 어떤 방법으로 빚을 갚을거야?
  All your hard work **must have paid off**. 열심히 노력한 건 효과가 분명 있었을거야.

■ **pay off**는 다양한 의미로 쓰이는데 '빌린 돈을 갚다,' 즉 빚을 갚다가 그 첫 번째이고 다음으로는 '성과가 있다[성공하다],' '뇌물을 주다,' 그리고 '직원들의 급여를 주고 해고하다' 라는 의미들로 쓰인다.

Pay up!
내 돈 갚아!

- Sam sent a message to Jim to **pay up**. 샘이 짐에게 돈갚으라고 메시지를 보냈어.
  You better **pay up**, Doc, or we're coming over. 선생, 돈줘야지, 아님 우리갑니다.

■ **pay up**은 갚을 돈이 별로 없는 도박빚 등의 '돈을 갚다' 라고 할 때 쓰며, pay off보다 좀 더 캐주얼하게 쓰인다.

You couldn't pay me to do it.
내게 돈주고 이걸 하라고 하면 안되지요.

- Do you want to **pay me to** work for you? 당신 밑에서 일하면 돈줄래요?
  She **paid me to** arrest her. 걘 내게 돈을 주고 그 여자를 잡으라고 했어.

■ **pay sb to**+동사는 'sb에게 돈을 주고 …하라고 시키다.'

You get what you pay for.
땀을 흘린 만큼 얻는 거야.

- You'll **pay for** that! 넌 대가를 치러야 돼!
  Your buddy Mark's not talking. He's gonna **pay for** that.
  네 친구 마크는 말을 안하고 있는데 그에 대한 대가를 치룰거야.

■ **pay for**는 단순히 물건이나 서비스 등을 받은 대가로 '…의 비용을 지불하다,' '돈을 내다' 라는 뜻으로 비유적으로 잘못한 것에 대한 '대가를 치르다' 라는 뜻으로도 쓰인다.

A hybrid car can even pay for itself.
하이브리드 자동차는 본전을 뽑을 수 있어.

- Oh, honey, that dress just **paid for itself**. 어, 자기야, 저 옷은 제 값을 하네.
  The new heater **paid for itself** in a few years.
  그 새로운 히터는 몇 년안에 본전을 뽑았어.

■ **pay for itself**는 자체적으로 스스로 돈이 지불된다는 이야기는 들어간 비용이 없는 셈이다, 즉 '본전뽑다,' '제값을 하다' 라는 의미가 된다.

I'm gonna make him pay for this.
걔가 이것에 대한 값을 치루게 하겠어.

- It's a wrongful lawsuit. We will make him pay. 잘못된 소송이야. 걔한테 대가를 치루게 하겠어.
  I'll find you, and I'll make you pay. 널 발견하면 값을 치루게 하겠어.

■ make sb pay는 단순히 'sb에게 돈을 내게 하다'라는 의미로도 쓰이고 또한 낼 것을 안내서 강제적으로 내게 한다는 뜻에서 '대가를 치루게 하다'라는 의미로 사용된다.

Well, I didn't get paid, so I doubt it.
저기, 돈을 못 받아서 믿지 못하겠어.

- That's what you get paid for. 그게 네가 돈받고 하는 일이잖아.
  How much you get paid for the hit? 청부살인 한 건에 얼마 받아?

■ get[be] paid는 '돈을 받다,' '급여를 받다'라는 의미로 well paid하면 '급여보수가 좋은'이라는 표현이 된다.

It pays to have a pal.
친구란 참 소중해.

- It pays to have connections. 연줄이 많으면 도움이 돼.
  It would pay you to sell that old house. 저 낡은 집을 팔면 돈이 될거야.

■ It pays to+동사는 '…하는 것이 도움이 되다, 득이 되다'라는 표현이고 It (would) pay sb to + 동사하면 '…하는 것은 sb에게 도움이 될거야'라는 뜻이 된다.

My client paid his debt to society.
내 고객은 수감생활을 했습니다.

- Have we repaid my debt to society? 사회에 진 빚은 다 갚은 건가?
  Mr. Tolson paid his debt to society. 톨슨은 복역했어.

■ sb pay one's debt (to society)는 '사회에 진 빚을 갚다'라는 말로 특히 죄를 짓고 그 대가를 치루기 위해 '복역하다'라는 뜻으로 많이 쓰인다.

He pay your way through med school?
걔가 의과대학 등록금을 대주고 있어?

- She worked in the dining hall to pay her way through. 걘 독학하기 위해 큰 구내식당에서 일을 했어.
  I told him I was only working as an escort to pay my way through law school. 난 걔한테 법대 등록금을 마련하기 위해서 에스코트로 일했었다고 말했어.

■ pay one's way는 자기가 가는 길에 돈을 대다, 즉 '자립하다,' '빚지지 않고 해내다'라는 뜻으로 pay one's way through +(학교)하면 '독학하다'라는 의미가 된다.

MORE EXPRESSION

pay a visit 방문하다
pay court to sb 비위를 맞추다
pay attention to 주의를 기울이다
put paid to sth 계획을 망치다

» peace

She may never rest in peace. 걘 절대로 편히 잠들지 못할거야.

Peace out, suckers.
나 간다, 찌질이들아.

- A: Always nice talking to you, Sheldon. B: Uh, peace out!
  A: 쉘든 얘기나눠서 항상 기뻐. B: 어, 나 갈게.
  I'm so tired. I have to go peace out. 너무 피곤해. 나 가야되겠어.
  I'm out of here. See you then, peace up. 나 간다. 그때봐, 안녕.

■ peace out은 슬랭으로 '그만 가봐야 돼,' 즉 good-bye라는 말로 주로 가슴을 두번 친 후 V자를 만든다. 또한 peace up 또한 친구들에게 헤어질 때하는 말인데 이는 미국가수 Usher의 "Yeah"라는 노래서 유행하게 되었다. 도시의 흑인 일부만이 쓰는 속어이다.

We come in peace.
우린 화해하러 왔어.

- One single event can just suddenly **bring peace to** a man.
  단 한번의 이벤트가 사람에게 평화를 문득 가져다 줄 수 있어.
  Robin eventually **made her peace with** kids. 로빈은 결국 아이들과 화해했어.

She may never rest in peace.
갠 절대로 편히 잠들지 못할거야.

- I hope your sister can **rest in peace** now. 네 누이가 이제 편히 잠들기를.
  What do you have to attain to **have peace of mind**?
  마음이 편안해지려면 뭘 얻어야 돼?

■ **bring peace to~**는 '평화를 가져오다,' come in peace는 '화해하러오다,' make peace with~는 '…와 화해하다,' 그리고 be at peace는 '평온하다,' '평화롭다' 라는 말이다.

■ **rest in peace**는 보통 묘비명에 적히는 문구로 '편히 잠들다' 라는 의미이다. 편히 잠들기를 기원할 때는 May sb rest in peace라고 하면 된다. 또한 peace of mind는 '마음의 평화'로 give sb peace of mind, have peace of mind의 형태로 쓰인다.

MORE EXPRESSION
keep the peace 치안을 유지하다
disturb one's peace 치안을 어지럽히다

» peek/ peep/ peer

 Can I take a peek? 살짝 봐도 돼?

You mind if we take a peek at it?
그거 빨리 좀 봐도 괜찮겠어요?

- A: Can I **take a peek**? B: Be my guest. A: 살짝 봐도 돼? B: 맘대로 해.
  I may need to **take a peek** again. 다시 살짝 좀 봐야 될지 모르겠는데.

Looking for a peep show or a hooker?
핍쇼를 볼래 아니면 창녀가 필요해?

- Year ago, **a peeping Tom** was hitting Chinatown.
  전에 관음증자가 차이나타운에 나타났었어.
  We've got ourselves a high-tech **peeping Tom**.
  첨단 장비를 사용하는 관음증자가 있어.

Stella didn't make a peep.
스텔라는 소리를 내지 않았어.

- We don't have to **peep through** windows.
  우리는 창문을 통해 볼 필요가 없어.
  I've **peeped at** you in the girls' room, unofficially.
  난 비공식적으로 여학생방에 있는 너를 살짝 봤어.

I think it should be a discussion among peers!
동료들끼리의 대화여야 된다고 생각해!

- Does the school have **a peer** counseling program?
  학교는 동료상담 프로그램이 있니?
  Carolyn will be judged by a jury of **her peers**.
  캐롤린은 동료들로 구성된 배심원들에 의해 판단될거야.

■ **take a peek**은 '살짝 빨리 조금 보는 것'을 말한다.

■ **peep show** peep 또한 peek처럼 훔쳐보다, 살짝보다라는 단어로 peep show하면 '남자들이 돈을 내고 여자들이 스트립 등의 성적행위를 하는 걸 훔쳐보는 것'을 말하며 peeping Tom하면 관음증이 있는 사람(voyeur)을 말한다.

■ **peep into[at, through]**는 '구멍이나 창문 등을 통해 살짝 빨리 보는 것'을 말한다. 한편 make a peep하면 '사람들이나 새들이 소리내는 것'을 말한다.

■ **peer**는 명사로는 '동료,' 그리고 peer into하게 되면 '잘 안보여서 세심하게 들여다보는 것'을 뜻한다.

» penny

A penny for your thoughts? 무슨 생각을 그렇게 해?

Now is not the time to pinch pennies.
이제 한푼이라도 아껴야 할 때가 아냐.

- I'd love to, but I'm really trying to cut back. You know, pinch a few pennies. 그러고 싶지만 지출을 줄이려고 하고 있어. 알잖아, 한푼이라도 아껴야지.

  A penny saved is a penny earned. 티끌모아 태산이다.

  Save your pennies because you'll need them someday. 언젠가 필요할테니 돈을 저축해라.

A penny for your thoughts?
무슨 생각을 그렇게 해?

- You're quiet tonight. Penny for your thoughts. 오늘 밤 조용하네. 뭔 생각하니?

  A penny for your thoughts on that situation. 저 상황 어떻게 생각해?

He's worth every penny you pay him.
걔한테 돈을 지불할 만한 가치가 있어.

- They need every penny for guns and ammo. 개네들은 총기와 탄약을 사기 위해 있는 돈 전체가 필요해.

  I spent every penny of it in six months. 난 6개월 만에 그 돈을 다썼어.

I don't regret a single penny.
난 돈 쓴 거 전혀 후회하지 않아.

- I don't regret a single penny I spent on my education. 내 교육비에 쓴 돈은 하나도 아깝지 않아.

  Patty doesn't regret a single penny spent on the ceremony. 패티는 기념식에 쓴 돈을 전혀 아까워하지 않아.

■ **pinch pennies**는 '경비절감을 위해 한푼이라도 아끼다,' '최대한 지출을 줄이다'라는 의미. 또한 save one's pennies는 '신중하게 돈을 쓰지 않고 돈을 저축하다.

■ **A penny for your thoughts?**는 생각에 골똘히 잠겨있는 사람에게 던지는 문장으로 '무슨 생각을 그렇게 해?'라는 의미.

■ **every penny**는 '동전 한푼까지 다'라는 뜻. 그래서 be worth every penny하면 be worthwhile이란 의미로 '그럴만한, 그만한 가치가 있다'라는 의미. 한편 every penny counts는 '한푼이라도 소홀히 하면 안된다'라는 문장.

■ **not a penny**는 '동전한푼 없다'는 말로 no money와 같은 말.

MORE EXPRESSION

penny-wise and pound-foolish 소탐대실
In for a penny, in for a pound. 시작한 일은 끝내는게 좋다.
The penny (has) dropped. 이제 알겠어.

» penis

An erect penis doesn't have a conscience. 발기된 페니스는 양심이 없어.

She left deep bite marks on his penis.
그 여자는 걔 페니스를 심하게 물어 자국을 남겼다.

- I'd do almost anything to introduce my penis to the inner you. 네 안에 내 페니스를 소개할 수 있다면 뭐라도 하겠어.

  He's a teenage boy. We could take away his penis. He'd still try to have sex. 걘 10대 소년야. 페니스를 없애도 여전히 섹스를 하고 싶어할 거라고.

  An erect penis doesn't have a conscience. 발기된 페니스는 양심이 없어.

  You think with your penis. 넌 거시기로 생각하잖아.

  With great penis comes great responsibility. 멋진 페니스엔 그만한 책임이 따른다.

  He has a tiny little penis, but he knows exactly how to use it. 걘 페니스가 작지만 어떻게 사용할 줄 알고 있어.

■ **penis**는 '남자의 거시기'를 말하는 것으로 미드에 거시기를 지칭하는 단어중 점잖은 단어. 옆의 문장들은 실제 미드에서 나온 penis에 관한 명언(?)들이다.

» period

I'm having my period. 생리중야.

I ever see you around my daughter, you're going to be finished, period.
내 딸 주위에 얼씬 거리다 눈에 띄면 넌 끝장이야, 이상.

- Now that you can't be happy, you don't want anyone else to be, period. 네가 행복할 수 없으니 다른 사람도 그렇길 바라는거지, 그만 하자구.

I'm having my period.
생리중야.

- She was supposed to go to Pilates, but she got her period.
걘 필라테스 가야되는데 생리 중이었어.

■ period는 강조하는 표현으로 자기의 입장을 말한 뒤 맨 끝에, period하게 되면 자기는 이미 입장을 결정했고 더 이상 얘기하고 싶지 않다는 것을 강조하는 표현이다.

■ get[have] a period는 '생리하다' 라는 말로 get[have] one's period, 혹은 I have the rag on이라고도 한다.

» person

It's just nothing personal. 개인적인 감정 때문이 아니야.

They asked me to participate in person.
걔네들은 내게 직접 참가하라고 했어.

- I'd rather talk to Gwen in person. 내가 직접 그웬을 만나 얘기하겠어.
I'd prefer to say this to you in person. 난 직접 만나 네게 이걸 말하길 바래.

Terry's not really a people person.
테리는 그렇게 사교적인 사람은 아냐.

- I'm an excellent people person. 난 아주 사교성이 뛰어난 사람이야.
Well, I'm a real people person. 어, 난 정말 사교적인 사람야.

Let's not make it personal.
사적인 것으로 만들지 맙시다.

- This isn't about revenge. Don't make it personal.
이건 복수에 관한 것이 아냐. 사적인 것으로 만들지 마.

This is gonna get personal, isn't it?
이건 개인적인 문제로 될거야, 그렇지 않아?

- She let things get personal. 걘 상황을 사적으로 만들어버려.
I don't get personal with the customers. 난 고객들과 사적으로 친해지지 않아.

It's just nothing personal.
개인적인 감정 때문이 아니야.

- I don't do virgins. It's nothing personal. 처녀는 (강간)안해. 개인적인 건 아니고.
She'll hate you forever. It's just nothing personal.
걘 널 영원히 증오할거야. 개인적 감정이 있어서 하는 말은 아니고.

■ in person은 통신이나 3자를 통한 간접적인 방법이 아니라 직접 face to face하게 만나는 것을 말한다.

■ people person은 사람들과 어울리기를 좋아하는, 즉 '사교성이 많은 사람'을 말한다.

■ make it personal은 '다른 사람의 감정을 건드리거나 분노나 화를 내게 할 뭔가를 하는 것'을 뜻하는 표현.

■ get personal은 make it personal과 같은 말로 '분노나 화 등 사적인 감정이 생기는 것'을 말하며 경우에 따라서 '개인적으로 친해지는 것'을 말할 수도 있다.

■ (it's) nothing personal은 '개인적인 감정 때문에 그러는 게 아냐,' '너를 비난하자는 게 아니야' 라는 의미이다.

MORE EXPRESSION

missing person 실종자
feel like a new person
다시 태어난 기분이다

» pervert

 Let go of me, you pervert! 놔줘, 이 변태야!

Wait! You can't lock me up with a pervert.
잠깐! 변태랑 날 가둬두면 안돼.

- Let go of me, you pervert! You're hurting me! 놔줘, 이 변태야! 아프다구!
  Jury's not gonna have a lot of sympathy for a perv.
  배심원은 변태에게 많은 동정심을 갖지는 않을거야.

■ pervert는 명사로 '변태,' '성도착자' 라는 말로, 줄여서 perv라고도 한다.

He's perverting god to justify murder.
걘 신을 왜곡하면서 살인을 정당화하고 있어.

- It's been perverted beyond recognition. 그건 몰라보게 왜곡되었어.
  He flashed her, he perved her in ways she's not even aware of.
  걘 자기 몸을 그녀자에게 노출하고, 걔도 모르는 방식으로 성적으로 타락시켰어.
  That perverted bitch is still chasing my little boy!
  저 변태같은 년이 아직도 내 아이를 뒤쫓고 있어!

■ pervert 이번에는 동사로 '나쁜 쪽으로 왜곡하다,' '성적으로 타락시키다' 또한 perverted 하면 '비정상적인,' '도착된' 이라는 형용사.

» pet

 It's a pet peeve. 그거라면 질색야.

It's a pet peeve.
그거라면 질색야.

- What is Monica's biggest pet peeve? 모니카가 제일 혐오하는게 뭐야?
  One of my biggest pet peeves is cell phones in court.
  제일 짜증나게 하는 것중 하나가 법정에서 핸드폰 쓰는거야.

I was just petting him.
난 단지 걜 애무하고 있었을 뿐이야.

- Dana is in bed. She's petting her cat. 대너는 침대에서 고양이를 쓰다듬고 있어.

■ pet peeve에서 peeve는 약올림이라는 단어로 pet은 여기서 peeve를 더욱 강조해주는 역할을 해서 pet peeve하면 '정말 혐오하는 것', '발끈하게 하는 것'을 말한다.

■ pet은 동사로 '애무하다,' '쓰다듬다' 라는 단어로 petting은 명사로 거의 우리말화된 단어로 heaving petting하면 '농도짙은 애무'를 뜻한다.

MORE EXPRESSION

teacher's pet 선생님이 편애하는 학생
petting zoo 동물을 만질 수 있는 동물원

- **perk sb up** 기운나게 하다
  I need some coffee to perk me up.
  기운 좀 나게 커피가 필요해.

- **perk** 특전
  I guess sleeping with your boss has it's perks. 사장하고 자는건 그 나름의 특전이 있을거야.

- **perky** 활기찬
  No, they said I was too perky.
  아니, 걔들이 내가 너무 활기찼다고 했어.
  Cindy is a naturally perky person.
  신디는 태생이 활기찬 사람야.

» phase

Maybe it's a phase. It'll pass. 잠시 그러는 거야. 지나갈거야.

It was a phase.
한 때 그러는 거였어.

- **It was a phase.** I got over it. 한 때 그랬지. 난 극복했어.
  Maybe **it's a phase**. It'll pass. 잠시 그러는 거야, 지나갈거야.
  Puberty **is a phase**. Fifteen years of rejection is a lifestyle.
  사춘기는 지나가는 단계야. 15년간의 반항은 삶의 한 방식야.
  You and Garron are **in the honeymoon phase**.
  너와 개론은 밀월단계에 있어.

He got phased out!
걘 더 이상 쓸모가 없어졌어.

- You're not gonna **be phased out**! 넌 용도폐기처분되지 않을거야!
  Emily, dammit, I **am being phased out**. 에밀리, 젠장헐, 난 잘릴거야.

■ **be a phase**에서 phase는 단계, 과정, 국면이라는 의미로 미드에서 be a phase하면 근심거리가 있는 사람에게 위로하는 표현으로 '지나가는 과정이다,' '한 때 저러는거다'라는 뜻으로 많이 쓰인다. It's just a phase S+V라고 해서 지나가는 과정이 뭔지 구체적으로 말할 수도 있다.

■ **phase out**은 '단계적으로 없어지다,' '중단하다'라는 의미.

in phases 단계적으로

» physical

Did you and Chris ever get physical? 너 크리스하고 섹스해본 적 있어?

All new employees get a physical.
모든 신입직원은 건강검진을 받아야 한다.

- I'm supposed to **give you a physical** this evening.
  오늘 저녁에 널 검진하기로 되어 있어.
  You're going to **do a physical**? 건강검진 받을거야?

Did you and Chris ever get physical?
너하고 크리스하고 섹스해본 적 있어?

- He walked me out to my car. Things **got physical**.
  걘 내 차까지 같이 걸어오더니 몸싸움이 일어났어.
  It's good that we got out and **did something physical**.
  나가서 활동적인 일을 하는게 좋아.
  He posted intimate details of their **physical relationship** on his blog. 걘 자기 블로그에 걔네들 육체관계를 은밀한 상세부분까지 올렸어.

No physical evidence.
아무런 물적 증거가 없어.

- I don't rely solely on **physical evidence**. 난 단지 물적 증거에만 의존하지 않아.
  Do you have **physical evidence** confirming it's your guy?
  걔가 네가 찾던 범인이라고 확신하는 물적증거가 있어?

■ **get a physical**은 건강검진(physical examination)을 뜻해 get a physical 혹은 do a physical하면 '건강검진을 받다'라는 말이 된다.

■ **get physical**은 '육체적인 관계를 맺다(have a physical relationship)'라는 뜻. 하지만 문맥에 따라 '물리적 폭력을 쓰다,' '활동적이다'라는 뜻으로도 쓰인다. 그런점에서 do something physical하면 '활동적인 일을 하다'라는 뜻이 된다.

■ **physical evidence**는 '물적 증거,' 물리적 증거를 뜻한다.

physical person 체력이 좋고 육체활동을 좋아하는 사람

» pick

 I see you've picked up the pieces. 네가 다시 회복된 것을 알겠어.

I think things are picking up.
사정이 나아질거야.

- I needed things picked up in New York. 난 뉴욕에서 상황이 좋아져야 돼.
  Things pick up around the holidays. 휴일에는 상황이 좀 좋아져.

▪ (things) pick up 주어로 things 등 어떤 상황을 뜻하는 게 나오면 이때 pick up의 의미는 '좋아지다,' '나아지다' (get better)라는 의미이다.

I'll pick you up at eight.
8시에 차로 데리러갈게.

- I'd love to go with you. Pick me up at 10:00. 같이가면 좋아. 10시에 픽업해.
  You just picked up this girl and dropped her off downtown. 네가 이 여자를 차로 태워서 시외에서 내려줬지.

▪ pick sb up은 거의 우리말 화된 표현으로 '차로 데리러가다,' '픽업하다' 라는 말.

The cops picked up one of the thieves.
경찰은 도둑들 중 하나를 잡았어.

- I'm hoping to pick up a hot babe. 핫걸을 하나 건지기를 바래.
  Doesn't want to get picked up. 체포되기는 원치 않아.
  He got picked up in the pouring rain by a New York cabbie. 걘 비가 쏟아지는데 뉴욕택시운전사에 의해 납치됐어.

▪ pick up은 그 외 다양한 의미로 쓰이는데 '체포하다,' '납치하다' 혹은 속어로 '섹스하기 위해 이성을 고르는 것'을 말한다. 또한 get picked up하면 '선발되다,' '선택되다,' '체포되다,' '차출되다' 등 문맥에 따라 다양한 의미로 쓰인다.

I want you to pick it up, and we want you to talk to us.
전화받아, 우리에게 말하길 바래.

- Just keep it there. I'll pick it up right after school. 그대로 갖고 있어. 방과후에 바로 가져갈게.
  I'm gonna pick up my clothes from the dry cleaners. 세탁소에서 옷을 가져올거야.

▪ pick up이 사람이외의 것을 목적어로 받을 경우에도 다양한 의미로 쓰이는데 '뭔가를 사다,' '수집하다,' '병(disease)에 걸리다,' '청소하다,' '배우다,' '받다' 등으로 쓰인다.

I see you've picked up the pieces.
네가 다시 회복되었네.

- I hightailed it over here to pick up the pieces of your broken heart. 갠 빨리 이리로 와서 상심한 너를 추스렀어.
  But as always, her friends had come to help pick up the pieces. 하지만 언제나 그렇듯, 걔 친구들이 와서 몸과 맘을 추스르는 것을 도와줬어.

▪ pick up the pieces는 조각조각난 piece를 주워모으는 모습을 연상해보면 된다. 어려운 시절, 힘든 경험을 한 다음 '다시 회복하다,' '몸과 맘을 추스르다,' '재기하다' 라는 의미가 된다.

Stop picking on me.
날 못살게 굴지마.

- I don't understand why you people are picking on my friend. 너희들이 왜 내 친구를 골리는지 모르겠어.
  Oh! I don't usually pick up on those things. Good for me. 오! 보통 저런 것들 알아차리지 못해. 나한테 잘된 일이지.
  When did you pick up on that? 언제 알아차렸어?

▪ pick on sb는 부당하게 그리고 못되게 비난하면서 'sb를 괴롭히는 것'을 말한다. 비슷하게 생겼지만 pick up on은 '…을 이해하다,' '알아차리다' 라는 의미. 하지만 pick sb up on sth[it]은 '…에 대해 한마디 하다,' '혼내다' 라는 뜻이 되니 주의해야 한다.

I couldn't pick and choose.
골라잡을 수가 없었어.

- This is a great store to pick and choose clothes from.
여긴 옷을 고를 수 있는 멋진 가게야.

  You can't pick and choose your relatives. 넌 네 친척을 고를 수 없어.

It was difficult to pick my words.
말을 골라서 하기가 어려웠어.

- Pick your words carefully so you don't insult them.
그 사람들을 모욕하지 않도록 말을 가려서 해.

  Pick your words carefully when you answer. 대답할 때 말을 가려서 해라.

Take your pick.
맘대로 골라.

- You can take your pick. 맘대로 골라서 가져라.
  She's really picky about her patients. 걘 자기 환자들에게 정말 까다롭게 굴어.
  I realize why I'm still single. I'm picky. 내가 왜 싱글인지 난 알아. 까다롭거든.

■ pick and choose는 비슷한 동사 두 개가 and로 연결되어 한단어처럼 사용되는 경우로 '까다롭게 고르다'라는 의미.

■ pick one's words는 있는 말을 골라서 하다, 즉 '말을 신중히 하다,' '조심히 하다'라는 의미.

■ take one's pick pick이 명사로 쓰인 것으로 '…가 맘에 드는 것을 고르다'라는 표현. 또한 be really picky는 '성깔이 까다롭다'라는 말로 choosy, finicky라고 해도 같은 계열의 단어들.

MORE EXPRESSION

pick holes in 허점잡아 비난하다
pick a winner 우승자를 고르다
the pick of sth 최고의
the pick of the bunch 최고
pick-up line 작업용 멘트
pick-up 섹스하려고 바나 파티에서 만난 사람

» picture

 Ryan was out of the picture. 라이언은 더이상 관심의 대상이 아니었어.

I get the picture.
알겠어.

- I think you get the picture. 난 네가 알고 있다고 생각해.
  Now you're getting the picture. 이제 어떤 상황인지 이해하겠지.

Ryan was out of the picture.
라이언은 더이상 관심의 대상이 아니었어.

- She's nicer now that her parents are out of the picture.
걘 부모님이 없으니 더 착해졌어.

  We started dating when Mike was out of the picture.
우리는 마이크가 없자 데이트하기 시작했어.

You wanted Jessica out of the picture.
넌 제시카를 고려하지 않길 원했지.

- She's not talking till we get Jack out of the picture.
걘 잭을 제외해야 말을 하겠대.

  I could've forced you out of the picture altogether.
난 너희들 모두를 빼버릴 수도 있었어.

■ get the picture는 그림을 보듯 '상황을 알고 이해하고 있다'는 표현.

■ be out of the picture는 그림 밖에 있다는 뜻으로 '관련이 없다,' '중요하지 않다,' go out of the picture 역시 '주어가 지금 없거나 전혀 영향력이 없어 문제가 되지 않다'라는 뜻이 된다.

■ put[want] sb out of the picture는 '…을 제외하다,' '배제하다,' 또한 get sb out of the picture 역시 'sb를 제외하다.' 하지만 get out of the picture는 '…에서 빠져나오다,' '관련되지 않다'가 된다. 한편 (now) with sb out of the picture는 out of the picture를 응용한 표현으로 'sb가 없는, 배제된 상황에서'라는 말.

You're just the way I pictured you.
생각했던 대로군.

- Yeah. It's just how I always pictured it. 그래. 그건 내가 항상 생각했던대로야.
I mean, I never pictured it going down this way.
내 말은 난 절대로 그게 이렇게 되리라고 생각해본 적이 없어.

■ picture는 동사로도 쓰여 '머리 속에 그리다,' '생각하다,' '예상하다' 라는 뜻으로 쓰인다. 사람, 사물 다 목적어로 올 수 있다.

You're the picture of health.
넌 건강의 화신이야.

- He was the picture of health. 걘 무척 건강해.
He may not be the picture of sanity. 걘 위생을 그리 신경쓰지는 않아.

■ the picture of health [despair] 물론 the picture of~ 하면 일반적으로 …의 사진이라는 뜻이지만 뒤에 health, despair, sanity, guilt, misery 등이 오면 '…의 화신,' 즉 '무척 …하다' 라는 의미가 된다.

» piece

 You're a piece of shit. 넌 뭐같은 새끼야.

I want a piece of the action.
한 몫 떼어줘.

- I guess he wanted a piece of the action. 걔가 한몫 원했던 것 같아.
How about if I cut you in for a piece of the action?
내가 한몫 챙겨주는건 어때?

■ a piece of the action은 '각자에게 떨어지는 할당,' '분담,' '몫' 을 뜻한다.

You want a piece of me, boy?
야, 너 한번 내 맛 좀 볼래?

- You want a piece of me, sir? Is that what your saying?
나랑 해보시겠다는 거예요? 그 말씀이세요?
Ever since I got here he's wanted a piece of me!
내가 여기 온 이후로 걘 나랑 붙어보려고 했어!
It's a piece of cake. 그건 식은 죽 먹기야.

■ want a piece of sb하면 '…와 한번 붙어볼래' 라는 싸움을 걸거나 협박할 때 사용하는 표현. 하지만 다음에 sth이 오면 위에서 봤듯이 '한몫을 챙기려하다,' 한조각을 원하다 등 '…을 원하다' 라는 뜻이 된다.

He completely goes to pieces.
걘 완전히 망가지고 있어.

- Don't go to pieces. 절망하지마.
It is sad to go to pieces like this. 이런 식으로 망가지다니 슬프다.
Those men out there will tear you to pieces.
저기 저사람들이 널 망가트릴거야.

■ go to pieces는 '산산조각 나다,' '엉망이 되어버리다' 라는 뜻으로 근심걱정 등으로 절망하거나 자포자기하다라는 뜻이다. 또한 smash[rip, tear] sth to pieces는 '산산조각으로 때려부수다,' '찢다' 라는 의미로 완전히 망가트리다, 발기발기찢다라는 의미.

All right, we're all in one piece again.
좋아, 우린 다시 건강해졌네.

- Thanks for bringing her back in one piece. 걜 무사히 데려와줘서 고마워.
I just want you to get there in one piece. 내가 거기까지 무사히 당도하길 바래.

■ be still in one piece에서 in one piece는 산산조각나지 않고 온전하다는 뜻으로 '여행이나 힘든 상황을 무사히 안전하게 넘겼다' 는 뉘앙스. get here in one piece하면 '무사히 도착하다.'

You're a piece of shit.
넌 뭐같은 새끼야.

- Told you it was a piece of crap. 아주 엉망이라고 말했잖아.
  I don't know why I pulled strings to get an invite to this piece of shit party. 이런 개같은 파티에 올려고 힘써서 초대장을 받았는지 모르겠네.

■ be a piece of shit[crap]는 똥조각으로 안좋은 것들이란 말을 속어로 강조할 때 쓰는 말. '말도 안되는 거짓말이다,' '엉망이다,' '개떡같다' 등 문맥에 맞게 아주 안좋은 쪽으로 해석하면 된다.

That guy's a piece of work.
이 친구는 정말 까다로워.

- But this guy is a piece of work. You gotta check this out.
  하지만 이 친구는 좀 특이해. 잘 주시해봐야 돼.
  I mean, you are a piece of work. 내 말은 너 정말 이상한 놈이야.

■ be a piece of work는 '주어놈의 성격이 좀 특이하고 까다롭다'(be unusual or difficult) 라는 말.

MORE EXPRESSION

come to pieces 박살나다
be all of a piece 다 똑같다

» pin

You can't pin that on me. 나한테 뒤집어 씌우지마.

I was on pins and needles.
나 바늘방석에 앉아있는 기분이었어.

- Well, we're on pins and needles. 저기, 우린 무척 초조하고 있어.
  I'm on pins and needles. I wonder how you'll decide.
  난 좌불안석야. 네가 어떻게 결정할지 궁금해.

■ be on pins and needle 핀하고 바늘 위에 있으니 얼마나 초조하고 좌불안석일까… '바늘방석에 앉아있다,' '좌불안석이다,' '안절부절못하다' 라는 의미이다.

You can't pin that on me.
나한테 뒤집어 씌우지마.

- Don't try to pin it on me! 내 잘못이라 돌리지마!
  You didn't give Forman a chance to pin it on me.
  내게 뒤집어씌울 수 있는 기회를 넌 포먼에게 주지 않았어.

■ pin it on sb 역시 범죄미드에서 많이 나오는 표현으로 자기 잘못을 다른 사람 잘못이라고 '죄를 전가시키다,' '뒤집어씌우다' 라는 의미. pin sth in이라고 해도 된다.

Yeah, why don't we put a pin in that one?
그래, 그건 나중에 다시 얘기하자.

- Let's just stick a pin in it, OK? 그 결정은 좀 미루자, 응?
  They put a pin in his spine. 걔네들은 걔 척추에 핀을 꽂았어.

■ put[stick] a pin in+신체부위하면 핀이나 바늘로 신체를 찌르는 것을 말한다. 하지만 속어로 put a pin in sth하게 되면 수류탄에 핀을 꽂아둔다는 말로 '결정을 미루다,' '나중에 다시 얘기하자' 라는 말로 점차 많이 쓰이는 표현.

Better than being a pinup boy.
핀업남되는 것보다 낫다.

- So you heard? And it's pinup man. 그래 들었어? 그리고 핀업남이야.
  Rita Hayword was a famous pin up 60 years ago.
  리타 헤이워드는 60년전 유명한 핀업걸였어.

■ pin-up 동사로 pin up하면 벽에 핀으로 고정시키다라는 말에서 pin-up하면 '벽에 보기 좋으라고(?) 걸어놓은 연예인 등의 노출사진' 을 말한다.

MORE EXPRESSION

pin hopes on …에게 희망을 걸다, 기대를 걸다
pin money 소액의 번돈

» piss

I'm so pissed off. 난 진짜 열받아.

I pissed her off.
내가 걔를 열받게 했어.

- Don't piss off the people who handle the things you eat.
  네가 먹을 음식을 다루는 사람을 열받게 하지 마라.
- I'm sick of seeing you. Piss off! 네가 지겨워. 꺼져라!

I'm so pissed off.
난 진짜 열받아.

- I understand that you're pissed off. 네가 열받았다는 거 이해해.
  He isn't pissed at us. 걘 우리에게 열받지 않았어.

He took a piss in our pool.
걘 우리 풀장에서 오줌을 싸.

- I was taking a piss in the bushes when Cole spotted a girl.
  수풀 속에서 오줌을 싸고 있었는데 콜이 한 소녀를 발견했어.
- They took the piss out of me when I fell down.
  내가 넘어졌을 때 개네들이 날 놀렸어.

You did a piss poor job on this one.
너 이 일을 진짜 형편없게 했어.

- You did a piss-poor job of protecting this one.
  넌 이것을 지키는데 일을 아주 형편없이 했어.
- Sounds like a piss-poor captain. 저질 선장같은데.

Our new cat is full of piss and vinegar.
우리 새 고양이는 아주 활력이 넘쳐.

- She was full of piss and vinegar when I met her.
  걘 내가 만났을 때 아주 활력이 넘쳤어.
- Those kids were full of piss and vinegar. 저 애들은 정말 매우 활동적이야.

▬ piss off sb 혹은 piss sb off는 'sb를 엄청 열받게하다, 화나게하다, 짜증나게하다'라는 말이다. 또한 명령형태로 Piss off!하면 썩 꺼져라(Go away!)라는 뜻인데 영국영어로 미국영어에서는 그리 많이 쓰이지 않는다.

▬ be pissed off는 수동형으로 '주어가 열받은 상태를 말하는 것'으로 pissed 앞에 so나 really 등을 붙여 더 강조할 수도 있다.

▬ take[have] a piss는 '오줌싸다'라는 말로 별로 얌전치 못한 표현. 한편 take the piss (out of)하면 '놀리다'라는 뜻의 영국영어.

▬ do a piss-poor job에서 piss-poor은 아주 형편없는, 저질의라는 의미로 do a piss-poor job하게 되면 '아주 일을 형편없게 하다'라는 의미가 된다.

▬ be full of piss and vinegar는 '활력이 넘치다,' '활동적이다'라는 말이다.

MORE EXPRESSION

pissy 무척 짜증나고 화난
piss in the wind 바보짓을 하다
be a piece of piss 식은죽 먹기이다
be on the piss (술) 왕창 마셔대다

놓치면 원통한 미드표현들

- **perp** 범인
  Said he wants the perp arrested yesterday.
  범인이 어제 잡히길 원한다고 말했어.
  The perp must've really enjoyed watching this guy suffer.
  범인은 정말이지 이 사람이 고통받는 걸 즐긴 것 같아.

  What makes a perp a perp?
  무엇이 범인을 범인으로 만드는 걸까?
  Your perp is most likely well-educated, attractive.
  네가 찾는 범인은 교육을 많이 받고, 매력적인 것 같아.

» pitch

I have a pitch for you to listen to. 내가 제안할테니 잘 들어봐.

Let's pitch in.
조금씩 보태자.

- Why don't we all pitch in 50 bucks. 우리 모두 50달러씩 각출하자.
  So you'll be in charge. I'm just gonna pitch in a little.
  그럼 네가 책임져. 난 그냥 조금 보탤테니.

I plan to make a pitch for the new job.
새로운 일을 구하기 위해 열을 올릴 계획야.

- The salesman came to make a pitch for his product.
  영업사원은 와서 자기 제품에 대해 열을 올렸어.
  I'm just gonna make a final pitch for the funding and then say good night. 지금은 펀딩하는데 마지막 피치를 올리고 작별인사를 할거야.

I have a pitch for you to listen to.
내가 제안할테니 잘 들어봐.

- Do you have a pitch for the staff meeting
  임원회의에서 어떤 제안을 제시할거야?

■ **pitch in**은 '어떤 일을 하는 사람들을 도와 함께 하다,' '돈을 조금씩 내서 모으다,' 혹은 '대화 도중에 의견이나 아이디어를 내다' 라는 뜻이다. 어떤 뜻이든 남을 도와준다는 개념이 있는 표현으로 ~pitch in and help~형태로도 많이 쓰인다.

■ **make a[one's] pitch (for sth)** '(…을 얻으려고) 설득해서 …하다,' '…하기 위해 열을 올리다,' '피치를 올리다,' '찬성하다' 라는 의미.

■ **have a pitch for sb** 역시 같은 표현으로 '…에 대해 열을 올리다.' 다른 사람의 승인을 받기 위해 어떤 제안이나 아이디어를 내놓다라는 뜻.

MORE EXPRESSION
queer the pitch for sb
…의 계획을 사전에 좌절시키다,' '몰래 망치다' (오래된 영국식 영어)
pitch sb a line 거짓말을 늘어놓다
on the pitch 야망에 넘쳐

» pity

Do they often take pity on you? 걔네들이 종종 널 불쌍히 여기니?

I don't feel sorry for you. I pity you.
너한테 미안한 생각보다는 불쌍하다는 생각이 들어.

- I don't hate you, Maisy. I pity you. 널 싫어하지 않아, 메이지. 난 널 동정해.
  Don't you look at me like that. Don't you, pity me.
  날 그런식으로 보지마. 날 동정하지마.

It's a pity your friend isn't here to see this.
네 친구가 여기서 이걸 못보다니 안타까워.

- It's a pity you never got to know her. 네가 걔를 절대로 알 수 없다는 게 안타까워.
  That's a pity, then. He might still be alive. 안됐네, 그럼. 아직 살아있을 수도 있겠네.

Do they often take pity on you?
걔네들이 종종 널 불쌍히 여기니?

- I think they took pity on me. 난 걔네들이 날 불쌍히 여기는 것 같아.
  You begged to have dinner and I took pity on you.
  넌 저녁먹자고 애걸했고 난 널 가엾게 봤어.

■ **pity sb** 보통 pity는 명사로만 알았지만 미드에서는 '동정하다,' '불쌍하게 생각하다' 라는 의미의 동사로도 많이 쓰인다. 특히 pity 다음에 바로 전치사 없이 sb가 온다는 점을 주목한다.

■ **(It's a) pity (that)[to~]**는 '…하는 것은 유감이다,' '안타깝다,' 그리고 **That's (great) a pity**는 '참 안됐다,' 그리고 **What a pity!** 역시 강조표현으로 '참 안타까워!' 라는 의미.

■ **take[have] pity on sb**는 'sb를 불쌍하게 여기다,' '가엾게 보다' 라는 의미.

MORE EXPRESSION
more's the pity 불행히도
for pity's sake 제발

» place

It's not my place. 내가 나설 자리가 아냐.

He's really going places.
걘 정말 잘 나가고 있어.

- Lillie's going places. You know, she's on her way up.
  릴리는 성공적으로 살고 있어. 저기 말이야, 걘 잘나가고 있어.
  Jill was special. She was going places. 질은 특출났어. 잘 나가고 있었어.

■ be going places는 진행형으로 '성공적인 삶을 살아가다,' '잘나가다' 라는 의미.

He couldn't place me.
걘 나를 알아볼 수가 없었어.

- I can't place you. 누구시더라.
  This is the only one I can't place. 이게 내가 유일하게 기억못하는거야.

■ can't place sb[sth]는 '…을 기억하지 못하다,' '알아차리지 못하다.'

I don't want to go back to that ugly place, really.
그 얘기 정말 또 하고 싶지 않아.

- If you came here sucking after forgiveness, you came to the wrong place. 용서를 구하러왔다면 잘못왔어.

■ go back to the ugly place는 비유적 표현으로 '그 얘기는 다시 하고 싶지 않다,' 그리고 go[come] back to the wrong place하면 '잘못 짚다' 라는 말이 된다.

I think you may have come to the right place.
네가 제대로 찾아왔던 것 같아.

- Well, you came to the right place. Here's what we're gonna do.
  잘 찾아왔어. 이게 우리가 해야 될 일이야.
  Are we in the right place? 우리가 제대로 온거야?

■ come to the right place는 '잘 찾아오다,' '제대로 찾아오다' 라는 표현. 반대는 come to the wrong place로 '잘못 찾아오다' 라는 말. 또한 be in the right place는 '제대로 된 곳에 있다,' '적절한 장소이다,' '제자리에 있다' 라는 의미.

They're looking for us in the wrong place.
걔네들은 엉뚱한 곳에서 우리를 찾고 있어.

- I think you're in the wrong place. 난 네가 잘못된 곳에 있다고 생각해.
  Maybe that's because you're looking in the wrong place.
  아마 그건 네가 엉뚱한 곳에서 찾고 있기 때문일거야.

■ look for sb in the wrong place는 '잘못된 곳을 찾아왔다' 는 말로 다른 곳으로 가서 일을 마무리해야 한다는 의미가 내포되어 있다.

I think we left it in a good place.
우린 그것을 안전한 곳에 놓은 것 같아.

- I'm in a good place. 난 기분 편안해.
  I want you to know that Blair and I are in a good place.
  블레어와 나는 기분이 좋다는 걸 알아줘.

■ be in a good place는 '기분이 좋고 안전하다는 느낌을 받다'(to feel safe and happy)는 말로 반대는 good 대신에 bad를 쓰면 된다.

It's not my place.
내가 나설 자리가 아냐.

- It's not my place to tell him. 걔한테 말하는 것은 내가 할 일이 아니야.
  There's no place for truth on the internet. 인터넷에 진실이 있을 곳은 없어.
  This is no place for a man. 남자가 있을 곳은 아냐.

■ be not one's place (to do) (…하는 것은) …의 자리가 아니다, 즉 '…가 나설 자리가 아니다,' '…가 상관할 바가 아니다' 라는 의미의 표현. 또한 be no place for sb는 'sb에게 적절하지 못하다,' '…가 나설 자리가 아니다,' '…가 있을 곳이 아니다' 라는 뜻이다.

Your behavior is out of place.
네 행동은 상식에 어긋난 행동야.

- Nothing looks **out of place** at all. 다 잘 어울려보이는데.
  He wouldn't look **out of place** to you. 갠 너랑 어울릴거야.

There's no plan in place.
아무런 계획도 준비되어 있지 않아.

- He probably **had** an escape plan **in place**.
  갠 아마도 탈출계획을 준비해놓은 것 같아.
  Let me know as soon as they**'re in place**. 그것들이 준비 되는대로 알려줘.

Your place or mine?
너희 집 아니면 내 집으로 할까?

- We got chocolate and wine. **Your place or mine?**
  초콜렛과 와인이 있는데 누구집에서?

I will take his place there, too.
내가 거기서도 걔를 대신할거야.

- Someone else will **take his place**. 다른 누군가가 걔를 대신할거야.
  All right everyone, **take your places**. 좋아요 다들 착석해주세요.

I took second place.
난 그 다음이야.

- The runner **took second place** in the race. 그 주자는 경주에서 2등했어.
  In your heart he will always **be second place to** Alex.
  네 맘속에 갠 항상 알렉스 다음일거야.

Your prints were found all over the place.
네 지문이 도처에서 발견됐어.

- These are from **all over the place**. 이것들은 도처에서 온 것들이야.
  It looks like this guy's **all over the place**. 이 친구 동에 번쩍 서에 번쩍해.

An alarm system was put in place at the bank.
비상경보장치가 은행에 설치됐어.

- A new boss **was put in place** at the office. 신임사장이 사무실에 취임했어.
  The computers **were put in place** at the library. 컴퓨터가 도서관에 설치됐어.

You need to put the students in their place.
넌 학생들의 기를 좀 죽여놔야 돼.

- John **was put in his place** when he lost the fight.
  존은 싸움에 지고나서 기가 죽었어.
  I **put** the kids **in their place** after they behaved badly.
  난 아이들이 행동을 나쁘게 한 후에 콧대를 꺾어놨어.

■ **be out of place**는 제자리에 없다라는 말로 '이상하다,' '어색하다,' '상식에 어긋나다' 라는 뜻. look out of place는 '어울리지 않다,' '어색하다,' 그리고 feel out of place 역시 '어색하다,' '자기 자리가 아니다' 라는 의미이다.

■ **have sth in place** 반대로 in place는 제자리에 있다라는 말로 have sth in place나 be in place하면 '…가 준비되어 있다,' '…를 이용할 수 있다' 라는 뜻이 된다.

■ **your place or mine**에서 place는 구어체에서 집을 뜻하는데 이때는 주로 앞에 소유격이 붙는다. 이 표현은 '우리집에서 아니면 네집에서' 라는 말로 일반적 의미로도 쓰이지만 이성이 누구집에서 그걸 할까하고 물어보는 표현으로도 유명하다.

■ **take the place of~**는 '…대신하다' 라는 표현으로 take sb's place라고도 한다. sb 대신 sth이 나오면 '…대신에 사용되다' 라는 의미. 참고로 in place of~ 혹은 in one's place라고 하면 …대신에라는 뜻. 단 take your places는 굳어진 표현으로 '…을 하기 위해 자리를 잡다,' '착석하다' 라는 의미.

■ **take second place (to~)**는 '…에 비해 덜 중요하다,' '…다음에 오다' 라는 뜻으로 쓰인다.

■ **all over the place**는 '여기저기에서,' '도처에서,' '사방으로' 라는 부사표현.

■ **put in place**는 '…가 실시되다,' '…을 구축하다,' '설치하다' 라는 의미.

■ **put sb in one's place**는 '…의 콧대를 꺾다,' '기죽이다' 라는 말로 주로 거만한 사람을 초라하게 만들다(do sth that makes an arrogant person more humble)라는 뜻이다.

MORE EXPRESSION
Nice place you have here. 집이 참 좋네요.
in one's place …을 대신하여
in the first place 첫째로

» plan

What's the plan B? 두 번째 안이 뭐야?

Here's the plan.
자, 이렇게 하자.

- **Here's the plan.** We do nothing. 자, 이렇게 하자. 우리 아무것도 하지 않는거야.
  Here's the plan. You go down to the hotel and find him.
  자 이렇게 하자. 넌 호텔에 내려가서 걔를 찾는거야.

■ Here's the plan은 상대방에게 뭔가 제안하면서, 앞으로 어떻게 하자고 할 때 사용하는 표현으로 '(우리) 이렇게 하자' 라는 뜻.

So you have a plan right?
그럼 계획있는거지, 맞아?

- If you **have a plan**, you should stick to it. 계획이 있다면 그 계획에 충실해.
  Everybody thinks they **have a plan** till things start to go wrong.
  다들 상황이 나빠지기 전까지 자신에게 계획이 있다고 생각하지.
  Got any fun plan? 뭐 재밌는 계획있어?

■ have a plan (to~)은 기본 표현으로 'to 이하를 할 계획이 있다' (do something specific), have got a plan, get a plan이라고 해도 된다. 계획이 없다고 할 때는 have no plan이라고 한다.

I've got plans.
약속이 있어서 말야.

- If he's **got plans**, he'll change them. 걔가 약속이 있으면 바꿀거야.
  Yeah, I'm sorry. I've **got plans** tonight. 그래, 미안해. 오늘 약속이 있어.

■ have (got) plans는 앞의 것과 관사(a)와 복수(~s)의 차이지만 의미가 달라져 '데이트나 사교모임(social events) 등의 약속이 있다' 라고 말할 때 사용한다.

You want to make plans for New Years.
넌 신년계획을 세워봐.

- Did you **make plans** to have dinner together?
  함께 저녁 먹을 계획세웠어?
  We'll **make a plan**. Could I have a minute in private with David?
  우리는 계획을 세울거야. 데이빗과 둘만 잠시 있어도 돼?

■ make plans (for, to) 혹은 make a plan하면 '(…의) 계획을 세우다' 라는 의미.

We planned to meet for drinks.
우린 만나서 술마시자고 했어.

- We're **planning to** have sex right on the salad bar.
  우리 샐러드바에서 섹스할 생각야.
  Excellent! What **are** you **planning to** wear? 훌륭해! 뭘 입을 생각야?

■ plan to+동사는 '…할 예정이다' 라는 말로 be planning to+동사의 형태로 자주 쓰인다. 그래서 I'm planning to+동사하면 '…할 계획이다,' '…생각이다' 라는 뜻이다.

Sounds like a plan.
좋은 생각이야.

- A: **Sounds like a plan.** B: Count me in. A: 좋은 생각야. B: 나도 끼워줘.
  A: We're going to do something about it. B: **Sounds like a plan.**
  A: 그에 대해 뭔가 할려고. B: 좋은 생각이야.

■ (It, That) sounds like a plan은 '좋은 생각이다' 라는 말로 Sounds like a good idea와 같은 말이다.

What's the plan B?
두 번째 안이 뭐야?

- He's not going to be here, so let's go to **plan B**. 걘 안올테니 플랜B로 하자.

■ plan A는 '첫 번째 세운 계획'을 말하고, plan B는 'plan A가 예상대로 되지 않을 때의 비상 계획'을 plan B라고 한다.

MORE EXPRESSION

be against[for] the plan
그 계획에 반대하다
I'm dead (set) against it.
그것은 절대 반대해.

» play

Don't play dumb with us! 우리한테 바보인 척 하지마!

He made a play for her.
걔가 그 여자한테 대쉬했어.

- I can't believe she made a play for Orson. 걔가 올슨에게 작업을 걸다니.
- Jim made a play for his friend's girlfriend. 짐은 친구여친에게 작업걸었어.

Just play dead and cover your face.
그냥 죽은 척하고 얼굴을 가리고 있어.

- I'm not ready to roll over, and play dead just yet.
  내가 쉽게 물러나 죽은 척할 순 없어.
- I don't need your help. Stop trying to play the wife.
  네 도움 필요없어. 아내인 척 하지마.

Don't play dumb with us!
우리한테 바보인 척 하지마!

- Don't play innocent with me. 아무것도 모르는 척 하지마.
- You still haven't learned to play nice with others?
  다른 사람들에게 잘 대해주는 걸 아직 못배웠구나.

You played me from the beginning.
넌 처음부터 날 갖고 놀았어.

- You've been playing me since day one. 넌 첫 날부터 날 갖고 놀았어.
- Jack played me some of his music later. 잭은 나중에 자신의 음악을 들려줬어.

You have to know the rules to play the game.
정당하게 행동하는 법을 넌 알아야돼.

- Nate and I don't need to play games. 네이트와 난 수작부릴 필요가 없어.
- Don't play games with me. 날 갖고 놀지마.

■ make a play for~는 '…을 노리다,' '이성을 유혹하다,' '작업을 걸다' 등의 의미로 for 다음에는 사람이나 사물 다 올 수 있다.

■ play dead는 '죽은 척하다'로 여기서 play는 pretend(…하는 척하다). play 다음에 다양한 명사와 형용사가 올 수 있다. play God는 '신처럼 행동하다,' play the idiot는 '바보인 것처럼 행동하다,' play the teacher하면 '선생님인 것처럼 행동하다'라는 뜻이 된다.

■ play dumb은 또한 '바보처럼 행동하다,' play innocent하면 '아무 것도 모르는 척하다'라는 의미. 또한 play nice with~는 '…에게 착하게 굴다,' '좋게 대하다'라는 표현. 거꾸로 nice play하면 스포츠에서 멋진 장면이 나올 경우에 하는 말.

■ play sb하면 우리말처럼 'sb를 갖고 놀다'라는 의미. 하지만 play sb라고 무조건 그렇게 해석하면 안된다. 뒤에 다른 단어가 이어져 옆의 예문처럼 다른 뜻이 될 수도 있기 때문이다.

■ play the game은 '정정당당하게 행동하다,' '올바르게 행동하다,' play a game하면 '게임을 하다,' 그리고 play games (with)하면 문맥에 따라 게임하다라는 뜻도 되지만 자신의 속마음을 숨기고 뭔가 목적을 달성하기 위해 '수작부리다,' '갖고 놀다'라는 뜻이 된다.

놓치면 원통한 미드표현들

- **a pest** 귀찮은 사람, 아이
  He says "thank you" and apologizes for being such a pest.
  걘 고맙다고 말하고 귀찮게 굴어서 죄송하다고 했어.

- **pester sb for[to~]** …에게 …해달라고 성가시게 하다
  Everybody has been pestering me about my love life this week.
  다들 이번주 내 연애사에 대해 계속 성가시게 하고 있어.

- **be petulant** 심통부리다

Come on, don't be petulant. Just pick up the stupid can!
이봐, 심술 부리지마. 그냥 바보같은 캔하나 집어!

- **be pickled** 술에 절다
  Yeah, everyone at the party was pickled.
  그래, 파티의 많은 사람들이 술에 절었어.

- **be in a little bit of a pickle** 곤란하다
  That does put us in quite a pickle.
  그러면 우리가 꽤 어려움에 처하는데.

The thief played into the policeman's hands.
도둑은 경찰의 계략에 놀아났어.

- You're playing into the hands of your enemies. 넌 적의 술수에 놀아나고 있어.
  These events are playing into our hands. 이 사건들은 우리에게 유리하게 돌아가.

Her brain plays tricks on her.
걔의 뇌가 걜 혼란스럽게 하고 있어.

- He asked me why I was playing tricks on him. 왜 자기를 골려댔는지 물었어.
  Divorce can play some very nasty tricks on your psyche.
  이혼은 네 정신에 아주 안좋은 영향을 끼칠 수 있어.

You don't get a good cop to play off of.
넌 너와 죽이 잘 맞는 좋은 경찰역을 할 사람이 없는거야.

- The two actors played off each other well in the movie.
  두 배우는 영화에서 궁합이 잘 맞았어.
  This will work better if you play off a partner.
  네가 파트너와 잘 조화를 이루면 이건 더 잘 될거야.

Now she wants to play with us.
이제 걘 우리랑 놀고 싶어해.

- You shouldn't play with a hooker. 넌 창녀와 어울리면 안돼.
  I've been playing with myself and I feel much more confident.
  자위를 했더니 자신감이 붙네.

What are you playing at?
뭐하는 짓이야?

- I have been playing at this job. 난 이 일을 적당히 하고 있었어.
  My friend's band is playing at the Filibuster tonight in Georgetown. 내 친구의 밴드가 오늘밤 조지타운의 필리버스터에서 공연해.

That rule is completely played out.
저 규칙은 아무 효력도 없어.

- Well, if that's how it played out, should we void his arrest?
  어, 그게 그렇게 되었다면, 걔 체포를 무효로 해야겠네?
  This cell phone is played out. I need a new one. 이 핸폰안돼. 새거가 필요해.

When the cat's away, the mice will play.
호랑이가 없으면 토끼가 날뛰지.

- When the cat's away, the mice will play. Have fun, little rodents. 고양이가 없으면 쥐들이 활개치겠지. 재밌게 놀아. 설치류들아.

■ **play into sb's hands**는 '자신도 모르게 …의 손아귀에서 놀아나다,' '…의 계략에 빠지다'라는 슬픈 표현. 즉 sb가 다른 사람을 속이거나 함정에 빠트리려는 계획이 잘 돌아가고 있다는 말

■ **play tricks on**은 '놀리다,' '장난치다,' '혼란스럽게하다'라는 표현으로 특히 만우절에 사람들이 많이 하는 행동.

■ **play off sb[sth]**는 '연극 등의 공연에서 배우들끼리 소통을 원활히 잘하다' 혹은 '두 적을 서로 싸우게 만들어 득을 보는 이이제이에 가까운 공략법.'

■ **play with~**는 '놀다,' '만지작거리다,' '가지고 놀다,' '가볍게 다루다.' 다만 play with oneself는 touch oneself라는 말로 '자위하다'(masturbate) 뜻이 되니 조심해서 써야 한다.

■ **play at**은 '장난삼아 …하다' 이지만 play at+장소하면 문맥에 따라 '연주하다,' '놀다' 등의 단순한 의미가 될 수도 있다.

■ **be played out**은 '효력이 없는'(no longer useful), 또 다른 의미로는 '어떤 일이 진행되거나 일어나는 방식'을 뜻한다.

■ **when the cat's away, the mice will play**는 고양이가 없으면 쥐들이 날뛴다라는 말로 우리말 속담으로는 호랑이 없는 곳에서 토끼가 날뛴다에 해당된다. '윗사람이나 지도하는 사람이 없으면 맘놓고 활개친다'라는 의미.

MORE EXPRESSION

sth be playing (영화 등)상영중이다
What's playing? 뭐가 상영중야?
play one's cards close to one's chest 속내를 들어내지 않다
play the second fiddle 단역을 맡다

» plead

We'll plead not guilty. 우리는 무죄를 주장할거야.

We'll plead not guilty.
우리는 무죄를 주장할거야.

- I'll plead guilty if that's what it takes. 치루어야 할 대가라면 유죄를 인정할거야.
  Pleading guilty? What kind of a strategy is that?
  유죄를 인정한다고? 무슨 속셈이야?

I plead the Fifth.
묵비권을 행사할게요.

- I plead the Fifth, Your Honor. 묵비권을 행사합니다, 재판장님.
  Then you can't plead the Fifth. Proceed. 넌 묵비권을 행사못해. 계속 진행해.

She is hoping we'll plead for manslaughter.
걔는 우리가 과실치사로 간청하기를 바라고 있어.

- I beg and plead with him, he says he'll try and come.
  난 걔한테 간청을 했고 걘 와보겠다고 했어.
  I pleaded with my son to come home. 난 아들에게 집에 오라고 간청했어.

You cannot enter a plea of guilty.
넌 유죄를 인정하면 안돼.

- Your plea of guilty is accepted. Sentencing in two weeks.
  유죄인정은 받아졌고 2주후에 형이 선고돼.

■ **plead not guilty**는 형사 사건에서 피고가 자신은 '무죄라고 답변하다'라는 것으로 이 답변을 나오게 묻는 재판장의 질문은 How do you plead?(어떻게 답변하겠어요?)이다. plead innocent도 같은 말.

■ **plead the Fifth**는 법정에서 자신에게 불리할 수도 있는 사항은 말을 하지 않아도 된다는 것으로 '묵비권을 행사하다'란 말. 묵비권 조항이 있는 미수정헌법 제 5조에서 유래한 표현으로 take the fifth라고 해도 말을 하지 않다라는 뜻이 된다.

■ **plead for~**는 '무척 애타게 간청하다'라는 표현으로 plead with sb to~하면 'sb에게 to 이하를 해달라고 간청하다'가 된다. beg, ask for와 같은 맥락.

■ **enter a plea of guilty**는 '유죄를 인정하다,' 유죄를 인정하지 않다라고 하면 enter a plea of not guilty라 한다.

» please

You can't please everybody. 모든 사람에게 다 잘 할 수는 없어.

They'll be pleased to know you're looking out for them.
네가 걔네들을 찾는다는 걸 알면 기뻐할거야.

- You'll all be pleased to know that I have a date tomorrow night.
  내가 낼 저녁 데이트있는걸 알면 넌 기뻐할거야.
  I would be pleased to know what you've been doing.
  네가 무슨 일을 하는지 알면 기쁠거야.

A little truth, if you please.
조금이라도 진실을 제발 알려주세요.

- I'll take a coffee, if you please. 괜찮다면 커피한잔 마실게요.
  That will be five dollars, if you please. 괜찮으시다면 5달러되겠습니다.

■ **You'll be pleased to know (that)~** '…을 알게 되면 기쁠텐데'라는 평범하지만 알아두면 듣기 좋고 써먹기 좋은 표현. would be pleased if~[to ~]로 '…하면 기쁠텐데'라는 의미.

■ **if you please**는 상대방에 정중히 부탁하면서 하는 말로 경우에 따라서는 굳이 해석하지 않아도 된다. 굳이 해석할 경우에는 '제발,' '죄송합니다만,' '괜찮다면'이라는 의미가 된다.

It's my pleasure.
도움이 됐다니 내가 기쁘네요.

- Believe me, it's been my pleasure. How's he doing?
  정말야, 내가 기뻤어. 걔 어떻게 지내?
  The pleasure was mine. 내가 오히려 기쁘죠.

Please god, I need this job.
하느님 제발, 난 이 일이 필요해요.

- Please yourself. 좋을 대로 해, 마음대로 해
  Please, give me another chance. 제발 기회 한번만 더줘요.
  Oh please, and you knew how much I liked her.
  제발 그러지마, 내가 걜 얼마나 좋아하는지 알잖아.

Would you please?
그래 줄래요?

- Take them for a moment, would you please?
  걔네들 잠시만 데려가줘, 제발?
  Step aside would you please? Next! 옆으로 비켜줄래요? 다음분!

You can't please everybody.
모든 사람에게 다 잘 할 수는 없어.

- Alan. Just can't please everybody. 앨런. 모든 사람에게 다 잘하려고 하지마.
  They're trying to please everybody, but ironically have ended up pleasing nobody.
  걔네들은 모두 다 만족시키려고 했지만 아이러니하게도 아무도 만족시키지 못하게 됐어.

You seem quite pleased with yourself.
넌 꽤 만족하는 것 같아.

- She gets up, pleased with herself. 걘 만족스러워하며 일어섰어.
  He is quite pleased with that statement. 걘 그 진술에 꽤 만족했어.

What's your pleasure?
뭘 드시겠습니까?

- Beer or wine, what's your pleasure? 맥주와 와인중 어떤 걸 먹을래?
  There are many different restaurants. What's your pleasure?
  많은 종류의 식당이 있어. 뭐 먹을테야?

I don't believe I've had the pleasure.
이제야 만나뵙다니.

- I'm Benjamin, I don't believe we've had the pleasure.
  벤자민이라고 합니다. 만나뵙게 되어 정말 반갑습니다.
  I might not have had the pleasure of meeting your girlfriend.
  난 네 여친을 만나는 기쁨을 누리지 못한 것 같아.
  He takes pleasure in watching his casualties die a slow death.
  이 놈은 자신이 해를 끼친 사람들이 서서히 죽어가는 것을 지켜보며 즐거움을 느껴.

■ **be one's pleasure**는 상대방의 감사인사에 대한 답변으로 '천만에요,' '도움을 드릴수 있어 다행입니다' 혹은 처음 소개받고 나서 혹은 아는 사람을 만나서 반갑다는 뜻으로 사용된다. 그냥 My pleasure 혹은 The pleasure is mine이라고 해도 된다.

■ **please**는 간단한 단어지만 여러 가지 의미로 쓰인다. 먼저 상대방이 거절할 경우 '그러지말고 제발,' 그리고 순서나 차례를 양보할 때는 '당신먼저,' '기꺼이,' 마지막으로 자신에게 기분 나쁜 혹은 말도 안되는 행동이나 말을 하는 경우 상대방에게 '그만 좀 하란 말야,' '제발 좀 그만해요' 라는 의미로 쓰인다. 또한 please God은 하느님 제발, 간절히 바랍니다라는 표현.

■ **Would you please?**는 상대방에게 뭔가 요청을 한 후 맨 뒤에 would you please?라고 붙여 '그래 줄래요?' 라고 부탁하는 표현.

■ **can't please everybody**는 '모든 사람을 다 만족시켜줄 수는 없다' 라는 말로 착한 일을 못해 자책하고 있는 사람에게 위로의 말로 쓸 수 있는 표현. 꼭 반대는 아니지만 aim to please하면 '다른 사람들을 기쁘게 하는 것을 목표로 한다' 는 말.

■ **be pleased with oneself**는 스스로에게 만족하다라는 말로 '…에 기뻐하다,' '만족하다' 라는 의미.

■ **What's your pleasure?**는 '상대방에게 뭘 먹겠냐?' 고 물어보는 재미난 표현.

■ **not believe I've had the pleasure (of meeting you)**는 '…하는 즐거움을 갖게 될 줄 믿지 않았다' 라는 말로 누군가 만나서 아주 기쁜 맘을 표현하거나 혹은 '우린 초면이다' 라고 말하면서 자기소개를 할 때 쓰는 표현이다. 일반적으로 기쁘다고 할 때는 have the pleasure of ~ing, …을 즐기다라고 할 때 take pleasure in ~ing을 쓴다.

MORE EXPRESSION

for (more) pleasure 그냥 재미로
with pleasure 기꺼이
be less than pleased with 조금도 기쁘지 않다

» plug

I'm pulling the plug. 난 손뗄거야

I'm just plugging along.
잘해나가고 있어.

- John is slow, but he keeps plugging along.
  존은 느리지만 꾸준히 잘해나가고 있어.

  I'll keep plugging away. 꾸준히 노력할게.

■ be plugging along은 상대방의 안부나 일의 근황을 묻는 질문에 '잘 지낸다,' '하는 일이 잘된다'라는 답변인사 표현이고 plug away는 꾸준히 열심히 일 하는 것을 뜻한다.

I'm pulling the plug.
난 손뗄거야.

- I'll pull the plug on the settlement agreement.
  난 분쟁합의를 중단시킬거야.

  He's not going to pull the plug on his wife.
  걘 아내에게 손을 떼지는 않을거야.

■ pull the plug (on sth)는 전원 플러그를 잡아당겨 뽑는 장면을 생각해보면 된다. '어떤 계획이나 프로젝트를 중단시키거나, 손을 떼는 것'을 뜻한다. 보통 pull the plug on it 형태로 '중도에 그만 두다'라는 뜻으로 쓰인다.

» plus

Jeff brought her as his plus one. 제프는 걜 동행인으로 데려왔어.

Jeff brought her as his plus one.
제프는 걜 동행인으로 데려왔어.

- She invited him to be her plus one at the book party.
  걘 책파티에 걔를 파트너로 초대했어.

  Don't worry, Penny. You're my plus-one. You'll bunk with me.
  걱정마, 페니. 넌 내 동행인이고 나랑 같이 자면 돼.

■ plus(-)one은 '어떤 행사에 같이 가는 동행인,' '데이트로 데려가는 사람'을 뜻한다.

That would bring the total up to 193 men. Plus or minus eight men.
그럼 전체적으로 총 193명에 이릅니다. 오차범위는 8명이구요.

- We can calculate roughly how long the body's been buried, plus or minus six months.
  시신이 묻힌 시간을 대강 시간계산을 해볼 수 있는데 오차범위는 6개월입니다.

■ plus or minus+숫자는 숫자의 안팎이라는 뜻으로 '대략 그 정도의 숫자,' '오차범위는 …숫자이다'라는 표현.

Plus, he looks like a giant insect.
게다가, 걘 커다란 곤충같아.

- Plus, insects have six legs. 게다가 곤충은 다리가 6개야.

  I got 6 my own plus 11 grandkids.
  난 11명의 손자가 있고 내가 낳은 자식이 6명 있어.

■ plus는 접속사로 '게다가,' '더욱이,' 그리고 전치사로는 '…뿐만 아니라'라는 의미로 쓰인다.

MORE EXPRESSION

put[get] in a plug for~
좋게 이야기하다
plug into sth …에 연결되다

» pocket

She has some deep pockets. 걘 주머니가 두둑해.

She has some deep pockets.
걘 주머니가 두둑해.

- Nick Pratt and Doug Waverly's parents **have deep pockets**.
닉 프랫과 더그 웨이버리의 부모는 아주 부자야.
I'm just saying, Mr. Peter, you**'ve got deep pockets**.
난 그냥, 피터 씨, 당신이 부자라고 말하는 거예요.

■ **have (some) deep pockets**는 주머니가 깊다는 말로 '부자다,' '돈이 많다,' '주머니가 두둑하다' 이며 be a moneybags 와 같은 표현.

Now that she's got Caleb Nichol in her pocket.
이젠 걘 칼렙 니콜을 좌지우지해.

- Go ahead. Run. Noah'**s got** the cops **in his pocket**.
어서 해. 튀어. 노아가 경찰들을 주물럭거리고 있어.
Do you **have** any coins **in your pocket**? 주머니에 동전있어?

■ **have sth in one's pocket**은 '주머니에 …을 갖고 있다,' '소유하다' 라는 말로 경쟁 이나 시합에서 따는 당상이라는 말이 되고, have sb in one's pocket하면 'sb를 손아귀에 쥐 다,' 'sb를 맘대로 하다' 라는 뜻이 된다.

Yeah, those cops are in the gangster's pocket.
그래, 저 경찰들은 갱의 조종을 받고 있어.

- Now you want my people thinking I'**m in your pocket**.
이제 넌 내 사람들이 내가 네 조종을 받고 있다고 생각하길 바라는구나.
Walter, the numbers **are in your pocket**. 월터, 숫자들은 네 주머니에 있어.

■ **be in sb's pocket**하면 같은 의미로 '…에 조종받다,' '통제되다,' '영향을 받다' 라는 의미를 갖는다. 물론 글자 그대로 '…의 주머니에 있다' 라는 뜻으로도 많이 쓰인다.

I don't keep my shame in my pocket.
난 수치스러운 짓을 한게 없어.

- You probably **keep** your wedding band **in your pocket**.
너 혹시 결혼 밴드를 생각하고 있지.
Put it back in your pocket, or I'll find some other place to put it.
주머니에 넣지 않으면 다른 곳에 넣을테니.

■ **keep sth in one's pocket**은 '…을 주머니에 넣어두다,' put sth in one's pocket은 '…의 주머니에 …을 넣다,' find sth in one's pocket은 '…을 …에서 발견하다' 라는 의미.

MORE EXPRESSION

pick sb's pocket
소매치기하다(pickpocket)
pocket 돈을 착복하다
burn a hole in one's pocket
돈을 헤프게 낭비하다

» point

You take my point? 내 말 뜻 알겠어?

I'll come to the point.
요점만 이야기할게.

- Just **come to the point** and stop talking. 요점만 이야기하고 말하지마.
When it comes to the point of violence, just leave. 폭력쓰게 되면, 자리떠.

■ **come to the point**는 다른 일반적인 이야기들은 피하고 가장 중요한 이야기를 단도직입적으로 말하다, '요점을 말하다' 라는 표현. 또한 when[if] it comes to the point가 되면 막상 때가 되면 이라는 표현.

Get to the point.
요점만 말해.

- I'm a busy woman so I'll just **get to the point**. 바쁜 여자라 본론만 이야기할게.
I'm tired. **Get to the point**. 피곤해. 요점을 말해.

■ **get to the point**는 상대방이 이야기의 핵심에서 벗어나서 선뜻 본론을 이야기하지 않고 빙빙 에두를 때 쓸 수 있는 표현으로 의미는 '확실히 말해봐,' '본론을 이야기해.'

I get the point.
무슨 말인지 알았어.

- I'm sorry, I don't get the point. 미안하지만 무슨 말인지 모르겠어.
  I get your point. I'll be more careful with my tongue in the future.
  네말 알겠어. 앞으로는 더욱 말 조심할게.

■ get the point (of)는 '(…의) 설명을 알아듣다,' 즉 이해하다라는 의미로, get one's point 하면 '…의 말을 이해하다'가 된다.

You have a point there.
그점에서 네 말이 맞아.

- You've got a point. 네 말에 일리가 있어.
  You got a point there, my friend. 네 말이 맞아, 친구야.
  Well, he's got a point. 저기, 걔말이 맞아.

■ have (got) a point (there)는 '(그점에서) 네 말이 일리가 있다,' '네 말이 맞다'라는 표현.

I can see your point.
무슨 말인지 알겠어.

- I see your point. Wait, what's your point? 네 말을 알겠는데 요점이 뭐였지?
  I don't see the point of even trying. 난 그 시도 자체의 이유를 이해못하겠어.

■ see one's point는 '다른 사람의 의견을 이해하다,' 그리고 not see the point of ~ing하면 '…하는 이유나 목적을 모르겠다'라는 의미로 not see the point ~ing이라고 해도 된다.

You take my point?
내 말뜻 알겠어?

- Ms. Smith, we take your point. 스미스 씨, 당신 말을 잘 이해했습니다.
  I take your point. What's his night job? 그렇구만, 걔 밤일은 뭐야?

■ take one's point는 …의 포인트(요점)를 받아들이다라는 것으로 '…의 말을 이해하다'라는 뜻이 된다.

Point well-taken
무슨 말인지 잘 알아들었어.

- Point taken. I'll e-mail her later. 알았어, 나중에 걔한테 이메일보낼게.
  Point well taken. I'll call you tomorrow. 일리가 있어. 내일 너한테 전화할게.

■ point well-taken은 your point is well taken이라는 말을 줄여서 point well-taken이라고 한 것으로 '무슨 이야기인지 잘 알겠어,' '일리가 있다'라는 답변. well을 빼고 그냥 point taken이라고 해도 된다.

You've made your point.
네 뜻이 뭔지 알겠어.

- You've made your point, Miss Cabot. Move on.
  무슨 말인지 알겠어, 캐봇양, 다음으로 넘어갑시다.
  I'm grateful. Make your point. 감사해요. 설명을 자세히 해봐요.
  Stop with the rambling Joey. Make your point.
  그만 횡설수설해, 조이. 요점만 얘기해.

■ make one's point는 좀 이해하기 어려운 표현으로 '자기 주장을 밝히다,' '남들에게 자기 주장을 알아듣게 하다'라는 의미. 그래서 You've made your point하면 '무슨 말인지 알겠어,' '네 뜻을 알겠어'라는 말이 되고, Make your point하면 '자세히 너의 의견을 설명해봐라'는 뜻이 된다.

I made a point of turning the camera off.
난 카메라를 꺼놓는 것을 습관적으로 해.

- He made a point of saying there are no bodies, no physical evidence. 걘 시신도 물적증거도 없다고 애써 말했다.
  Larry made a point to visit his cousins. 래리는 으레 사촌들을 방문했어.

■ make a point of ~ing는 '습관적으로 …하다,' '반드시 …하다,' '…하는 것을 규칙으로 하다,' '애써 …을 강변하다'라는 의미이다.

297

No, you're missing my point.
아니, 넌 내 말을 이해못하고 있어.

- You're all missing my point. 그 얘기가 아냐.
  I'm angry because you always miss my point.
  넌 항상 내 요점을 이해못해 화가나.

> miss one's point는 '…의 요점을 이해못하다'라는 의미.

It got to the point where it couldn't work.
그게 작동할 수 없는 지경까지 이르렀어.

- You get to the point where you can just smell 'em.
  넌 냄새만 맡아도 알 수 있는 경지에 이르렀구만
  She had gotten to the point where she was forgetting, and she was losing control of her body.
  걔는 기억을 잃고 자기 몸도 가누지 못하는 지경에 이르렀었어.

> get to the point where S+V는 …하는 정도 또는 지경에 이르다라는 말로 '어떤 상태가 좋던지 나쁘던지 상당히 극단적인 상황에까지 이르게 되었다'는 것을 표현하는 문구이다.

I have loved to the point of madness.
난 미칠 정도로 사랑하게 됐어.

- You're stoic to the point of being cold. 너는 차가울 정도로 절제력이 있어.
  You're not worried you're being selfless to the point of self-denial?
  자기 자신을 부정할 정도로 자아가 없다고 걱정되지 않아?

> to the point of~는 '…라고 할 정도로'라는 말로 of 다음에는 명사나 ~ing가 오게 된다.

That brings me to the point I want to talk about.
그게 바로 내가 말하고자 하는 것을 말해주는거야.

- Which brings me to the point we were discussing.
  그게 바로 우리가 토의하고 있는 것을 말해주는거야.
  That brings me to the point of this speech. 그게 바로 이 연설의 요점야.

> That[which] brings me to the (main) point는 좀 언뜻 이해가는 어렵지만 의미는 '그게 …을 말해주는거야.'

That's a good point.
맞는 말이야.

- That's a good point, let's try that. 바로 그거야, 그거 해보자.
  Good point. Let me write that down. 찬성이야. 내가 기록할게.

> (That's a) Good point는 상대방의 말에 찬성하는 맞장구표현으로 '맞는 말이야,' '바로 그거야,' '나도 찬성야'라는 의미.

That's my point.
내 말이 그거야.

- That's my point. I shouldn't have been fired.
  내말이 바로 그거야. 난 잘리지 말았어야 했는데.
  A: She's just a child. B: That's my point exactly.
  A: 걔는 애에 지나지 않아. B: 내말이 바로 그거야.

> That's my point는 상대방이 자신의 설명을 마침내 이해했을 때 반가운 맘에 '내말이 바로 그거야'라고 맞장구치는 표현.

That's the whole point.
바로 그게 중요한 거야.

- Mom, the whole point of barbecuing is to eat outside.
  엄마, 바비큐의 진짜 핵심은 밖에서 먹는거야.
  You're supposed to speak through your music. That's the whole point. 넌 음악을 통해 말하기로 되어 있어. 그게 바로 중요한 핵심이야.

> The whole point (of A) is to~에서 the whole point는 중요한 요점이라는 뜻으로 의미는 '…의 (진짜) 목적은 …하는 것이다'라는 뜻이다.

That's not the point.
그게 아니라니까.

- No, I can't, but that's not the point. 아니, 못해 하지만 그게 요점은 아냐.
  Not so far, but that's not the point! 지금까지는 아니지만 그게 요점은 아냐.

■ That's not the point는 열심히 설명했는데 상대방이 못알아듣고 딴소리할 경우에 답답한 맘에서 그게 아니야, '요점은 그게 아냐' 라고 하는 말이고, That's the point는 '바로 그게 요점이다' 라는 의미.

What's your point?
네가 말하는 요점이 뭐냐?

- A: I've never seen anyone that lucky. B: What's your point?
  A: 그렇게 운좋은 사람은 첨봐. B: 무슨 말을 하고 싶은 거야?
  I had a gambling problem. What's your point?
  난 도박문제가 있었어. 너는 무슨 말 하려는거야?

■ What's your point?는 '네가 무슨 말을 하려는 거냐?' 라는 말로 상대방의 진의를 파악하려는 말. 참고로 What's your point of view?하면 '너의 견해는 뭐야?' 라고 물어보는 문장.

So what's the point, then?
그래, 그럼 요점이 뭐야?

- You made it clear that you don't. So what's the point?
  네는 아니라고 분명히 했잖아. 근데 요점이 뭐야?
  I mean what's the point? We're all gonna die anyway right?
  내 말은 그게 무슨 소용야? 어차피 다 죽을 건데?

■ What's the point?는 상대방이 나에게 무슨 말을 하는지 직접 물어보는 말로 '무슨 말을 하고 싶은 거야?', '요점이 뭐야?' 혹은 힘들고 답답한 상황에서 비관적으로 '그런들 무슨 소용이 있냐', '다 쓸모없다' 라는 의미로도 쓰인다.

What's the point in scaring her again?
걔 다시 무섭게 하는게 이유가 뭐야?

- What's the point if they're not available? 그것들을 이용못한다면 무슨 소용야?
  What's the point of talking about it right now?
  지금 당장 그거에 대해 이야기하는게 무슨 소용야?

■ What's the point in[of] ~ing/if S+V?는 상대방의 의도나 행동의 목적에 대해 물어보는 것으로 단순히 물어보는 경우도 있고, '…하는 이유가 뭐냐?,' '…하는게 무슨 의미가 있냐?,' '…할 필요가 있냐?' 라는 뜻으로 쓰이는 경우도 많다.

The point is that she's one of the best singers ever.
핵심은 걔가 역대 최고 가수중 하나라는 거야.

- The point is that I'm an idiot and I'm a hypocrite and I really miss you. 요점은 난 바보고 위선자고 그리고 정말 너를 그리워한다는거야.

■ The point is that~은 자신이 중요하다고 생각하는 요점이나 핵심을 정리해서 말해줄 때 사용하는 것으로 '요점은 …라는 것이다' 라는 표현.

- **pig out** 과식하다
  Don't pig out on ice cream or you'll get fat.
  아이스크림 많이 먹지마, 아니면 살쪄.

- **pig** 사람
  I would think twice before marrying him 'cause he's a pig.
  걔가 돼지같은 인간이어서 결혼을 재고해봐야 될 것 같아.

- **like a pig** 돼지처럼 sweat like a pig 땀을 많이 흘리다

- You grunt like a pig during sex?
  너 섹스중에 돼지처럼 킁킁대?

- **guinea pig** 실험대상
  More humans are being used as guinea pigs. 더 많은 사람들이 실험대상으로 이용되고 있어.

- **pigsty** 돼지우리
  The place is the biggest pigsty I have ever seen. 여기 정말 봐왔던 곳중 가장 더럽다.

I past the point of no return.
난 이미 돌아올 수 없는 지점을 넘었어.

- They **reached the point of no return** during the argument.
  걔네들은 논쟁 중에 돌아설 수 없는 단계에 이르렀어.

  Don't abuse drugs or you'll **reach the point of no return**.
  약을 남용하면 돌이킬 수 없을지도 몰라.

We don't want to point a finger.
우리는 비난을 하고 싶지 않아.

- Hey, don't **point the finger at** me! 야, 내게 손가락질 하지마!

  Dave **pointed a finger at** his co-workers at the factory.
  데이브는 공장의 동료들을 비난했어.

So, just point the way to room three.
그래, 3호실로 가는 길만 가리켜.

- Listen, could you **point the way to** the bathroom?
  이봐, 화장실가는 길 좀 알려줄래?

  He helped **point the way to** the solution. 걘 해결책을 찾는데 도움을 줬어.

■ **reach the point of no return**은 '하던 일을 계속 밀고 나가서 더 이상은 뒤로 물러설 수 없는 단계에 이르렀다'는 의미로, 그 단계를 지났다고 말하려면 pass를 쓰면 된다.

■ **point a[the] finger at~**는 '…에게 손가락질을 하다,' '비난하다,' 그리고 finger-pointing 하면 고발, 비난이라는 단어가 된다.

■ **point the way to~**는 단순히 '…로 가는 길을 가리키다,' 혹은 to 다음에 추상명사가 나오면 앞으로 상황이 어떻게 전개될지 가리키다라는 뜻이 된다.

MORE EXPRESSION
beside the point 요점을 벗어난, 예상을 빗나간
be on the point of …하려하다
raise a point 안건을 제안하다
brownie points 상사의 신임

» poke

 Have him poke around. 걔보고 뒤져보라고 해.

Have him poke around.
개보고 뒤져보라고 해.

- Why don't we just go **poke around**? 가서 캐묻자고.

  Do you mind if I **poke around**, open some drawers?
  뒤져봐도, 서랍도 열어봐도 괜찮겠어요?

She poked a serious hole in that analogy.
걘 저 비유에서 심각한 허점을 발견했어.

- Why are you trying to **poke holes** in her story?
  왜 걔 이야기에서 허점을 찾으려는거야?

  It was easy to **poke holes** in that theory. 저 이론에 허점을 찾아내는 건 쉬웠어.

She poked her head out of hiding.
걘 숨은 장소에서 머리를 내밀었어.

- I **poked my head** out of the foxhole, it gets blown off!
  내가 참호 위로 머리를 내밀면 목이 날아갈거야!

  Should I at least **poke my head in**? I'm his wife.
  적어도 머리를 좀 넣어봐도 돼죠? 내가 그의 아내예요.

■ **poke around**는 '꼬치꼬치 캐묻다,' 혹은 '이리저리 뭘 찾으러 뒤지다' 라는 표현.

■ **poke holes**는 구멍들을 파다라는 뜻으로 비유적으로 '어떤 계획이나 상대방이 말한 내용에서 허점이나 실수를 찾아내는 것'을 말한다. 물론 poke a hole, poke hole하면 물리적으로 구멍을 파다라는 뜻으로도 쓰인다.

■ **poke one's head**는 '궁금해서 혹은 확인하기 위해 머리를 쏙 내밀다' 라는 표현.

MORE EXPRESSION
take a poke at 비난하다
poke fun at 놀리다
poke one's nose into sth
짜증나게 남의 일에 관심을 보이거나 간섭하다

» poo/ poop

I'm pooped out. See you tomorrow. 나 너무 피곤해. 내일 봐.

I just think it smells like poo.
난 똥냄새가 나는 거 같은데.

- This coffee tastes like **poopie shit**! 이 커피는 응가 맛이야.
  Marcel, did you **poo** in the shoe? 마르셀, 너 신발에다 응가했어?

And you didn't even get pooped on!
그리고 넌 포기하지도 않았잖아!

- Now don't **poop out on** me, we still have to go caroling.
  이제 날 포기하지마, 아직 우리는 가서 캐롤을 불러야 돼.
  I don't wanna hear another **poop out of** you. 말도 안되는 소리 듣고 싶지 않아.

I'm pooped out. See you tomorrow.
나 너무 피곤해. 내일 봐.

- But in my own defense, I must say I'**m just pooped**.
  하지만 내 변명을 하자면, 피곤하다고 해야지.
  Linda wants to go home because she **was pooped out**.
  린다는 피곤해서 집에 가고 싶어해.

■ **poo**는 애들 말로 '응가' (poo-poo, poopie), 그리고 poop은 '똥(을 싸다),' 그래서 smell like poo하면 '똥냄새나다,' taste like poopie하면 '응가 냄새나다' 라는 뜻이 된다.

■ **poop out (on)**은 '해야 될 일을 하지 않고 있거나 혹은 아예 포기해버리는 것' 을 말한다.

■ **be pooped (out)**는 속어로 '매우 지치다'(be very tired)란 말.

MORE EXPRESSION

poopy cock 말도 안되는 소리 (nonsense, bullshit),
poopy head (아이들이 화났을 때) 멍텅구리(shit head)

» pop

I just had time to pop in. 시간나서 잠깐 들렀어

I just had time to pop in.
시간나서 잠깐 들렀어.

- Sorry to just **pop in**, is it ok if I come in? 갑자기 들러 미안, 들어가도 돼?
  I have to **pop in** at least once a month to maintain my record.
  내 기록을 유지하기 위해 적어도 한달에 한번은 들러야 돼.

She is going to pop the question.
걔는 청혼할거야.

- She thought you were gonna **pop the question** tonight.
  걘 네가 오늘밤 청혼할거라 생각하고 있어.

When we ran his finger prints, he popped up.
걔 지문을 돌리자, 걔가 불쑥 튀어나왔어.

- She just **popped up** in my window, and I fired.
  걔가 갑자기 내 창문에 불쑥 나타나, 내가 총을 쐈어.
  You ran a DNA profile and something very distinctive **popped up**?
  DNA 프로파일을 돌리니 뭔가 독특한게 나왔어?

■ **pop in**은 '짧은 시간동안 방문하다, 들르다.'

■ **pop the question**은 질문을 갑자기 불쑥한다는 의미에서 '청혼하다,' '구혼하다' 라는 뜻이 된다. 뒤에 ~to sb가 오면 sb에게 청혼하다라는 말이 된다.

■ **pop up**은 팝업창이라고 할 때의 pop up으로 '예상치 못하게 갑자기 불쑥 나타나다' 라는 의미. Something popped up하면 갑자기 무슨 일이 생겼어라는 문장이 된다.

If he wanted to, he could've taken a pop at me.
걔가 원했다면 나를 쳤을 수도 있었을거야.

- If he tries to make a move on my girlfriend again, I'm gonna take a pop at him. 내 여친에게 또 집적대면 패버릴거야.

■ take a pop at sb '공개적으로 비난하다,' '치려고 하다'라는 의미로 take a swing, try to hit과 비슷한 맥락의 표현으로 좀 오래된 영국식 표현.

I'd say about a million dollars a pop.
개당 100만 달러 정도일거야.

- If I can sell three of my paintings at 500 bucks a pop. 내가 내 그림 3점을 개당 500 달러에 팔 수 있다면.
- Wow! Some of these books are a hundred bucks a pop. 와우! 이 책들의 일부는 권당 100달러야.

■ 돈~ a pop은 낯설은 표현이지만 '개당 …이다' 라고 개별적인 가격을 말할 때 사용된다.

I'm gonna pop your sister's cherry tonight.
오늘 밤에 네 누이의 순결을 뺐을거야.

- Thought you'd want to know, our stalker finally popped his cherry. 네가 알고 싶을거라 생각했어, 우리가 찾는 스토커가 마침내 걔의 동정을 빼앗았어.
- Marshall popped her cherry! 마샬이 걔의 순결을 빼앗었어!

■ pop one's cherry는 '동정을 빼앗다,' '순결을 빼았다' 라는 말이고 그렇게해서 순결을 잃다가 되면 lose one's cherry, deflower라 한다.

MORE EXPRESSION
pop quiz 미니 퀴즈
pop-eyed 놀라 눈이 휘둥그레진
soda pop 탄산음료
be popping pills 약을 많이 먹다
pop up all over the internet 인터넷 모든 곳에 나돌다
go pop 뻥하고 터지다

» positive

 It is our job to think positive. 긍정적으로 생각하는게 우리 일이야.

You need to stay positive about your future.
네 미래에 대해 긍정적으로 생각해야 돼.

- You're gonna be fine. I'm positive about that. 너 괜찮을거야. 확신해.
  I'm trying to be really confident and positive about all this. 난 정말 확신하고 이 모든 걸 긍정적으로 생각하려고 하고 있어.

■ be[stay] positive about~은 '…에 대해 찬성하다,' '확인하다,' '긍정적으로 받아들이다' 라는 의미.

A: You're sure? B: Positive, yeah.
A: 확실해? B: 물론요, 예.

- A: Are you sure it's him? B: Positive. We did a tissue match. A: 걔인게 확실해? B: 확실해요. 조직세포가 일치해요.
  A: You're sure they were together Monday? B: Positive. A: 걔네들이 월요일 확실히 함께 있었어? B: 정말야.

■ Positive는 대답으로 상대방의 말에 전적으로 동의한다는 의미. '물론이죠,' '맞아요.'

Are you positive?
확신해?

- We're positive it's him! 걔라는 걸 우린 확신해.
  A: I've never seen her before. B: Are you positive? A: 걜 전에 본 적이 없어. B: 확신해?

■ I'm positive (that S+V) 는 '…가 확신하다,' 그리고 상대방에 확신하냐고 물어볼 때는 Are you positive (that S+V)?라고 하면 된다.

It is our job to think positive.
긍정적으로 생각하는게 우리 일이야.

- I think positively. I visualize my destiny. 긍정적으로 생각하고 운명을 상상하고 있어.
  Power of positive thinking, huh? 긍정적 사고의 힘이야, 그지?

We'll need dental records for a positive ID.
신원확인을 위해 치과진료기록이 필요할거야.

- We're hoping you could help make a positive ID.
  우리는 네가 신원확인을 해줄 수 있을거라 희망해.

■ think positive는 '긍정적으로 생각하다,' 또한 positive thinking은 '긍정적인 생각,' '사고방식'을 뜻한다.

■ positive ID는 '신원확인'을 뜻하는 말로 make a positive ID하면 '신원확인을 하다'가 된다.

MORE EXPRESSION
positive+N 확실한 …
take positive step
적극적인 조치를 밟다
positive proof[evidence]
확증, 확고한 증거

» possible

 Well, then make it possible. 음, 그럼 가능하게 해봐.

How is that possible?
어떻게 그럴 수가 있지?

- How is that possible? You barely know him!
  어떻게 그럴 수 있어? 넌 걔 거의 모르잖아!

  How is that possible? I mean, didn't he sleep?
  어떻게 그럴 수 있어? 내 말은 걘 잠은 안잤어?

The man here made everything possible.
여기 있는 사람은 못하는 게 없었어.

- We're doing everything possible to keep this suspect behind bars.
  이 용의자를 감방에 넣기 위해 최선을 다하고 있어.

  That bastard screwed me over every way possible.
  이 잡놈이 가능한 모든 방식으로 날 골려먹었어.

Would it be possible for us to look around?
우리가 둘러봐도 될까요?

- Would it be possible for you to do this a little more quietly?
  네가 이걸 좀 더 조용히 할 수 있을까?

  Is it possible for her to dream in this state, yes or no?
  걔가 이 상태에서 꿈을 꿀 수 있을까? 돼 안돼?

Well, then make it possible.
음, 그럼 가능하게 해봐.

- You were trying to make it impossible to locate you.
  넌 널 찾는 걸 불가능하게 하려고 하고 있어.

  I would have made it impossible for them to let you go.
  난 걔네들이 널 놔주지 못하도록 할 수도 있었어.

■ How is that possible? 은 놀라운 사실을 듣거나 믿기지 않는 일을 들었을 때 눈 동그랗게 뜨고 할 수 있는 말로, '어떻게 그럴 수가 있어?' 라는 의미.

■ do everything possible은 '가능한 모든 것을 해보다,' in every way possible은 '가능한 모든 방식으로'라는 말로 주의할 점은 possible이 everything 단어 뒤에 온다는 점이다.

■ Would it be possible (for sb) to~? 는 '…하는 것이 가능할까요?' 라는 의미로 Is it possible (for sb) to~?(…해도 될까?)보다 좀 더 정중하게 물어보는 표현.

■ make it impossible (to~)은 그것 혹은 'to 이하 하는 것을 불가능하게 하다,' 반대로 가능하게 하다라고 할 때는 make it possible (to~)라 한다.

MORE EXPRESSION
if possible 가능하다면
be impossible 불가능하다, 못말리다, 구제불능이다
have possibilities 잠재력 있다

» post

Keep me posted. 계속 알려줘.

Keep me posted.
계속 알려줘.

- I'll contact her. Keep me posted. 난 걔하고 연락할거야. 내게 연락줘.
  A: I'm following her. B: All right, keep me posted.
  A: 난 걜 뒤쫓고 있어. B: 좋아, 내게 계속 알려줘.

■ keep sb posted (on)는 CSI 마이애미 호반장이 자리를 뜨면서 단골로 쓰는 표현으로 친숙하다. '계속 알려줘' 라는 의미로 알려달라는 내용을 말할 때는 on~이하에 연결해 쓰면 된다.

Chris went postal.
크리스가 격분했어.

- A paramedic told us an employee went postal.
  응급대원이 한 직원이 몹시 화냈다고 우리에게 말했어.
  He's a civil servant. He's a postal worker from Orlando.
  걘 공무원이야. 올랜도에서 우편공무원으로 일하고 있어.

■ go postal은 '격분하다,' '몹시 화내다' 라는 표현. 물론 그냥 postal하면 postal worker(우체국직원)처럼 '우체부에 관련된' 이라는 형용사이다.

The moderator will post the list tonight.
사회자가 오늘 밤에 리스트를 게시할거야.

- Can you post some details of the crime? 범죄 세부사항을 올려줄래요?
  Our school will post the grades tomorrow. 학교는 내일 성적을 게시할거야.

■ post는 원래 게시판에 게시한다는 의미에서 출발해서 '인터넷에 자기 의견 등의 댓글을 올리다' 라는 말로도 쓰인다.

» power

More power to you! 성공하길 빌어!

More power to you!
성공하길 빌어!

- If you want to try, more power to you. 네가 해보겠다면 성공하길 빌어.
  If you can explain the behavior of teenagers, more power to you.
  10대들의 행동을 설명할 수 있다면, 잘 되기를 바래.

■ more power to you는 보통 사람들이 하지 않는 일을 하려는 사람에게 그리고 그 성공 가능성이 별로 없는 경우에 그냥 립서비스로 행운을 빈다고 하는 말. '성공하길 빌어' 라는 말이다.

I did everything in my power to help him.
난 걜 도와주기 위해 최선을 다했어.

- I'm gonna do everything in my power to take you down.
  널 때려잡기 위해 무슨 짓이든 다 할거야.

■ do everything[all] in one's power는 '자기 힘껏 모든 것을 다하겠다' 라는 의미로 젖먹던 힘까지 내서 최선을 다하겠다는 강조표현.

Shouldn't we call the powers that be?
당국에 전화해야 되지 않을까?

- I'm gonna go talk to the powers that be. 가서 당국자와 얘기해봐야겠어.
  Killing them was the ultimate power trip. 걔네들을 죽이는 건 극도의 권력 과시야.

■ the powers that be는 '힘과 권력이 있는 당국자' 라는 의미. 또한 power trip은 '어리석은 인간들이 저지르는 권력 과시, 자랑' 을 말한다.

» pray

 The gods finally answer my prayers. 신들께서 마침내 내 기도를 들어주셨어.

That is what I pray for.
저거 때문에 내가 기도하는거야.

- I must go pray for you to get your client back.
  가서 네 의뢰인이 돌아오길 기도해야겠어.
- I will pray for you, but I cannot grant you your request.
  널 위해 기도하겠지만 너의 요구를 승인할 수는 없어.

■ pray for~는 '…을 위해 기도하다'라는 말로 pray for sb to~의 형태로 응용해서 쓸 수 있다. 한편 pray to God은 '하느님께 기도하다.'

The gods finally answer my prayers.
신들께서 마침내 내 기도를 들어주셨어.

- Yeah. My prayers have been answered. 그래, 내 기도를 들어주셨어.
  You are the answer to Matt's prayers. 너는 맷의 기도의 답변이다.

■ answer to sb's prayers에서 prayer는 기도내용을 뜻해 전체적으로 'sb의 기도내용을 들어주다'라는 의미가 된다.

But I'll say a prayer.
하지만 난 기도를 할거야.

- I'll say a prayer for you guys. 너희들을 위해 기도를 할게.
  Let's all say a prayer this doesn't turn into a murder case.
  이게 살인사건이 되지 않도록 모두 기도하자.

■ say a prayer는 '기도하다', '기도를 올리다'라는 의미.

I was ready to go. He didn't have a prayer.
난 갈 준비가 됐는데 갠 안 되어있었어.

- You don't have a prayer of becoming successful.
  넌 성공할 가능성이 전혀 없어.

■ not have a prayer of~ing는 '…할 가망이 전혀 없다'고 할 때 쓰는 표현.

 **MORE EXPRESSION**

hope and pray 진심으로 바라다

» prep

 I want you to help me prep for it. 네가 날 도와 그걸 준비하길 바래.

I want you to help me prep for it.
네가 날 도와 그걸 준비하길 바래.

- Sorry I'm late. I had three parties to prep for. 늦어 미안, 파티를 3개나 준비했어.
  Jessica's being prepped for surgery. 제시카는 수술 준비를 하고 있어.

■ prep은 구어체 단어로 '…을 준비하다,' '수술 준비를 시키다,' 그리고 prep for는 '…을 준비하다,' be prepped for는 '…할 준비가 되다'라는 의미.

They went to prep school together.
걔네들은 사립학교를 같이 다녔어.

- Many students from this prep school entered Harvard.
  이 사립학교의 많은 학생들은 하버드대에 진학했어.
  The prep school is too expensive for most people.
  사립학교는 대다수의 사람들에게는 너무 비싸.

■ prep school에서 prep은 preparatory의 줄인 말로 결국 preparatory school이란 말. '대학교 진학을 목적으로 만들어진 사립학교'를 말한다.

» press/ pressure

You're getting pressure from above? 위로부터 압력을 받아?

I'm a little pressed for time.
난 좀 시간에 쫓겨.

- I'll try, but I'm a little pressed for time. 난 시도했지만 시간에 좀 쫓겼어.
  Hank was pressed for payment but had no money.
  행크는 빚 독촉을 받았지만 돈이 없었어.

■ be pressed for time [cash]는 '시간이나 돈에 압박을 받다,' '쫓기다' 라는 의미. be pressed for payment하면 '빚독 촉을 받다' 라는 말이 된다.

She was hard-pressed for money.
걔는 돈 때문에 애를 먹었어.

- You'd be hard pressed to find someone in this courtroom.
  넌 이 법정에서 누굴 찾기가 어려울거야.
  I'm hard-pressed to know how this copycat knew about those windows. 어떻게 모방죄자가 저 창문들에 관해 알고 있었는지 알기가 힘들어.

■ be hard pressed to+동 사는 '…하기가 정말 힘들다,' '애 를 먹다,' '…하기가 어렵다' 라는 표현.

She didn't wanna press charges against Zach.
걘 잭을 고발하길 원치 않았어.

- If she doesn't press charges, the police will probably just let it go.
  걔가 고소를 하지 않으면 경찰은 아마 신경쓰지 않을거야.
  We are lucky that security guard did not press charges.
  경비가 고소하지 않아 다행이야.

■ press charges는 '고발하 다,' '기소하다' 라는 말로 고발대 상자를 쓰려면 press charges against sb라고 하면 된다.

I'm under a lot of pressure.
난 압력을 많이 받고 있어.

- I understand the pressure you're under. 난 네가 받고 있는 압박을 이해해.
  The office is under pressure to finish early. 회사는 빨리 끝내라는 압박받고 있어.

■ be[come] under pressure to+동사는 '…하라는 압력을 많이 받고 있다' 라는 의미.

You getting pressure from above?
위로부터 압력을 받아?

- I've got pressure on it. 그거 하라는 압박을 받아왔어.
  Yeah, it really takes the pressure off. 그래, 그거 정말 부담을 덜어준다.

■ get pressure from~은 '…로부터 압박이나 압력을 받다,' 반대로 take the pressure off~ 하면 '부담을 덜다,' '압박감을 덜 다' 라는 의미.

Put some pressure on the partner?
파트너에게 압력을 좀 넣을까?

- There's a lot of blood. Put pressure on it. 피를 많이 흘렸네. 압박을 해.
  Please don't put that kind of pressure on me! It's too much!
  제발 내게 그런 압박은 하지마. 너무해!

■ put pressure on~은 '압박이나 압력을 넣다' 라는 말. …하라는 압력을 넣다라고 하려면 put pressure to+동사라고 하면 된다.

■ pressure sb to do [into~]는 'sb에게 …하도록 압력 을 가하다' 라는 말.

I don't mean to pressure you.
난 널 압박하려는게 아니야.

- I'm not trying to pressure you one bit.
  자기야, 난 널 조금도 강요하려는게 아냐.

MORE EXPRESSION

press send 통화버튼을 누르다
press the flesh (선거운동) 악수 하다
press into service 이용[동원] 하다
press sth home 자기주장을 밀 어붙이다

» price

Why should I pay the price? 왜 내가 대가를 치러야 돼?

Why should I pay the price?
왜 내가 대가를 치러야 돼?

- I always knew that one day I'd have to pay the price.
  언젠가 대가를 치러야 한다는 걸 알았어.
- She's the one who's going to pay the price. 걔는 대가를 치러야 될거야.

I can't really put a price on that Joe.
난 그 녀석에 값을 매길 수가 없어.

- You cannot put a price on integrity, right? 진정성에 값을 매길 수 없잖아, 그치?
- You can't put a price on freedom. 자유는 돈으로 환산할 수 없는 소중한 것이야.

I've got to have that house at any price.
어떻게 해서든지 저 집을 사야겠어.

- Her success came at a price. 걔의 성공은 많은 돈을 들여 이룬거야.
- That was a good investment at any price.
  어떤 대가를 치르더라도 그건 좋은 투자였어.

What price divorce if it destroys a family?
가정을 파괴한다면 이혼이 무슨 가치가 있겠어?

- What price fame when it makes you unhappy?
  널 불행하게 하는데 명성이 무슨 가치가 있어?

■ pay the price (for~)는 가격을 치르다라는 말에서 '…에 대한 대가를 치르다' 라는 의미로 쓰인다.

■ put a price on~은 …에 가격을 매기다라는 말로 주로 부정형태로 '가격을 매길 수 없을 정도로 소중하다,' '돈으로 환산할 수 없다' 라는 비유적 의미로 쓰인다.

■ at any price는 '어떻게 해서든지,' '어떤 대가를 치르더라도' 라는 의미이고, 참고로 at a price하면 '많은 돈을 들여' 라는 전혀 다른 의미가 된다.

■ What price~?는 '무슨 가치가 있겠나?' 라는 말로 별로 가치가 없다는 반어적 표현.

MORE EXPRESSION

What's the price? 가격이 얼마예요?
Everyone has their price.
돈만 있으면 다 된다.

» prick

You little prick, you did this to her. 이 한심한 놈아, 네가 걔한테 이짓을 했지.

Only crime here is that her father's a prick.
유일한 죄는 걔의 아버지가 머저리라는 거야.

- Nailing this prick is my only priority. 이런 한심한 놈 체포하는게 내 유일한 우선순위야.
- He's oversexed prick who only wants to get laid.
  오로지 섹스만을 원하는 미친 섹스광이야.

You little prick, you did this to her.
이 한심한 놈아, 네가 걔한테 이짓을 했지.

- Sit down, you little prick. 앉아, 이 한심한 놈아.
- Jessica is prickly. 제시카는 정말 까다로와.
- I spotted the tiny pinpricks on her face. 난 걔 얼굴에서 미세한 구멍을 발견했어.

■ a prick은 속어로 '멍청하고 한심한 놈' 이라는 단어.

■ You prick 또는 You little prick이라는 형태의 호칭으로 많이 쓰인다. 또한 pinprick은 '미세한 작은 구멍,' prickly는 형용사로 '다루기 힘든,' '까다로운' 이라는 말.

MORE EXPRESSION

prick sb's conscience
양심의 가책을 느끼게 하다
Prick up your ears!
귀를 쫑긋 세우고 들어!

» print

We don't have to run this print. 이 지문을 돌릴 필요가 없어.

This boot print says you were.
이 신발자국이 네가 있었다고 하는데.

- I found some boot prints on the prayer room rug.
  기도실 러그에서 신발자국을 찾았어.

■ **boot print** CSI 등 범죄수사물을 들으려면 꼭 알아야 되는 단어가 바로 이 print. 지문이란 말로 boot print하면 '신발자국'을 말한다.

I pulled two sets of prints off those food trays.
난 저 식판에서 2세트의 지문을 채취했어.

- I pulled the prints off of this pill bottle but I didn't find a match.
  이 약병에서 지문을 떴는데 일치하는 걸 발견 못했어.
- We lifted her prints off a letter. 우리는 편지에서 걔의 지문을 채취했어.

■ **pull some good prints off~**는 …로부터 상태 좋은 지문을 채취하다는 것으로 '지문을 채취하다' 라는 말이며 pull 대신에 lift를 써도 된다.

They dusted for prints. It's clean.
지문을 찾았으나 깨끗했어.

- I dusted for prints in that garage. 난 저 차고에서 지문을 찾아냈어.
- Thank you. So you think it should be dusted for prints?
  고마워. 그래서 지문을 찾아내야한다고 생각하니?

■ **dust for prints**는 지문을 찾기 위해 먼지를 털어내다라는 의미, 즉 '지문을 찾아내다' 라는 말이다.

Did you get prints off the two suspects?
두 용의자의 지문을 채취했어?

- If he touched the camera, maybe I can get some prints off it.
  걔가 카메라를 만졌으면 거기서 지문을 채취할 수 있을거야.
- I'm not going to get any prints off of this. 여기에서 지문을 전혀 못찾을 것 같아.
- We have no prints from the crime scenes. 범죄현장에 지문이 없어.

■ **get off the prints** 혹은 get the prints off는 범죄미드에서 많이 나오는 것으로 '지문을 뜨다,' '채취하다' 라는 의미. 또한 have no prints는 '지문을 발견하지 못했을 때는 말'로 there were no prints로 지문이 없다고 말할 수도 있다.

We checked that smudge for prints.
우리는 지문을 찾기 위해서 자국을 확인했어.

- These smudges on the handle might be partial prints.
  핸들에 있는 이 자국들은 부분적인 지문들일거야.
- The prints on the magazines are smudged. 잡지에 있는 지문은 번졌어.

■ **check that smudge for prints**에서 smudge는 더러운 자국, 얼룩이라는 의미로 '지문을 찾기 위해 얼룩을 확인하다' 라는 말. 또한 smudge는 더러운 자국을 남기다, 번지다라는 동사로도 쓰인다.

We don't have to run this print.
이 지문을 돌릴 필요가 없어.

- We need to roll the prints and run them. 우리는 지문을 떠서 돌려봐야 돼.
- The first thing we do on a Doe is run prints.
  미확인 시신에서 제일 먼저 해야 할 일은 지문을 돌려보는거야.

■ **run the print** 역시 CSI에 많이 나오는 표현으로 '채취한 지문을 지문검사 프로그램에 돌리는 것'을 뜻한다.

There's no hits on the prints.
지문들에서 맞는 사람이 없어.

- And we got no hit on the prints. 그리고 지문에 맞는 사람이 없어.
- I got a hit on your partial print from the hotel employee database.
  호텔종업원 데이터베이스에 있는 너의 부분 지문과 일치하는 것을 찾았어.

■ **hit on the prints**에서 hit은 명사로 일치하는 것을 뜻한다. 그래서 지문을 돌리다가 We got a hit!하면 '지문일치하는 사람이 나왔어!' 라는 말이 된다.

We got a match on our victim's prints.
피해자의 지문과 일치하는게 나왔어.

- The second set of prints didn't match any of the victims.
  두 번째 세트의 지문은 피해자의 것과 전혀 일치하지 않아.

  And your shoe prints match the ones we took from the floor.
  그리고 신발 자국은 바닥에서 채취한 것과 일치해.

CSU found a partial print.
CSU는 부분지문을 발견했어.

- We only found prints on the interior garage door.
  우린 안의 차고문에서 지문을 찾았어.

  Sara and I found prints off the rifle. 새라와 나는 라이플 총에서 지문을 발견했어.

■ prints match sb는 '지문이 sb와 일치하다.'

■ find prints는 '지문을 찾다,' '발견하다' 라는 표현.

» prior

 No priors. Good student. 전과기록도 없고, 착한 학생야.

No priors. Good student.
전과기록도 없고, 착한 학생야.

- He had no priors and a full time job as an engineer.
  걘 전과기록도 없었고 정규직 엔지니어였어.

  He's probably got violent priors. 걘 아마도 폭력전과가 있을거야.

You need to get your priorities.
넌 우선순위를 정해야 돼.

- Maybe you need to get your priorities straight.
  아마도 넌 우선순위를 정해야 될거야.

■ have no priors에서 prior는 prior to란 숙어로 유명한 단어. 미드에서는 전과기록을 말하는 명사로 자주 쓰인다.

■ get one's priorities straight는 우선순위를 바로잡다, 즉 '우선순위를 정하다'라는 표현으로 get 대신에 set을 써도 된다.

MORE EXPRESSION
prior warning 사전경고
prior notice 사전고지

 놓치면 원통한 미드표현들

- **sb is on another planet** 딴세상 사람같다
  I know, it's like he's on another planet.
  알아, 걘 딴 세상 사람같아.

- **what planet is sb on?** 너 정신이 어디 가 있어?
  What planet are you on?
  넌 도대체 정신을 어디에 두고 있는 거야?
  What planet are you from? 너 제정신이냐?

- **have a lot[enough] on one's plate** 신경쓸게 많다
  I have a lot on my plate right now, I need to focus on. 지금 당장 할 일이 많아서 집중해야 돼.

- **pluck a nerve** 아픈 곳을 찌르다, 진짜 짜증나게 하다
  Did I pluck a nerve there?
  네가 거기 아픈 곳을 찔렀어?

- **go to pot** 관계가 망했다, 악화되다
  The relationship has gone to pot.
  관계가 엉망이 되었어.

- **(a case of) the pot calling the kettle black** 똥묻은 개가 겨묻은 개를 탓하는
  That's the pot calling the kettle black, isn't it?
  이건 똥묻은 개가 겨묻은 개를 탓하는 것과 같아?

» private

 I'll keep it private. 그거 비밀로 할게.

You, out of my private life.
너, 내 사생활에서 빠져.

- That's **private information**. 그건 개인정보인데요.
  We're **a private hospital**. 우린 사립병원야.

Ben was a very private person.
벤은 매우 개인적인 사람야.

- Should we **talk more privately**? 개인적으로 얘기할 수 있어요?
  Now this is **a private matter**. 이제 이건 개인적인 문제야.
  You're on **private property**, and I must ask you to leave.
  개인 사유지예요, 나가주세요.

I'll keep it private.
그거 비밀로 할게.

- No one knows about this, so **keep it private**. 아무도 모르니, 비밀로 하자.
  They **kept it private** for years. 걔네들은 그걸 오랫동안 비밀로 지켰어.

I assume you just happened to see his privates.
네가 방금 우연히 걔의 중요부위를 본 것 같아.

- I found her moaning, half-naked, bleeding from her chest and **privates**. 걔가 신음하고, 반라로, 가슴과 중요부위에서 피를 흘리고 있는 것을 발견했어.

May I speak with you for a minute in private?
잠깐 둘이서 얘기할 수 있어요?

- Could I steal you for just a minute, **in private**?
  잠시만 따로 얘기할 수 있어요?
  Did your **private detective** find anything? 사립탐정이 뭐 찾아낸 것 있어요?

■ **private life**는 '사생활,' private information은 '개인정보,' 그리고 private school은 '사립학교,' private hospital은 '사립병원'을 말한다.

■ **private person**은 '개인적인 사람,' private matter는 '개인적인 문제,' private conversation 역시 '사적인 대화.' 또한 private[personal] property는 사유지. 개인의 공간을 매우 중요시하는 사유지에 들어오거나 집을 break-in하는 건 엄히 다스린다. 경찰이나 이웃간의 다툼장면에서 많이 나오는 단어이다.

■ **keep it private**은 그걸 개인적인 것으로 하자라는 말은 '우리 둘만 알고 다른 사람에게는 말하지 말자'는 의미. keep it private between you and me라고 쓰기도 한다.

■ **privates**가 복수로 쓰여 앞서 나온 'private parts(생식기)'를 뜻하기도 한다. 또한 private는 장교(officer)에 반대되는 개념으로 '사병'을 의미하기도 한다.

■ **in private**은 '개인적으로,' '사적으로' 라는 말로 둘만이 은밀히 얘기하려고 할 때 사용한다. 또한 private detective는 '사립탐정'을 말하는 단어. private investigator라고도 해서 줄여 PI라 쓰기도 한다.

MORE EXPRESSION

go private 비공개회사로 하다, 사유화하다

- **prom king[queen]** 졸업무도회 킹카 퀸카
  In high school, I was **the prom queen**.
  고등학교때, 난 프롬퀸이었어.

- **prom (party)** 프롬파티
  I can't believe my little girl's going to **prom**.
  내 어린 딸이 프롬에 가다니 믿기지 않아.

» pro

I took this case pro bono. 난 이 사건을 무료로 변호하기로 했어.

You're an old pro at this, huh?
넌 이거하는데 프로지, 어?

- A pro would've shot him in the heart. 프로라면 가슴에 쏘지 않았을텐데.
  The thief was an old pro at stealing cars.
  그 도둑은 자동차 절도에 프로였어.

■ old pro는 '베테랑,' '숙련된 사람,' '경험자,' '전문가'를 뜻하는 구어체 표현. pro는 professional의 줄임말로 우리말로도 프로라고 쓰인다. 문맥에 따라 프로선수, 프로킬러, 그리고 매춘부 등을 뜻한다.

We're movin' soon, after I go pro.
내가 프로에 뛰어든 다음에 우리는 곧 이사갈거야.

- If he's gonna go pro, you gotta start him young.
  걔를 프로에 입문시키려면 이른 나이에 시작하도록 해야 돼.
  Most of the good players go pro right out of high school.
  대부분의 훌륭한 선수들은 고등학교졸업직후에 프로로 전향한다.

■ turn[go] pro는 취미나 아마추어가 아니라 뭔가 '직업적으로 뛰어들다,' '프로에 입문하다'라는 뜻이 된다.

I took this case pro bono.
난 이 사건을 무료로 변호하기로 했어.

- I'm defending him pro bono. 난 걔를 무료로 변호하고 있어.
  They do a lot of pro bono work. 걔네들은 무료로 많은 일을 하고 있어.
  You offered a tenant free rent in exchange for sex? In America it's called quid pro quo. 임대료 대신 섹스를 요구했다고? 그런 걸 '주고받기'라고 해.

■ pro bono는 외래어로 특히 법률에 관련되어 '무료변론'이라는 의미로 법정드라마에 자주 쓰인다. quid pro quo 역시 라틴어에서 온 단어로 하나를 주면 하나를 내놓아야 한다는 것으로 '…에 대한 대가, 보상'이란 의미이다.

» probation

I got a record, and I was on probation. 난 전과가 있어서 보호관찰중이야.

What did you say, probie?
신참, 뭐라고 했어?

- Let's just say I don't like loose ends, probie. 끝마무리가 미진한 건 싫어, 신참.
  You've got a chance here, probie. 신참, 넌 여기서 기회가 있었어.

■ probie는 probationer의 줄임말로 '신참,' '초짜' 라는 의미로 쓰인다. 한편 probationer는 수습생이라는 말 외에 '보호 감찰 중인 사람'을 뜻하기도 한다.

I got a record, and I was on probation.
난 전과가 있어서 보호관찰중이야.

- You're on probation? What did you do? 너 보호관찰중이야? 뭔짓을 했는데?
  He's pleading guilty, he'll be on probation. 걘 유죄인정했고 보호관찰처분될거야.
  Probation officer says he works at a drug store on Broadway.
  보호관찰관은 걔가 브로드웨이의 약국에서 일한다고 했어.

■ be on probation은 '보호관찰중이다,' 그리고 put[place] sb on probation은 'sb에게 보호관찰처분을 내리다'라는 의미. 그리고 probation officer는 '보호관찰관'을 말하는 것으로 줄여서 보통 PO라고 한다.

» problem

I have no problem with that. 그거 난 괜찮아.

Do you have a problem with me?
나한테 뭐 불만있는거야?

- Does anybody have a problem with that? 저거에 불만있는 사람이 있어?
  Do you have a problem with that? 그게 뭐 문제있어?
  I think you have a problem. 너 불만 있나본데.

We've got a problem.
우린 문제가 있어.

- If she dies, then you've got a problem. 걔가 죽으면 그럼 넌 골치가 아플거야.
  He never had a problem with my work. 걔 내 일에 문제가 있었던 적이 없었어.

I have no problem with that.
그거 난 괜찮아.

- I have no problem with you borrowing this. 네가 이거 빌려가도 난 괜찮아.
  He has no problem with how old you are. 걘 네 나이에 신경안써.
  Oh, I have no problem with you. 어, 난 너와 아무 문제없어.
  Has Jill had any problems at school lately?
  질이 최근에 학교에서 어떤 문제가 있었어?

No problem.
문제없어.

- I'll take care of it. No problem. 내가 처리할게, 문제없어.
  A: Thank you so much. B: No problem. A: 너무 고마웠어. B: 뭘요.

Not my problem.
난 상관없어.

- Well, that's not my problem. 저기, 그건 내 문제가 아니야.
  It's not my problem. It's yours. 내 문제가 아니라, 네 문제야.

What's the problem?
무슨 일인데?

- I'm fine. What's your problem? 난 괜찮은데. 넌 왜그러는거야?
  What's your problem with him? 너 걔하고 왜그래?
  It seems serious. What seems to be the problem?
  심각해보여. 문제가 뭔 것 같아?

The problem is you don't trust me!
문제는 네가 날 믿지 않는다는 거지!

- My problem is I have to consider Jake's safety.
  내 문제는 제이크의 안전을 고려해야 한다는 거야.

■ Do you have a problem with sb[sth]?는 상대방이 자신이 한 말에 납득못한다는 태도나 불만스런 태도를 보일 때 무슨 문제라도 있냐고 따지는 듯한 말로, '내 말에 뭐 문제라도 있나?,' '왜 불만야?' 라는 의미.

■ have (got) a problem은 '문제나 어려움이 있다' 라는 표현으로 문제가 있는 부분을 말하려면 have a problem with~라고 하면 된다.

■ have no problem with~는 '…에 문제가 없다' 라는 말로 상대방의 제안 등에 승인할 때 쓰는 표현. with sth, with sb (~ing) 혹은 with how 절 등이 연결될 수 있다. 그리고 Have you had any problems ~ing? 하면 '…하는 데 어떤 문제라도 있었니?' 라는 의미.

■ No problem은 문제 없어 라는 말로 상대방이 미안하다고 할 때 혹은 뭔가 부탁을 할 때 혹은 고맙다고 할 때 '걱정하지마,' '괜찮아,' '그럼요' 등의 의미로 다양하게 사용된다. 구어체에서는 줄여서 no probs라 하기도 한다.

■ (That's, It's) Not my problem는 내문제가 아니다, 즉 '내가 상관할 바가 아니다' 라는 다소 냉정한 표현. That's your problem하면 '네 문제다' 라는 말.

■ What's the problem?은 '무슨 일이야?,' '왜그래?' 라는 말로 상대방이 뭔가 문제가 있어보일 때 혹은 병원에서라면 의사가 '어디 아프냐?,' 그리고 문제 될 것도 없는데 '뭐가 문제냐?' 라고 반문할 때도 쓰인다. 또한 What's your problem?은 특히 이해할 수 없는 상대방의 행동에 '너 왜 그러는 거야?' 라는 의미로 주로 쓰인다.

■ I think the problem is (that)~ '내 생각에 문제는 …이다,' the only problem is that~은 '유일한 문제는 …이다,' 그리고 the real problem is that~는 '정말로 문제가 되는 것은 …이다' 라는 표현이 된다.

» profile

We profiled the unsub. 우리는 미확인 용의자를 프로파일링했어.

Your firm deals with a lot of high profile cases.
네 회사는 대중의 관심이 큰 사건들을 다루고 있어.

- Victims aren't equal. High profile cases get priority.
  피해자는 평등하지 않아. 관심을 끄는 사건이 우선권을 갖지.

■ high profile은 '대중의 주목과 관심을 많이 받고 있는'(well-known), 반대로 low profile하면 '사람들이 별로 관심이 없는'이라는 의미.

So much for keeping this low profile.
죽어지내는 것도 할 만큼 했어.

- So stake out the shop, but keep a low profile.
  그래 그 가게를 잠복근무하는데 눈에 안띄게 해.
- You need to keep a low profile right now. 넌 지금은 좀 죽어지내야 돼.

■ keep a low profile는 '저자세로 다른 사람들의 눈에 안띄게 행동하다,' '두드러지지 않게 처신하다,' '눈에 띄지 않게 조용히 칩거하다' 라는 표현.

We're running profiles on all of them now.
우리는 이제 걔네들 모두의 프로파일을 확인하고 있어.

- We got a couple of suspects who fit the profile.
  프로파일에 들어맞는 용의자 몇 명이 있어.
- Garcia can't get a geographic profile without additional data.
  가르시아는 추가적인 데이터없이는 지리적 프로파일을 얻을 수가 없대.

■ run profile은 '컴퓨터 인터넷을 이용해 개인 이력과 전과기록 등을 확인하는 것'을 말하며, fit the profile은 '그런 프로파일에 맞는 사람이 나왔을 때' 하는 말.

We profiled the unsub.
우리는 미확인 용의자를 프로파일링했어.

- Agent Hotch is a very experienced profiler.
  핫치요원은 매우 경험많은 프로파일러이다.
- Often times the best profilers are the unsub's themselves.
  때때로, 최고의 프로파일러는 미확인용의자 그들 자신이다.

■ profile sb는 'sb의 정신상태, 행동패턴 등을 분석하여 과거 및 앞으로의 행동과 생각을 예측한다' 는 단어로 크리미널 마인드의 유행으로 아주 대중화된 단어. 그렇게 분석하는 사람은 profiler라고 한다.

They're gonna say that's racial profiling.
인종차별적 프로파일링이라고 말할거야.

- Profiling is not just about checking off the facts.
  프로파일링은 사실들을 단순히 확인하는게 아니다.
- Profiling indicates a perp with low intelligence.
  프로파일링에 의하면 범인의 지능은 낮다고 한다.

■ profiling은 'profiler들이 분석하는 것'을 말한다. 한편 DNA profiling은 유전자를 통한 프로파일링으로 '유전자 지문분석'이라고 한다.

놓치면 원통한 미드표현들

- **Take a powder!** 꺼져 버려!(오래된 표현으로 일상영어에서는 자주 쓰이지 않음)
  Take a powder and come back when you calm down. 꺼지고 진정되면 다시와.

- **powder room** 화장실
  Where is your powder room? 화장실 좀 써도 될까요?

- **be a prank** 장난이다 prank call 장난전화
  No. It was just a prank. 아니, 그건 장난이었어.

- **get (sb) pregnant** 임신하다, 임신시키다
  You got her pregnant. 넌 걔를 임신시켰어.

- **be pregnant with~** …을 임신하다
  I was pregnant with twins. 난 쌍둥이를 임신했어.

» promise

 You have my promise. 내 약속 지킬게.

You have my promise.
내 약속 지킬게.

- I'm gonna keep my promise. 난 약속을 지킬게.
  I have every intention of keeping my promise. 난 꼭 내 약속을 지키고 싶어해.

I promise you!
정말이야!

- I promise you, we won't give up on you. 정말, 우린 널 포기하지 않을거야.
  I promise you, I didn't kill her. 정말이지, 난 걔 죽이지 않았어.

You must promise to visit while I'm here.
내가 여기 있는 동안 방문하겠다고 약속해야 돼.

- I made a promise to reunite him with his wife.
  난 걔 걔 와이프랑 재결합시키겠다고 약속했어.
  I promise you you'll find out eventually, though.
  그래도 결국 틀림없이 네가 알아낼거야.

He made good on his promise to marry Gina.
걔 지나와 결혼하겠다는 약속을 잘 지켰어.

- I'll make good on my promise to repay the loan.
  난 빌린 돈을 갚겠다는 약속을 잘 지킬거야.
  This was the last chance we had to make good on that promise.
  이건 우리가 그 약속을 지켜야 되는 마지막 기회였어.

■ keep one's promise는 '약속을 지키다,' break one's promise는 '약속을 깨다,' 그리고 have one's promise하면 have one's word처럼 '주어가 약속을 지키겠다' 라는 의미가 된다.

■ I promise you는 자신의 말이 사실임을 상대방에게 확신시킬 때 하는 말로 '정말이야' 라는 의미.

■ promise to+동사는 '꼭 …할게,' I promise you (that) S+V하면 '…을 꼭 약속할게' 라는 표현. make a promise to~라고 해도 된다.

■ make good on one's promise에서 make good on은 '…을 잘 지키다'라는 말로 주로 promise와 합쳐서 '약속을 잘 지키다' 라는 의미로 쓰인다.

MORE EXPRESSION

show a lot of promise
가능성이 많다

» proof/ prove

 What does that prove? 그래서요, 그래서 그게 어쨌다는 거죠?

I used the video as proof of my innocence.
난 내 무죄의 증거로 비디오를 이용했어.

- This evidence is in proof of which person is guilty.
  그 증거는 어떤 사람이 유죄인지를 증명하고 있어.

We have strong proof that he did.
우린 걔가 그랬다는 강력한 증거가 있어.

- We just got proof that he's not. 걔가 아니라는 증거를 막 받았어.
  I'm saying you have no proof. 내 말은 넌 증거가 없다는거야.
  I'm not considering a plea without proof. 증거없는 항변은 고려하지 않아.

■ as proof of~는 '…의 증거로,' '…의 증거물로' 라는 표현. in proof of 또한 '…의 증거로' 라는 뜻으로 같은 의미이다.

■ have (strong) proof (that) S+V는 '…라는 증거가 있다,' '강력한 증거가 있다.' 반대로 have no proof (that~)하면 '증거가 없다,' '…라는 증거가 없다' 라는 뜻이고, 한편 without proof하면 '증거없이' 라는 표현.

I'm proof that one person can make a difference.
한 사람이 차이를 만들 수 있다는 걸 내가 증명했어.

- That's tragic, really, but it's hardly proof that he raped her.
정말 비극적이지만 걔가 그녀를 강간했다는 증거가 되지 않아.

I can't drink anything over 50 proof.
난 25도 이상 되는 술은 못마셔.

- That kid is clearly under 18, that bottle is clearly over 80 proof.
저 아이는 분명 18살이하 이고, 저 술은 분명 40도는 넘어.

The drug trade is recession-proof.
마약거래는 경기가 나빠지는 법이 없어.

- My program is idiot-proof. 내 프로그램은 아주 다루기 쉬워.
My lawyer said he was judgment-proof. 내 변호사가 자긴 질 수가 없대.

What does that prove?
그래서요, 그래서 그게 어쨌다는 거죠?

- So she took a dry sauna. What does that prove?
걔가 찜질방에서 사우나를 했는데 그게 뭐 어쨌다는거야?
What does that prove? The real killer's smart.
그래서 어떻다는거야? 진범이 영리하다고.

What are you trying to prove?
도대체 뭐하자는거야?

- What the hell are you trying to prove? 이런 젠장, 도대체 뭐하자는거야?
What is Scott trying to prove by fighting me?
스캇이 나랑 싸워서 뭘 증명하려는거야?

DNA proves that sex took place, not rape.
DNA를 보면 섹스는 했지만 강간은 아니라는 걸 알 수 있어.

- It'll prove she didn't do it. 걔가 그걸 하지 않았다는 것을 증명해줄거야.
That doesn't prove anything. 저건 아무런 것도 증명해주지 못해.

You can't prove that I did.
넌 내가 그랬다는 걸 증명할 수 없어.

- You can't prove I killed her. 내가 그녀를 죽였다는 걸 증명할 수 없어.
You can't prove anything that you're saying. 넌 네가 말하는 걸 증명못할거야.

He's obviously trying to prove a point.
걘 정말 자기 주장이 옳음을 증명하려고 했어.

- What I need is for you to help me to prove a point to my husband.
내가 원하는 건 내가 남편에게 내말이 맞다는 걸 증명하는데 네가 날 도와주는거야.
The yellow liquid proved to be poison. 그 노란액체는 독약으로 판명됐어.

■ be proof of~[that S+V]
는 '…을 증명하다,' '보여주다' 라는 의미.

■ 숫자+proof처럼 proof 앞에 숫자가 나오면 '술의 알콜 함유량' 을 나타내는 것으로 80 proof하면 40% 정도의 알콜도수가 된다.

■ bullet-proof는 '방탄(의)' 라는 의미로 proof의 중요한 의미 중 하나가 '…을 막아준다는 의미이다. 그래서 방수는 waterproof 라고 하면 된다.

■ What does that prove? 는 어떤 일에 대해 상대방 말의 의도를 모르겠다고 따지듯이 말하거나 혹은 상대방 말이 무의미하다고 반문할 경우로 '그래서 어떻다는거야?' 라는 의미.

■ What is sb trying to prove?는 뭘 증명하려고 하는 것이냐라는 말로 상대방이 이해할 수 없는 행동을 할 때 화가 난 상태로 '도대체 뭐하자는 거야?' 라고 하는 말.

■ DNA[It] proves that~은 주어가 that 이하를 증명하다라는 말로 '주어는 …의 증거이다,' 혹은 '주어에 의하면 …을 알 수 있다' 라고 이해하면 된다.

■ You can't prove that~ 역시 범죄미드에서 자주 듣는 표현으로 '넌 …을 증명할 수 없다' 라는 의미.

■ prove a point는 '자신의 주장이 옳음을 증명하다' 라는 뜻으로 prove one's point라고 해도 된다. 또한 prove oneself [sth] (to sb)는 '자신의 능력이 어떤지 보여주다.' 그리고 prove to be~는 '…로 드러[판명]나다.'

MORE EXPRESSION

proven 입증된, 증명된
proven case 사실로 증명된 사건
prove sb's guilt …의 유죄를 입증하다
the proof of the pudding
백문이 불여일견

» pry

 I'm really sorry I pried this out of you. 이걸 너로부터 얻어내 정말 미안해.

Oh, my god. I totally didn't mean to pry.
맙소사. 꼬치꼬치 캐물으려는 건 전혀 아니었어.

- Why would you think you're prying? 왜 네가 캐묻는다고 생각해?
  I don't want to pry into your personal business.
  네 개인적인 일들은 캐묻고 싶지 않아.

■ pry는 특히 '남의 사생활을 무례하게 캐고 다니다,' pry into 또한 같은 맥락으로 '비밀이나, 정보를 사생활을 들쑤시다,' '캐내다' 라는 표현이다.

Alex is trying to pry it open.
알렉스는 그걸 강제적으로 열려고 했어.

- She tries pushing it but is not strong enough to pry it open.
  걘 밀려고 했지만 강제적으로 열어제치기에는 힘이 부족했어.

■ pry sth open은 '억지로 강제적으로 비틀어 열다' 라는 의미.

I'm really sorry I pried this out of you.
이걸 너로부터 얻어내 정말 미안해.

- Jill had to pry the secret out of her daughter.
  질은 딸에게서 비밀을 겨우 얻어내야 했어.
  Police pried a confession out of the suspect.
  경찰은 용의자에게서 어렵게 자백을 받아냈어.

■ pry sth out of~는 '어렵게 …로부터 정보나 돈을 얻는다' 는 표현.

MORE EXPRESSION

away from prying eyes
사람들 시선을 피해서

» psych

 You're psyching me out. 겁난다 야.

I'm so psyched.
정말 신난다.

- I got to get myself psyched up. 나 정말 들떠있어.
  I'm so psyched to hear you're back with my brother!
  네가 내 오빠랑 다시 합쳤다니 너무 기뻐!

■ be psyched (to~/that~)
psych는 흥분시키다, 들뜨게 하다라는 동사로 be psyched하면 be thrilled에 가까운 표현으로 '무척 들뜨다' 에 해당된다. get oneself psyched up도 같은 의미.

Don't tell me any more. You're psyching me out.
더 이상 말하지마. 겁난다 야.

- You didn't let those reporter bitches psych you out, did you?
  저 기자년들이 널 불안하게 만들게 놔두지 않았지, 그지?

■ psych sb out은 'sb가 겁먹거나 불안 초조하게 말이나 행동을 하다.'

I was so psyched up to move to Hawaii.
난 하와이로 이사가는데 준비를 완전히 해놨어.

- The students got psyched up on their first day.
  학생들은 첫날 다들 마음의 준비하고 있었어.
  Try to get psyched up before the interview. 인터뷰전에 맘준비를 단단히 해.

■ psych sb up하면 'sb를 정신적으로 …할 준비시켜 자신감을 갖게 하다' 라는 뜻이고, psych oneself up하면 '스스로 마음의 준비를 하다' 라는 뜻이 된다.

You twisted, manipulative psychopath.
이 뒤틀리고 교활한 사이코패스야.

- Prison records show that Jack is **a sexual psychopath**.
전과기록에 의하면 잭은 성적인 사이코패스야.

  A psychic has never solved a case. 심령술사가 사건을 해결한 적이 없어.

We psychoanalyze crime scenes
우린 범죄현장을 정신적으로 분석해.

- You're being pursued by **a psychotic killer**. 넌 사이코 킬러에게 쫓기고 있어.
The little psycho had a gun. 저 쬐끄만 사이코가 총을 갖고 있었어.

■ **psychopath**는 sociopath 라고도 하는데 크리미널 마인드로 유명해진 단어. '반사회적 성격장 애자'로 잘못을 저지르고도 죄의 식을 못갖는 경우가 많다. 또한 psychic은 미드제목으로도 그리 고 초자연적인 것을 다루는 미드에서 많이 나오는 단어로 '심령술 사'를 말한다.

■ **psycho**는 거의 우리말화된 '정신병자,' psychoanalyze는 '정신분석하다,' psychotic은 '심한 정신병환자'를 말한다.

» public

 When can I go public with you? 언제 쯤 사귄다고 말해도 돼?

Kate wanted him to go public with it.
케이트는 걔가 그것을 공개하기를 바랬어.

- Jen and Mike **went public with** their romance.
젠과 마이크는 자신들의 교제사실을 공개했어.

  The city will **go public with** its development plans.
시는 개발계획을 공개할 예정야.

When can I go public with you?
언제쯤 사귄다고 말해도 돼?

- Karen **went public with** her new boyfriend.
캐런은 새 남친과의 교제사실을 공개했어.

  We **went public with** our new partners.
우리는 우리의 새 파트너들을 공개했어.

■ **go public with sth**은 대중에게 비밀이었던 것을 '공개하다'(let everyone know something that was secret), '…을 알리다'라는 표현. 하지만 비즈니스 세계에서는 go private의 반대표현으로 go public하면 '주식상장하다'라는 말이 된다.

■ **go public with sb**하게 되면 같은 의미이지만 특히 '비밀로 하던 애인을 사람들에게 오픈하는 것'을 말한다.

 놓치면 원통한 미드표현들

- **prostitute** 매춘부
Guess who's got a date with **a prostitute**.
누가 매춘부와 데이트하게?

- **prostitution** 매춘
She got busted for **prostitution**.
걔 매춘하다 걸렸어.

- **prowl** 배회하다, 범행대상을 찾아 돌아다니다(be on the prowl)
He'd **be on the prowl** for his next victim.
걘 다음 피해자를 찾아 배회하고 있을거야.

- **pubic hair** 음모
A: Get anything from the victim? B: Semen and **pubic hair**.
A: 피해자에게서 나온 건? B: 정액과 음모요.

Those details were never made public.
세부적 사항들은 전혀 발표되지 않았어.

- If made public, would cause mass panic.
  대중에게 알려지면 엄청난 패닉이 일어날지도 몰라.

  And then you threatened to make it public.
  그리고 넌 그걸 언론에 알리겠다고 협박했고?

■ make (sth) public은 '신문이나 TV 등 미디어를 통해서 대중들에게 알리다,' '발표하다,' '공표하다' 라는 의미.

Public display of affection coming up.
공공장소에서의 애정표시가 이제 나온다.

- Public display of affection coming up. You can avert your eyes. 공공장소에서의 애정표시가 시작되니까 얼굴 돌려.

■ public display of affection은 보통 PDA란 약어로 사용하는데 이는 한물간 PDA가 아니라, '공공장소에서 연인끼리 애정표시를 하는 것' 을 말한다.

Was it purely a publicity stunt?
그게 순전히 광고용이었어?

- She's head of publicity for my company. 걘 우리 회사 홍보팀장이야.
  What better way to get publicity than a series of murders?
  연쇄살인보다 더 얼굴이 알려지는 좋은 방법이 뭐야?

■ publicity stunt는 '홍보용, 선전용 깜짝쇼나 이벤트'를 말하며, get publicity는 '알려지다,' '얼굴이 알려지다' 라는 뜻이 된다.

So am I like public enemy #1 with you?
그래 너한테는 내가 가장 흉악범같다는거야?

- We're public enemy number three, right after Osama and Kim Jung Il. 우리는 오사마, 김정일 다음으로 가장 흉악한 공공의 적이야.

■ public enemy number one은 FBI의 흉악범 리스트에 오른 공공의 적 1호를 말하는 것으로 '가장 흉악한 범죄인' 을 말한다.

MORE EXPRESSION

in public 사람들 앞에서
public school 공립학교
public transportation
대중교통수단

» pull

Let's pull it together. 우리 정신차리자.

You can't pull the wool over my eyes.
넌 날 속일 수 없어.

- She can pull the wool over everyone's eyes.
  걘 모든 사람들을 속일 수 있어.
  You'll have better luck pulling the wool over their eyes.
  다음엔 운이 더 좋아서 넌 걔네들 눈을 속일 수 있을거야.

■ pull the wool over one's eyes는 울(양모)을 눈앞으로 잡아당긴다는 의미로, '…을 속이다,' '…의 눈을 속이다' 라는 의미.

You're pulling my leg.
나 놀리는 거지, 농담이지?

- Are you pulling my leg? 너 나 놀리는 거야?
  Don't pull my leg about serious things. 중요한 문제로 날 놀리지마.

■ pull one's leg는 '골탕먹이다,' '놀리다,' '장난치다' 라는 유명한 표현. 장난치는 내용은 pull one's leg about sth이라고 해서 말하면 된다.

He pulled the rug out from under me.
걘 날 곤란하게 만들었어.

- Nobody is gonna be able to pull the rug out from under my life.
아무도 내 인생을 무력하게 만들 수는 없을거야.

  Mr. Peters pulled the rug out from under the project.
피터네는 그 프로젝트를 망쳐놨어.

Let's pull it together.
우리 정신차리자.

- Would you pull it together? 정신 좀 차려라.

  The organizers pulled the conference together quickly.
주최측은 회의준비를 빨리 끝냈어.

Pull yourself together.
기운내, 똑바로 잘해.

- I'm begging you, pull yourself together, okay? 제발, 정신 좀 차려, 응?

  You've got to pull yourself together! She can't see you like this!
넌 기운 좀 내! 걔가 이런 네 모습을 볼 수는 없잖아!

Who pulls the strings in the government?
누가 정부의 막후세력야?

- I've had a lot of people trying to pull strings behind the scenes.
난 뒤에서 힘을 써줄려고 하는 사람들이 많아.

How could she pull a stunt like this?
어떻게 걔가 이런 바보 같은 짓을 할 수 있을까?

- Don't ever pull a stunt like that again! 다신 그런 바보짓을 하지마라!

  Two of the students pulled a joke on her. 학생 2명이 걔에게 장난쳤어.

Pull over at this corner over here.
여기 코너에 세워줘요.

- A couple across the street heard a truck pull up.
길건너 커플이 트럭이 서는 소리를 들었어.

  Pull up the website and let's check the chatter.
사이트 찾아서 사람들이 뭐라고 하는지 보자.

  I was once pulled over by police officers. 난 한번 단속에 걸린 적 있어.

He's gonna pull it off.
걘 잘 해낼거야.

- You'll never pull it off. 넌 절대로 성공하지 못할거야.

  When I pull it off, you're going to make me a partner.
내가 잘해내면 날 파트너로 만들어 줘야 해.

■ pull the rug out from under sb[sth]는 sb 밑에 있는 러그를 잡아당기다라는 말로 그렇게 되면 러그에 있는 사람은 쓰러지게 된다. 그래서 비유적으로 '…의 입장을 곤란하게 하다,' '계획을 망치다,' '뒤통수를 치다,' '…을 무력하게 하다,' '도중에 도움을 그만두다' 라는 의미.

■ pull it together는 '함께 뭉쳐서 뭔가 목표를 달성하다,' '진지해지다'(get serious) 혹은 사물주어가 오면 '…을 취합하여 하나로 만들다' 라는 의미.

■ pull oneself together는 혼란스럽고 어려운 시기를 보내는 사람에게 정상을 찾고 강해지라고 하는 말로, '정신차리다,' '기운차리다' 라는 의미.

■ pull (some) strings는 연줄을 이용해 영향력을 행사하다라는 의미지만, pull the[one's] strings하면 인형극에서 뒤에서 한 사람이 줄을 이용해 인형들을 조종하는 것처럼 '배후에서 조종하다' 라는 뜻이 된다.

■ pull a stunt는 '바보같은 짓을 하다,' '어리석은 계략을 쓰다,' pull a trick[joke]하면 '장난치다' 라는 뜻.

■ pull over는 '사람을 내려주기 위해 혹은 단속에 걸려 차를 길 옆에 세우다,' pull up은 '신호에 걸려서 아니면 정차나 주차목적으로 일정 지역에 차를 세우는 것'을 뜻한다. pull up the website하면 사이트를 찾는 것을 말한다. 한편 get pulled over는 '특히 경찰에 의해 강제적으로 길 옆에 차를 대는 것'을 말한다.

■ pull it off는 '잘해내다,' '성공적으로 해내다,' '소화해내다' 등 긍정적인 표현.

You're the one who pulled that guy out of the fire.
네가 바로 걔를 어려움에서 구해낸 사람야.

- I pulled the book out of the fire before it burned.
난 책이 타기 전에 책을 화재에서 꺼냈어.
What did she pull out of the fire? 걘 화재에서 뭘 건진거야?

Just because he didn't pull the trigger.
걔가 방아쇠를 당기지 않았기 때문이야.

- She didn't have to pull the trigger. 걘 방아쇠를 당길 필요가 없었어.
If you want me dead, then pull the trigger. 내가 죽길 바라면 방아쇠를 당겨.

■ pull ~ out of the fire는 불에서 …을 빼낸다라는 말로 '…을 곤경에서 구해내다,' 그리고 pull out of the fire하면 스스로 나오는 것으로 '어려움이나 난관을 극복하고 성공하다' 라는 뜻이 된다.

■ pull the trigger는 '방아쇠를 당기다,' 즉 총을 쏘다라는 말. 또한 pull up a chair는 '의자를 가지고 다가와 앉다' 는 말로 chair 대신에 seat을 쓸 수 있다.

MORE EXPRESSION

pull in sth 많은 돈을 벌다
have a lot of pull 연줄이 많다
pull-out 책속의 책, 철수

» punch

 Let's not pull any punches. 사정봐주지 말자고.

Punch it! My wife's having a baby!
서둘러요! 아내가 출산중이야!

- The police are coming! Punch it! 경찰이 오고 있어! 빨리해!
We are very late. Punch it! 우리 너무 늦었어. 서둘러!

We have to punch in at five am.
우리는 오전 5시에 출근해야 돼.

- I'm so tired. I can't wait to punch out. 난 너무 피곤해. 빨리 퇴근하고 싶어.
Every day we punch the clock before starting.
매일 우리는 시작하기 전에 출근표를 찍어야돼.

Sorry to interrupt. I missed the punch line?
방해해서 미안한데, 내가 펀치라인을 놓친거야?

- Well, how's this for a punch line? 저기, 이거 펀치라인으로 어때?
I'm a nobody, nobody is perfect, and therefore I'm perfect.
난 아무도 아니다, 아무도 완벽한 사람은 없다, 고로 나는 완벽하다.

Let's not pull any punches.
사정봐주지 말자고.

- Don't pull any punches now, Erin. 에린 이젠 사정봐주지마.
Let's not pull any punches. Be totally honest. 속이지 말자고. 정직해져봐.

Stop beating me to the punch!
그만 좀 선수치라고!

- Your son already beat you to the punch. 네 아들이 이미 너보다 선수쳤어.

■ punch it은 '관용적으로 서두르다,' '빨리하다' 라는 말로 주로 명령형태인 Punch it!의 형태로 많이 쓰인다.

■ punch in 예전에 punch를 이용해 출퇴근 확인을 했던 것에서 유래하여 punch in하면 '출근하다,' 반대로 punch out하면 '퇴근하다' 가 된다. punch the clock하면 '출퇴근시간을 입력한다' 라는 말.

■ punch line은 '상대방에 펀치를 때리듯 강한 인상을 주는 급소를 찌르는 듯한 결정적인 표현' (funny part of the joke)을 말한다. 펀치라인의 범위는 다양한데 두번째 예문도 그 한 예이다.

■ not pull any[your] punches는 '펀치를 잡아당기지 않다,' '자제하지 않다,' 즉 다시 말해서 전혀 숨김없이 노골적으로 비난하고 반대하거나 정직하고 진지하다는 것을 뜻한다.

■ beat sb[sth] to the punch는 '먼저 선수를 치다,' '기선을 잡다' 라는 표현.

MORE EXPRESSION

punch sb's lights out 기절시키다
as pleased as punch 아주 기쁜
pack a punch 강펀치를 날릴 수 있다

» push

I think I just pushed myself too hard. 내가 너무 무리한 것 같아.

It's a pushover.
그거야 식은죽 먹기지.

- This guy's a pushover compared to my ex-husbands.
  이 사람은 옛 남편에 비하면 쉽게 다룰 수 있어.
  Wait a minute. What are you saying, that I'm a pushover?
  잠깐, 내가 호구라고 말하는거야?

■ be a pushover는 '아주 쉬운 일이다' 라는 말로 pushover는 a piece of cake, a cinch와 같은 말. 사람인 경우에는 '조르면 쉽게 넘어가는 사람,' 즉 호구를 뜻한다.

Don't push me!
몰아 붙이지마!

- So I'm going to tell you again, don't push it. 그래 다시 말하는데, 밀어붙이지마.
  Remember, he's weak. Don't push him. 기억해둬, 걘 약해. 몰아 붙이지마.

■ push sb는 push의 가장 기본적인 의미로 '밀어붙이다,' '독촉하다' 라는 의미로 push it이라고 해도 된다.

I think I just pushed myself too hard.
내가 너무 무리한 것 같아.

- I think you're pushing yourself too hard. 내 생각에 네가 너무 무리했어.
  You push yourself too hard, dad. 아버지, 너무 무리하세요.

■ push oneself too hard는 스스로를 너무 심하게 몰아붙이다라는 말로 '무리하다,' '강행하다' 라는 표현.

This will push him over the edge.
이렇게 되면 걔가 열받을거야.

- It could've been enough to push him over the edge.
  걔를 강하게 몰아붙이는데 충분했을거야.
  You take risks and you push the limits. 모험을 해보며 한계에 도전해봐.

■ push ~ too hard 역시 몰아붙이다이지만 '상당히 강하게 몰아붙여 열받게 하는 것' 으로 push~over the edge, push~to brink 그리고 push~to the limit라고 해도 같은 뜻이 된다.

I should've pushed her to study something else.
다른 것을 공부하라고 밀어붙였어야 했는데.

- You were pushing him into taking that high-paying corporate job. 넌 걔가 고연봉의 기업일자리를 잡도록 몰아붙였어.
  I should never have pushed you to do this whole thing.
  난 이 모든 것을 네가 하도록 몰아붙이지 말았어야 했는데.

■ push sb into ~ing는 'sb를 몰아붙여 …하게 하다' 로 push sb to do~라고 해도 된다.

놓치면 원통한 미드표현들

- **pump up** 볼륨을 높이다, 운동을 더하다, 혈압을 높이다
  Alright, pump up the blood pressure.
  좋아, 혈압을 더 높여.

- **pump sb for sth** 빼내다, 졸라대다, 얻어내다
  Many college students pump their parents for money. 많은 대학생들은 돈을 달라고 부모님을 졸라대.

- **pump sb full of sth** …에게 …을 많이 넣다(특히 약)
  Sara pumped me full of compliments.
  새라는 내게 칭찬을 잔뜩 해주었어.

  Come on, don't pump me full of painkillers.
  이봐, 진통제 좀 그만 내 몸에 넣어.

- **pure and simple** 간단히 말해서
  It's prostitution, pure and simple.
  간단히 말해서, 매춘야.

- **purity ring** 순결반지
  It's a purity ring. By wearing it, you promise to save yourself for marriage.
  이건 순결반지야. 이걸 끼면 결혼까지 정조를 지키겠다는 약속야.

I like pushing you around.
난 너한테 이래라저래라 하는게 좋아.

- And was she okay about pushing it back? 그리고 걔가 미루어도 괜찮대?
  You were pushing on me like you were trying to sack me.
  날 바닥에 쓰러트릴려고 하듯 떠밀었어.

I think we're gonna need a little push.
우린 좀 더 분발이 필요할거야.

- Can you give me a little push? 나 좀 밀어줄래?
  I gave her a push and she rolled off the couch.
  걔를 밀었더니 소파에서 떨어졌어.

When push comes to shove, you aren't safe.
사태가 나빠지면 넌 안전하지 못할거야.

- Some people think they're reliable, but when push comes to shove, they prove themselves to be unreliable.
  어떤 사람들은 자신들이 믿을만하다고 생각하지만 사태가 악화되면 아님을 스스로 입증한다.

A pushup bra? Just to look good for a man, right?
푸시업 브라? 남자한테 잘 보일려고, 맞지?

- So probably a stranger, maybe a push-in rapist?
  그럼 낯선 사람, 아마 강제적으로 하는 강간범일수도.
  Start with 100 push-ups.
  푸시업 100번부터 시작해라.

■ push sb around는 '…을 기분나쁘게 이래라저래라 하다,' '괴롭히다,' push back은 '미루다,' 그리고 push on은 '떠밀다.' 참고로 sack은 미식축구에서 쿼터백을 쓰러트리다라는 동사.

■ give ~ a push는 '…을 밀어주다,' need a push는 '분발이 필요하다,' 그리고 make a big push는 '세게 밀고 나가다' 라는 뜻.

■ when[if] push comes to shove는 '사태가 나빠지면, 악화되면 …할 것이다' 라는 말로 그런 상황에서 일어나는 기본적인 사실들을 말해줄 때 사용한다.

■ push-in은 '강제적으로 밀고 들어오는' 이라는 뜻으로 push-in robbery는 '문을 강제적으로 밀고 들어오는 강도짓'을, push-in rapist 역시 '강제적으로 들어오는 강간범'을 뜻한다. 또한 pushup은 훈련의 일종으로 하는 '푸시업' 혹은 가슴을 처지지 않게 올려주는 'bra'를 말할 때도 쓴다.

MORE EXPRESSION

pushy 저돌적인, 강압적인
push the envelope 한계를 넘다
be pushed for …에 쫓기다
be pushing up the daisies
죽어서 묻히다
be pushing 40/50 거의 4, 50이 다 되어가다

» put

Why do you put me through this? 왜 날 이렇게 힘들게 하는거야?

Let events to be put aside.
행사들은 다 제쳐두고.

- But let us put aside such matters. 하지만 우리 그런 문제들은 무시하자고.
  We were just trying to put aside some cash. 그냥 돈을 좀 저축하려고 했어.

I don't quite know how to put this.
이걸 어떻게 말해야 될지 모르겠지만.

- How should I put it? 뭐랄까?
  I wouldn't put it exactly that way. 나라면 꼭 저런 식으로 표현하지는 않을거야.

■ put aside는 '옆에 놓다'는 말에서 '잊어버리다,' '무시하다,' '제쳐놓다,' 그리고 돈에 관련되면 '저축하다' 라는 뜻이 된다.

■ put it 여기서 put은 '표현하다' 라는 의미로 '뭐라고 말해야 할까?,' '글쎄, 이걸 어떻게 말하죠?' 라는 뜻으로 쓰이며, How can I say this?도 비슷한 표현이다.

Let's put it this way.
이렇게 표현해보자.

- **To put it simply.** 간단히 말하자면.
- **Let me put it another way.** 달리 말해볼게.

■ **put it this way**와 put it another way는 put it을 응용한 표현으로 바로 직전에 언급한 말을 무슨 뜻인지 상대방이 이해할 수 있도록 다시 쉬운 말로 말해줄 때 서두에 사용할 수 있는 것으로 '달리 표현하자면'이라는 의미. 또한 put it simply하면 '간단히 말해서.'

If only I could put into words how I feel.
내 느낌을 말로 표현할 수 있다면 얼마나 좋을까.

- It's really hard to **put into words**. 이거 정말 말로 표현하기 어려워.

■ **put into words**는 '말로 표현하다'라는 말로 한단어로 하면 express.

I hate to put a damper on your night.
너희 밤에 찬물을 끼얹기 싫어.

- Let's not **put a damper on** the upcoming festivities.
다가오는 축제에 흥을 깨트리지 말자.

■ **put a damper on** '찬물을 끼얹다,' '…의 기세를 꺾다,' '흥을 깨트리다'

Put him on.
걔 바꿔.

- Hold on a minute, I'll **put you on** speaker.
잠깐만, 스피커폰으로 연결시켜줄게.
- Will you just **put her on** the phone please, Mom.
걔 좀 바꿔줄래요, 엄마.

■ **put sb on**은 전화영어로 'sb를 연결해주다'라는 뜻으로 put sb through라 하기도 한다.

Why do you put me through this?
왜 날 이렇게 힘들게 하는거야?

- I never wanted to **put you through** this. I just can't do it anymore.
난 네가 이걸 겪게하려고 한 적 없어. 그냥 더 이상은 못하겠어.
- His wife worked to **put him through** medical school.
걔 엄마는 걔 의대학비를 대려고 일을 했어.

■ **put sb through**는 전화에서 '…을 바꿔주다'라는 의미외에도 '어려움을 겪게하다' '학비를 대다,' '공부를 시키다'라는 의미로 쓰인다.

- **pussycat** 야옹이, 다정다감한 사람
I'm really not interested in **pussy cats**.
난 고양이에게 정말 관심없어.
If you'll excuse me, I'm off to buy a **pussycat**. 괜찮다면 가서 고양이 살거야.

- **pussy** 성기 a pussy 약한 남자(coward)
Don't start crying. He's **such a pussy**.
울지마, 걘 정말 나약한 놈야.

Baby, I just love the way **your pussy** feels.
자기야 네 거기 느낌이 넘 좋아.
He's a legend. He's just amazing at **eating pussy**. 걘 전설적인 사람야. 거기빠는데 끝내줘.
I caught him **eating another woman's pussy**. 난 걔가 다른 여자의 거기를 빠는 걸 잡았어.

Put yourself out there.
당당하고 자신있게 나서봐.

- I put myself out there and act on my instincts.
  난 당당히 나서서 내 본능대로 행동했어.

  I mean I really put myself out there. 내 말은 정말 내가 당당히 나섰대니까.

■ put oneself out there는 '자신을 밖으로 내민다'라는 뜻으로 '당당하고 자신있게 나서다' 혹은 '자신은 충분히 취직될 자격이 있다고 믿다' 라는 등의 의미로 쓰인다.

Put down your weapon!
무기를 내려놔!

- Why didn't he put down the gun? 왜 걔가 총을 내려놓지 않은거야?

  Don't put yourself down. You're a very attractive man.
  자존감을 가져. 넌 정말 매력적이야.

■ put down은 '들고 있는 것을 내려놓다,' 그리고 put oneself down은 '자신을 낮추다' 라는 의미.

You put in for the promotion, huh.
넌 승진을 공식적으로 요청했어, 어.

- We're ready to put in for overtime. 우린 야근신청을 할 준비가 됐어.

  Don't tell me you quit or I put in for a transfer.
  네가 그만두거나 내가 전근간다는 말은 하지마.

■ put in for~는 '공식적으로, 정식으로 신청하다,' '요청하다' 라는 의미.

Yeah, let's put out a broadcast.
그래 이제 방송을 내보내자.

- I'll put out a broadcast. Thanks. 방송에 내보낼게. 고마워.

  Let's put out a broadcast. 방송에 내보내자.

■ put out a broadcast는 '방송에 내보내다' 라는 의미.

I argued he should be put away.
난 걔를 감방에 처넣어야 한다고 주장했어.

- This is a lot of food to put away that quickly.
  이건 그렇게 빨리 먹어치우기엔 음식이 넘많아.

  This is a bad guy who needs to be put away.
  얘는 나쁜 놈으로 감방에 처넣어야 돼.

■ put sth away는 멀리 치우다라는 뜻으로 '병원이나 감방에 넣다,' '치우다,' 혹은 '음식이나 술로 배를 채우는 것' 을 말한다.

You're putting me on!
농담하는구나!

- You're putting me on. This is some kind of bluff, right?
  뻥치는구나. 뭐 허풍떠는거야, 맞이?

  You're rich? You're putting me on! 네가 부자라고? 뻥치지마!

■ You're putting me on은 '날 놀리는구나,' '갖고 노는구나,' '뻥치는구나' 라는 말. put sb on은 '…을 갖고 장난치다' 라는 의미.

And it's time to start to put things right.
상황을 좀 나아지게 해야 될 때야.

- It will take years to put things right.
  상황을 바로잡는데 몇 년 걸릴거야.

  Do you want to put things right between us?
  우리 사이의 실수를 바로 잡고 싶다고?

■ put things right은 '어려운 상황을 나아지게 하거나 실수를 바로잡다' 라는 말.

Her father put me to work after I arrived.
걔 아버지는 내가 도착한 후 일을 시키셨어.

- Go put the shovel to use in the garden. 가서 정원에서 삽을 사용해.
  The driver put his car to the test on the highway.
  운전자는 고속도로에서 자동차를 테스트했어.

■ put ~ to work는 '일을 시키다,' put ~ to use '…을 이용하다,' '사용하다,' 그리고 put ~ to the test하면 '테스트하다' 라는 표현.

I'm a doctor. I put my faith in facts.
난 의사야. 난 사실들을 믿어.

- Jill put her trust in her mom's advice. 질은 엄마의 충고를 믿었어.
  You can put your confidence in this bank. 넌 이 은행을 신뢰해도 돼.

■ put one's faith in~은 '…에 신념을 두다,' '…을 믿다' 라는 말로 faith 대신 trust, confidence 등 다양한 단어들을 넣어 비슷한 표현들을 만들 수 있다.

Anne, nice of you to put in an appearance.
앤, 와줘서 고마워.

- We need to put in an appearance at the party.
  우린 파티에 잠깐 얼굴을 내밀어야 돼.
  Everyone put in an appearance at the festival.
  다들 축제에 모습을 드러냈어.

■ put in an appearance 는 '잠깐 얼굴을 내밀다,' '잠깐 들르다' 라는 말로 show up, turn up과 같은 말이다.

MORE EXPRESSION

put up or shut up 행동하든지 입다물다
Put them up! 손들어!
put it down to experience 경험으로 삼다
put up a proposal[case] 제안[진술]을 내놓다
put one[it] over on sb 속이다

Supplements

G-P

>> gang.get

I get that a lot 나 그런 소리 많이 들어

The big kids gang up on the weaker ones.
큰 애들은 약한 애들을 무리지어 괴롭혀.

- Don't gang up on the ugly kid. 그 못생긴 아이를 떼로 괴롭히지마라.

  They ganged up on me at the bus stop.
  걔네들은 버스 정거장에서 나를 괴롭혔어.

  And when he got there, everyone ganged up on him.
  그리고 걔가 거기에 도착했을 때 모두들 걔를 괴롭혔어.

■ **gang up on sb**는 '떼를 지어 sb를 괴롭히다,' '못살게 굴다'라는 의미.

I get that a lot.
나 그런 얘기 많이 들어.

- People think I'm Canadian. I get that a lot.
  사람들은 내가 캐나다 사람이라고 생각해. 그런 말 많이 들어.

  I get that a lot. It doesn't offend me.
  그런 얘기 많이 들어. 기분나쁘지 않아.

  Sometimes my friends think I'm wealthy. I get that a lot.
  때로 내 친구들은 내가 부자라고 생각해. 나 그런 얘기 많이 들어.

■ **get that a lot**은 미드에 많이 나오는 표현으로 사람들이 '많이들 그렇게 말하다,' '그런 얘기 많이 듣다'라는 문구이다.

Where does she get off having all that attitude?
걘 태도가 왜 그 따위야?

- Where do you get off talking to me like that?
  어떻게 그딴 식으로 내게 말하는거야?

  Where in the hell do you get off telling people that I am bad in bed! 어떻게 내가 섹스에 서툴다고 사람들에게 말하는거야?

■ **Where does sb get off ~ing?**는 좀 어려운 표현에 속하는 것으로 주로 상대의 비정상적인 행동에 놀랐을 때 쓰는 표현. 의미는 '…는 어떻게 그런 식으로[그 따위로] …하니?'가 된다.

You know what got me through it?
그걸 내가 어떻게 이겨냈는지 알아?

- What got me through it was my religious faith.
  내가 그걸 이겨낼 수 있었던 것은 종교적 신념이었어.

  I'm not sure what got me through the crisis.
  내가 그 위기를 어떻게 이겨냈는지 모르겠어.

  I'm going to tell you what got me through the divorce.
  내가 그 이혼을 어떻게 잘 견뎌냈는지 말해줄게.

■ **get sb through sth**은 sb가 sth을 통과하게 해주다라는 말로 '어려운 시기를 이겨내거나 어렵게 학교를 마치게 해주다'라는 의미로 쓰인다.

Look, here's what we got here.
우리가 알고 있는 상황이 이래.

- Let's see what we got here. Is that a dead body?
  이게 뭐야. 그거 시체야?

  We're arriving on the scene. Let's see what we got here.
  현장에 도착했으니 어떤 상황인지 보자고.

  Let's see what we got here. I'm not sure what is happening.
  어떤 상황인지 보자고, 무슨 일인지 잘 모르겠어.

■ **what we got here**는 현재 상황이나 현재까지 확보한 정보나 물건을 말하는 것으로 Here's what we got here하면 '우리가 알고 있는 상황이 이래,' 그리고 Let's see what we got here하게 되면 '우리 상황이 어떤지 한번 보자'라는 말이 된다.

I got this.
내가 알아서 처리할게.

- Cheryl is very angry. I got this. 쉐릴은 매우 화가 나있어. 내가 알아서 할게.

  I got this. I'll go in there and take care of everything.
  내가 알아서 할게. 내가 들어가서 모든 거 다 처리할게.

Someone is out to get you.
누가 널 해치려고 하고 있어.

- Someone is out to get you. You better be careful.
  누가 널 해꼬지 하려고 해. 조심하는게 나아.

  Someone is out to get you. They tried to burn your apartment.
  누가 널 해치려고 합니다. 그들은 당신 아파트에 방화하려고 했습니다.

That's all you got?
그게 다야?

- Just ten dollars? That's all you got? 겨우 10 달러야? 그게 다야?

  I thought you were going to buy more food. That's all you got?
  음식을 더 살거라 생각했는데. 그게 다야?

What have I got?
내가 얻는게 뭔데?, 내겐 뭐가 남아?

- What have I got to do to make her love me?
  걔가 날 사랑하게 만들려면 내가 뭘해야 하는데?

  What have I got to use to break this lock?
  이 열쇠를 따려면 내가 뭘 사용해야 하는데?

All right, get this.
알았어, 이거 들어봐봐

- All right, get this. The company is going bankrupt.
  알았어, 이거 들어봐봐. 회사가 파산할거야.

  All right, get this. We have to leave in ten minutes.
  좋아, 이거 들어봐봐. 우리는 10분 후에 출발해야 돼.

  All right, get this. George and Jody are divorcing.
  그래, 이거 들어봐봐. 조지와 조디가 이혼한대.

I can't get through to him.
난 걔를 이해시킬 수가 없어.

- Parents can't get through to their teenagers.
  부모들은 십대 애들을 이해시킬 수가 없어.

  I've never been able to get through to Lori.
  난 로리와 말이 통하게 할 수가 없었어.

You got him right where you want him.
넌 걜 완전히 장악했어.

- Don't quit now. You got him right where you want him.
  그만두지마. 넌 걔를 맘대로 할 수 있잖아.

■ **I got this**는 의미가 다양하다. 먼저 '이해했어,' '(벨이나 전화오는 소리에) 내가 받을게,' '(돈을) 내가 낼게' 등의 의미로 일상생활에서 많이 쓰인다. 여기서 나아가 비유적으로 '내가 알아서 처리할게'라고 쓰이기도 한다.

■ **be out to get sb**는 '…을 힘들게 하다,' '…을 해치게 하다'라는 표현.

■ **That's all I got**처럼 평서문으로 쓰이면 '그게 다야,' 여기서처럼 That's all you got?하게 되면 '그게 다야?,' '그거밖에 없어?'라는 말이 된다.

■ **What have I got?**은 '내가 얻는 이득이 뭔데?'라고 물어보는 문장으로 앞서 배운 What do I get?과 같은 맥락의 표현. What have I got to+V?는 'to 이하를 해서 내가 남는게 뭔데?'라고 반문하는 패턴이다.

■ **Get this**는 말을 꺼내기 앞서 상대방의 관심을 유도하는 문구이다. '이것 좀 들어봐,' '내 말 좀 들어봐'에 해당한다.

■ **get through to sb**는 '…을 이해시키다,' '…와 말이 통하다'라는 의미.

■ **have[get] sb right where you want sb**하게 되면 'sb를 마음대로 하다,' '장악하다'라는 의미이다.

The fight is almost over. You got him right where you want him.
싸움은 거의 끝났어. 넌 걔를 장악했어.

You get off on that?
넌 그런 걸 즐겨?

- You get off on the brutal torture of others.
  넌 다른 사람들에게 고통을 주는 걸 즐겨.

  Men get off on this kind of violence. 남자들은 이런 종류의 폭력에 흥분해.
  You tell people the cold hard truth all the time. You get off on it. 넌 항상 사람들에게 냉혹한 진실을 말하고 이를 즐기고 있어.

■ get off on~은 '즐기다,' '성적으로 흥분하다'라는 의미.

You got me?
내 말 알아들었어?

- And if you say so much as one unkind word to her, I will personally break every bone in your body. You got me?
  네가 걔한테 한마디라도 불친절한 말을 한다면 개인적으로 널 작살내겠어. 알겠어?

  Do it now! You got me? 지금 당장 하라고! 알았어?

■ You got me로 대답하게 되면 '모르겠어,' '내가 졌어'라는 말이 되지만 상대방에게 말을 한 후에 억양을 올리면서 You got me?하게 되면 '내 말 알아들었어?'라는 의미가 된다.

>> go

Where do you think this is going? 이거 어떻게 될까?

What do we have going on tonight?
오늘 밤에 뭐할거야?

- It's Friday. What do we have going on tonight?
  금요일인데 오늘 밤에 뭐할거야?

  What do we have going on tonight? Can we go to McDonald's?
  오늘 밤에 뭐할거야? 맥도날드에 가도 돼?

■ have sth going on(뭔가 일이 벌어지고 있다)에서 sth이 What으로 앞으로 빠진 문장으로 오늘 밤에 무슨 일이 벌어질건지, 즉 오늘 밤에 무슨 일을 할건지 물어보는 표현이 된다.

I don't know where you're going with this.
이걸로 무슨 말을 하려는건지 모르겠어.

- It's very confusing. I don't know where you're going with this.
  정말 헷갈리네. 이걸로 네가 무슨 말을 하려는 건지 모르겠어.

  I don't know where you're going with this. What the hell are you talking about? 이게 무슨 말이야. 도대체 너 무슨 말을 하고 있는거야?

■ Where are you going with this?는 이걸로 너의 말이 어디로 가냐고 물어보는 것으로 비유적으로 말하면, '무슨 말을 하려는거야?'라는 뜻이 된다.

I'm really gonna go all out for this.
난 이 일에 최선을 다할거야.

- The race is tomorrow. I'm really gonna go all out for this.
  시합이 내일이야. 난 전력투구를 할거야.

  I'm really gonna go all out for this. I want to win.
  난 전력투구할거야. 이기고 싶어.

■ go all out for~는 '…에 최선을 다하다,' '전력투구를 하다'라는 의미.

The same goes for you.
너도 마찬가지야.

- I'm not allowed to leave the building. The same goes for you.
  난 건물 안에 있어야 돼. 너도 마찬가지야.

  Every person must contribute money. The same goes for you.
  모든 사람은 돈을 기부해야 돼. 너도 마찬가지야.

▪ The same goes for~하게 되면 '…도 마찬가지야'라는 뜻이 된다.

Where do you think this is going?
이거 어떻게 되어가는거야?

- Where do you think this is going? Do you understand it?
  결국 이거 어떻게 될까? 이해가 돼?

  This doesn't make sense. Where do you think this is going?
  이건 말도 안돼. 이거 어떻게 될 것 같아?

▪ Where do you think sth is going?은 sth이 어디로 가고 있다고 생각하느냐, 비유적으로 말하면 'sth이 결국 어떻게 될까?'라는 의미가 된다.

How would I go about doing that?
내가 어떻게 그걸 처리해야 할까?

- How can I go about finding a job? 내가 어떻게 일자리를 찾을 수 있을까?
  He's going to go about changing his will.
  그 남자는 유언을 바꾸려고 할거야.

  I've been going about balancing the budget.
  난 예산을 맞추려 하고 있었어.

▪ go about+N[~ing]하게 되면 좀 생소하지만 어떤 문제나 상황 그리고 일 등을 '다루기 시작하다'라는 표현.

>> **good.grace.gut**

 Go with your gut 너 끌리는대로 해

He had the goods on me.
내가 나쁜 짓 한 걸 걔가 알고 있었어.

- The cop arrested me. He had the goods on me.
  경찰이 날 체포했어. 내가 나쁜 짓을 한 걸 알고 있었어.

  He had the goods on me. I had to pay the blackmail.
  걘 내가 나쁜 짓 한 거 알고 있었어. 협박하는데 돈을 줘야 했어.

▪ have[get] the goods on sb 하게 되면 '주어가 sb가 잘못한 증거를 갖고 있다'라는 뜻이 된다.

So, who'd like to say grace?
그래 누가 식사 감사기도 드릴거니?

- Ted, how would you like to say grace tonight?
  테드, 오늘 밤에는 어떻게 식사 감사기도 드릴거야?

  I'm getting the feeling my grace period is over.
  내 유예기간이 다 끝나는 것 같아.

▪ say grace는 '식사 때 감사기도를 드리다'라는 뜻.

Go with your gut.
너 끌리는대로 해.

- It's a difficult decision. Go with your gut.
  그거 어려운 결정이야. 너 끌리는대로 해.

▪ go with one's gut에서 gut는 직감, 본능이라는 의미로 전체적으로 '직감에 따라 행동하다,' '끌리는대로 하다'라는 말이 된다.

Go with your gut. You never know what will happen.
너 끌리는대로 해. 어떻게 될지 모르는거잖아.

Go with your gut when it comes to love.
사랑에 관한 문제라면 너 끌리는대로 해.

>> hammer.hand.hang

Don't hang up on me 전화끊지마

We'll hammer out the details.
세부사항에 대한 문제를 해결해야 돼.

- Come to my office and we'll hammer out the details.
  내 사무실로 와서 세부사항 문제를 해결하자.

  We'll hammer out the details sometime later on.
  우리는 세부사항 문제를 좀 후에 해결할거야.

  If we make a deal, we'll hammer out the details.
  계약을 했으면 우린 세부사항 문제를 해결할거야.

■ hammer out은 오랜 논쟁 끝에 문제를 해결하다.

He played right into their hands.
걘 그들의 손에 놀아났어.

- They tricked him and he played right into their hands.
  걔네들은 그를 속여서 그는 걔네들 손아귀에 놀아났어.

  He was confused and he played right into their hands.
  걔는 혼란스러웠고 걔네들 손에 놀아났어.

■ play into sb's hands는 'sb의 손아귀에 놀아나다'라는 의미.

You had a hand in planning it.
그걸 계획하는데 네가 한몫했어.

- If he had a hand in it, then he needs to be punished.
  걔가 연루되었다면 걔는 처벌을 받아야 돼.

  You can't carry this burden alone, Chris. I had a hand in this.
  크리스, 너 이 부담을 혼자 져서는 안돼. 나도 한몫을 했는데.

■ have a[one's] hand in~은 주어가 in 이하의 일에 '연루되다,' '관여하다,' '영향을 미치다'라는 표현이다. 다시 말해 in 이하의 일이 일어나도록 '한몫했다'는 말이다.

I'm just going to hang back.
난 좀 남아 있을거야.

- I'll hang back, too. Where you going? 나도 좀 남아 있을거야. 어디가는데?
  You might want to tell him to hang back.
  걔한테 좀 남아 있으라고 말하는게 좋겠어.

  Nah, I'm gonna hang back with Andy. 아니. 난 앤디와 좀 남아 있을게.

■ hang back은 '서둘러 가지 않고 남아있다'라는 뜻.

Don't hang up on me.
전화끊지마.

- You hang up on me again and I rip her open!
  다시 내 전화를 도중에 끊으면 그녀를 찢어 죽일거야!

  Why'd you hang up on me? 넌 왜 내 전화를 도중에 끊었어?

■ hang up on은 전화하는 도중에 '전화를 끊는' 것을 말한다.

>> **happy.harp.have**

It's TGIF and the happy hour! TGIF인데 해피아워이네!

I'm not happy about this.
난 이거에 만족하지 않아.

- Are you happy now? 이제 됐냐? 만족하니?
  I hope you're happy with yourself. 네가 스스로 자족하길 바래.
  I am happy for you. 네가 잘돼서 나도 기쁘다.
  Why are you not happy for me? 왜 기뻐해 주지 않는 거야?

■ be happy~는 '기쁘다.' be happy about[with]는 '…에 만족하다.' 그리고 be happy for sb는 '…가 잘돼서 기쁘다'라는 뜻.

I'd be happy to help you.
기꺼이 널 도와줄게.

- I'm really happy to be here with you right now.
  기꺼이 너와 함께 지금 여기 있을게.

  I'd be happy to rub lotion on you. 내 기꺼이 네 몸에 로션을 발라줄게.
  I'd be happy to lend my expertise. 내 기꺼이 내 전문지식을 빌려줄게.

■ I'd be happy to+V는 '기꺼이 …할게'라는 말.

You make me happy all the time.
넌 항상 날 기쁘게 해줘.

- I thought he would make me happy. 걔가 날 기쁘게 해줄거라 생각했어.
  Is that what you want? Does this make you happy?
  이게 네가 원하는거야? 이러면 기쁘니?

■ make sb happy는 '…을 기쁘게 해주다'라는 의미이다.

It's TGIF and the happy hour!
TGIF이고 해피아워야!

- Oh honey that's your happy place, remember?
  그건 당신이 좋아하는 거잖아.
  Easy, easy. Go to your happy place. 진정하고, 행복한 순간을 떠올려 봐.

■ happy hour는 보통가격보다 싸게 파는 '할인시간'을 말하며, one's happy place는 '…가 좋아하는거 또는 순간'을 말한다.

I couldn't be happier.
정말이지 아주 행복해.

- I have to say I have never been happier to see you.
  널 만나 더 행복했던 적이 없었지.
  I think we'd both be happier if we just went back to being friends. 우리 다시 친구 사이가 된다면 더 좋을텐데라고 생각해.

■ I have never been happier than~은 '…보다 더 행복했던 적은 없었어.' 그리고 I'd be happier if S+과거(완료)는 '…라면[였다면] 더 좋을텐데'라는 의미이다.

If you're gonna harp on this, I'm leaving.
계속 이거 불평하면 나 갈거야.

- Don't harp on the small problems in your relationship.
  사람들과의 관계에서 사소한 문제에 불평하지마.
  I don't mean to harp on the things you do.
  네가 하는 일에 불평을 하려는 것은 아냐.
  My boss is always harping on his workers.
  우리 사장은 직원들에 대해 계속 불평을 해대.

■ harp on sth은 짜증낼 정도로 계속 얘기하거나 불평을 해대는 것을 말한다.

I got to have you.
너와 해야겠어.

- You are so beautiful. I got to have you. 넌 정말 예쁘다. 너랑 해야겠다.
  I got to have you. You're all I think about.
  나 너랑 해야겠어. 난 네 생각뿐이야.

  I got to have you. I've got to make you mine.
  널 가져야겠어. 널 내거로 만들어야겠어.

■ **have sb**는 친한 사이에나 쓸 수 있는 표현으로 '섹스하다'라는 의미.

>> head

 I'll blow your head off 네 머리를 날려버릴거야

He was head over heels about her.
걘 그녀에게 푹 빠져있었어.

- Why did Jason and Maggie divorce? He was head over heels about her. 제이슨과 매기는 왜 이혼한거야? 걘 그녀에게 푹 빠져있었는데.

  He was head over heels about her. He was totally infatuated.
  걘 그녀에게 푹 빠져있었어. 정말 사랑에 미쳐있었어.

■ **be head over heels about sb**는 'sb에게 홀딱 반하다'라는 의미. 참고로 head over heels는 '거꾸로'라는 말.

I can hold my head high.
난 떳떳할 수 있어.

- I'm proud of what I did. I can hold my head high.
  난 내가 한 일이 자랑스러워. 난 떳떳할 수 있어.

  Look, I made no mistakes. I can hold my head high.
  이봐, 난 실수하지 않았다고. 난 떳떳할 수 있어.

■ **hold one's head high**는 머리를 곧추 세우고 있는 모습을 연상하면 된다. '떳떳하다,' '자랑스럽게 여기다'라는 의미.

I had to go over her head.
난 걜 제끼고 윗사람과 얘기해야만 했어.

- She was breaking the law. I had to go over her head.
  걘 불법을 저질렀어. 난 걜 제끼고 윗사람과 얘기해야 했어.

  I had to go over her head. It was my responsibility.
  난 걜 제끼고 윗사람과 얘기해야 했어. 그건 내 의무였어.

■ **go over sb's head**는 'sb를 거치지 않고 윗사람과 얘기하는' 것을 말하고, sth go over sb's head하면 'sb의 능력밖이다,' 'sb가 이해를 못하다'라는 말이 된다.

I'll blow your head off.
머리를 날려버릴거야.

- Tell him what you did or I'll blow your head off!
  네가 한 짓을 걔한테 말하지 않으면 네 머리를 날려버릴거야!

  Open that door or I'm gonna blow your head off. Do you hear me?!
  문 안 열면 널 죽여버릴거야, 알았어?!

■ **blow one's head off**는 총을 겨누고 총으로 '머리를 날려버리다,' '죽이다'라는 의미.

Get your head out of your ass!
정신 좀 차려라!

- Why don't you pull your head out of your ass? 정신 좀 차리지 그래.
  Help him pull his head out of his ass? 걔가 정신차리는데 좀 도와줄래?

■ **Get your head out of your ass!**는 '정신차려라!'라는 의미. get 대신에 pull을 써도 된다.

That will make your head spin.
그 때문에 네 머리가 돌게 될거야.

- Try the whiskey. That will make your head spin.
  위스키 먹어봐. 머리가 빙빙 돌게 될거야.

  Read the e-mail I've sent. That will make your head spin.
  내가 보낸 이멜 읽어봐. 네 머리가 돌게 될거야.

■ make a person's head spin 은 사람의 '머리를 혼란하게 하다,' '어리둥절하게 하다'라는 뜻.

>> hear.heart.hide.hill

 It's not unheard of 흔한 일이야

It's not unheard of.
흔히 있는 일이야.

- Small seizures aren't unheard of in a patient in a vegetative state. 식물인간상태의 환자에게서 약간의 발작은 흔히 있는 일이야.

  Most people don't get married at 20, but it's not unheard of.
  대부분의 사람들은 20세에 결혼하지 않지만 그렇다고 특별한 일은 아냐.

  It's not unheard of for the cops to show up here.
  경찰들이 여기에 오는 건 흔한 일이야.

■ It's not unheard of는 이중부정 (not,un-)으로 많이 heard한 것이라는 뜻이 된다. 즉 '새삼스러운 일도 아니다,' '흔히 있는 일이야'라는 의미가 된다. It's not unheard of sb to~하게 되면 'sb가 …하는 건 특별한 일이 아니다'라는 말.

The hearts wants what it wants.
하고 싶은대로 해야지.

- Their romance is odd, but the heart wants what it wants.
  걔네들 사랑은 좀 이상하지만 하고 싶은대로 해야지.

  The heart wants what it wants, and that's why we divorced.
  하고 싶은대로 해야지. 그래서 우리는 이혼한거잖아.

■ The heart wants what it wants는 글자 그대로 '마음이 원하는 대로 하다,' 즉 '내키는대로 하다,' '하고 싶은대로 하다'라는 뜻이 된다.

Learn how to hide your feelings!
네 감정을 숨기는 것 좀 배워!

- You want to play hide-and-seek, young man? 젊은 양반, 술래잡기할까?
  How about hide-and-seek? You hide. I'll seek.
  술래잡기 어때? 넌 숨고, 난 찾을게.

  Teddy went into hiding. 테디는 몸을 숨겼어.

  Where have you been hiding yourself? 도대체 어디 숨어 있었던 거야?

■ hide one's feelings는 '감정을 숨기다,' go into hiding은 '몸을 숨기다,' 그리고 hide oneself는 '숨다'라는 의미.

I'm over the hill.
난 한물갔어.

- I'm staying home tonight because I'm over the hill.
  난 한물갔으니 오늘 저녁 집에 남을거야.

  I'm over the hill, so no one wants to date me.
  난 한물가서 아무도 나랑 데이트하려고 하지 않아.

  My body hurts all the time. I'm over the hill.
  한시라도 몸이 안 아픈 적이 없어. 난 한물갔어.

■ be over the hill은 언덕의 정점을 넘어갔다는 말로 '전성기가 지났다,' '한물갔다'라는 서글픈 표현이다.

>> hit.home.homework.hook.horse

Hit me up anytime 언제든 연락해

Hit me up anytime.
언제든 연락해.

- Let me know if I can help. Hit me up anytime.
  내가 도울 수 있는지 알려줘. 언제든 연락해.

  Hit me up anytime. I'm always around.
  언제든 연락해. 항상 이 근처에 있을게.

  Hit me up anytime. Let me know how you're doing.
  언제든 연락해. 어떻게 지내는지 알려줘.

■ hit sb up은 'sb와 연락하다' 혹은 '만나다'라는 뜻이 된다.

Make yourself at home.
편하게 지내.

- Okay, well, make yourself at home. 좋아요. 편하게 있어요.
  A: Do you mind if I stretch my legs? B: Make yourself at home.
  A: 다리 좀 뻗어도 돼요? B: 편히 하세요.

■ make oneself at home은 '편히 하다'라는 뜻으로 주로 명령문 형태로 많이 쓰인다.

You said something that hit home.
넌 정곡을 찌르는 말을 했어.

- Let's see how she felt about that statistic hitting home.
  걔가 정곡을 찌르는 그 통계를 어떻게 느끼는지 보자고.

  I thought you said he said something that hit home.
  난 걔가 정곡을 찌르는 무슨 말을 했다고 네가 말한 걸로 생각했었는데.

■ hit home은 '정곡을 찌르다'라는 표현.

I'm almost home free.
난 잘 될 것 같은데.

- I think you kids are pretty much home free.
  난 니네들 아이들이 꽤 잘 된 것 같아.

  They're home free with three million of Ryan's money.
  걔네들은 라이언의 돈 3백만 달러를 손에 쥐었어.

  Don't get cocky. You ain't home free yet.
  너무 자신하지마. 넌 아직 어려움을 넘기지 못했어.

■ be home free는 '잘될 것 같다.' 혹은 '힘들고 어려운 일은 끝내다.'

Do your homework.
사전준비를 해.

- This is important, so do your homework on it.
  이거 중요한거니까 사전준비를 해놔.

  We did our homework before meeting the executives.
  우리는 임원들을 만나기 전에 사전준비를 했어.

  Do your homework on the gang members we want to arrest.
  우리가 잡고 싶어하는 갱단멤버들에 대한 사전준비를 해.

■ do one's homework on~은 '…에 대한 사전준비를 하다'로 여기서 homework는 학교 숙제처럼 미리 준비하는 것, 즉 '사전준비'를 말한다.

He got his hooks in me.
걘 나한테 확 꽂혔어.

- I couldn't leave him because he got his hooks in me.
  걔가 나한테 꽂혀서 내가 걜 떠날 수가 없었어.

  The trouble began when he got his hooks in me.
  걔가 나한테 사로잡혔을 때 문제가 발생했어.

■ get[have] one's hooks in(to) sb는 '…을 사로잡다,' '컨트롤하다,' '…는 …에 확 꽂히다'라는 의미.

We just need to get back on the horse.
우린 다시 시작해야 돼.

- Even if you fall off, you need to get back on the horse.
  말타다 떨어져도 넌 다시 일어나 다시 말을 타야 돼.

  Get back on the horse and make a success of yourself.
  다시 시작해서 성공을 하도록 해.

■ get back on the horse는 (실패 후) '다시 도전하다,' '다시 시작하다'라는 뜻의 표현이다.

>> **imagine.impose.improve**

 I can imagine 무슨 말인지 알겠어

I can imagine.
무슨 말인지 알겠어.

- I can't imagine that. 난 그게 상상이 안돼.
  I can't imagine it's fun for anybody. 누가 그걸 재미있어할지 상상이 안돼.
  We can't imagine being without him. 걔없이 산다는걸 상상할 수 없어.

■ I can't[can] imagine S+V에서 imagine은 know 혹은 understand 와 같은 의미로 뭔가 납득이 가거나 안될 때 사용하면 된다. imagine 다음에는 명사, ~ing 및 S+V가 올 수 있다.

We can use our imaginations.
우린 상상력을 발휘할 수 있어.

- It lights up when we use our imagination.
  우리가 상상력을 발휘할 때 더 나아져.

  It's okay, we can use our imaginations, really.
  좋아, 우린 정말 상상력을 발휘할 수 있어.

  I need for you to use your imagination here.
  넌 이제 네 상상력을 발휘해야 돼.

■ use sb's imagination은 말그대로 '…의 상상력을 발휘하다'라는 의미.

You may be a figment of my imagination.
넌 내 상상력의 산물일지도 몰라.

- This is all a figment of a disturbed child's imagination.
  이건 모두 혼란스런 아이가 만들어낸 상상력의 산물야.

  I'm not certain that you're not simply a figment of my imagination. 난 네가 내 상상력이 만들어낸 단지 허구에 지나지 않는지 확실하지 않아.

■ figment of one's imagination에서 figment는 '허구'라는 뜻으로 figment of one's imagination하면 '상상력의 산물'이란 뜻이 된다.

Well, I feel like I'm imposing.
저기, 내가 좀 눈길을 끄는 것 같아.

- I hope I'm not imposing on you. 폐를 끼치는 게 아닌지 모르겠네요.
  He was a little less imposing and he opened up about his life.
  걘 더 인간적이었고 자기 삶에 대해 얘기를 털어놓았어.

■ impose on은 '…에게 부과하다,' '강요하다,' 그리고 imposing은 '인상적인,' '눈길을 끄는'이라는 의미.

That's totally an improvement.
정말 많이 나아졌네.

- There have been a lot of improvements since you left.
  네가 떠난 후 많이 좋아졌어.

  He's making some physical improvements.
  걘 신체적으로 좀 나아지고 있어.

  I'm afraid they show no improvement.
  난 걔들이 나아진 모습을 보여주지 못할거야.

  We should start to see some improvement in his liver functions soon. 우린 곧 간 기능이 좋아지는 걸 보게 될거야.

■ be an improvement는 '예전보다 발전하다,' '나아지다'라는 표현. 또한 make an improvement는 '진전이 있다,' show improvement는 '나아진 모습을 보여주다,' 그리고 see improvement는 '나아진 모습을 보다'라는 의미.

>> **involve.judge.kick.know**

 I know everything there is to know about you 난 너에 대한 건 다 알고 있어

You don't want to get involved with me.
넌 나와 엮이지 말아라

- He's involved with... an inappropriate woman.
  걔는 부적절한 여자와 엮였어.

  I got involved with a guy who lied about being single.
  난 싱글이라고 속인 남자와 사귀었어.

  Okay, first of all... you are way too involved with my life, okay?
  그래. 무엇보다도, 넌 내 인생에 넘 끼어들었어, 알았어?

■ get involved with는 '끼어들다,' '엮이다,' '사귀다'라는 의미.

I made a snap judgment.
내가 성급히 판단했어.

- I'm sorry I made a snap judgment. 내가 너무 성급히 판단해서 미안해.
  It was a snap decision, and it was wrong.
  그건 너무 성급한 결정이었고 잘못된 거였어.

■ make a snap judgment는 너무 빠르게 판단하는 것을 뜻해 '성급한 결정을 내리다'라는 의미로 쓰인다.

He got his kicks from inflicting pain on others.
걘 다른 사람들에게 고통을 주는데 쾌감을 느껴.

- Kyle gets his kicks from watching old movies.
  카일은 옛 영화를 보는 걸 즐거워 해.

  I get my kicks from drinking beer and riding motorcycles.
  맥주마시고 오토바이를 타는데 쾌감을 얻어.

■ get one's kicks (from)는 '…로 쾌감을 얻다'라는 의미로 get a kick out of~와 같은 맥락의 표현이다.

I know everything there is to know about you.
난 너에 대한 건 다 알고 있어.

- You know everything there is to know. 넌 알아야 될 건 다 알고 있어.
  We know everything there is to know about kissing.
  우리는 키스에 대해 모든 것을 다 알고 있어.

  I already know everything there is to know about you.
  난 이미 너에 대한 알아야 될 건 다 알고 있어.

■ know everything there is to know about~은 '…에 관한 모든 것을 알고 있다,' '…에 대해 알아야 될 것은 다 알고 있다'라는 의미.

I know it backwards and forwards.
난 그걸 낱낱이 알고 있어.

- So what? I know this crap backwards and forwards.
  그래서 뭐? 난 이 쓰레기 같은 거에 대해 낱낱이 알고 있어.

  You know the place backwards and forwards.
  넌 그 장소를 훤히 잘 알고 있어.

■ know sth backwards and forwards는 '낱낱이 알다,' '훤히 잘 알다'라는 표현.

What's to know?
뻔한거 아냐?

- Who studies for exams? What's to know?
  누가 시험공부를 하냐? 다 뻔한거 아냐?

  What's to know? We have it all under control.
  뻔한거 아냐? 우리는 그걸 다 파악하고 있어.

  Do I need to learn more? What's to know?
  내가 더 배워야 돼? 뻔한거 아냐?

■ What's to know?는 알아야 될 게 뭐가 있냐고 반문하는 것으로 자기가 알고 있어야 될 건 모두 다 잘 알고 있다고 자신감있게 던지는 문장.

>> large.last.leak

 The killer is still at large 살인범은 아직 도주중이야

The killer is still at large.
살인범은 아직 도주중이야.

- Did you know there are roughly 30 serial killers at large in the U.S. at any given time?
  미국에서 언제나 약 30 명의 연쇄살인범이 도주중이라는 걸 알고 있었어?

  Well, by and large, the average diameter is about one millimeter. 저기, 전반적으로 평균지름은 1밀리미터야.

  You can be larger than life, just not dead.
  넌 유명해질 수 있지만 그 때문에 죽지는 말고.

■ at large는 '체포되지 않은,' '도망중인,' by and large는 '대체로,' '전반적으로' 그리고 larger than life는 '허풍떠는,' '호들갑 떠는,' '과장된'이라는 의미.

Where was he last seen?
걔를 마지막으로 본게 어디야?

- Katie was last seen by her cousin in the arcade about 25 minutes ago. 케이티는 약 25분 전에 아케이드에서 그녀의 사촌에게 마지막으로 목격됐어.

  Prentiss, you and I will go to where the girls were last seen.
  프렌티스, 너와 나는 여자애들이 마지막으로 목격된 곳으로 가자.

■ be last seen은 '마지막으로 목격되다'라는 의미로 주로 경찰 등이 실종된 사람을 탐문 수사할 때 많이 사용하는 표현이다. be last seen ~ing라고 하면 '마지막으로 …하는 것이 목격되다'라는 의미.

I gotta take a leak.
오줌 좀 싸야겠어.

- Come on, baby, I gotta take a leak. 그러지마, 자기야. 나 오줌싸야 돼.
  Isn't that him taking a leak on that fire hydrant?
  소화전에 오줌싸는게 걔아냐?

  Could have stopped here to take a leak, you know?
  여기에 멈춰서 오줌을 쌀 수도 있었어, 알아?

■ take a leak은 속어로 '오줌누다'라는 의미. gas leak은 가스가 새는 '가스누출,' 그리고 water leak은 물이 새는 '누수'를 뜻한다. 또한 get a leak은 '물이 새다'라는 표현.

He wants to check a gas leak, she buzzes him in.
그 남자는 가스누출을 확인하려 했고 그 여자는 버튼으로 걔 들여보내준거지.

There's a leak in the apartment above you.
위층 아파트에서 누수가 있어요.

Ah! Jeez, ah, we got a leak. 아, 이런, 물이 새네.

>> limit.load.lock.long.look

I'm gonna lock you up 널 잡아넣을거야

That's the limit.
더 이상 못 참아.

- That's the limit. I can't take it anymore. 더 이상은 안돼. 더 이상은 못 참아.
  This is the end of my patience. That's the limit.
  내 인내심의 한계야. 더 이상은 못 참아.

  That's the limit. You've got to leave now.
  더 이상은 못 참아. 지금 당장 가라고.

■ That's the limit은 '더는 못참아,' '더 이상은 안돼'라는 의미로 상대방의 행동에 짜증나거나 화가 나서 더 이상은 참을 수 없음을 나타낸다.

I shot my load while I was asleep.
나 몽정했어.

- He shot his load while they were kissing.
  키스하는 도중에 걔 사정하고 말았어.

  It was over quickly because he shot his load.
  걔가 사정을 해버려서 빨리 끝났어.

■ shoot one's load는 '사정하다 (ejaculate)'라는 속어로 이 문장은 달리 "I had a wet dream"이라고 할 수 있다.

I'm gonna lock you up!
널 잡아넣을거야!

- All you can do is lock 'em up. 네가 할 수 있는 것은 걔네들을 잡아넣는 것 뿐이야.
  And the next time, I'm gonna lock you up! 다음 번에, 너 잡아넣을거야!

■ lock sb up은 주로 '감옥에 쳐넣다,' '가둬두다'라는 말로 경찰들이 많이 쓰는 표현. lockup하게 되면 '감옥,' '구치소,' 그리고 lockdown은 '구류조치'가 된다.

How long before you have to leave?
얼마나 있다가 가야 돼?

- How long before your girlfriend comes home?
  얼마나 있다가 네 여친이 집에 와?

  How long before summer vacation begins?
  얼마나 있다가 여름 방학이 시작해?

  How long before the computer is fixed?
  컴퓨터 수리하는데 얼마나 걸려?

■ How long before S+V?는 '얼마나 있어야 …해?'라고 물어보는 문장이다.

You wouldn't know it to look at him.
걔 겉모습만 봐서는 알 수가 없을거야.

- He's rich but you wouldn't know it to look at him.
  걔는 부자지만 겉모습만 봐서는 알 수가 없을거야.

  You wouldn't know it to look at him, but he's dated many women. 겉모습만 봐서는 모르겠지만 걘 많은 여자들과 데이트를 했어.

■ You wouldn't know it to look at~은 '…의 겉모습만 봐서는 알 수가 없을거야'라는 의미.

Ray is a psycho, though you wouldn't know it to look at him.
겉모습만 봐서는 모르겠지만, 레이는 사이코야.

What does it look like I'm doing?
내가 뭐하는 걸로 보여?

- What does it look like? It's a panic room. 그게 뭐같이 보여? 패닉룸이야.
  What does it look like? I'm steam-cleaning the rug.
  그게 뭘로 보여? 나 러그를 스팀청소하고 있어.

  A: What you doing there? B: What does it look like I'm doing?
  A: 뭐하고 있어? B: 내가 뭐하는 걸로 보여?

■ **What does it look like?**는 '그게 뭐같이 보여?'라는 문장으로 What does it look like S+V?하게 되면 '그게 뭘 …하는 것처럼 보여?'라는 표현이 된다.

I know that look.
그 표정 알아.

- Everything okay? Come on. I know that look.
  별일 없어? 그러지 말고. 나 그 표정 알아.

  I know that look. That's your look when your plan falls into place. You're enjoying this.
  그 표정 알아. 계획이 제대로 될 때 짓는 표정이지. 즐기고 있구나.

■ **I know that look**은 상대방의 표정으로 어떤 상황인지 어떤 의미인지 등을 알겠다라는 뜻.

>> loose.loosen.lose.low

 The killer is on the loose 살인범이 도주 중이야

The killer is on the loose.
살인범이 도주 중이야.

- A serial killer who's been sussed out and is on the loose.
  연쇄살인범의 정체는 밝혀졌지만 도망 중야.

  Well, we know there's a killer on the loose.
  우리는 살인범이 도주 중이라는 것을 알고 있어.

  Carrie, look, first of all, we don't have a terrorist on the loose.
  캐리, 무엇보다도, 도주 중인 테러리스트는 없어.

■ **be on the loose**는 범죄자 등이 잡히지 않고 '도망 중이다,' '탈주 중이다'이라는 표현.

Loosen up!
맘을 좀 느슨하게 먹어!

- Okay, the whole point of this is to loosen you up a little.
  좋아. 이거의 요점은 너의 긴장을 좀 풀어주는거야.

  I said she needed a good banging to loosen her up.
  난 걔가 긴장을 풀기 위해서는 멋진 섹스가 필요하다고 말했어.

■ **loosen up**은 '긴장을 풀다,' '늦추다'라는 말로 '마음을 느슨하게 갖다'라는 의미로 쓰인다.

This might loosen its grip.
이게 그거의 고삐를 늦춰줄거야.

- Sawyer loosens his hold on the gun. 소이어는 총을 느슨하게 잡고 있어.
  He loosens his tie as she begins taking off her clothing.
  걔가 옷을 벗을 때 그 남자는 넥타이를 느슨하게 풀고 있어.

■ **loosen one's grip[hold]**는 '고삐를 늦추다'라는 뜻으로 꽉 잡고 있던 걸 좀 느슨하게 푸는 것을 말한다.

341

What've you got to lose?
손해볼 거 없잖아?

- Go on a date with me. What've you got to lose?
  나하고 계속 데이트 해. 손해볼 거 없잖아?

  What've you got to lose? You can invest a little money.
  손해볼 게 뭐 있어? 소액 투자해도 돼.

  You should take the job. What've you got to lose?
  너 이 일을 하도록 해. 손해볼 거 없잖아?

■ What've you got to lose?는 가지게 별로 없는 사람에게 던질 수 있는 문장으로 형태는 의문문이지만 평서문에 가깝다. 실패해도 잃을게 없으니 걱정하지 말고 도전하라고 조언하는 표현이다.

She looked low after failing the test.
걘 시험에 떨어진 후 우울해보였어.

- The front tire looks a little low. 앞바퀴에 바람이 빠진 거 같아.
  Thank you, but we're a little more low-key.
  고마워, 하지만 우리는 좀 더 절제해야 돼.
  What we're doing today is a little more low-key.
  우리가 오늘 하는 건 좀 더 조용히 해야 돼.
  Jill wanted to keep our romance low-key.
  질은 우리의 연애를 비밀로 하길 바랬어.

■ look low는 물리적으로는 '낮아 보이다,' 정신적으로는 '낙담해보이다,' '우울해보이다'라는 의미. low-key는 다른 사람들의 '주목을 받지 않는,' '(음식) 절제하는'이라는 뜻으로 keep sth low-key라고 하면 '…을 비밀로 하다'라는 표현이 된다.

The money is getting low.
돈이 점점 부족해져.

- You're running low on trash bags. 너 쓰레기 봉투가 모자라는구나.
  I'm really running low. I need all my energy I can get.
  난 정말 모자라. 난 내가 쓸 수 있는 모든 에너지가 필요해.

■ get[be, run] low는 '모자르다,' '다 떨어져가다'라는 의미로 모자라는 건 on 이하에 쓰면 된다.

>> make.major

 You should make it with me 나하고 섹스를 해야지

I just wanna make things work again.
난 일이 다시 제대로 돌아가길 바래.

- I couldn't make things work with my ex.
  난 전처와 일을 제대로 돌아가게 할 수가 없었어.
  He'll try hard to make things work.
  걔는 일이 제대로 돌아가도록 열심히 할거야.

■ make things work는 '일이 잘 돌아가게 하다'라는 뜻으로 미드에 무척 많이 나오는 표현이다.

You should make it with me.
넌 나하고 섹스를 해야 돼

- Did you make it with a girl from the office? 사무실의 여자하고 섹스해봤어?
  I really want to make it with Jill. 난 정말이지 질하고 섹스하고 싶어.
  I wasn't able to make it with her because I was drunk.
  난 취해서 그녀와 섹스를 할 수가 없었어.

■ make it with sb는 속어로 '…와 섹스를 하다'(have sex with sb)라는 의미.

I majored in linguistics.
난 언어학을 전공했어.

- You must be majoring in chemistry. 넌 화학전공이지.
  How did you know what Marty majored in?
  마티가 뭐 전공했는지 어떻게 알았어?

▬ **major in**는 '전공하다,' double major는 '복수전공하다'라는 뜻.

It was a major surgery.
그건 엄청 큰 수술였어.

- But after the first year, I get a major pay raise.
  하지만 첫해 이후 난 월급이 많이 올랐어.

  A: Orgasm, major thing in a relationship? B: But not the only thing. A: 오르가즘, 관계에서 중요한거라고? B: 하지만 그것만은 아니지.

▬ **major**는 형용사로 '중요한,' '많은,' '큰' 등의 의미로 많이 쓰인다. 예를 들어 major case는 '강력사건,' major crush는 '아주 홀딱 반함,' major problem은 '중요한 문제'라는 뜻이 된다.

>> **map.mess.message.miffed**

 I didn't want to mess with her head 난 걔를 화나게 하고 싶지 않았어

The group and Jack map out their plan.
잭과 사람들이 계획을 세웠어.

- It took a full month to map out their plan.
  걔네들은 계획을 준비하는데 한달내내 걸렸어.

  I'll map out my plan with you tomorrow.
  난 내일 너와 계획을 세심히 짤거야.

  You won't have time to map out your plan.
  넌 계획을 준비할 시간이 없을거야.

▬ **map sth out**은 '준비하다,' '세심히 계획하다'라는 표현.

I didn't want to mess with her head.
난 걔를 화나게 하고 싶지 않았어.

- This kind of guilt can really mess with your head.
  이 죄의식이 너를 정말 혼란스럽게 할거야.

  I didn't want to mess with his head. When he found the pictures, I told him that it was his twin sister who died, you know. 난 걔를 화나게 하고 싶지 않았어. 걔가 사진들을 발견했을 때, 난 걔한데 죽은 사람은 걔의 쌍둥이 자매라고 말했어.

▬ **mess with sb's head**는 '…을 많이 화나게 하거나 혼란스럽게 하다'라는 의미.

Could I leave a message?
메모 좀 전해주세요.

- This is Steven Dashiell. Leave a message.
  스트븐 대쉘입니다. 메모 남겨주세요.

  Hey, you've reached Jeanne. Leave a message.
  안녕, 진예요. 메모 남겨주세요.

  Hi, this is Dana's cell. Please leave me a message.
  안녕, 데이나의 핸드폰입니다. 메시지 남겨주세요.

▬ **leave (me) a message**는 전화영어로 찾는 사람이 없을 경우 '메모를 남기다'라는 뜻. 특히 자동응답기에서 많이 들을 수 있다.

Could I take a message?
메시지를 전해드릴까요?

- My dad's not home. Can I take a message?
  아버지 집에 안계시는데 메시지 남기실래요?

  She's not. Can I take a message? 지금 없어요. 메시지 남기실래요?

■ take a message는 leave a message와는 다르게 '메시지를 받아 놓는' 것을 말한다.

Get the message?
알아들었어?

- He'll get the message when he wakes up. 일어나면 메시지 받을거에요.
  Didn't you get the message I left on your machine an hour ago? 내가 한 시간 전에 네 전화기에 남긴 메시지 못받았어?

■ get the message는 단순히 남긴 '메시지를 받다'라는 의미로도 쓰이나 비유적으로 '이해하다,' '눈치채다'라는 뜻으로도 쓰인다.

Why are you still miffed at me?
왜 아직도 내게 화나 있어?

- She's miffed at me for missing her party.
  걔 내가 걔 파티에 오지 않았다고 화가 나 있어.

  Excuse me, are you miffed at Tom? 저기, 너 탐에게 화났어?
  I am miffed at her for damaging my car.
  걔가 내 차를 훼손해서 난 화가 나있어.

■ be miffed at sb[about sth]는 '…에 화를 내다'라는 표현.

>> mind.mistake.model.mooch.motive.mourn

 I had a lot on my mind 내 머리 속이 복잡해

I had a lot on my mind.
내 머리 속이 복잡해.

- You must have a lot on your mind. 너 머리 속이 복잡한 것 같구만.
  I'm not bored. I'm sorry, grandpa. I just have a lot on my mind.
  지루하지 않아요. 할아버지, 미안해요. 머리 속이 복잡해서요.

  Got a lot on my mind. I think I'm pregnant.
  머리 속이 복잡해. 임신한 것 같아.

■ have[get] a lot on my mind는 걱정거리나 스트레스 등으로 '머리 속이 복잡하다,' '생각이 복잡하다'라는 의미로 쓰인다.

I hope you don't mind me stopping by.
내가 잠깐 들러도 괜찮겠지.

- I hope you don't mind that we continued on without you?
  너없이 계속해도 괜찮겠지?

  I hope you don't mind if Kalinda sits in. 칼린다가 참석해도 괜찮겠지?
  I hope you don't mind if I kill your girlfriend. 네 여친을 죽여도 괜찮겠지?

■ I hope you don't mind sb ~ing는 '…가 …하는데 괜찮기를 바래'라는 뜻으로 상대방의 허락을 구할 때 사용하면 된다. I hope you don't mind that[if] S+V의 형태로 절을 붙여 쓸 수도 있다.

I'm bored out of my mind.
나 지겨워 죽겠어.

- I'm already so bored out of my mind. 난 정말이지 지겨워 죽겠어.
- I'm starved and bored out of my mind. 난 굶주리고 지루해 죽겠어.

■ be bored out of one's mind는 '지겨워[지루해] 죽겠다'라는 것으로 be bored의 강조표현으로 생각하면 된다. mind 대신에 skull을 써도 된다.

You were mistaken.
네가 틀렸어.

- Oh, I think you're mistaken. 오, 네 생각이 틀린 것 같은데.
  I tried to tell her she was mistaken.
  난 걔 생각이 틀렸다고 걔한테 말해주려고 했어.
  Sorry, Heather must be mistaken. 미안, 헤더가 잘못 생각하고 있는 것 같아.

■ You were mistaken은 '네가 틀렸어,' You're mistaken은 '네가 잘못 생각하고 있는거야'라는 의미.

So, you going back to modeling?
그래, 너 다시 모델일 하려고?

- What kinda writers would you say you model yourself after?
  어떤 작가들을 귀감으로 삼았나요?
  I've been thinking about great actors to model myself after and I choose Travolta. 내가 본보기로 삼을 배우들을 생각해봤는데 존 트라볼타를 선택했어.
  I guess you're kind of a role model to me.
  넌 내게 롤모델 같은 존재인 것 같아.
  You were on a date with a modelizer and you didn't even know it? 모델사냥꾼하고 데이트하면서 그것도 몰랐단말야?

■ model oneself after sb에서 model은 제품모델이나 예쁜 모델만 생각하는데 model에는 남이 따라할 만한 본보기 또는 좋은 사례, 모범이라는 뜻도 있다. 그래서 model onself after하면 '…을 본받다,' '귀감이 되다'라는 뜻이 되고, role model하면 '모범이 되는 사람'을 뜻한다. model은 동사로 '모델을 하다,' modeling은 '모델직종,' 그리고 modelizer는 '모델에만 집착하는 사람'을 말한다.

Julie is working on a scale model of a town.
줄리는 마을의 축소모형을 만들고 있어.

- I was selected to build a scale model of the Empire State building. 난 엠파이어 스테이트 빌딩의 축소모형을 만드는데 선택됐어.
  Say hello to an exact scale model of me. 내 축소모형에게 인사해.

■ scale model은 '축적도,' '축소모형'을 말한다.

He's gonna mooch off us.
걘 우리에게 빌붙어살거야.

- I don't want to mooch off my parents.
  난 내 부모님께 빌붙어 살고 싶지 않아.
  All he does is mooch off his friends. 걔는 친구들에게 빌붙어 살고만 있어.
  Some people mooch off of others.
  다른 사람들에게 빌붙어 살고 있는 사람들도 있어.

■ mooch off는 '돈도 안주고 빌붙어살다,' '빈대붙다'라는 의미.

Sounds like a motive to me.
살해동기 같은데.

- She had a life insurance policy. Sounds like a motive for murder to me. 걔는 생명보험에 가입되어 있어. 내게는 살해동기로 들리네.
  Larry was very jealous of his wife. Sounds like a motive to me.
  래리는 자기 아내를 무척이나 질투했었어. 살해동기 같아.
  She was desperate for money. Sounds like a motive to me.
  걔는 돈이 아주 절박했어. 살해동기 같아.

■ motive는 '(살해)동기'라는 뜻으로 주로 수사물 미드에서 용의자를 심문하면서 많이 듣게 되는 문장이다. Sounds like a motive for murder to me라고도 한다.

I was going through my mourning period.
난 추모기간을 겪고 있어.

- She's in her room, mourning the death of her career.
  걘 자기 경력의 파멸을 슬퍼하며 방에 있어.
  What's the respectful period of mourning before I could remarry? 내가 얼마나 있다 재혼해야 예의를 갖추는게 될까?

■ mourn은 '애도하다,' '슬퍼하다,' mourner는 '문상객,' chief mourner는 '상주,' mourning은 '애도,' 그리고 mourning period는 '애도기간'을 뜻한다.

345

>> **nickel.no.noise**

If I had a nickel for every time she did that 걘 지겨울 정도로 그랬어

If I had a nickel for every time she did that.
걘 지겨울 정도로 그랬어.

- If I had a nickel for every time he lied to me.
  걔는 지겨울 정도로 수없이 내게 거짓말을 했어.

  If I had a nickel for every time students made up excuses.
  학생들은 정말 수없이 변명거리를 만들어냈어.

  If I had a nickel for every time Sara was late to meetings.
  새라는 회의에 지겨울 정도로 수없이 늦었어.

▬ **If I have a nickel for every time S+V**는 …을 할 때마다 5센트를 모았다면 엄청 부자가 되었을거야라는 의미로 비유적으로 '정말 수없이 …했다,' '지겨울 정도로 수도 없이 …했다'라는 뜻이 된다.

It's no picnic.
쉬운 일이 아냐.

- This was supposed to be easy, but it's no picnic.
  이거 쉬웠어야 했는데 장난이 아니네.

  It's no picnic, but we need to finish this job.
  쉬운 일이 아니지만 우리는 이 일을 끝내야 돼.

  Being a soldier is hard work. It's no picnic.
  군인이 된다는 건 어려운 일야. 쉬운 일이 아냐.

▬ **be no picnic**은 피크닉이 아니다, 즉 비유적으로 '쉬운 일이 아니다'라는 뜻이다.

He keeps making moaning noises.
걘 계속 신음소리를 내.

- Just thinking about the noises people make during sex.
  사람들이 섹스하면서 내는 소리를 생각해봐.

  I heard the noises coming from the next room.
  옆방에서 나는 소음을 들었어.

  There's noise on my line. 전화에 잡음이 들리는데.

▬ **make noises (about)**는 '소란피다,' '불평하다,' make a big noise는 '소란을 피우다,' 그리고 hear the noises하면 '소음을 듣다'가 된다.

>> **obvious.occur.old**

Isn't that obvious? 뻔하지 않아?

Isn't that obvious?
뻔하지 않아?

- Well, you examined her. Isn't it obvious if she just gave birth?
  너 걔 검사했잖아. 출산한 적이 있다면 뻔하지 않아?

  Isn't it obvious? All the evidence points to him.
  뻔하지 않아? 모든 증거가 걔를 가리키고 있어.

  Isn't it obvious? Actually, I came to visit my son.
  뻔하지 않아? 실은 내 아들을 보러 왔어.

▬ **Isn't it[that] obvious?**는 '뻔하지 않아?'라는 의미로 뭔가 이해하기가 무척 쉽다라는 뜻으로 쓰인다.

Has that ever occurred to you?
그런 생각 든 적 없어?

- You could be wrong. Has that ever occurred to you?
  네가 틀릴 수도 있어. 그런 생각 든 적 없어?

  You need to get a job. Has that ever occurred to you?
  넌 직장에 다녀야 돼. 그런 생각 든 적 없어?

  You'll lose all of your money. Has that ever occurred to you?
  넌 네 모든 돈을 잃을거야. 그런 생각 든 적 없어?

■ **Has that ever occurred to you?**는 '그런 생각 든 적 없어?,' '이해하겠어?,' 그리고 Has that ever occurred to you that S+V?하면 '…라는 생각이 든 적 없어?'라는 표현이 된다.

He's old-school.
걘 구식이야.

- He's old-school. He's a drunk. 걘 구식이야. 술주정뱅이이고.

  He was maybe 60, proper looking, wearing an old-school tuxedo. 그 사람은 60 정도로 예의바르게 보이고 구식의 턱시도를 입고 있었어.

  His phone's active, but it's old-school. 걔 전화는 통화는 되지만 구닥다리야.

■ **old-school**은 '구식의,' '구닥다리인'이라는 의미의 형용사.

She is like the old days.
걘 예전과 같아졌어.

- I may have told a few stories about the old days.
  과거에 대한 이야기 몇 개 했을지도 몰라.

  I know it's not my place, but Miss Serena is like the old days.
  주제 넘을지 모르지만, 세레나가 예전과 같아졌어요.

  We just want you to know those were the old days.
  그건 옛날 일이란 걸 네가 알아줬으면 해.

  So you miss the action of the good old days, huh?
  그래 좋았던 옛 시절의 일들이 그립나, 그지?

■ **the old days**는 '지나간 과거'라는 의미로 the good old days하면 '좋았던 옛날,' the bad old days하면 '안 좋았던 옛날'이라는 표현이 된다.

You crazy old bastard!
너 이 미친 늙은 망나니야!

- You crazy old bastard! You stole my life!!
  너 이 미친 늙은 망나니야! 네가 내 삶을 훔쳐갔어.

  You, senile old fool, you were trying to kill me.
  이 노땅아, 넌 날 죽일려고 했어.

  The old bastard would have cracked with jealously.
  저 망할 놈은 질투로 망가졌을거야.

■ **old fool[bastard]**은 보통 '나이 든 사람'을 칭하기도 하지만 '나이에 상관없이 아주 싫어하는 사람'을 나타내는 속어로 많이 쓰인다.

>> opinion.opportunity.opt.over

 *Opportunity never knocks twice* 기회는 결코 두번 찾아오지 않아

Who asked your opinion?
누가 너더러 물어봤어?

- What's your opinion? 네 의견은 뭐야?

  In my opinion, he wasn't a threat. 내 생각에 걘 위험인물이 아녔어.

■ **ask one's opinion**은 '…의 의견을 묻다,' in my opinion은 '내 생각에'라는 의미.

347

I'm flattered you have that opinion of me.
나에 대해 그런 의견을 갖고 있다니 기분좋아.

- When he grows up, he's gonna have a low opinion of women.
  걘 성장 후 여성들에 대한 안좋은 생각을 갖게 될거야.

  Keep your opinions to yourself! 그건 네 생각이지!. 너나 그렇게 해!

▬ have a high[low, good, bad] opinion of~는 '…에 대한 …의 의견을 갖다,' keep your opinions to yourself는 '네 생각이나 그렇다'라는 뜻.

I have the opportunity to save his life.
난 걔의 목숨을 살릴 수 있는 기회를 갖고 있어.

- You have the opportunity to treat people with the mercy.
  넌 사람들을 자비롭게 대할 기회를 갖고 있어.

  We had the perfect opportunity to educate people. 우린 사람들을 교육시킬 완벽한 기회가 있었어.

  This is a huge opportunity. 이건 엄청난 기회야.

▬ have the oppoortunity to~는 '…할 기회를 갖다'라는 뜻으로 기회를 강조하려면 opportunity 앞에 huge, big, great, perfect를 붙이면 된다. 또한 be a huge opportunity하면 '…가 큰 기회이다'라는 의미가 된다.

Her lawyer jumped at the opportunity.
걔 변호사는 기회를 냉큼 물었다.

- I jumped at the opportunity to finally do something.
  마침내 뭔가 할 수 있는 기회를 물었어.

  Chris takes the opportunity to look at her tits.
  크리스는 그 여자의 유두를 볼 수 있는 기회를 잡았어.

  I'd like to take this opportunity to reach out to the public.
  난 이번 기회를 통해 대중들과 소통하고 싶어.

▬ take the opportunity to~는 '…하는 기회를 갖다,' '이 기회에 …하다'라는 의미. 특히 I'd like to take this opportunity~는 모임이나 편지 등에서 '이번 기회에 …하고 싶다'라는 의미로 많이 쓰이는 표현이다. 또한 jump at the opportunity~하면 '기회를 얼른 잡다'라는 말이 된다.

Don't pass up the opportunity to become a lawyer.
변호사가 될 수 있는 기회를 놓치지마라.

- I just couldn't pass up the opportunity to work with you.
  너와 함께 일할 수 있는 기회를 놓칠 수가 없었어.

  I never miss the opportunity to eat ice cream.
  난 절대 아이스크림을 먹는 기회를 놓치지 않아.

▬ miss the opportunity는 '오는 기회를 놓치다'라는 의미로 miss 대신에 pass up을 써도 된다.

Opportunity never knocks twice.
기회는 결코 두번 찾아오지 않아.

- Okay, but when opportunity knocks. 좋아. 하지만 기회가 왔을 때만.
  Just wait a while and opportunity will knock.
  조금만 기다리면 기회가 올거야.

▬ opportunity knocks는 기회가 노크하다, 즉 '기회가 오다'라는 뜻으로 when opportunity knocks(기회가 왔을 때)의 형태로 많이 쓰인다.

I'm opting out.
난 빠질래.

- Where do I sign to opt out of that? 거기에서 빠지려면 어디에 사인해야 돼?
  I'm keeping my options open. 난 선택의 여지를 남겨둬.
  She gave me the option of resigning, and I took it.
  걘 내게 사임선택권을 줬어. 난 받아들였어.
  We always have the option of going back to being friends.
  우리는 언제나 친구로 돌아갈 선택권이 있어.

▬ opt out은 '빠지다,' opt to[for]는 '…을 선택하다,' keep [leave] one's options open은 '선택의 여지를 남겨두다,' have the option of는 '…의 선택권이 있다,' 그리고 give sb the option은 '…에게 선택권을 주다'라는 의미이다.

It's gonna be all over the news
뉴스마다 계속 그 얘기야

- His face is all over the news. We've got him cornered.
  걔 얼굴이 뉴스마다 나오고 있어. 우린 걔를 코너에 몬거야.

  I just put his face all over the news. 난 걔의 얼굴을 뉴스마다 나오게 했어.

■ be all over the news는 '뉴스마다 계속 나오다'라는 의미.

>> pact.pardon

Pardon my French 욕해서 미안해

The couple made a pact to stay together.
그 커플은 함께 지내기로 동의했어.

- Sean had a pact with his best friends. 션은 친한 친구들과 약속을 했어.
  You'll be punished if you break our pact. 네가 합의를 깨면 벌받을거야.
  Your nation must take pacts very seriously.
  네 나라는 협약을 지키려고 노력해야 돼.

■ make a pact하면 뭔가 하기 위해 혹은 비밀리에 하기 위해 '의견일치를 보다'라는 말로 have a pact라고도 한다. 반대로 break one's pact하면 '이런 약속을 깨다.' 또한 take pacts very seriously하게 되면 '합의된 사항을 지키려하다'라는 뜻이 된다.

If you'll pardon the expression.
이런 말 써도 될지 모르겠지만.

- They were a couple of kids screwing around, if you'll pardon the expression. 이런 말 써서 죄송하지만 걔네들은 난잡하게 노는 애들이었어요.
  He's an asshole, if you'll pardon the expression.
  이런 말 써도 될지 모르겠지만, 걔 머저리야.

■ pardon the expression은 상대방에게 좀 무례한 표현을 쓰기에 앞서 미리 양해를 구하는 표현으로 '이런 말을 써도 될지 모르겠지만'이라는 뜻. Pardon my language도 같은 말.

Pardon my French.
욕해서 미안해.

- Pardon my French, but what's French for 'kiss my ass?'
  비어를 써서 미안하지만 '엿먹어라'를 프랑스어로 뭐라고 해?
  You'll just poo-poo it. Pardon my French.
  그건 중요한거 아냐. 천한 말 써서 미안해요.

■ pardon my French는 프랑스와 많은 전쟁을 치른 영국의 프랑스에 대한 적대감이 남아 있는 표현 중 하나. French kiss는 딥키스를, pardon[excuse] my French하면 '상스러운 말이나 욕을 한 후 혹은 하기 전에 사과를 하는 표현'이다.

Excuse me... pardon me.
잠시 실례할게요.

- Pardon me, but don't you mean despicable?
  미안하지만 야비하다고 말한 거 아니었어요?
  Pardon my mistake. 실수해서 미안해요.
  In any event, pardon my misunderstanding. 어쨌든, 오해해서 미안해요.

■ pardon me는 excuse me와 같은 의미로 상대방에게 '실례해요'라고 할 때 혹은 상대방의 말을 못알아 들었을 때 '뭐라고 하셨죠?'라는 말로 Pardon? 혹은 Pardon me?라고 한다. 또한 사과하는 단어를 바로 이어서 용서해달라고 할 수도 있다.

Oh, pardon me for interrupting.
어, 방해해서 미안해요.

- So pardon me for not trusting you. 널 못 믿어서 미안해.
  Would you pardon me for a moment, please? 잠시만 실례해도 될까요?
  Pardon me for living! 정말 죄송해요!

■ pardon me for interrupting [asking, saying]은 '상대방에게 적극적으로 사과하는 것'으로 다음에 ~ing 형태로 잘못한 내용을 말하면 된다. 재미난 표현으로 화난 상대방의 비난에 대꾸하면서 혹은 조크로 안부 인사에 대한 답으로 pardon me for breathing[living]하면 살아서 미안하다라는 말로 '면목이 없네요'라는 의미.

>> parole.part.pass.paternity

He's on parole. 걘 가석방됐어

He's on parole.
걘 가석방됐어.

- He was convicted of forcible sodomy. Did time in Elmira, he's out on parole. 걔 항문강간으로 기소됐어. 엘마이러에서 복역했고 가석방됐어.

  He's on parole. You need to tell us where he is.
  걘 가석방중야. 걔가 어디 있는지 말하라고.

  They released him two months ago on parole, only after he agreed to wear an anklet with a tracking device.
  걔는 2달 전에 추적장치가 달린 발찌를 차겠다고 동의한 후에야 가석방됐어

■ on parole은 '가석방되어,' parole board는 '가석방 위원회,' 그리고 parole hearing하면 '가석방 청문회'라는 뜻이 된다.

I want no part of it.
난 그거에 관여하고 싶지 않아.

- It's all bullshit and I want no part of it.
  그건 말도 안돼. 난 관여하고 싶지 않아.

  I want no part of it. You can do it on your own.
  난 관여하고 싶지 않아. 너 혼자 할 수 있잖아.

  This seems dishonest. I want no part of it.
  이건 정직한 일이 아닌 것 같아. 난 관여하고 싶지 않아.

■ want no part of~는 '…에 관여하고 싶지 않아'라는 의미.

I like this part.
난 이 부분이 좋아.

- Listen to this song. I like this part. 이 노래를 들어봐. 난 이 부분이 좋더라.
  I like this part of the movie. 난 영화의 이 부분이 좋아.
  Pay attention to this. I like this part. 여기에 집중해봐. 난 이 부분이 좋아.

■ like this part는 '이 부분을 좋아하다'라는 의미로 특히 특정한 부분을 좋아할 때 표현하면 된다.

I'll pass that along.
내가 그거 건네줄게.

- That's interesting information. I'll pass that along.
  그건 재밌는 정보네. 내가 전해줄게.

  I'll pass that along. The boss will want to know.
  내가 그거 전해줄게. 사장님이 알고 싶어할거야.

  I'll pass that along. Sharon will be happy to hear it.
  내가 그거 전해줄게. 새론은 듣고 기뻐할거야.

■ pass sth along (to sb)은 물건이나 정보 등을 '…에게 넘겨주다,' '건네주다'라는 의미이다.

We'll do a paternity test.
우린 친자확인 검사를 할거야.

- I'm sure Brook told you we ran a paternity test on Brian.
  우리가 브라이언의 친자확인 검사를 했다고 브룩이 네게 분명 말했을거야.

  We can't do a paternity test until the baby's born.
  아이가 태어날 때까지는 친자확인 검사를 할 수 없어.

  So you'd have no objections then, to taking a paternity test, huh? 그럼 너 반대안하는거지, 친자확인 검사하는거, 어?

■ take[do] a paternity test는 '친자확인 검사를 하다,' 그리고 참고로 위탁가정은 foster home이라 한다.

>> perk.permit.pick

This perks her up 걘 이걸로 기운이 날거야

This perks her up.
걘 이걸로 기운이 날거야.

- Coffee perks me up in the morning. 커피를 마시면 아침에 기운이 나.
  Linda took a shower to perk herself up.
  린다는 기운을 차리기 위해 샤워를 했어.
  Jerry said that working out perks him up.
  제리는 운동하면 기운이 난다고 말했어.

You got a permit for that?
너 그거 허가증 있어?

- I had permit for the protest. 난 시위허가증이 있었어.
  You have a permit to carry a .45. 넌 45구경 총기 허가증을 갖고 있어.

All she has is a learner's permit.
걔가 갖고 있는 건 임시면허증뿐이야.

- Her learner's permit says she's from Long Island.
  걔 임시면허증보니까 롱아일랜드 출신이야.
  OK. Give me work permits for the contractor.
  좋아, 하청업자에게 줄 취업허가증을 내게 줘.

We'll pick up where we left off?
중단한 곳부터 다시 시작할까?

- Shall we pick up where we left off last time?
  지난번에 중단한 곳부터 다시 시작할까?
  Let's pick up where we left off last time.
  지난번에 그만 둔 곳부터 다시 시작하자.
  Why don't we pick up where we left off?
  중단한 곳부터 다시 시작하자.

When did you pick up on that?
언제 알아차렸어?

- I don't usually pick up on those things. Good for me.
  난 보통 이런 것들 알아차리지 못해. 나한테는 잘 된거지.
  We try to pick up on the behavior of the killer.
  우리는 살인범의 행동을 알아차리려고 하고 있어.

■ perk sb up은 '기운나게 하다,' '활기차게 하다,' 그리고 sb[sth] perk up하게 되면 '기운나다,' '기운을 차리다'가 된다.

■ have[get] a permit에서 permit은 '공식적인 허가서,' '허가증'을 말한다.

■ learner's permit은 '임시운전면허증,' work permit은 '취업허가증,' parking permit은 '주차증,' 그리고 travel permit은 '여행허가증'이 된다.

■ pick up where we left off하면 '그만둔 데서부터 다시 시작하다'라는 뜻이 된다.

■ pick up on sth하게 되면 빨리 뭔가를 '알아차리다,' '이해하다'라는 뜻이 된다.

>> place.plump.point.pop.possess

Who's running the place? 누가 책임자야?

Who's running the place?
누가 책임자야?

- I run the place, so don't piss me off. 내가 책임자야. 그러니 나 열받게 하지마.
  Who will run the place when he's gone?
  그가 가버리면 누가 운영을 할거야?
  We need a new manager to run the place.
  우리는 운영을 할 새로운 매니저가 필요해.

■ run the place는 '운영하다,' '책임지다'라는 의미.

Do you think I'm plump?
내가 뚱뚱하다고 생각해?

- She looked plump when she got back from her vacation.
  걔는 휴가에서 돌아왔을 때 통통해졌어.
  I prefer not to look so plump. 난 통통하게 보여지지 않기를 바래.
  My brother got plump while working as a programmer.
  내 형은 프로그래머로 일하면서 통통해졌어.

■ plump는 형용사로 fat보다 완곡한 표현. '포동포동한,' '통통한' 등으로 생각하면 된다.

There comes a point when you wanna do bad things.
나쁜 짓을 하고 싶을 때도 있는거야.

- There comes a point in time that you got to take control of your own life. 네 인생을 스스로 통제해야 하는 때도 있는거야.
  There comes a point where you have to suck it up and stop whining and start living. 참고 불평을 자제하고 삶을 살아야 할 때도 있는거야.

■ There comes a time[point] when[where]~은 '…한 때도 있다'라는 의미.

She popped a few vicodin.
걘 바이코딘을 몇 알 먹었어.

- Just pop a few aspirin and you'll feel better.
  아스피린 몇 알 먹으면 기분이 나아질거야.
  I popped some sleeping pills even though I was tired.
  난 피곤했지만 수면제를 조금 먹었어.
  You're sneezing a lot. Why don't you pop an allergy pill?
  너 콧물이 많이 흐르네. 알러지 약을 먹어봐.

■ pop 다음에 'a+약물'이 오게 되면 '…약을 먹다'라는 표현이 된다.

What possesses you?
뭐 때문에 그런 넋나간 행동을 하는거야?

- Can you tell me what possessed you to do that?
  무슨 일로 네가 그렇게 행동했는지 말해줄래?
  What possessed you to buy that sports car?
  무슨 생각으로 저 스포츠카를 사게 된거야?
  What possessed you to leave your wife?
  뭐 때문에 네 아내를 떠난거야?

■ what possessed sb (to do)? 는 무슨 일로[생각으로] …한거야?

You are under arrest for possession of narcotics.
마약소지죄로 당신을 체포합니다.

- We might be able to get him for possession of stolen property.
  장물 소지죄로 걔를 잡을 수도 있어.

  We found the cocaine. You are under arrest for possession of narcotics. 코카인을 발견했어. 마약소지죄로 당신을 체포합니다.

be charged with possession of~는 '…소지죄로 기소되다.' be under arrest for the possession of~는 '…을 소지해 체포되다'가 된다.

>> program.prove.push.put

Get with the program 정신차리라고

Get with the program.
정신차리라고.

- Get with the program, man. 이 친구야 정신차리라고.
  Now you get with the program, and fast.
  이제 다른 사람들처럼 하고, 그리고 빨리.

  Get with the program, folks! This guy is as guilty as sin!
  여러분 정신차려요! 이 친구는 확실한 유죄라고요!

get with the program에서 program은 사람들이 하는 방식으로 이해하고 하다라는 말로 단도직입적으로 '다른 사람들처럼하다'라는 뜻이 된다. 나아가 뒤쳐지지 말고 '정신차려서 제대로 하라'는 의미로도 쓰인다.

You're biologically programmed to have feelings for him.
넌 생물학적으로 친부에게 감정이 있게끔 되어 있어.

- Coffee maker's programmed to go on Monday through Friday.
  커피메이커는 월요일부터 금요일까지 계속 돌아가도록 되어 있다.

  Heather's programmed to follow orders blindly and without question. 헤더는 맹목적으로 그리고 이의없이 명령을 따르도록 프로그램되어 있어.

  They were programmed to turn off when the countdown ended. 그것들은 카운트다운이 끝나면 꺼지도록 프로그램되어 있어.

be programmed to~는 '…하도록 프로그램되어 있다.' '…하도록 되어져 있다'라는 의미.

That doesn't prove anything.
그건 아무런 증거가 되지 않아.

- So I own a gun. That doesn't prove anything.
  그래 난 총을 소유하고 있는데 그건 아무런 증거도 되지 않아.

  That doesn't prove anything. You can't arrest me.
  그건 아무런 증거가 되지 않아. 날 체포할 수 없어.

That doesn't prove~는 '그건 …한 증거가 되지 않아.' You can't prove that~은 '넌 …을 증명할 수 없어.' 그리고 You can't prove any of this는 '넌 이 어떤 것도 증명할 수 없을거야'라는 의미로 주로 법정수사물에서 많이 들린다.

You're pushing 40.
넌 나이가 40이 다 돼가.

- My grandma is pushing ninety. 내 할머니는 90세가 다 돼가.
  I can't run a marathon. I'm pushing fifty.
  난 마라톤을 뛸 수가 없어. 50이 다 돼가.

  She looks good for a woman who is pushing forty.
  걔는 40이 돼가는 여자치고는 괜찮아 보여.

be pushing+age는 '나이가 …가 다 되어가다'라는 표현이 된다.

I've been putting on a brave face for one week.
난 일주일 동안 태연한 척 했어.

- The funeral was sad but she put on a brave face.
  장례식은 슬펐지만 걔는 태연한 척 했어.

  You need to put on a brave face when you meet them.
  넌 걔네들을 만날 때 태연한 척 해야 돼.

  I put on a brave face even though I was afraid.
  난 두려웠지만 태연한 척했어.

Don't put yourself down.
자신을 낮추지마.

- Don't put yourself down. You're a very attractive woman.
  자신을 낮추지 말라고. 넌 정말 매력적인 여자야.

  Maybe she'll do us all a favor and put herself down.
  아마 걔는 우리 모두에게 호의를 베풀어 자살을 할 수도 있어.

▬ **put on a brave face**는 '태연한 척하다,' '아무 일도 없는 것처럼 행동하다'라는 의미.

▬ **put sb down**은 '…을 비난하다,' 따라서 put oneself down하게 되면 '자기를 낮추다'라는 뜻이 된다.